经时济世
继往开来
贺教育部
重大攻关项目
成果出版

季羡林
时年九十有八

教育部哲学社會科学研究重大課题攻関項目

“十四五”时期国家重点出版物出版专项规划项目

大病保险创新发展的模式与路径

THE MODE AND PATH OF INNOVATIVE DEVELOPMENT OF SERIOUS ILLNESS INSURANCE

田文华
著

中国财经出版传媒集团

经济科学出版社
Economic Science Press

·北京·

图书在版编目（CIP）数据

大病保险创新发展的模式与路径/田文华著. --北京：经济科学出版社，2024. 7

教育部哲学社会科学研究重大课题攻关项目 “十四五”时期国家重点出版物出版专项规划项目

ISBN 978 -7 -5218 -4277 -7

Ⅰ. ①大… Ⅱ. ①田… Ⅲ. ①医疗保险 - 研究 - 中国 Ⅳ. ①F842. 613

中国版本图书馆 CIP 数据核字（2022）第 214173 号

责任编辑：孙丽丽　撖晓宇
责任校对：蒋子明
责任印制：范　艳

大病保险创新发展的模式与路径

田文华　著

经济科学出版社出版、发行　新华书店经销

社址：北京市海淀区阜成路甲 28 号　邮编：100142

总编部电话：010 - 88191217　发行部电话：010 - 88191522

网址：www. esp. com. cn

电子邮箱：esp@ esp. com. cn

天猫网店：经济科学出版社旗舰店

网址：http：//jjkxcbs. tmall. com

北京季蜂印刷有限公司印装

787 ×1092　16 开　32. 25 印张　620000 字

2024 年 7 月第 1 版　2024 年 7 月第 1 次印刷

ISBN 978 - 7 - 5218 - 4277 - 7　定价：129. 00 元

（图书出现印装问题，本社负责调换。电话：010 - 88191545）

课题组主要成员

首席专家 田文华

课题组成员（以姓氏笔画为序列）

李　阳　李国红　李洁莹

罗　力　段光锋　高小金

曹新君　梁　鸿　熊林平

总　序

哲学社会科学是人们认识世界、改造世界的重要工具，是推动历史发展和社会进步的重要力量，其发展水平反映了一个民族的思维能力、精神品格、文明素质，体现了一个国家的综合国力和国际竞争力。一个国家的发展水平，既取决于自然科学发展水平，也取决于哲学社会科学发展水平。

党和国家高度重视哲学社会科学。党的十八大提出要建设哲学社会科学创新体系，推进马克思主义中国化、时代化、大众化，坚持不懈用中国特色社会主义理论体系武装全党、教育人民。2016 年 5 月 17 日，习近平总书记亲自主持召开哲学社会科学工作座谈会并发表重要讲话。讲话从坚持和发展中国特色社会主义事业全局的高度，深刻阐释了哲学社会科学的战略地位，全面分析了哲学社会科学面临的新形势，明确了加快构建中国特色哲学社会科学的新目标，对哲学社会科学工作者提出了新期待，体现了我们党对哲学社会科学发展规律的认识达到了一个新高度，是一篇新形势下繁荣发展我国哲学社会科学事业的纲领性文献，为哲学社会科学事业提供了强大精神动力，指明了前进方向。

高校是我国哲学社会科学事业的主力军。贯彻落实习近平总书记哲学社会科学座谈会重要讲话精神，加快构建中国特色哲学社会科学，高校应发挥重要作用：要坚持和巩固马克思主义的指导地位，用中国化的马克思主义指导哲学社会科学；要实施以育人育才为中心的哲学社会科学整体发展战略，构筑学生、学术、学科一体的综合发展体系；要以人为本，从人抓起，积极实施人才工程，构建种类齐全、梯队衔接的高校哲学社会科学人才体系；要深化科研管理体制改革，发挥高校人才、智力和学科优势，提升学术原创能力，激发创新创造活力，建设中国特色新型高校智库；要加强组织领导、做好统筹规划、营造良好学术生态，形成统筹推进高校哲学社会科学发展新格局。

哲学社会科学研究重大课题攻关项目计划是教育部贯彻落实党中央决策部署的一项重大举措，是实施“高校哲学社会科学繁荣计划”的重要内容。重大攻关项目采取招投标的组织方式，按照“公平竞争，择优立项，严格管理，铸造精品”的要求进行，每年评审立项约40个项目。项目研究实行首席专家负责制，鼓励跨学科、跨学校、跨地区的联合研究，协同创新。重大攻关项目以解决国家现代化建设过程中重大理论和实际问题为主攻方向，以提升为党和政府咨询决策服务能力和推动哲学社会科学发展为战略目标，集合优秀研究团队和顶尖人才联合攻关。自2003年以来，项目开展取得了丰硕成果，形成了特色品牌。一大批标志性成果纷纷涌现，一大批科研名家脱颖而出，高校哲学社会科学整体实力和社会影响力快速提升。国务院副总理刘延东同志做出重要批示，指出重大攻关项目有效调动各方面的积极性，产生了一批重要成果，影响广泛，成效显著；要总结经验，再接再厉，紧密服务国家需求，更好地优化资源，突出重点，多出精品，多出人才，为经济社会发展做出新的贡献。

作为教育部社科研究项目中的拳头产品，我们始终秉持以管理创新服务学术创新的理念，坚持科学管理、民主管理、依法管理，切实增强服务意识，不断创新管理模式，健全管理制度，加强对重大攻关项目的选题遴选、评审立项、组织开题、中期检查到最终成果鉴定的全过程管理，逐渐探索并形成一套成熟有效、符合学术研究规律的管理办法，努力将重大攻关项目打造成学术精品工程。我们将项目最终成果汇编成“教育部哲学社会科学研究重大课题攻关项目成果文库”统一组织出版。经济科学出版社倾全社之力，精心组织编辑力量，努力铸造出版精品。国学大师季羡林先生为本文库题词：“经时济世　继往开来——贺教育部重大攻关项目成果出版”；欧阳中石先生题写了“教育部哲学社会科学研究重大课题攻关项目”的书名，充分体现了他们对繁荣发展高校哲学社会科学的深切勉励和由衷期望。

伟大的时代呼唤伟大的理论，伟大的理论推动伟大的实践。高校哲学社会科学将不忘初心，继续前进。深入贯彻落实习近平总书记系列重要讲话精神，坚持道路自信、理论自信、制度自信、文化自信，立足中国、借鉴国外，挖掘历史、把握当代，关怀人类、面向未来，立时代之潮头、发思想之先声，为加快构建中国特色哲学社会科学，实现中华民族伟大复兴的中国梦做出新的更大贡献！

教育部社会科学司

前 言

大病严重威胁人们健康，并给患者和家庭造成巨额的经济负担，高额的大病医疗费用是导致“因病致贫、因病返贫”的主要原因。因此，如何有效缓解和降低大病患者经济风险成为人们日益关注的焦点问题，对医疗保障制度和相关政策提出客观需求。

2012 年 8 月，国家发展改革委等六部门发布《关于开展城乡居民大病保险工作的指导意见》，并在部分省、市和地区开展试点。在总结试点经验的基础上，2015 年 7 月，国务院办公厅发布《国务院办公厅关于全面实施城乡居民大病保险的意见》，要求在全国推行城乡居民大病保险。这标志着我国大病保险由局部试点逐步迈向全面覆盖，成为一项普遍实施的医疗保险制度。建立大病医疗保险制度是我国医疗保障领域的一项重要突破，并在全面推进和实施过程中，取得了一定的成效。扩大了大病保险受益人群覆盖面，城乡居民大病患者医疗费用的实际报销比例，在基本医疗保险支付的基础上得到逐步提升，一定程度上减轻了大病患者的经济负担。然而，我国城乡居民大病保险在学理依据、政策理解和实践操作等方面存在多样性和争议性。理论方面，对大病保险的定义、制度属性和政策目标的认识上仍然存在分歧。在筹资水平、资金来源、支付标准、保障范围以及补偿水平等方面也没有形成共识。在实践方面，大病保险筹资渠道单一、统筹层次偏低，各地筹资标准和保障水平存在较大差异，不同保障制度的衔接存在障碍，缓解参保患者“因病致贫”和“因病返贫”能力有限。这些问题悬而未决，直接影响到大病保险的可持续发展，使其建设和发展进入瓶颈期。国家战略发展目标和人民群众的健康需求，对大病保险提出客观要求，而创新发展是大病保险制度建设突破瓶颈的必由之路。本研究以目标为牵引，以问题为导向，通过国内外大病保险模式的比较、理论分析、实证分析、典型模式的综合评估、政策模拟等研究，针对我国大病保险当前突出的主要问题，结合我国实际情况，提出大病保险创新发展的三种模式，即治标模式、治本模式和标本兼治模式，以及创新发展的三种路径，即渐进式发展路径、阶梯式发展路径和跨越式发展路径。研究成果在相关单位得到转化应用，为相关政策的制定提供参考依据。

本著作的出版得到本人承担的教育部哲学社会科学研究重大课题攻关项目“大病保险创新发展的模式与路径研究”（项目编号 16JZD022）的资助。感谢项目组梁鸿教授、罗力教授、李国红教授和熊林平教授，在研究设计、研究方法、数据采集和现场调查等方面给予的真知灼见和大力支持；感谢段光锋副教授、李阳讲师在数据分析和相关论文撰写等方面做出的重要贡献；感谢研究生曹新君、李洁莹、高小金在文献分析、项目调研、数据收集、整理和分析等方面的贡献。同时，诚挚地欢迎学界同仁和读者批评、指正和交流。

摘　要

本研究在需求定向、问题牵引和目标导向原则的指引下，在大病保险的理论研究、实证分析、综合评估和政策模拟基础上，结合我国实际情况，通过大病保险政策问题的根源分析，探索新时期我国大病保险创新发展的模式及实现路径，为相关政策的制定提供依据。全书共15章，主要研究内容可归集为四个部分。

第一部分是绪论。根据国家发展战略对卫生健康发展的要求和当前大病保险政策建设发展的状况，系统阐述大病保险的研究背景和创新发展需求。应用文献系统综述、文献计量分析、比较研究和专家咨询等方法，梳理相关政策，比较分析国内外大病保险代表性模式的特征和成效，系统综述大病保险发展现状和发展趋势，分析存在的问题，总结建设发展的经验，从而形成本研究的建设发展目标，以及围绕目标的研究内容和方法。

第二部分是理论研究。在保险理论分析的基础上，针对我国大病保险建设和发展中存在的理论问题，结合我国实际情况，对大病保险理论研究进行探索。应用福利多元主义理论、新公共服务理论、习近平新时代中国特色社会主义思想、利益相关者分析、保险经济学分析、社会治理、政策分析等理论和方法，探索具有中国特色的大病保险理论，为大病保险创新发展模式和路径的建立奠定基础。

第三部分是实证分析。从全方位视角，系统分析大病保险政策在实践中的做法、成效、问题和经验。应用关键知情人访谈、现场调研、个案分析、专家咨询、RE－AIM模型、微观模拟模型、ROCCIPI分析等方法，通过大病保险不同利益相关者分析、代表性模式的系统分析、典型模式的综合评估和大病保险模式的政策模拟等，力求客观、准确地描述大病保险政策在具体实践中的全貌，以及政策改变可能产生的效果，为大病保险创新发展模式和路径的建立和选择提供实证依据。

第四部分是大病保险创新发展的模式和路径研究。在上述理论研究和实证分析的基础上，针对我国大病保险全面实施以来凸显的主要问题，借鉴国外大病保险的成功经验，结合我国国情民生的特点，从理论和实践上深入研究和探索，提出建立具有中国特色的层次明晰、衔接高效、功能互补、可持续发展的大病医疗保险框架体系，包括大病保险创新发展的三种模式，即治标模式、治本模式和标本兼治模式，以及创新发展的三种路径，即渐进式发展路径、阶梯式发展路径和跨越式发展路径。

Abstract

Under the guidance of the principles of demand-oriented, problem-driven, and goal-oriented, this research is based on theoretical research, empirical analysis, comprehensive evaluation and policy simulation of critical illness insurance, combined with actual conditions of China, to explore the innovative development model and implementation path of critical illness insurance by root-analysis of policy issues, and provide the basis for the formulation of relevant policies. The book has 15 chapters, and the main research content can be grouped into four parts.

The first part is the introduction. According to the requirements of the national development strategy for health development and the current situation of the development of critical illness insurance policy, the research background and innovative development needs of critical illness insurance are systematically reviewed. Some methods such as literature review, bibliometric analysis, comparative research and expert consultation were used to sort out relevant policies, compare and analyze the characteristics and effectiveness of representative models of critical illness insurance at home and abroad, systematically review the development status and trends of critical illness insurance, and analyze existing problems. Summarize the experience of construction and development to form the goals of this research, as well as the research content and methods.

The second part is theoretical research. Based on the analysis of insurance theory, in view of the theoretical problems existing in the construction and development of China's critical illness insurance, combined with China's actual conditions, the theoretical research of critical illness insurance is explored. Apply welfare pluralism theory, new public service theory, socialism theory with Chinese characteristics in the new era, stakeholder analysis, insurance economics analysis, social governance, policy analysis and other theories and methods to explore critical illness insurance theories with Chinese characteristics, and to lay the foundation for the establishment of innovative development models and paths for insurance.

The third part is empirical analysis. From a comprehensive perspective, the research systematically analyzed the practice, effectiveness, problems and experience of critical illness insurance policies in practice. Key insider interviews, field research, case analysis, expert consultation, RE-AIM model, micro simulation model, ROCCIPI analysis and other methods were applied to do analysis of different stakeholders in critical illness insurance, systematic analysis of representative models, comprehensive evaluation of typical models, and the policy simulation of the critical illness insurance model, etc. The purpose is strive to objectively and accurately describe the overall picture of the critical illness insurance policy in specific practice, as well as the possible effects of policy changes, and provide empirical evidence for the establishment and selection of the innovative development model and path of critical illness insurance.

The fourth part is the research on the model and path of the innovative development of critical illness insurance. On the basis of the above theoretical research and empirical analysis, in response to the major problems that have emerged since the full implementation of critical illness insurance in China, we learn from the successful experience of foreign critical illness insurance, combined with the characteristics of China's national conditions and people's livelihood, and carried out in-depth research and exploration in theory and practice. The research estabalished a critical illness insurance framework system with Chinese characteristics, which is with clear levels, efficient connection, complementary functions, and sustainable development. The results includes three innovative development models of critical illness insurance: the temporary cure model, the permanent cure model, and both the symptoms and root causes model, as well as three innovative development paths: the gradual development path, the stepped development path and the leapfrog development path.

目录

Contents

Contents

第一章

绪　论

第一节　研究背景

大病严重影响人类健康，并造成巨大的经济损失，一直是人们关注的重点。社会经济发展、医学模式改变和医学技术进步，一方面给大病患者带来希望和福音。通过新药品、新材料、新技术和新设备的应用，原来无法治疗或难以控制的重大疾病，得到有效的治疗甚至治愈。另一方面，大病给患者及家庭造成巨额的经济负担，高额的大病医疗费用使患者难以承受，导致“因病致贫、因病返贫”现象的发生，对医疗保障制度和相关政策提出客观需求。因此，如何有效缓解和降低大病患者经济风险成为人们日益关注的焦点问题。

建立大病医疗保险制度是我国医疗保障领域的一项重要突破，是在国家和政府部门的高度重视和大力支持下形成和发展的，并在全国范围内得到推广和实施。新医改以来，我国初步建立了覆盖全体国民的基本医疗保障体系，人民群众看病就医有了基本保障，实现了基本医疗保险全民覆盖的目标。但是，我国基本医疗保障制度的保障能力仍然处于较低水平，特别是城镇居民基本医疗保险（简称城镇居民医保）和新型农村合作医疗（简称新农合）的医疗费用补偿能力有限、补偿水平不高，人民群众对大病医疗费用负担过重问题反映仍较强烈。为切实缓解人民群众大病医疗负担过重的问题，2012 年 8 月，国家发展改革委、卫生部、财政部、人力资源社会保障部、民政部和保监会联合颁布出台《关于开展城乡居民大病保险工作的指导意见》。该指导意见指出，“大病保险是在基本医疗保障的基础上，对大病患者发生的高额医疗费用给予进一步保障的一项制度性安排，是基本医疗保障制度的拓展和延伸，旨在有效减轻人民群众大病医疗费用负担，解决因病致贫、因病返贫问题，提高医疗保障水平和质量，促进社会公平正义”。同时，提出“要形成政府、个人和保险机构共同分担大病风险的机制，坚持政府主导，专业运作，利用商业保险机构的专业优势，支持商业保险机构承办大病保险，发挥市场机制作用，提高大病保险的运行效率、服务水平和质量”。各地根据指导意见要求，结合当地实际进行探索和实践，制定了开展大病保险的具体方案，标志着大病保险制度开始试点。在实践过程中，涌现出了具有代表性的湛江、太仓、江阴等地方模式，并总结相关经验进行推广和交流。截至 2015 年 4 月底，31 个省份均已开展相关的试点工作，其中 16 个省份全面推开，分别有 287 个和 255 个地级以上城市开展了城镇居民和新农合的大病保险工作，整个覆盖约 7 亿人。在大病保险广泛开展试点和不断总结经验的基础上，2015 年 7 月，国务院办公厅下发了《关于全面实施城乡居民大病保险的意见》，强调了全面实施大病保险的基本原则，并且提出了政策实施的分阶段的具体目标，即“在 2015 年底前，大病保险覆盖所有城镇居民医保和新农合参保人群，大病患者看病就医负担有效减轻；到 2017 年，建立起比较完善的大病保险制度，与医疗救助等制度紧密衔接，共同发挥托底保障功能，有效防止发生家庭灾难性医疗支出，城乡居民医疗保障的公平性得到显著提升”。该政策文件标志着我国大病保险制度正式建立并全面实施。

大病保险制度在全面推进和实施过程中，取得了一定的成效，在一定程度上缓解了大病患者的经济负担。通过大病保险制度的实施，各地在实践中不断探索和总结，促进了政府主导与发挥市场机制作用相结合，探索了创新性管理体制，扩大了大病保险受益人群覆盖面，城乡居民大病患者医疗费用的实际报销比例，在基本医疗保险支付的基础上得到逐步提升，一定程度上减轻了大病患者的经济负担。大病保险实施的当年，保障的人数达到 10.5 亿人，2015 年向商业保险公司投保的大病保险保费为人均 28 元，人均平均报销了 7 138 元，全国个案最高的报销数额达到了 111.6 万元①。2016 年我国大病保险制度累计赔付资

① 保监会：《2015 年大病医保人均报销 7 138 元，最高达 111.6 万元》，第一财经，http://www.yicai.com/news/5138063.html，2016 年 10 月 19 日。

金已经超过300亿元，直接受益的人数大概为1 010万人次，比2015年增加近400万人次[①]。通过社保部门与商保机构的合作形式，利用商保机构的专业优势为大病保险注入活力，创新大病保险管理体制。截至2016年，商业保险公司承办大病保险覆盖人口9.2亿人，在大病保险总覆盖人口中占比87.6%[②]。2018年政府工作报告中指出，大病保险制度在我国已经基本建立，已有1 700多万人次受益[③]。2018年，基本医疗保险与大病保险总报销水平已经超过了80%[④]。同时，大部分省份已制定了城乡居民大病保险向贫困人员倾斜的政策，表明大病保险制度对贫困群体的关注进一步加强。《关于做好2019年城乡居民基本医疗保障工作的通知》提出，大病保险政策范围内报销比例由50%提高至60%，进一步减轻患者的经济负担。全国实际运行数据也反映出了大病保险保障水平不断上升的趋势。

同时，现行大病保险制度在理论分析和实践过程中亦出现诸多问题，有的甚至阻碍了大病保险的可持续发展，使其陷入困境，大病保险的建设和发展进入瓶颈期。在理论方面，在对大病保险的定义、制度属性和政策目标的认识上仍然存在分歧，在筹资水平、资金来源、支付标准、保障范围以及补偿水平等方面也没有形成共识。具有代表性的专家观点认为，基本医疗保险的实质就是大病保险，所谓“保基本”，本质上就是“保大病”，不赞成大病保险的提法。大病保险政策存在求成过急、准备不足、概念不清、定位不准、设计不善、路径失当、责任不明等问题（王东进，2013；2014）。指导意见中，既没有明确大病保险是基本医疗保险，也没有明确其是商业健康保险，给专家学者、不同部门、热心人士留下诸多解读、引申、争议空间（黄华波，2015）。各类保障措施内涵和边界含混不清，因此并不能有效解决灾难性卫生支出风险，进而实现大病保险制度设计的初衷。应当逐步将大病保险纳入基本医疗保险制度框架，使其回归制度本位，发挥政府主体责任和“兜底”作用（熊先军、高星星，2016）。大病政策实施起即遇到诸多问题，如政策本身定位与设计问题、政策实施过程中的运行机制问题和部门、行业利益协调问题。主要原因是大病保险不应该把社会医疗保险基金作为其资金来源，应当单独筹资（何文炯，

① 李斌：《大病保险效果明显，实际报销比例达70%》，搜狐网，https：//www.sohu.com/a/128528660_114731，2017年3月11日。

② 《国新办举行城乡居民大病保险创新发展有关情况发布会》，中华人民共和国国务院新闻办公室，http：//www.scio.gov.cn/xwfbh/xwbfbh/wqfbh/33978/35288/index.html，2016年10月19日。

③ 《2018年政府工作报告》，中华人民共和国国防部，http：//www.mod.gov.cn/topnews/2018-03/05/content_4805962.htm，2018年3月5日。

④ 人社部：《基本保险+大病保险的政策报销水平已经超过80%》，中国发展网，http//www.china-development.com.cn/news/zj/2018/02/1237756.shtml，2018年2月26日。

2014）。另外，在支付标准的设计方面存在缺陷。现行政策的标准是将个人作为测算单位，但是当个人医疗支出额低，而整个家庭成员医疗支出总额较高时无法获得大病保险的保障。以社会平均收入作为测算基础，对中低收入群体而言是不合理的（高广颖等，2017）。这种制度设计可能会使得家庭灾难性医疗支出已经发生，但是却得不到保障的现象大量出现（仇雨临、冉晓醒，2019）。在实践方面，大病保险筹资渠道单一、统筹层次偏低，各地筹资标准和保障水平存在较大差异，不同保障制度的衔接存在障碍，缓解参保患者“因病致贫”和“因病返贫”能力有限，因道德风险而导致的医疗费用不合理增长和资源浪费，承办大病保险的商业保险机构的专业化综合优势未能充分发挥等。由于大病保险政策未规定大病保险基金的最低统筹层级，过低的统筹层级导致风险化解能力弱，以及大病保险基金入不敷出，直接影响基金的安全和稳定。以保险项目（省、市、区/县级政府为该区域内全部城乡居民购买一个大病保险）作为参考指标，2016 年商业保险机构承办的大病保险项目共有 605 个，其中省级统筹 13 个，占比 2.1%。地市级统筹的项目 324 个，县区级统筹的项目 268 个，分别占 56.5% 和 44.4%[①]。从 3 年实施效果看，总体而言呈现多方利益受损的状况。大病保险的利益相关方，包括参保群众、商保公司、社保经办机构等，都不同程度存在利益受到损失的问题（黄华波，2015）。于保荣等对商业保险公司承办城乡居民大病保险现状进行研究，对北京、成都、青岛、滨州、深圳、辽宁、河南、吉林松原等地进行现场调研，调研对象包括政府部门、社会医疗保险经办机构、参与城乡居民大病保险经办的商业保险公司。结果显示，目前商业保险公司参与大病保险经办的效果不好，主要表现为商业保险公司在经办工作中处于被动和从属地位，专业优势未能发挥，社保信息系统“碎片化”，数据共享性较差等（于保荣等，2018）。

在打赢脱贫攻坚战的大背景下，国家高度重视大病保险的建设和发展，赋予重任并给予大力支持。中共中央、国务院于 2015 年 11 月 29 日颁布的《中共中央　国务院关于打赢脱贫攻坚战的决定》提出具体目标，“到 2020 年，稳定实现农村贫困人口不愁吃、不愁穿，义务教育、基本医疗和住房安全有保障。实现贫困地区农民人均可支配收入增长幅度高于全国平均水平，基本公共服务主要领域指标接近全国平均水平。确保我国现行标准下农村贫困人口实现脱贫，贫困县全部摘帽，解决区域性整体贫困”。要实现这一目标，必须找到导致贫困的原因，进而采取有的放矢的政策。国务院扶贫办调查显示，2015 年全国现有的 7 000 多

① 《国新办举行城乡居民大病保险创新发展有关情况发布会》，中华人民共和国国务院新闻办公室，http：//www. scio. gov. cn/xwfbh/xwbfbh/wqfbh/33978/35288/index. htm，2016 年 10 月 19 日。

万贫困人口中，因病致贫的有42%；因灾致贫的有20%；因学致贫的有10%；因劳动能力弱致贫的有8%；其他原因致贫的有20%①。“因病致贫”是导致贫困的首要原因，“一人得病，全家返贫”的现象还普遍存在。“因病致贫”的“病”一定不是一般性疾病而是大病，因为贫困人口中超过八成都参加基本医疗保险，而现行基本医疗保障制度可以做到“保基本”，但对“保大病”则显得无能为力，这也是大病保险制度建立、发展和完善的主要原因。因此，“看大病是民生的痛点”，是脱贫攻坚战中最大的“拦路虎”，因病致贫是精准扶贫的重点和关键。2016年6月，经国务院同意，国家卫生计生委、国务院扶贫办、国家发展改革委、教育部、科技部、民政部、财政部、人力资源社会保障部、环境保护部、住房城乡建设部、水利部、国家中医药局、中央军委政治工作部、中央军委后勤保障部、中国残联15个部门联合印发了《关于实施健康扶贫工程的指导意见》，在指导思想上提出“坚持精准扶贫、精准脱贫基本方略，与深化医药卫生体制改革紧密结合，针对农村贫困人口因病致贫、因病返贫问题，突出重点地区、重点人群、重点病种，进一步加强统筹协调和资源整合，采取有效措施提升农村贫困人口医疗保障水平和贫困地区医疗卫生服务能力，全面提高农村贫困人口健康水平”，明确了实施健康扶贫工程的总体要求、目标任务和保障措施，对组织实施提出了要求。为了进一步解决大病保障问题，2017年2月，民政部等六部门联合印发《关于进一步加强医疗救助与城乡居民大病保险有效衔接的通知》，对大病保险与医疗救助衔接中存在的问题指明了解决方向，对完善我国重特大疾病医疗保障体系具有重要的指导意义。2018年9月30日，国家医疗保障局、财政部、国务院扶贫办联合印发《医疗保障扶贫三年行动实施方案（2018~2020年）》将完善大病保险制度作为促进健康扶贫的重要举措。在党和国家高度重视下，经过不断探索与实践，大病保险制度正逐步走向成熟。2019年3月，李克强总理在《2019年国务院政府工作报告》中提出，“继续提高城乡居民基本医保和大病保险保障水平，居民医保人均财政补助标准增加30元，一半用于大病保险。降低并统一大病保险起付线，报销比例由50%提高到60%，进一步减轻大病患者、困难群众医疗负担”。

国家战略发展目标和人民群众的健康需求，对大病保险提出客观要求，而创新发展是大病保险突破瓶颈的必由之路。2016年10月25日中共中央、国务院印发并实施《“健康中国2030”规划纲要》，提出坚持以人民为中心的发展思想，把人民健康放在优先发展的战略地位；以提高人民健康水平为核心，以体制机制

① 国务院扶贫办：《贫困农民42%因病致贫》，搜狐网，https://www.sohu.com/a/48879867_354570，2015年12月16日。

改革创新为动力；把健康融入所有政策，全方位、全周期保障人民健康，大幅提高健康水平，显著改善健康公平。规划纲要指明了发展目标和方向，是今后15年推进健康中国建设的行动纲领。大病严重影响人们健康，并造成巨大经济损失，大病保险是保障健康的客观需求。我国大病保险制度经历了探索、建立、试点、推广、全面实施的发展阶段，取得了一定成效，但是在理论、方法、管理体制、运行机制等方面存在的问题日益凸显，这些问题尚未达成共识，悬而未决，使得各地在经过多样化的实践后逐渐进入发展的瓶颈期。因此，在系统总结和客观分析大病保险理论和实践的基础上，探索适应新时期我国大病保险创新发展的模式和路径，是大病保险制度发展的客观需求，是提升制度运行效果、实现国家战略目标的必要条件。

第二节 研究目的和意义

一、研究目的

通过文献综述、理论研究、实证分析、综合评估、政策模拟和政策研制等方式和方法，系统总结我国大病保险制度建立、探索和实践过程中取得的经验和存在问题，并针对主要问题进行根源分析。在此基础上，以健康中国发展战略为依据，以大病保险目标为导向，以“创新、协调、绿色、开放、共享”为发展理念，借鉴国际大病保险制度的经验和发展趋势，结合我国政策环境的实际情况，提出我国大病保险创新发展的模式和发展路径，为大病保险制度的发展和完善提供参考和依据。具体目标如下：

第一，应用文献归纳、文献荟萃、文献计量分析，以及政策分析等方法，通过对具有代表性的国内外大病保险模式进行分析，总结国内外大病保险政策在实践中取得的经验和存在的问题，系统分析国内外大病保险制度研究进展和发展趋势。

第二，在大病保险理论的基础上，根据我国的基本国情、特点和政策环境，结合新的理念、理论和方法，重点探讨我国大病保险中存在的理论问题，系统阐释我国大病保险制度的特征，形成具有特色的我国大病保险的理论框架。

第三，根据不同经济发展水平、不同地理位置特点，以及不同保险方式等特征，选取我国大病保险实施过程中具有代表性的地方模式进行实证分析。通过实证分析，系统总结不同模式的特点、成效、经验和存在问题，为创新发展模式的研究提供参考。

第四，我国大病保险模式的综合评估和政策模拟。选取我国大病保险政策实践中的典型模式进行综合评估，分析各种模式的特征和总体效果。应用微观模拟方法对典型模式在不同政策和条件下的实施效果进行政策模拟，为创新发展模式和路径的研究提供依据。

第五，在上述研究的基础上，系统分析我国大病保险的目标、特征、关键问题、问题根源和政策环境等，按照政策制定的科学程序，对我国大病保险创新发展的模式进行总体设计与研制。

第六，在大病保险创新发展模式的总体设计框架下，以需求为方向、问题为牵引、目标为导向，在系统分析大病保险政策问题根源的基础上，根据不同的政策目标，提出我国大病保险创新发展的模式、路径和相应的配套措施。

二、研究意义

我国大病保险制度的建立和发展，是打赢脱贫攻坚战和实现健康中国战略发展目标的客观要求；是避免家庭灾难性医疗支出，缓解“因病致贫、因病返贫”问题，促进社会公平正义，构筑更加牢固的医疗保障安全网的重要举措；也是中国特色社会主义医疗保障体系的重要组成部分。经过多年的探索和实践，大病保险制度在实施过程中取得一定的成效，但是也存在诸多问题，有的甚至成为大病保险发展的阻力和瓶颈，直接影响到大病保险制度的可持续发展。因此，本研究在需求定向、问题牵引和目标导向原则的指引下，通过对大病保险的理论研究、实证分析、综合评估和模拟实践，结合大病保险政策问题的根源分析，提出我国大病保险创新发展的模式及实现路径，为相关政策的制定提供依据。其研究意义主要体现在以下三个层面：第一，从理论层面补充、丰富和完善我国大病保险理论，具有重要的理论意义。我国大病保险制度建立伊始，即在制度属性、定位、资金筹集、保障范围、补偿水平等理论问题方面不够明晰，产生较大的争议，且到目前为止尚未达到共识。本研究通过对大病保险理论问题的梳理和分析，将国际上大病保险理论与国内实践经验相结合，在政策目标和政策环境约束下进行系统研究，探索具有中国特色的大病保险理论，为大病保险创新发展奠定理论基础，对补充、丰富和完善我国大病保险理论具有重要意义。第二，从实践层面系统分析和总结大病保险制度执行过程中的成效和问题，具有重要的实践意义。我国大病保险制度是在积极探索、勇于实践、不断总结和政府部门大力支持的基础上建设和发展起来的，尽管在理论上、政策上存在一些争议或不足，但是在具体实践中因地制宜形成具有自身特色的大病保险模式，并取得一定成效。本研究通过对我国典型大病保险模式的案例分析、综合评估，以及政策的微观模拟分析等，对我国大病保险政策的实践情况进行系统研究，分析和总结现行大病保险政策下不同模式的优点、经验、存在的缺陷和问题，并深入探讨主要问题产生的根源，为我国大病保险政策的改革和发展提供重要依据。第三，从发展层面提出我国大病保险创新发展的模式和路径，对大病保险的可持续发展具有重要指导意义。通过对国内外大病保险制度的比较研究和发展趋势分析，为我国大病保险制度发展提供理论支持，通过我国典型大病保险模式的实证分析、综合评估和政策模拟，为我国大病保险制度发展提供实践经验。在理论和实践结合的基础上，坚持以人民为中心的发展思想，以“创新、协调、绿色、开放、共享”为发展理念，以我国大病保险发展的政策目标、关键问题和实际需求为导向，以体制机制改革创新为动力，结合客观实际情况，按照政策制定的科学程序，提出具有中国特色大病保险创新发展的模式和实施路径，为大病保险的可持续发展提供决策参考依据。

第三节 文献综述

一、国外文献综述

（一）大病保险的起源与发展

在人类发展历史上，重大疾病造成的危害巨大。天花、麻风病、鼠疫、霍乱等烈性传染病因具有传染性强、危害严重、难以救治等特点，给人类生命健康带来巨大威胁和惨痛的教训。随着社会经济发展、医学技术进步和医学模式的转变，人类的疾病谱发生变化，危害健康的重大疾病由急性病向慢性病转变。主要的慢性病一直是发达国家主要的健康危害因素（Kopczynski J. et al.，2001）。2015 年世界卫生组织（WHO）关于慢性病现状的研究报告表明，在 2012 年全球 5 600 万人死亡中，高达 68%（3 800 万人）死于慢性病，其中近 75%（2 800 万人）的慢性病所致死亡发生在中低收入国家（WHO，2015）。因此，慢性疾病成为危害健康的主要疾病，其中癌症、心脑血管疾病等慢性病成为威胁人类健康的重大疾病，不仅严重影响人体健康，还造成了巨大的经济损失。

现有大多数文献显示，南非是现代保险学意义上重大疾病保险的发源地。1983 年 8 月 6 日，马里优斯—伯纳德医生（Dr. Marius Barnard）与南非“Crusade”人寿保险公司合作，开发出世界上第一款重大疾病保险产品，为冠状动脉搭桥术、恶性肿瘤、急性心肌梗死和卒中四种重大疾病提供保障。马里优斯—伯纳德博士是南非的一名心脏外科医生，在行医过程中遇到的许多类似的典型病例，使他受到深深的触动和深刻的影响，并引起深入的思考。“因为有高明的医生和医术，重大疾病或许不会结束一个人的生命，但是它会结束一个家庭的经济生命。当一个家庭的经济生命结束的时候，病人的生命也就跟着结束了，这是我作为医生的最大无奈。”许多患者在接受成功的手术后仍然不久就离别于人世，其中一个重要的原因是高昂的医疗费用耗尽了患者一生的积蓄，许多患者手术后失去自己的工作、房子，甚至尊严。作为医生可以挽救患者的生命，甚至可以延长患者的生命，但却无法解决病患因缺钱而放弃治疗的难题。现实中病患的痛苦和需求促使伯纳德医生认识到，“医生可以医治一个人身体上的创伤，只有保险公司才能医治他经济上的创伤”。于是，在他的建议和倡导下，与“Crusade”人寿保险公司合作开发了重大疾病保险，首推保障 4 种大病，被保险人一旦确诊罹患这 4 种疾病之一，就能获得保险公司的赔付。由此，第一个具有现代意义的重大疾病保险产品出现在南非的保险市场。

重大疾病保险问世后，迅速风靡市场，并在全球推广和发展。1986 年后重大疾病保险陆续引入英国、加拿大、澳大利亚、东南亚等国家和地区，并迅速发展起来，保障范围扩大到 20 余种疾病。1988 年重大疾病保险引入美国，美国医疗保障分为商业医疗保险和社会医疗保险两部分，参加商业医疗保险需要自行购买包括重大疾病保险在内的保障产品，而享有社会医疗保险的人群，含有重大疾病保险。1990 年后重大疾病保险迅速引入瑞士、德国、荷兰、法国、意大利、西班牙、奥地利和匈牙利等欧洲国家，同时在中美洲等地得到推广。据统计，目前有 50 多个国家销售重大疾病保险产品，由于各个国家的国情不同，重大疾病保险在各国的发展中形成了不同的模式。①

（二）国外典型大病医疗保障模式

1. 英国模式

（1）概况。

1948 年，为尽快解决第二次世界大战（以下简称二战）引致的大量贫穷、

① Critical Illness Insurance：What Is It and Who Needs It?［EB/OL］. https：//www. investopedia. com/articles/personal - finance/010416/critical - illness - insurance - who - needs - it. asp BY ZINA KUMOK，2019 - 06 - 30.

疾病和伤残等问题，英国颁布了《国民健康法》，开始推行国家卫生保障模式。该模式由英国国家卫生服务体系（national health system，NHS）、商业医疗保险和社会医疗救助3部分组成。

一是国家卫生服务体系。该体系覆盖全体国民，是英国最主要的保障制度，旨在对所有人提供免费的医疗服务，这也是世界上规模最大的、具有社会福利性质的公费医疗制度。其理念源于二战后流行于欧洲的凯恩斯主义，是从摇篮到坟墓的社会福利系统的重要组成部分。当时的英国经济学家威廉·贝弗里奇在对德国社会福利进行考察与研究后，提交了构建英国社会福利政策的《贝弗里奇报告》，其核心原则就是把社会福利作为一项社会责任确定下来，通过建立一套以国民保险制度为核心的社会保障体系，使所有公民都能平等地获得包括医疗在内的社会保障。英国工党政府上台后通过立法正式确立了这一全民免费医疗体系，使得每一个英国居民都可获得近乎免费的医疗服务。NHS提供了从摇篮到坟墓的一揽子服务项目，涵盖了从预防到康复、从孕检到临终护理、从感冒发烧的小病到心脏手术等大病的各类医疗保健服务，所有英国合法居民基本上都可以免费享受NHS的服务。NHS的医疗服务提供分为3个层次：初级保健服务由遍布城乡自主开业的家庭医生提供，政府按照人头付费方式向家庭医生付费；二级保健服务由社区医院提供，主要提供急诊、大病诊疗等；三级保健服务由专科医院提供，主要负责专科医疗服务和特殊医疗服务（孙冬悦等，2013）。全英16个行政地区及近200个地方当局的卫生服务费用、医生雇用和几乎全部医院病床主要由国家提供。其中，费用的95%左右来自国家税收和国家健康保险，绝大多数的医院服务和社区服务是免费提供的。初级卫生保健经费也是通过每年卫生部资金分配来提供，分配给90个家庭卫生服务委员会。此外，全科医生服务的患者绝大多数是免费的。因此，该模式保证了国民享有较高水平的医疗服务待遇（张晓等，2010）。

在英国无论是大病还是小病，只要是在规定的医疗机构就医，都可以享受近乎免费的医疗服务，居民无须为大病带来的经济负担担忧。然而，全民型的医疗保险模式也使得英国多年承受沉重的财政负担。医院属于国家，政府提供85%的经费，医护人员也由国家发放固定工资。长此以往，由于缺乏激励机制，医院不能提供高质量的服务，服务效率下降，医务人员工作积极性降低。医生报酬与付出不挂钩，不能有效地调动医生的工作积极性，外科医生不愿多做手术，全科医生则以预约已满为由拒绝为患者治疗，或者动辄建议患者转向上一级医院。久而久之，这些因素都导致医患双方矛盾尖锐。免费提供的医疗服务，极易导致国民对医疗服务的过度需求，进而导致了排长队就医、住院期过长等现象在公立医院司空见惯，医疗费用持续增长。全民型医疗保险模式下，不但医疗服务成本意识薄弱、卫生资源浪费、缺乏对需方的控制，同时也造成了医疗卫生资源的浪费，使得国家负担日益加重（饶雍华，2016）。近些年，英国政府正通过开展管办分离、医药分开、内部市场机制、支付方式改革，以及鼓励私营资本进入医疗服务领域等多种举措，以期达到降低财政负担，提高 NHS 运行效率和服务质量的目标。

二是商业医疗保险。主要包括私人医疗保险、非营利部门保险、互助组织提供的保险三大类。目前，英国有 45 家提供私人医疗保险的公司，提供的医疗保险项目品种繁多，主要分为普通私人医疗保险、重大疾病保险、失能收入损失保险和长期护理保险等，其中，重大疾病保险是最重要的险种（张遥等，2010）。参加私人健康保险的人并不需要放弃 NHS 的免费医疗，而是在享受 NHS 服务的基础上，使自己有更大的选择和便利，如使用自费病房、自费病床以及到私人医院就诊等，这笔费用则由私人健康保险公司支付（胡善联，2002）。商业医疗保险作为全民保险体系的一种补充，其覆盖人群约占总人口的 1/10。其参保对象是自愿投保人，参加私人部门医疗保险者大多为“雇主和经理”阶层等。在资金筹集方面，由参加私人部门医疗保险的投保人按照规定标准缴纳保险费给保险人，保险人在被保险人出险时给予理赔。一般是雇主或者个人缴费，或者是雇主和个人联合缴费（贾洪波，2012）。

三是社会医疗救助。为了避免日益增长的自付医疗服务费用对低收入群体医疗服务可及性和公平性的影响，英国政府对老人、慢性病患者、低收入群体（家庭）等社会弱势群体，实行处方费用、牙医费、手术材料费等费用的减免政策，以减轻其医疗经济负担，在最大程度上避免灾难性卫生支出发生。社会医疗救助政策的原则是：有能力承担费用者必须自己支付，没有能力承担费用的可以获得救助。判断人们的支付能力时除了考虑收入标准外，还要考虑居民的健康状况，一般有需要长期护理的患者/家庭可享受社会医疗救助金额的最高上限，老年人其次，其他人群依次。

（2）英国大病医疗保障模式。

在大病保障方面，由于英国实行全民保险为核心的社会保障制度，其原则是提供基于患者需求而非支付能力的医疗服务，因此，对于大病患者而言并无经济方面的压力，基本避免出现因病致贫的社会问题。总体上来看，英国大病保障可分为三个层次。

第一层，NHS 提供基本免费的医疗服务。NHS 提供基本免费的医疗，覆盖全部的基本医疗服务需求。患者仅需支付部分处方费、牙医费、眼科费用以及非医疗服务费用如交通费，绝大部分医疗费用由财政支付。

第二层，社会医疗救助制度为弱势群体提供“兜底”保护。对于部分弱势群体，英国实施处方费减免的社会医疗救助政策，救助对象包括老人、体弱多病人群、享受政府津贴补助人群、低收入人群和税收抵免人群，保障这一群体的医疗服务的可及性与卫生服务公平性的同时，降低大病医疗支出的风险（余臻峥，2010）。这一群体的认定标准包括：资产标准、资格标准、病种标准和特征标准。资产标准：根据2015年度的规定，储蓄、投资和财产终身居住养老院者的资产限额为23 250英镑，其他人资产限额为16 000英镑。资格标准：一是享受收入支持计划待遇者；二是基于收入的求职津贴领取者；三是与收入关联的就业支持津贴领取者；四是养老金保障津贴领取者；五是税收豁免证持有者。病种标准：一是永久性插管，需要持续手术或检查者；二是某种形式的肾上腺机能减退，需要替代物进行持续治疗者；三是尿崩症或垂体机能减退者；四是1型糖尿病患者（仅仅靠饮食控制的除外）；五是甲状腺功能减退者；六是肌无力者；七是黏液性水肿者；八是癫痫患者；九是持续残疾而不能自理者（不包括临时性的恢复期的伤残）；十是各类正在治疗的癌症患者和肾透析患者。特征标准：一是60岁及以上者；二是16岁及以下者；三是16～18岁的全日制学习者；四是孕妇以及近12个月生孩子者（持有有效的生育费用豁免证）；五是患有特种病，且持有有效的医疗费用豁免证者；六是患有持续的身体残疾，没有人帮助不能外出，并持有医疗费用豁免证者等。NHS根据不同人群的特点详细规定了各类救助对象及其享受的救助内容，通过免除救助人群医疗过程中的自付费用达到医疗救助的目的。

第三层，商业医疗保险有力补充NHS的不足。在公立医院服务效率低下，看病就诊等待时间较长的现象难以根除的情况下，高收入群体可通过购买商业医疗保险的方式，获得更加便捷、高效和更加个性化的医疗保险服务。商业医疗保险以补充保险的角色介入英国医疗保障体系当中，为居民提供更多的医疗保险服务选择。目前，英国私人医疗保险主要分为普通私人医疗保险、重大疾病保险、失能收入损失保险、长期护理保险等。其中，重大疾病保险是最重要的险种，主要有两种产品：一是只保障6～10种基本重大疾病的保险。主要包括癌症、心脏病、脑卒中、冠状动脉绕道术、肾衰竭和重要器官移植等疾病。二是保障30多种重大疾病的综合保险。在疾病定义和分类方面，英国保险协会对重大疾病保险的几十种重大疾病制定了统一标准，该协会每年都会发布《重大疾病保险的最佳实践声明》，旨在帮助和保护消费者，并帮助他们了解和比较重大疾病政策，其中包含对重大疾病的定义和分类等。

（3）英国大病医疗保障的主要特点。

英国是典型的国家保障模式。政府部门是英国医疗服务的最大出资方，NHS的经费主要来源于税收，通过转移支付购买医疗服务，并对服务过程进行监管。

国民无须以缴纳保险费作为享受卫生保健服务的前提条件，政府免费为居民提供医疗服务。NHS 提出以患者为中心，提供人性化服务，居民获得基于需要的医疗保障。医疗卫生服务应以患者需要和偏好为基础，而不是被医学专业人士和系统内各部门的历史性障碍所左右。因此，无论是患有大病还是小病，只要是按照 NHS 的要求和程序，在规定的医疗机构就医，患者都可以享受几乎免费的医疗服务，居民并不会因患大病而带来巨大的经济负担。另外，政府针对社会弱势群体（如老人、低收入者、慢性病患者等）提供医疗救助，保障这一群体的医疗服务需求。同时积极支持和发展商业保险，满足高收入群体对获得更加便捷、高效医疗服务的需求。英国商业健康保险保障范围较广，不仅包括 NHS 的所有服务，还包括各种疾病所造成损失的补偿。英国重大疾病保险保障的疾病范围逐步发展扩大，目前重大疾病包括 6 种核心疾病和市场上 95% 的重大疾病保险都包括的疾病（孙冬悦等，2013）。免费的医疗服务虽然缓解了居民的负担，但政府的财政压力日益加剧。

2. 美国模式

（1）概况。

美国的医疗保障制度不同于世界上大多数工业化国家，没有建立统一的医疗保险制度，而是以复杂多样的自由市场型商业健康保险作为医疗保障的主要形式，政府承办的社会医疗保险作为辅助。总体来说，美国医疗保障体系主要由两部分组成，第一部分是商业健康保险制度，该制度是美国医疗保障的主体。商业健康保险又可分成两种类型，一种是由私人或者社会组织提供的商业健康保险，其中一部分是非营利保险公司。另一种是营利性保险公司。非营利保险公司主要由医生和医院联合会发起成立，比如蓝十字（Blue Cross）和蓝盾协会（Blue Shield Association）保险公司。营利性保险公司则以联合健康集团（United Health Care Group）、安泰保险集团（Aetna）等为代表。美国人口统计局数据显示，2008 年 3 亿美国人中大约有 1.76 亿人享有雇主或家属的雇主提供的私营保险公司医疗保险，占美国总人口的 58% 左右，2013 年这一参加商业保险的比例达到了 64.2%。此外，约有 2 700 万人由个人购买商业健康保险。第二部分是美国政府为弱势群体提供的社会医疗保险和救助，主要包括医疗照顾计划（Medicare）、医疗救助计划（Medicaid）和儿童医疗保险计划（the state children's health insurance program，SCHIP）等。Medicare 主要是针对 65 岁以上的老年人以及因残疾、慢性肾炎等接受社会福利部门救济者提供的医疗保险，经费由联邦财政拨付，患者只需负担较少部分；Medicaid 根据《美国安全法》规定，对低收入、失业和残疾人群提供免费的医疗服务，其划定的贫困线依据各州经济情况而定，2012 年美国享受到医疗救助的患者超过 5 200 万；

SCHIP 于 1997 年开始实施，目的是向未纳入医疗保险范围内的儿童和孕妇提供医疗补助（冯鹏程，2015）。2013 年，政府的医疗保险保障计划覆盖了全国人口的 34.3%，另有 13.4% 的人（约 0.42 亿人）没有参加任何医疗保险（熊先军等，2013）。

（2）美国大病医疗保障模式。

作为以商业健康保险为主导的国家，美国并没有制定专门的大病保障制度和体系。多种类的商业健康保险以及政府提供的社会医疗保险和医疗救助，共同构筑了大病保障体系。主要体现在以下几个方面。

一是商业健康保险以自付费封顶的方式为参保人群提供大病保障。在美国，购买商业保险的参保人员，一旦发生医疗支出，患者需要支付免赔额以下的所有费用，以及免赔额以上的部分费用（比例约为 20%），但为了降低患者因大病带来的高费用负担所引发的家庭财务危机，一般情况下，保险公司还设定了个人负担封顶额，当个人自付费用超过一定金额时，不再需要个人支付。免赔额和共付额的设定降低了患者的道德风险，而个人自付额封顶也化解了患者因大病造成的财务风险。这样的机制设计，一方面可以提高参保人群自我保健意识，另一方面可以体现健康保险的互助互济的价值。即使参保人罹患重大疾病，只需负担较小部分医疗费用，基本不会给患者家庭造成灾难性卫生支出。除了对疾病保障外，美国各州的法律规定保险公司必须提供某些医疗服务，如乳腺检查、宫颈癌检查、糖尿病患者健康教育、婴幼儿免疫等，推进一级、二级预防工作开展，消除或减轻患病危险因素，降低危重慢性疾病的患病率，进而减轻大病保障负担。

二是有多种方式来提供团体重大疾病医疗保险。主要包括：单个雇主提供、债权人或信用机构提供、劳工组织提供、雇主联合协会提供、行业协会提供、专业人员及其他自由职业者协会提供等。目前提供这种保险最显著的方式是单个雇主提供，刺激单个雇主积极为自己雇员提供这一保险安排的最大动因是政府的税收补贴计划。美国联邦收入所得税法规定：雇主代表其雇员及被供养人加入此项计划，雇主所支出的保费将作为他的营业费用支出，可以免税。而对于雇员来说，雇主帮其缴纳的这部分保费（实际是雇员的收入）也不需要纳税。一旦雇主代表其雇员及被供养人加入此项计划，那么雇员、他们的配偶、19 周岁以下的子女或 23 岁以下尚未独立的全职上学的子女等，一般都可获得团体重大疾病医疗保险保障。绝大多数团体医疗费用保险只给付保障费用的一部分，剩余一定的比例由被保险人个人支付，即所谓的共保比例。在美国团体重大疾病医疗保险中最常用的给付比例是 80%，个人支付剩余 20%。但考虑到治疗可能发生的巨大费用，通常的 20% 共保比例也有可能成为大多数人的经济负担。于是保险公司设计了“共保比例最大限额”来限制个人承担的共保比例数额。随着先进医疗技术的提高和医疗费用的增加，团体重大疾病医疗保险最高受益限额也在不断提高。目前，一个 1 000 000 美元的终身最高受益限额是很普遍的，并且一些保单计划中甚至没有最高受益限额的规定。

三是 Medicare 与 Medicaid 等为社会弱势群体提供保障网络。Medicare 由美国卫生与公共服务部卫生服务经费管理局直接管理，主要提供给 65 岁及以上老年人的社会医疗保险计划，年轻人工作期间缴费，但只有退休后才能够享受，具有代际转化互助作用。Medicare 福利包括住院保险、补充性医疗保险、医疗照顾优势计划。政府负担大部分住院费用，如 80% 的医生诊治费用和大部分药品费用。Medicare 并没有设定自付封顶线，但在住院费用方面，绝大部分参保人只需支付固定金额的费用，其余由联邦医保支付。在医疗费用方面，联邦医保也支付了 80% 左右的费用，个人所需支付费用有限。在处方药品方面，当参保人花费超过一定额度后，则给予 95% 的报销。此外，对于联邦医保未予以报销的费用，参保人还可以通过参加商业保险进行再保险。Medicaid 则为无力支付自付费用的低收入人群、失业人群和残疾人群提供医疗救助，免除这一群体的后顾之忧。针对那些收入没有低到可以享受医疗补助，但是又没有高到可以买得起商业保险的家庭，SCHIP 则对家庭中的儿童和孕妇提供医疗救助，降低这一群体的医疗负担。

（3）美国大病医疗保障的主要特点。

美国大病医疗保障依附于其以商业健康保险为主的医疗保险体系。美国商业健康保险由筹资、报销标准各异的保险产品组成，通过保险市场的良性竞争满足人们不同层次的医疗保险需求。虽然保险公司可以自由制定健康保险产品，但为了降低投保人的道德风险、自身运营风险和管理成本，即使待遇标准不同，但一般都采取共付额、免赔额和最高限额等措施（乌日图，2003）。商业健康保险通过设定个人医疗负担封顶线、降低个人自付比等方式为参保人群提供大病保障。同时，除了对疾病保障外，各州的法律规定保险公司必须提供健康教育和疾病预防服务，目的是减少患病危险因素，降低大病的患病率，进而减轻大病保障负担。这种机制的设计，既加强了参保人对自身健康负责的意识，又凸显了健康保险互助共济的作用。即便参保人群不幸罹患重大疾病，也仅承担有限的医疗费用，因病致贫问题并不突出（孙冬悦等，2013）。同时，还通过 Medicare、Medicaid 等社会救助计划给予补充，为处于社会弱势地位的群体构建医疗保险的“安全网”。此外，辅之以商业重大疾病保险，不仅补偿大病患者医疗费用，还弥补了大病患者因无法正常工作而带来的经济损失。

3. 德国模式

(1) 概况。

德国是世界上最早建立社会保障制度的国家，它一直坚持推行强制性的社会保险制度，表现在医疗保险上亦是如此，德国实行的是一种强制性的、以社会健康保险为主、辅之以商业保险的医疗保险制度，这种强制性的社会健康保险制度覆盖了德国91%的人口。加之商业保险的作用，德国整个健康保险制度为其99.8%的人口提供了医疗保障。德国的社会医疗保险由1 300个财务上独立、自我管理的疾病基金组成，强调社会团结互助，政府不参与社会医疗保险的具体操作。国家也没有统一的医疗保险经办机构，政府的主要作用就是设计制度和制定相关法律，担当中介及进行仲裁，处理各方面的利益矛盾。德国政府规定强制参加法定医疗保险的个人收入封顶线和保底线标准，每年适当调整。2018年的封顶线年收入59 400欧元，平均每月收入4 950欧元。收入低于这个标准的德国居民必须参加法定医疗保险。如果收入低于政府规定的保底线（每月400～450欧元），则不必缴纳保险费。失业和领养老金者由社会福利机构为其支付保险费。收入高于政府规定的标准线的公司雇员可选择自愿参加法定医疗保险，或者参加私人医疗保险（朱明君，2012）。政府公务员和自由职业者不需要强制参加法定医疗保险，无论收入多少都可参加私人医疗保险。自由职业者如果在以前曾经通过工作或者作为家属参加过法定医疗保险，也可以重新选择加入法定医疗保险。在德国，公民不管参保哪一个医疗保险基金组织，被保险人（包括其家属和未成年人）在患病时，都能享受法定医疗保险服务，不管其当时经济状况如何，都可以得到及时、免费或几乎免费治疗，就诊时一般不需要支付现金。参加法定医疗保险后，绝大多数的医疗费用可由保险公司支付。但患者也需要分担少量的费用，主要包括：住院治疗时需每天支付10欧元，最多不超过28天；康复治疗每天10欧元；医疗辅助设备5～10欧元等；药品和包扎用具价格的10%（最低5欧元，最高10欧元）；不满18周岁的未成年人不需要分担上述费用。

(2) 德国大病医疗保障模式。

社会医疗保险设置个人或家庭最高自付费限额。德国医疗保险对于大额医疗费用的保障主要体现在设置个人自付费用最高限额上。德国法定医疗保险提供的医疗保障，覆盖了98%的民众看病所需的医疗服务，费用由法定医疗保险全部支付，不用自己花钱。民众只需对某些特殊医疗服务项目以及门诊用药，分担比例不高的自付金额。通常情况下，如果在一年内支付的医疗费用总和超过家庭总收入的2%，那么在当年的剩余时间，如果再需要就医、买药、住院等，个人就不必再支付费用了。此外，对于罕见病的医疗服务、护理服务和有针对性药品，分别纳入法定医疗保险和法定护理保险的保障范围，法定医疗保险管理的重点是罕见病的界定、针对性药品的筛选及价格的控制（朱明君，2012）。

政府为社会弱势群体提供医疗费用补偿与税收减免。对于符合制度规定的慢性病患者，共付额度则会控制在其年收入1%以内的水平，当年度医疗费用开支超过法定限额的部分，由法定医疗保险全额补偿。此外，政府还采取其他措施来保护弱势群体，如对穷人、儿童、孕妇实行共付费免除，对年自付卫生保健费用超过600欧元和占年家庭收入一定百分比的家庭给予个人所得税减免（朱明君，2012）。

（3）德国大病医疗保障的主要特点。

德国是世界上最早建立社会医疗保险制度，并以法律的形式固定下来的国家。德国的医疗保障体系主要由法定医疗保险、法定护理保险、特定人群福利性保障和私人医疗保险等构成。德国的医疗保险保障范围广，基本做到应保尽保、全程覆盖，而且对预防、早期诊断、治疗和康复等都提供了相应的保险。社会医疗保险设置个人或家庭年总收入最高2%的自付费限额，实行自付费封顶的方式保障大病医疗支出风险。对慢性病患者以及其他社会弱势群体，将医疗费用个人/家庭最高支出限定在年收入的1%，超过部分有医保基金补偿，同时提供所得税减免的税收优惠。因此，在上述社会医疗保险体系管理体制和运行机制下，基本避免了因病致贫现象的发生。

4. 澳大利亚模式

（1）概况。

澳大利亚医疗保障采用的是全民医疗保险制度。该制度的建立和发展源于20世纪70年代澳大利亚颁布的《健康保险法》，该法案的实施标志着全民医疗保险制度开始推行。经过不断的实践和完善，澳大利亚于1984年制定并实施新的《全民医疗保险法》，新的法案正式确立了澳大利亚医疗保障制度的核心为全民医疗保险（Medicare）。全民医疗保险表现为覆盖范围宽广，保障水平较高的特征。不仅包括澳大利亚全体国民，而且还包括符合相关规定的外国公民，并对大部分医疗服务的提供实施免费或补贴。主要内容包括：全免费的公立医院急诊、门诊和住院医疗服务；免费或部分补贴的私人全科和专科医疗服务；补贴的社区私人药品服务；全免费的病理检验、影像检查和治疗服务等。当然，免费和补偿的范围有明确的规定。如政府为在医疗福利计划（medical benefits schedule，MBS）内的门诊诊治服务提供补贴并制定相应的补贴标准，依照药物福利计划（pharmaceutical benefits schedule，PBS）规定的标准对药物进行补贴等。澳大利亚的另一特征是实行医药分开制度，患者就诊后持医生开具的处方到药店自行购药。在药物福利计划（PBS）内的处方药需要患者承担一个共付费用，2012 年的数额为 35.4 澳元。根据 PBS 规定，共付费用对弱势人群具有优惠政策，例如持有特许卡的人（一般是符合相关规定的低收入者和老年人），共付费用仅需支付 5.8 澳元，而一些特殊处方药的共付费用还要再低一些（孙嘉尉等，2014）。澳大利亚政府在提供公费医疗服务的同时，积极支持私人医疗保险业务的发展。为了避免高收入者与低收入者争抢有限的政府医疗资源，对于那些不买私人医疗保险的高收入者会有一定的惩罚。截至 2010 年，澳大利亚累计有 1 012 万人拥有私人医疗保险，占总人口的 44.9%，政府为了鼓励国民购买私人医疗保险，一般会给予 30% ~40% 的退税补贴（许飞琼，2013）。

（2）澳大利亚大病医疗保障模式。

澳大利亚医疗保障实行的是全民医疗保险模式，其对大病医疗的保障体现在全民医疗保险的筹资、支付补偿、对特定人群实施优惠政策，以及对资源的分配和利用等方面。在全民医疗保险的筹资方面，澳大利亚依照公民收入状况征收医疗保险税，一般分为 3 个层次：一是低收入阶层减免征税。全民医疗保险规定相应的减免标准，如个人年收入低于 21 355 澳元或家庭年收入低于 45 001 澳元，则免征医疗保险税。二是中等收入阶层正常征税。比如个人年收入 9 万澳元或家庭年收入 18 万元澳元以下，则正常缴纳应税收入的 1.5% 作为医疗保险税。三是高收入阶层加收征税。针对个人年收入超过 9 万澳元或家庭年收入超过 18 万澳元的高收入阶层，如果未购买相关的私人医疗保险，除了缴纳正常的 1.5% 以外，自 1997 年开始对高收入阶层加收医疗保险附加税。在对高额医疗费用的支付补偿方面，澳大利亚为避免居民因患有大病而造成的医疗经济负担，专门设置了相应的安全网（safety net），这个制度设计主要针对医院外医疗，也就是全科医疗和专科医疗所产生的费用。当医药服务年消费超过一定数额时，安全网则启动实施。当家庭或个人自己支付的医疗费用达到阈值后（2016 年 1 月这个阈值是 447.40 澳元），院外医疗服务中（医保计划中的项目）医保支付比例由 85% 上升到 100%。在扩展医疗保险安全网（2004 年开始引入）下，院外医疗保险服务中病人自身的付现成本达到阈值后，医疗保险将在剩余的日历年内支付 80% 的付现成本。普通单身人士和家庭在 2016 年的阈值是 2 030 澳元，持有联邦特许优惠卡的单身人士和家庭阈值是 647.90 澳元①。同时，对于药品而言，当患者一年内购买 PBS 覆盖范围内的处方药的总费

① Department of Human Services，The PBS Safety Netthreshold [EB/OL]. http://www.humanservices.gov.au/customer/enablers/medicare/pbs - safety - net/safety - net - threshold.

用，超过一个既定上限时，该患者也可以享受额外的药品价格补贴。对于一般患者，该上限为 1 363.3 澳元，一旦超出，其共付额度会自动下降到特许持卡人的标准，而当特许持卡人的处方药总费用达到 348 澳元时，其原来的 5.8 澳元的共付额将被免除（马洪范等，2017）。在对特定人群的优惠政策方面，澳大利亚政府在 PBS 基础上补充了救助生命药物计划（life saving drugs program，LSDP），专门为罕见病患者提供免费的孤儿药，旨在为患有严重或罕见疾病的患者免费提供昂贵的、拯救生命的药物资助。在对资源分配和利用方面，对于高收入人群，因政府强制购买私人医疗保险，所以 Medicare 不予以支付部分费用，如住公立医疗机构需个人支付的部分（如住单人病房等费用），以及在私立医院的住院费、伙食费、牙科、理疗、家庭护理、整容等费用均由私人医疗保险公司支付。澳大利亚政府大力鼓励公民参与私人医疗保险，以此来减轻政府财政压力，同时也能更好地保障不同人群对健康服务的要求。因此，联邦政府从 1997 年开始实施“商业医疗保险激励计划”，对所有购买私人商业医疗保险的个人和家庭给予保费的 30% 的补贴，2005 年以后，对 65 岁以上老年人的私人医疗保险补贴最高给予 35% ~40% 的退税补贴，年龄越大，补贴力度越大。通过上述多种医疗保障项目的制度安排，澳大利亚无论是社会弱势群体还是高收入人群，较少发生灾难性卫生支出。

（3）澳大利亚大病保障的主要特点。

澳大利亚的大病保障主要是通过制度和机制的设计，体现在其全民医疗保险的核心内容上，并在购买私人医疗保险方面给予导向性鼓励和支持。澳大利亚大病保障的主要特点体现在以下几个方面：第一，是在筹资方面实施分层征税。根据收入不同，交纳不同的保险费，收入越高，缴费越多，保障低收入人群能够公平享有医疗保障的权利。第二，是对高额医疗费用的支付补偿。通过各种机制和措施，如设置安全网和个人最高自付额，低收入者可进一步享受到费用优惠。第三，是对特定人群的优惠政策，尤其是为患有大病或罕见疾病的患者免费提供药物资助。第四，是对医疗资源的有效分配和利用。强制要求高收入群体购买私人医疗保险，以保障有限的医疗保险资源能够最大限度地保障工薪阶层和社会弱势群体。因此，通过上述措施，澳大利亚全民医疗保险的参保者很少发生因患有大病而造成个人或家庭灾难性卫生支出的情况。

5. 日本模式

（1）概况。

日本是亚洲最早建立医疗保险制度的国家，其医疗保险制度同德国一样属于社会医疗保险制度。从世界范围看，日本是一个医疗体制复杂全面、医疗服务质量和水平都高的国家，其基本医疗保险制度早已覆盖全民。日本的医疗保险分为雇员健康保险和国民健康保险两大类。雇员健康保险始建于 1922 年，是日本医疗保险制度创立的标志。健康保险法规定，受雇于 5 人以上企业的劳动者及其家属都必须参加健康保险。健康保险主要有 6 种分别为：政府掌管健康保险、共济组合掌管健康保险、船员保险、国家公务员共济组合、地方公务员共济组合和私立学校教职员共济组合。国民健康保险于 1958 年建立，保障对象包括农民、自由职业者、农林渔业从业者、退休人员以及在日本居住一年以上的外国人等（钱永峰，2012）。此外，日本还建立后期高龄者医疗制度，主要针对 75 岁以上的高龄人群以及 65 ~74 岁残障人群，参保对象按月缴纳保险金。

由于国民健康保险参保人群中低收入者和年龄较大者较多，患有重大疾病情况下，其治疗费用带来的经济负担更重。为避免不幸罹患重大疾病的患者因病致贫，2008 年，日本国民健康保险实行高额医疗费制度。2012 年，日本政府对高额医疗费制度中高、中、低收入者的界定以及各自起付线和多次报销起付线作具体规定。2015 年，为了不让个人负担的医疗费用在家庭支出中所占的比重过大，日本政府以“个人负担与负担能力相适应”为出发点，重新调整收入划分及其自付封顶线标准（徐伟等，2017）。

（2）日本大病医疗保障模式。

大病医疗保障建立在日本国民健康保险体系框架内，国民健康保险制定了高额医疗费用保障政策，规定当费用超出一定额度时，超出部分个人只需承担 1%。具体做法是，将年龄小于 70 岁的参保人群划分为高、中、低收入组，不同收入组的高额医疗费用起付线不同。例如，基本医疗保险都包含了一个月自付费用的标准额度，在 2012 年，对于 70 岁以下的参保者，通常是 80 100 日元（对于较高收入者，该标准为 150 000 日元；而对于低收入者，该标准还相当于自付封顶费用，为 35 400 日元），相当于此时的医疗总费用为 267 000 日元。超过这个标准，患者只需支付医疗总费用超出部分的 1% 即可。同时，从第 4 个月开始，自付标准将继续降低，通常情况降为 44 400 日元（较高收入者的标准降为 83 400 日元，而低收入者的标准则降为 24 600 日元）（王琬，2014）。对于年龄在 70 ~75 岁的参保人，医疗费用自付比例为 20%；对于 75 岁以上老年人群和 65 ~74 岁的残障人群，不再区分一般疾病和重大疾病，所有医疗费用报销比例均为 90%（伍凤兰，2008）。

此外，为了防止患者过多自付费用，尤其是帮助社会弱势群体避免因病致贫，日本政府提出“家庭合计”概念，即参保人与家庭成员一个月（日历上的月份）的医疗费用可以合算作为参保人个人的负担额。如果是在同一个医疗机构中自己负担的额度（包括院外的处方费用）没有超过高额疗养费制度中所规定的个人负担上限，可以将同一个月中自己在多个医疗机构中的个人负担合起来计算。但是，若未满 70 岁的人接受诊疗，个人负担超过 21 000 日元才可以被合算。同一家庭中，其他家庭成员在该月所支付的医疗费用也可纳入计算。如果这个合算额超过负担上限，将获得高额医疗费用政策的补偿。"家庭合计"政策主要是保障家庭中那些非主要劳动力的医保待遇（田源，2017）。对于家庭医疗费用一年累计支出达 10 万日元以上，或家庭收入未满 200 万日元而医疗支出超过年收入 5% 以上者，政策规定可于所得税申报时申请医疗费用扣除额。一般而言，接受公费补助的患者需要通过评估，以确定其是否具有法律资格（罗新录，2016）。

对特定疾病患者进行财政补贴。针对患有那些发病率较低、发病机制不明确、没有有效治疗方法以及不可能完全康复或者一生都需要疗养的疾病的患者，为了降低这一群体的医疗负担和压力，日本政府制定了专项的财政补贴计划。这一补贴计划覆盖日本所有收入阶层，到 2014 年，日本纳入特定疾病财政补贴政策的疾病已经从 1972 年政策实施伊始的 4 个病种扩展到 56 个病种，主要包括无法治愈的疾病、小儿慢性疾病等方面的重特大疾病，如贝赛特氏症、多发性硬化症、重症肌无力、肾移植、原子弹受害者等，受益患者总人数达 925 646 人，即平均每 10 万人中，有 728.4 人享受特定疾患财政补贴政策的福利。

在被两类医疗保险计划强制覆盖人群之外，仍有 0.6% 人口需要政府的救助。现行的医疗救助体系从属于生活保护制度。日本生活保护制度规定，低收入者及失业者领取失业保险金期满后，可享受包括 8 个方面的生活保护，即生活、住房、教育、护理、医疗、生育、就业和殡葬救助，其中只有医疗救助和护理救助是由指定的医疗机构提供实物和服务救助，其余各项均采用现金救助的形式。医疗救助的项目不仅包括门诊、住院、手术、药品等费用，看病时所必需的交通费，治疗时所需要的输血费及眼镜等医疗器械费用也被认定为救助的内容，必要的按摩、针灸等费用也可以申请救助。按照生活保护法第十五条的规定，医疗救助主要在 6 个方面提供救助：诊查，药品以及医用材料、医疗器械等，医学处置、手术及其他治疗术，居家疗养的管理与看护及陪同人员的帮助，医院或诊疗所入院看护及陪同人员的帮助，受救助者的运送。

（3）日本大病医疗保障的主要特点。

日本较早就开始实行覆盖全体国民的医疗保险制度，是世界上第四个实现全民医疗保险的国家。经过不断的实践、提升和完善，日本的医疗保险保障范围广、服务质量好、保障水平高，被公认为世界上国民医疗保障制度最好的国家之一。在大病医疗保障方面，为了防止参保者支付过多的自付费用，尤其是帮助弱势群体避免因病致贫现象发生，日本医疗保险设计了一系列措施予以保障，其特点主要体现在几个方面：一是调整起付线和降低支付比例。根据收入和年龄设置不同的起付线和支付比例，且当个人支付费用到达一定数额后，剩余部分只需支付1%。二是实施政府专项的财政补贴计划。以病种为依据，对“疑难杂症”患者、没有有效治疗方法、不可能完全康复等特定疾病患者提供专项的医疗费用财政补贴，减少这部分参保群体的医疗经济负担。三是对少数贫困者实施医疗救助和护理救助，由指定的医疗机构提供实物和服务救助。

6. 新加坡模式

(1) 概况。

新加坡1983年以前实施全民免费医疗保险制度，政府为全体国民免费提供医疗服务，确保所有国民能够公平地享受到医疗保障。但是，该模式不可避免地带来了医疗资源浪费和政府开支过大等问题，因而难以为继。新加坡在1983年开始对医疗保险制度进行改革，通过国家立法，确立了新的带有强制性的国家医疗计划。这项计划要求全体国民必须以个人或者家庭为单位，开通医疗储蓄账户，企业雇主和雇员共同负担医疗储蓄缴费，以用来支付家庭成员的各项医疗开支。新加坡这种极具国家特色的储蓄型医疗保险制度，获得世界卫生组织的高度评价，被誉为亚洲最有效的医疗卫生体系（王勤，2007）。

新加坡的医疗保障制度，可概括为“三保制度”，即保健储蓄计划、健保双全计划和保健基金计划。首先是保健储蓄计划（Medisave）。1984年4月，新加坡建立了保健储蓄计划，被认为是第一道医疗保障防线。每个新加坡公民都必须按照自己所属的年龄阶段将每月收入的一定比例存入个人保健储蓄账户中，雇主和个人各负担一半，直至退休。保健储蓄费归个人所有，没有用完的部分可由死者受益人结转使用（王琬，2016）。其次是健保双全计划（Medishield）。由于支付和保障能力取决于个人账户资金的多少，再加上严格地限制提取和支付的额度，Medisave往往无法解决低收入人群和其他弱势人群在遭遇大病、顽疾时的支付问题。为了帮助参加者支付大病或慢性病引发的大额医疗费用，确保参保者在患上重病或慢性疾病时免于陷入经济困境，1990年7月，健保双全计划应运而生。该项计划允许自愿参保的会员每年从其医疗储蓄账户存款中扣除一定费用作为保费，每年的保费依据参保者所处年龄阶段的不同而不同。在医疗费用超过规定的起付线后，Medishield会向参保者提供80%~90%的医疗费用补偿（荆林波等，2012）。因此Medishield也被称为大病保险计划。它并非强制执行，但是它具有社会统筹的性质，采用的是风险共担的社会保险机制。1994年，针对部分民众较高的医疗费用需求，新加坡政府在健保双全计划基础上又进一步推出了健保双全补充计划，2010年改革为综合健保双全计划，交由商业保险公司进行管理。综合健保双全计划主要对重组医院A、B1级病房（新加坡公立医院的病房分为A、B1、B2、C几个级别，分别对应不同的收费标准，其中A级病房收费最高，政府不补贴。）或私人医院住院提供保障，并设置多款计划供投保人选择。该计划最初由职总英康保险合作社管理，后来逐渐扩展到美国友邦人寿、大东方人寿、英杰华人寿和英国保诚人寿等5家保险公司。2015年，新加坡对健保双全计划进一步改革，开始推行终身健保计划，这一计划是具有强制性，全民参保、终身参保的个人医疗保险计划（杨红燕，2002）。最后是保健基金计划（Medifund），该计划由政府拨款，负责向贫困和弱势群体提供医疗服务。以门诊费用为例，参保者只需要支付50%的费用，其余部分由政府补贴。至于住院费用，根据住院的病房等级，政府会进行不同比例的补贴，余下部分由患者自付。此外，还有乐龄健保计划。这是一项老年严重残疾保险计划，目的是提供终身保障。按照这项计划，身体残疾、生活无法自理的老年投保者，每月可以得到300新元的生活费（王亦冬，2012）。

（2）新加坡大病医疗保障模式。

保健储蓄计划、健保双全计划、保健基金计划以及其他的医疗保健计划共同构成了新加坡医疗保障体系，各个部分承担不同的职责以保障居民的医疗服务需求。在大病的保障方面，新加坡以健康双全计划为核心，其他计划作为辅助。健保双全计划的参保对象限定为拥有保健储蓄账户的新加坡公民或永久居民。参保人的最高投保年龄为75岁，最高受保年龄为85岁。该计划只提供给健康状况良好的参保人，在健保双全计划生效前，参保人必须提交其健康状况证明。保费从参保人或其直系亲属的保健储蓄账户中直接扣除。为了规避逆向选择，保费随年龄增长而增加。

储蓄保健计划为大病患者提供基本保障，个人账户资金可用于支付账户本人及其家庭成员的住院费用、部分门诊和特殊疾病的诊疗费用（郭伟伟，2009），如化疗、血液透析及器官移植的免疫抑制等费用的自费部分，从而减轻重大疾病所带来的经济压力（杨磊，2012）。

健保双全计划为大病患者支起一张“保护网”。健保双全计划主要针对大病、大手术进行保险，以满足重病和慢性病患者的大额医疗费用保障需求，保障范围包括住院费、指定外科手术疗程的费用、植入体的费用以及指定门诊治疗费用（例如洗肾、癌症的化疗和放疗等）。从2013年3月起，在医院急诊部的短期住院费、住院接受精神科治疗，以及新确诊的先天性和初生儿疾病也已被纳入保障范围。为了避免医疗资源滥用，健保双全计划设置了自付额、共同保险和索赔限额。参保人只有在支付医疗费用自付部分和共付部分之后，才能获得健保双全计划的补偿。具体而言，对于住进B2级和C级病房的大病患者，政府在提供C级80%补贴和B2级65%补贴的基础上，参保人在支付医疗费用自付部分和共付部分后，可获得健保双全计划（当前发挥作用的是终身健保计划）进一步补偿，每个保单年度最高限额不超过 10 万新元，终身保额不超过 30 万新元。总体上来说，个人只需支付门诊费用的 10%，住院费用自付额则依年龄、病房登记不同而有所差别，自付比例也根据参保人经济收入情况分为 10%、5% 和 3% 三档。对于高收入群体，则可通过参与综合健保双全计划额外保险项目以获得更高水平的医疗费用保障。2015 年 11 月，新加坡政府对健保双全计划进行重大政策调整，开始推行终身健保计划，以提高保障水平，实施终身保障，实现全民保障。在终身健保计划下，投保前就已患有疾病的公民或永久居民也能参保，政府承担保障这一群体的大部分经费。但先前已患有癌症、肾衰竭、卒中和心脏病等严重疾病的参保人，除了需要支付终身健保标准保费外，还需支付共 10 年的 30% 象征性附加保费（王琬，2016）。

新加坡医疗救助制度由普遍性的医疗津贴制度和基于收入审查的医疗救助计划两部分构成。一方面，所有新加坡居民都有资格获得政府财政支持的医疗津贴；另一方面，通过多种医疗救助计划为低收入、残障、儿童以及老年等弱势人群提供最后医疗安全网。新加坡所有居民，不论家庭经济状况如何，都有资格获得由政府财政支持的医疗津贴，这也是新加坡政府为国民提供的第一层次医疗保障，但前提是病人必须在公立医疗机构就诊，住院病人还须选择特定等级病房，入住等级越低的病房获得的津贴标准越高。基于收入审查医疗救助计划是新加坡医疗保障的托底层，主要由保健基金计划、社区健康援助计划、专科门诊补助增强计划以及药物补贴计划等构成，救助范围涵盖住院、专科门诊、牙科门诊、药物以及私人全科医生和牙科诊所的服务。

（3）新加坡大病医疗保障的主要特点。

新加坡实施的是带有强制性的国家医疗计划，主要表现为以强制储蓄和全民参保的方式推行医疗保险。新加坡在大病医疗保障方面形成自身的特色，主要表现在以下几个方面：一是建立独立的大病保险制度。在新加坡医疗保障体系中，专注于居民的大病保障工作。健保双全计划主要是针对大病、大手术进行保险的一项制度，目的是满足重病和慢性病患者的大额医疗费用保障需求。健保双全计划在一定程度上解决了新加坡民众的大病医疗费用风险，同时针对实践过程中存在的问题进行改革，2015 年起新加坡政府对健保双全计划进行政策调整，推行终身健保计划，更好地为大病患者服务。二是强调风险共担，避免资源浪费，特别是对参保人行为的控制。健保双全和终身健保都强调费用分担在控制参保人医疗行为方面的重要作用，通过自付额、共同保险、索赔限额条款等措施的设计，如患者需自付 10% 的门诊费用，另外，不同收入的患者承担 10%、5%、3% 三个不同档次的住院费用共付比等，有效控制参保者过度或不当的医疗行为。三是实施多层次的医疗救助，为低收入等社会弱势群体提供专门的保健基金计划，避免其出现大病支出风险。

（三）国外大病医疗保障模式比较分析

1. 典型国家大病医疗保障的比较

国际上基本医疗保障制度主要分为国民卫生服务体系、商业健康保险、社会医疗保险和储蓄医疗保险4种类型。尽管4种类型的医疗保障制度在筹资方式、补偿方式和运行机制方面存在区别，但世界各国均以其主导的医疗保障模式为基础，形成了适合本国特点的针对大病的医疗保障模式，以减少灾难性卫生支出的发生。

在以国民卫生服务体系为主导的英国和澳大利亚，政府为公民提供近乎免费的医疗服务，同时积极发展商业健康保险作为补充，针对贫困、老年等弱势群体在国民卫生服务体系内实施医疗救助，主要通过减免医疗保险税、减免个人自付费用和降低保险起付线标准等方式实施救助。这种模式下居民的医疗费用负担较轻，加上对弱势人群的救助，发生灾难性卫生支出的概率较低，但也存在医疗服务效率不高、服务等待时间较长、医疗费用增长较快的弊端。

在以商业健康保险为主导的美国，其大病保险主要取决于参加的商业医疗保险项目，通常在保险合同中都会设定个人自付上限，超过上限部分全部由保险公司承担，因而保险公司会通过优化支付方式和与服务提供者的谈判来降低其补偿的费用。而对于老年人、无力购买医疗保险的贫困者、儿童等特殊群体，政府专门设立的专门的医疗救助项目。

在同为社会医疗保险模式日本和德国，其对大病的医疗保障不仅仅局限于医疗方面，而是通过整个社会保障体系来应对大病导致的风险，如通过财政补贴、减税等方式改善患者的经济状况，同时对弱势人群进行医疗保险的优惠政策。如德国为贫困的家庭交纳社会医疗保险费用，在医疗保险补偿上设置个人自付封顶线。日本在基本医疗保险报销的基础上设立了高额费用报销制度，患者只需承担很小比例的医疗费用，同时对贫困人群，由指定的医疗机构提供实物和服务救助。

在以储蓄医疗保险为主的新加坡，通过健保双全计划对大病医疗费用进行保障，同时实施普遍性的医疗津贴制度，并专门设立保健基金计划对低收入群体医疗服务进行托底。上述典型国家医疗保障制度及大病保障模式比较，如表1-1所示。

表1-1　典型国家医疗保障制度及大病保障模式比较

国家	医疗保障制度类型	大病保障方式	需方补偿方式	医疗救助方式	优点	缺点
英国	国民卫生服务体系	国民卫生服务体系+商业保险	近乎免费提供医疗服务	减免自付费用	医疗费用几乎全免、居民无大病医疗费用支出压力，公平性较高	成本意识薄弱、医疗服务效率低下；医疗保险基金财政筹资，压力较大
澳大利亚	国民卫生服务体系	国民卫生服务体系+商业保险	超额补偿	减免医疗保险税，降低起付线	双层架构安排，满足不同人群医疗服务需求；医药分离，责权清晰；富者多缴费，互助共济明显	保险资金压力较大
美国	商业健康保险	商业保险+医疗救助项目	自付封顶	政府为贫困者、老人、儿童提供医疗救助	商业保险为主导，资源配置效率较高；Medicare、Medicaid等社会救助计划，为处于社会弱势地位的群体构建医疗保险的“安全网”	容易出现保险公司逆向选择；第三方支付导致医疗费用增长较快；公平性较差
德国	社会医疗保险	社会医疗保险	自付封顶	政府资助参加医保，提高报销水平，补贴卫生支出	强制保险，覆盖面广；自付费封顶，居民医疗支出压力较小；社会共济作用明显	人口老龄化以及保费增长较快，保险公司压力较大
日本	社会医疗保险	社会医疗保险+医疗救助	超额补偿	特定疾病财政补贴，指定的医疗机构提供实物和服务救助	全面保障，覆盖率较高；标准细化，有助于降低社会弱势群体医疗负担	人口老龄化严重导致个人和财政压力较大
新加坡	储蓄医疗保险	储蓄医疗项目+医疗救助	超额补偿	医疗津贴制度，设立医疗救助基金	强调个人责任，有效降低医疗资源浪费	缺乏互助互济

2. 国外大病医疗保障的共同点

（1）依托基本医疗保障制度，构建多层次的大病医疗保障体系。

从各国的医疗保障体系来看，尽管每个国家的基本医疗保障制度不尽相同，但构建多层次的医疗保障体系是各国的普遍做法。无论是以何种医疗保障方式为主体，如国民卫生服务体系、商业健康保险、社会医疗保险和储蓄医疗保险等，各国均构建起了包括政府或社会主导的医疗保险、商业医疗保险与医疗救助在内的多层次医疗保障体系。有些国家通过基本医疗保险提供普惠制的医疗服务，如英国和澳大利亚提供基本免费的医疗服务。德国通过设置个人自付封顶线来降低个人的医疗费用负担，并通过医疗保险补偿政策的倾斜实现对医疗负担较重和经济能力差的群体的大病保障，同时鼓励高收入群体购买商业医疗保险。日本和新加坡则专门建立了针对高额医疗费用的医疗保险项目，在基本医疗保险的基础上进一步降低大病患者的医疗费用，同时辅以医疗救助和生活救助，以减少灾难性卫生支出的发生。美国的商业健康保险通过设定个人封顶线而使个人承担有限的疾病风险责任，政府对老人、儿童和贫困者等弱势群体设立专门的医疗保险和救助项目。

（2）关注弱势群体医疗保障，降低个人大病医疗费用负担。

各国普遍将老人、儿童、贫困者等弱势群体作为医疗保障的重点对象，体现社会公平性。尽管国外医疗保障的形式多样，但各国通常会制定相应的甄别机制来保护无力承担医疗费用的患者。一般是通过个人或家庭收入、疾病的医疗费用来确定重点人群，通过医疗保险筹资和支付政策的优惠来降低医疗费用负担。英国和澳大利亚在提供近乎免费医疗服务的基础上，针对支付能力较差的人群，免除个人需交纳的医疗保险税和自付的费用，德国则通过设置个人自付封顶线来限制个人的风险承担，同时政府为无力参与医疗保险者交纳保险金，并降低医疗保险报销的门槛。日本和新加坡除了基本医疗保险和大病医疗保险的补偿之外，还通过特殊疾病财政补贴、医疗津贴等多种社会救助形式补贴大病患者。

（3）医疗费用上涨幅度加快，医疗保障基金面临较大压力。

各国在提高医疗保障水平、努力降低个人医疗负担的同时，普遍面临着医疗费用快速上涨的难题。一方面是受社会经济发展、社会保障水平能力和水平的影响，各国医疗保险筹资普遍受限，面临较大压力；另一方面是老龄化、慢性病和医疗技术进步带来的医疗服务需求的增加和医疗费用上涨。在此形势下，各国一方面通过支付方式的改革来控制医疗费用的过快上涨，另一方面大力支持商业医疗保险的发展，鼓励有经济能力者通过购买商业保险来降低个人疾病风险。

（四）国外经验对我国大病医疗保险的启示

1. 从完善基本医疗保障制度的整体视角解决大病保障问题

从国外经验看，各国都是基于本国的基本医疗保障制度的框架，构建多层次的医疗保障体系，从而解决大病医疗保障问题。我国《关于开展城乡居民大病保险工作的指导意见》提出城乡居民大病保险是基本医疗保障制度的拓展和延伸，是对基本医疗保障的有益补充。多数学者认为大病保险属于基本医疗保险，是基本医疗保险的新发展或一项特殊性政策，并不是一项独立的制度安排。目前，我国存在城乡居民医疗保险和城镇职工医疗保险两种主要的社会医疗保险形式，而大病保险只在城镇居民中开展。根据保险的大数法则，一个统一的医疗保险项目更能发挥社会共济的作用，因而医疗保险的融合发展是我国医疗保障制度改革的必然趋势。党的十九大之后组建了国家医疗保障局，将医疗保险、生育保险、医疗救助等医疗保障职能集中起来，正为医疗保险的融合带来了新契机。在此过程中，应逐步将大病医疗保险与基本医疗保险实现制度整合，以基本医保制度内部体系的完善来化解当前的各种问题，提升基本医疗保险针对不同费用段补偿的公平性，避免制度的碎片化。

2. 合理确定大病医疗保障的重点对象

目前，我国大病保险所指的大病只是从医疗费用的角度而言，但大病保险的政策目标是解决“因病致贫，因病返贫”，对不同经济基础的人群而言，大病的标准显然是不同的。国际上的重大疾病费用支出多被称为“灾难性卫生支出”，其定义包含三个方面：一是在临床诊断和治疗上属于重症疾病；二是在特定时期内，家庭卫生支出超过原来所界定阈值；三是家庭用于医疗卫生的个人现金支出（out of pocket，OOP）超过其可支配收入一定比例。尽管我国大病保险的保障范围（起付线）参考了世界卫生组织的定义，但二者之间是存在较大差异的，主要表现：第一，我国标准是以个人医疗费用为测算基础，世界卫生组织标准是以家庭为测算基础；第二，我国标准是以社会平均收入为测算基础，世界卫生组织是以每个家庭的可支付能力为测算基础，我国高额医疗费用的界定，虽然采取了与城乡居民经济负担能力对比的方法，但这种界定未能根据个人或不同收入阶层细化，将导致低收入家庭经济负担相对较重，与大病保险的政策初衷相冲突。因而在确定大病保险的重点对象时不应以费用的绝对值，而应以医疗费用与个人和家庭经济状况的相对值确定。

3. 通过综合改革提高大病保险的政策效果

世界各国都存在医疗费用上涨快，医疗保障基金面临较大压力的问题，我国也是如此。在医疗保险基金筹资渠道无法做到“开源”的情况下，只能通过提高运行效率来达到“节流”的目的。一方面要通过重点对象的精确识别，提高大病保险的保障效果，另一方面要通过医药价格改革、药品谈判、支付方式改革等综合措施，避免不必要的医疗支出，合理控制医疗费用，提高医保基金的运行效率，同时做好基本医疗保险和医疗救助的衔接，提升协同保障效果。在医疗保障中还要强调个人职责，对于无力承担医疗费用的群体可以由政府或社会提供基本的医疗保障，而对于高收入人群，可以鼓励通过购买商业医疗保险解决大病保障问题，政府要完善商业健康保险经营的外部环境，同时通过税收优惠鼓励购买商业保险。

二、国内文献综述

（一）我国大病保险发展历程

1997 年厦门市建立的职工大病补充医疗保险，可视为我国大病保险的萌芽。通过对我国大病保险发展的梳理，将我国大病保险发展历程分为基本医保建立、大病医保探索以及大病医保全面启动三个阶段，见图 1－1。

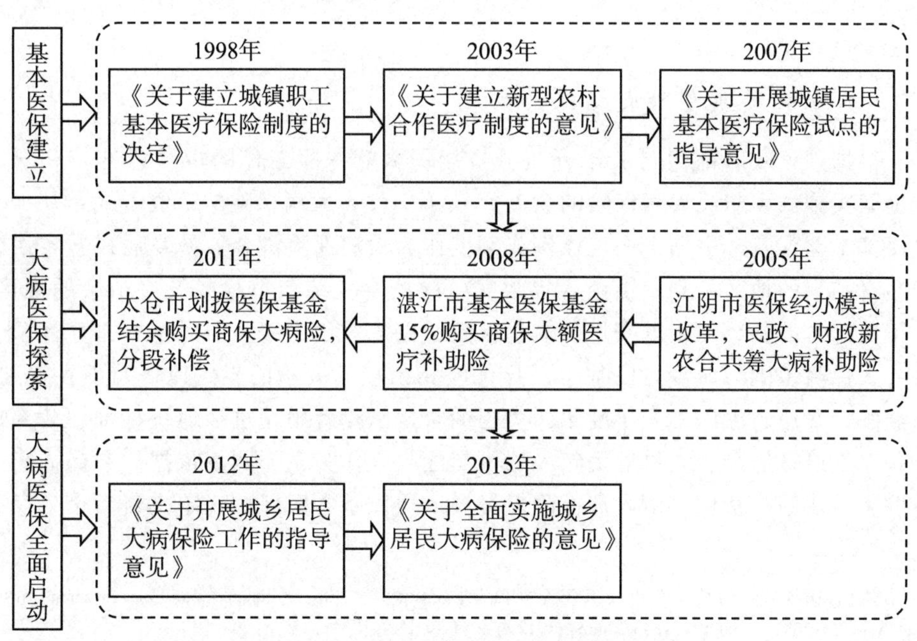

图 1－1　我国大病保险发展历程

第一阶段：从 1998 年城镇职工医保制度改革开始，我国逐步形成了城镇职工医保、新农合医保、居民医保相结合的我国基本医疗保险制度（母玉清，

2016）（罗奎，2008）。第二阶段：江阴市是我国最早商业保险承办新农合的地区。2005 年，江阴市将原属于民政医疗救助资金、一定比例的新农合基金和财政补助构成新农合大病补助保险，纳入新农合商保管理，按病种和特殊人群进行补偿，形成我国最早的城乡居民大病医疗保险模式①。2008 年，湛江市将城乡基本医保基金的 15% 购买大额医疗补助险，由商业保险公司承办②。2011 年，太仓市在城乡基本医保及救助统一管理基础上，由一定比例的医保基金结余建立大病再保险，与商业保险公司签订保险合同，风险调控，保本微利③。太仓大病再保险在商业保险运行模式上取得了探索性突破。在这一阶段多地开展大病保险开办探索。第三阶段：2012 年、2015 年国家分别颁布了《关于开展城乡居民大病保险工作的指导意见》《关于全面实施城乡居民大病保险的意见》，标志着我国大病保险由试点逐步迈向全面覆盖。截至 2016 年，大病保险已在全国覆盖城乡居民 10 亿，大病患者住院实际报销比例达 70%。

从上述我国大病保险发展历程可知，江阴市、湛江市和太仓市分别结合自身的特点和客观实际，对大病保险进行积极的探索和实践，并发挥重要的示引领、示范和参考作用，由此被誉为我国大病保险的经典模式。在此基础上，各地在国家相关政策的指导下，结合自身实际情况，因地制宜形成我国典型的大病保险模式。

（二）我国典型的大病保险模式

根据国家政府部门《关于开展城乡居民大病保险工作的指导意见》和《关于全面实施城乡居民大病保险的意见》政策文件，大病保险的筹资方式是从城乡居民基本医保基金中划出一定比例或额度作为大病保险资金。城乡居民基本医保基金有结余的地区，利用结余筹集大病保险资金。结余不足或没有结余的地区，在年度筹集的基金中予以安排。大病保险的保障对象为城乡居民基本医疗保险参保人，保障范围与城乡居民基本医疗保险相衔接。大病的界定以医疗费用为主，高额医疗费用，可以个人年度累计负担的合规医疗费用超过当地统计部门公布的上一年度城镇居民、农村居民年人均可支配收入作为主要测算依据。参保人患大病发生高额医疗费用，由大病保险对经城乡居民基本医保按规定支付后个人负担

---

① 《江阴模式：独特盈利模式医保商办典范》，新浪网，http：//finance. sina. com. cn/money/insurance/bxsd/20120917/035413152843. shtml，2012 年 9 月 17 日。

② 《湛江市城乡居民基本医疗保险实施细则》，湛江市政府，https：//www. zhanjiang. gov. cn/wsbs/msfw/ylws/ylbxxx/content/post_171617. html。

③ 太仓市政府：《关于社会医疗保险大病住院医疗实行再保险的规定（试行）》，太仓市政府，http：//www. taicang. gov. cn/taicang/tcrsj05/201110/39634e1792844f7992de637203224d87. shtml，2011 年 10 月 11 日。

的合规医疗费用给予保障。在保障水平上，大病保险支付比例应达到50%以上，并按照医疗费用高低分段制定大病保险支付比例，医疗费用越高支付比例越高。大病保险的承办方式坚持政府主导，专业运作，通过政府招标选定承办大病保险的商业保险机构，商业保险机构承办大病保险的保费收入，按现行规定免征营业税。

各地根据国家大病保险的相关政策，结合自身实际，制定了符合当地特点的大病保险实施方案，并进行探索和实践，逐步形成了具有典型性的大病保险模式，这些典型模式代表着我国大病保险的建设和发展状况。本研究选取典型大病保险模式的原则：一是源于研究文献、重要会议经验介绍或新闻报道；二是兼顾大病保险的统筹层次；三是按照社会经济发展不同水平，从东、中、西部分别选取。基于上述原则，最终选取江阴模式、太仓模式、湛江模式、厦门模式、杭州模式、上海模式、河南模式、甘肃模式8个具有各自特点的大病保险典型模式进行归纳分析。

1. 江阴模式

江苏省江阴市在新农合医保商办基础上，早在2005年开始探索由新农合管理的针对特殊人群及病种大病补助保险，现已发展成为大病救助与大病补充保险相结合的大病保障模式，其大病界定为大额费用与特殊病种相结合。大病救助资金来源于新农合基金（8%）以及民政与财政补助，保障对象为贫困人群与大病病种特殊人群，补偿方式为按照医院等级给予不同比例的补偿。大病商业补充保险资金按照自愿原则，每人每年额外筹资50元用于购买大病保险，设置封顶线，按照起付标准分阶段按比例补偿。具体内容见表1-2。

表1-2　江阴模式主要内容

项目	主要内容
大病界定	大额医疗费用、特殊病种
筹资方式	大病救助：新农合基金、民政、财政； 大病补充险：单独筹资
保障对象	大病救助：贫困人群、大病特殊病种人群； 大病补充保险：参加商保人群
保障范围	等同于基本医保
补偿方式	大病救助：参照医院等级分段补偿，设置封顶额； 大病补充险：设置起付线、封顶线，按比例分段补偿
统筹层次	县级统筹
运行方式	医保商办，管办分开，给予保险公司管理费

2. 太仓模式

江苏省太仓市大病医疗保险制度创立于2011年，现有大病保险包括了大病住院再保险、大病门诊医疗保险。大病住院再保险资金，是从基本医保基金结余中划拨一定比例作为大病保险基金，大病门诊保险资金来源于基本医保统筹基金和财政。两种大病险保障对象均为基本医保参保人群。大病住院再保险报销范围扩大，将许多医保报销目录外药品也纳入报销范围。大病保险运行采取医保商办方式，政府成立专门的风险调节金账户，年末大病保险的资金有结余时，保险公司可取得不超过保费总额的5%，其余资金返还风险调节金账户，而账户余额不足时，政府和公司共同承担。医疗风险管控三位一体，保险公司聘用专业人员作为驻院代表，定期巡查定点医疗机构，监督医疗行为，减少医疗资源的浪费，控制医疗费用。具体内容见表1-3。

表1-3　太仓模式主要内容

项目	主要内容
大病界定	大额医疗费用
筹资方式	大病再保险：基本医保基金结余中划拨一定比例作为大病保险基金； 大病门诊保险：基本医保统筹基金和财政分担
保障对象	基本医保参保人群
保障范围	大于基本医保
补偿方式	设置起付线，分段按比例补偿，不设封顶线
统筹层次	县级统筹
运行方式	商办大病保险（风险调节、基金管控三位一体、保本微利）

3. 湛江模式

广东省湛江市在2008年将基本医疗保险的15%用于大额医疗补助，由商业保险公司承办，这是湛江市大病保险早期探索。2012年根据国家指导意见进一步扩大大病医疗保险，2016年开始扩大实施大病医保特困人群精准保障。湛江市大病医保资金来源于基本医疗保险基金；补偿方式分为普通人群一般保障，特困供养人群、建档立卡贫困人员、最低生活保障对象优待精准保障等形式；大病医保的运行方式采用商办大病保险方式，注重信息化管理，充分发挥商业保险在控制医疗费中的作用。具体内容见表1-4。

表1-4　湛江模式主要内容

项目	主要内容
大病界定	大额医疗费用
筹资方式	从基本医疗保险中按人头抽取大病医疗保险基金
保障对象	基本医保参保人群
保障范围	等于基本医保
补偿方式	普通人群：设置起付线、封顶线，分段按比例补偿；特困供养人员：自付费用4 000元以上，按85%报销，无封顶；建档立卡的贫困人员、最低生活保障对象：自付费用6 000元以上，按80%报销，无封顶
统筹层次	市级统筹
运行方式	商办大病保险（信息化管理、商保控费、风险调节、保本微利）

4. 厦门模式

1997年福建省厦门市在建立基本职工医疗保险制度时，为厦门职工建立了职工补充医疗保险制度，在全国率先建立了大病医保制度。经过多年的实践探索，"覆盖全、保障高、服务快、模式新、可持续"的厦门大病保险制度解决了群众反映强烈的因大病致贫、返贫问题。厦门市实现了职工医保与城乡居民保险整合，大病保险筹资职工部分由基本医保统筹基金和个人账户结合缴纳，城乡居民基本医保由统筹基金支付；补偿方式是按照基本医保封顶线以上费用给予较高比例补偿，设置一定封顶线，城镇职工补偿比例和封顶线高于城乡居民；厦门大病保险运行方式采取商办大病保险，采用"托管+契约"的运营方式，让保险公司保本微利，保证其可持续发展（张晓莹，2012；张冠军等，2013；卞呈祥，2013）。具体内容见表1-5。

表1-5　厦门模式主要内容

项目	主要内容
大病界定	大额医疗费用
筹资方式	职工：基本医保统筹基金和个人账户结合缴纳；城乡居民：基本医保统筹基金支付
保障对象	基本医保参保人群（职工、城乡居民保险）
保障范围	等于基本医保

续表

项目	主要内容
补偿方式	基本医保封顶线以上费用给予一定比例补偿，设置封顶线；城镇职工补偿比例和封顶线高于城乡居民
统筹层次	市级统筹
运行方式	商办大病保险（托管+契约，风险调控，保本微利）

5. 杭州模式

浙江省杭州市大病保险包括了大额医疗费用保障、特殊药品保障，并将城镇职工、城乡居民统一纳入参保范围，其基金来源包括：职工医保统筹基金和个人账户联合缴纳，城乡居民由医保统筹基金支付；保障对象涵盖了城镇职工、城乡居民所有参保对象；增加特殊药品大病保障，保障范围大于基本医保；补偿方式既包括了大额费用补偿，也包括了特殊药品费用补偿①。具体内容见表1-6。

表1-6　　杭州模式主要内容

项目	主要内容
大病界定	大额医疗费用
筹资方式	职工：基本医保统筹基金和个人账户结合缴纳； 城乡居民：基本医保统筹基金支付
保障对象	基本医保参保人群
保障范围	大于基本医保
补偿方式	(1) 设置起付标准与封顶线，按照一定比例补偿，城镇职工补偿比例高于城乡居民； (2) 特殊药品补偿，设置起付标准和封顶线，分段按比例补偿
统筹层次	市级统筹
运行方式	由医保部门管理向大病医保商办过渡

6. 上海模式

上海市大病医疗保险按照病种来进行保障，保障疾病包括了重症尿毒症透析

① 《杭州大病医疗保险政策》，沃保网，http://news.vobao.com/zhuanti/851874456704570920.shtml，2016年6月10日。

治疗、肾移植抗排异治疗、恶性肿瘤治疗、部分精神病四大病种。大病保险资金来源于城乡居民医保筹资，保障人群为参与城乡居民医保人群，补偿方式按照基本医保报销后，大病病种自付费用的55%由大病医保补偿。大病保险采用商办方式，设置风险调节金，保本微利，并对承办保险企业保费收入给予税收优惠。采用“管理型医疗”方式，商业保险公司介入医疗过程管理，进行费用管控（陈珉惺等，2017）（见表1－7）。

表1－7　上海模式主要内容

项目	主要内容
大病界定	大病病种：重症尿毒症透析治疗、肾移植抗排异治疗、恶性肿瘤治疗、部分精神病等病种
筹资方式	城乡居民医保基金筹资总额的2%
保障对象	参加城乡基本医保人群
保障范围	等于基本医保
补偿方式	基本医保报销后，自付部分报销55%
统筹层次	市级统筹
运行方式	医保商办、风险调节、保本微利、税收优惠、管理型医疗控费

7. 河南模式

河南省是我国最早实行大病保险省级统筹和一站式结算的省份，河南省大病保险现分为城乡居民大病险和大病补充险两个层次。从筹资方式来看，城乡居民大病险基金来源于一定比例的全省医保基金，并按照省辖市、省直管县差异化筹资；大病补充险资金来源于省财政。从保障对象来看，城乡大病险保障参加城乡医保人群，大病补充险主要保障特殊贫困人群。从补偿方式来看，大病城乡保险设置起付线，封顶额，分段按比例补偿，大病补充险设置起付线，无封顶额，分段按比例补偿。大病保险运行方式由商业保险公司承办，实行风险调控，保本微利，并对大病补充险严格要求执行基层首诊，双向转诊①。具体内容见表1－8。

① 河南省人民政府：《关于印发河南省城乡居民大病保险实施办法（试行）的通知》，http://www.henan.gov.cn/zwgk/system/2017/01/17/010702147.shtml，2017年1月17日；河南日报网：《河南公布城乡居民大病医保新政》，https://www.henandaily.cn/content/fzhan/hntsuo/2017/0119/31414.htm，2017年1月19日。

表 1-8　　河南模式主要内容

项目	主要内容
大病界定	大额医疗费用
筹资方式	城乡大病险：一定比例全省筹资医保额，省辖市、省管县分档差异化筹资； 大病补充险：省财政
保障对象	城乡大病险：参加城乡基本医保人群； 大病补充险：建档立卡贫困人口（含贫困残疾人）、农村低保对象、农村特困人员救助供养对象
保障范围	等于基本医保
补偿方式	城乡大病险：设置起付线，封顶额，分段按比例补偿； 大病补充险：设置起付线，无封顶额，分段按比例补偿
统筹层次	省级统筹
运行方式	医保商办，风险调控，保本微利，大病补充险实行基层首诊，双向转诊

8. 甘肃模式

甘肃省是我国较早实行大病保险省级统筹的地区，其筹资来源于财政基本医保补助，保障对象为城乡医保人群。甘肃省大病保险的显著特点，不仅体现在实现省级统筹，而且在补偿方式上区分人群，分为普通人群和特殊贫困人群，贫困人群补偿比例显著高于普通人群。大病保险运行方式上，采取医保商办，风险调节，保本微利①。具体内容详见表 1-9。

表 1-9　　甘肃模式主要内容

项目	主要内容
大病界定	大额医疗费用
筹资方式	财政基本医保补助中安排
保障对象	参加城乡基本医保人群
保障范围	等于基本医保
补偿方式	普通人群：设置起付线，无封顶线，分段按比例补偿； 贫困人口：设置较低起付线，分段按比例补偿，无封顶线
统筹层次	省级统筹
运行方式	医保商办、风险调节、保本微利

① 甘肃省人民政府：《甘肃省城乡居民大病保险工作实施方案》，http://www.gansu.gov.cn/gsszf/c100071/201805/110423.shtml，2018 年 5 月 25 日；甘肃省人民政府：《关于调整完善甘肃省城乡居民大病保险相关政策的通知》，http://www.gansu.gov.cn/art/c103795/c103869/c103887/201705/211205.shtml，2017 年 5 月 15 日。

（三）我国典型大病保险模式比较分析

上述各种典型大病保险模式都是在国家相关政策文件的要求和指导下进行实践的，但是，在大病界定标准、筹资方式、保障对象、保障范围、统筹层次、补偿方式、运行方式等方面体现出不同的特征。通过典型大病保险模式的比较分析，可以归纳主要特点，找出共同的发展趋势和规律（见表1-10）。

1. 大病界定

大病保险中如何界定大病，是重点和核心。在实践过程中，逐步形成3种方式，即以费用界定、以特定病种界定，以及费用与特定病种相结合方式界定。我国典型大病保险模式中，上海市是以大病特定病种作为大病保险补偿依据，江阴市是以大额医疗费用和特殊病种来界定大病，其余地区均以大额医疗费用作为大病补偿依据。以病种作为大病补偿的上海市和江阴市均是经济发达地区，其城乡居民基本医疗保险保障水平相对较高，如上海市60岁以下参保者在社区卫生服务中心就诊的支付比例达到80%，60周岁以上参保者在社区卫生服务中心就诊的支付比例可达到90%。

2. 筹资方式

典型大病保险模式中，基金筹资分为4种形式：第一种是年度比例缴费。主要是依据各地缴费标准，在当年城乡居民医疗保险基金中划出一定比例作为大病保险基金（上海、湛江）。第二种是结余划拨统筹。将城乡居民基本医保基金结余、民政医疗救助金、财政补助多种形式划拨，形成大病医疗保险基金（江阴、甘肃、太仓、河南）。第三种是单独缴费。由参保居民额外缴纳大病保险费，设立独立大病补充保险（江阴）。第四种是整合式筹资。主要是将城镇职工大病医疗保险和城乡居民大病保险整合的城市（厦门、杭州），城镇职工大病保险缴纳为统筹基金和个人账户相结合，城乡居民来源于一定比例城乡基本保险统筹基金。另外，河南省作为省级统筹，其资金缴纳按照不同地区差异化筹资。除江阴大病补充保险由居民额外缴费外，其余大病保险筹资均不额外收取居民保险金。现有大病保险基金来源主要为城乡基本医疗保险统筹基金、城镇职工医疗保险基金个人账户和统筹基金、财政专项补助、居民额外缴费和民政补助。在具体实践过程中，既有单一来源渠道筹资，也有采取多种渠道筹资的。

3. 保障对象

典型大病保险模式中，大病保险的保障对象涉及的人群覆盖了基本医保参保对象，如城乡居民和城镇职工，做到了全人群覆盖。随着医疗保险制度发展，国家全面建成小康社会政策驱动下，健康精准扶贫作为重要政策措施，大病保障有针对性地向特殊贫困人群倾斜（江阴、湛江、河南、甘肃），更加体现保障公平性，但对贫困人群的确定标准与原则提出了更高的要求。

4. 保障范围

典型大病保险模式中，大病保险保障范围有两种情况，一种是保障范围与基本医保相一致；另一种是保障水平高于基本医保（太仓、杭州）。一个地区保障范围与该地区的经济发展水平，医保基金充足程度密切相关。保障范围扩大势必提高百姓医疗保障获得感，但同时也加大了医疗保障部门基金压力。

5. 补偿方式

典型大病保险模式中，大病保险补偿方式共分为3种。第一种是按不同比例分段补偿，有或无封顶（太仓、江阴、河南）；第二种是按照病种进行补偿（上海）；第三种是按人群进行补偿。特殊贫困人群补偿比例高于一般人群（甘肃、湛江），城镇职工补偿比例高于城乡居民（厦门、杭州）。第一种补偿是依据费用来进行补偿，不同之处在于是否设置封顶额。按照费用进行补偿充分考虑了百姓就医费用压力，但是对于控制医疗费用手段要求更高。第三种补偿方式更加注重保障公平性，城镇职工由于缴费水平高，因此其保障水平要高于城乡居民。特殊贫困人群是脆弱人群，对医疗费用承受能力弱，更容易导致因病致贫和因病返贫，因此逐渐成为重点保障的对象。

6. 统筹层次

我国大病保险统筹层次大多在市、县级，总体统筹层次较低。典型大病保险模式中，河南、甘肃省实现了大病保险省级统筹，高层次大病保险统筹则有利于发挥医疗保险基金最大效能，能够分摊风险，提高医保基金可持续性。但高层次大保险涉及各类医疗保险资源整合，需综合考虑各地市、县经济发展水平，河南省就是按照不同地市社会经济发展的特点和基本医疗保险的实际情况，实行差额化资金筹集。

7. 运行方式

典型大病保险模式均按照国家指导意见要求，主要采取大病保险商办形式，实行风险调控，保本微利。按照商办大病保险数量对运行模式进行划分，分为商办某种大病保险（湛江、厦门、杭州、上海、甘肃）；商办多种大病保险（太仓、河南、江阴），太仓市分为住院、门诊大病保险，江阴市分为大病补助险、大病补充险，河南省分为城乡居民大病险、大病补充险。江阴、河南均针对特殊贫困人群设立额外大病险，更加体现保障针对性。从商业保险公司盈利形式上看，江阴市给予商保公司管理费；其他均采取风险调控，保本微利形式。从控费方面来看，主要采取商业保险公司监管形式，而上海市采取管理型医疗控费，商保公司参与医疗行为过程。

表1－10　国内典型大病保险模式的比较

项目	方式	内容	代表地区
大病界定	大额费用与重大疾病病种相结合	根据当地情况，确定重大疾病及大额费用基准线	江阴
	大额费用	根据当地情况，超过一定费用额度即认为是大病	太仓、湛江、甘肃、厦门等大多数地区
	特定病种	重症尿毒症透析治疗、肾移植抗排异治疗、恶性肿瘤治疗、部分精神病	上海
筹资方式	按年度一定比例缴费	依据各地缴费标准，在当年城乡居民医疗保险基金中划出一定比例	上海、湛江
	结余划拨统筹	将城乡居民基本医保基金结余、民政医疗救助金、财政补助多种形式划拨，形成大病医疗保险基金	江阴、甘肃、太仓、河南
	单独缴费	设立独立大病补充保险，单独缴费	江阴
	整合式筹资	将城镇职工大病医疗保险和城乡居民大病保险筹集的基金进行整合	杭州
保障对象	城乡居民	统一城乡居民医疗保险	太仓、江阴、湛江、甘肃等
	职工、城乡居民	将职工、城乡居民医疗保险统一由商业保险公司运作	厦门等
	向贫困人群倾斜	大病保险向特殊贫困人群倾斜	江阴、湛江、河南、甘肃
保障范围	等于基本医保	符合基本医疗保险报销政策	江阴、甘肃等
	高于基本医保	在基本医保范围外，限定部分不予报销内容	太仓
补偿方式	按不同比例分段补偿，有或无封顶线	基本医保报销后，个人自付部分进行二次补偿，费用越高补偿比越高，有的设封顶线，有的不设	太仓、江阴、河南
	按病种补偿	按照规定的病种进行补偿	上海
	按人群补偿	特殊贫困人群补偿比例高于一般人群城镇职工补偿比例高于城乡居民	甘肃、湛江、厦门、杭州

续表

项目	方式	内容	代表地区
统筹层次	省级统筹	省内统一政策、标准	甘肃、河南等
	市、县级统筹	市县级统一政策、标准	太仓、江阴、湛江、厦门等
运行方式	商保承办或经办某种大病保险	商业保险公司承办或经办某种大病保险	湛江、厦门、杭州、上海、甘肃
	商保承办或经办多种大病保险	如住院、门诊大病保险；大病补助险、大病补充险；城乡居民大病险、大病补充险等	太仓、河南、江阴

（四）我国大病保险发展趋势分析

通过上述我国典型大病保险模式的比较分析可知，社会经济发展状况不同，大病保险的筹资能力和筹资水平，以及大病保险的保障力度和保障水平不一样。尽管典型大病保险模式各有特点，但是通过发展进程分析，结合相关政策环境分析，仍体现出发展的共同趋势，同时代表我国大病保险建设发展的趋势。

1. 医疗保险资源逐步整合

典型大病保险模式经历新农合和城镇居民医疗保险合并管理阶段，如太仓、江阴两市将民政部门管理的医疗救助也纳入医保管理部门具体实施，通过搭建信息化平台，实现资源整合（向国春等，2014）。通过资源整合，改变了分散式管理效率低、保障不平等、资金分散等问题。随着国家行政管理部门逐步整合简化，信息化水平逐步提高，内外部环境逐步优化，医疗保险资源整合将不断推进，大病保险保障水平也将逐步提高。

2. 多层次医疗保障体系逐步形成和完善

构建多层次的医疗保障体系是国外的主要做法，如美国政府通过提供医疗照顾计划（Medicare）和医疗救助计划（Medicaid），为弱势群体提供保障安全网，个人无须支付或仅支付少部分医药费用，而商业重大疾病保险的发展和完善，不仅补偿大病患者医疗费用，还弥补了患者因无法正常工作而带来的经济损失（孙嘉尉，2014）。典型大病保险模式经过多年探索和实践，形成了以基本医疗保险为基础，多种大病保险并存的多层医疗保障形式。多层次医疗保障提高了原有基本医疗保险的保障水平，在医疗保险资金有限情况下，能够缓解特殊贫困人群及大额费用人群就医负担。功能清晰，有效衔接的多层次医疗保障体系的形成和完善是大病保险发展的趋势和方向。

3. 大病保险逐步聚焦于精准保障

特殊人群倾向性保障是发达国家做法之一。如德国法定医疗保险提供的医疗保障，覆盖了98%的民众看病所需的医疗服务，为保护特殊群体免除灾难性卫生支出风险，德国对个人自付医疗费用实行封顶。封顶对象主要包括低收入患者、社会救助者和慢性病患者。同样，我国典型大病保险模式的实践表明，对特殊人群进行针对性补偿，在基金有限情况下，最大限度减轻了特殊人群就医的经济压力。随着国家精准扶贫方略出台，为实现全面建成小康社会的奋斗目标，提高建档立卡贫困人员保障水平，大病保险的发展趋势之一是在原有基础上向特殊贫困人群提供精准保障。

4. 经济发展带动保障水平逐步提高

随着国家社会经济发展水平的发展，各地区经济水平逐步提高，而经济水平的提升是大病保险发展的基础。经典大病保险模式的发展表明，经济发展带动大病保险保障水平提高，而在大病保险保障水平提高基础上，地区间大病保障水平的差距逐步缩短。表1-11为经典大病保险模式医疗保险筹资变化情况。可以得知，从时间发展来看，三种经典大病保险模式的筹资水平2017年与2014年相比增加明显。太仓市筹资总额2017年比2014年增加了71%。各城市之间比较来看，湛江市筹资额度与江阴、太仓市相比较少，其2017年筹资总额与江阴市2014年筹资总额相比仍存在差距，各地经济发展水平决定大病保险筹资能力。筹资额度逐步增加，大病保险保障水平逐渐提高。

表1-11　经典大病保险模式医疗保险筹资变化情况　单位：元

大病保险	个人缴费		政府补贴		筹资总额	
	2014年	2017年	2014年	2017年	2014年	2017年
湛江市（一档）	50	150	320	420	370	570
江阴市	150	200	410	680	660	880
太仓市	200	260	500	940	700	1 200

资料来源：(1) 江阴市合管办：《2014、2017年度江阴市新农合医疗运行情况》，http：//www.jyxnh.com。

(2) 太仓人才网：《关于提高2014、2017年我市居民医疗保险筹资标准通知》，http：//www.tcrcsc.com。

(3) 湛江市人社局：《关于调整城乡居民医保大病保险待遇通知》，http：//gdzj.lss.gov.cn/outside/bmfw/wssb/cxybb/xgzc/2017/0109/10002.html，2017年1月9日。

（五）国内大病保险研究进展

为了全面系统地了解我国大病保险文献研究状况，本部分采用文献计量分析和文献综述相结合的方法。首先应用文献计量分析法对相关研究进行定量分析，以把握学界在大病保险方面研究的热点和重点。其次，通过传统文献综述方法，对相关的研究热点和重点进行分析，以更加准确而深入地呈现我国大病保险研究状况。

1. 大病保险研究的文献计量分析

以中国知网（CNKI）学术文献网络出版总库为总统计源，检索策略如下：一是以“大病保险、大病医疗保险、大病医保”为检索词，对主题进行模糊检索；二是检索时间设定为2003年1月1日～2017年12月31日。以2003年作为搜索起始时间，主要源于这一年是我国实施以大病统筹作为核心的新型农村合作医疗制度元年，以此为起点，可以整体了解我国大病保险研究发展脉络；三是文献来源设定为所有期刊；四是在进行文献筛选时，仅选择完整文献，即有摘要和关键词的文章。经 NoteExpress V3.2 软件去重和手动删除，最终在检索到的5 371篇文献中选取文献样本296篇，导出题录并以 Refworks 格式保存。具体检索与筛选流程如图1－2所示。

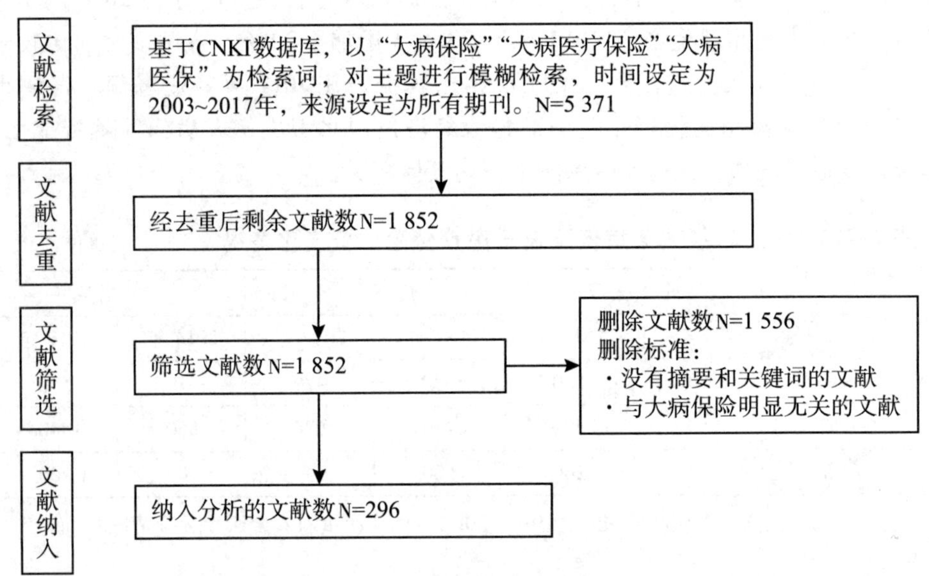

图1－2 文献检索与筛选流程

（1）分析方法。

本研究运用 Excel 分析国内大病保险论文数量、期刊分布等基本情况。运用可视化分析软件 Citespace5.0 R1 对数据进行分析，通过该软件绘制关键词共现网络、关键词时区视图、机构合作图，以可视化展示大病保险研究状况，把握我国大病保险领域研究的重点问题。在掌握我国大病保险领域研究重点问题的基础上，利用文献荟萃方法对这些问题进行深入分析，整体上把握主要研究问题的研究现状。

（2）大病保险研究的计量分析结果。

第一，文献发表趋势分析。图1-3显示了2003~2017年发文量。可知，学界对大病保险领域的研究明显为两个阶段。第一个阶段是2003~2011年，这一阶段发文量较少，大病保险研究尚处于起步阶段。第二阶段则是2012~2017年，发文量呈暴增趋势且持续增长，大病保险研究进入快速发展阶段。出现这一现象主要源于2012年发改委、卫生部等六部委联合发布的《关于开展城乡居民大病保险工作的指导意见》，以及2015年国务院办公厅发布的《关于全面实施城乡居民大病保险的意见》，各地的大病保险的探索实践吸引了学界的重视，相关的研究随着政策的全面推行而不断增多。

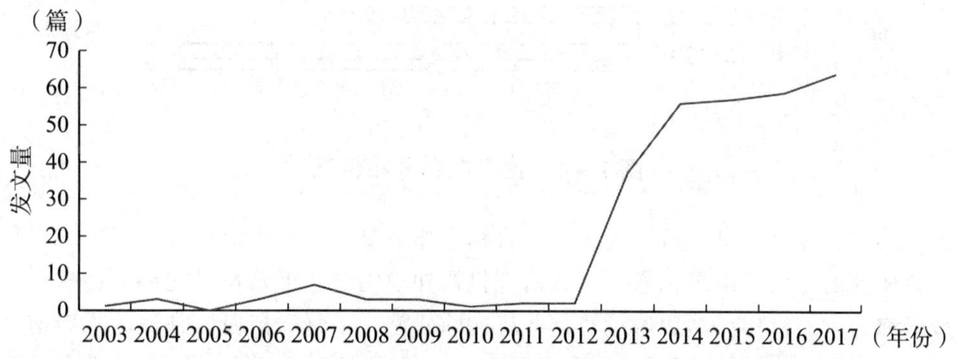

图1-3　国内大病保险研究文献的数量年变化（2003~2017年）

第二，期刊来源分析。文献期刊来源分布往往能反映某领域研究的专业化和综合化程度（万明钢等，2016）。同时，通过对期刊分布的分析，可以帮助我们快速确定大病保险研究的核心期刊群，对今后研究人员查找文献资料、发表学术论文有着重要的指导意义（缪瑞生等，2017）。一是，利用Excel对中国知网上导出的数据进行统计分析发现，涉及大病保险研究的期刊共计139种，排名前15的期刊（见图1-4）载文量占文献总数的45.61%，其中排名前5的期刊发文量则占到了总文献数的30.41%，由此可见，大病保险研究相关论文期刊分布相对比较集中。二是，通过对期刊的性质分析发现，大病保险领域文献主要集中在两类期刊之上，一类是卫生政策和卫生经济研究领域的核心期刊，如《中国卫生政策研究》《中国卫生经济》以及《卫生经济研究》，三种期刊共发文42篇，占总文献的14.19%。另一类是医疗保险领域专业期刊，如《中国医疗保险》《保险职业学院学报》，两种期刊共发文48篇，占总文献数的16.22%。

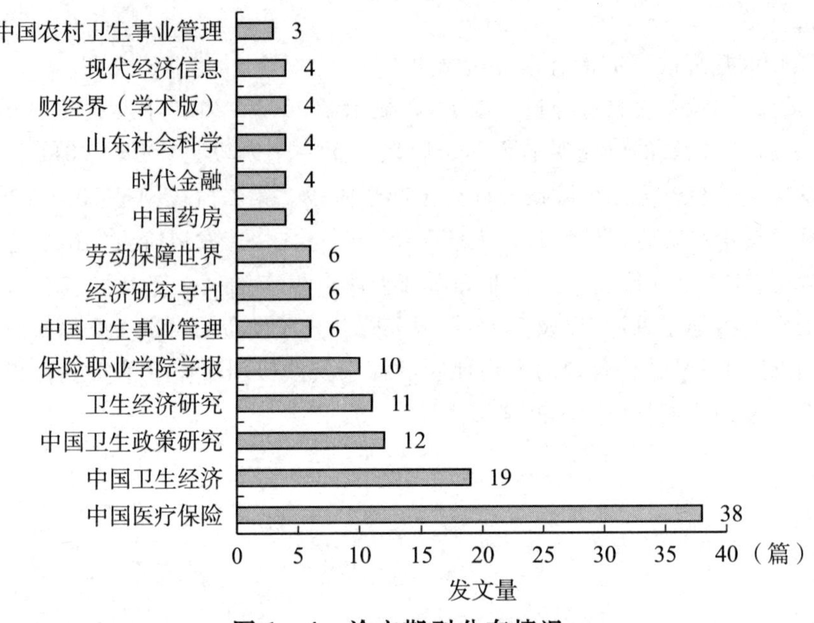

图 1－4　论文期刊分布情况

第三，研究力量分析。首先，是机构合作情况。研究机构是进行一项或多项学科研究的专门性组织，通过制作研究机构知识图谱，可以及时把握那些对该领域研究力大的机构，然后通过对这些机构的研究，了解和把握该领域的最新前沿（吕晓妍等，2014）。为了更清楚、更直观地反映大病保险研究领域机构合作状况，运用 CiteSpace 软件绘制机构知识图谱，如图 1－5 所示。在 CiteSpace 界面中时间区间选择 2003～2017 年，Time slice 为 1 年，Node type 选择 “Institution”，阈值设置为“Top 50 per slice”，选择 MST（最小生成树）算法精简网络，最后得到 227 个节点、64 条连线的机构合作图谱。节点为年轮状，年轮的厚度与该年的该机构发文量成正比，图中的连线则代表机构之间的合作情况。由图 1－5 可以看出，各机构间合作较少，以独立研究为主。大病保险政策作为我国医疗保障领域的重要制度创新，无论是学术研究还是政策活动，都需要政府、医保机构、医院、高校、研究学会等多方主体的共同参与。但从目前情况来看，各主体之间的合作较为缺乏。从完善大病保险政策的理论研究与促进政策实施角度而言，不同主体之间应当加强沟通合作，推动学术研究与实践活动的协同共进。其次，是核心机构研究情况分析。为进一步了解大病保险研究领域主要核心机构研究情况，把握其研究动态，限于篇幅，本章对发文量排名前 3 的机构所发表的论文进行深入分析。在对核心机构研究情况进行分析之前，我们将属于同一组织的二级机构进行整合，并入其上一级组织。如江西中医药大学与江西中医药大学经济与管理学院统称为江西中医药大学，其他机构以此类推。经统计，江西中医药大学发文 15 篇，排名第一，紧随其后的分别是首都医科大学 10 篇、对外经济贸易大学 9 篇。

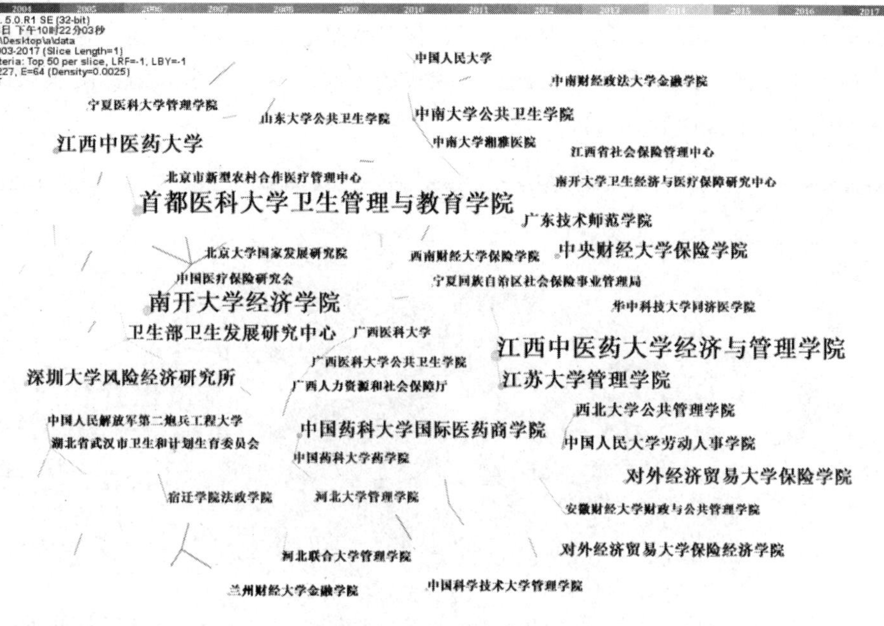

图 1-5　机构合作知识图谱

在具体研究内容方面，一是江西中医药大学的研究共涉及大病保险的筹资机制、运行风险、大病保险与其他医疗保险的区别等几个方面，研究方法多为经验分析。此外，该机构发表的文章仅有少量受到相关科研项目基金的支持，且大部分论文发表在非核心期刊上。二是首都医科大学的研究内容主要集中大病保险实施效果方面，研究方法以定量分析为主，研究结论主要是大病保险在一定程度上降低了居民医疗负担，但在缓解居民灾难性卫生支出问题上效果并不显著，应当通过提高报销比例、降低起付线等多种途径来完善大病保险制度。论文全部受到相关项目基金的支持，其中以北京市人文社科基金、自然科学基金为主。三是对外贸易经济大学主要侧重国内外大病保险相关经验介绍、治理机制以及完善大病保险政策等建议方面。虽然有一定的理论探讨，但仅限于大病保险的治理机制以及法律定位，且相关文章并未交代商业保险机构承办大病保险的合理性以及大病保险制度将如何发展等问题。

第四，文献关键词分析。根据文献计量学研究的观点，通过对文献关键词词频和共词的分析可以反映该研究领域的研究热点和重点。运行 CiteSpace 软件，生成的大病保险研究领域高频关键词（频次≥2）共现知识图谱，如图1-6所示。由图1-6可知，大病保险、城乡居民大病保险、大病医疗保险出现频率较高，这主要是由于检索词选用的就是大病保险以及大病医疗保险的缘故。与此同时，这些词汇在相关文献中的外延和内涵具有高度一致性，本质上来说，是同样的概念。其次，筹资机制、保障范围、保障水平、商业保险机构、运行机制、灾难性卫生支出、医疗费用等关键词出现较高频次，相应表明大病保险领域的研究主要围绕这个方面展开。

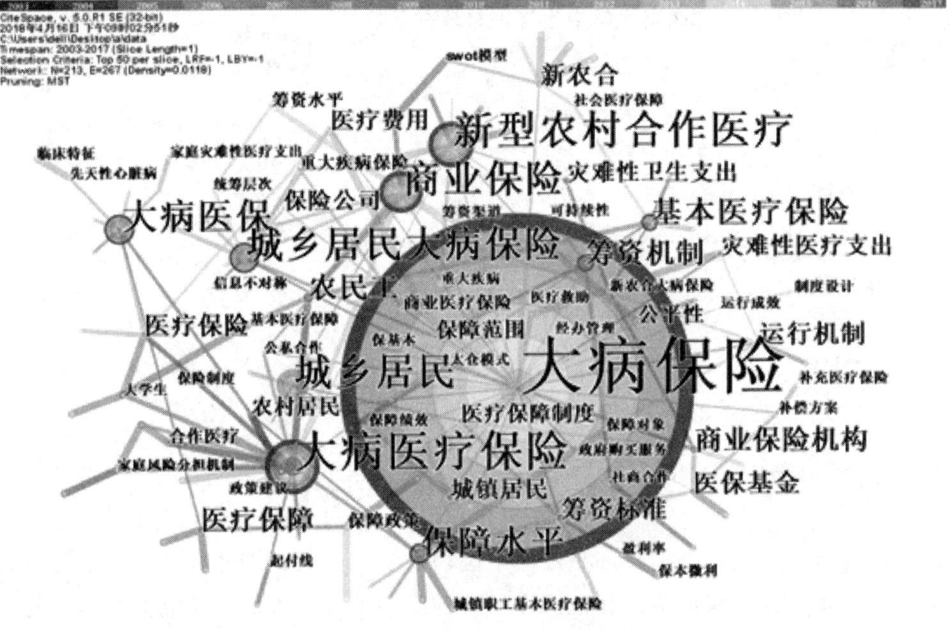

图1-6　高频关键词共现知识图谱（2003~2017年）

由关键词时序图（见图1-7）可以看出，在2003~2012年区间，大病保险领域的研究比较缓慢，仅有大病医疗保险、新型农村合作医疗、基本医疗保险等少量关键词出现。2012年之后，大病保险研究呈迅猛发展态势。从具体关键词的出现时间来看，在大病保险政策实施早期，相关研究主要集中在对大病保险政策的理解方面，如大病保险到底是商业保险还是基本医疗保险、如何确定大病保险的保障范围以及大病保险基金来源等方面，关键词表现为商业保险、保障范围、灾难性卫生支出等。随着各地大病保险政策实践不断推进，学界对大病保险的关注逐渐转移到政策实施的具体问题之上，如大病保险制度的运行机制、筹资机制、保障水平、可持续发展、起付线、信息不对称等。

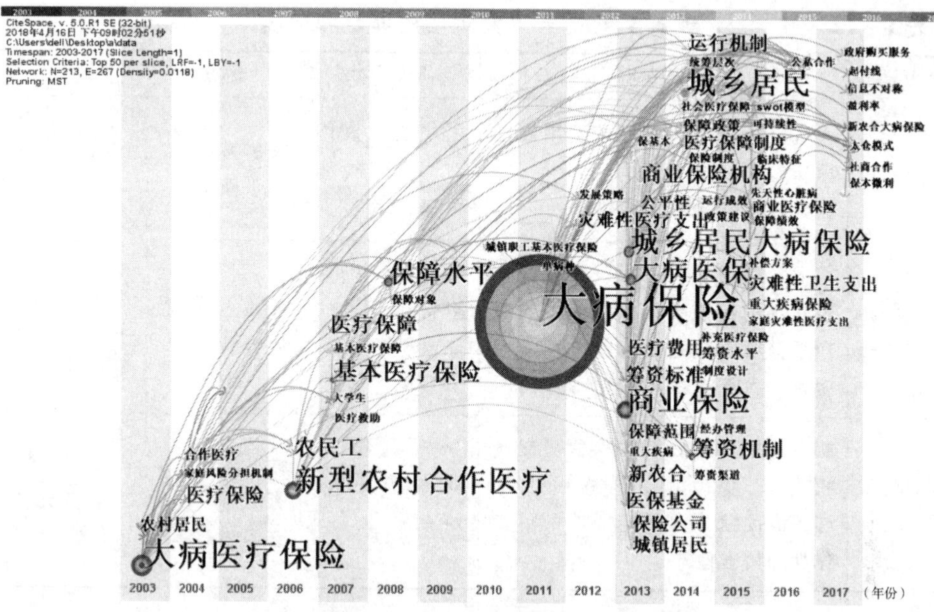

图 1－7　关键词时序知识图谱（2003～2017 年）

2. 我国大病保险领域研究热点与重点问题的系统综述

通过文献计量分析，我们可以发现，当前大病保险领域的研究重点问题主要包括大病保险的保障范围、制度属性、筹资机制、运行机制以及保障效果等几个方面，本章接下来将进行具体的综述和分析。

（1）关于“大病”界定的研究。

关于如何界定大病，国内相关文献涉及较多，不论从理论还是实践角度，学者的意见并不统一。从目前研究现状来看，对于如何界定大病的概念，主要有 3 种不同的观点，具体见表 1－12。

第一种，依据医疗费用总额来界定大病的概念。持此种观点的学者认为，大病关乎费用，而非病种。如仇雨临认为“大病保险”是针对患病发生高额医疗费用超出了城乡居民经济负担能力而进行的保障，其最终是一个医疗费用的概念（仇雨临，2013）。王东进也认为重特大疾病是一个经济学概念，而非临床医学上的具体病种（王东进，2013）。在按照医疗费用确定大病保障范围的优势方面，朱晓文认为按照费用确定“大病”范围更能凸显制度的公平性，同时可以促进政策的稳定性、降低基金风险并提高政策实施的灵活性（朱晓文，2013）。钱文强等认为直接以医疗费用判断大病标准，操作方便，可行性较高（钱文强等，2013）。董曙辉则认为以费用作为保障范围标准，更能解决大病保障问题，消除因病返贫，实现大病保险制度设计的目标（董曙辉，2013）。

表1-12　　现有文献关于“大病”的界定和分类

大病界定	主要观点	代表人物	优点	缺点
医疗费用	大病是个费用概念，按费用确定保障范围更能凸显制度公平性，提升政策稳定性	朱晓文、仇雨临、王东进、董曙辉等	简单易行、便于操作	容易出现逆向分配
病种与费用	重大疾病与病种有关，费用是评价和界定的重要因素。病种与费用结合可以从道德和公平两方面缓解大病所造成的社会问题	褚福灵、张晓、孙志刚等	成本控制简便容易操作	受益人群有限，风险分散效果不足
灾难性卫生支出	相对费用界定重特大疾病可提高相关医疗保障的公平性，而且能够提高因病致贫界定方法的可操作性和精准性	姚强、朱铭来、孙菊等	针对性强，可有效帮助社会弱势群体	需专项调查，当下不具备可行性

第二种，以疾病病种和医疗费用两方面因素共同界定大病。褚福灵认为重特大疾病是指医治费用巨大且在较长一段时间内严重影响患者及其家庭正常工作和生活的疾病，重特大疾病与病种有关，主要由医疗费用决定（褚福灵，2015）。张晓认为可以把“灾难性卫生支出”以及费用昂贵的具体住院疾病相结合，来确定重特大疾病政策的保障范围和水平（张晓，2013）。孙志刚认为如果患大病所担负的医疗费用分别达到当地城镇居民人均可支配收入/农民年人均纯收入，就可能发生因病致贫，那么此患者就属于大病保障的范畴（孙志刚，2012）。此外，以病种和费用两方面因素共同确定大病内涵的也是我国实施大病保险制度的政策意见。2012年国家发改委等六部门联合发布的《关于开展城乡居民大病保险工作的指导意见》，以及2015年国务院办公厅发布《关于全面实施城乡居民大病保险的意见》均将患大病和高额医疗费用来确定是否属于大病保险的保障范围。按照此种方法可以减少因患大病而导致道德和公平方面的问题，而且便于操作和控制成本。

第三种，以“灾难性卫生支出”来界定大病。灾难性卫生支出的概念最先由Xu ke等提出，他们认为，在一段时间内，当一个家庭的个人现金卫生支出超过家庭可支配收入的30%~50%，即认为该家庭发生了灾难性卫生支出（Xu ke et al.，2003）。2005年，世界卫生组织（WHO）在综合多种因素的基础上，进一步明确灾难性卫生支出的概念，即如果一个家庭现金支付的医疗卫生费用（OOP）超过家庭非食品消费的40%，就认为该家庭发生了灾难性卫生支出。避免灾难性卫生支出的理念与缓解“因病致贫、因病返贫”的大病保险目标相一致，故国内诸多学者认为以"灾难性卫生支出"来定义大病较为合适。如孙菊、姚强等也认为以灾难性卫生支出（CHE）以及贫困性卫生支出（IHE）等相对费用界定重特大疾病不仅有助于提高相关医疗保障的公平性，而且能够提高因病致贫界定方法的可操作性和精准性（孙菊等，2017；姚强等，2017）。朱铭来等通过统计分析发现，我国人均可支配收入或者人均纯收入确定的灾难性医疗支出标准，远远高于国际上"灾难性卫生支出"的范畴，而且如果大病保险限定在当前的政策范围内报销目录，会造成大病保险提供的实际保障效果有限。过高且统一的灾难性医疗支出标准很可能导致大病保险的实际收益人群有限，风险分散效果不足。建议采纳世界卫生组织提出的灾难性医疗支出的计算标准（朱铭来等，2012）。

（2）关于大病保险制度属性的研究。

虽然《关于开展城乡居民大病保险工作的指导意见》和《关于全面实施城乡居民大病保险的意见》两份政策文件均将大病保险制度定位为基本医疗保障制度的拓展和延伸，对大病患者发生的高额医疗费用给予进一步保障的一项制度性安排。同时，两份文件也规定，大病保险不向参保居民收取另外费用，所需资金由基本医疗保险基金结余（没有结余的地区，统筹安排）支持。但大病保险制度到底属于基本医疗保险范畴还是属于补充保险，政策上并没有给出明确的规定。由此，学界对大病保险的属性展开了激烈的讨论。相关争论和研究，主要可分为两种观点。

一种观点认为大病保险属于基本医疗保险，是基本医疗保险的拓展和延伸，并不是一项独立的制度安排。在相关研究中，绝大多数学者较为支持这一观点。如孙志刚认为大病保险不是一般商业保险，其实质是基本医疗保障制度的丰富和发展，是政府履职尽责，努力实现人人享有基本医疗卫生服务目标的具体体现（孙志刚，2012）。朱铭来认为，现行大病保险政策的融资主体是城乡基本医疗保险基金的结余部分，这就决定了其只能是基本医疗保险制度的完善和保障的延伸，而不是完全独立的一项新制度（朱铭来，2013）。也认为城乡居民基本医疗保险的重点就是保大病，大病属于基本保障的范畴，大病保险是政府举办的基本医疗保险的重要组成部分，政府有着义不容辞的责任（乌日图，2013）。金维刚通过对相关政策的深入分析以及参考国际经验指出，大病保险在性质上并不是一个独立的新险种，随着时间的推移，将逐步融合于现有的基本医疗保险之中（金维刚，2013）。

另一种观点认为大病保险是一项独立的制度安排，应当定位为补充性医疗保险。何文炯认为如果只是将大病保险定性为基本医疗保险的拓展和延伸，则没有必要交给商业保险机构经办。从现行基本医疗保险制度按照和经办服务体制以及多层次医疗保障体系建设的思路而言，应当将大病保险定性为补充性医疗保险，明确由商业保险机构主办（何文炯，2017）。董曙辉同样认为大病保险应该是一项独立的制度，无论其保障范围还是筹资渠道，都应该单独进行安排（董曙辉，2013）。褚福灵认为，虽然大病保险的“二次报销”减轻了城乡居民医疗自付比例，但对重特大疾病的保障效果有限。为进一步化解城乡居民灾难性卫生支出风险，应提高现行大病保险制的补偿比例，大病保险定位为补充医疗保险，并将城乡居民大病保险更名为城乡居民大病补充医疗保险（褚福灵，2015）。大病保险制度的定位或者属性的确定关系到该政策的未来走向和发展模式的选择，正如仇雨临等所言，如果大病保险是全民医保的构成部分，那么它是一个长期的制度。如果它是为了解决原制度出现的问题而设立的过渡性制度，那么它将随着全民医保的发展和完善而逐渐消失（仇雨临，2014）。

（3）关于大病保险筹资与补偿机制的研究。

在筹资机制方面，《关于开展城乡居民大病保险工作的指导意见》和《关于全面实施城乡居民大病保险的意见》均提出大病保险所需资金从城镇居民医保基金、新农合基金中划出，不额外增加居民负担。各省市大病保险具体实践中也基本按照此原则展开。对于大病保险是否应当单独设立筹资渠道，学界有一定争议。何文炯认为大病保险应当单独筹资。大病保险作为补充性质的保险，其资金来源必定是民间，可以是个人，也可以是用人单位，但不应该把社会医疗保险基金作为其资金来源（何文炯，2013）。董曙辉也认为从社会保险基金中抽取一定比例或数额的做法不具有普遍性和可持续性，最终会被其他筹资机制取代。同时，建议大病保险应当建立独立的筹资渠道（董曙辉，2013）。宋伟等亦认为，大病保险筹资仅依靠城乡居民基本医保基金是不可持续的。随着医疗费用的不断上涨，基本医疗保险基金的稳定性必将受到冲击。因此，有必要建立由政府和居民多方筹资的机制（宋伟等，2013）。周绿林等通过对江苏省农村地区大病保险实施情况的定量分析发现，在维持当前筹资标准和比例情况下，引入大病保险政策必定增加新农合基金运行压力和基金赤字，影响新农合基金的可持续运行，依靠新农合基金推进大病保险不合理和不可持续，应当建立单独的大病保险筹资增长机制（周绿林等，2016）。郑秉文等指出，虽然大病保险基金从基本医保基金中提取的比例小，但依旧对基本医保基金的财务状况有较大影响，大病保险制度的可持续性将严重依赖基本医保制度的财务可持续状况（郑秉文等，2013）。王琬通过对全国25个省份《大病保险实施方案》的比较分析，认为大病保险属于基本保险，其资金来源应当由基本保险负责，不宜建立单独的筹资机制，但应当拓宽资金来源渠道，以稳定大病保险基金（王琬，2014）。

在大病保险的补偿机制方面，根据相关政策文件的要求和各地区的具体实践，补偿机制和补偿效果主要是从是否明确规定起付线、是否明确规定分段支付比例，以及是否设定报销封顶线3个方面展开分析。大病保险起付线过高，不利于实现大病保险对弱势群体的保障功能。郑庆偲、夏苏建认为，因为各省市对于门诊特殊疾病和门诊慢性疾病等需要重点保障疾病的保障水平不一，且实际报销比例与居民的需求不相符，以致重大疾病补偿效果并不理想（郑庆偲等，2015）。王琬认为对城乡居民实施不同标准的大病保险政策不符合在医保城乡统筹的大背景，大病保险应以全体城乡居民为保障对象，统一筹资补偿政策，并在条件允许的情况下，适度降低起付线并取消封顶线，扩大大病保险保障范围（王琬，2014）。

（4）关于大病保险经办主体及运行机制的研究。

《关于开展城乡居民大病保险工作的指导意见》和《关于全面实施城乡居民大病保险的意见》两个政策文件规定，采取向商业保险机构购买大病保险的方式来经办大病保险业务，在具体实践当中，广东、湖北、福建等绝大多数地区也均采取商业保险机构承办大病保险。但是在学界，关于大病保险是否应该由商业保险公司来承办一直存在争议。郑伟认为如果大病保险由政府来举办，则需要增加人员、经费，成本很可能高于商业保险公司，大病保险完全依靠政府承办很难成功。引入商业保险公司可以将其专业技术、管理经验和网络优势应用到基本医疗保障领域，提高社会医疗保障事务的管理效率和服务水平（郑伟，2013）。徐善长亦认为，由商业保险公司来经办大病保险业务，能够进一步增强对医疗机构和医疗费用的制约，提升大病保险的效率。可以借助商业保险机构在全国范围内统筹核算的经营特点，间接提高大病保险的统筹层次，增强抗风险能力，提高大病保险的服务水平和保障效应。同时，还有利于厘清政府职能和责任，提升政府公共管理和社会服务水平（徐善长，2013）。陈金甫也认为在社会治理格局下，社会保障与商业保障不是排斥关系，委托商保管理社保服务目的是通过行政化改革和创新公共管理服务，培植、规范真正具有社会公益性质的独立的社会服务组织。社会保障的制度属性不因委托而改变（陈金甫，2013）。虽然大多数学者支持商业保险公司来承办大病保险业务，但是也有学者认为大病保险应该由医疗保险经办机构来承办。如胡大洋从制度和实践两个方面详细论述了医疗保险经办机构承办大病保险的合理性与科学性，认为大病补充医疗保险是弥补基本保险水平不足而建立的补充性医疗保险制度政策，大病保险与基本医疗保险有着天然的、无法分割的内在联系。再者，因为医保制度已基本实现全员参保，能够有效避免逆向选择，可以充分发挥医疗保险大数法则的规模效应，让参保人在更高的统筹上实现互助共济。医保经办机构在基金的收缴、监管和控费方面的丰富经验可以保障大病保险工作的高效运作（胡大洋，2012）。乌日图（2013）也认为用社会医疗保险资金购买商业保险，容易被人们认为是一种依靠行政力量强制购买商业保险的行为。从实践经验来看，商业保险公司参与经办社会保险的成功案例并不多。于保荣等通过对北京、四川成都、山东青岛及滨州、广东深圳、辽宁、河南、吉林松原等地调研，对商业保险公司承办城乡居民大病保险现状开展研究，结果显示，商业保险公司参与大病保险经办的效果不好（于保荣等，2018）。

（5）关于大病保险实施效果和问题的研究。

大病保险实施效果的分析分为两个方面。一方面是宏观层面的效果。大病保险制度的建立和实施，得到国家政府部门的高度重视和大力支持，并在全国范围内取得明显成效。2018 年政府工作报告指出，大病保险制度在我国已经基本建立，已有 1 700 多万人次受益①。2018 年，基本医疗保险与大病保险总报销水平已经超过了 80%②。另外，各省市城乡居民大病保险制度更加关注贫困群体，采取多种政策向贫困人员倾斜。另一方面是微观层面的效果。从各地大病保险制度具体实践的角度来分析实施效果。文献综合分析显示，不同地区大病保险制度实施效果不同。曾理斌等通过实证研究认为湛江大病保险在降低患者医疗负担方面的成效是显著的，但其对城镇和农村家庭的保障效果存在差异，未能使农村家庭远离大病风险（曾理斌等，2014）。王超群等调查分析了某市大病保险制度对城乡居民家庭灾难性卫生支出的影响。结果显示，大病保险虽然在一定程度上或许可以减少医疗分配的不公平，但影响并不明显，且并未有效降低灾难性卫生支出的发生率，总体来说，大病保险的制度效果有限（王超群等，2014）。马勇等对北京、杭州、厦门、南昌、武汉和成都 6 个城市享受城镇居民大病保险者进行了问卷调查，结果显示，大病保险提高了医疗保险基金实际支付比例，但其他非医疗费用负担需引起重视；现行大病保险政策缓解参保患者“因病致贫”和“因病返贫”能力不足，应根据收入水平进一步细化，制定不同等级的起付线（马勇等，2015）。毛瑛等对旬邑县的实证研究却发现，如果旬邑县未曾设立大病保险制度，患者依旧按照新农合制度进行报销，灾难性卫生支出发生率将由 78.7% 上升到 89.17%。大病保险制度有效地降低了大病患者的自付医疗费用支出和灾难性卫生支出发生率（毛瑛等，2015）。刘洋对陕西省大病保险制度实施状况研究发现，大病保险制度实施后，城乡居民医疗保障程度有了显著的提高，参保群众住院费用实际报销比例已经超过 50%，个人承担的医疗费用较大病保险政策运行前平均减少了 10% ~15%。健康管理服务随着大病保险政策的实施也不断延伸，保险公司在公众心目中的形象也有所改观（刘洋，2016）。谢卫卫等通过对

① 《2018 年政府工作报告》，中华人民共和国国防部，http：//www. mod. gov. cn/topnews/2018 -03/05/content_4805962. htm，2018 年 3 月 5 日。

② 《基本保险 + 大病保险的政策报销水平已经超过 80%》，中华人民共和国人力资源和社会保障部，http//www. chinadevelopment. com. cn/news/zj/2018/02/1237756. shtml，2018 年 2 月 26 日。

2014 年中国家庭追踪调查（CFPS）数据分析发现，新型农村合作医疗大病保险显著地减轻了大病支出的经济负担，其中，中部地区比全国平均水平高了将近 50%，实施效果较好；东部地区与全国平均水平基本持平，而西部地区远低于全国平均水平，实施效果并不理想。另外，虽然新农合大病保险制度促进了农民的就医行为和对医疗卫生服务的利用率，但是并没有降低大病支出的发生概率（谢卫卫等，2017）。

通过文献综合分析，从具体实践角度看，大病保险制度实施过程中存在的问题主要体现在以下几个方面：一是大病概念界定不清楚，无明确标准。我国大病保险政策对于大病概念界定模糊不清，对大病补贴到底是根据病种还是费用来确定无明确标准。二是大病保险资金筹资来源单一，筹资水平较低，缺乏可持续性。三是统筹层次较低，不能有效改善基本医疗保险传统的地域分割状态；特别是对筹资标准、起付线、支付比例等关键问题未能给予统一明确的规定，很可能导致省内不同地市的大病保险制度差异过大，不利于制度的可持续发展；四是部分地区呈现明显的政府买方市场的强势，不利于大病保险经营成本的科学测算和公平定价；五是我国现行大病保险政策，制度设计不完善以致未能充分发挥各方的优势（郑庆偲等，2015；朱铭来等，2014；付晓光等，2014）。这些问题在大病保险试点时就存在，但一直未得到有效解决。

总体来说，学界主要从制度、理论以及具体实践几个方面展开对大病保险的研究和分析。在制度层面，虽然国家制定了大病保险制度指导意见和实施的基本原则，但具体如何落实则是由地方来决定，不同省市有着不同的实施方案和规则，模式各异，缺乏可比性和规范性。在理论研究方面，关于大病保险的制度属性、“大病”的概念等基本理论问题学界尚未达成共识，整体和系统的理论研究较为缺乏。在具体实践层面，大病保险多以市级统筹，统筹层次较低限制了医疗保险的风险分担功能。虽然大病保险制度在一定程度上降低了居民医疗负担，但如何筹资、筹资多少、保障对象和保障水平等问题尚未形成统一认识，直接影响到大病保险的成效。综上所述，我们认为现行的大病保险，实质上是城乡居民基本的大病保险，其保障模式、保障对象、保障范围和保障水平存在明显的局限性。应当在借鉴国外相关研究经验和方法基础上，加强大病保险的理论研究、创新模式研究、实施可行性研究以及可持续性发展研究，系统构建具有中国特色的大病保险体系。

（六）我国大病保险现状评述

1. 大病保险制度建立以来，发展趋势总体上利大于弊

我国医疗保障制度选择了普惠制、低水平、保基本的改革思路，建立起全民医疗保障体系，实现了“病有所医”，但由于保障水平较低，人民群众患大病后的医疗负担依然较重，“因病致贫、因病返贫”问题突出。《关于开展城乡居民大病保险工作的指导意见》和《关于全面实施城乡居民大病保险的意见》两项政策的出台，标志着我国大病保险制度的建立和全面发展。我国大病保险是在基本医疗保障的基础上，对大病患者发生的高额医疗费用给予进一步保障的一项制度性安排，是基本医疗保障制度的拓展和延伸，旨在有效减轻人民群众大病医疗费用负担，解决因病致贫、因病返贫问题。大病保险政策的出台是对城乡居民基本医疗保险的政策偏移与执行偏颇的制度性纠偏，是在基本医疗保险上的延伸与拓展，是对其的有益补充。因此，大病医疗保险作为我国医疗保障领域的创新举措，得到大多数学者的认同。从 2012 年试点以来，在大病保险的探索和实践中不断发展，各地因地制宜形成多种地方模式，并在全国范围内学习、交流和推广。在具体实践中，坚持政府主导、专业运作，利用商业保险机构的专业优势承办大病保险，发挥市场机制作用，提高大病保险的运行效率、服务水平和质量。有力推动了医保、医疗、医药联动改革，促进了政府主导与发挥市场机制作用相结合，提高了基本医疗保障管理水平和运行效率，一定程度上缓解了“因病致贫、因病返贫”问题。在实际操作和运行过程中，尽管存在概念界定不够清楚、政策规定不够明晰、制度设计不够完善、实际操作不够规范等问题，但是从大病保险制度的建立和发展趋势上看，总体上利大于弊。

2. 大病保险制度问题凸显，解决主要问题已刻不容缓

随着大病保险制度的全面推行，主要问题也凸显出来并形成严峻挑战，如果不能有效解决，将影响到大病保险制度的可持续发展。我国地域辽阔，各地区对大病保险的规划也不尽相同，一种制度往往不能适应所有地区的发展。目前，对大病保险的制度属性和政策目标还存在不同的认识，而这两者也是决定大病保险筹资、目标人群、保障范围、保障水平的决定因素，对大病保险制度的属性还需要进一步研究和界定。在筹资模式、筹资水平、保障范围、支付比例等方面各地也存在差异，但筹资渠道单一、统筹层次低是普遍问题。由于大病保险统筹层次低，地区保障水平差距较大，因此抗风险能力不强。关于起付线标准、是否设置个人自付封顶线、报销比例等问题，研究者的观点也不尽统一。从实际保障水平看，相关研究显示，大病保险在降低患者医疗费用方面的作用较为明显，但与解决“因病致贫、因病返贫”的政策目标依然有较大差距。现有研究大多针对城乡居民大病保险的某一个或几个方面开展理论分析和实证研究，研究的整体性和系统性不足，未能从整个医疗保障制度建设的高度来研究大病保险，如大病保险在整个医疗保障制度中的地位和作用，与基本医疗保险、商业医疗保险的关系和衔接等，且对于城镇职工大病保险的研究还比较少见，存在制度碎片化现象。上述问题随着大病保险制度的推进和深化而逐步凸显，成为大病保险发展的瓶颈问题，直接影响到大病保险的效果和可持续发展。因此，解决和突破瓶颈问题刻不容缓。

3. 大病保险要可持续发展，创新是重要手段和根本路径

针对我国大病保险制度全面推广实施以来凸显的主要问题，应当借鉴国外大病保险成功经验，结合我国国情民生的特点，从理论和实践上深入研究和探索，建立具有中国特色的、可持续发展的大病医疗保险体系，确保公民的利益最大化，切实解决"因病致贫、因病返贫"的问题。创新发展是我国大病保险可持续发展的重要手段和根本路径，特别是大病保险的理论创新、模式和路径创新。一是大病保险的理论创新。在传统保险理论的基础上，应用新公共管理与新公共服务理论的思想精华，完善大病保险理论，并探索其发展的趋势。从理论上看，大病保险政策的推出、试点到全面实施，符合公共治理领域的理论发展动向，主要表现在新公共管理理论强调的效率原则、新公共服务理论强调的为公民服务原则以及公共治理理论强调的多元共治原则。从学理上看，大病保险应坚持全面深化改革的市场化、社会化方向。从公共管理演进到公共治理之后，国家治理的主体结构已经不仅仅是第一部门的政府组织和第二部门的市场组织（即营利性企业部门），还有第三部门的非营利组织（NPO、NGO）部门，形成更加多元的社会主体协同共治的格局。它们互补互动，共同发挥协同共治效应。从个体上看，个人（如居民）、家庭等都是重要的社会治理力量。二是大病保险的模式和路径创新。针对现行大病保险制度实施中存在的主要问题，在创新理论的指引下，结合我国基本国情和特点，构建具有中国特色的、可持续发展的大病保险体系，并根据不同社会经济发展水平、政策环境和政策目标，探索大病保险创新发展的模式和路径，服务于健康中国战略发展目标，服务于解决"因病致贫、因病返贫"问题，服务于避免因大病而造成的灾难性经济损失，为人民群众提供健康保障。

4. 借鉴国际经验和发展趋势，构建多层次大病保险体系

国外对大病的医疗保障都基于本国整体医疗保障体系，设立多层次、功能互补的医疗保障体系是多个国家的经验，如在各国主导的医疗保险模式基础上，专门设立对弱势群体的医疗保障和医疗救助，辅之以商业保险。在大病保障方面，多元化筹资是保持可持续性的有效方式。通过设定自付医疗费用上限、鼓励高收入人群购买商业医疗保险等方式，预防灾难性卫生支出的发生。国外关于灾难性卫生支出的概念和测算方法对我国大病医疗保险保障范围的界定提供了可借鉴之处，但同时应该注意到，我国家庭收入数据的获得性较差，限制了国际上关于灾难性卫生支出测算方法在我国的应用。在支付方式上，美国、澳大利亚等采用疾病诊断相关组（diagnosis related groups，DRGs）来判断报销比例。根据病人的年龄、性别、住院天数、临床诊断、病症、手术、疾病严重程度、并发症及转归因素把病人分入若干个诊断相关组，然后决定给付多少补偿。DRGs 是当今世界公认的比较先进的支付方式之一。形成多层次大病保险体系是我国医疗保险发展的主要趋势，从部分地区商办大病保险运行模式来看，在城乡居民大病保险基础上，建立针对特定人群的大病补充保险，对贫困人群实施医疗救助，由此实现在大病基本保险的基础上对超额费用再进行补偿，保障更具有针对性，保障层次更加多元化，保障整体效果更显著。

第四节 研究内容

本书内容共有 15 章，其结构如下：

第一章，绪论。

第一，系统分析项目的研究背景。大病保险制度是我国医疗保障领域的一项重要突破，一直受到各方的高度关注。大病保险制度在全面推进和实施过程中，取得了一定的成效，同时也暴露出在理论、制度设计和实践过程存在诸多问题，有的甚至阻碍了大病保险的可持续发展。在打赢脱贫攻坚战的大背景下，国家高度重视大病保险的建设和发展，对大病保险提出客观要求，而创新发展是大病保险政策突破发展瓶颈的必由之路。第二，研究目的和意义。在上述背景下，针对关键问题，应用理论研究、实证分析、综合评估和政策模拟等方法提出我国大病保险创新发展的模式和发展路径，为大病保险制度的可持续发展提供参考和依据。第三，文献综述。总结分析国际上具有典型性的国家大病医疗保障模式，如英国、澳大利亚、美国、德国、日本和新加坡等国家的模式，并从医疗保障制度类型、大病保障方式、需方补偿方式、医疗救助方式等方面进行比较和分析，找出可借鉴经验。通过对国内文献和政策梳理，分析我国大病保险发展历程。选取我国大病保险在实践过程中形成的具有代表性的 8 种模式进行分析，包括江阴模式、太仓模式、湛江模式、厦门模式、杭州模式、上海模式、河南模式和甘肃模式等，并从保障对象、保障范围、补偿方式、统筹层次和运行方式等方面进行比较和总结。同时，采用文献计量分析和文献综述相结合的方法，分析和评述国内大病保险研究进展。第四，全面系统介绍本研究项目的主要研究内容、研究方法和研究整体框架。

第二章，大病保险理论分析。

第一，厘清大病保险相关概念。在界定大病保险、城乡居民大病保险、重大疾病保险、灾难性卫生支出、大病医疗保险体系和大病医疗保障体系等概念的基础上，根据政策分析、文献研究、理论分析和逻辑判断，提出本研究的4个假设和本章研究的目的。第二，大病保险理论分析。主要从大病保险的产品属性、供给方式，以及大病保险的经济分析等方面，对大病保险理论进行探讨。第三，新理论和新思想对大病保险创新发展的借鉴和指导。从福利多元主义理论、新公共服务理论等国外相关理论视角，探讨对我国大病保险改革发展的借鉴意义；尤其是对习近平新时代中国特色社会主义思想对我国大病保险的重要指导作用进行分析，分析其对大病保险更新观念、解决问题、创新发展等方面具有的重要指导意义。第四，我国大病保险创新发展的理论分析。针对我国大病保险的特点和我国社会经济发展的实际情况，主要从我国大病保险缘起、当前大病保险政策理论上存在的主要争议，以及理论视角下我国大病保险改革发展等方面进行探讨，提出理论视角下的我国大病保险的改革思路和方法。

第三章，大病保险利益相关者分析。

大病保险政策的形成和发展过程，实质上是一定时期一定条件下对大病保险利益相关者的利益进行调整和平衡的过程。政策方案的制定和利益相关者之间存在相互依赖、相互影响的关系。本章应用调查分析、专家咨询、案例分析、个案访谈等定性研究和定量研究相结合的方法，从大病保险的需方、专家、政府部门和商业保险机构等不同视角，对各利益相关方对当前大病保险政策的看法和观点进行实证分析，并通过利益相关分析的理论和方法，进行大病保险的利益相关者分析，目的是为大病保险的创新发展提供参考依据。

第一是需方视角下的大病保险。通过对上海市居民的抽样调查，了解常住居民对现行上海市城乡居民大病保险政策的看法。主要内容包括：居民对现行城乡居民大病保险政策的认知情况分析；居民对现行城乡居民大病保险政策的满意度情况分析；居民对大病保险缴费的支付意愿（是否愿意支付一定费用参加保险），以及意愿支付（不同情境下愿意支付的费用额度）情况分析。第二是专家视角下的大病保险。通过对选定专家进行调查和咨询等方式，分析和总结大病保险政策领域权威专家对现行大病保险的理论、政策设计、实施情况、存在问题，以及未来发展的看法和观点，并在对调查咨询资料进行定量和定性分析的基础上提出完善我国大病保险政策和创新发展的意见和建议。第三是政府视角下的大病保险。政府是公共政策的制定者和决策者，所有对公共政策的相关研究都是为政府决策提供参考和依据。根据我国城乡居民大病保险制度建立和发展的历程，从政府对大病保险的重视程度、对大病保险的定位、具体的支持措施和对大病保险的要求等方面进行分析，可以把握大病保险发展的方向、发展的程度和发展的趋势，对大病保险制度的改革和深化有重要意义。第四是商业保险机构视角下的大病保险。将大病保险业务委托商业保险机构经办或承办，是我国基本医疗保险服务供给侧改革的重要探索与实践。根据我国城乡居民大病保险政策中对商业保险机构经办和承办大病保险业务的规定和要求，从商业保险机构的角度，分析商业保险机构经办或承办在大病保险中的定位、经办或承办业务实践中存在的问题，以及未来发展的相关建议。第五是大病保险的利益相关者分析。应用利益相关者的理论和方法，通过分析大病保险利益相关方各自的利益、受益或受损状况，以及具体实践过程中的诉求等，系统比较和研究利益相关者之间的相互关系，尤其是对大病保险政策的重要性、支持程度和影响力等。在此基础上，使大病保险各利益相关方在一定时期的政策目标下达成利益共识，解决关键问题，形成共同方案，采取共同的行动，实现共同的目标，为大病保险政策的改革和发展凝聚力量，克服障碍，并提供有力的支撑。

第四章，大病保险的实证分析。

我国城乡居民大病保险在建设和发展过程中，因地制宜，不断探索和实践，逐步形成具有特色和代表性的大病保险的模式。综合考虑社会经济发展状况、大病保险政策的特点、地理位置特点、大病保险的影响力和实证分析的可行性等因素，本研究选择下列代表性地区进行大病保险的实证分析：一是上海市大病保险。其特点是：社会经济发展水平高、统筹层次高、基本医疗保障水平高、大病保险“保病种”的地区、具有较强的影响力。二是苏州市大病保险。其特点是：社会经济发展水平高、大病保险实现真正意义上的“三保合一”，即城镇职工医疗保险、城镇居民医疗保险和新型农村合作医疗的有机整合、商业保险机构深度参与，承办大病保险效果显著。三是太仓市大病保险。其特点是：社会经济发展水平高、大病保险模式探索者和先行者。四是江阴市大病保险。其特点是：社会经济发展水平较高、形成城乡居民多层次保障体系（基本医疗保险、大病救助险和大病补充保险）、大病补充保险基金的筹集来自个人缴费、积极探索大病商业补充保险。五是湛江市大病保险。具特点是：社会经济发展水平中等、地处沿海地区、实现了“二保合一”（即城镇居民基本医疗保险和新型农村合作医疗整合为城乡居民医疗保险，且筹资标准、财政补贴和待遇水平一致）。六是贵州黔南州大病保险。其特点是：社会经济发展水平相对较为落后、少数民族人口占58%、农村居民占户籍人口比例的80%以上、贫困人口多，属于国家重点扶贫地区。通过对代表性地区大病保险的实证分析，分析其主要做法和取得成效，总结经验和不足，为大病保险模式的创新和发展提供参考。

第五章，典型大病保险模式评估。

根据科学制定政策的程序，任何一项政策的研制和实施都需要对其效果进行综合评估。我国全面实施城乡居民大病保险以来，逐步形成了各种类型的大病保险模式。不同类型的大病保险模式各有所长，各有特点，尽管相关学者对大病保险政策实施以来取得的经验和成效进行了总结，但是到目前为止尚未见到对不同模式进行系统性评估的报道。而不同大病保险模式之间的比较和综合评估，是大病保险政策未来发展的重要依据。本章应用美国学者 Russell E. Glasgow 设计的 RE - AIM 模型，从 5 个维度构建大病保险政策综合评估的框架，即可及性（reach）、有效性（effectiveness）、采纳性（adoption）可持续性（maintenance），并从个体水平和组织水平两个层面，围绕评估的核心问题进行综合性分析。本研究利用 RE - AIM 模型对具有代表性和典型性的上海、太仓和湛江三地的大病保险模式进行了综合评估。综合评估的目的并不是为了排序，而是从整体的视角更加系统地认识不同大病保险模式的优点和存在的问题，为大病保险模式的创新发展和进一步完善提供经验借鉴。

第六章，大病保险政策的微观模拟分析。

我国在大病保险的探索和实践中，积累了经验、取得了一定成效，同时也发现一些瓶颈问题需要突破。突破需要在实践基础上的创新和发展，然而，政策研究的特点决定了并非所有解决问题的方案和构想都能在实践中得到实施和验证。因此，需要通过政策方案的模拟分析来提供依据和参考。本章基于上海市城乡居民和城镇职工医疗服务利用的微观数据，利用美国奥克特（Orcutt）教授提出微观模拟（microsimulation）方法，通过构建微观模拟模型，对以下假定条件下产生的结果进行模拟：一是其他条件不变的情况下，假定上海市大病界定的标准采用“医疗费用”而不是现行的“大病病种”，比较大病保险补偿能力和水平，以及可能产生的效果。在以医疗费用作为大病界定标准的情形下大病保险的受益人群覆盖、实际补偿效果和大病保险基金的支付压力，并与现实中以病种作为大病界定标准的大病保险实际运行结果进行对比，为两种补偿模式的差异提供研究案例。二是其他条件不变情况下，假定将上海市城乡居民大病保险现行保障的 4 种病种进行扩增，分析并确定可以再增加哪些病种，模拟病种增加后基金的承受力和产生的结果。三是其他条件不变情况下，假定将上海市城乡居民大病保险与城镇职工大病保险进行合并，模拟其产生的结果和影响。通过调整城乡居民大病保障待遇水平，达到城镇职工的保障水平，进而在模拟测算城乡居民大病保障情况的同时，探索城乡居民大病保险和城镇职工大病保险合并后，统筹后的大病保险可能产生的结果。通过上述假定条件的模拟和分析，以期为大病保险政策的完善提供决策信息和依据，并为大病保险创新发展模式的建立和发展提供依据。

第七章，大病保险创新发展模式的设计与分析。

前面各章分别应用理论分析、实证分析、综合评估和模拟分析等方法，对我国大病保险政策及实施状况进行研究，一方面总结大病保险在探索实践中取得的经验和成效，另一方面是发现现行大病保险制度存在的问题和发展的瓶颈。本章针对大病保险实施现状和发展瓶颈问题，以政策科学制定的程序为指导，按照"问题确认—问题根源分析—模式方案研制—制定发展路径"的逻辑思路，围绕大病保险创新发展模式的建设目标和基本任务来设计其总体框架，为进一步研究奠定基础。建立大病保险创新发展模式属于政策方案的研制。政策方案研制的目的是依据政策制定科学程序，制定高价值的政策方案，为决策者提供依据。同样，建立大病保险创新发展模式的根本目的是，依据制定高价值政策的要求确定模式设计的逻辑思路，根据该逻辑思路和政策科学制定的方法，针对性地提出特定条件下大病保险创新发展的治标模式、治本模式和标本兼治模式，为决策者提供备选方案。大病保险创新发展模式的设计的主要内容包括几个方面：问题的根源分析，是制定大病保险创新发展模式的前提和基础；模式的思路和目标，是制定大病保险创新发展模式的指引和方向；模式的功能和特点，是大病保险创新发展模式的主体；模式的机制，是大病保险创新发展模式有效运行的关键；模式的技术规范，是大病保险创新发展模式的保障；模式的实施路径，是大病保险创新发展模式的具体实施方向。研制的大病保险创新发展模式，是一定条件下针对现行大病保险模式和制度存在的主要问题而设计的。根据不同问题、不同要求、不同政策环境等制定针对性创新发展模式及其实施路径，为最大限度地解决问题提供科学依据，将有力促进大病保险制度的不断完善，而大病保险模式的创新发展是制度可持续发展的根本路径。

第八章，大病保险政策问题的根源分析。

政策问题的根源分析是高价值政策方案和模式制定的前提和关键。大病保险创新发展模式的研判和选择依赖于大病保险政策问题的根源分析。政策问题的根源分析，就是对一定时期某一领域存在的特定问题进行"诊断"，系统地发现特定问题形成的"病因"，目的是为针对性地选取"治疗"方案提供了依据。本章根据政策科学制定的程序和方法，形成政策问题根源分析的逻辑思路，即"政策问题的确认—形成特定问题—特定问题影响因素分析—特定问题形成的根源—特定问题形成的作用机制"。大病保险政策特定问题的形成是大病保险政策特定问题根源分析的前提，是进一步分析大病保险政策特定问题形成的影响因素、根源和作用机制的基础和必要条件。本研究主要通过文献计量分析、专家咨询和逻辑分析等方法，从定量和定性两个方面分析当前大病保险政策存在的问题，并综合分析结果，对大病保险政策存在主要问题进行研判。在大病保险政策问题确认并排序的基础上，根据问题的严重性、重要性和可行性进行综合分析，在咨询政策制定相关部门或政策研究人员的基础上，对本研究中大病保险政策特定问题做出明确的判断。针对特定的政策问题，按照政策科学制定程序，运用文献荟萃分析、专家咨询、宏观模型分析科学方法和逻辑分析法等，从政策问题影响因素、政策问题根源和政策问题形成的作用机制 3 个方面进行的政策分析。政策问题根源分析是政策方案选择的基础依据，根据其结果，可制定相应的政策方案。例如，如果要从政策影响因素方面解决问题，可选择治标方案；如果要从政策问题根源方面解决问题，可选择治本方案；如果要从政策问题的作用机制方面解决问题，可建立标本兼治的方案。

第九章，创新发展模式之一：大病保险的治标模式。

前两章中关于大病保险创新发展模式的设计和特定问题的根源分析研究表明，如果需要解决的问题是在当前大病保险政策在实践过程中出现的，产生重要影响、具有严重性，并且是迫切需要解决的现象和问题，那么就要针对大病保险政策特定问题形成的主要影响因素来研究对策和方案。本章即使根据卫生政策方案制定的程序，针对特定问题形成的影响因素制定政策方案的思路和要求，即“政策问题—特定问题危害—影响因素—政策方案”，系统分析我国现行城乡居民大病保险制在全面推广和实践中存在的问题，并在这些问题中找到特定领域的关键问题及其影响因素。针对政策特定问题形成的主要影响因素，通过建立基于现行制度下大病保险的治标模式，制定相应的政策方案和采取相应措施，主要从模式的思路和目标，模式的内涵、功能、特点和机制，以及模式的路径等方面进行构建和分析，不断提升大病保险的保障能力和保障水平。

第十章，创新发展模式之二：大病保险的治本模式。

根据本研究提出的大病保险创新发展模式的总体设计和要求，如果建立的创新发展模式不仅针对大病保险政策问题的现象和影响因素，而且针对政策问题的根源（roof of the policy issue），即大病保险的元问题时，这种模式称为大病保险的治本模式。本章将针对大病保险的问题根源，制定性质上属于治本的政策方案，并在此基础上构建大病保险的治本模式。根据卫生政策方案制定的程序中，针对特定问题形成的根源制定政策方案的思路和要求，即“政策问题—问题危害—影响因素—问题根源—政策方案”，按照政策制定的科学程序和方法，通过对政策特定问题形成的根源进行分析，研判大病保险政策的元问题，并以此为核心结合当前社会经济发展特点，采取针对性措施和方法，建立大病保险的治本模式，目的是从根源上解决大病保险的政策问题。

第十一章，创新发展模式之三：大病保险的标本兼治模式。

根据本研究提出的大病保险创新发展模式的总体设计和要求，如果建立的创新发展模式是针对特定政策问题形成的作用机制，那么需要建立大病保险创新发展的标本兼治模式。

根据卫生政策方案制定的程序中，针对特定问题形成的作用机制来制定政策方案的思路和要求，即“政策问题—问题危害—影响因素—问题根源—作用机制—政策方案”，在对我国大病保险理论和实践分析的基础上，归纳关键问题，确认特定问题并进行问题的根源分析；针对大病保险特定问题形成的作用机制，结合政策环境的需求，对大病保险制度的属性、政策定位和政策目标进行理论探索和创新；从系统和整合的视角进行考虑，构建层次明晰、衔接高效、功能互补的大病保险体系框架，并提出大病保险的创新发展标本兼治模式与可行路径。

第十二章，模式实施路径之一：渐进式发展路径。

大病保险创新发展模式只有通过有效的实施才能实现其目标。大病保险创新发展模式实施路径的选择，受到政策主体、政策客体和政策环境的影响。渐进式发展路径，是在准确把握现实中存在问题、充分分析现实状况的优势和劣势的基础上，在遵循文化传统、历史条件和现实国情等形成的各种约束条件前提下，充分利用现有的资源，采取的立足现状、适度探索、实践中改进、稳步发展、不断完善的改革路径。本章将通过对渐进式发展理论的系统分析，充分了解其实质和特点，结合现行大病保险的实际情况，以大病保险的需求和存在的主要问题为牵引，以建立大病保险创新模式的目标为导向，立足于当前社会经济发展、大病保险政策、大病保险能力和水平等实际情况，采用定目标、按计划、分步骤、可操作、低震荡的渐进式路径思路，重点关注所需条件的成熟度、方案的可行性和操作性，小步快跑，稳步推进，提出大病保险创新发展模式的渐进式路径的设计方案、具体的实施步骤和配套措施。

第十三章，模式实施路径之二：阶梯式发展路径。

阶梯式发展路径，是指客观事物在实现其目标的建设和发展过程中，划分出若干不同质却又相互衔接的发展阶段，并遵循由量变到质变的发展规律。每个阶段相当于积蓄量变的平台期，当量的积累能够引起质的变化时，呈现出从一个台阶到更高的新台阶的跃升。本章通过分析阶梯式发展的内在逻辑，明确阶梯式发展的基本思路，归纳阶梯式发展的特点。在阶梯式理论分析的基础上，结合大病保险创新发展模式的特征，提出大病保险创新发展模式的阶梯式发展路径的设计方案，以及具体实施步骤和配套措施，为决策者提供参考。根据大病保险创新发展模式的核心内容和特点，将模式的建设发展目标进行分解，并划分为相互关联的、具有递进梯次的不同发展阶段。在各阶段建设目标的牵引下，根据社会经济发展和相关政策支持情况，在每个阶段内部通过量的积累引起质的变化，再跃升到一个又一个新的阶段，最终实现大病保险创新模式建设发展的目标。

第十四章，模式实施路径之三：跨越式发展路径。

跨越式发展路径，是指客观事物发展以实现的最终目标为导向，为了在一定时期实现确定的目标，而采取的一系列体制和机制改革的行动方案和具体步骤措施。跨越式发展路径的实质是发生根本性的、质的变革，并对整个系统产生较大的影响，而这种变革和影响决定了改革和发展的成败。因此，要选择跨越式发展路径，就必须充分了解跨越式发展的理论和特点，准确判断是否开启政策窗口期，科学设计跨越式发展的路径，以及明确实施的步骤和相关配套措施。本章将通过对上述问题的系统分析，提出大病保险创新发展模式的跨越式路径的设计方案，为创新发展模式的路径选择提供参考依据。

第十五章，研究总结。

对上述各章主要研究结果进行归纳和总结，同时对本研究的创新性和局限性进行分析。

第五节　研究方法

一、文献研究

应用文献综述、文献系统评价、文献计量分析等的基本思想和方法，从定性和定量两个方面系统梳理和分析大病保险的相关文献，系统分析国内外大病保险研究的状况、存在的主要问题、发展的趋势，以及可以借鉴的经验，为我国大病保险创新发展的思路、模式和路径提供依据。具体研究方法主要包括以下几个方面：一是文献的定性分析。主要包括文献综述和文献的系统评价。通过对大病保险及其研究领域的相关文献、著作、研究生论文、相关政策文本、政府部门网站等研究资料的专题收集，通过阅读、判别、整理、归纳和分析，系统总结国外大病保险研究的进展、发展趋势和借鉴经验，梳理我国大病保险政策的建立、演变和发展的历程，分析当前在实施过程中存在的主要问题和问题产生的原因，并对大病保险相关研究的学术见解和未来发展的建议进行总结。二是文献定量分析。以中国知网、万方数据库、PubMed 等数据库为数据源，通过制定大病保险的检索策略，明确检索主题、检索时间和入排标准等进行文献筛选，运用可视化分析软件 Citespace5.0 R1 对数据进行分析，通过该软件绘制关键词共现网络、关键词时区视图、机构合作图，以可视化展示大病保险研究状况，把握我国大病保险领域研究的重点问题。同时，结合文献定性研究结果，分析我国大病保险领域的研究重点、主要问题和发展趋势，为本研究的深入探索奠定基础，提供依据。

二、理论研究

根据大病保险的建设和发展目标，在大病保险基本理论的基础上，应用福利多元主义理论、新公共服务理论、公共选择理论、委托—代理理论、保险经济学理论和利益相关者理论等，以中国特色社会主义理论为指导，结合我国大病保险的实际情况和特点，进行探索性研究。主要包括以下几个方面：一是理论视角下大病保险制度的根本属性、功能定位和政策目标研究。新公共服务理论是从市场和经济学的角度重塑行政的理念和价值，从而建立了一整套全新的行政发展架构的理论体系。其主要观点包括：政府的职能是服务，而不是掌舵；追求公共利益；为公民服务，而不是为顾客服务；重视人，而不只是重视生产率。新公共服务理论将公民置于首位，强调对公民的服务，核心价值理念是追求公共利益，认为政府的首要任务是帮助公民明确表达并实现他们的公共利益，而不是去控制或驾驭社会。利用新公共服务的理论观点对大病保险的制度属性、政策目标进行理论阐释。二是理论视角下大病保险的筹资、保障对象和范围、支付方式和运行方式研究。福利多元主义理论指出，市场、国家和家庭作为单独的福利提供者都存在一定的缺陷，而相互联合，相互补充，可以提高整体效率，特别是解决国家垄断福利的提供引发的“政府失灵”带来的矛盾。基于公共选择理论、委托—代理理论和交易成本理论，新公共服务理论是在对传统公共行政学理论和新公共管理理论进行反思和批判的基础上提出和建立的一种新的公共行政理论，对政府在社会发展中的角色和作用进行了全新的阐释，比较符合世界范围内政府改革趋势，对于缓解社会危机，提高政府效率，优化公共服务有重大意义。新公共服务理论为大病保险中厘清政府与社会的关系、计划与市场的关系，以及大病保险的供给方式、支付方式和运行方式等方面提供理论依据，对大病保险的改革和创新具有指导意义。三是理论视角下制度衔接和大病保险发展方向研究。从理论视角，探索基本医疗保险、商业保险、医疗救助等管理制度之间的衔接路径，以及医疗保障制度整体发展趋向。应用相关理论对大病保险发展方向和趋势进行分析和探索，比如包容性发展理论，其强调发展主体的人人有责、发展内容的全面协调、发展过程的机会均等、发展成果的利益共享，是一种更加全面、更趋公平、更具人文关怀，因而也更具可持续性的新发展理论。再如，根据多源流理论，强调公共政策制定过程中，相互独立且分流而动的三种源流，即问题源流、政策源流和政治源流，在某一时刻实现交汇和耦合时，就开启了“政策之窗”。因此，通过对各种源流的系统分析，准确判别耦合的动力、耦合的时机、耦合的方式和耦合的结果，是政策窗口期判断的重要手段和方法。

三、实证研究

（一）典型案例分析

选择我国大病保险实践过程中具有代表性的地区作为典型案例进行实证分析。通过代表性地区的基本情况、大病保险政策发展演变、大病保险主要做法的介绍，分析其特点和取得的成效，总结经验和不足，为大病保险模式的创新和发展提供参考。代表性地区的选取遵循以下的原则：一是社会经济发展状况具有代表性。既有经济发达地区，也有经济发展一般和欠发达地区。二是实施的大病保险政策具有特殊性和代表性。如有的地区大病保险“保病种”，有的“保高额费用”，有的大病保险制度“两保合一”，有的“三保合一”等。三是兼顾地理位置特点。代表性地区的地理位置包括平原、沿海和高原山区。四是具有一定的影响力。影响力的判断体现在两个方面，一方面是文献中公认的大病保险的典型模式，另一方面是在实践中具有创新发展思路，通过具体实践取得一定成功经验的大病保险制度。五是实证分析的可行性。实证分析需要得到当地相关政府部门和其他相关部门的大力支持，尤其是调查的数据、现场调研、会议访谈等。根据上述原则，最终选取上海市、苏州市、太仓市、江阴市、湛江市和贵州黔南州等地区的大病保险模式作为典型案例进行分析。采用焦点组访谈、关键人物访谈和问卷调查相结合的方式，了解当地大病保险实施情况、取得成效以及大病保险发展、运行中的瓶颈问题等，通过半结构式访谈提纲的设计，对政府部门人员、医保机构、医疗卫生机构、商业保险机构人员进行深度访谈，了解各方对大病保险的认识、态度、立场、利益诉求，以及目前大病保险运行中存在的主要问题、解决方法和建议。

（二）现场问卷调查

大病保险政策覆盖的城乡居民是大病保险政策作用的对象和目标群体，大病保险政策实施的成效，一定程度上与居民的感受和态度具有密切关系。因此，通过现场问卷调查，分析居民对现行城乡居民大病保险政策的认知情况、满意度情况，以及对大病保险的支付意愿（是否愿意支付投保费用）和意愿支付（不同情境下愿意支付的保险费用额度）情况，为进一步完善城乡居民大病保险政策提出建议，同时为大病保险的改革和创新发展提供参考依据。问卷的调查内容主要包括：一是被调查者的人口经济特征。包括年龄、性别、受教育年限、基本医保类型、去年家庭的年支出、家庭人口数、婚姻状况、自评健康、本人或亲近的人是否患过大病等。二是被调查者对现行城乡居民大病保险制度的认知情况；三是被调查者对现行城乡居民大病保险的保障范围和报销水平的满意度情况；四是被调查者对大病保险的意愿支付情况。主要包括是否愿意为大病保险支付投保费用，以及在不同的假定情境下投保费用的最大意愿支付额。具体见附录中的调查表。采用分层整群典型抽样的方式进行抽样，通过培训调查员，以现场调查和入户调查相结合的方式进行调查。现场调查是指在该社区卫生服务中心或服务站作为调查现场每天随机抽取一定数量的样本进行调查。入户调查是由家庭医生、调查工作人员（包括居委会工作者、楼组长调查员等）根据要求入户调查。具体见第三章。

（三）专家咨询

专家的意见和建议是大病保险政策建设、发展和完善的重要参考依据。通过专家调查咨询的方式，分析和总结专家对我国大病保险现状、发展，以及政策完善的意见和建议，对现行大病保险创新发展和可持续发展具有重要的理论指导意义和实际参考价值。根据研究目的和研究内容设计调查咨询问卷，主要内容包括：专家的基本情况，如年龄、职称、工作年限、主要研究领域、工作单位属性等；对我国城乡居民大病保险的看法；对我国大病保险发展的建议等。既有结构性和半结构性问题，又有开放性问题。具体见附录“大病保险专家调查和咨询表”。专家的选择直接影响到咨询的效果。本研究中专家的入选标准如下：一是具有代表性。主要包括大病保险密切相关的政策制定者、政策执行者、政策研究者等不同主体。二是具有权威性。主要体现在是该领域得到公认且具有权威性的知名专家。三是具有学术影响力。主要包括该领域公认的专家，以及大病保险的文献计量分析和相关领域出版著作等筛选出的专家。四是具有可行性。最终确定专家的调查咨询名单见附录。通过电子邮件、微信或访谈的形式对选定的大病保险领域专家进行调查和咨询。通过调查和分析，总结专家对现行大病保险政策的看法、在政策实施过程中存在的主要问题、大病保险发展的趋势，以及大病保险政策的意见和建议。

四、评估和模拟分析

（一）RE－AIM 模型

RE－AIM 模型是由美国学者 Russell E. Glasgow 于 1999 年设计和构建，在卫生政策评估领域得到广泛的应用和推广。该模型从 5 个维度构建政策评估的框架，即可及性（reach）、有效性（effectiveness）、采纳性（adoption）和可持续性

(maintenance)，并从个体水平和组织水平两个层面，围绕评估的核心问题进行综合性分析，见图1-8。该模型具有以下特点：一是具有系统性。政策评估中常常出现的问题是，评估视角的片面性和评估指标的单一性导致指标不具有可比性和评估结果的偏性。该模型从宏观和系统的角度构建评估框架，对政策干预的效果进行综合评估。在模型评估的维度和指标的选择中，充分体现了个体评价和组织评价相结合，政策现行效果和可持续发展相结合，评估涉及政策干预方案全过程中各个不同方面的影响，因此具有系统性。二是具有实用性。政策研究本身的特性决定了政策评估的复杂性和不确定性，政策评估角度、评估标准和评估指标缺乏具有可比性的统一要求，常用的评估方法和评估模型在实际应用中难以发挥作用。RE-AIM模型将政策评估固化为5个分析维度，使得复杂的现实政策环境中，政策干预方案评估的总体框架规范化，弥合了研究与实践之间的差距，具有较强的实用性。三是具有可操作性。RE-AIM模型在统一框架下，根据不同政策的特点，制定特有的规范化、标准化的指标和方法来测定重要的影响因素，使得不同干预方案围绕统一标准进行比较，提高了项目规划人员，评估人员实践中的可操作性。本研究基于RE-AIM模型，从可及性、有效性、采纳性、实施性和可持续性5个维度构建了指标体系（见图1-8），对具有代表性和典型性的上海、太仓和湛江等地的大病保险模式进行了综合评估。

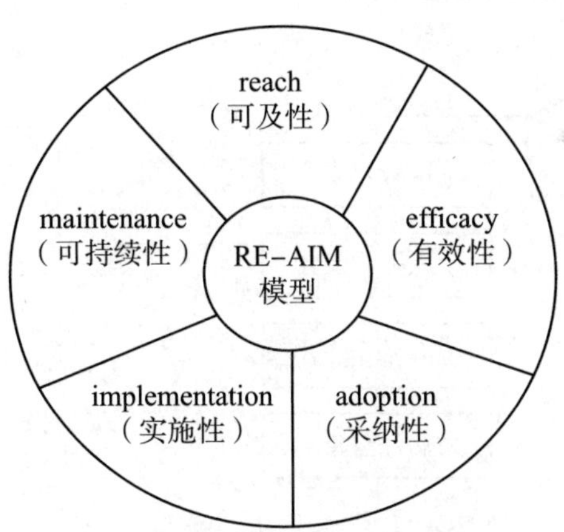

图1-8　RE-AIM模型评估框架

（二）微观模拟模型

微观模拟（microsimulation）是美国奥克特（Orcutt）教授于1957年提出的一种基于微观个体定量研究宏观经济政策效应的分析工具。微观模拟模型主要由4个模块构成，分别是基础数据模块、医疗服务利用模块、政策实施模块和效应分析模块。该模型是利用个体水平数据设计完成的计算机程序，是一种特殊的模拟技术，通过对每个个体有关行为（如医疗行为）过程的实际模拟，在个体上具体实施相关政策，在一定的条件下估计和预测群体未来的发展趋势，判断政策的调整对个体的分布影响，推断、综合政策实施的宏观效果。大病医疗保险微观模拟的基本思路和基本框架如图 1－9 所示。本研究以上海市大病保险为例，应用微观模拟分析的思路和方法，通过构建微观模拟模型，基于上海市城乡居民和城镇职工的医保数据，模拟不同政策设计和不同补偿方案下大病保险的运行情况。同时，进一步模拟城乡居民大病保险和城镇职工大病保险合并情况下的补偿效果，目的是为大病保险模式的创新发展提供证据和建议。

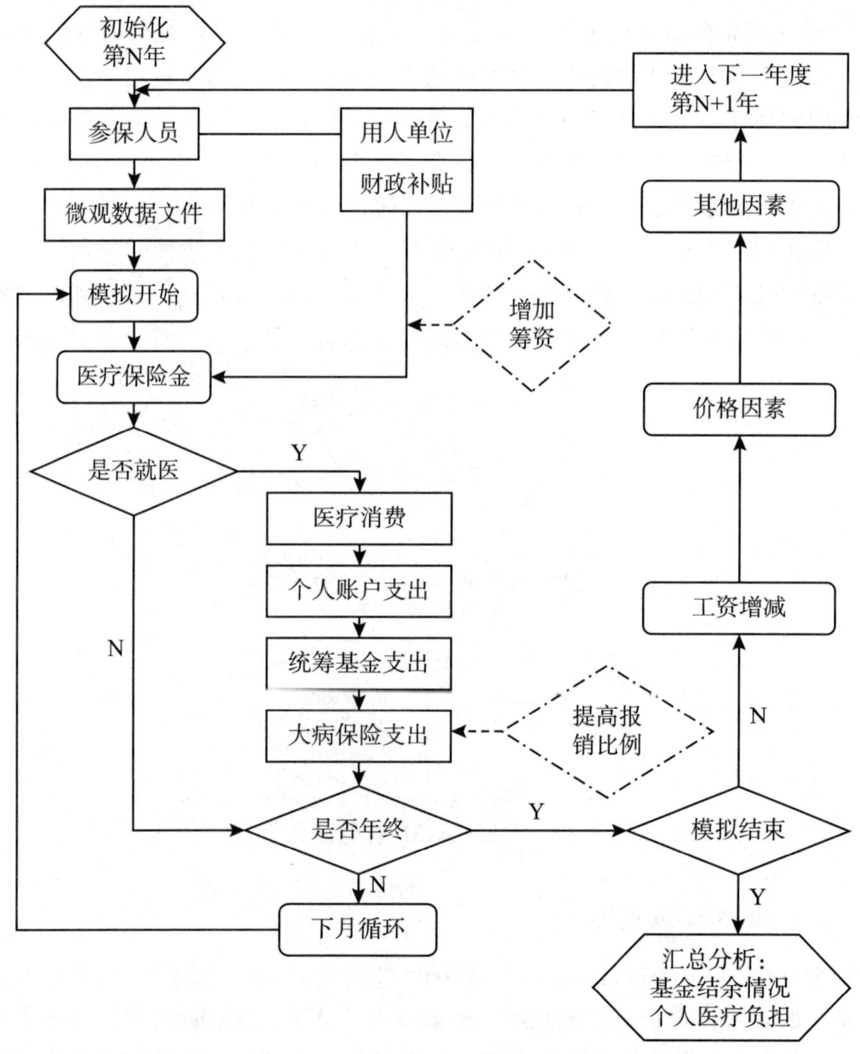

图 1－9　大病医疗保险微观模拟基本框架

五、政策研究

（一）政策研制

大病保险创新发展模式是对大病保险政策的探索和实践，既源于现有的政策又有突破和创新。一项政策的研制，包括政策实施的模式和路径设计，应当遵循其特有的研究程序和方法。本研究中，为了实现制定高质量卫生政策的目标，大病保险创新发展模式与路径研究的总体思路是按照政策制定的科学程序（scientific procedure of policy making）进行。具体程序如下：第一，政策问题的确认（confirmation of policy issues）。现行政策下，确定我国大病保险实施过程中优先需要解决的焦点问题和关键问题，并优先进入政策议程。第二，政策问题的根源分析（root analysis of policy issue）。针对政策问题系统分析其产生的根源、影响因素和作用机制。第三，政策方案的研制（alternative formulation）。在上述分析的基础上，确定政策问题的解决思路、政策目标，并研究制定相应的解决方案。第四，政策方案可行性论证（feasibility study）。在政策方案实施前，需要从政治、经济、社会文化和技术等方面进行可行性分析，同时分析政策方案的潜在效果、必要性和合理性，目的是丰富完善、选择推荐最好的政策方案。第五，政策执行（policy implementation）。在政策可行性分析的基础上，将政策方案付诸现实中具体的实施活动。第六，政策评价（policy evaluation）。政策评价是对政策方案实施效果的检验。应用公认的科学方法，客观、公正地评价政策方案的实施效果及其产生的影响，对政策价值作出判断，为政策方案的发展和确定其去向提供参考。第七，确定政策去向（policy direction）。根据政策评价的结果来确定政策方案的归宿。政策去向包括政策延续、政策调整、政策终结和政策法律化。

（二）利益相关者分析

利益相关者理论是20世纪60年代左右逐步形成和发展起来的。经过战略管理的鼻祖伊戈尔·安索夫（H. Igor. Ansoff）和艾瑞克·瑞安曼（Eric Rhenman）为代表的学者的开创性研究，形成一个独立的理论分支。该理论一经产生就受到管理学界、经济学界、社会学界等的高度重视。利益相关者分析中有两个重要命题，一是利益相关者的判断，即谁是组织的利益相关者？二是利益相关者的影响。即利益相关者和组织之间如何产生影响？围绕这两个重要命题，结合我国大病保险的特点，本研究借鉴最有代表性的“米切尔评分法”，作为大病保险利益相关者分类和影响力的判断方法。该方法由米切尔（Mitchell）于1977年提出，认为企业所有的利益相关者必须在合法性、权威性和紧迫性3个属性中至少具备一种属性。本研究中大病保险利益相关者影响力的定性分析体现在合法性、权威性和紧迫性的程度上，程度的描述分为5个等级，即“强”“较强”“一般”“较弱”和“弱”。通过利益相关者影响力分析，找到大病保险利益相关者中的关键利益相关者、主要利益相关者，为大病保险政策的进一步发展提供参考。

（三）ROCCIPI分析

ROCCIPI分析为联合国教科文组织推荐的社会学和立法研究方法，该方法主要从规则（rule）、机会（opportunity）、能力（capacity）、交流（communication）、利益（interest）、过程（process）和意识（ideology）7个方面及其相互联系来分析问题，以形成政策问题的最佳策略，是一种系统、全面而且富有逻辑的分析方法。本研究中基于实证研究和理论分析的结果，利用该方法分析大病保险的发展策略和思路。

六、统计分析

本研究中的相关数据主要通过Excel软件进行双录入并建立数据库，使用Stata13统计软件进行分析。采用的统计学方法主要体现在：一是常规的描述性统计分析；二是模型分析，例如应用Logistic回归模型分析相关影响因素。

第六节　研究总体思路和框架

本研究的总体思路是，通过大病保险相关政策的系统梳理和文献综述，充分了解我国大病保险政策的演变和实施状况，确认在实践过程中存在的主要问题，明确建设发展的目标。在理论研究和实证分析的基础上，根据政策科学制定程序的思路和要求，按照“问题确认—问题根源分析—模式方案研制—制定发展路径”的逻辑思路，提出大病保险创新发展模式和路径的总体设计方案，并根据不同的政策环境和要求研制具体的方案和路径。本研究的总体框架如

图1－10所示。研究框架共分为4部分：第一部分是绪论。根据国家发展战略对卫生健康发展的要求和当前大病保险政策建设发展的状况，系统阐述大病保险的研究背景和创新发展需求。应用文献系统综述、文献计量分析、比较研究和专家咨询等方法，梳理相关政策，比较分析国内外大病保险代表性模式的特征和成效，系统综述大病保险发展现状和发展趋势，分析存在的问题，总结建设发展的经验，从而形成本研究的建设发展目标，以及围绕目标的研究内容和方法。第二部分是理论研究。在保险理论分析的基础上，针对我国大病保险建设和发展中存在的理论问题，结合我国实际情况，对大病保险理论研究进行探索。应用福利多元主义理论、新公共服务理论、习近平新时代中国特色社会主义思想、利益相关者分析、保险经济学分析、社会治理、政策分析等理论和方法，探索具有中国特色并适用于实践的大病保险理论，为大病保险创新发展模式和路径的建立奠定基础。第三部分是实证分析。从全面、系统和全方位视角，系统分析大病保险政策在实践中做法、成效、问题和经验。应用关键知情人访谈、现场调研、个案分析、专家咨询、RE－AIM模型、微观模拟模型、ROCCIPI分析等方法，通过大病保险不同利益相关者分析、代表性模式的系统分析、典型模式的综合评估和大病保险模式的政策模拟等，力求客观、准确地描述大病保险政策在具体实践过程中的全貌，以及政策改变可能产生的效果，为大病保险创新发展模式和路径的建立和选择提供实证依据。第四部分是大病保险创新发展的模式和路径研究。在上述理论研究和实证分析的基础上，针对我国大病保险全面实施以来凸显的主要问题，借鉴国外大病保险成功经验，结合我国国情民生的特点，从理论和实践上深入研究和探索，提出建立具有中国特色的层次明晰、衔接高效、功能互补、可持续发展的大病医疗保险框架体系，以及与之相适应的大病保险模式和实施路径。具体而言，首先是大病保险政策问题的确认。根据建设目标、实施效果和存在差距等进行问题的确认；其次是问题根源分析。应用政策分析方法，系统探索政策问题产生的根源、影响因素及其作用机制，这是制定政策方案的前提和基础；再次是模式的研制。根据问题根源分析的结果，针对性地提出大病保险创新发展的治标模式、治本模式和标本兼治模式等备选方案；最后是制定发展路径。根据各类备选模式方案的特点，制定模式的发展路径。

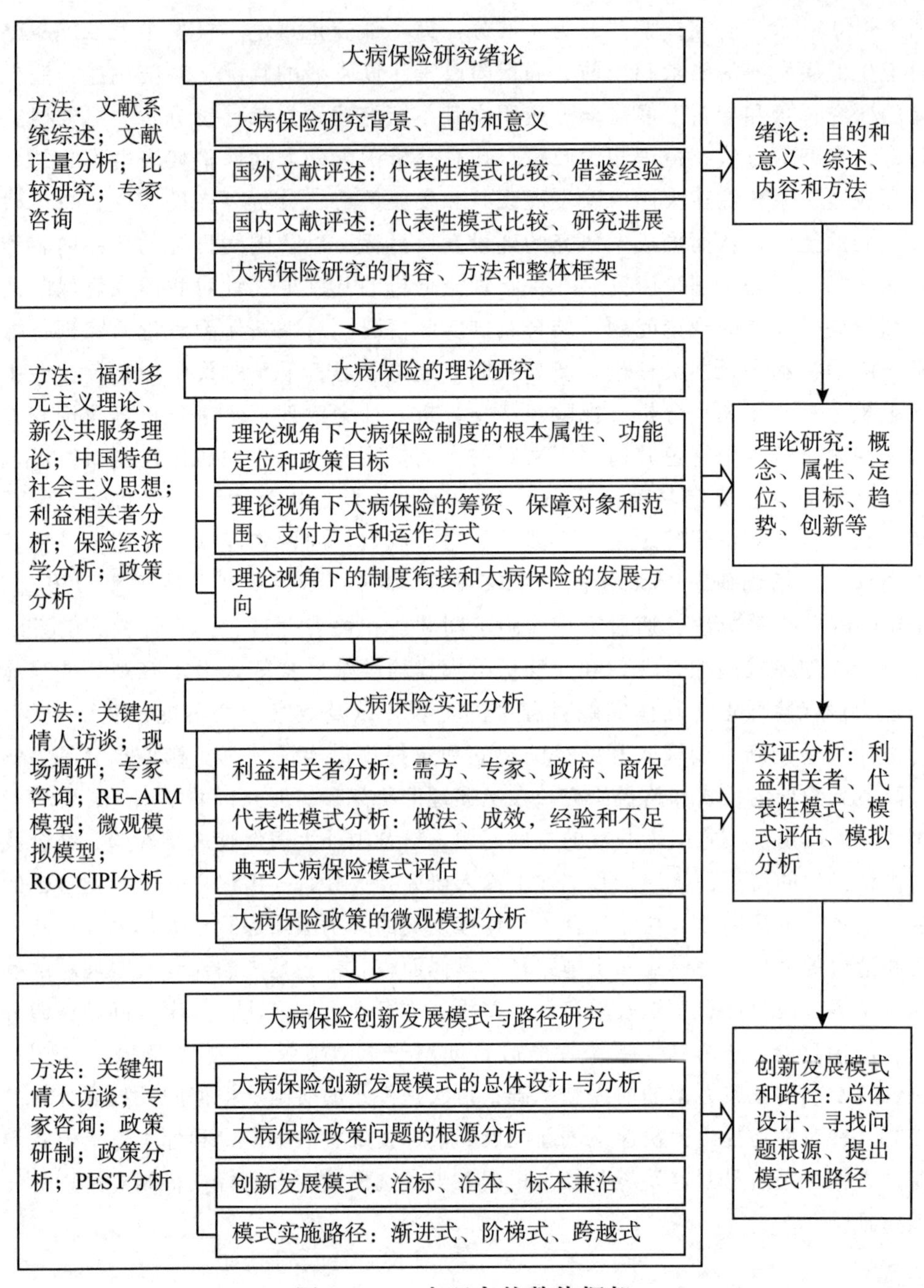

图 1-10　本研究的整体框架

第二章

大病保险理论分析

大病给患者造成巨大的健康损失和经济损失，因此受到人们的高度关注，并在大病保险的理论和实践中进行多种形式的探索，取得一定的经验和成效。如何减少大病带来的“双重损失”，尤其是给个人、家庭和社会带来巨大的经济损失，是大病保险理论上需要回答，实践中需要验证的根本问题。本章在阐述大病保险基本理论的基础上，结合我国大病保险的实际和特点进行理论分析，并根据国际重大疾病保险理论发展趋势，探索具有中国特色的大病保险理论体系和分析方法，为建立我国大病保险创新发展模式和路径提供理论支持。

第一节　概　　述

一、基本概念

（一）大病保险

大病保险又称大病医疗保险，是指通过各种渠道筹集资金，形成大病保险基金，并用于补偿被保险人因患大病而产生高额医疗费用所造成的经济损失的一种制度。本研究中的大病保险包括两个层面的含义，一是广义的大病保险。作为一项制度涵盖了大病保险的各种性质和类型，如大病社会医疗保险和大病商业医疗保险。前者主要由政府部门组织、管理和实施，具有强制性，后者主要由被保险人和保险公司通过自愿签订合同并履行合同权利和义务，具有自主性。二是狭义的大病保险。本研究的对象是我国大病保险，根据国家发改委、卫生部等六部委《关于开展城乡居民大病保险工作的指导意见》，在国家指导意见下的试点标志着我国大病保险制度的初步探索和形成。到目前为止，在相关政策和文献中，如果没有特殊说明，一般情况下，我国大病保险主要是指该文件中的城乡居民大病保险。

（二）城乡居民大病保险

根据我国大病保险制度形成和发展的两个纲领性文件，即《关于开展城乡居民大病保险工作的指导意见》和《国务院办公厅关于全面实施城乡居民大病保险的意见》，城乡居民大病保险，是在城镇居民基本医疗保险（以下简称城镇居民医保）和新型农村合作医疗（以下简称新农合）等基本医疗保障的基础上，对大病患者发生的高额医疗费用给予进一步保障的一项制度性安排，可进一步放大保障效用，是基本医疗保障制度的拓展和延伸，是对基本医疗保障的有益补充。其资金来源，是从城镇居民医保基金、新农合基金中划出一定比例或额度作为大病保险资金；其保障对象，是大病保险保障对象为城镇居民医保、新农合的参保（合）人。其保障范围，主要与城镇居民医保和新农合相衔接。城镇居民医保和新农合应按政策规定提供基本医疗保障。在此基础上，大病保险主要在参保（合）人患大病发生高额医疗费用的情况下，对城镇居民医保、新农合补偿后需个人负担的合规医疗费用给予保障。城乡居民大病保险是我国当前大病社会医疗保险的主要形式。

（三）重大疾病保险

重大疾病保险主要指重大疾病商业医疗保险。由保险公司经办并以特定的重大疾病为保险对象，当被保险人在投保一定期限后，如患有保险合同规定的某种重大疾病而导致支出医疗费用时，由保险公司向被保险人支付相应的保险金进行补偿，从而降低被保险人重大疾病经济风险的一种商业保险形式。

（四）灾难性卫生支出

灾难性卫生支出是指在一段时间内，当一个家庭的个人现金卫生支出超过家庭非食品消费（除食品外的家庭消费）的40%，即认为该家庭发生了灾难性卫生支出（Xu Ke，2003）。该概念由世界卫生组织提出，主要用于衡量疾病，尤其是重大疾病给患者家庭造成的经济风险和危害，为有效提升相关医疗保障政策的针对性、精准性和操作性等提供依据，并得到国际上的广泛认同和应用。因避免灾难性卫生支出的理念与我国防止“因病致贫、因病返贫”的大病保险目标相对一致，故国内一些学者认为，以灾难性卫生支出来界定大病，能够合理地测算患者的医疗经济负担，精准识别发生“因病致贫、因病返贫的患者及其家庭”，确保大病保险政策的针对性。能够避免当前过高且统一的大病起付线导致的大病保险的实际受益人群有限，限制大病保险的实际保障效果的问题（朱铭来等，2014）。因此，国内学者认为，应当以国际上通行的灾难性卫生支出的概念来界定大病的概念。

（五）大病医疗保险体系

大病医疗保险体系是指，为避免或减轻大病给患者带来高额医疗费用风险而建立的各类相互关联的大病医疗保险的集合。主要包括大病基本医疗保险、大病补充医疗保险、大病商业医疗保险和其他大病医疗保险。大病医疗保险体系中各类保险具有不同的特点和功能。大病基本医疗保险属于国家相关法律和政策强制实施的社会医疗保险，当参保者患大病时为其提供医疗保险服务范围内的基本医疗服务，并依据相关政策给予报销和补偿。上述城乡居民大病保险即为大病基本医疗保险；大病补充医疗保险，是指除基本医疗保险外，用人单位和个人根据实际需求和可能性，自愿参加的在保险范围和功能上具有补充性质的医疗保险，目的是在基本医疗保险的基础上进一步扩大保障能力和水平；大病商业医疗保险，是指由商业保险公司经营的，具有营利性的医疗保障。被保险人通过缴纳大病保险金参保，当被保险人患有大病并发生医疗费用时，按照合同规定，可从保险公司获得经济补偿。

（六）大病医疗保障体系

大病医疗保障，是指一个国家或者地区为避免或者减少民众因为患大病造成的健康风险和经济损失，而采取的具有各种性质和各部门主导的综合性保障措施，主要包括大病基本医疗保险、大病商业医疗保险、大病医疗救助、民间慈善救助等。其中，大病医疗保险（包括大病基本医疗保险和大病商业医疗保险）是大病医疗保障体系中最重要、最主要的方式。

二、研究假设

医学研究表明，疾病是机体在一定条件下，与致病因素相互作用而引起的损伤与抗损伤反应，由于自稳调节紊乱而发生异常生命活动过程，主要表现为体内一系列代谢、功能和形态结构的改变，并在临床上出现许多不同的症状与体征。这种状态的结局表现为完全康复、不完全康复和死亡。毫无疑问，疾病会给人的健康造成危害。一个基本的逻辑推理是，疾病的严重程度越高，给人体健康造成的危害程度越大。大病是一种严重程度高的疾病，主要特征是危害程度大、医疗费用高，并对人们的健康产生严重影响。因此，大病会给人的健康造成巨大的危害，这种危害主要体现在两个方面：一方面，大病给患者造成巨大的健康损失。人的健康会因疾病而受到损害，并且会因大病而受到严重损害。因此，患者一旦患有大病，就会严重损害健康，造成巨大的健康损失。另一方面，大病给患者造成巨大的经济损失。人患有疾病后需要进行治疗，治疗过程中需要根据提供的医疗服务情况，支付相应的医疗费用。相对于一般疾病而言，大病的严重程度高、危害程度强、治疗难度大，大病治疗需要提供高技术、高质量、高水平的医疗服务为前提和保障，因此，大病的治疗会产生高额的医疗费用，给患者造成巨大的经济负担。大病患者面临的健康和经济的“双重损失”，很可能会直接导致大病患者及家庭“因病致贫”和“因病返贫”。因此，如何防范大病造成的健康损失和经济损失已经成为人们重点关注的政策问题，而通过医疗保险解决该问题已经成为一种共识。在此共识基础上，结合医疗保险理论和相关研究文献，形成我国大病保险研究的以下假设。

假设一：医疗保险在保障人们的健康和减少健康经济损失中发挥重要作用。

假设二：现行城乡居民大病保险的制度设计，只是在一定程度上缓解参保者因患病而产生的高额医疗费用经济负担，而不可能解决“因病致贫”和“因病返贫”问题。

假设三：建立多层次的大病医疗保险体系，构建大病保险创新发展模式，是避免或有效减轻参保者因患大病造成的健康损失和经济损失的根本路径。

假设四：完善大病保障制度和体系建设，是解决“因病致贫”和“因病返贫”问题的重要举措。在建立多层次的大病医疗保险体系的基础上，辅之以大病医疗救助等各种救助措施，可以保障参保者，尤其是特定弱势人群避免发生灾难性卫生支出。

三、研究目的

大病保险理论分析的目的，是在保险基本理论的基础上，应用大病保险的新理念、新理论进行深入探讨，反映大病保险理论研究的新进展。同时，结合国外典型大病保险制度和模式的分析，研判大病保险发展趋势。系统分析我国大病保险政策和实践中存在的主要理论问题，在大病保险新理论、新思想和发展趋势指引下，结合我国实际情况，从理论上探索具有我国特色的大病保险创新发展模式和实施路径，为相关研究奠定理论基础。

具体而言，本章研究中大病保险理论分析的目标如下：

一是应用保险理论，从本源上分析大病保险作为一种产品的属性、特点，风险特征，以及风险决策特点等。

二是从国内外新理论、新思想的视角来分析大病保险，丰富大病保险的理论研究，同时结合我国大病保险实际，探索大病保险的创新发展的趋势。

三是针对我国大病保险政策及其实践中存在的问题进行理论解析，在上述研究和分析的基础上，结合我国实际情况，从理论上探索具有中国特色的大病保险创新发展的思路、方案和框架。

四、保障方式

重大疾病给人类造成巨大的健康损失和经济损失，尤其是巨大的经济损失给患者或家庭带来灾难性经济负担。面对大病带来的灾难性经济负担，从理论上分析，应对的基本思路和方式有以下几种：一是全额报销。患者因大病产生的医疗经济负担，由医疗保险、医疗保障制度或其他固定且可持续的方式全额报销。这种方式的优点是，从根本上彻底解决患者大病经济负担的问题，是最直接、最便捷、最显效，也是最受患者欢迎和期待的解决方法。但是，其缺点在于难以保证报销基金拥有稳定、持续和充足的来源，以及保证资源的有效利用，没有基金来源，缺乏有效的监管，全额报销即成为无本之末。因此，通常只有少数高福利国家或地区采用这种方式。二是设置起付线，按比例报销。该方式是自医疗保险产生以来，得到世界各国和地区最广泛的应用，在保障人们健康和避免经济损失方面发挥重要作用。本研究中对其的分析和探讨，也是在本研究假设一的基础上建立、应用和发展的。这种方式的优点是，充分体现“统筹共济，风险分担”的医疗保险基本原则，居民通过缴纳参保费等形式参加医疗保险，当参保者患大病时当医疗费用超过规定的起付线时，可以根据规定按一定比例获得经济补偿。一方面，通过报销在一定程度上减轻了大病患者的经济负担，另一方面，通过参保者起付线和自付一定比例费用的设置，可以约束大病患者的就医行为，避免资源的过度使用甚至浪费，提升大病患者的有效需求。这种方式的缺点是，报销比例依赖于社会经济发展，尤其是医疗保险基金的筹集能力和保障水平，其保障能力是有限的。尤其是大病往往造成高额的医疗费用，即便是按照一定比例报销补偿，但是仍有自付比例部分给大病患者带来医疗经济负担，甚至是灾难性经济负担，无法从根本上解决因病致贫的问题。这种方式在大多数国家和地区得到应用，在减轻大病患者医疗经济负担方面发挥重要作用，但是就大病保险而言，保障效果具有有限性。三是设置个人自付封顶线。该方式是“设置起付线，按比例报销”方式的延伸和重要补充，其特点主要体现在，当参保的大病患者自行付费的医疗费用达到一定程度后即无须个人支付，而由医疗保险统一承担。个人自付封顶线的设置依赖于一个国家或地区的社会经济发展水平、保障理念和医保基金的来源情况，通常与设置起付线、按比例报销等方式综合应用，在保障效果上具有累加效应，更大程度上保障参保的大病患者减少发生灾难性经济负担的情况。因此，是当前大病保险领域比较常用和有效的方式。

第二节　大病保险理论分析

一、大病保险的产品属性

根据是否具有排他性和竞争性，经济学理论分析中将人类社会所需要的产品或服务划分为3种类型：第一种是公共物品。公共物品的特点是具有非排他性和非竞争性，可以供社会成员共同享用。非排他性主要体现在，某人、家庭或企业对某一种公共物品消费时，并不影响、排除其他人同时消费这一物品，或者排除的成本很高。非竞争性主要体现在，某人、家庭或企业对公共物品的消费并不导致其他成员可消费量的减少，即在给定的生产水平下，为另一个消费者提供这一物品所带来的边际成本为零。第二种是私人物品。与公共物品相对应，私人物品的特点是具有排他性和竞争性。排他性主要体现在，某个人或实体在消费某一商品时，将其他人排斥在外，即其他人不可能同时消费该种商品，不论他们是否付费。竞争性主要体现在，消费某种商品时，每增加一个消费者，就需要减少任何其他消费者对这种产品的消费。第三种是准公共物品。准公共物品的特点是介于公共物品和私人物品之间，具有有限的非竞争性和局部的排他性。准公共物品的特点主要体现在“拥挤性”上，即当消费者的数目增加到一定的临界点时，准公共物品到达“拥挤点”。此后，拥挤就会出现，表现为每增加一个消费者的边际成本大于零，将减少原有消费者的效用。

大病保险作为一种产品或服务，根据上述产品或服务特性的划分，属于准公共物品。这是因为，一方面大病保险具有公共物品的特点。根据前述概念，大病保险是指通过各种渠道筹集资金，形成大病保险基金，并用于补偿被保险人因患大病而产生高额医疗费用所造成的经济损失的一种制度。本研究中狭义的大病保险是指城乡居民大病保险，通过政府向商业保险机构购买大病保险公共服务的方式运作，在基本医疗保障的基础上，对大病患者发生的高额医疗费用给予进一步补偿。大病保险是基本医疗保障制度的拓展和延伸，是一种公共产品（李玉华，2016）；另一方面，大病保险又具有私人物品的特征。广义上的大病保险包括各种性质和类型，如大病商业医疗保险等，具有明显的排他性和竞争性等私人物品的特征。即使是城乡居民大病保险，在不同地区、一定时期和一定条件下，也具有有限的非竞争性和局部的排他性，且存在大病保险补偿服务的“拥挤点”。因此，就产品或服务的属性而言，大病保险属于准公共物品。

二、大病保险的提供

不同属性的产品或服务具有不同的特点，而产品或服务的不同特点决定其有效供给的方式也不一样。传统经济学认为，在一定条件下，当市场中产品或服务的供给和需求达到均衡时，资源配置和利用最有效，而通过市场配置资源是实现资源有效利用的重要手段。毫无疑问，私人物品的属性特征决定其通过市场配置资源和市场供给最为有效。然而，公共物品通常无法完全依赖市场提供，因为会导致经济学中的“市场失灵”，即通过市场配置资源不能实现资源的最优配置。既然市场机制在提供公共物品方面是失灵的，那么由政府主导的公共物品的供给就成为必然。经济理论认为，政府主导公共物品的供给是有效的，尤其是可以避免出现供应量不足、不愿提供，甚至无法提供的现象。当然，政府对公共物品的供给并不意味着政府生产所有的公共物品，更不等于政府完全取代公共物品的市场。政府可以通过直接生产公共物品的方式来实现，也可以通过某种方式委托私人企业的间接生产方式来实现。一般情况下，导致市场失灵的原因包括公共物品、产品的外部性、垄断和不完全信息等因素。政府通常会采取诸如政策法规、行政管理和经济监管等各种措施来避免或弥补市场失灵。值得注意的是，在重点关注导致市场失灵的主要因素，通过采取政策法规、行政管理及经济监管等各种有效措施避免“市场失灵”的同时，还需要防止因政府干预行为自身的局限性导致的另一种现象，即“政府失灵”。政府失灵，主要是指政府部门在提供公共物品时，受到自身能力和其他客观因素制约，因采取的干预行为不当（干预不足或干预过度）而造成不利的后果，最终导致经济效率和社会福利的损失。主要表现为无法实现预期目标、资源浪费、寻租、交易成本增大、社会经济效率低下、引起无法预计的后果等。政府失灵的提出是有一个发展过程的。一般认为，政府失灵是政府在克服市场失灵或是市场缺陷的过程中所产生的。但是，这并不意味着市场失灵的重要性要高于政府失灵。因此，在分析政府与市场的关系问题时，要充分考虑“市场失灵”和“政府失灵”，两者同样重要，缺一不可。

如何有效提供准公共物品是理论分析的核心问题。根据准公共物品的属性，既具有公共物品的特点，又具有私人物品的特征。通过上述分析，可以得到的基本结论是，为避免和防止“市场失灵”和“政府失灵”，准公共物品不应单纯由政府或市场单独提供。现代的市场经济是一种混合经济，正如兰德公司的高级经济顾问、公共政策专家查尔斯·沃尔夫教授所言，“不是纯粹在市场与政府之间的选择，而是经常在两者的不同结合间的选择，以及资源配置的各种方式的不同程度上选择”。政策分析专家戴维·L. 韦默，艾丹·R. 维宁表达了同样的观点，“每个社会都通过个人选择与集体选择的某种组合来生产和分配物品”，就是说市场经济的发展过程中，政府总是要发挥其作用（张建东、高建奕，2006）。大病保险的属性为准公共物品，且我国的大病保险具有多种类型，比如城乡居民大病保险、新型农村合作医疗大病保险、商业大病保险等，因此大病保险的供给应符合准公共物品的特点，不能单纯由政府或完全由市场提供。如果大病保险完全由政府提供，即政府提供福利保障，则会存在保障经费不足、资源利用效率低下和权力寻租等问题。如果大病保险完全由市场提供，即采用大病商业保险，则会存在公平性受损、可负担性减弱和道德损害等问题。大病保险也是一项公共政策，牵涉广大人民群众的利益，并受到政治、经济、社会、技术和文化等诸多因素影响，政府在制定、实施大病保险政策过程中必须紧紧围绕政策目标，防止造成政府失灵。因此，根据大病保险的属性和特征，应采取政府主导下的整合式大病保险供给方式，建立多层次的大病保险体系是根本路径。

三、大病保险的经济分析

在大病保险的诸多影响因素中，经济因素对其产生最核心、最本质的影响。通过大病保险的经济分析，有助于了解大病保险风险特征和风险决策、主要技术手段和主要影响因素，为探索大病保险的创新发展模式和路径奠定理论基础。

（一）大病保险风险特征和风险决策

保险是由保险公司（机构）“生产”，并卖给消费者“使用”的一种特殊的商品。保险的产生源于两个主要原因：一是风险的不确定性。风险是人们在各种社会和经济活动中，对未来遇到伤害或导致损失的可能性的判断与认知。风险是一种客观存在，人们在日常生活和生产实践中，会遇到诸如自然灾害、意外事故、健康受损等各类风险，而且这些风险的发生都有一定的概率。因此风险具有不确定性。二是风险决策。风险决策是在多种不确定因素作用下，人们通过对未来风险可能产生的损益值的分析和判断，进而对不同的行动方案进行选择。通常情况下，绝大多数人在现实生活中都属于风险回避者。因此，最常见的风险决策和应对的方式是购买保险。风险对于个体是不确定的，但是从总体上我们可以通过概率论和大数法则把握风险的规律，把不确定的风险转化为确定性损失。当然，不采取任何应对措施也是一种风险决策的选择方式，称为风险自留（risk retention），即发生后自行支付风险损失。这种情况，有可能是缺乏风险意识，也有可能是认识到了风险但无法或者不愿意购买保险。

大病保险是一种健康保险，自从它20世纪80年代在南非诞生以来，迅速风靡市场，并在全球推广和发展。大病保险除了具有一般风险的特点，还有自身的特征：一是风险具有普遍性。生老病死被认为是自然规律，任何一个人无法避免。与其他风险相比，疾病风险更为普遍，理论上一个人在一生中不可能永远健康，因此疾病风险普遍存在。二是风险的危害性大。大病给患者带来严重的危害，造成巨大的健康损失和经济损失。相对其他风险，大病风险的危害性更大，损失更为严重。三是风险的复杂性强。大病风险的复杂性表现在多个方面：大病诱因的多样性、大病自身的复杂性、大病患者个体特异性、信息的不对称、诊治方案的差异性、治疗效果具有不确定性，以及医疗经济负担的复杂性等。大病风险的复杂性，导致大病风险的预测和防范、大病风险的准确估算和管理更为艰难。因此，基于上述大病保险风险的特征，在多种不确定因素作用下，相比较而言，人们对大病保险的风险决策更多选择风险规避，倾向于购买大病保险。

（二）大病保险的道德损害和逆向选择

消费者愿意购买大病保险，其基本原理在于，对个体而言具有不确定性的大病风险在一定时期、某一特定群体中是相对固定的，大病保险把疾病经济风险转变为固定的经济损失，大病保险的实质就是将个人大病经济风险在特定群体中进行分摊（risk spread）。而在此过程中，大病保险将会遇到两个重要的挑战，即道德损害（moral hazard）和逆向选择（adverse selection）。

1. 道德损害

大病保险中的道德损害，是指当投保人购买大病保险，并得到保险保障后，产生的日常健康行为和医疗服务消费行为的不当变化。一般分为事前道德风险和事后道德风险。事前道德风险是指大病保险可能会使被保险人在防止损失方面的动机和行为产生背离。例如，当被保险人知道自己可从大病保险中获得经济补偿（特别是额度足够大的经济补偿）时，在日常生活健康动机和健康行为等方面放松约束，甚至为了达到大病保险报销的条件，在确保生命前提下，故意采取不健康行为加大事故发生的机会，或者使病情加重，以获得大病保险经济补偿。事后道德风险是指大病保险可能会使被保险人在减少损失方面的动机和行为产生背离。例如，有大病保险的人比没有大病保险的人去医院看病的数量会更多，会消费更多的医疗服务，或者消费不必要的医疗服务。更有甚者，采用隐瞒事实、编造虚假证明和资料等行为进行欺诈，来骗取保险金。

从理论上讲，道德风险的实质是在信息不对称的情形下，从事经济活动的人在最大限度地增进自身效用时做出不利于他人的行动。一般而言，保险的道德风险有 3 个特点：一是具有主观性。道德风险主要是由行为人的道德和自身心理意识等内生性因素引起，并由此在主观上采取心存侥幸、漠视道德、缺乏责任心等消极的行为。而且，该行为是主观的、消极的、可预知的，并且能够控制的。二是属于故意行为。道德风险是一种有目的、有意识的非法行为，被保险者或受益人通过采用不正当、不合规或者非法手段，故意促使保险事故发生，并造成夸大保险经济补偿的行为。三是具有逐利性。道德风险的制造者通常都是受到利益诱惑，并以逐利为目的。上述主观性、故意性等特点及其行为，都是为了不当逐利。

鉴于上述大病保险道德风险的特点，大病保险覆盖的强度越大，经济补偿比例越高，发生道德损害的可能性就越大。因此，在大病保险制度设计时，需要有针对性地采取相应措施进行防范，为大病保险制度的有效运行提供保障。大病保险道德损害防范的主要措施包括：明确大病医疗的服务规范，明确保险损失补偿原则、建立医疗服务供需双方的诚信体系，建立风险评估制度，建立信息共享制度，以及加强大病保险监管等。

2. 逆向选择

大病保险中的逆向选择，是指在信息不对称条件下，保险市场中一方利用拥有的信息优势使自己受益而对方受损，造成市场价格下降、产品平均质量下降，进而导致劣质品驱逐优质品的现象。与道德损害一样，逆向选择是由于信息不对称导致的另外一种现象，需要高度重视。保险市场中，风险决策取决于人们对风险的判断。从消费者角度看，不同年龄、不同健康状况、不同生活方式、不同经济水平等消费者的疾病风险状况不同，其期望损失和期望效用都是不一样的，疾病风险高意味着保险成本的增加。一般而言，人们的健康状况与其期望损失成反比，即健康状况越差的人群其期望损失越大。由于期望损失较大，对医疗保险需求相对较高，要求保险计划覆盖的服务也更多。例如，消费者对自身是否患大病通常拥有比较充分的信息，而身患大病的患者对期望损失有明确的判断，因此他们更愿意购买大病保险来化解风险。从保险的提供者角度看，由于疾病风险信息是个人私有信息，保险公司无法准确获取，只有通过对所有人以同样的保险费率进行保险。保险公司很可能会因为投保人中多数是疾病风险高的人群，其赔付的费用会高于按平均患病率计算的保费，因此造成巨大损失而无法运营。

从理论上讲，如果保险计划能够针对每个人设立不同的保费，则理论上可以达到最佳效率。但是，现实生活中因缺乏操作性而难以实现。这是因为，一方面会影响公平性。投保者是为了给自己未来可能生病造成的损失买保险，保险的实质是统筹共济，风险分担，个性化的保费设计削弱了共济性和公平性。另一方面会影响操作性。准确信息的收集需要付出成本，即便能承受高昂的成本收集个人信息，也未必能完全获得此类信息。因此，保险计划往往在平均成本的基础上制定保费，而对高期望损失和低期望损失的人都按照同一价格收取同样保险费，具有较高期望损失的个人会乐意选取购买这种保险，更容易产生逆向选择。

一般而言，健康状况较差的人倾向于购买覆盖范畴较广的保险计划，而健康状况较好的人则喜欢覆盖范畴相对较窄的有针对性的中等覆盖计划。广覆盖范畴的保险计划出现逆向选择会产生两种后果：一是消费者会选取适合自身的特定保险，以避免支付医疗卫生服务高风险人群所引起的高价格。二是承保方为了避免损失，会采取各种不同方式区别不同风险的消费者，进而选择那些期望损失相对较低的健康人群，尤其是选择期望损失低于纯保险费的人群，以增加利润。因此，为了应对逆向选择，通常采用以下两种方式：一种方式是政府可以采取强制的方式，要求所有符合条件的人必须参保；另一种方式是规定必须以集体为单位进行参保。当然，政府还可以通过税收、宣传教育的方式来鼓励不同风险水平的个人一起来分担风险，减少逆向选择。

（三）大病保险的技术参数

大病保险的保障范围、保障能力、保障水平和保障效果，主要依赖大病保险制度的设计和具体实践。大病保险的设计除了重点考虑大病保险的目标、社会经济发展水平，以及大病保险的基本理念外，在操作层面上更需要研究大病保险的费用支付方式，特别是其技术参数，如起付线、共同付费和封顶线等。这些技术参数的设定直接影响到大病保险的效果，并在大病保险的实践中具有重要意义。

1. 起付线（deductible）

起付线（又称为扣除保险），是指投保者在使用医疗服务并发生医疗费用后，需要先自付一定金额的医疗费用，超过此额度的医疗费用才由保险公司全部或部分支付，投保者自付的金额就是起付线。设立起付线具有以下特点：一是增强被保险人的费用意识。起付线以下的医疗费用由被保险人负担，可以增强被保险人费用意识，减少浪费。二是降低管理成本。设立起付线的一个重要原因就是为了降低管理成本，尤其是降低小额索赔的管理费用。将大量小额医疗费用剔除在医疗保险支付范围以外，减少了保险结算工作量，降低交易成本。三是有利于保障大病。被保险人个人支付一定额度的医疗费用，减少了医疗保险对危害程度低的小病的补偿，有利于保障高额医疗费用的大病风险。

起付线的设定通常有以下几种方式：一是年度费用累计起付。即起付线按照参保者年度医疗费用的累计额度进行计算。当参保者年度累计医疗费用在一定额度范围内，则由参保人自行支付，当年度累计医疗费用超过该额度，则由保险公司或者经办机构支付。二是次均诊疗费用起付。参保者需要对每次就诊后发生的医疗费用自付一定的额度，每次就诊费用超过此额度的部分由保险公司或者经办机构支付。三是次均项目费用起付。针对某些特殊需要的诊疗项目，参保者每次使用后需要对该项目医疗费用自付一定的额度，超过此额度的部分由保险公司或者经办机构支付。

起付线设置得是否合理，直接影响到被保险人的医疗行为、医疗资源利用效率和医疗保险的效果。在医疗费用突破起付线之前，医疗服务需求取决于医疗服务价格，此时参保者消费行为与无保险者相同，但是当参保者医疗费用超出起付线后，其行为就会改变。当起付线设置过低时，可能导致人们过度利用医疗服务，引起浪费；当起付线设置过高时，又可能会影响许多低收入参保者的医疗服务获得，抑制其正常需求。所以，起付线设立后的有效程度，取决于起付线的高低、个人或家庭预期疾病治疗费用及其收入。起付线可应用于每一类服务单位，也可以是累积的，起付线可以个人为单位，也可以家庭为单位。有些保险中，所有投保者的起付线都相等，而在某些全民医疗保险计划中，起付线的高低与家庭收入相关，家庭收入越高，起付线也越高。

2. 共同付费（cost-sharing）

共同付费（又称为按比例分担），是指被保险人通过共同承担的方式，与医疗保险机构（或保险公司）按照一定比例共同支付医疗费用。该比例可以是固定的，也可以是变动的（如根据不同年龄、不同费用情况变化），称为共同负担率或共同付费率。共同付费有以下的特点：一是操作便捷，减少过度利用。保险双方按比例共同承担费用，在实践中具有较强的操作性。被保险人可以根据自己的支付能力选择医疗服务，而这种共付机制一定程度上减少了消费者医疗服务过度利用的动机和行为。二是理性选择，利于控费。由于受共同负担费用的影响，被保险人在医疗服务项目的选择上往往趋向于理性，即在具有安全性和有效性前提下，选择价格相对较低的医疗服务，有利于医疗卫生费用的控制。

共同付费中自付比例的设置十分重要，同样直接影响到被保险人的医疗行为、医疗资源利用效率和医疗保险的效果。自付比例过高，可能导致低收入人群降低支付能力，抑制正常的医疗服务需求，甚至因小病不治而酿成大病，无法达到保险的目的。自付比例过低，对被保险人的经济约束不足，可能造成医疗费用的增长。共同付费的优点就在于降低了医疗服务价格后，仍能够促使被保险人去选择高效低成本的医疗服务，其共付率可以根据投保的医疗服务项目和家庭收入来制定。共同付费的有效程度，取决于医疗服务利用率对价格下降的反应程度，也就是需求的价格弹性。如果价格弹性为零，需求不随价格的变化而变化，则共同付费对投保者而言仅仅降低了一笔医疗费用。共同付费后医疗费用的分布情况随着共付保险率的高低和价格弹性的变化而变化。

3. 封顶线（ceiling）和止损线（stop loss）

封顶线，是指为投保者医疗费用设定一个最高的偿付限额，医疗保险机构仅支付低于该限额下的医疗费用，超出这一限额部分，则均由病人自己承担。这种方式将大额医疗费用风险转嫁给病人，而不是在所有投保人中分摊。封顶线有以下特点：一是多适用于社会经济发展水平较低，医保基金不足，各方经济承受能力较低的条件下，医疗保险的主要目标是保基本和扩大保障受益范围的情况；二是不利于保障大病需求。保险中设置封顶线，将大病产生的高额费用排除在医疗保险的支付范围外，当被保险者患大病产生高额医疗费用时，却无法得到保障，而大额费用风险正是消费者所想避免的。封顶线的设立，要综合考虑社会经济发展水平、被保险人的收入水平、医疗保险基金抗风险的能力，以及医疗救助等情况，同时，不应将大病引起的高额费用交由被保险人承担，而应当通过建立各种形式的补充保险，丰富和完善保障体系，对超出封顶线以上的部分给予补偿。

止损线，是指当投保者个人支付的医疗费用（包括起付线和共付额）达到一定数额时，就无须再度支付费用，剩余医疗费用将由保险公司负责承担。止损线是保护被保险人的一种有效措施。止损线的特点如下：一是通常适用于社会经济发达，拥有高福利的国家和地区；二是保障大病最有效的措施。大病引起巨额的医疗费用，给被保险者带来巨大的经济风险。止损线的设置，是对个人支付费用的封顶，即费用超出部分无须个人再支付，从根本上解决了大病保险问题。

从保险的本质分析，大病、重病发生的概率比较低，但经济风险高，是符合保险的基本原理，最需要得到保险的部分。起付线、共付率、封顶线和止损线，都是保险计划中最常见的保障方式和重要的技术参数，但是，单一的保障方式难以实现对大病和重病提供有效的医疗保障。实践证明，发挥各自特点，提高整体保障效能，通常采用混合使用的模式。

第三节　新理论视角下的大病保险

德国于1883年颁布了《劳工疾病保险法》，标志着医疗保险作为一种强制性社会保险制度的诞生。医疗保险一经诞生，就在保障人们健康和避免经济损失方面发挥出重要作用，得到其他国家广泛认可和应用。尤其是1929～1933年世界性经济危机后，医疗保险在立法方面全面发展，不仅规定了医疗保险的对象、范围、待遇项目，而且对与医疗保险相关的医疗服务也进行了立法规范。在立法保障的基础上，医疗保险得以迅速推广。我国的医疗保险制度建立于20世纪90年代。目前，所有发达国家和许多发展中国家都建立了医疗保险制度。

随着医疗保险制度的建立，医疗保险的理论和实践不断丰富和完善。正如同客观事物的发展变化遵循一定的规律一样，医疗保险制度的形成、变化和发展亦有自身的规律。社会经济的发展、医学科学的进步，以及人们健康需求的增长等，在一定时期，一定历史阶段，对医疗保险提出新的要求。医疗保险在适应新时代要求过程中，则需要不断变革和创新。在变革中产生新的理念、新理论和新方法，在创新中达成共识，并在共识下采取共同的行动，最终实现共同目标。作为医疗保险的一种重要组成部分，大病保险在建设和发展过程中同样需要改革和创新。国外相关新理念和新理论对我国大病保险改革发展具有借鉴意义，而习近平新时代中国特色社会主义思想对我国大病保险更新观念、确立方向、解决问题、创新发展等方面具有重要指导意义。

一、福利多元主义理论视角下的大病保险

福利多元主义（welfare pluralism）是20世纪70年代中期，在西方资本主义国家出现人口老龄化日益严重、经济发展速度减缓，以及政府提供福利支出举步维艰的背景下兴起的。福利多元主义主张福利是全社会的产物，既不能完全依赖市场，也不能完全依赖政府，应当通过社会福利来源多元化来解决福利国家的危机。福利多元主义的主要代表人物是西方学者理查德·罗斯（Richard Rose），他

在《相同的目标、不同的角色——国家对福利多元组合的贡献》一文中对福利多元主义进行了系统阐述，主要观点如下：一是政府不再是社会福利的唯一提供者。福利完全由国家提供是误解，国家在提供福利上发挥重要作用，但绝不是对福利的垄断。二是福利是全社会的产物。社会总福利是由国家、市场和家庭在社会中提供的福利组成。国家是最主要的福利生产者，但并非唯一的来源。市场是福利的来源之一，家庭是福利的基本提供者。三是福利主体多元化是福利有效性的保证。市场、国家和家庭作为单独的福利提供者都存在一定的缺陷，而相互联合，相互补充，可以提高整体效率，特别是解决国家垄断福利的提供引发的“政府失灵”带来的矛盾。

福利多元主义的理论范式对于研究我国的医疗保险政策，特别是在大病保险建设和发展的关键时期，如何突破“瓶颈”问题，实现创新发展，具有现实指导意义。第一，福利多元主义理论视角下，我国现行大病保险制度难以有效解决大病保险问题。作为我国基本医疗保险制度拓展和延伸的现行大病保险，过多地依赖政府的单方面作用，如单一的筹资渠道和服务提供方式等，尚未充分发挥其他社会福利提供主体在大病保险领域的能动性。实践表明，即便在政府部门的大力推动下，大病保险的建设和发展取得一定成效，但是仍然无法解决大病造成的巨额经济负担，进而导致“因病致贫、因病返贫”的问题。该理论观点亦是对本研究假设二的验证。第二，培育新的社会福利提供主体，鼓励商业保险公司参与经办和管理。商业保险公司参与经办和管理基本医疗保险领域的部分项目，承担一部分社会管理职能，为医保人群提供医疗保障，本身就是商业保险经济补偿、资金融通和社会管理三大功能的最好体现。该国际经验在德国和新加坡大病保险制度建设中得到成功的应用。大病医保引入商业保险公司的力量，正是体现了福利多元主义理论中社会福利由多个提供方共同承担的理念。第三，加强不同福利主体在大病医保领域的有效衔接。在大病保险改革过程中，最为核心的是在实现社会福利多元化的基础上，应当明确不同福利主体的性质、特点和优势，形成不同主体、不同层次、不同分工，以及彼此间衔接和配合的保险体系，寻求大病保险提供的最佳路径。该理论观点亦是对本研究假设三的验证。第四，建立大病保险新模式，提高保障效率。医疗服务信息不对称是大病保险的主要特征，一方面造成医疗服务供给方的道德风险和供给方诱导需求，导致医疗费用不断上升；另一方面造成“逆向选择”风险，导致保险赔付率高于预期。为了避免这些现象的发生，政府部门应当适当分权，重新界定责任，逐步形成政府部门授权、商业保险公司经办的模式。通过市场解决“政府失灵”的矛盾，实现福利主体的多元化，在全社会范围内调动资源，提高医疗保险的效率（刘吉威，2013）。

二、新公共服务理论视角下的大病保险

新公共服务理论（the new public service theory）是20世纪80年代以来，西方各国为迎接全球化、信息化的挑战，摆脱财政困难和提高政府效率，掀起政府改革热潮的背景下产生的。各种新的政府管理理论应运而生。公共行政理论经历了传统公共行政理论、新公共管理理论和新公共服务理论三个发展阶段。新公共服务理论是在对传统公共行政学理论和新公共管理理论进行反思和批判的基础上提出和建立的一种新的公共行政理论，其主要的代表人物是美国的公共行政学者罗伯特·B. 登哈特（Robert B. Denhardt）。罗伯特·B. 登哈特在其代表性著作《新公共服务：服务，而不是掌舵》中，阐述了新公共服务以民主公民权理论、社区与公民社会的理论、组织人本主义和新公共行政以及后现代公共行政等作为其思想来源和概念基础，是对传统行政学理论和新公共管理理论的一种扬弃。主要观点包括：一是服务于公民，而不是服务于顾客；二是追求公共利益；三是重视公民权胜过重视企业家精神；四是思考要具有战略性，行动要具有民主性；五是承认责任并不简单；六是政府是服务，而不是掌舵；七是重视人，而不只是重视生产率（珍妮·V. 登哈特、罗伯特·B. 登哈特，2010）。新公共服务理论对政府在社会发展中的角色和作用进行了全新的阐释，比较符合世界范围内政府改革趋势，对于缓解社会危机、提高政府效率、优化公共服务有重大意义。

新公共服务理论为我国大病保险政策的建设和发展提供了理论依据，并对大病保险的改革和创新具有指导意义。第一，大病保险应以人为本，以追求公共利益为目的。新公共服务理论强调将公民置于公共行政的核心地位，不管是由政府来提供公共服务，还是由非营利组织或私营部门来提供公共服务，都要服务于公民。因此，大病保险政策的改革和发展方向应当高度重视公民权和人的价值，以公民为中心和追求公共利益为目的。第二，大病保险中政府的角色定位。新公共服务理论对政府和公务员的角色定位是服务而不是掌舵。在大病保险在政策制定方面，政府不应是处于控制地位的掌舵者，而是非常重要的参与者，且要让更多的利益集团和公民直接积极参与到政策的制定和实施之中。政府要建立严格的准入制度、有效的监督制度和灵活的激励制度，保证提供高质量的服务。第三，大病保险中政府的核心能力。在大病保险的实施过程中，政府的核心能力体现在两个方面：一方面是政府的社会整合能力。政府以全社会共同的价值目标为基础，将大病保险相关的各种社会组织、社会群体及社会力量进行协调和统一，通过分工合作形成促进大病保险可持续发展的合力。社会整合的实质是资源的优化配置、制度的合理安排、关系的理顺和力量的凝聚。另一方面是政府的回应力。民

主治理的合法性在很大程度上取决于其回应力的高低，而回应力意味着政府是否能够反映公民的需求并满足公民的合法期待（李松林，2010）。因此，政府对大病保险民众的诉求的回应和有效的解决，是服务型政府能力的重要体现。第四，大病保险的多元供给和社会治理。新公共服务理论认为，实现政策目标的机制，显然不能只靠单一的现存政府机构，而应致力于建立公共、私人和非营利机构之间的联盟，把各方面的力量集中到计划的实施过程中，注重发挥集体的合力使计划得以贯彻执行，从而满足相互一致的需求。因此，大病保险服务的提供应该采用多主体提供的方式，由政府、营利性组织和非营利组织等不同主体提供不同的大病保险服务，不同主体服务于不同参保者。多主体供给是对大病保险服务的技巧、方式、管理方法做出的治理方式改革。通过分清职能、引入竞争、有机整合、功能联动、加强监管、提高效率，更好地为参保者服务。同样，政府应该成为补充医疗保险制度的供给主体，补充医疗保险的供给应该在坚持符合法律法规和共同价值观这些一般规则的前提下，按照自愿和生产主体多元化的方式去推进。新公共服务理论为补充医疗保险制度发展也提供了管理学方面的理论依据（贾洪波，2018）。

三、习近平新时代中国特色社会主义思想指导大病保险

党的十九大概括并提出了习近平新时代中国特色社会主义思想，确立为党必须长期坚持的指导思想并写入党章，是党的十九大最重大的理论创新，是全党全国人民为实现中华民族伟大复兴而奋斗的行动指南。

我国大病保险制度的改革、创新和发展必须在习近平新时代中国特色社会主义思想指导下，探索具有中国特色的大病保险发展道路。主要体现在以下几个方面：一是坚持以人民为中心。必须始终把人民放在心中最高的位置，始终全心全意为人民服务，始终为人民利益和幸福而努力奋斗。我国大病保险制度的建设和发展，必须始终坚持人民为中心，永远把人民对美好生活的向往作为奋斗目标，增进民生福祉作为发展的根本目的。二是加强社会保障体系建设。社会保障发挥着社会稳定器作用。要按照兜底线、织密网、建机制的要求，全面建成覆盖全民、城乡统筹、权责清晰、保障适度、可持续的多层次社会保障体系。全面实施全民参保计划，完善城镇职工基本养老保险和城乡居民基本养老保险制度，完善统一的城乡居民基本医疗和大病保险制度。三是实施健康中国战略。人民健康是民族昌盛和国家富强的重要标志。无论社会发展到什么程度，都要毫不动摇把公益性写在医疗卫生事业的旗帜上，不能走全盘市场化、商业化的路子。四是保障和改善民生必须尽力而为、量力而行。要看到，我国仍处于并将长期处于社会主

义初级阶段，改善民生不能脱离这个最大实际提出过高目标，只能根据经济发展和财力状况逐步提高人民生活水平，做现实条件下可以做到的事情。因此，大病保险要坚持从实际出发，将福利水平提高建立在经济和财力可持续增长的基础上。五是坚决打赢脱贫攻坚战。消除贫困、改善民生是重要使命。大病保险的改革和发展，要有利于解决“因病致贫、因病返贫”的问题，助力打赢脱贫攻坚战。六是坚持新发展理念。发展是解决我国一切问题的基础和关键。发展理念是发展行动的先导，是发展思路、发展方向、发展着力点的集中体现。发展理念是否对头，从根本上决定着发展成效乃至成败。发展必须是科学发展，必须坚定不移贯彻“创新、协调、绿色、开放、共享”的新发展理念。创新是引领发展的第一动力，协调是持续健康发展的内在要求，绿色是永续发展的必要条件和人民对美好生活追求的重要体现，开放是国家繁荣发展的必由之路，共享是中国特色社会主义的本质要求，大病保险的创新发展必须坚持新理念。七是市场在资源配置中起决定性作用、更好发挥政府作用。坚持社会主义市场经济改革方向，核心问题是处理好政府和市场的关系。处理好政府和市场的关系，实际上就是要处理好在资源配置中市场起决定性作用还是政府起决定性作用这个问题。使市场在资源配置中起决定性作用、更好发挥政府作用，这是我们党在理论和实践上的又一重大推进。

第四节　我国大病保险理论分析

一、我国大病保险缘起

新中国成立之后，我国在城镇建立了企业职工劳动保险医疗制度和机关事业单位人员公费医疗制度，在农村地区建立了农村居民合作医疗制度，三项医疗保障制度为绝大部分人口提供了基本的医疗保障。随着改革开放和经济体制改革，依托于计划经济体制下的“福利性”医疗保障事业由于失去了赖以生存的经济土壤而难以为继。1993 年，党的十四届三中全会通过了《中共中央关于建立社会主义市场经济体制若干问题的决定》，提出“医疗保险金由单位和个人共同负担，实行社会统筹和个人账户相结合”，为我国医疗保障制度确定了向社会医疗保险过渡的改革方向。1998 年，《国务院关于建立城镇职工基本医疗保险制度的决定》颁布实施，在全国范围内建立了城镇职工医疗保险；2003 年建立了以大病统筹为主的新型农村合作医疗制度；2007 年开展以大病统筹为主的城镇居民基本医疗保险制度试点。《中共中央　国务院关于深化医药卫生体制改革的意见》提出“坚持广覆盖、保基本、可持续的原则，从重点保障大病起步，逐步向门诊小病延伸，不断提高保障水平”。但由于经济发展水平所限，我国基本医疗保险尽管实现了广覆盖，但保障水平有限，个人医疗费用负担仍然较重。针对重大疾病和高额医疗费用，部分地区在建立基本医疗保险的过程中进行了一系列探索。如上海市在 2000 年城镇职工医疗保险建立之初，规定职工在门诊进行重症尿毒症透析、恶性肿瘤化学治疗和放射治疗（门诊大病）所发生的医疗费用，在职职工由统筹基金支付 85%，退休人员由统筹基金支付 92%，对统筹基金支付限额以上的医疗费用，由地方附加基金支付 80%。深圳市也建立门诊大病目录，门诊大病费用由统筹基金支付 90%，超过统筹基金支付限额之上的医疗费用由地方补充医保进一步报销（沈华亮，2013）。由于我国城乡二元结构，城镇职工医疗保险与新农合、城镇居民医疗保险在筹资渠道和筹资标准上的差异，新农合和城镇居民医疗保险的保障水平显著低于城镇职工。为缓解农村居民大病高额医疗费用负担，卫生部于 2010 年下发《关于开展提高农村儿童重大疾病医疗保障水平试点工作的意见》，从儿童所患急性白血病和先天性心脏病两类重大疾病入手，开展农村儿童大病医疗保障试点工作。2011 年，新农合大病在儿童两类疾病的基础上，逐步向其他成人重大疾病扩展，病种范围扩大到 20 种，以后病种数量进一步扩展。在城镇居民基本医疗保险方面，部分地区开始探索引入商业保险公司对居民大额医疗费用进行补充保险。2007 年，厦门补充医疗保险引入商业保险进行管理，为城镇居民 5.3 万元以上的住院医疗费用进行报销，此后，洛阳、沈阳、襄樊、湛江、江阴、太仓等地相继推出有关城镇居民大额医疗保险的政策（王琬等，2017）。上述在重大疾病和大额医疗费用保障方面的探索实践，为我国大病保险制度建立和发展提供了经验和依据。

在多地大病保障实践和经验总结的基础上，2012 年，国家发改委、卫生部、人力资源社会保障部等六部委联合下发《关于开展城乡居民大病保险工作的指导意见》，正式提出建立城乡居民大病保险制度，标志着我国大病保险制度的建立。指导意见指出，形成政府、个人和保险机构共同分担大病风险的机制，坚持政府主导，利用商业保险机构的专业优势，发挥市场机制作用，提高大病保险的运行效率、服务水平和质量，鼓励地方不断探索创新，完善大病保险承办准入、退出和监管制度，完善支付制度，引导合理诊疗，建立大病保险长期稳健运行的长效机制。对大病保险的筹资机制、保障内容和承办方式做出原则性安排，要求各地要充分认识开展大病保险的重要性，制定本省份大病保险的实施方案，先行试点，逐步推开，在充分考虑大病保险保障的稳定性和可持续性的基础上循序推进，重点探索大病保险的保障范围、保障程度、资金管理、招标机制、运行规范等。各地在国家确定的原则下，结合当地实际，不断探索创新，制定了大病保险的具体实施方案，涌现出湛江、太仓、江阴等典型地方模式经验。截至2015年4月底，31个省份均已开展相关的试点工作，其中16个省份全面推开，分别有287个和255个地级以上城市开展了城镇居民和新农合的大病保险工作，整个覆盖人口约7亿人，大病患者实际报销比例在基本医疗保险支付的基础上又提高了10~15个百分点①。

在大病医疗保险广泛开展试点的基础上，2015年7月，国务院办公厅下发了《关于全面实施城乡居民大病保险的意见》，标志着我国大病保险制度的全面建设和发展。意见强调了全面实施大病保险的基本原则，提出了政策实施的分阶段的具体目标：在2015年底前，大病保险覆盖所有城镇居民医保和新农合（以下统称城乡居民基本医保）参保人群，大病患者看病就医负担有效减轻；到2017年，建立起比较完善的大病保险制度，与医疗救助等制度紧密衔接，共同发挥托底保障功能，有效防止发生家庭灾难性医疗支出，城乡居民医疗保障的公平性得到显著提升。国务院新闻办2017年发布的《中国健康事业的发展与人权进步》白皮书显示，截至2016年，大病保险覆盖城乡居民超过10亿人，推动各省大病保险政策规定的支付比例达到50%以上，受益人员的实际报销比例提高10~15个百分点。2018年国务院政府工作报告指出我国大病保险制度基本建立，已有1 700多万人次受益。

大病保险制度的建立和发展，是我国医疗保障领域的一项重要突破。在当前政策环境下，其主要任务是服务于国家战略发展目标和人民群众的健康需求。中共中央、国务院于2015年11月29日颁布《中共中央　国务院关于打赢脱贫攻坚战的决定》，提出到2020年，确保我国现行标准下农村贫困人口实现脱贫，贫困县全部摘帽，解决区域性整体贫困。在打赢脱贫攻坚战的大背景下，大病保险重要性凸显，被赋予重任。在全国现有的7 000多万贫困农民中，因病致贫的占42%，其中，有1 000多万人患有慢性病或者大病，在五大致贫的原因中，大病致贫占首位。2016年10月25日中共中央、国务院印发并实施《“健康中国2030”规划纲要》，提出坚持以人民为中心的发展思想，把人民健康放在优先发展的战略地位；把健康融入所有政策，全方位、全周期保障人民健康，大幅提高健康水平，显著改善健康公平。在影响人类健康的疾病中，大病无疑是严重程度高、危害程度大，并且造成巨大经济损失的主要疾病。因此，建立、发展和完善

① 中国新闻网：《全国31省份均已开展大病保险试点16省份全面推开》，中国新闻网，http://www.chinanews.com/gn/2015/07-24/7425771.shtml，2015年7月24日。

大病保险制度是实现国家战略发展目标的重要举措，是保障群众健康的客观要求。

二、当前大病保险政策理论上争议

尽管我国大病保险政策实现了从无到有的突破，在政府的高度关注和支持下积极探索和实践，并取得一定成效，但是，当前大病保险政策在相关理论层面尚有争议，主要表现在大病界定、制度定位、筹资方式、补偿方式、运行方式等方面。

（一）大病概念界定标准不一

大病保险中“大病”概念的界定是前提和基础，如何界定大病决定了大病保险的补偿对象和直接受益人群。目前对大病概念的界定标准主要有以下几种方式：一是医疗费用标准。即发生高额医疗费用的就是大病。通常将一定时期参保者医疗费用超过一定阈值的部分作为大病保障的对象和范围。我国大部分地区采用将个人年度累计负担的合规医疗费用超过当地上一年度居民年人均可支配收入的部分，作为大病保险的保障范围。持有该观点的学者认为，大病保险中的大病最终体现为费用而不是临床医学上的具体病种（王东进，2013；仇雨临，2013）。理论上而言，其优点是简便易行，操作性强；体现制度公平性，促进政策稳定性。缺点是保障精准性不够，医疗费用难以控制，容易出现“道德损害”造成资源过度利用，医保基金超支的风险较大。而且，对于所有人采用同样的大病费用的阈值线，部分贫困者因支付能力较低选择不利用或少利用医疗服务，医疗费用未达到大病费用阈值线，反而得不到大病保险补偿。二是疾病种类标准。将严重威胁生命健康，产生高额医疗费用，并具有一定影响力的病种列入大病范围。商业重疾险通常采用病种标准，如美国规定重大疾病保险必须覆盖心脏病、器官移植、癌症、肾衰竭等疾病；英国保险协会将阿尔茨海默病、主动脉移植手术、癌症等23种疾病作为商业重疾险的保障范围（孙纽云等，2013）。以疾病种类确定大病，可以基于疾病发生概率测算大病的筹资与补偿金额，但病种的选择是一个难题，而且对于同一种疾病的诊断，因病例的严重程度、复杂程度和治疗措施的不同，会产生不尽相等的治疗费用。同时，一些普通疾病也可能因为并发症等原因产生较高的医疗费用。理论上而言，其优点是保障精准性较强，病种费用较易控制，管理相对简单，可行性较强。缺点是大病病种数量确定受限，保障范围和受益人群局限，公平性有所欠缺。三是家庭医疗经济负担标准。即通过将医疗费用和家庭经济收入结合起来考虑，作为界定大病概念的标准。世界卫生组织

(WHO) 提出灾难性卫生支出 (Catastrophic Health Expenditure, CHE) 的概念, 即在一定时期内 (通常指一年), 如果一个家庭发生的现金卫生支出达到或超过家庭可支付能力的 40%, 则可认为该家庭发生了灾难性卫生支出 (徐文娟等, 2018)。理论上而言, 以家庭医疗经济负担来界定大病, 将医疗费用和家庭支付能力相结合, 其优点是提升了保障精准性、公平性和有效性, 针对性帮助社会弱势群体。缺点是由于数据资料获得性等原因, 在准确核实家庭支付能力方面存在较大困难, 因此目前可行性还不够充分。

目前, 我国大病保险中对大病的界定并不统一, 存在多种方式: 一是大多数省市采用的是医疗费用标准。具体而言, 就是将个人年度累计负担的合规医疗费用超过当地上一年度居民年人均可支配收入的部分, 作为大病保险的保障范围。二是极少部分采用疾病病种标准。如《上海市城乡居民大病保险办法》将重症尿毒症透析治疗、肾移植抗排异治疗、恶性肿瘤治疗 (化学治疗、内分泌特异治疗、放射治疗、同位素治疗、介入治疗、中医治疗)、部分精神病病种治疗 (精神分裂症、中重度抑郁症、躁狂症、强迫症、精神发育迟缓伴发精神障碍、癫痫伴发精神障碍、偏执性精神病) 4 种病种所发生的医疗费用, 纳入城乡居民大病保险的保障范围。三是医疗费用标准和疾病病种相结合。就是以医疗费用标准为主, 在此基础上, 再根据实际情况增加一些疾病病种的保障。

(二) 制度定位未达成共识

我国大病保险政策标志性的文件《关于开展城乡居民大病保险工作的指导意见》和《国务院办公厅关于全面实施城乡居民大病保险的意见》均指出: 城乡居民大病保险, 是在基本医疗保障的基础上, 对大病患者发生的高额医疗费用给予进一步保障的一项制度性安排, 是基本医疗保障制度的拓展和延伸。但由于大病保险具有不单独筹资、对高额费用二次报销、商业保险公司经办等特征, 学界对大病保险是基本医疗保险, 还是补充保险的定位有不同的观点, 并未达成共识。

现行政策将大病保险定位于基本医疗保险, 是基本医疗保险的拓展和延伸, 而不是一项独立的制度。城乡居民基本医疗保险的重点就是保大病, 大病本身就属于基本保障的范畴。然而, 不同的观点认为, 大病保险应当定位为补充性医疗保险, 是一项独立的制度安排。这是因为: 第一, 现行基本医疗保险对重特大疾病的保障能力有限, 单纯依靠基本医疗保险难以解决 "因病致贫, 因病返贫" 问题, 客观上需要建立一项独立的大病保险制度; 第二, 将大病保险定位为补充保险, 可形成基本保险、补充保险、商业保险与慈善救助相衔接的多层次重特大疾病保障体系, 符合多层次医疗保障体系建设的思路。

（三）如何筹资存在争议

筹资是大病保险发展的核心和关键问题。拥有长期、稳定、可持续的筹资机制是大病保险的客观要求。现行大病保险政策中，大病保险基金来自城乡居民基本医保基金中划出一定比例或额度，筹资渠道单一。大病保险政策要求合理确定大病保险的筹资标准，稳定资金来源，提高统筹层次，保证制度的可持续发展。目前，就如何筹资问题存在争议：一种观点认为，大病保险既然是基本医保的拓展和延伸，大病保险基金就应该来源于基本医保基金，不应该建立独立的筹资渠道，更不应再额外向城乡居民收取费用。但是，相关研究表明，由于筹资渠道单一、筹资水平低，因此对大病保险的保障能力、保障效果和可持续发展产生影响。朱铭来等通过对大病保险基金的财务风险评估，认为大病保险目前的筹资模式和支付规模将对医保基金的长期收支平衡造成较大压力（朱铭来等，2013）。蒋云赟通过模拟不同筹资方案对财政负担的影响，指出即便政府出资和个人缴费能够按照生产率增长，城乡居民基本医保基金结余也无法保证大病保险的持续运行（蒋云赟，2014）。因此，筹资是大病保险持续发展的关键问题。另一种观点认为，应该建立一个独立的大病保险筹资渠道。随着社会经济发展，医疗技术进步，医疗费用也会不断增长，而大病保险的覆盖范围、保障水平的提高，必然会对基本医保基金带来巨大冲击。为了确保大病保险可持续发展，政府应该建立大病保险独立的筹资渠道，单独安排大病保险资金。通过提高大病保险筹资水平，建立长效筹资机制、拓宽大病保险筹资渠道，构建多元化筹资体系。当然，筹资的方式和渠道主要取决于大病保险的目标和定位，如果继续以基本医保资金为主体，可建立工会、社区、慈善、财政等多元主体参与机制，拓展大病保险的筹资渠道，通过多元筹资渠道建立单独的大病保险基金；如果将大病保险视为独立的保险，则建立以财政专项补贴和个人缴费为基础的独立筹资机制（王婉，2014；仇雨临等，2017）。

（四）如何补偿未能统一

补偿方式直接影响到被保险人在患大病后获得经济补偿的程度和水平。目前，政策实行的补偿方式主要涉及大病保险的起付线、补偿范围、报销比例、封顶线等措施和手段。由于社会经济发展水平、医疗技术水平不同，各地大病保险补偿的能力和水平也不同。在补偿方式上意见不统一，主要表现在以下几个方面：第一，是否设置起付线。国内大部分地区以高额医疗费用作为大病的认定标准，即以个人承担的医疗费用超过人均可支配收入的一定比例作为大病保险的起付线。但是，以病种作为大病界定标准的上海，规定大病保险保障的

4 类病种，在补偿时并未设定起付线。第二，是否突破补偿范围。一种观点是按政策文件规定执行，大病保险的保障范围为个人负担的合规医疗费用，即符合基本医疗保险目录内的医疗费用。另一种观点是应将保障范围从医保目录内适度延伸到目录外。因为大病有自身的特点，以基本医保目录为补偿依据，难以使患者的保障水平和待遇获得实质性提高。要有效避免大病患者灾难性经济负担，就需要根据实际情况适度突破保障范围。第三，是否统一报销比例补偿方式。一种观点是按医疗费用高低分段制定支付比例，采用“医疗费用越高报销比例越高的补偿方式”，以减少高额费用患者的负担；另一种观点是采用“医疗费用越低报销比例越高的补偿方式”，该方式主要是对中低收入家庭的保护更为有效，实际上他们是高风险人群。第四，是否设立封顶线。一种观点是要设立封顶线，目的是减少大病保险基金支付的压力；另一种观点认为，具体实践中封顶线对于基金支付压力影响不大，在大病保险补偿中，应当从设立封顶线转向设立自付封顶线（止损线），这样才能真正发挥大病保险化解灾难性医疗支出风险的制度功能。

（五）运行方式尚未达成一致

大病保险政策要求原则上通过政府招标选定商业保险机构承办大病保险业务，对此，学界和业界也存在分歧。一种观点认为，大病保险引入商业保险参与经办和管理，是推动大病保险市场化和专业化管理的有益尝试，是政府职能转变的必然要求。商业保险公司专业核查和精算能力较强，有利于提高效率；另一种观点认为，大病保险属于准公共产品，社保经办大病保险具有制度上的必要性和天然的优越性。从各地的实际运行情况看，商业保险机构更多地对大病保险费用进行核销，商业机构不具备对医疗机构的监督执法权，没有比社保机构更有效的手段来控制医疗费用支出。而且，商业保险机构承办大病保险所造成的管理费用由大病保险基金支付，法律依据不足（吕学静，2013）。

三、理论视角下我国大病保险改革

尽管大病保险已在全国普遍推广，各地也形成了适合地方特色的执行模式，在缓解大病患者医疗费用负担方面也取得一定成效，但是，现行大病保险政策客观存在上述理论上的争议，并影响到大病保险的实践和可持续发展。因此，从理论视角，系统分析我国大病保险存在问题的根源，根据政策制定的科学程序，提出大病保险改革发展的构想，对大病保险的建设和发展具有重要指导意义。

（一）现行大病保险问题分析

我国现行大病保险制度在全面推行过程中，经过探索和实践积累了一定经验，并取得一定成效，同时，存在的问题也逐渐暴露出来，这些问题主要表现在如上所述的争议中。大病保险政策在大病界定、制度定位、筹资方式、补偿方式、运行方式等方面仍存在的争议，而存在这些争议或问题的原因，主要在于大病保险制度的目标定位不清晰导致政策执行的多样性和复杂性。于是，大病保险在定位和属性上就存在是基本医疗保险，还是属于补充医疗保险的模糊性。理论上，如果大病保险定位为基本医疗保险的组成部分，则其筹资、补偿和运行应该按照基本医疗保险的方式进行，应该从完善基本医保补偿政策、提高基本医疗保障待遇水平上解决大病医疗费用的问题。如果将大病保险定位为补充性质的医疗保险，则能够与基本医疗保险相区分，解决大病保险与基本医疗保险保障范围模糊不清、制度功能部分重合的问题，能够建立独立的大病保险筹资渠道、补偿政策，也有利于发挥商保机构的专业优势。无论是将大病保险视为基本医疗保险的拓展和延伸，还是将大病保险制度独立出来，形成单独的筹资渠道，以补充保险的身份参与到医疗保障体系当中，其根本目的都是通过风险分担来减轻大病患者巨额的经济负担，使其避免陷入"因病致贫、因病返贫"的困境。而要实现这一目标，不仅仅依靠大病保险，更重要的是强调强化基本医保、大病保险、医疗救助、疾病应急救助、商业健康保险及慈善救助等制度间的互补联动，建立功能区分、层次多样的医疗保障体系。

从现实情况来看，城乡居民大病保险对民众最为迫切的大病医疗支出需求的政策回应，实质上是对基本医疗保险的政策偏移和执行偏颇的制度性纠偏（高传胜，2016）。而这种"政策偏移"和"制度性纠偏"对大病保险的保障能力、保障水平和保障效果的作用是有限的。因此，本研究有了假设二，即现行城乡居民大病保险的制度设计，只是在一定程度上缓解参保者因患病而产生的高额医疗费用经济负担，而不可能解决"因病致贫"和"因病返贫"问题。该假设也得到相关专家研究的验证。刘元春研究表明，仅仅依靠城乡大病保险还不能从根本上解决因病致贫、因病返贫问题，还需要辅之以重大疾病保险，利用商业保险金支付城乡大病保险不能报销的费用，从根本上解除大病困扰（刘元春，2014）。蔡辉等研究认为，大病保险与重疾险在保障功能、保障原则、保障范围等方面具有互补性。在我国现行医疗保障体制下，城乡居民"因病致贫、因病返贫"问题单纯依靠大病保险未必能够得到妥善解决，在推广大病保险的同时有必要使重疾险参与其中（蔡辉等，2015）。

本研究以大病保险政策争议为切入点，以大病保险存在的主要问题为导向，借鉴国内外大病保险理论研究和实践经验，结合我国基本国情和特点，构建具有中国特色的、层次明晰、衔接高效、功能互补、可持续发展的大病医疗保险框架体系，以及与之相适应的大病保险模式和实现路径，为推动我国大病保险健康运行和可持续发展提供参考和依据。

（二）大病保险创新发展的思路

我国大病保险从缘起、实践、试点，到全国范围推广，在借鉴国外相关研究和经验的基础上，结合我国各地的实际情况进行积极的探索和实践，并在理论和实践方面都取得一定成效。但是，同时也暴露出建设和发展中存在的问题，有些问题在政策支持、制度纠偏和探索实践中得到解决，而有些问题在现行制度下难以克服，并逐渐集中和聚焦，甚至影响到大病保险的可持续发展，成为制约发展的瓶颈问题。瓶颈问题的凸显严重阻碍大病保险目标的实现。现行大病保险是基本医疗保险制度的拓展和延伸，从性质上确定其只能在一定程度上“缓解”而不能“解决”参保者高额医疗经济负担，以及“因病致贫”和“因病返贫”问题（即假设二）。因此，形成本研究的假设三，即建立多层次的大病医疗保险体系，构建大病保险创新发展模式，是避免或有效减轻参保者因患大病造成的健康损失和经济损失的根本路径。

根据政策科学制定程序的思路和要求，我国大病保险创新发展的逻辑思路为“目标和概念界定—问题确认—问题根源分析—政策方案研制—制定发展路径”。第一是目标和概念界定。清晰的目标指明发展的方向。目标越清晰具体，由此而设计的政策方案就越具有针对性。目标不清，方向不明，则会导致政策方案因缺乏着力点而盲目和低效。大病保险的目标需要系统考虑，区分总体目标和具体目标，长期目标和阶段性目标，有利于政策方案的制定和实施。概念界定是基础。概念模糊，界定不清晰，会导致理解上的差异、政策方案的不同和行动上的差别。例如，本研究中大病保险分为狭义和广义两个方面，狭义的大病保险是指城乡居民大病保险，而广义的大病保险则涵盖了大病保险的各种性质和类型，如大病社会医疗保险和大病商业医疗保险。我国大病保险的创新发展，要从战略和系统的视角开展研究，不仅仅局限于狭义的大病保险，而是在广义的大病保险上进行创新、发展和完善。第二是进行问题的确认。在目标和概念清晰明确并统一的基础上，主要通过系统分析我国现行大病保险政策实施的情况，判断、分析和总结当前大病保险存在的问题，并进行关键问题确认。第三是问题根源分析。主要通过对确认的大病保险建设发展中的关键问题进行根源分析，系统分析关键问题产生的根源、影响因素及其作用机制，为制定解决问题的政策方案奠定基础。第四是政策方案的研制。根据关键问题根源分析的结果，针对性地提出大病保险创新发展的备选方案，主要包括治标方案、治本方案和标本兼治方案。第五是制定发展路径。根据各类备选方案的特点，分析并指出其发展的路径，如渐进式发展、阶梯式发展和跨越式发展等。

（三）大病保险创新发展的方案

根据卫生政策理论和政策科学制定程序与方法，大病保险创新发展的方案制定和选择，依赖于大病保险政策问题的根源分析，问题的根源分析是高价值政策方案制定的前提和关键依据。就理论视角而言，当对大病保险政策存在的问题进行系统分析后，需要根据问题的重要性、严重性和问题解决的可行性分析等进行归纳，形成大病保险政策的特定问题并进行问题确认。而要解决大病保险政策特定问题，则需要从其影响因素、问题形成根源和作用机制 3 个方面进行系统分析，诊断出现行大病保险政策的“病因”，并据此提出针对性“治疗”方案。

1. 大病保险的治标方案

政策问题根源分析的第一个层面是特定问题的影响因素分析，即在明确特定问题的表现形式、涉及范围和严重程度等的基础上，需要进一步分析是哪些因素对特定问题产生影响。如果特定问题的形成主要是由其影响因素变化导致的，那么政策方案的目标就是解决特定问题的表象和影响因素，针对性的解决方案是制定大病保险的治标方案。治标方案的特点是通过“对症治疗”来控制和缓解“疾病症状”。

2. 大病保险的治本方案

政策问题根源分析的第二个层面是特定问题形成的根源。特定问题的根源是以特定问题影响因素建立的关系链为基础，穷尽其对特定问题的进一步影响的“元问题”。如果特定问题的形成主要是由其“元问题”导致的，那么政策方案的目标就是解决特定问题形成的根源，则针对性的解决方案是制定大病保险的治本方案。治本方案的特点是通过找到“病因”来彻底治愈疾病。

3. 大病保险的标本兼治方案

政策问题根源分析的第三个层面是特定问题形成的作用机制分析，主要表现为特定问题是在一定的政策环境下，由问题根源引发、影响因素作用，并在相关作用机制下形成的。如果特定问题的形成主要是由其作用机制引起的，那么政策方案的目标就是解决特定问题形成的作用机制，针对性的解决方案是制定大病保险的标本兼治方案。临床上要获得精准诊断，不仅要判定疾病的症状，找到疾病的病因，而且还要发现疾病发生的作用机制。因此，在确认大病保险特定问题形成的影响因素（即症状）、找到大病保险特定问题形成的根源（即病因）的基础上，还要进一步分析并发现大病保险特定问题形成的作用机制，针对性采取标本兼治方案。

根据上述政策方案设计的思路、解决的核心问题、解决问题的程度、解决问题的效果、具备的政策环境和政策条件等，理论上政策方案的优先发展顺序为：标本兼治模式、治本模式和治标模式。但是，政策方案的确定还要根据不同环境、不同情况、不同发展阶段和不同条件等进行选择。比如，有时迫切需要控制和缓解“症状”，则治标方案成为首要选择。

四、理论视角下我国大病医疗保障体系

上述大病保险创新发展方案的理论分析基于本研究的假设三，即建立多层次的大病医疗保险体系，构建大病保险创新发展模式，是避免或有效减轻参保者因患大病造成的健康损失和经济损失的根本路径。通过提出大病保险创新发展的治标、治本和标本兼治模式，为大病保险可持续发展提供参考和依据。大病保险创新发展模式是本研究的核心和重点，而大病保险又是大病保障体系的重要组成部分，完善大病保障体系建设有助于大病保障目标的实现。国际经验亦是如此，如英国在全民免费医疗服务体系之外，依然有针对弱势群体的医疗救助计划以及满足中高收入群体对便捷、快速和高质量医疗服务需求的商业医疗保险。美国的医疗保障体系虽然以商业保险为主体，但政府专门设立了医疗照顾计划（Medicare）以及医疗救助计划（Medicaid），保障穷人、老人以及失业人群等处于社会底层的群体的基本医疗服务需求。德国则在社会医疗保险中设定个人自付封顶线，确保所有人病有所医。因此，形成本研究的假设四，即完善大病保障制度和体系建设，是解决“因病致贫”和“因病返贫”问题的重要举措。在建立多层次的大病医疗保险体系的基础上，辅之以大病医疗救助等各种救助措施，可以保障参保者，尤其是特定弱势人群避免发生灾难性卫生支出。

目前我国已建成以基本医疗保险为主体，医疗救助为兜底，其他保障为补充的多层次医疗保障体系。我国医疗保障的主体形式是社会医疗保险，社会医疗保险是由国家通过立法形式强制实施，通常由政府部门设立的经办机构来运营，不以营利为目的，具有强制性、互济性和社会性等基本特征。我国将其定位为基本医疗保险，坚持保基本、广覆盖、可持续的原则，保障基本医保目录内的医疗费用，基本医保目录的设定体现临床必需、安全、有效、经济的原则。在《中共中央 国务院关于深化医疗保障制度改革的意见》中提出：坚持应保尽保、保障基本，尽力而为、量力而行，实事求是确定保障范围和标准，实施公平适度保障。

我国大病保障体系可以划分为三层（见图2-1）。最下层是医疗救助，是医疗保障的“托底层”，主要针对困难群体，通过资助参保、医疗费用减免等形式

进行托底保障；中间层是社会医疗保险，是医疗保障的“主体层”。主要分为基本医疗保险和补充型社会医疗保险两部分。其中，基本医疗保险覆盖全体国民，体现制度公平性，主要解决“病有所医”的问题。补充型社会医疗保险包括城乡居民大病保险、公务员和职工大额医疗费用补助，主要解决部分基本医疗保险参保者高额医疗费用负担，缓解“因病致贫、因病返贫”的情况。最上层是商业健康保险，是医疗保障的“个体化层”。商业医疗保险由个人或单位自愿购买，由商业保险公司承担与保费额度相匹配的健康保险保障责任，满足部分人更高层次、多样化的健康保障需求。

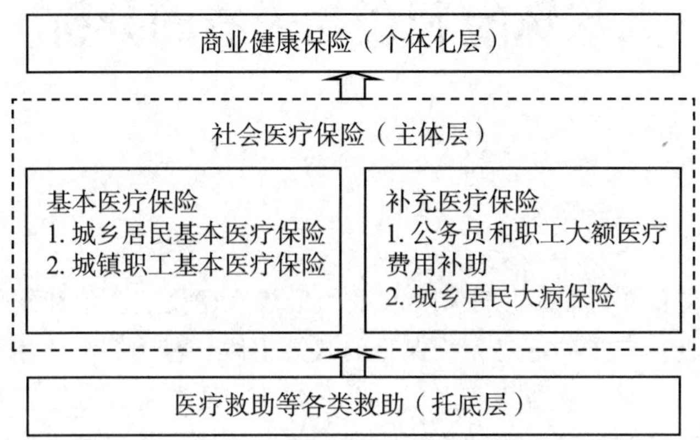

图 2-1　我国大病医疗保障体系

因此，在我国大病医疗保障体系中，仅依靠现行的大病保险化解大病风险的作用有限，不足以解决少数大病患者“因病致贫、因病返贫”的问题。大病保险政策目标的实现需要发挥整个医疗保障体系的协同作用，要在逐步提高基本医疗保险保障水平的基础上，发挥商业健康保险、医疗救助对大病保险的个体化和托底型保障。

第三章

大病保险利益相关者的分析

从公共政策角度看，大病保险政策的形成、建设、改革和发展的过程，实质上是一定时期一定条件下对大病保险的政策主体、客体等利益相关方的利益进行调整和平衡的过程。利益相关者（stakeholder）是指所有能够影响政策制定和实施，或者受政策和行动影响的人或团体，包括需求方、供给方、政府部门、供应商、相关社会组织和团体等。政策方案的制定和利益相关者之间存在项目依赖、相互影响的关系。一方面，利益相关者对公共政策的制定和实施产生影响，各利益相关方的意见是政策方案制定过程中主要考虑的因素。另一方面，一定时期针对某一政策问题，所有利益相关者不可能在各方面都达成一致意见，其中必定有一些群体的影响力大，而另一些群体的影响力小。因此，如何平衡各方利益成为政策方案制定需要考虑的关键问题。

本章将从需方、专家、政府部门和商业保险机构等不同视角，分析各利益相关方对当前大病保险政策和实施情况的看法、意见和建议，并应用利益相关分析的理论和方法，进行大病保险的利益相关者分析，目的是系统分析当前大病保险政策中存在的核心问题，为大病保险的创新发展提供参考建议。

第一节　需方视角下的大病保险

本章的需方是指现行城乡居民大病保险政策的客体，即政策作用的对象和目标群体，主要指大病保险政策覆盖的城乡居民。一项公共政策的制定和实施的目的，是为了解决相关的政策问题，而要回答政策问题是否得到解决、解决的程度如何，以及解决的效果怎样等问题，则需要从不同的视角进行综合分析。作为政策客体的目标群体的作用不可小视，政策能否落实，目标能否实现，不在于政策制定者或政策执行者的一厢情愿，它与目标群体的态度有着直接的联系（谢明，2016）。因此，从大病保险的需方视角来分析居民对现行城乡居民大病保险政策的看法，为大病保险政策的进一步完善、改革和创新提供参考。

一、研究目的和意义

（一）研究目的

本章通过对上海市居民的抽样调查，了解常住居民对现行上海市城乡居民大病保险政策的看法。看法所涵盖的主要内容包括三个方面：一是居民对现行城乡居民大病保险政策的认知情况分析；二是居民对现行城乡居民大病保险政策的满意度情况分析；三是居民对大病保险的支付意愿（是否愿意支付），以及意愿支付（不同情境下愿意支付的费用额度）情况分析。根据分析结果，为进一步完善上海市城乡居民大病保险政策提出建议，同时为大病保险的改革和创新发展提供参考依据。

（二）研究意义

本章研究的意义体现在两个方面，一方面是理论意义。本章以“知—信—行理论”为依据，对需方视角下的大病保险实施情况进行分析。居民作为大病保险政策的作用对象，首先要“知”，即对城乡居民大病保险政策的认知和知晓情况；其次是“信”，即相信城乡居民大病保险政策取得的成效，以及由此产生的满意度；再次是“行”，即城乡居民大病保险政策下为避免患大病或减少经济负担而采取的行为，尤其是是否愿意为提高保障待遇支付费用、愿意支付多少费用等。需方视角下大病保险的分析，为大病保险在理论上创新发展提供支撑；另一方面是实际意义。从需方居民的角度来分析上海市城乡居民大病保险政策的实施情况和实施效果，使得大病保险政策评估更加全面和系统。通过分析发现城乡居民大病保险在实施过程中各个环节存在的问题，从而提出能够改善大病保险知晓情况和群众满意度的方法。同时，从居民的需求和意愿方面来探索未来上海大病保险的筹资、待遇等制度完善的可行性，为大病保险创新发展提供支撑。

二、资料来源与研究方法

（一）资料来源

1. 抽样方法

本章的资料来源于本项目针对上海市居民的专项调查，研究对象为上海市户籍居民。研究以上海市成年居民（18 岁以上）为总体抽样框，采用分层整群典型抽样的方式进行抽样调查。抽样的具体做法是，根据经济发展水平和地理位置分为 3 层，每层通过典型抽样分别选择 1 个区，共 3 个区，分别是位于上海市中心部位的中心城区 A 区，位于东北部的中心城区 B 区，以及位于西南部远郊的 C 区。在每个区中，分别选择 1 个社区卫生服务中心作为典型代表进行抽样调查。

选择的 3 个样本区的基本情况：A 区，位于市中心，经济发达，人口密度大，医疗卫生资源丰富。截至 2019 年末，常住人口 107 万人，区面积 37 平方公里，下辖 13 个街道和 1 个镇。全区地区生产总值 2 298.74 亿元，其中以现代服务业为主体的第三产业的税收占总额的比重为 96.03%。区内共有医疗卫生机构 337 家。其中，医院 37 家（三级医院 8 家、二级医院 11 家、其他医院 18 家），社区卫生服务中心 15 家，社区卫生服务站点 75 家①；B 区位于上海市城区的东北边缘部，区域面 60.61 平方公里，常住人口约 131 万人，下辖 12 个街道，经济发展水平居中，人口密度居中，医疗卫生资源较为充足；C 区位于上海市西南边缘的郊区，全区常住人口 79.57 万人，其中，户籍常住人口为 52.23 万人，外来常住人口为 27.34 万人，总面积 586.05 平方公里，下辖 1 个工业区、1 个街道和 9 个镇。经济发展水平偏低、人口密度低、医疗卫生资源相对缺乏②。2019 年，实现地区生产总值 1 077.15 亿元，第二产业 GDP 占比超过了 2/3。全区拥有医疗机构 278 所，开放床位 3 996 张，卫生技术人员 5 260 人。全年门、急诊服务 717.9 万人次，出院病人 9.0 万人次，病床使用率 93.8%。③

2. 调查方法

（1）样本量的确定。在正式调查之前，本研究进行了预调查，并根据其结果预估调查的样本量。由于对大病保险需方进行调查分析相关文献缺乏，且具有借

---

① 《静安概览》，上海市静安区人民政府网，https：//www.jingan.gov.cn/jagl/006004/006004006/jaglmoreinfo.html。

② 《杨浦概况》，上海市杨浦区人民政府网，https：//www.shyp.gov.cn/shypq/zjyp/。

③ 《金山概览》《金山年鉴》，上海市金山区人民政府网，https：//www.jinshan.gov.cn/zjjs/。

鉴意义的不多，加之受到人力、时间和经费限制，本研究根据预调查结果进行样本量的预估。预调查结果分析表明，参加调查的居民或亲近家庭成员中患有大病的概率约为14%，考虑到调查中需要包括一定数量的大病患者，为了使每个社区的有大病经历的被调查者的样本量达到100人左右，推算出每个社区的有效样本量至少应该达到700份。同时，进一步考虑要扣除一定的废卷率，最终确定每个社区发放1 000份问卷。因此，本次调查的样本涉及3个区，共发放3 000份调查问卷。

（2）调查方式。根据本次调查在充分考虑调查对象特点、样本代表性和实施的可行性等基础上，结合实际情况采用调查方式如下：在选定的社区卫生服务中心业务覆盖的区域，在样本总量要求，以及控制性别、年龄合理分布前提下，采用现场调查和入户调查相结合的方式进行调查。现场调查是指在该社区卫生服务中心或服务站作为调查现场每天随机抽取一定数量的样本进行调查。入户调查是由家庭医生、调查工作人员（包括居委会工作者、楼组长调查员等）根据要求入户调查。本研究根据不同区的特点和实际情况，在实际调查中进行适当的调整。在A区，问卷的主要发放地点为该社区卫生服务中心及其下设卫生服务站点，另一部分由该街道所覆盖小区的行政人员和楼道组长在小区内进行入户调查。在B区，问卷的主要发放地点为该社区卫生服务中心的各个科室，另一部分由家庭医生入户调查。在C区，由于处于远郊地区，医疗卫生资源相对分散，因此主要调查方式是通过家庭医生入户调查，少部分在社区卫生服务中心的各个科室现场调查。项目团队于2018年8～12月进行问卷调查，在上海市3个样本区共发放调查问卷3 000份，实际回收3 000份，其中有效问卷2 654份，回收问卷的有效率为88.5%

（3）调查培训。项目团队对样本区参与调查的相关人员进行培训。主要包括两类人员：一类是项目组招募的研究生和本科生调查员，经过培训后全方位参与调查；另一类是样本区社区卫生服务中心的工作人员、家庭医生和居委会相关人员。重点是把握问卷题目的标准含义和填写规范。调查对象尽可能在工作人员指导下自行填写完成问卷，如因身体原因等理由无法自填，则由工作人员通过和被调查者面对面问答，并代为填写，同时在问卷中对代为填写的部分加以标注。

3. 调查内容

调查内容主要包括4个方面：一是被调查者的人口经济特征，包括年龄、性别、受教育年限、基本医保类型、去年家庭的年支出、家庭人口数、婚姻状况、自评健康、本人或亲近的人是否患过大病（即上海市大病保险范围内的四大病种）。二是被调查者对现行城乡居民大病保险制度的认知情况。三是被调查者对现行城乡居民大病保险的保障范围和报销水平的满意度情况。四是被调查者对大病保险的意愿支付情况，主要包括是否愿意为大病保险支付费用，以及在不同的假定情境下的最大意愿支付额。具体见附录中调查表。

4. 预调查

2018年7月，本研究在完成调查表设计后开展项目的预调查，预调查的主要目的包括：一是了解被调查者对调查内容的理解程度，并及时进行调整；二是把握被调查者对调查表的完成度情况，如准确性和完成时间等；三是对回收的调查表进行分析，发现存在问题并及时改进和完善。同时，相关结果为调查样本量的预估提供参考。预调查在选定的医疗机构和社区进行，调查对象为上海市户籍居民，包括就诊的患者、家属或陪同人员，以及社区居民等。调查员是经过项目组培训的研究生和本科生，采用随机调查的方式，共发放调查问卷153份，回收有效问卷146份。根据预调查结果分析，对本次调查方案进行了一些修改和完善，主要包括：一是调查内容进行完善。如对一些有分歧的问题进行统一或者删除，对敏感性的经济收入等问题，采用区间选择方式，对各种假定情境的设定更加简洁明了，更加有助于被调查者的理解和选择。二是调查方法进行完善。一般要求采取面对面调查的方式，由被调查者自行完成，但是存在理解不清随意填写的问题，另外，也有一些老人因视力等原因，无法自行成，需要调查员协助。因此，在调查方法上，不能简单发放问卷，由被调查者填写然后再回收，而应该由调查员现场指导下完成。三是以预调查结果作为参考。如调查表有效回收率对调查样本的预估，尽管有缺陷，但却是现实情况下的一种选择。

5. 质量控制

本项目团队对调查问卷发放、回收、数据录入等过程进行严格监督把控，通过下列方式进行质量控制：一是事前控制。在预调查的基础上，修改和完善调查问卷的条目和相关内容，保证被调查者在回答问卷时，对涉及的相关概念和内容的理解不会有偏差。在正式调查前认真培训调查员，使其充分了解问卷的调查方式、条目解释和相关调查要求。一方面是项目组招聘的调查员和监督员，主要由研究生和本科生构成，另一方面是样本地区的居委会和社区相关人员。同时，根据本次调查设计的总体要求和方法开展样本的选择和调查。二是事中控制。在现场实际调查过程中，项目组充分了解调查的步骤和进程，并实施高频率的现场督导，分批回收问卷并及时反馈质量，确保每份问卷有对应的工作人员负责，同时控制每个区内调查对象不出现明显的偏移。三是事后控制。调查结束后，对每份调查问卷进行复核，对不合格问卷视为废卷处理。确定废卷排除标准，如有明显的逻辑漏洞或前后矛盾，关键变量作答有缺失或总体作答缺失较多，或者一份问卷中出现多种笔迹且没有工作人员的注释标记等。有效问卷经双人校验录入计算机数据库。

（二）研究方法

（1）现场调查分析法。应用本项目研制的调查问卷，采用分层整群典型抽样的方法，选择上海市代表性的3个区，每个区选择典型性的社区，对上海市户籍居民进行现场调查和入户调查。通过现场调查，分析上海居民对现行大病保险的知晓度、满意度和意愿支付情况，并进行影响因素分析。

（2）情境分析法。调查设计中采用了情境分析法。比如，在调查居民对大病保险的意愿支付情况时，为了准确获得被调查者的真实意愿，设置了假定情境。假定被调查者在确诊患大病后可获得大病保险的定额给付补偿金为10万元，则个人愿意缴纳的保费最大意愿支付额是多少。通过不同情境的设计，可以反映被调查者的意愿支付情况。

（3）案例分析法。通过对患有大病的患者或者其家庭成员的访谈，形成大病患者的个案，并通过案例分析了解大病保险亲历者的看法、意见和建议，对进一步改革和完善大病保险具有参考意义。访谈对象覆盖现行大病保险保障的不同大病病种，并且尽可能多地选择享受城乡居民基本医保的患者。本项目团队采用多种途径征集访谈对象，包括在医院血液透析家属休息室访谈尿毒症透析患者的家属、在精神病医院住院部访谈患者家属、通过社区资源入户访谈肿瘤患者家庭等。案例访谈法采用半结构式访谈，每个案例访谈时由一名能够用沪语交流的访员以及一名专门的记录员共同完成，项目成员在经过被访者同意后进行纸质记录和录音记录。项目团队于2018年8月完成11个大病患者家庭的案例访谈。案例访谈主要围绕以下几部分内容：患者的患病过程、就医经历及当前生活状态，患者在治疗过程中的费用支出情况，患者及其家庭对大病保险报销水平、覆盖范围、报销流程等方面的满意度，患者及其家庭在使用大病保险报销过程中遇到的问题等。

（4）统计分析法。通过Excel软件进行双录入并建立数据库，使用Stata13统计软件进行分析。统计分析主要包括以下几个方面：一是描述性统计分析。分析居民对现行大病保险政策的知晓情况、满意度、支付意愿和意愿支付情况等。二是影响因素分析。应用Logistic回归模型进一步分析居民对现行大病保险政策的知晓情况、满意度、支付意愿和意愿支付情况等的主要影响因素。$p<0.05$为差异具有统计学意义的标准。具体变量维度和赋值见表3-1。

表3-1　　变量的维度与赋值

变量	变量的测量与解释
年龄	连续变量
性别	0=女，1=男
户口	0=农村户口，1=非农业户口
受教育年限	5=小学及以下，9=初中，12=高中/中专，16=本科/大专，19=研究生及以上

续表

变量	变量的测量与解释
基本医保类型	0 = 非上海市城乡居民基本医保，1 = 上海市城乡居民基本医保
经济支出（去年家庭年人均支出的对数）	去年的家庭年收入（1 = 5 万元以下，2 = 5 万 ~ 10 万元，3 = 10 万 ~ 15 万元，4 = 15 万 ~ 20 万元，5 = 20 万 ~ 30 万元，6 = 30 万 ~ 50 万元，7 = 50 万元以上）取每个选项的中间值后，除以家庭人口数，再作取对数变换
家庭人口数	连续变量
婚姻状况	0 = 未婚，1 = 有过婚姻
自评健康	1 = 很不健康，2 = 比较不健康，3 = 一般，4 = 比较健康，5 = 非常健康
是否罹患慢性病	0 = 否，1 = 是
是否定期体检	0 = 否，1 = 是
本人或亲近的人是否患过大病	0 = 否，1 = 是
对大病保险的了解程度	1 = 没听说过，2 = 听说过，3 = 知道一点，4 = 比较了解，5 = 非常了解
对大病保险的了解途径*	1 = 传统媒体，2 = 自媒体，3 = 社区，4 = 医院，5 = 亲友或亲身经历，6 = 其他
对大病概念的认知*[a]	1 = 高费用的疾病，2 = 需要抢救的疾病，3 = 慢性重症疾病，4 = 影响行为能力的疾病
对大病保险保障范围的满意度	0 = 不满意，1 = 满意或较满意
对大病保险报销水平的满意度	0 = 不满意，1 = 满意
对大病治疗的最大意愿支付额	连续变量
个人支付大病保险费用的意愿程度[b]	1 = 支付意愿高，2 = 支付意愿一般，3 = 支付意愿低
个人支付大病保险费用的最大意愿支付额区间	1 = 0 元，2 = 50 元以下，3 = 50 ~ 100 元，4 = 100 ~ 200 元，5 = 200 ~ 300 元，6 = 300 ~ 500 元，7 = 500 ~ 1 000 元，8 = 1 000 元以上

注：a. * 表示多选题。

b. 原选项为 5 分选项，将“非常愿意”和“比较愿意”定义为支付意愿高，将“一般愿意”定义为支付意愿一般，将“比较不愿意”和“非常不愿意”定义为支付意愿低。

三、研究内容

（一）调查样本的基本情况分析

根据对调查数据的描述性分析，了解调查样本的基本情况，主要包括：选择样本的年龄、性别、婚姻、家庭、经济收入等人口经济特征，以及医疗保险、患慢病情况和基本健康状况等。目的是对调查样本的总体情况进行描述、分析和比较，只有充分了解调查样本对象现状，才能为进一步的分析提供基础。

（二）居民对大病保险政策的知晓度及其影响因素分析

居民对大病保险政策的知晓度，反映了我国居民大病保险政策实施以来被保险人的感受及其影响力。分析居民对现行大病保险政策是否知晓、了解的程度，以及知晓的途径等情况，比较不同人口经济特征的居民对大病保险知晓度是否存在差异。在此基础上，应用多元统计学方法，构建统计模型，分析影响居民知晓度的主要因素，为下一步提升居民对大病保险政策的知晓度提供参考。

（三）居民对大病保险政策的满意度及其影响因素分析

居民对大病保险政策的满意度，反映了我国居民大病保险政策实施以来被保险人对现行政策在保障范围、保障水平和保障待遇等方面，是否有效缓解大病患者因患大病而造成巨额医疗费用经济负担的一种综合判断。居民大病保险的主要受益者是参保的大病患者，受益者的感受是对大病保险政策的最直接的评价，而这种感受可以通过满意度表达。因此，分析居民对大病保险政策的满意度情况，并分析影响满意度的主要因素，可为大病保险政策修订和完善提供依据。

（四）居民对大病保险的意愿支付及其影响因素分析

居民对大病保险的支付意愿，及其意愿支付，反映了居民在现行大病保险政策下，为了提高保障待遇和保障水平，避免因大病造成的灾难性医疗费用支出，是否愿意支付一定的保险费用。如果有支付意愿，最大意愿支付是多少，同时，分析影响居民意愿支付的主要影响因素，对大病保险政策的创新和发展具有重要意义。

（五）大病患者的案例分析

采用半结构式访谈的方法，对现行大病保险保障范围内的大病病种（主要包括重症尿毒症透析治疗、肾移植抗排异治疗、恶性肿瘤治疗和部分精神病病种治疗）的患者进行访谈。通过个案分析，深入了解大病患者的就医经历、遇到的问题、医疗费用支出情况、大病保险的保障水平、当前生活状态，以及对大病保险需求和建议，为大病保险改革和发展提供依据。

（六）相关政策建议

通过上述调查分析和案例分析，在居民对现行大病保险政策认知情况、满意度、意愿支付情况及其影响因素分析的基础上，结合大病患者的案例分析，从需方角度针对性地提出大病保险改革和发展的政策建议。

四、结果与分析

（一）基本情况分析

本次问卷调查共发放调查问卷 3 000 份，回收有效问卷 2 654 份。其中，A 区 892 份、B 区 822 份、C 区 940 份。调查样本的社会经济特征见表 3 - 2。总体上看，调查对象的年龄为 55. 22 ± 16. 40 岁，其中 A 区为 52. 33 ± 17. 31 岁、B 区为 59. 26 ± 15. 29 岁，C 区为 54. 43 ± 15. 73 岁。调查样本中男性占比 45. 21%，女性占比 50. 26%。调查对象中，非农村户口为主，占 76. 87%，农村户口占 22. 87%。其中，中心城区 A 区和 B 区的非农村户口占比均在 96% 以上，C 区农村户口占比 58. 72%，非农村户口占比 41. 06%。90. 76% 的被调查者有过婚姻（含再婚、丧偶、离异等），未婚者占比 9. 16%。家庭人口数总体平均 3. 26 ± 1. 31。从受教育程度情况来看，主要集中在初中、高中和本科段，占比分别为 28. 37%、26. 07% 和 28. 30%，且中心城区整体水平高于远郊地区。A 区和 B 区主要集中在高中和本科两个阶段，占的比例分别为 66. 48% 和 58. 51%，远郊 C 区中，小学以下和初中阶段的比例占到 60. 32%。除去投资性支出外，家庭全年支出在 10 万元以下的为主，占比达到 68. 5%。

表 3-2　　调查样本的社会经济特征

变量	A 区		B 区		C 区		合计	
	例数（n）	占比（%）	例数（n）	占比（%）	例数（n）	占比（%）	例数（n）	占比（%）
性别								
女	389	43.61	455	55.35	490	52.13	1 334	50.26
男	469	52.58	314	38.20	417	44.36	1 200	45.21
户口								
农村户口	30	3.36	25	3.04	552	58.72	607	22.87
非农业户口	862	96.64	792	96.35	386	41.06	2 040	76.87
婚姻状况								
未婚	154	17.26	33	4.01	56	5.96	243	9.16
有过婚姻	718	80.49	787	95.74	883	93.94	2 388	90.76
受教育程度（年限）								
小学及以下（5）	58	6.50	69	8.39	277	29.47	404	15.22
初中（9）	224	25.11	239	29.08	290	30.85	753	28.37
高中/中专（12）	272	30.49	262	31.87	158	16.81	692	26.07
本科/大专（16）	321	35.99	219	26.64	211	22.45	751	28.30
研究生及以上（19）	12	1.35	30	3.65	2	0.21	44	1.66
基本医保类型								
非居民医保	612	68.61	460	55.96	542	57.66	1 614	60.81
居民医保	280	31.39	362	44.04	398	42.34	1 040	39.19
去年家庭年支出								
5 万元以下（不含）	230	25.78	261	31.75	438	46.60	929	35.00
5 万～10 万元（不含）	305	34.19	285	34.67	299	31.81	889	33.50
10 万～15 万元（不含）	193	21.64	158	19.22	98	10.43	449	16.92
15 万～20 万元（不含）	90	10.09	47	5.72	28	2.98	165	6.22
20 万～30 万元（不含）	26	2.91	28	3.41	33	3.51	87	3.28
30 万～50 万元（不含）	9	1.01	10	1.22	2	0.21	21	0.79
50 万元以上	1	0.11	1	0.12	4	0.43	6	0.23

注：少数被调查者对个别问题不愿作答或不慎遗漏，导致部分变量存在完全随机缺失的情况。

从被调查对象自述的健康状况来看，总体上有40.5%的患有慢性病，其中，A区自述患慢性病的比例为33.86%，B区为47.81%，C区为40.43%。总体上有62.36%的被调查对象定期体检。在被调查对象中，有11.53%的人"本人或亲近的人患过大病"。在对健康状况进行自我评价时，自我评价"一般"和"比较健康"的为主，占比达到76.3%；自评不健康的占11.26%，自评"很健康"的达到11%（见表3-3）。

表3-3　　调查样本自述健康状况

变量	A区		B区		C区		合计	
	例数（n）	占比（%）	例数（n）	占比（%）	例数（n）	占比（%）	例数（n）	占比（%）
本人是否罹患慢性病								
是	302	33.86	393	47.81	380	40.43	1 075	40.50
否	573	64.24	412	50.12	542	57.66	1 527	57.54
本人是否定期体检								
是	511	57.29	529	64.36	615	65.43	1 655	62.36
否	381	42.71	293	35.64	325	34.57	999	37.64
本人或亲近的人患过大病								
是	94	10.54	139	16.91	73	7.77	306	11.53
否	798	89.46	679	82.60	867	92.23	2 344	88.32
自评健康								
很不健康	21	2.35	29	3.53	17	1.81	67	2.52
比较不健康	77	8.63	97	11.80	58	6.17	232	8.74
一般	422	47.31	324	39.42	303	32.23	1 049	39.53
比较健康	245	27.47	285	34.67	446	47.45	976	36.77
很健康	108	12.11	78	9.49	106	11.28	292	11.00

注：少数被调查者对个别问题不愿作答或不慎遗漏，导致部分变量存在完全随机缺失的情况。

（二）居民对大病保险政策的知晓度及其影响因素分析

调查结果显示，被调查居民对大病保险政策的知晓程度并不高。总体上有773人，占29.13%的被调查居民选择"没听说过"，即有近1/3的居民不知道当前大病保险政策。其中，A区居民选择"没听说过"的占比为34.52%，B区和C区分别为21.9%和30.32%。有867人选择"知道一点"，占比32.67%，有

638 人选择“听说过”，占比 24.04%，选择“比较了解”和“非常了解”的合计有 376 人，占比为 14.16%（见表 3－4）

表 3－4　　　　居民对大病保险政策的知晓程度

知晓程度	A 区		B 区		C 区		合计	
	例数（n）	占比（%）	例数（n）	占比（%）	例数（n）	占比（%）	例数（n）	占比（%）
非常了解	12	1.35	35	4.26	16	1.70	63	2.37
比较了解	94	10.54	97	11.80	122	12.98	313	11.79
知道一点	264	29.60	327	39.78	276	29.36	867	32.67
听说过	214	23.99	183	22.26	241	25.64	638	24.04
没听说过	308	34.52	180	21.90	285	30.32	773	29.13

从被调查居民对大病保险政策的知晓途径来看，主要包括社区和街道宣传、医院和医生告知、本人和亲友患病，以及各种媒体宣传等。研究结果显示，被调查的居民中有 1 026 人是通过“社区或街道的宣传、告知”知道大病保险政策的，占比为 38.66%。有 736 人是通过“医院宣传、医生告知”途径知晓，占比为 27.73%。通过“亲朋好友告知或亲身经历”途径知晓的占比为 21.48%，有 20.65% 是通过电视、报纸、广播等传统媒体知晓，10.96% 是通过自媒体得知大病保险政策信息。

表 3－5 显示被调查居民对大病保险政策知晓度的影响因素分析。logistic 回归模型结果显示，被调查居民对大病保险的知晓程度与性别、户口、受教育年限、经济情况、自评健康、是否定期体检、是否罹患慢性病以及本人或亲近的人是否患过大病呈显著相关关系。其中，有“本人或亲近的人罹患大病的经历”对大病保险的知晓度影响程度最大，OR 值为 2.009，依次为“定期体检”（OR = 1.952）、“户口”（OR = 1.492）、“罹患慢性病”（OR = 1.472）、“自评健康”（OR = 1.259）和“受教育年限”（OR = 1.167）等。从不同区的影响因素分析来看，远郊 C 区与中心城区 A 区和 B 区相比，大病保险政策知晓度主要影响因素略有不同。C 区中，主要影响因素为“定期检查”（OR = 1.921）、“受教育年限”（OR = 1.276）、“基本医保类型”（OR = 0.530）和“户口”（OR = 1.666），尤其是基本医保类型和户口对知晓度有显著影响，非农业户口居民的知晓程度显著高于农村户口居民，职保居民的知晓程度显著高于居保居民，可能与 C 区农村户籍人口多有关。

表3-5　被调查居民对大病保险知晓程度的影响因素分析

变量名	M1：总体		M2：A区		M3：B区		M4：C区	
	OR值	显著性	OR值	显著性	OR值	显著性	OR值	显著性
性别	0.800	**	0.758	*	1.134		0.731	*
年龄	1.004		1.001		1.000		1.018	*
户口	1.492	***	0.795		1.414		1.666	**
受教育年限	1.167	***	1.087	**	1.117	***	1.276	***
基本医保类型	0.871		1.112		1.081		0.530	***
已婚	1.267		1.077		1.867		0.684	
家庭规模	1.017		0.975		1.249	**	0.939	
家庭年人均支出的对数	0.759	***	0.728	**	1.100		0.792	
自评健康	1.259	***	1.254	*	0.981		1.353	**
定期体检	1.952	***	2.587	***	1.515	**	1.921	***
罹患慢性病	1.472	***	1.489	*	1.352		1.395	*
本人或亲近的人罹患大病	2.009	***	2.264	***	2.010	***	1.296	

注：* 表示 $p<0.05$，** 表示 $p<0.01$，*** 表示 $p<0.001$。

（三）居民对大病保险政策的满意度及其影响因素分析

在本次调查中，被调查居民对大病保险政策的满意度体现在大病保险的保障范围和保障水平两个方面。一方面是居民对大病保险保障范围的满意度。保障范围满意度是指被调查居民对于当前上海市大病保险保障范围的界定即四大病种是否满意。问卷调查结果显示，调查样本中有1 650例的被调查居民对当前大病保险四大病种的保障范围表示满意，有956例表示不满意，对大病保险保障范围满意率为62.2%。其中，A区满意率63.5%，B区满意率51.9%，远郊C区的满意率最高，达到69.9%。通过构建logistic回归模型分析影响保障范围满意度的主要因素。回归模型结果见表3-6，就调查样本的整体情况而言，结果如模型M1显示，被调查的居民对大病保险保障范围满意度的主要影响因素依次为：自评健康状况、基本医保类型、年龄、家庭规模、罹患慢性病，以及本人或亲近的人是否患有大病，其中自评健康和年龄等因素与保障范围满意度呈正相关，OR值分别为1.458和1.01。A区的模型M2显示，影响居民对大病保险保障范围满意度的主要因素为受教育年限、家庭规模、基本医保类型和罹患慢性病，且与保障范围满意度均呈现负相关。B区的模型M3显示，影响居民对大病保险保障范围满意度的主要因素为已婚、自评健康、基本医保类型和家庭规模，其中已婚和自评健康等因素与保障范围满意度呈现正相关。C 区的模型 M4 显示，影响居民对大病保险保障范围满意度的主要因素为年龄、户口、定期体检、自评健康、已婚，其中年龄、户口、自评健康等因素与保障范围满意度呈正相关。

表 3 -6　被调查居民对大病保险保障范围满意度的影响因素分析

变量名	M1：总体		M2：A 区		M3：B 区		M4：C 区	
	OR 值	显著性	OR 值	显著性	OR 值	显著性	OR 值	显著性
性别	0.937		1.128		0.929		0.795	
年龄	1.010	*	1.002		1.012		1.032	***
户口	1.006		2.105		1.286		2.116	***
受教育年限	0.978		0.879	***	1.058		1.052	
基本医保类型	0.744	**	0.627	**	0.670	*	1.180	
已婚	1.111		1.129		5.902	***	0.251	**
家庭规模	0.895	*	0.702	***	0.829	*	0.938	
家庭年人均支出的对数	0.849		0.849		0.832		0.812	
自评健康	1.458	***	1.235		1.713	***	1.413	**
定期体检	0.826		0.905		1.239		0.350	***
罹患慢性病	0.777	*	0.537	**	0.756		0.930	
本人或亲近的人罹患大病	0.714	*	0.984		0.658		0.961	
对大病保险的知晓程度	0.944		1.092		0.900		0.867	

注：* 表示 $p<0.05$，** 表示 $p<0.01$，*** 表示 $p<0.001$。

另一方面是对大病保险保障水平的满意度。保障水平主要体现在大病保险的报销比例上，因此大病保险保障水平的满意度，即对大病保险报销比例的满意度。调查结果显示，有 1 510 名被调查的居民对现行大病保险政策的报销比例表示满意，有 1 057 例表示不满意，满意率为 56.9%。其中，A 区满意率为 52.5%，B 区满意率为 46.0%，远郊 C 区的满意率最高，达到 70.6%。通过构建 logistic 回归模型分析影响保障水平满意度的主要因素。回归模型结果见表 3 -7，就调查样本的整体情况而言，结果如模型 M1 显示，被调查的居民对大病保险保障水平满意度的主要影响因素为：户口、家庭规模、家庭年人均支出的对数、自评健康状况、罹患慢性病、本人或亲近的人罹患大病、基本医保类型和年龄，其中自评健康和年龄等因素与保障水平满意度呈正相关，OR 值分别为 1.57 和 1.012。A 区的模型 M2 显示，影响居民对大病保险保障水平满意度的主要因素为受教育年限、家庭规模、家庭年人均支出的对数、自评健康、罹患慢性病，其中仅有自评健康状况与保障水平满意度呈现正相关。B 区的模型 M3 显示，影响居民对大病保险保障水平满意度的主要因素为自评健康、家庭规模、罹患慢性病、已婚，其中，自评健康状况、已婚与保障水平满意度呈现正相关。C 区的模型 M4 显示，影响居民对大病保险保障水平满意度的主要因素为年龄、户口、受教育年限、自评健康、定期体检、家庭年人均支出的对数、本人或亲近的人罹患大病、已婚和基本医保类型等，其中，自评健康状况、受教育年限和年龄等因素与保障水平满意度呈现正相关，OR 值分别为 1.573、1.131 和 1.042。

表 3-7　被调查居民对大病保险保障水平满意度的影响因素分析

变量名	M1：总体		M2：A 区		M3：B 区		M4：C 区	
	OR 值	显著性	OR 值	显著性	OR 值	显著性	OR 值	显著性
性别	0.949		0.996		0.913		0.880	
年龄	1.012	*	1.006		1.004		1.042	***
户口	0.364	***	1.862		0.961		0.370	***
受教育年限	0.996		0.911	**	1.034		1.131	***
基本医保类型	0.799	*	0.816		1.009		0.629	*
已婚	0.751		0.658		2.885	*	0.246	**
家庭规模	0.845	***	0.749	**	0.771	**	0.923	
家庭年人均支出的对数	0.643	***	0.698	*	0.767		0.471	***
自评健康	1.570	***	1.388	**	1.614	***	1.573	***
定期体检	0.922		1.228		1.037		0.457	***
罹患慢性病	0.644	***	0.407	***	0.565	**	1.173	
本人或亲近的人罹患大病	0.614	**	0.933		0.685		0.409	**

注：* 表示 $p<0.05$，** 表示 $p<0.01$，*** 表示 $p<0.001$。

（四）居民对大病保险的意愿支付及其影响因素分析

现行大病保险政策保障的范围主要包括四种病种，即重症尿毒症透析治疗、肾移植抗排异治疗、恶性肿瘤治疗和部分精神病病种治疗。大病病种有很多，大病保险的病种随着社会经济的发展和疾病谱的改变等发生动态变化，是大病保险发展的客观要求。如何界定大病有重要意义，且会直接影响到患者的意愿支付情况。本次调查的结果显示，从需方视角看，大多数被调查居民选项中排在前四位的是，认为“高费用的疾病”属于大病的占 71.59%，认为“慢性重症疾病”属于大病的占 71.36%，选择“影响行为能力的疾病”属于大病的占 66.50%，50.83% 认为“需要抢救的疾病”属于大病，并且认为这些疾病应该纳入大病保险。另外，有32%的被调查的居民选择了上述全部选项，一定程度上反映了居民的需求。

现行居民大病保险是居民基本医疗保险的拓展和延伸，大病保险基金来源于基本医保，是从基本医保基金中划拨一定比例或金额，无须个人再缴纳大病保险基金。当然，实质上居民大病保险是在居民基本医疗保险基础上的二次报销，其保障的是基本保险目录范围内的基本医疗服务。目前，上海居民大病保险保障的病种有四种，随着社会经济的发展和居民医疗服务需求的增加，客观上需要大病保险的创新和发展。本次调研的主要目的之一，是要了解在广义理解的大病情况下，从需方视角看，居民是否具有缴纳大病保险费的意愿，如果有大病保险的支付意愿，则意愿支付的额度是多少。

调查结果显示，被调查的居民对大病保险有较高的个人支付意愿，如表3-8所示。调查将居民支付意愿分为三个级别，即“高意愿”“一般意愿”和“低意愿”。调查样本中，有1 561例被调查者具有高的支付意愿，占比为59.33%；支付意愿一般的有540例，占比为20.52%；有530例被调查者的支付意愿低，占比为20.15%。因此，被调查居民对大病保险支付意愿高，尤其远郊C区，高支付意愿居民的比例达到80%。究其原因，一方面社会经济发展水平高，居民对医疗服务需求增加，对健康有较强的保护意识，有能力也愿意支付一定大病保险费用来提升大病保险的保障水平；另一方面，在一定社会经济水平下，远郊居民因医疗资源相对缺乏，尤其是大病就医的便携程度还不高，大病给患者和家庭造成的影响更大。因此，为了避免大病造成的巨额经济负担，其对大病保险的支付意愿更加强，这一点在大病患者个案访谈情况分析中得到验证。

表3-8　被调查居民对个人支付大病保险费的意愿

意愿程度	A区		B区		C区		总体	
	例数（n）	占比（%）	例数（n）	占比（%）	例数（n）	占比（%）	例数（n）	占比（%）
高	406	45.72	406	50.31	749	80.02	1 561	59.33
一般	274	30.86	168	20.82	98	10.47	540	20.52
低	208	23.42	233	28.87	89	9.51	530	20.15

在被调查居民对大病保险具有较高的支付意愿的基础上，进一步了解居民对大病保险意愿支付的金额是多少，对大病保险制度的改革和创新发展具有重要的参考价值。居民对大病保险的意愿支付额，是指居民愿意支付多少费用用于个人购买大病保险，以保障未来患大病后能够享受大病保险规定的待遇。为了增进被

调查居民表达真实意愿的准确性，本次调查进行情景设定，假定参保者在未来患大病后可以得到一定数量的大病保险经济补偿，如10万元、30万元、50万元和100万元，那么，现在愿意支付多少费用参加大病保险。调查结果显示，在假定情境1，即可获得补偿10万元情况下，被调查居民中的大多数（占比57.09%）愿意支付购买大病保险的金额为100元以下；在假定情境2，即可获得补偿30万元情况下，被调查居民中的大多数（占比54.52%）愿意支付购买大病保险的金额为50~200元；在假定情境3，即可获得补偿50万元情况下，被调查居民中的大多数（占比61.56%）愿意支付购买大病保险的金额为100~500元；在假定情境4，即可获得补偿100万元情况下，被调查居民中的大多数（占比53.09%）愿意支付购买大病保险的金额为200~1 000元，见表3-9。随着大病保险补偿金额的增加，居民个人大病保险费用意愿支付额不断提升，在补偿金分别为10万元、30万元、50万元、100万元的情境下，居民意愿支付额的中位值分别为50~100元、100~200元、200~300元、200~300元。随着补偿金额的增加，每年愿意支付1 000元以上的比例逐渐增加，从补偿10万元时的1.02%增加到补偿100万元的10.17%。进一步累计分析可知，情境1，即大病保险可获得补偿10万元时，75.74%的居民意愿支付额区间为1~200元；情境2，即大病保险可获得补偿30万元时，68.95%的居民意愿支付额区间为50~300元；情境3，大病保险可获得补偿50万元时，61.56%的居民意愿支付额区间为100~500元；情境4，大病保险可获得补偿100万元时，67.14%的居民意愿支付额区间为100~1 000元。

表3-9　　被调查居民对大病保险费用的意愿支付额

意愿支付额区间	情境1：补偿金10万元		情境2：补偿金30万元		情境3：补偿金50万元		情境4：补偿金100万元	
	例数（n）	占比（%）	例数（n）	占比（%）	例数（n）	占比（%）	例数（n）	占比（%）
0元	210	7.91	161	6.07	139	5.24	95	3.58
50元以下	561	21.14	245	9.23	172	6.48	181	6.82
50~100元	954	35.95	694	26.15	350	13.19	279	10.51
100~200元	495	18.65	753	28.37	653	24.60	373	14.05
200~300元	188	7.08	383	14.43	599	22.57	571	21.51
300~500元	114	4.30	218	8.21	382	14.39	480	18.09
500~1 000元	65	2.45	107	4.03	214	8.06	358	13.49
1 000元以上	27	1.02	52	1.96	101	3.81	270	10.17

Logistic 回归分析结果显示出不同情境下居民对大病保险意愿支付额的影响因素，如表 3－10 所示。情境 1、情境 2 和情境 3 中居民对大病保险的意愿支付的影响因素相近，特别是居民对大病保险保障范围的满意度以及报销比例的满意度都对保费意愿支付有积极影响。同样，在大病保险的补偿金额小于等于 50 万元的情境下时，受教育年限对大病保费意愿支付额有积极影响，受教育水平高的人购买保险可能更多地成为对自己的投资和未来保障。但当大病保险补偿金额达到 100 万元时，满意度和受教育年限都不再是显著相关因素，意愿支付额更多受到现实情况如家庭、经济方面的影响。

表 3－10　不同情境下居民对大病保险意愿支付额的影响因素

变量名	情境 1：补偿金 10 万元		情境 2：补偿金 30 万元		情境 3：补偿金 50 万元		情境 4：补偿金 100 万元	
	OR 值	显著性	OR 值	显著性	OR 值	显著性	OR 值	显著性
性别	0.920		0.968		0.966		0.926	
年龄	0.991	*	0.983	***	0.985	***	0.982	***
户口	0.561	***	0.611	***	0.657	***	0.693	***
受教育年限	1.060	***	1.034	*	1.033	*	1.019	
基本医保类型	1.019		0.995		1.053		1.095	
已婚	1.171		1.202		1.163		1.180	
家庭规模	1.117	**	1.124	**	1.125	**	1.125	**
家庭年人均支出的对数	1.434	***	1.498	***	1.415	***	1.390	***
自评健康	1.119	*	1.018		1.050		1.007	
定期体检	1.118		1.104		1.157		1.233	**
罹患慢性病	1.493	***	1.325	**	1.220	*	1.123	
本人或亲近的人罹患大病	1.286		1.306	*	1.342	*	1.250	
对大病保险保障范围是否满意	1.606	***	1.371	***	1.245	*	1.125	
对大病保险报销比例是否满意	1.278	*	1.262	*	1.222	*	1.156	

注：* 表示 $p<0.05$，** 表示 $p<0.01$，*** 表示 $p<0.001$。

在四种不同的补偿情境下，年龄、户口、家庭规模和人均支出都是影响个人大病保费意愿支付额的因素：在控制其他变量后，年龄与居民意愿支付额呈负相关，即年龄越大的人意愿支付额越低。同样，户口与居民意愿支付额呈负相关，即非农业户口居民的意愿支付额约为农村户口居民的0.5~0.7倍，农村户口居民具有相对更高的大病保险需求。家庭规模、家庭人均支出和罹患慢性病等因素，与居民大病保险意愿支付呈正相关，并产生显著影响。值得指出的是，当大病保险补偿金额达到100万元时，影响因素发生变化，产生显著影响的因素有年龄、户口、家庭规模、家庭人均支出和定期体检等。

（五）大病患者的案例分析

1. 基本情况

本研究除了上述样本现场调查分析外，还对大病患者的具体案例进行分析，目的是更加全面系统地反映需方视角下对大病保险的认识和需求，分析存在的问题，并为进一步完善提出政策建议。本研究通过面对面访谈的形式收集案例，并根据访谈的对象的特点、内容、代表性等选取案例并进行分析。访谈对象选取原则有三：一是目前家庭中有成员正在患有大病且有大病保险报销经历（可选择参与不同大病保险的参保患者，有利于进行比较和分析）；二是访谈对象是大病患者本人或者亲属；三是访谈对象覆盖不同的大病病种。根据不同病种的治疗方法特征，本项目团队采用多种途径征集访谈对象，包括在医院血液透析家属休息室访谈尿毒症透析患者的家属、在精神病医院住院部访谈患者家属、通过社区资源入户访谈肿瘤患者家庭等。案例访谈法采用半结构式访谈（访谈目录见附录），每个案例访谈时由一名能够用沪语交流的访员以及一名专门的记录员共同完成，项目成员在经过被访者同意后进行纸质记录和录音记录。案例访谈主要围绕以下几部分内容：患者的患病过程、就医经历及当前生活状态，患者在治疗过程中的费用支出情况，患者及其家庭对大病保险报销水平、保障范围、报销流程等方面的满意度，患者及其家庭在使用大病保险报销过程中遇到的问题等。案例访谈的目的是从大病保险亲历者的角度研究大病保险的实施情况和报销过程中的具体问题，大病患者家庭能够很好地代表需方视角来审视大病保险的价值和实施效果。项目团队于2018年8月完成11个上海市大病患者或患者家属的案例访谈，其中尿毒症透析患者4例、肿瘤患者5例、精神病患者2例；11名患者中有4名享受职工大病保险，7名享受居民大病保险（其中3名享受低保补助）；大病患者所需负担的医疗支出约为5 000~40 000元/年。案例访谈对象基本情况见表3-11。

表 3－11　　　　案例访谈对象基本信息

案例编号	患者性别	患者年龄（岁）	疾病病种	受访者与患者的关系	当前治疗状态	患者参保情况	家庭及经济状况	个人负担医疗支出（元/年）
A	男	69	尿毒症透析	妻子	血液透析	职工大病	老两口，领养老金	7 000
B	男	60 多	尿毒症透析	妻子	血液透析	职工大病	三口之家，老人领养老金	12 000
C	男	60 多	尿毒症透析	妻子	血液透析	职工大病	四口之家，老人领养老金	15 000
D	男	35	精神分裂症	母亲	住院治疗	居民大病	母亲与儿子同住，无工作	<5 000
E	男	45	精神分裂症	父亲	住院治疗	居民大病	三口之家，三人均领养老金	10 000
F	男	58	直肠癌	本人	术后已完成化疗，继续恢复	居民大病	低保，三代同堂，个体户有积蓄	40 000
G	男	58	食管癌	亲姐姐	保守治疗	居民大病	低保，单身独居，卖房看病	20 000
H	女	70	尿毒症透析	丈夫	血液透析	居民大病	老两口，领养老金	13 000
J	男	58	肝癌	亲哥哥	消极治疗	居民大病	低保，单身独居，无积蓄，兄弟姐妹资助	未完成第一次报销
K	女	55	宫颈癌	本人	术后已完成化疗，继续恢复	居民大病	低保，三代同堂，子女出钱看病	25 000
L	男	45	肝癌	本人	术后基本恢复	职工大病＋商保	三口之家，收入一般	20 000

2. 代表性案例

从上述访谈案例中，选取了三个不同大病病种中最具有代表性的患者案例，案例 1 为重症尿毒症患者，案例 2 为癌症患者，案例 3 为精神分裂症患者。根据对患者和亲人的访谈记录进行整理，从患者家庭基本情况、患病史、大病保险办理情况、治疗和费用情况和存在问题等方面归集资料，形成代表性案例，具体见表 3－12。

表 3-12　　大病患者代表性案例介绍

案例	案例 1：重症尿毒症患者	案例 2：癌症患者	案例 3：精神病患者
患者家庭基本情况	患者 A，男，69 岁，患肾病八年，在第 A 人民医院（以下简称 A 院）透析治疗一年多，享受上海市城镇职工基本医疗保险。患者妻子，69 岁，小学学历。与妻子两个人居住，家庭年收入约 10 万元，年总支出约 9 万元，年自行负担医疗支出约 7 000 元，每月食品支出约 3 000 元	患者 F，男，58 岁，高中学历，刚办退休，四年前查出直肠癌，享受上海市城乡居民基本医疗保险。患者与妻子、父亲和孩子共同居住。F 的职业是个体户，以前做生意赚到一些钱，从国外回来后没有正规工作，现在领低保，家庭年收入约 5 万元，每月食品支出约 4 000 元	患者 E，男，45 岁，3 岁起患有癫痫，20 岁确诊精神分裂症，与父母共同生活。患者父亲，75 岁，高中学历，家庭年收入约 13 万元，年自行负担医疗支出约 1 万元，每月食品支出约 4 500 元
患病史	年轻时在钢铁厂工作，四十多岁的时候得了高血压，觉得年轻无所谓，高血压反应也不大，就不吃药。时间长了，五十岁不到就得了糖尿病。因为家住在第 B 人民医院附近，就在第 B 人民医院看病，但血糖没有控制好，长期服药之后肾就坏了，肌酐高到 200 多，到现在肾病已经 8 年左右了。当时肾病都是用药物来控制的，只能按照基本的医保来报销，价钱很贵，直到 2017 年手臂装支架瘘管（透析治疗的设备之一）之前都没有大病医保，自己要付 40%。今年（2018 年）3 月份的时候，肌酐升到 750 以上，医生说必须做血透了	F 54 岁（2014 年底）时查出直肠癌，先在 C 医院看病，后来被医生和朋友介绍到 D 肿瘤医院。F 心态很好，想得开，只用了三天就接受了自己的病情，选择积极治疗，家庭成员都完全支持配合他的治疗。肿瘤比较大，有 12 公分，一开始选择的是化疗，但没有控制住，第六次化疗的时候转移到肺里了。2015 年 6 月进行了手术切除，开刀后第三天就出院了，改为中医继续治疗	E 从 3 岁开始癫痫，一直在 F 医院神经内科就医，同时在上海儿童福利院上学，智力不如同龄人，到现在智力只有十岁左右；18 岁开始在上海南市区的“福利工厂”上班。1993 年左右精神病确诊，2008 年去过普通公司上班，但做了三周就做不下去了，父亲一发火动了手，E 的精神病就发作了，但当时治疗之后基本恢复。2010 年左右，癫痫复发，2018 年精神病复发，而且控制不了了，只能选择到精神科住院。E 父亲称，“这次儿子犯病之后是打了 110 来处理的，才有机会送到上海市精神卫生中心住院”。这层病房每天住走道的有七八个人，E 也住过几天才进到病房。 “病人太多了，地方又小，外地来就医的很多，都是专门来这里看病的，一般人住院根本住不进，这我们能理解。其他医院的医生水平不够，用药差一点点就会吃出问题的，这里用药准，确实是一流的水平。”

续表

案例	案例 1：重症尿毒症患者	案例 2：癌症患者	案例 3：精神病患者
大病保险办理情况	一开始知道大病保险是医生说要做血透了，开了证明，是在 A 院二楼办公室敲章，再拿到医保中心办理大病保险。但是大病保险一次只能开 6 个月，每 6 个月要重新开一次。A 和妻子希望一次能至少开一年，因为尿毒症是不可逆的	患病之后是医生和居委会来告知可以用大病医保，医院出具证明，然后可以指定两个医院（一家二级医院、一家三级医院）作为自己大病医保的定点医院。结账的时候都是自己先付，包括医保内可以报销的部分，出院后找保险公司报销。F 被认定的大病医保期限是 5 年，现在还没到期，到期就不享受大病的再次报销了	被医生确诊之后，精神病门诊大病医保每六个月要开个单子，到街道事务中心办手续。后来，医生就告知家长可以申请大病医保，以前 E 父亲并不知道精神病也属于大病
治疗与费用情况	一个星期做三次血透，一次 500 多元，不加开药的部分。A 的血透用药基本都是国产的、在医保范围内的药，都是全权听医生的，自己不做什么选择。透析和相关一些在大病医保范围内的药，自付 5%，医保中心有时还能再报一小部分。高血压用药包括在大病医保里面，但是心脏病、糖尿病这些不包括。A 的妻子认为大病保险效果不错，报销之后一般家庭能做得起血透，但希望政府能再多报销一点，因为像尿毒症的患者，除了大病之外还有一些别的疾病，进不了大病医保，花销很大。医药费以外其他的	开刀前的七个月化疗时期是用靶向药，全自费，药费 500 元一天，一共十万元左右，放化疗时期都是妻子在照顾。还有六次化疗，选了进口的、最好的药，每次一万元多。药物的选择上，医生会先了解患者的经济情况，然后根据病情开药、开剂量，病人不懂的。“我自己用了最好的进口药，疗效也说不清，有人用便宜药疗效也挺好，一年只花一万元。”总的算下来，F 自费花了几十万元。手术后经过朋友介绍，现在在 E 医院每月复查，中药调理，主要目的是提高免疫力，其实不知道究竟效果怎样，但	E 同时患有癫痫和精神分裂，癫痫属于神经内科，癫痫会引起精神病，但精神分裂是精神科，这两种病的治疗方式是相克的。上海市精神卫生中心没有神经内科，E 父母只能亲自拿着 X 光片去仁济医院，因为不同科室看片子的重点不同，精神科的结论给神经内科无法参考，也就没办法跨院进行多科室会诊。而 E 医院的精神科又不好，同样没法提出有效的办法。 这次住院 E 吃的药是氯氮平，是治疗精神分裂症的特效药，也是药效最强的。E 父亲以前听说过电击疗法，现在知道了电击的原理，决定不用电击治疗。选药时以听医生为主，平时不太方便和病友交流，也不敢道听途说。知道了进口药不一定好，每次换一种药都要很谨慎，问清副作用，所以一般不轻易同意用新药。“这四十年来，药价变动很厉害，调价时随时会

续表

案例	案例1：重症尿毒症患者	案例2：癌症患者	案例3：精神病患者
治疗与费用情况	费用开销也很大，比如A血透之后脚没有力气，往返医院要打的，一次30元，一个月700元。而且A生活不能完全自理，家里要请护工，也需要花钱。妻子觉得有些承担不了，两个人退休工资有限，多出来的部分就要子女来贴钱了。不仅经济上有影响，生活其他方面也受影响，一周三次血透，出门一次6个小时，每次都是妻子全程陪同	心理上希望中医能有调理作用，因为心理状态、自我调节很重要。有时会去乡下住一段时间来调养。每月复查时都要重新做B超、验血，这部分费用是两千多元。现在每个月医药费10 000元左右，自付1 000元左右。有一些药，以前是大病医保内的，现在不在医保范围了	断药！有些药价格不高，涨价可以接受，但大家不能接受因为调价的过程而断药，精神病人的药必须连续吃、按固定剂量吃，不能随意换药，比如苯妥英钠曾经断药三个月，所有地方都买不到，又没有替代药，直接导致病人发病。” 费用上，大病医保范围内住院自付8%、门诊自付15%，对E家庭来说可以承受；癫痫不在大病范围，但有些药能在大病范围内开的就开进大病，检查费也可以算在大病里。E父母说经济负担最重的部分是护工费，两个老人全天陪护是陪不动的，只能请24小时的护工，因为儿子的病属于特殊护理性质，用药麻烦而且有抵抗心理，必须要全护理，护工费每月7 500元，全部自费。尽管请了护工，但儿子四十几年的求医过程使老人的思想负担巨大，体力精力消耗也很大，导致二老自己的身体也不好，老年常见病他们也都有，却不为自己好好治疗。“护工费太贵，建议是不是护工费可以进入医保，报销一部分。”

续表

案例	案例1：重症尿毒症患者	案例2：癌症患者	案例3：精神病患者
存在问题	对尿毒症患者而言做血透只是延缓病情，一旦不做，水进到肺里面，一般只能活两个星期。后期可能导致心脏先不好，再加上身体里的水透不干净，脚就会肿甚至烂掉。A 的情况很不好，除了尿毒症，还有糖尿病、高血压，心脏也不好，腰椎突出，颈椎装了钢板。妻子最担心后期会有一些严重并发症，A 院不是三甲医院，治不好需要转院，但在其他医院如果没有床位无法做血透，会很危险	F 认为有三个事情特别麻烦，一是看病排队，打印病史、挂号、付费，每个都要排队，如果没有家属陪同，排队时间更长。每次去肿瘤医院配药都要排很久，这些药社区医院和附近的二级医院都是没有的，F 希望二级医院能联合上级医院，使患者能够就近配药、减少排队。二是术后复查过于频繁，身体负担和经济负担都重，希望三个月复查一次。三是住院天数变短了，以前住院一次可以住 14 天，现在只能住 8 天就必须回来一次	E 父母和其他年轻患者的父母一样，最担心如果以后老人不在了，这些患者自己怎么办，没有生活自理能力、没有收入。“他们至少需要一笔固定的收入才能生存，国家应该主动考虑，不要等问题爆发了才想到。”E 的父母很庆幸自己儿子是唯一一批享受到国家对残疾人养老金政策支持的幸运儿，当时百货公司必须收这批福利院孩子进公司工作，儿子有几年工龄；当时三万多残疾人失业，国家就通过街道，为这批人交满 15 年，这样以后就能申请养老金。但实际上真的要办养老金还是很困难，是 E 父亲花了十个月时间，打了无数个电话、去了无数次政府部门，才终于办下来的，“其他人几乎都不知道这件事或者办不下来”。E 父亲认为，在医保之外，国家要为精神病家庭再多考虑一些，比如独生子女如果精神病的话，家长的心理、身体负担极重，国家应该给这样的家庭一定的补助

3. 大病保险保障情况分析

根据案例访谈的大病患者及家庭亲身经历和实际情况，从大病患者的视角分析现行大病保险政策在实际应用中的保障情况，为完善大病保险政策提供参考依据。

通过访谈案例及文献资料可以发现，上海市不同大病病种的患者对于大病保险的使用情况不尽相同，主要差异表现在该病种治疗过程中的可报销的范围以及因病种特殊性所导致的附加效应。在同一个病种的不同患者之间，除了恶性肿瘤治疗会因为治疗方案的选择而导致费用差异较大，其他三个病种的患者在支付负担方面有着较高的内部一致性。大病保险四种病种的患者保障情况如下：一是尿毒症透析患者。用药基本固定，透析费用与绝大部分治疗用药可以使用大病保险报销，因此尿毒症患者的个人负担医疗费用也基本稳定在每月 1 000 元上下。然而，尿毒症容易引起或伴随众多并发症如糖尿病等，而并发症的用药并不在大病医保范围内，而只能享受基本医疗保障待遇，从而很可能出现并发症的医疗支出负担大于本身的尿毒症透析治疗。在报销流程方面，尿毒症患者需要每半年接受社区评定以确认是否继续享受大病保险，而实际上尿毒症是不可逆的疾病，一旦罹患尿毒症，除非进行肾移植手术，否则就是终身的尿毒症患者，因此该流程的必要性不强，反而给患者家庭带来了流程上的麻烦。二是肾移植患者。大病报销仅限于术后的抗排异治疗，然而对肾移植患者而言，高昂的手术费用无法报销，而终身服用抗排异的免疫药物在大病报销之后仍然价格不低。三是恶性肿瘤患者。治疗过程中，因为患者的治疗方案差异较大，导致大病保险使用情况也有较大差异。如果患者不求能够治愈而只求减轻症状，那么大病医保范围内的大部分药品可以满足这个需求。如果患者为了追求更进一步的疗效而选择自费药物，那么费用将是极其高昂的。另外，恶性肿瘤治疗比其他大病病种治疗有更多的“必须”使用的自费药物，导致恶性肿瘤治疗的总体医疗费用支出高于其他大病病种。在报销流程方面，上海市恶性肿瘤患者在每年评估是否继续享受大病保险待遇的同时，还面临只能享受西医治疗报销 3 年、中医治疗报销 5 年的保期问题。尽管癌症的 5 年生存率较低、5 年不复发可视为痊愈，但事实上许多患者在 5 年治疗过后，仍然需要定期接受治疗和复查，这笔费用仍然较高。四是精神病患者。大病治疗的用药以国产药为主，几乎全部进入大病医保报销范围，治疗费用较低。但在精神病大病患者中，患者家庭出于面子、名誉的考量，不愿在患者获得诊断后的第一时间申请大病医保，因为这等于变相公开家庭中有重症精神病患者，且精神病治疗费用许多家庭能够负担，因此精神病大病患者并没有全部享受到应有的大病医保待遇。相较于其他疾病患者，精神病大病患者家庭中必须至少有一人进行全程照护，但这项工作通常会由专业的护理人员完成，尤其是住院期间几乎必须支付昂贵的护理费用，大约每月 7 000 元。因此精神病治疗过程中主要的经济支出来自照护费用而非治疗费用。综上所述，从需方患者的角度对上海市大病保险四种大病病种保障的基本情况进行归纳和分析，主要包括患者覆盖率、患者数量、报销范围、疾病治疗个人支出总费用、疾病治疗效果和遇到的困难等几个方面，如表 3 – 13 所示。

表 3 – 13　　需方视角下四大病种大病保险保障情况分析

	患者覆盖率	患者数量	报销范围	疾病治疗个人支出总费用	疾病治疗效果	遇到的困难
尿毒症透析	极高	多	绝大部分治疗和用药可在大病保险报销	较低	长期维持，无法治愈，大部分患者透析生存 5 ~ 10 年	尿毒症引起或伴随的并发症用药很多不进入大病医保；每半年评定没有必要
肾移植	极高	少	术后部分治疗和用药可在大病保险报销	高（移植手术费用很高）	10 年生存率约 50% ~ 60%，术后终身服药	手术费用高、终身服药费用高
恶性肿瘤	高	多	部分治疗和用药可在大病保险报销，自费药物较多	高（一旦使用自费药物则费用很高）	不确定	医保支付范围内药品较少；保期过短使得很多患者无法继续报销
部分精神病	较高	较多	几乎所有治疗和用药可在大病保险报销	较低	长期服药，难以治愈	碍于面子不愿申请大病医保；长期聘请专业护工费用高

4. 大病保险存在的问题

从大病患者在患大病诊治过程中对大病保险政策及其流程的亲身感受的角度，归纳分析大病保险政策及其在实际报销时存在的主要问题，体现在以下几个方面。

（1）大病医保支付范围内药品种类无法满足需求。这可分为两种情况，一种主要出现在恶性肿瘤患者的药物选择时，因为大部分积极治疗的癌症患者会出于对疗效的期待而不得不选择自费药，自费药无法获得任何报销，而大病医保范围内的用药选择极少且被认为疗效较差。另一种情况主要出现在并发症用药时，因为这几种大病都很可能引起多种并发症，除了部分并发症的部分用药在大病医保范围内，其他用药都只能使用基本医保报销，反而导致并发症用药的费用负担比大病更高，从而导致患者对大病保险的满意度和获得感降低。

(2) 居民大病报销流程比较复杂，便捷性不够。上海的大病患者在确诊后，需到社区医院登记，选定自己的大病医保定点医院。上海市居民大病保险执行社区定向转诊制度，大病参保人员因病情需要转诊治疗的，须在社区卫生服务中心办理转诊手续后，再到二、三级定点医疗机构就医，就医时须先垫付所有自付部分费用，之后自行前往经办商保公司申请报销。可以看到，大病报销流程中涉及多个主体，而报销过程复杂烦琐，居民很容易产生疑惑。在医生提醒申请大病医保、实际申请大病医保、就医、报销等环节之间，是没有专业人员指引的，患者或其家属需要“走一步，看一步”，很少有患者能在开始大病就医之前对所有流程细节有清晰的把握。同时，这也导致各主体之间职责不明，比如在确诊患病的医院医生只告知能够申请大病保险，而不主动告知申请流程细节，又比如在社区申请大病保险时，社区可能并不解释保障范围、内容及后续流程，使得患者及其家属处于被动而奔波的处境。

(3) 实行个人先支付后报销，且实际报销内容受制于经办商保公司。大部分地区的居民大病保险都实行先支付后报销的形式，而非直接从账单中扣除费用。先支付后报销的方式使得患者无法确定报销金额，因为经办的商保公司有权决定每一项是否可以实际报销，而患者只能接受保险公司给出的核保结果。先付后报的流程复杂，因此现在多地也正在探索一站式付费的可能性。

(4) 大病保险需要定期申请、定点报销，且有年数限制。首先，大病保险需要定期去社区进行重新评定，保期和评定频率因病种和社区的不同而不同。如前文提到，尿毒症患者如不进行肾移植治疗，没有必要频繁认定这一终身性疾病；而癌症患者则认为大病保险保期过短，无法覆盖所需要的后续治疗。其次，定点报销制度规定大病患者在非特殊情况下，只能在自己的定点医院就医时享受大病保险报销待遇，更换医院则只能享受基本医保待遇；抑或是某些药在自己的定点医院暂时无法供应，必须到其他医院配药，同样不能使用大病保险报销，从而无故增加了患者的医疗费用支出。

五、讨论和建议

（一）讨论

通过上述结果分析可知，需方视角下现行的大病保险政策尽管取得了一定的成效，在大病病种的保障水平和保障能力上有较高标准，但是在大病保险政策实施过程中还存在一些问题，需要进一步探讨。主要表现在以下几个方面。

1. 高度重视居民对大病保险的认知程度

尽管大病患者是大病保险的实际受益者，但公众作为未来潜在受益者，其对大病保险的知晓和了解同样有重大意义。首先，公众必须意识到政府对于居民罹患某些重特大疾病是有特殊报销待遇的，同时还要意识到对于“大病”提高报销待遇的优惠政策是来自政府的基本医疗保险，是当地的医保基金承担了这巨大的支出，才使得大多数大病患者能够最大限度维持生命并且避免了因病致贫、因病返贫现象。其次，上海居民需要认识到上海市大病保险以规定病种为保障范围的特殊性，以及上海市大病实际报销比例在全国位居前列的事实，必须意识到大病保险的作用是保基本和必需的治疗而非为所有治疗买单。最后，居民只有在充分了解基本大病保险的保障范围和报销比例之后，才能理性判断自己是否有额外增加大病保险保障待遇的需求、需求的程度以及可接受的个人支付保险费用的金额，从而才能使政府和市场对需方的需求有较为准确的预估，才能不断完善大病保险机制，以更好地满足大部分居民的保障需求，提升大病保险的公众满意度和获得感。

本调查显示，公众对基本医保大病保险的期待与个人支付大病保费意愿之间可能存在较大落差。对当前报销比例不满意的被调查者的平均理想报销比例为94%，比现行城乡居民大病保险的报销比例高出十多个百分点，且大部分被调查者希望大病保险能够覆盖较多病种。公众对大病保险有相当高的期待，但支付意愿总体上明显低于目前同等保障待遇的商业保险的市场价格，这说明一方面公众对大病保险保障的认知不充分、对基本医保大病保险的作用认知不明确，另一方面公众仍然对政府报以极高的期望，希望由更多的大病医保基金来实现保障待遇的提高。在未来设计制定其他大病保险机制时，应充分考虑公众的认知，尤其在保费筹资和报销比例方面要获得更高的群众认可，提升公众的大病保险参与度。

2. 居民对大病保险支付的意愿

首先，被调查者对于本研究中个人支付大病保险通常会理解为补充保险性质甚至是商业保险性质，所以居民虽然大多有意愿并且能接受个人支付保费提高保障待遇的做法，却仍会因为对保险业持相对负面的态度，而导致一定程度上的态度偏差和行为偏差，居民对个人支付保费的意愿程度及意愿支付额结果都比预期中偏低一些。其次，大病保险的基本保险属性导致居民在风险决策中更为谨慎。大病保险包含在基本医疗保险中，而我国的基本医疗保险已经基本实现全覆盖，所以即使人们不再愿意个人支付大病保险，依然能够享受国家所提供的大病保障，且理论上的报销比例不低。个人再支付大病保险的行为对参保人而言，能够换来的保障待遇的提升效果可能不明显，因此对参保人而言反而是一笔风险投资。从被调查者的意愿支付金额可以看出，如果与现有的商业大病保险进行简单比较，居民的意愿支付额是远低于目前市场价的，人们对风险的接受程度较低。但值得注意的是，大病保险支付意愿低的人反而愿意在高保额情境中进行支付，这也从一定程度上验证了行为决策理论的有限理性一说。最后，人们对大病保险满意度偏低、意愿支付偏低的现象与居民对政府的依赖感有关。有学者曾指出我国巨灾保险需求不足的原因就包括了人们心理上对政府的依赖，而在民生事务中，民众更依赖政府来承担医疗方面的责任。

3. 居民大病保险的个人意愿支付额与补偿水平的关系

调查发现，尽管大部分居民对大病保险的意愿支付额随着补偿金的增加而有所提高，但意愿支付额的增幅明显小于补偿金的增幅。当补偿金从 10 万元增加到 100 万元时，意愿支付额的中位值从 50～100 元增加到 200～300 元，即补偿金提升 10 倍时居民的意愿支付额仅提升了约 3～4 倍。本研究发现，约三成被调查者并不会因为补偿水平提升而提高意愿支付额，不论补偿金多少，他们只愿意为大病保险付出一定金额的保费，且意愿支付额较低。另有约三成被调查者出现意愿支付额封顶的情况，即随着补偿金的增加，他们愿意支付的保费增加到一定金额便不再增加。此外，部分选择愿意或非常愿意支付保费的居民在补偿金额较低的情境中，不愿意支付任何费用，仅在保费较高时愿意支付；也有部分支付意愿很低的居民会从理性角度判断后选择一个自认为合理的意愿支付额。结合被调查者的反馈，出现以上现象的原因可能如下：一是居民有明确的个人意愿支付额，这个数值会因为补偿金的减少而降低甚至降为零，但不会因为补偿金的增加而提高。二是部分居民没有理解本调查的情境设定是定额给付保险，他们出于无法预判大病的实际医疗费用和治疗效果，或是认为政策范围内自付部分报销一般不可能达到 50 万元以上，因此选择意愿支付额时相对保守。三是部分居民知道实际情况中购买医疗保险一般存在年龄限制和保额限制，因此没有轻易接受本调查中的情境假定，在意愿支付额的选择中出现偏差。

（二）建议

1. 积极宣传，进一步提高居民对大病保险的知晓程度

调查结果显示，目前居民接受到的大病保险有效宣传途径主要是线下方式，如街道社区传播和医院医生告知等，而媒体宣传效果较差，同时面临宣传内容不深入、不能有效传达大病政策理念的问题。在未来的大病保险宣传中，一方面要对各级医院和社区、街道的相关工作人员进行专业培训，引导他们积极主动地为人民群众普及大病保险政策；另一方面更需要探索更便捷、受众范围更大的宣传途径和更通俗的形式，增加线上宣传的力度，比如可借助现有的社交网络平台，如针对全体市民的“上海发布”、针对学生的“青春上海”等微信公众号平台等，以有趣的方式对大病保险政策进行系统性的介绍，也可通过相关案例来展示大病保险的病种限定、报销待遇、报销流程等重要信息，还需要在官方平台提供一站式的详细、准确、实时更新的操作指南，从而提升公众和患者对大病保险的可及性和获得感。

2. 加强宣教，进一步提升居民大病预防和大病保险意识

人们希望以最低的成本获得最高待遇的保障，但这是难以实现的。患者家属甚至会下意识地将照顾大病病人所付出的人力、时间成本计算进去，所以大病保险所提供的保障待遇从心理层面几乎不可能完全满足患者家庭的需求。公众如果希望公立医疗能够最大程度地覆盖医疗费用，就应该认识到疾病预防的重要性。政府应该看到患者对公立医疗的期待与大病医保实际功能之间存在差距，而缩小这个差距的最根本做法是增加公众的疾病预防意识、减少大病发生率。应通过家庭医生等宣传途径向人们传递健康知识，着重预防潜在重点人群转变为大病患者。在调查过程中发现，当下年轻人的保险意识正在逐渐增强，一部分年轻人已经享受到单位购买的商业补充医疗保险或者已经个人购买商业健康保险。人们正在逐渐认识到，为自己争取更多的保障待遇可以通过商业健康险的方式实现。

3. 不断完善，进一步扩大大病保险的保障范围和报销水平

假设各地区按原先以病种为依据或以高额医疗费用为依据来界定大病保险的政策不变，那么未来需要做的是尽可能将大病患者需要的、常用的药品尽快纳入医保，有大病医保目录的尽可能纳入大病医保目录。当前出现了某种疾病的不可替代药品不在医保范围的现象，使得患者不得不增加医疗费用。近几年，部分大病（尤其是癌症）药品已经通过国家谈判逐渐纳入医保范围，且谈判成功的药品数量逐年增多，未来希望能够有更多好药快速纳入医保。就目前情况而言，原先的癌症自费药通过谈判进入了大病医保，但总体上因为癌症的分型很多，所以仍有很多疾病分型没有医保范围内的优质药，自费现象严重。同时，要着力提升医保内药物或国产药的安全性和疗效，尽可能使患者选择国产药、选择医保药。报销水平方面，目前国家已将大病保险最低报销比例从50%提升至60%，这对于国家医保基金的可持续性是一个巨大考验，但是对于大病患者而言其实际报销效果可能变化不明显。对于按病种界定大病医保的上海，经济发达且医保基金有结余，可以进一步提供按报销比例来提升大病患者的满意度；对于按高额医疗费用报销的地区，患者医疗费用支出中有很大一部分是不可避免的起付部分，应该逐步降低起付线、取消封顶线，才能使患者享受到真正的惠利。

4. 改革创新，进一步完善大病医疗保障体系

基本医疗保险中的大病报销保障范围和报销比例无法实现快速改变，如果不增加保费而提升大病报销的比例是对医保基金管理不负责任的，但如果保费增加的幅度不及居民得到的待遇提升幅度，居民的获得感依旧无法提升。在基本医疗保险无法轻易实现转变时，我们可以将目光转向多层次医疗保障体系中的补充保险部分，即以个人或单位购买商业健康保险的形式。本研究结果发现，被调查的居民倾向于由政府来覆盖基本的大病保险，而大部分被调查者可以接受用额外支付的部分来实现更高的待遇保障。在本问卷调查中，假设大病的定额给付补偿金分别为10万元、30万元、50万元、100万元的情境下，居民意愿支付额的中位值分别为50～100元、100～200元、200～300元、200～300元，大多数居民对保费的意愿支付额不高且存在“天花板”现象。本研究建议该补充保险的形式为定额给付型，因为大病保险治疗费用难以预估，尤其是肿瘤患者使用自费药较多，只有定额给付型的保险能够真正覆盖治疗费用。建议采用阶梯形且较低的保额，就当前商业大病保险的市场而言，居民意愿支付额普遍低于市场价，因此保额可以设置得较低，如5万～30万元，同时相应降低保费至意愿支付额范围内，如50～300元。总之，建议应继续提升基本医保中的大病保险保障待遇，同时探索个人支付作为补充保险的形式，结合大病商业保险等的发展，逐步完善大病保障医疗服务体系。

第二节　专家视角下的大病保险

科学制定政策需要专家的研究、设计和指导，专家的意见和建议是决策者进行决策的重要参考和依据。大病保险专家在大病保险政策的研究、制定、执行、评估和完善等每一个环节都发挥重要作用。因此，从专家的视角对大病保险政策的理论和实践、现状和发展、问题和对策等进行系统分析，对大病保险的创新发展的理论和实践上都具有重要的意义。本研究通过对大病保险专家的调查和咨询，系统总结和分析专家视角下的大病保险政策，及其在实施过程中存在的问题和发展趋势。

一、研究背景

城乡居民大病保险作为我国医疗保障体系的重要组成部分，其旨在降低大病患者的医疗支出负担，避免大病患者家庭发生灾难性卫生支出，解决（缓解）“因病致贫、因病返贫”的社会问题。自2012年国家六部委颁布指导意见以来，经过试点和全国推广，取得了一定的成效，受保障的大病患者的医疗经济负担明显降低。然而，在城乡居民大病保险政策的实施、推进和深化过程中，大病保险政策的缺陷与不足日益呈现出来，主要表现在以下几个方面：一是大病保险的理论研究滞后，难以适应大病保险政策的深化发展。比如，究竟如何界定“大病”、大病保险在我国医疗保障体系中究竟处于的地位和属性，以及未来发展方向和趋势等。二是大病保险尚处于探索实践阶段，形式多样处于“摸着石头过河”的状态。现行大病保险政策是在国家基本原则和意见的指引下，结合当地的社会经济发展特点和人口结构特征，因地制宜进行探索和实践。不论是大病保险的保障对象、保障范围、基金筹集、统筹层次，还是管理体制和运行机制，都根据当地实际情况制定而存在较大差异。缺乏明确发展方向、系统的理论指导和前瞻性的保障设计的指引。三是大病保险政策取得一定成效，但难以进行统一的评估。各地的大病保险政策在实施过程中不断探索，形成具有代表性的大病保险模式，如太仓模式、江阴模式、湛江模式等，并在避免“因病致贫、因病返贫”现象中发挥积极作用，并取得一定成效。但是，大病保险政策因多样性和复杂性难以进行统一的评估，并影响到大病保险政策的可持续发展。

根据当前大病保险政策中理论、实践和评估中存在的关键问题进行系统分析，有助于从整体上把握政策设计、政策实施中存在的不足与问题，为今后政策的改进与完善提供经验借鉴和理论指导。而大病保险政策的系统分析，客观上需要大病保险的相关专家进行把脉和诊治。因此，专家的意见和建议是大病保险政策建设、发展和完善的重要参考依据，客观上需要专家对现行大病保险政策进行分析和研判，并对未来可持续发展提出建议，推动我国大病医疗保险事业健康发展。

二、研究目的和意义

从专家视角分析大病保险的主要目的，是通过专家调查咨询的方式，获取大病保险政策领域权威专家对现行大病保险的理论、政策设计、实施情况、存在问题，以及未来发展的看法和观点，并在对调查咨询资料进行定量和定性分析的基础上，从大病保险理论、实践、评估和发展等方面提出完善我国大病保险政策和创新发展的意见和建议。具体包括以下几个方面：一是总结专家对大病保险现况的看法和观点。主要归纳分析专家对我国当前实施的城乡居民大病保险的研判和评估，包括大病保险的理论分析、大病保险政策设计中的不足、政策执行过程中存在的主要问题，以及政策实施效果评估等。二是总结专家对大病保险发展趋势的看法和观点。主要归纳分析专家对国际上大病保险发展的趋势、我国大病保险可持续发展的方向、大病保险创新发展的模式，以及采取的方法和措施等；三是总结专家对完善我国大病保险政策的建议。主要归纳总结专家提出的完善我国大病保险体系以及提高保障效果的政策建议。专家对我国大病保险现状、发展，以及政策完善的意见和建议，对现行大病保险创新发展和可持续发展具有重要的理论指导意义和实际参考价值。

三、资料来源与研究方法

（一）资料来源

本次专家视角下的大病保险分析，是根据研究目的和研究内容设计调查表，选择国内大病保险研究相关领域的权威和知名的专家，通过向专家发放调查问卷并结合专家访谈的方式进行咨询，收集相关的定量和定性的资料。

1. 调查主要内容

根据本次调查研究的目的来设计专家调查咨询表，主要内容包括以下几个部分：第一部分是专家的基本情况，如年龄、职称、工作年限、主要研究领域、工作单位属性等。第二部分是对我国城乡居民大病保险的看法。如从当前我国城乡居民大病保险政策实施的总体效果、从国家政策设计层面而言，目前推行的城乡居民大病保险政策存在的不足主要有哪些、从执行角度分析当前大病保险政策存在的问题、大病保险中相关理论问题等的观点。第三部分是对我国大病保险发展的建议。该部分的调查问题是开放性问题，主要了解和总结分析专家的意见和建议。如“您认为当前我国大病保险迫切需要解决的问题是什么？解决问题的主要思路和措施有哪些?”，“您认为什么样的大病保险模式较为适合我国？实现该模式应该具备的必要条件有哪些?” 等。见附录“大病保险专家调查和咨询表”。

2. 专家入选标准

专家的选择标准直接影响到调查和分析结果是否具有代表性、可信度和可靠性，因此本次调查和咨询的专家的入选标准如下：一是具有代表性。专家咨询对象主要是与大病保险密切相关的政策制定者、政策执行者、政策研究者等不同主体，具体包括政府及其事业单位、高等院校、研究院所（中心）、医院和商业保险公司五个相关机构。二是具有权威性。主要体现在长期从事大病保险相关领域研究或管理工作，在该领域得到公认且具有权威性的知名专家。具备以下基本条件，如高校和研究所中具有副高及以上职称，政府及其事业单位中处级或以上职务，商业保险公司为分管大病保险业务的高管。三是具有学术影响力。从前述大病保险的文献计量分析结果中，筛选出在相关学术期刊发表大病保险相关论文数量多、影响力大的专家。另外，从大病保险相关领域出版的著作中筛选专家。四是具有可行性。在上述原则选择专家的基础上，还需要考虑调查咨询的可行性，依据实际情况剔除掉项目组认为不可能参与本次调研的专家。根据上述标准进行选择，除去重复部分，最终确定专家的调查咨询名单（见附录）。

3. 调研方式

本次调查采取的方式和步骤如下：第一，与选定的专家取得联系，提出本项目专家调查和咨询的请求；第二，通过电子邮件、微信等形式向选定的专家发送调查问卷；第三，按时回收调查问卷，如有关键问题或需要了解和补充的问题，及时与专家联系给予补充；第四，同时，辅之以专家的面对面访谈。有机会的前提下，对专家进行面对面专访，系统了解专家的看法、观点和建议。

（二）研究方法

（1）调查分析法。应用本项目研制的调查咨询问卷，通过电子邮件、微信或访谈的形式对选定的大病保险领域专家进行调查和咨询。通过调查和分析，了解专家对现行大病保险政策的看法、在政策实施过程中存在的主要问题、大病保险发展的趋势，以及大病保险政策的意见和建议。

（2）质性研究。通过调查和访谈等多种方式收集选定的专家对现行大病保险政策的意见和建议等资料，并对资料进行分析。质性研究资料的分析主要采用归纳分析法，在定性资料的基础上建立分析的类别，再根据相关检验得到充实完善并使之系统化。质性研究的目的是对被调查和咨询的专家个人的意见和建议进行解释性理解，并从专家角度理解他们对大病保险政策的现状、问题和发展的观点，经过归纳和总结，为大病保险政策的创新发展提供参考依据。

（3）统计分析法。应用 Excel 软件建立数据库，并录入每位被调查和咨询专家的调查问卷内容，使用 Stata13 统计软件采用常规统计方法进行描述性统计分析。

四、结果与分析

（一）专家基本情况分析

本次调查共邀请和咨询了 40 名国内大病保险相关领域的专家，通过电子邮件、微信等方式发放调查问卷。共有 38 位专家给予回复，问卷应答率为 95%，专家的应答问卷中，有效率为 100%。专家基本情况分析如下。

1. 年龄

38名被咨询的专家中，仅有一名专家年龄小于40岁（2.6%），专家年龄主要集中在50～59岁年龄段，占比为55.3%；其次为40～49岁年龄段，占比为31.6%；大于等于40岁37人，其中50岁及以上25人，占比65.8%（见表3－14）。

表3－14　　　　专家年龄分布

年龄	人数	百分比（%）
31～39岁	1	2.6
40～49岁	12	31.6
50～59岁	21	55.3
60岁以上	4	10.5
合计	38	100.0

2. 工作年限

在调查和咨询的38位专家中，从事相关研究与管理工作时间在5～10年的仅一位（2.6%），其中26位专家在医疗保障相关领域有超过20年的管理、研究经验，占比为68.4%。8位专家工作年限为16～20年，占比21.1%。在被访专家中，有89.5%的专家其相关工作年限在16年以上（见表3－15）。

表3－15　　　　专家工作年限分布

工作年限	人数	百分比（%）
5～10年	1	2.6
11～15年	3	7.9
16～20年	8	21.1
20年以上	26	68.4
合计	38	100.0

3. 专家来源

如表3－16所示，本次调查和咨询的专家来自大病保险政策中的主要的五个相关主体，其中，来自高校的专家最多，共有12人，占比为32.4%；第二为来自政府及其事业单位的专家，共11人占比为27.0%；第三为来自医院的专家，共8人占比为21.6%，来自研究院所（中心）和商业保险公司的专家占比分别为13.5%和5.4%。

表 3-16　　专家来源分布

专家来源	人数	比例（%）
高校	12	32.4
研究院所（中心）	5	13.5
政府及其事业单位	11	27.0
医院	8	21.6
商业保险公司	2	5.4
合计	38	100.0

4. 专家职称分布

38 位被咨询的专家中，拥有正高级职称的专家共 27 人，占比为 71.1%，拥有副高级职称专家 4 人，占比为 10.5%。来自政府及其事业单位的 7 位专家为处级以上领导，在职称的选项中以“其他”来表示（见表 3-17）。

表 3-17　　专家职称分布

专家职称	人数	比例（%）
副高级	4	10.5
正高级	27	71.1
其他	7	18.4
合计	38	100.0

5. 专家研究领域

本次调查和咨询的 38 位专家的研究领域，主要包括医疗保障、卫生政策、卫生经济学、卫生事业管理等与卫生政策密切相关的领域，同时部分专家的研究领域涉及医院管理、医学技术评估、临床医院、老龄化和养老服务等。专家的研究领域可以多项选择，因此专家选择频次最高的是医疗保障领域，达 25 人次，研究领域选卫生政策的频次为 20 人次，选卫生经济学和卫生事业管理的均为 19 人次（见表 3-18）。

表 3-18　　专家研究领域分布

研究领域	频次（人次）	响应百分比（%）
医疗保障	25	30.1
卫生政策	20	24.1

续表

研究领域	频次（人次）	响应百分比（%）
卫生经济学	19	22.9
卫生事业管理	19	22.9
合计	82	100.0

通过上述分析可以看出，本次调研的专家涵盖了大病保险的政策制定（政府及其事业部门）、政策执行（医院以及商业保险公司）以及政策研究（高校、研究院所）等不同的主体，多数工作或研究时间在20年以上，且拥有高级职称或处级以上职务。专家们的研究领域包括医疗保障、卫生事业管理、卫生政策、卫生经济学等不同方面，受到其所在领域同行的广泛认可。因此，专家的意见和建议基本代表了学界以及政策制定、执行等部门的观点和态度。总体上而言，本次调研具备较高的代表性，专家们对大病保险的现状、存在问题和发展趋势等的判断、意见和建议，具有重要的理论指导意义和实际参考价值。

（二）专家对大病保险政策效果的总体评价

从专家对当前大病保险政策实施效果的总体评价来看，专家的评价结果具有集中趋势，评价总体趋于肯定，均认为该政策发挥了一定的作用。专家普遍认为，当前大病保险政策降低了参保的大病患者医疗经济负担，但是在解决“因病致贫、因病返贫”问题上效果并不明显。55.3%的专家认为，当前大病保险政策在很大程度上降低了大病患者的医疗支出压力，部分缓解了“因病致贫、因病返贫”。其余44.7%的专家则认为，当前大病保险政策在一定程度上降低了大病患者医疗支出压力，但是在缓解“因病致贫、因病返贫”问题上效果并不明显（见表3－19）。

表3－19　　专家对大病保险政策实施效果的评价

总体评价	频次	百分比（%）
A完全消除大病支出压力，解决“因病返贫、因病致贫”问题	0	0
B几乎消除大病支出压力，有效缓解“因病返贫、因病致贫”问题	0	0
C很大程度上降低大病支出压力，部分缓解“因病返贫、因病致贫”问题	21	55.3

续表

总体评价	频次	百分比（%）
D 一定程度上降低大病支出压力，但在缓解“因病返贫、因病致贫”问题上效果并不明显	17	44.7
E 降低大病支出压力与缓解“因病返贫、因病致贫”上均不明显	0	0

（三）当前大病保险政策存在的问题

1. 政策设计存在的问题

从大病保险政策设计层面来看，存在的问题主要包括：大病保险制度属性与定位模糊、相关政策体系和法规不健全、大病保险政策目标不清晰、政策规定过于笼统缺乏指引性，以及大病保险保障范围不明确等。超过一半的专家认为，当前大病保险政策的制度属性、定位模糊（累计占比为57.9%），相关的政策法规体系不健全（累计占比为52.6%）。专家认为大病保险在政策设计层面存在政策目标不清晰、政策规定过于笼统缺乏指引性等的累计占比达到36.8%，专家认为当前大病保险政策的保障范围不明确的累计占比为31.6%（见表3－20）。

表3－20　　大病保险在政策设计层面存在的问题

存在的问题	频次	累计占比（%）
制度属性与定位模糊	22	57.9
政策体系、法规不健全	20	52.6
政策目标不清晰	14	36.8
政策规定过于笼统缺乏指引性	14	36.8
保障范围不明确	12	31.6

注：存在问题可以多项选择，统计累计频数百分比。

2. 政策执行中存在的不足

从大病保险政策执行层面来看，存在的不足主要包括：“大病”概念界定标准混乱、商业保险公司（经办）优势未能充分发挥、筹资方式单一、制度可持续性较差、政府与市场的风险责任归属不明、统筹层次过低，风险分担机制发挥不充分、基金运行缺乏安全性与稳定性、保障水平较低且保障范围较小，以及宣传有待加强等。专家认为政策执行过程中，“大病”概念界定标准混乱的累计占比最高，达到71.1%。其次，专家认为商业保险公司在经办大病保险业务时未能充分发挥其优势的累计占比为65.8%。再次，专家认为当前大病保险筹资方式单一、制度可持续性较差的累计占比达到63.2%。同时，政府与市场的风险责任归属以及大病保险的统筹层次、风险分担机制等问题亦受到多数专家的关注。具体如表3－21所示。

表3－21　　　　大病保险政策执行中存在的不足

不足	频次	累计占比（%）
“大病”概念界定标准混乱	27	71.1
商业保险公司（经办）优势未能充分发挥	25	65.8
筹资方式单一、制度可持续性较差	24	63.2
政府与市场的风险责任归属不明	23	60.5
统筹层次过低，风险分担机制发挥不充分	21	55.3
基金运行缺乏安全性与稳定性	12	31.6
保障水平较低且保障范围较小	10	26.3
宣传有待加强	6	15.8

注：存在问题可以多项选择，统计累计频数百分比。

（四）专家对大病保险相关问题的观点

1.“大病”的内涵

如上所述，专家认为当前大病保险政策中最为突出的问题是大病概念的界定标准混乱。在“大病”的内涵方面，得到专家认同的主要观点是，大病应该是高费用的疾病、危急重症疾病、慢性危重疾病，以及需紧急抢救的疾病。其中，累计占比达到88.9%的专家认为，大病应当是高费用的疾病。累计占比55.6%的专家认为危急重症疾病，尤其是慢性危重疾病应该称为大病。同时，有累计占比27.8%的专家认为需紧急抢救的疾病属于“大病”范畴。

何为“大病”、特定病种抑或是高昂治疗费用的疾病？在大病保险的实践中并未取得共识。但从专家对大病的认知总体性评价可以看出，首先治疗费用高昂的疾病受到专家的普遍认可，其次则是疾病本身应当是慢性疾病的危重病人。此外，有部分专家从公平性角度认为，宜用就医负担的经济指标衡量（界定）大病，而非简单的高昂医疗费用。总体上而言，大病应当具备两方面的属性，一是疾病诊治需要高昂的医疗费用，二是疾病严重程度高，对健康造成大的威胁。具体如表3－22所示。

表 3－22　专家关于“大病”内涵的看法

关于“大病”内涵的看法	频次	累计占比（%）
高费用的疾病	32	88.9
危急重症疾病	20	55.6
慢性危重疾病	20	55.6
需紧急抢救的疾病	10	27.8

注：存在问题可以多项选择，统计累计频数百分比。

2. 大病保险中大病保障范围

表 3－23 显示专家关于大病保险范围的观点。可以看出，50% 专家认为应当以病种与费用相结合的方式来确定大病保险政策内“大病”的概念即以此标准来界定政策的保障范围，26.5% 的专家认为应当以具体的医疗费用来确定。相对而言，国际通行的以家庭卫生经济负担为衡量标准的灾难性卫生支出的方式并未获得普遍共识，仅占比 8.8%。

表 3－23　专家关于大病保险范围的观点

观点	频次	百分比（%）
根据医疗费用	9	23.7
根据病种	3	7.9
病种与费用相结合	19	50.0
根据家庭支出结构（灾难性卫生支出）	3	10.5
合计	38	100.0

3. 大病保险的定位和规范

就大病保险的定位而言，63.2% 的专家认为应当将大病保险定位成基本大病保险，这也是当前我国城乡居民大病医疗保险的基本定位，即基本医疗保险的拓展和延伸。值得注意的是，有 36.8% 的专家持不同意见，认为大病保险不应局限在基本医疗保险中，因为基本大病保险的保障能力和保障水平是有限的，应当形成多元化的大病保险体系。在赞同将当前大病保险定位成基本大病保险的专家中，83.3% 的专家认为大病保险应当遵守基本诊疗、基本用药和基本医疗服务价格规范等基本医保规范来治疗大病。16.7% 的专家认为，大病医疗服务的提供可根据实际情况，突破基本医疗保险的规范，使参保的大病患者能够减轻医疗经济负担，获得更多的补偿（见表 3－24）。

表 3-24　　专家对大病保险定位及其操作规范的看法

定位和规范		频次	百分比（%）
是否基本医疗保险	是	24	63.2
	否	14	36.8
是否按照基本医保规范	是	20	83.3
	否	4	16.7

4. 商业保险公司经办大病保险业务

关于大病保险经办问题，60.5%专家认为商业保险机构经办大病保险业务较为合适。理由主要有两个方面，一方面可以利用商业大病保险机构的专业管理能力、服务网点以及精算能力，提升大病保险业务的服务效率。另一方面，弥补当前医保经办部门人员不足以及专业性不够强的问题，提高政府公共事务的管理水平。在此基础上，可以降低管理成本，提高资金的使用效率。但是专家中也有不同意见，有34.2%的专家认为当前大病保险的经办业务交由商业保险公司负责并不合适。从大病保险的制度属性以及具体操作实践两个方面来看，大病保险是基本医疗保险的一部分，本质上属于政府举办的社会保险，与商业保险有着本质的区别，商业保险公司的盈利动机与社保所追求的价值目标不同。此外，商业保险公司在大病保险政策当中，仅仅作为"出纳"角色，未能深度地参与经费使用的控制之中，所能发挥的作用极其有限，所以商业保险公司经办大病保险业务不可取。此外，部分学者认为，当前大病保险的制度属性不明、定位不清，所以无法评判商保经办是否合适。具体见表 3-25。

表 3-25　　专家对商保经办大病保险业务的看法

对商保经办大病保险业务的观点	频次	百分比（%）
合适	23	60.5
不合适	13	34.2
无法回答	2	5.3
合计	38	100.0

5. 大病保险统筹

当前我国的大病保险是指城乡居民大病保险，而真正意义上的城镇职工大病保险制度尚未形成。63.2%的专家认为，可将城镇职工纳入到城乡居民大病保险，进行统筹保障。主要的理由包括两个方面：一方面，城乡居民大病保险已经运行多年，保障经验较为丰富，统筹保障免去制度试错成本，且可以拓宽资金来源渠道，提高基金抗风险能力；另一方面，统筹保障有利于提供公平、正义，同时推动基本医疗保险的整合发展。但是，在被调查咨询的专家中，有28.9%的专家认为应该单独设立职工大病保险制度，这是因为目前城镇职工基本医疗保险与城乡居民基本医疗保险在筹资方式、筹资水平、保障范围和保障能力等方面存在较大差异，而源于基本医疗保险的大病保险制度也存在相应的差别，因此，从权责相等的角度而言，不应当统筹（见表3－26）。

表3－26　　专家对大病保险统筹的看法

对大病保险统筹的看法	频次	百分比（%）
纳入城乡居民大病保险	24	63.2
单独设立职工大病保险	11	28.9
无法回答	3	7.9
合计	38	100.0

（五）大病保险未来发展方向

在我国大病保险未来应当实现怎样的保障水平或者发展方向的问题上，52.6%的专家认为应当采取患者医疗保险费用自付费封顶的方式，29.0%的专家认为应当采取患者支付固定比例的方式，来切实降低大病患者的医疗支出负担。18.4%的专家认为基本全免、固定比例支付抑或者自付费封顶等方式均不适用于我国（见表3－27）。这些专家提出未来大病保险发展方向主要包括以下几个方面：一是在报销比例方面应当根据个人收支情况，向医疗费用负担重的人群倾斜；二是在制定大病病种诊疗规范、报销范围及标准的基础上，设置起付线、补偿比例和封顶线比例的合理组合，以实现大病保险的目标；三是构建多层次保障体系，其中基本医保全免，补充医保按比例报销的方式较为适合我国国情。

表3－27　　专家对我国大病保险未来发展方向的看法

对大病保险未来发展方向的看法	频次	百分比（%）
自付费封顶	20	52.6
固定比例支付	11	29.0
基本全免	0	0
其他	7	18.4
合计	38	100.0

（六）专家意见的比较分析

通过上述分析可以看出，专家们对于当前大病保险实施情况有着较为一致的看法。但在某些具体问题上，不同领域的专家以及同领域内专家的观点却有着较大的差异，如大病保险政策实施的总体效果、商业保险经办的合理性等。为更加完整而全面地呈现专家们的意见和建议，减少和调整选择性偏移，需要深入分析不同领域专家们观点的差异及其内在原因。

1. 大病保险政策实施效果评价的比较

《指导意见》与《实施意见》两份政策文件明确指出，城乡居民大病保险要力争避免大病患者家庭发生灾难性卫生支出，切实避免因病致贫、因病返贫问题，然而在评价政策整体成效时，不同领域专家的观点却有着较大的差异。政府及其事业部门、商业保险公司以及医院对于大病保险政策效果的正向评价明显多于高校、研究院所等学术研究机构。从利益相关角度分析，出现此种情况的原因主要是政府部门、商业保险公司以及医院作为大病保险政策的直接参与者，或为直接、间接参与政策制定或参与政策的执行，难以脱离政策场景进行独立的评价，同时作为政策参与主体，对于一个政策的评价有着其内部的评价指标和体系。相对而言，高校以及研究院所并非大病保险政策的直接参与主体，能够从第三方的视角进行分析和评价，更加侧重于普通民众在政策推进过程中的获得感与收益。不同主体间的角色以及评判视角的差异，导致同一政策的效果评价有所不同，难以避免（见表3-28）。

表3-28　不同类型专家对大病保险总体评价的分布差异

单位属性	总体评价		小计
	C	D	
高校	5	7	12
研究院所（中心）	1	4	5
政府部门及其事业单位	8	3	11
商业保险公司	2	0	2
医院	5	3	8
合计	21	17	38

注：C表示很大程度上降低大病支出压力，部分缓解“因病返贫、因病致贫”问题。

D表示一定程度上降低大病支出压力，但在缓解“因病返贫、因病致贫”问题上效果并不明显。

从政策实施角度而言，一个政策是否能够实现其预期目标，受到诸多因素的影响。如政策资源投入、执行主体内部协调以及相关监督机制的设置等，任何因素的变化都可能造成政策目标的偏差。在大病保险这一政策中，制度定位、大病的概念、筹资、统筹、政府与市场之间关系等均会对政策的实施以及效果产生重要影响。政府部门、医院、商业公司在相关机制设置不明确以及经费有限的情况下推进大病保险政策，其评价政策实施效果必然更加侧重于条件限制下的政策绩效。然而高校、研究院所等则更多地从实际效果、国外情况以及理论视角或理想状态来评判政策实施效果，因此，对于大病保险的具体成效的评判存在差异。

2. 大病保险商保经办评价的比较

在对商业保险公司经办大病保险业务是否合适这一问题的评判上，不同领域专家意见分歧较大。政府、商业保险公司及研究院所的绝大多数专家持肯定态度，然而来自高校、医院等领域的专家们的态度则是支持与反对持平。从资源整合角度来说，来自政府及其事业单位的专家支持商业保险公司承办大病保险业务，更多的是希望通过引入商业保险公司的力量，利用这一主体在保险方面的资源以及优势，弥补当前医保经办人才不足以及管理机制落后的情况。同时通过引入竞争的方式，提升服务效率，倒逼医保体系改革。而商业保险公司在这一政策支持下，一方面增加了业务范围，拓宽了营收来源渠道。另一方面则可以通过优质的服务影响民众，提升品牌的知名度，为后续的健康保险业务开展积累资源。在利益的驱动下，商业保险公司必然会支持当前大病保险模式。高校以及医院两个主体在这一问题上的内部分歧，则从三个方面来解释，一是商业保险经办大病保险的合理性缺乏理论依据。当前大病保险被定性为基本医疗保险的延伸，从理论上而言，依然属于社会保险范畴，商业保险公司所经办业务则是商业保险，社会保险由商业保险公司承办理论上缺乏合理性。二是价值目标不同。商业保险公司作为营利性企业，其追求的是利益的最大化。而大病保险期望的则是受众利益的最大化，两者在价值目标上明显对立，容易产生利益冲突。三是商业保险承办大病保险业务，为控制医疗费用，极有可能会介入医院的医疗行为，限制医院在经费使用上的自由度，医院营收会受到一定程度上的影响，故部分专家不赞同商业保险公司承办大病保险业务（见表3-29）。

表3-29　　不同类型专家对商保经办大病保险的看法

单位属性	商保经办是否合适		小计
	合适	不合适	
高校	6	6	12
研究院所（中心）	4	1	5

续表

单位属性	商保经办是否合适		小计
	合适	不合适	
政府部门及其事业单位	8	3	11
商业保险公司	2	0	2
医院	4	4	8
合计	23	13	36

3. 大病保险发展趋势判断的比较

关于我国大病保险发展方向问题，来自政府、高校的绝大部分专家倾向于自付费封顶，医疗机构的专家更加倾向于固定支付比例这一模式，而研究院所与商业保险公司的专家对于以上两种模式并没有明显的区别。因此，本报告认为主要有两方面原因，第一，高校专家对于医疗保障的国际发展趋势以及相关理论有着较为密切的观察和研究，而且德国、日本等国家的实践也证明，此种方式对于减轻患者医疗负担效果较为明显。而政府之所以认可这一模式，很大程度上是政府职能的体现以及对未来医疗保障事业的发展憧憬，亦是政策所期待的未来。第二，从医院视角，固定支付比例的方式可以有效控制医疗成本支出，同时缓解道德逆风险问题，推进价值医疗服务。此外，来自商业保险公司以及研究院所的专家人数相对较少也是影响其观点分布差异不明显的重要原因（见表3-30）。

表3-30　　不同类型专家对我国大病保险发展方向的看法

单位属性	大病保险发展方向		合计
	固定支付比例	自付费封顶	
高校	3	6	9
研究院所（中心）	2	2	4
政府部门及其事业单位	1	9	11
商业保险公司	1	1	2
医院	4	2	6
合计	11	20	31

4. 大病保险统筹发展观点的比较

在大病保险发展方向中的另一重要内容即职工大病保险发展模式问题，如前文所言，多数专家认为可利用城乡居民大病保险的成功经验和模式，针对城镇职工大病医疗风险问题，可并入城乡居民大病医保，进行统筹保障。由此可以看出，学界以及政府等部门普遍认同医疗体系的整合发展这一理念。此外，通过职工大病医保与城乡居民大病医保统筹发展的模式，可以加快城镇职工基本医保与城乡居民基本医保两个独立的保障体系之间的融合，逐渐改变医疗保障体系碎片化的现状（见表3-31）。

表3-31　　不同类型专家对大病保险统筹发展观点的比较

单位属性	职工大病保险发展模式选择		小计
	单独设立	并入城乡大病险	
高校	3	7	10
研究院所（中心）	1	4	5
政府部门及其事业单位	3	7	10
商业保险公司	0	2	2
医院	4	4	8
合计	11	24	35

注：专家中有3人选择无法回答。

（七）典型专家的个案

尽管选择调查咨询的专家均为大病保险相关领域的知名专家，但是来自不同部门或机构的专家在分析大病保险问题的角度、提出的意见和建议等方面具有明显的特点，均与其工作性质相关。上述不同类型专家对大病保险的看法和观点的比较分析，比较的主要是调查问卷中结构性、客观性条目，而调查问卷中开放式、主观性的问题的看法和观点，则需要通过典型专家的个案分析来体现。个案分析的主要内容有二：一是专家对现行大病保险迫切需要解决的问题，以及解决问题的思路和措施的看法；二是专家对我国大病保险模式的选择和需要具备的条件的观点。选择的典型专家分别来自政府部门、学术研究机构、医疗机构和商业保险公司。

1. 高校和研究机构专家个案

专家A1。“您认为当前我国大病保险迫切需要解决的问题是什么？解决问题的主要思路和措施有哪些？”的回答主要包括以下几个方面：一是统一封顶线的制定标准。建议大病保险设置个人支付封顶线，且封顶线要有统一标准；二是鼓励发展大病商业保险，要为大病商业医疗保险发展留有足够的空间；三是加强信息共享，为商业保险公司充分提供有关疾病和医疗费用的统计信息，以便更好地进行保险费用精算；四是降低商业医疗保险的管理费用，并使其拥有合理的利润，使商业医疗保险能取信于民；五是大病保险多元化发展，设计多种商业医疗保险产品。“您认为什么样的大病保险模式较为适合我国？实现该模式应该具备的必要条件有哪些？”的主要观点：一是保守性的住院津贴型商业保险；二是有条件的地区可建立商业风险性大病保险；三是建立不同疾病病种的商业医疗保险（如肿瘤、罕见病）。

专家A2。“您认为当前我国大病保险迫切需要解决的问题是什么？解决问题的主要思路和措施有哪些？”主要观点：现行大病保险最主要、最迫切需要解决的问题是厘清大病保险的属性，属性不清楚方向就不明确，只有大病保险属性厘清后才能在筹资渠道、保障对象、保障范围等方面有清晰的政策设计思路。“您认为什么样的大病保险模式较为适合我国？实现该模式应该具备的必要条件有哪些？”主要观点：适合我国的大病保险模式是“基本大病保险+高端大病保险”，其中，基本大病保险应该由医保局经办，更加注重和体现公平性，而高端大病保险应该由商业医疗保险公司经办，更注重满足多层次的健康需求。

专家A3。“您认为当前我国大病保险迫切需要解决的问题是什么？解决问题的主要思路和措施有哪些？”主要观点：迫切需要解决的问题是要清晰界定政府在医疗保障领域的基本职责，重新设计基本医疗保障制度，明确将医疗费用高的“大病”作为基本医疗保障制度的基本职责。“您认为什么样的大病保险模式较为适合我国？实现该模式应该具备的必要条件有哪些？”主要观点：医疗费用高的“大病”本就应该全部纳入基本医疗保障制度（基本医疗保险和医疗救助）的保障范围之内。应该取消现行城乡居民大病保险这个“怪胎”。

专家A4。“您认为当前我国大病保险迫切需要解决的问题是什么？解决问题的主要思路和措施有哪些？”主要观点：迫切需要解决的问题有二，一是大病保险责任分担的确认问题。在此基础上决定是政府主导（纳入城乡居民大病保险统一机制，结合收入认定等），还是社会主导（第三方部门或商业保险公司根据政府政策按照险种设计方法进行管理）。二是大病保险的目标要清晰明确。如果是在基本医疗保险制度内实施大病保险，则要从控费角度设计支付方式。如果以减缓因病致贫为主，则要由自付费封顶等设计，或者是针对不同人群实行不同支付方式，以及结合收入调查等其他方式。而且，还可以和现行的税收抵扣政策相结合。“您认为什么样的大病保险模式较为适合我国？实现该模式应该具备的必要条件有哪些？”主要观点包括以下几个方面：一是适合目前国情的应该没有统一模式，因地制宜，因时而变。二是建立理想目标。对病人而言，发生时有制度机制和政策保证有钱看病，发生后有机制针对家庭情况进行减免，并维持有序保障。对服务机构而言，既能规范行事，合理得到补偿，又符合疾病治疗的基本有效性。三是现实目标只能降低，较公正公平地适当减缓大部分人群的大病经济风险，对特殊困难人群和家庭又有叠加的补偿。

专家 A5。“您认为当前我国大病保险迫切需要解决的问题是什么？解决问题的主要思路和措施有哪些？”迫切需要解决的问题包括以下几个方面：一是明确保障范围，实施基本大病保险；二是提升筹资和保障水平；三是对低收入大病人群重点关注，雪中送炭。解决方法主要靠制度完善和落实；靠政府加大对基本大病保险的投入，同时按照大数法则提升筹资层次；鼓励和吸收社会慈善对大病救助的捐赠；加强结保核算，实行自付封顶。“您认为什么样的大病保险模式较为适合我国？实现该模式应该具备的必要条件有哪些？”主要观点：分担式基本大病保险模式比较适合仍处于社会主义初级阶段的 14 亿人口大国，加上我国医保制度建立不久，仍处于健全完善阶段，必须依靠政府、社会和个人共同分担大病付费风险。重视基本大病保险制度建立和完善，在筹资方式、水平和保障水平方面要量力而行，循序渐进。要结合 DRGs 的实行，基本大病分类、临床路径和结算有章可循，保险费用基本可控。

专家 A6。“您认为当前我国大病保险迫切需要解决的问题是什么？解决问题的主要思路和措施有哪些？”和“您认为什么样的大病保险模式较为适合我国？实现该模式应该具备的必要条件有哪些？”的主要观点：大病保险制度定位不清晰，缺乏独立的筹资来源，属于“拆东墙、补西墙”的做法。长期来看，解决大病保障的根本出路是提高基本医疗保险的筹资和保障水平，建立全人群的兜底保障机制，限定自付比例和自付费用。前提条件是遵循“保基本”原则，实施预付制改革，提高基金使用效率。短期内，应通过强化医疗救助制度，对弱势人群采取倾斜保障政策；鼓励一般人群采取相互保险、商业保险等补充保险方式化解大病风险。

专家 A7。“您认为当前我国大病保险迫切需要解决的问题是什么？解决问题的主要思路和措施有哪些？”迫切需要解决的问题包括以下几个方面：一是经办机构和基本医保管理机构之间筹资水平确定依据缺乏，谈判协商机制不健全。二是大病保险保障范围较窄，限于基本医保可报销费用。解决措施：完善筹资水平测算方法，明确双方职责；结合大病医疗需求特点，适当拓展可报销范围。“您认为什么样的大病保险模式较为适合我国？实现该模式应该具备的必要条件有哪些？”主要观点：大病保险提高起付线，按比例报销，拓展报销范围，按费用界定大病，大病医疗救助作为补充。需要具备的条件：公立医院改革、分级诊疗、支付方式改革、拓展大病保险筹资来源。

专家 A8。“您认为当前我国大病保险迫切需要解决的问题是什么？解决问题的主要思路和措施有哪些？”主要观点：明确大病保险需要解决的大病大额基本医疗费用的额度问题，主要思路是尽快明确基本医疗范畴，分析一定统筹层次的基本医疗费用构成，测算不同自付费用封顶线以上的基本医疗费用总额，并分析其合理性和变化趋势，然后“用数据说话”采取相关措施。“您认为什么样的大病保险模式较为适合我国？实现该模式应该具备的必要条件有哪些？”主要观点：商业保险公司承接超过自付封顶线的“大病大额基本医疗费用”的模式，实现这个模式需要医保局与商业保险公司合作，各司其职，政府医保局主要负责封顶线以下（不会造成大部分家庭因病致贫的自付医疗费用）的基本医保相关工作，把封顶以上的工作委托给商业保险公司（各自都能在科学精算的基础上谈判）。

专家 A9。“您认为当前我国大病保险迫切需要解决的问题是什么？解决问题的主要思路和措施有哪些？”主要观点：迫切需要解决一些基本性问题，比如大病概念如何界定、大病保险与基本医保之间的关系等；解决思路和措施，基于全局明确大病保险在整个制度设计中的地位和功能，因地制宜允许统筹地区自主决定是否引入上报机构经办。“您认为什么样的大病保险模式较为适合我国？实现该模式应该具备的必要条件有哪些？”主要观点：实行病种和费用相结合的大病保险模式，属于保障参保者基本生活必需的医疗费用支出应由基本医保和大病保险解决，其他不同层次的需求由商业保险公司解决。具备的必要条件：制度完善、体制健全、信息平台健全等。

专家 A10。“您认为当前我国大病保险迫切需要解决的问题是什么？解决问题的主要思路和措施有哪些？”主要观点：第一，大病的界定。现在仍然有争议。病种标准和费用标准相互冲突。建议将二者结合起来，与按病种付费、DRGs 等相结合。第二，制度安排上的冲突仍然没有解决。不论是职工医保还是居民医保，本就是大病保险。现在新建一个大病保险，但没有解决二者之间的冲突。“您认为什么样的大病保险模式较为适合我国？实现该模式应该具备的必要条件有哪些？”主要观点：职工医保和居民医保功能要回到大病上来，落实好保基本的责任。高额医疗费用支出，应通过大力发展商业保险的办法来解决。商业保险公司，不仅是承办，而且要设计大病保险的品种。通过商业保险的模式来满足高额医疗费用的保障。其次，要大力发展各种形式的医疗互助组织和慈善组织，建立第三部门的大病保障体系。不能将所有的保障职能都压到基本医保上，这与我国构建多层次的医疗保障体系的目标相冲突。

专家 A11。“您认为当前我国大病保险迫切需要解决的问题是什么？解决问题的主要思路和措施有哪些？”主要观点：第一，基本保险和大病保险的信息连续性，统一管理；第二，通过支付方式改革，控制不合理的费用增长；第三，放开目录管理，提高创新药物和治疗手段的可及性；第四，通过全流程大数据管理，医疗费用和质量监管到位；第五，自付费封顶，防止目录外药品和耗材的不合理使用。“您认为什么样的大病保险模式较为适合我国？实现该模式应该具备的必要条件有哪些？”主要观点：一是根据不同疾病的治疗预后区别对待；二是费用明确且治疗有效的按人头支付；三是费用昂贵疗效不确定的按疗效和价值支付，自付费封顶，既防范家庭风险又防范基金风险。

2. 政府部门专家个案

专家B1。“您认为当前我国大病保险迫切需要解决的问题是什么？解决问题的主要思路和措施有哪些?”主要观点：当前大病保险迫切需要解决的问题是统筹层次有较大差别，因此保障能力和保障水平还不高。解决的思路和方法是，省级及以上统筹基金管理；省级及以上财政托底，统一并适当扩大病种、制定医保支付标准和个人付费封顶制度。“您认为什么样的大病保险模式较为适合我国?实现该模式应该具备的必要条件有哪些?”主要观点：以基本医保为基础、补充商业保险为补充；以公共资金（医保与财政投入）为主体、个人少量自付；借鉴或引入商业保险理赔监管服务；兼顾病种与自付费用，以病种为主，防止因病致贫与过度医疗。

专家B2。“您认为当前我国大病保险迫切需要解决的问题是什么？解决问题的主要思路和措施有哪些?”主要观点包括以下几个方面：一是筹资水平要不断提高，企业及个人应承担相应的义务；二是宣传教育要广泛，让居民了解大病医保的内容、保障范围及应承担的义务；三是管理要规范，操作要透明，选择承保的公司要合规。“您认为什么样的大病保险模式较为适合我国？实现该模式应该具备的必要条件有哪些?”主要观点：经济发达地区，医保结余就可覆盖大病保险，医保结余不够的地区，还需筹资一定的资金，需要企业及个人承担部分，以政府主导为主，市场购买为辅。

专家B3。“您认为当前我国大病保险迫切需要解决的问题是什么？解决问题的主要思路和措施有哪些?”迫切需要解决的问题主要包括以下几个方面：一是界定大病保险中“大病”的范畴和分类；二是明确筹资种类、途径和方式；三是大病保险支付的规制和技术方法；四是服务和监督管理机制及社会法治宣传等一系列问题。解决思路和方法：目前已经有了很好的探索和基础，可不断借鉴国际先进经验，从国家政策设计—地方操作保障—社会融入、个人参与等多层面、多渠道共同形成适合我国国情的、较为完善的大病保险制度和体系。进一步明确大病保险是我国基本医疗保障体系的重要组成；不断完善“政府托底，社会保障，商业保险”相融合的运作方法；加强过程监管，提高服务质量和水平；强化政策宣传舆论引导，营造良好社会氛围等。“您认为什么样的大病保险模式较为适合我国？实现该模式应该具备的必要条件有哪些?”主要观点：我国大病保险制度是全民医疗保障和医保制度的重要组成，作为基本医疗保障的补充和延伸，大病保险模式必须坚持政府主导、以人为本、统筹协调、保障大（重、特、大）病为原则和目标，有效解决居民“灾难性医疗支出”经济负担和风险，着力维护人民群众的健康权益。完善的大病保险模式的建议：一是强化政府责任和统筹；二是完善部门协调配合和服务；三是加强专业技术指导和管理；四是纳入社会监督和市场参与等。

专家 B4。“您认为当前我国大病保险迫切需要解决的问题是什么？解决问题的主要思路和措施有哪些？”主要观点：当前迫切需要解决“因病返贫、因病致贫”问题。解决思路注重考虑两个方面：一方面是多渠道筹资，将体检作为法定行为，早发现、早治疗；另一方面是开展全民健身运动，提倡健康生活方式，保护环境，减少致病因素。“您认为什么样的大病保险模式较为适合我国？实现该模式应该具备的必要条件有哪些？”主要观点：锁定参保人负担水平，尤其是困难人群，避免参保人“因病返贫、因病致贫”，更不能让参保人因病赤贫。

专家 B5。“您认为当前我国大病保险迫切需要解决的问题是什么？解决问题的主要思路和措施有哪些？”主要观点：提高风险金规模和统筹管理层级如尽快提到省级管理，加强基金调剂能力和互助抗风险能力，促进公平。“您认为什么样的大病保险模式较为适合我国？实现该模式应该具备的必要条件有哪些？”主要观点：大病保险应当统筹管理，不宜在地市级以下经办，大病保险应当规定个人付费的上限，而不是规定报销标准以上的费用由个人承担。

专家 B6。“您认为当前我国大病保险迫切需要解决的问题是什么？解决问题的主要思路和措施有哪些？”主要观点：一是保障公平。各省市发展水平差异太大，保障水平也参差不齐。需要确定一个合理的大病保障水平，国家对欠发达地区予以专项转移支付。二是资金筹措。目前大病保障水平还不够，没有有效缓解因病致贫问题。仅靠基本医疗保险基金是不够的，必须多方筹资。“您认为什么样的大病保险模式较为适合我国？实现该模式应该具备的必要条件有哪些？”主要观点：模式不重要，关键在于如何实现筹资的多元化，如何提高保障水平。

专家 B7。“您认为当前我国大病保险迫切需要解决的问题是什么？解决问题的主要思路和措施有哪些？”迫切需要解决的问题：筹资方式单一、统筹层级较低、未发挥商业保险机构优势。解决的思路和措施：扩大大病保险资金筹资渠道；提高统筹层次，厘清政府与市场的风险责任归属；发挥商业保险机构在数据挖掘、风险控制、智慧经办、医疗服务管理等领域专业优势，形成保障合力。“您认为什么样的大病保险模式较为适合我国？实现该模式应该具备的必要条件有哪些？”主要观点：统筹职工、居民大病保险，政府主管，社会保险机构通过业务经办实施社会监督，政府、个人和保险机构风险共担的保险模式。具备的必要条件：一是合理的筹资渠道和筹资水平；二是较高的统筹层级；三是发挥经办商业保险机构专业优势；四是规范的病种及诊疗价格。

专家 B8。“您认为当前我国大病保险迫切需要解决的问题是什么？解决问题的主要思路和措施有哪些？”主要观点：解决大病病种界定以及大病治疗路径不清晰的问题，通过明确大病保障边界，规范大病治疗路径，从而设定合理的支付政策。“您认为什么样的大病保险模式较为适合我国？实现该模式应该具备的必要条件有哪些？”主要观点：大病保险模式要从顶层设计，明确保险与保障的关系，建立起以基本保险为支撑、救济为托底，商保为补充的框架。解决参保人员因生大病而造成的过高经济负担。关键在于，根据国情，有清晰的制度模式设计，让各地探索有效的实现路径。

3. 医疗机构专家个案

专家 C1。“您认为当前我国大病保险迫切需要解决的问题是什么？解决问题的主要思路和措施有哪些？”迫切需要解决的问题主要包括以下几个方面：一是大病病种目录的确定；二是大病保险资金的筹措问题；三是大病保险报销制度的完善；四是需要商业医疗保险的介入。而相应的解决思路和措施主要包括：一是根据病种及医疗费用的情况，列出所有病种，根据实际情况进行选择并确定大病病种目录；二是通过大病补充医疗保险的形式进行大病保险资金的筹措；三是通过严格审核费用，规范医院的行为，根据费用按比例报销，不断完善大病保险报销制度；四是使商业大病保险与大病补充医疗保险具有同等的竞争条件。“您认为什么样的大病保险模式较为适合我国？实现该模式应该具备的必要条件有哪些？”的主要观点：复合型的大病保险模式（既有职工的大病补充医疗保险，又有不同商业保险公司的大病保险）较为适合我国。该模式应该具备的必要条件是公平的筹资渠道和竞争环境。

专家 C2。“您认为当前我国大病保险迫切需要解决的问题是什么？解决问题的主要思路和措施有哪些？”主要观点包括以下几个方面：一是加强顶层设计，开展多渠道筹资，提高农村地区大病保险筹资水平和报销比例；二是除城镇基本保险外，商业大病保险的补充地位需要加强；三是引导有能力的高收入人群参加商业大病保险；四是加强商业保险的运营监管，保证多方共赢；五是加大宣传，引导医疗保险新理念。“您认为什么样的大病保险模式较为适合我国？实现该模式应该具备的必要条件有哪些？”主要观点：目前实行的城镇居民大病保险和农村地区的大病保险基本适合我国国情，在此基础上，应通过国家财政转移支付，逐步提高农村地区的保障水平，逐步缩小差别。

专家 C3。“您认为当前我国大病保险迫切需要解决的问题是什么？解决问题的主要思路和措施有哪些？”迫切需要解决的问题：一是全方位的公认的大病定义或认定标准；二是居民的健康投资与保险意识和交费；三是保障基金保额的测算与费率厘定；四是保费支付标准；五是参保人就医行为规范、医疗行为规范、医保支付规范。解决思路和措施：一是基础研究和大数据分析；二是立法立规；三是精细化系统化信息化智能化的监控、分析和管理，完善服务和管理规则；四是科学化的支付方式，如精细完善的DRGs付费系统等；五是公开透明的考核评价和奖惩机制。“您认为什么样的大病保险模式较为适合我国？实现该模式应该具备的必要条件有哪些？”模式：多层次保险+多层次、多途径保障+法制化的全方位（多部门协同）协调管理。措施：要解决对医疗保险政策措施、方式和付费标准研究论证不够，科学性不强问题。须采取全方位措施（同上）。

专家C4。“您认为当前我国大病保险迫切需要解决的问题是什么？解决问题的主要思路和措施有哪些？”主要观点：大病保险迫切需要的是其“兜底”的目的和作用，也就是从费用负担角度界定大病保险的疾病目录，以及患大病者因大病导致的“经济破产”困境，解决的方案是建立具有横向多元化、纵向补充性的大病保险制度。前者是鼓励商业保险等多元化筹资（覆盖经济收入好、抗疾病风险能力强的人群），后者包含基本医疗保险、大病医疗保险以及医疗救助等层次化、相互补充和衔接的大病保障内容。“您认为什么样的大病保险模式较为适合我国？实现该模式应该具备的必要条件有哪些？”主要观点：比较适合的方式为大病商业保险、大病医疗保险结合大病医疗救助形式，这主要是基于我国目前地区经济发展不平衡、人均收入差异较大的现实境况。这种模式分别覆盖经济水平高、经济水平一般和经济水平较低的人群，总体上抵御大病的疾病负担风险，同时“兜底”低收入人群的大病经济风险。关键是在实施医疗救助时，能够界定辨析低收入人群（甚至是以家庭为核算单位的低收入家庭），并确定差异化的救助比例，实现对低收入人群患大病时的“兜底”保障作用，避免因大病导致的个人乃至家庭的“经济破产现象”。

4. 商业保险机构专家个案

专家D1。“您认为当前我国大病保险迫切需要解决的问题是什么？解决问题的主要思路和措施有哪些？”迫切需要解决的主要问题：一是支撑大病保险可持续长远发展的基础薄弱，体现在经营结果上，大部分保险公司亏损经营，长远发展的动力不足；二是就整个行业而言，目前主要依赖调整政策（提高筹资水平）来实现“保本微利”，在医保基金面临巨大压力的情况下，这种盈利模式显然不可持续。解决问题的主要思路和措施：现阶段大病保险经营中面临的问题，其实是我国医疗保险所面临问题的局部体现，涉及政策、体制、机制、专业能力等层面。相应的，解决问题的措施也应该是综合的、全局性的。考虑到现实可操作性，下面谈几点建议：一是完善顶层设计，出台配套政策和制度，进一步确立商业保险公司的定位和职责边界。为商业保险公司深度参与“医改”和医疗费用控制提供政策和体制上的保证，加强商业保险公司在医保管理中的地位和作用，从

"二手出纳"的角色转变为协助医保局进行医疗费用的过程管控。二是完善大病保险筹资、定价、风险调节机制，确保可持续发展。三是在经办模式上，推动基本医保与大病保险经办的一体化衔接。大病保险本质上是基本医保的补充和延伸，大病保险的医疗风险只是"冰山一角"。由于系统和数据不共享，管理权不对等，目前两者运行和管理处于割裂状态，未形成统一体系，严重制约了商业保险公司的医保管理权利和能力。四是尽快出台医疗数据应用的法律文件，建立医疗数据应用体系和平台。目前，商业保险公司参与医疗费用控制的主要技术瓶颈在于医疗信息不对称。国家应加快推动医疗数据共享和应用的相关立法和体系建设。"您认为什么样的大病保险模式较为适合我国？实现该模式应该具备的必要条件有哪些？"主要观点：商业保险公司参与大病保险经办是我国政府转变社会治理方式、变革公共服务提供方式的一项创新性探索。经过几年的实践，已经摸索出基本的模式，取得了初步的成功，也积累了丰富的经验。下一步，应该在前期成果的基础上，进一步加快加大创新步伐，深化改革。一是模式。即商业保险公司对基本医保和大病保险进行一体化经办的模式。立足现实和发展要求，这是一种比较可行的方式。国家要加快推进保险业参与基本医保整体经办业务的步伐，将大病保险和基本医保一体化经办，明确路线图和时间表，促进保险公司长远规划、长期投入、专业化发展的积极性，改变目前医保管理中存在的"管而不控"的局面，保证基本医保和大病保险的稳健发展。二是必要条件。出台相关法律，确立经办者（商业保险公司）在医保管理、医疗费用控制中的法律地位。完善相关政策和制度，明确经办者（商业保险公司）的责、权、利，改善政策环境和经营环境。

专家 D2。"您认为当前我国大病保险迫切需要解决的问题是什么？解决问题的主要思路和措施有哪些？"迫切需要解决的主要问题：一是筹资水平和制度可持续的平稳问题；二是政府和商保间的双向调节机制尚不健全；三是存在一定程度的道德风险；四是基金统筹层次较低造成风险抵抗能力较差。解决问题的措施：一是制度融合，拓宽筹资渠道；二是配合医改发展，控制不合理的费用上涨；三是重视信息化建设，提高经办管理的能力。"您认为什么样的大病保险模式较为适合我国？实现该模式应该具备的必要条件有哪些？"主要观点：一是将大病医保融入基本医保，通过制度的融合解决医疗保障体系碎片化；二是大病医保具有融入基本医保的可能，无论从保障范围还是保险筹资来看，大病医保都是基本医保的补充和延伸，体现基本医保的大病保障功能；三是随着统筹层次、保障范围、保障水平、基本目录有所延展，制度间差异逐步缩小后，建立一体化的全民医保制度具有可能。

五、小结

通过上述专家调查和咨询的分析可以看出，专家们认为制定和实施大病保险政策具有必要性，并充分肯定在政府的高度关注和支持下进行的积极探索和实践，以及取得的成效。同时，专家们也认为，当前我国推行的大病保险政策在制度设计层面和政策实施层面均存在诸多问题和不足。如果这些问题得不到有效解决，那么将直接或间接影响政策的实施效果和政策的可持续发展。

从制度设计层面而言，专家们的意见体现在以下几个方面：首先是关于当前大病保险政策的法理依据问题。专家普遍认为当前大病保险体系与相关法律法规均不健全，在法理依据和制度的指导性方面存在不足。其次是关于当前大病保险的制度属性与定位问题。大病保险定位于基本医疗保险，是基本医疗保险的拓展和延伸，还是作为一项独立的制度定位于补充医疗保险，存在不同的观点，并未达成共识。三是关于当前大病保险的筹资和补偿问题。当前大病保险基金来自城乡居民基本医保基金中划出一定比例或额度，筹资渠道单一，资金有限，直接影响到保障能力和保障水平。同时，目前政策实行的补偿方式主要涉及大病保险的起付线、补偿范围、报销比例、封顶线等措施和手段，在补偿方式上意见不统一。各地大病保险补偿的能力和水平也不同。因此，在未来大病保险政策设计时，应当从大病保险体系和相关法律法规的建设、制度定位、筹资方式、补偿方式、运行方式等方面系统思考，促使大病保险体系不断改进和完善，强化制度的引领作用。

从政策实施层面而言，专家的主要建议体现在以下几个方面：首先，需要清晰而准确地界定“大病”概念。现阶段建议以医疗费用的方式来界定大病。实践经验表明，不论在操作性还是在结果方面，均产生了较好的成效。通过加大医疗费用的报销比例，让困难群众得到实惠。同时，避免大病概念的混乱、冲突与不统一，让政策能迅速发挥其应有的作用。其次，多方参与，专业运行，提升效率。在多方沟通、协商以及试点的基础上，合理划分大病保险业务中的责权关系，各方明确自身职责，引导商业保险机构积极介入医疗费用控制之中，发挥其专业优势，提升有限大病保险基金的使用效率。再次，在条件允许的情况下，进一步提高大病保险的统筹层次，在增加大病保险基金总额的同时，提高基金的抗风险能力与政策的可持续性。最后，在政策允许的范围内，建议尝试采取居民缴费的补充大病保险方式，扩大保障范围，提高保障水平，切实避免大病患者发生灾难性卫生支出，解决“因病致贫、因病返贫”的社会问题。

第三节　政府视角下的大病保险

政府是公共政策的制定者和决策者，同时承担公共政策的推进、监督管理和改革发展等职责。因此，所有对公共政策的相关研究都是为政府决策提供参考和依据。从政府视角分析大病保险，可以把握大病保险发展的方向、发展的程度和发展的趋势，有利于我国大病保险制度的改革和深化。本研究将根据我国城乡居民大病保险制度建立和发展的历程，从政府对大病保险的重视程度、对大病保险的定位、具体的支持措施和对大病保险的要求等几个方面进行分析。

一、政府对大病保险高度重视

大病给患者造成巨大的危害，主要表现为“双重损失”，即严重的健康损失和巨大的经济损失，而这种“双重损失”又会导致“因病致贫、因病返贫”的社会问题。因此，为了避免大病给患者及家庭带来巨大的医疗经济负担，以及由此造成的“因病致贫、因病返贫”状况，各地根据实际情况对大病保险进行探索和实践，并取得一定的经验。真正意义上从国家层面正式提出大病保险，并形成两个标志性、纲领性的政策文件。第一个政策文件是2012年国家发改委、卫生部等六部委联合发布的《关于开展城乡居民大病保险工作的指导意见》（以下简称《指导意见》）。《指导意见》指出，“城乡居民大病保险，是在基本医疗保障的基础上，对大病患者发生的高额医疗费用给予进一步保障的一项制度性安排，可进一步放大保障效用，是基本医疗保障制度的拓展和延伸，是对基本医疗保障的有益补充。开展这项工作，是减轻人民群众大病医疗费用负担，解决因病致贫、因病返贫问题的迫切需要；是建立健全多层次医疗保障体系，推进全民医保制度建设的内在要求；是推动医保、医疗、医药互联互动，并促进政府主导与市场机制作用相结合，提高基本医疗保障水平和质量的有效途径；是进一步体现互助共济，促进社会公平正义的重要举措”，要求开展大病保险试点工作。第二个标志性政策文件是2015年国务院办公厅发布《关于全面实施城乡居民大病保险的意见》（以下简称《实施意见》）。根据《指导意见》的要求，各地积极开展大病保险的试点，在总结试点经验的基础上形成《实施意见》。同时，进一步明确“城乡居民大病保险（以下简称大病保险）是基本医疗保障制度的拓展和延伸，是对大病患者发生的高额医疗费用给予进一步保障的一项新的制度性安排。大病保险试点以来，推动了医保、医疗、医药联动改革，促进了政府主导与发挥市场机制作用相结合，提高了基本医疗保障管理水平和运行效率，有力缓解了因病致贫、因病返贫问题。为加快推进大病保险制度建设，筑牢全民基本医疗保障网底，让更多的人民群众受益”，并提出“建立起比较完善的大病保险制度，与医疗救助等制度紧密衔接，共同发挥托底保障功能，有效防止发生家庭灾难性医疗支出，城乡居民医疗保障的公平性得到显著提升”的目标，要求大病保险制度开始在全国范围内推广。

《指导意见》和《实施意见》两个纲领性政策文献，标志着我国大病保险制度的建立，并不断推广和发展。大病保险作为基本医保的拓展和延伸，承担着降低大病患者高昂医疗费用支出压力、缓解“因病致贫、因病返贫”社会问题，以及提升人民群众在医疗保障领域的幸福感和获得感的重要的职责和使命，因此受到国家以及各部委的高度重视和大力支持。自此以后，通过对相关政策的梳理和分析可以看出，无论是国务院还是相关部委，如发改委、民政部、财政部、国家卫生健康委、医疗保障局等均对大病保险的推行、保障和发展给予了相当的重视和支持，并以单独发文或联合发文的方式推动这一政策的落实和政策功能的发挥。相关政策及主要内容详见表 3 - 32。事实表明，经过多年的发展，我国大病保险政策取得了一定的成效，大病患者的整体医疗费用补偿比例提高了 10% ~ 15%，在一定程度上降低了患者的高昂医疗费用支出压力。

表 3 - 32　　支持发展大病保险的相关政策文件

时间	出台部门	文件名称	相关内容
2012 年 8 月 24 日	发改委、卫生部、财政部、民政部、保监会、人社部	《关于开展城乡居民大病保险工作的指导意见》	提出试点城乡居民大病保险制度，并规定了大病保险政策的实施原则、筹资机制、保障内容、承办方式等
2013 年 10 月 18 日	国务院	《国务院关于促进健康服务业发展的若干意见》	提出“推进商业保险机构承办城乡居民大病保险，扩大人群覆盖面。”
2014 年 10 月 27 日	国务院办公厅	国务院办公厅《关于加快发展商业健康保险的若干意见》	提出全面推进商业保险机构委托承办城乡居民大病保险，同时要求逐步提高大病保险统筹层次，建立健全独立核算、医疗费用控制等管理办法

续表

时间	出台部门	文件名称	相关内容
2015 年 4 月 30 日	民政部、财政部、人社部、卫计委、保监会	《关于进一步完善医疗救助制度全面开展重特大疾病医疗救助工作的意见》	提出城乡居民大病保险要与医疗救助制度进行衔接，并确保大病保险所有贫困重特大疾病患者。
2015 年 7 月 28 日	国务院办公厅	《关于全面实施城乡居民大病保险的意见》	提出在全国范围内全面实施城乡居民大病保险，进一步明确大病保险的原则和目标，完善筹资机制、提高保障水平以及规范承办服务等
2016 年 1 月 12 日	国务院	国务院《关于整合城乡居民基本医疗保险制度的意见》	提出“各地要统筹考虑城乡居民医保与大病保险保障需求，按照基金收支平衡的原则，合理确定城乡统一的筹资标准”
2016 年 6 月 20 日	国务院扶贫办、卫计委等 15 部门	《关于实施健康扶贫工程的指导意见》	通过加大对大病保险的支持力度促进精准扶贫，提高贫困人群收益水平
2016 年 7 月 26 日	国务院医改办、发改委、财政部、卫计委等 8 部委	《关于做好 2016 年城乡居民大病保险工作的通知》	提出“政府加大投入力度，今年城乡居民基本医保财政补助人均新增 40 元中的 10 元用于大病保险”
2016 年 10 月 25 日	中共中央、国务院	《“健康中国 2030”规划纲要》	提出“进一步健全重特大疾病医疗保障机制，加强基本医保、城乡居民大病保险、商业健康保险与医疗救助等的有效衔接”
2016 年 12 月 27 日	国务院	《“十三五”深化医药卫生体制改革规划》	提出健全重特大疾病保障机制，通过采取降低起付线、提高报销比例等措施，提高大病保险对困难群众支付的精准性
2017 年 4 月 13 日	卫计委、财政部	《关于做好 2017 年新型农村合作医疗工作的通知》	规定新农合新增筹资中的一定比例要用于大病保险，同时将贫困人口大病保险起付线降低 50%

续表

时间	出台部门	文件名称	相关内容
2017年4月25日	国务院办公厅	国务院办公厅关于印发《深化医药卫生体制改革2017年重点工作任务的通知》	提出“完善大病保险制度，采取降低起付线、提高报销比例、合理确定合规医疗费用范围等措施，提高大病保险对困难群众支付的精准性”
2017年10月18日	党的十九大	《决胜全面建成小康社会夺取新时代中国特色社会主义伟大胜利》	提出完善统一的城乡居民基本医疗保险制度和大病保险制度
2018年8月28日	国务院办公厅	国务院办公厅关于印发《深化医药卫生体制改革2018年下半年重点工作任务的通知》	提高大病保险保障水平，基本医保人均财政补贴增加40元，其中一半用于大病保险
2019年4月26日	国家医疗保障局、财政部	《关于做好2019年城乡居民基本医疗保障工作的通知》	提出“继续提高城乡居民基本医保和大病保障水平，居民医保人均财政补助标准增加30元，一半用于大病保险。降低并统一大病保险起付线，报销比例由50%提高到60%，进一步减轻大病患者、困难群众医疗负担”
2019年9月29日	国家医疗保障局、财政部、国家卫生健康委员会、国务院扶贫办	《关于坚决完成医疗保障脱贫攻坚硬任务的指导意见》	提出“普惠性提高大病保险保障水平，对贫困人口继续执行起付线降低50%、支付比例提高5个百分点的倾斜政策，并全面取消建档立卡贫困人口封顶线”

二、政府对大病保险的定位

大病保险的定位决定了政策或制度建设和发展的目标、方向、原则、思路，以及相应的措施，甚至会影响到大病保险政策实施的效果。因此，大病保险的定位具有重要意义。关于大病保险的定位问题，2012年国家发改委、卫生部等六部委联合下发的《指导意见》和2015年国务院办公厅下发的《实施意见》均明确指出“城乡居民大病保险是在基本医疗保障的基础上，对大病患者发生的高昂医疗费用给予进一步保障的一项制度性安排，是基本医保制度的拓展和延伸，是对基本医疗保障的有益补充”，同时两份文件也规定“大病保险不向参保居民收取另外费用，所需资金由从城镇居民医保基金、新农合基金中划出一定比例或额度作为大病保险资金”。由此可见，政府层面并未将大病保险当作独立的制度，而是将其定性为基本医保制度的拓展和延伸。虽然大病保险采取向政府购买服务的方式委托商业保险机构承办，具体服务的供给方式与传统的基本医保有所不同，但购买服务的资金来自基本医保基金的结余或划拨，并未单独筹资，大病保险与基本医保有着难以割裂的深度依存关系。可以看出，在当前的医疗保障体系之中，大病保险并非独立的保险制度，而是以基本医保为依托，为大病患者的高昂医疗费用提供再次补偿的制度性安排，其仍然属于基本医保的范畴。从后续的政策文件来看，相关部门依然按照这一思路推进大病保险制度的建设和完善，并未将大病保险当作独立的保险制度来对待。然而，值得注意的是，实践中已经显示，大病保险的现行定位与其建设发展目标、预计取得的成效，以及未来可持续发展之间，存在明显的差距，需要在大病保险政策理论和实践中创新发展来不断完善。

三、政府对大病保险的支持

政府的大力支持是我国大病保险政策从无到有、从试点到推广、从建立和发展，并取得一定成效的核心基础和根本保障。政府对大病保险的支持主要表现在两个方面：一方面是国家层面上相关政策的支持。如上所述，大病保险试点的指导意见、要求全国各地全面推行大病保险政策的实施意见，以及相关政策文件的支持等。另一方面是政府不断增加大病保险基金的财政补贴并提高保障水平。稳定的基金来源是大病保险政策发挥成效的关键，而不断增加投入则会进一步提升政策保障效果。自大病保险试点开始，政府便高度重视大病保险筹资问题。《指导意见》明确提出划拨基本医保基金的一定比例或者结余（没有结余的地方，统筹安排）用作大病保险基金，并进行单独管理与核算。在2015年全面推行之后，大病保险基金筹资进一步受到重视，连续多年增加专项的大病保险基金投入，以支持大病保险的发展。如2016年国务院医改办等部门下发的《关于做好2016年城乡居民大病保险工作的通知》明确提出“今年城乡居民基本医保财政补助人均新增40元中的10元用于大病保险”。2017年《关于做好2017年新型农村合作医疗工作的通知》明确规定“新农合新增筹资中的一定比例要用于大病保险”。2018年进一步增加20元的大病保险财政补贴，2019年在2018年的基础上又增加了15元。此外，随着筹资水平的提升，大病保险的报销比例也由开始时的50%，逐步增加到如今的60%。相关政策也要求降低大病保险的起付线（国家医保局文件显示，2019年，大病保险起付线将降为上年人均可支配收入的50%），以降低大病患者的医疗负担。同样，值得注意的是，大病保险的需求是多样化的，而政府的投入是有限的，在大病保险未来发展中，还需要更加关注大病保险的保障公平性和保障效能的提升，促进大病保险的可持续发展。

四、政府对大病保险的要求

任何政策或制度都不可能是单一而孤立存在的，必将和其他相关政策产生联系，并相互作用。同样，我国大病保险政策的产生、试点、全面推行和发展，是在一定背景下的客观要求。在推行大病保险之初，政府便积极推进这一制度与基本医保、医疗救助制度等相关制度的衔接，期望发挥制度的合力，切实降低人民群众的医疗负担。在全面推进和决胜小康社会建设以及精准脱贫战略当下，相关部门更是将大病保险与健康扶贫深度结合，以大病保险作为重要手段和方式来解决医疗支出性的贫困问题。如2016年国务院扶贫办、卫计委等15部门联合下发的《关于实施健康扶贫工程的指导意见》便提出“加大对大病保险的支持力度”“提高贫困人口收益水平”，《“十三五”深化医药卫生体制改革规划》明确提出要“提高大病保险对困难群众支付的精准性”。2017年、2018年亦有相关部门下发文件要求强化大病保险对贫困人口的政策倾斜，降低起付线以及提高报销比例。2019年，国家医保局等部门连续发文，要求进一步提高大病保险对贫困群体的支持力度，提出“对贫困人口继续执行起付线降低50%、支付比例提高5个百分点的倾斜政策，并全面取消建档立卡贫困人口封顶线”。可以看出，政府高度重视大病保险在全面脱贫攻坚战之中的价值和作用，并积极采取措施，推动大病保险与健康扶贫工作的深度结合。

五、小结

通过对大病保险相关政策的分析可以看出，政府将我国现行大病保险明确定性为基本医保制度的拓展和延伸，是对基本医保的补充和完善，而非新的独立的保险制度。与此同时，相关部门对于发展大病保险给予重视和支持，采取多种方式稳定基金来源以及提高大病保险的筹资水平和保障水平，并采取政府购买服务的方式委托商业保险机构承办大病保险业务以提高相关工作的效率和服务质量。此外，通过采取相关措施，推动大病保险与其他制度的有效衔接，强化该制度对贫困群体的支持力度，助力精准扶贫政策，以期避免大病患者家庭发生灾难性卫生支出，进而解决“因病致贫、因病返贫”的社会问题。

第四节　商业保险机构视角下的大病保险

商业保险是我国医疗保险体系中不可或缺的组成部分。随着社会经济的发展和医疗服务需求的增加，建立和发展多元化多层次的医疗保险体系是未来医疗服务保障的发展趋势。将大病保险业务委托商业保险机构经办或承办，是我国基本医疗保险服务供给侧改革的重要探索与实践。实践结果表明，商业保险机构经办或承办大病保险业务，对提升大病保险的管理水平和提高保障效率，以及促进我国医药卫生体制改革的深化等有着重要的价值和意义。本研究将根据我国城乡居民大病保险政策中对商业保险机构经办和承办大病保险业务的规定和要求，从商业保险机构的角度，分析商业保险机构经办或承办在大病保险中的定位、经办或承办业务实践中存在的问题，以及未来发展的相关建议。

一、商业保险经办大病保险业务的政策支持

国务院以及各部委对商业保险机构经办大病保险业务十分重视。自大病保险政策实施以来，相关部门出台多项政策，支持和鼓励商业保险机构经办大病保险业务，而且支持力度不断加强，允许商业保险机构参与的范围也不断扩大。通过对相关政策的梳理和分析可以看出，从2012年商业保险机构经办大病保险业务开始，国家层面的相关支持政策的变化大致可分为三个阶段。

（一）试点阶段：2012～2013年

在这一阶段，我国城乡居民大病保险制度刚刚建立，尚处于鼓励试点和探索时期。在商业保险机构经办大病保险业务的前景和效果并不明朗的情况下，政策文件中相关的措辞以及意见较为谨慎。比如，2012年国家发改委、卫生部等六部委联合发布《关于开展城乡居民大病保险工作的指导意见》，提出“支持商业保险机构承办大病保险”“经城镇居民医保、新农合经办机构授权，可依托城镇居民医保、新农合信息系统，进行必要的信息交换和数据共享”。又如，2013年国务院下发《关于促进健康服务业发展的若干意见》指出“推进商业保险机构承办城乡居民大病保险”。尽管相关政策中的文字表达较为谨慎，但从整体上而

言，支持商业保险机构经办大病保险业务已经形成共识。从商业保险机构视角来看，国家能够将商业保险机构纳入到大病保险政策体系之中，并支持承办大病保险业务，意味着商业保险机构的业务能力和业务水平得到国家的认可，标志着政府和市场关系的融合，为商业保险机构的后续发展提供了一个机会和突破口。

（二）发展阶段：2014～2016 年

在试点推行两年后，大病保险政策开始在全国范围内实施。这一阶段，随着大病保险政策的推行，商业保险机构开始在全国范围内承办大病保险业务，国家政策支持力度不断加强。2014 年国务院办公厅下发《关于加快发展商业健康保险的若干意见》，明确提出“全面推进并规范商业保险机构承办大病保险、稳步推进商业保险机构参与各类医疗保险经办服务、完善商业保险机构和医疗卫生合作机制”，商业保险机构承办大病保险开始进入快速发展阶段。2015 年，国务院办公厅发布《关于全面实施城乡居民大病保险的意见》中，除了再次明确“支持商业保险机构承办大病保险”外，首次提出“支持商业健康保险信息系统与基本医保、医疗机构信息系统进行必要的信息共享”，与 2012 年的《指导意见》涉及信息共享方面更进了一步，这意味着国家层面对于商业保险机构的支持力度得到进一步的增强。此外，2016 年国务院下发的《关于整合城乡居民基本医疗保险制度的意见》以及《“十三五”深化医药卫生体制改革规划》更是明确提出，委托有资质的商业保险机构参与基本医保的经办服务，将商业保险机构承办范围由大病保险拓展到更大的范围。

（三）深化阶段：2017 年至今

从 2017 年至今，商业保险机构在参与大病保险业务经办服务过程中，在政策层面得到国家和相关部委的大力支持，这一时期可视为深化支持阶段。具体而言，这一阶段商业保险机构承办大病保险业务的“经营环境”受到重视，并上升到国家层面，如 2017 年卫计委、财政部下发《关于做好 2017 年新型农村合作医疗工作的通知》明确提出“推动建立公平公开、有序竞争的城乡居民基本医疗保险经办服务格局”，相关部门有意识地联合为商业保险机构营造良好的基本医保经办服务氛围。2018 年《深化医药卫生体制改革 2018 年下半年重点工作任务》，则进一步强调要完善以政府购买服务方式引导商业保险机构参与到基本医保的经办服务。2019 年，卫生健康委、发改委、财政部等 10 部委共同颁发《促进社会办医持续健康规范发展意见》，明确提出“支持商业保险机构信息系统与社会办医信息系统对接，方便为商业保险患者就医提供一站式直付结算服务”，为商业保险机构相关服务效率和服务质量的改善提供了支撑。支持商业保险机构经办或承办大病保险业务的相关政策文件及其主要内容（见表3-33）。

表3-33　支持商业保险机构承办大病保险业务的相关政策文件

时间	出台部门	文件名称	相关内容
2012年8月24日	国家发改委、卫生部、财政部、人社部、民政部、保监会6部委	《关于开展城乡居民大病保险工作的指导意见》	提出"利用商业保险机构的专业优势，支持商业保险机构承办大病保险。要遵循收支平衡、保本微利的原则，合理控制商业保险机构盈利率"等意见
2013年10月18日	国务院	《国务院关于促进健康服务业发展的若干意见》	提出"鼓励发展与基本医疗保险相衔接的商业健康保险，推进商业保险机构承办城乡居民大病保险，扩大人群覆盖面"
2014年10月27日	国务院办公厅	《国务院办公厅关于加快发展商业健康保险的若干意见》	提出"全面推进并规范商业保险机构承办大病保险、稳步推进商业保险机构参与各类医疗保险经办服务、完善商业保险机构和医疗卫生合作机制"等多项意见
2015年7月28日	国务院办公厅	国务院办公厅《关于全面实施城乡居民大病保险的意见》	提出"采取商业保险机构承办大病保险的方式。建立大病信息通报制度。支持商业健康保险信息系统与基本医保、医疗机构信息系统进行必要的信息共享"等多项意见
2016年1月12日	国务院	国务院关于《整合城乡居民基本医疗保险制度》的意见	提出"做好城乡居民医保信息系统与参与经办服务的商业保险机构信息系统必要的信息交换和数据共享"等意见
2016年12月27日	国务院	国务院关于印发《"十三五"深化医药卫生体制改革规划》的通知	提出"在确保基金安全和有效监管的前提下，以政府购买服务方式委托具有资质的商业保险机构等社会力量参与基本医保的经办服务，承办城乡居民大病保险"等意见

续表

时间	出台部门	文件名称	相关内容
2017年10月18日	卫计委、财政部	《关于做好2017年新型农村合作医疗工作的通知》	提出“继续推进管办分开，深入推进商业保险机构等社会力量参与经办服务，推动建立公平公开、有序竞争的城乡居民基本医疗保险经办服务格局”等意见
2018年8月20日	国务院办公厅	国务院办公厅关于印发《深化医药卫生体制改革2018年下半年重点工作任务》的通知	提出“完善以政府购买服务方式引导具有资质的商业保险机构等社会力量参与基本医保的经办服务”等意见
2019年6月10日	卫生健康委、发改委、科技部、财政部、人社部、自然资源部、住建部、市场监管总局、医保局、银监会10部委	关于印发《促进社会办医持续健康规范发展意见》的通知	提出“鼓励商业保险机构参与基本医疗保险经办服务，做好城乡居民大病保险承办服务工作，提高基金使用效率。支持商业保险机构信息系统与社会办医信息系统对接，方便为商业保险患者就医提供一站式直付结算服务”等意见

二、商业保险机构在大病保险政策中的定位

商业保险机构在大病保险政策中的定位主要体现在其充当的角色和权责关系两个方面。关于商业保险机构在大病保险政策中的角色问题，2012年的《指导意见》在规定大病保险承办方式时，就提出“利用商业保险机构的专业优势，支持商业保险机构承办大病保险”“财政部门对利用基本医保基金向商业保险机构购买大病保险明确相应的财务列支和会计核算办法，加强基金管理”。2015年的《实施意见》同样提出“支持商业保险机构承办大病保险业务”。由此可见，在大病保险政策体系之中，政府是大病保险业务的购买方，其利用基本医保基金向商业保险机构购买大病保险服务，而商业保险机构则是大病保险业务的承办方，是大病保险服务的供给方，负责具体业务的执行。从理论角度来看，大病保险业务的操作方式属于政府购买服务范式，其性质属于公共服务外包。政府出资向商业保险机构购买大病保险服务，商业保险机构与政府形成了“委托—代理”的关系，商业保险机构是受委托方，扮演代理人的角色。在这一权责关系

中，商业保险机构承担着大病保险基金管理、风险控制以及为符合规定的患者提供大病保险补偿、提高服务效率以及降低管理成本的职责，同时也要接受政府相关部门的监督和管理。相应地，也会获得一定的经济回报，如合同规定范围内的盈利率或者管理费用。此外，商业保险机构亦可获得相应的税收优惠，如免征大病保险保费收入营业税，2015 年之后则在免征营业税的基础上，免征保险业务监管费。

三、商业保险机构经办业务实践中的问题

尽管商业保险机构参与大病保险经办服务在政策上受到国家的重视，而且支持重视程度和支持力度不断增强，但在地方具体实施过程中，情况却并不乐观，存在诸多问题，如大病保险中各主体关系不平等、商业保险机构优势未能发挥等。相关的研究也发现上述问题的存在。如付晓光（2019）研究发现，在大病保险业务具体操作过程中，政府责任边界仍然不清，监管过多以及监管不足的问题同时存在，并未建立起平等的谈判协商关系。于保荣等（2018）的研究显示，当前大多数地区的商业保险机构在经办城乡居民大病保险业务中充当的角色是补充社保经办机构人员的不足，更多从事对医院行为的稽核检查以及异地就医患者的费用审核，除此之外，商业保险机构发挥的作用不大甚至没有。商业保险机构在经办中处于被动和从属地位。社保信息系统“碎片化”以及部门间的利益博弈致使数据共享性较差，具体操作中未能有效实现数据的必要和及时共享。宋太平等（2017）研究发现，当前商业保险机构在运作大病保险时能力依然较弱，仅能通过低价竞争的方式进入基本医保市场，但对于医疗卫生机构的劳务性服务价格、医药企业的产品价格、服务和产品质量，均缺乏谈判协商能力。商业保险机构在精算方面的优势也未能充分发挥。吴海波等（2019）认为，在当前政策体系下，商业保险机构经办大病保险业务基本处于亏损状态。由于利益的对立，商业保险机构难以对医疗机构的医疗行为和医疗费用实现有效监管，导致小病大治、大处方、挂床等不合理现象，直接助推了医疗费用的不合理增长。

此外，在本研究的实地调研过程中，通过与承办大病保险业务的商业保险机构的深入访谈，发现商业保险机构对当前大病保险政策的经办方式、政策效果以及自身能力展现等问题有着自己的看法和体会，具体而言，主要包括以下三个方面。

一是当前大病保险经办方式并非标准意义上的政府购买服务模式。从公共管理理论视角而言，所谓政府购买服务是指通过市场机制作用，把政府直接提

供的一部分公共服务事项以及政府履职所需服务事项，按照一定的方式和程序，交由具备条件的社会力量和事业单位承担，并由政府根据合同约定向其支付费用。从制度属性角度来看，当前大病保险属于基本医疗保险范畴，而我国基本医疗保险属于社会医疗保险性质。从责任归属上而言，提供大病保险服务是政府的职责。在具体业务操作中，政府利用基本医疗保险基金向商业保险机构购买大病保险服务。从形式上而言，大病保险业务的经办方式可称为政府购买服务。但本课题组在江苏某市以及贵州某地级州商业保险机构负责人的调研过程中，深入访谈及归纳分析结果显示，站在商业保险机构的角度则会有不同的看法。在他们看来，当前的操作模式更多的是接受政府的“委托”（也可称之为“命令”）来处理大病保险业务，并非在平等协商基础上的行为。商业保险机构承担着供给大病保险这一公共服务的职责，但双方的关系并非标准意义上的委托代理关系，更多的是上下级的从属关系。此外，在当前的经办模式之中，商业保险机构承担着较多的责任，利润难以保证的同时还面临着亏损的问题。商业保险机构作为企业，追求利润是必然的趋势，但承办大病保险业务却无利可图（大多数商业保险机构经办大病保险业务处于亏损状态），与企业参与政府购买服务的初衷相悖。参与大病保险服务的供给工作，更多的是企业承担社会责任的体现，而并非传统意义上的以追求经济效益为根本目标的企业行为。因此，从商业保险机构角度而言，当前的大病保险服务经办方式并非标准意义上的政府购买服务。

二是在当前大病保险政策中商业保险机构的自身优势难以发挥。支持和鼓励商业保险机构承办大病保险业务的一个重要原因便是利用商业保险机构的优势来提高大病保险经办服务的效率以及服务质量，但政策的期望在实际运行过程中并未实现，而且出现很大程度上的偏移。从商业保险机构视角来看，其自身的优势和价值实现难度较大。例如，大病保险的筹资水平、补偿比例以及补偿范围一早便被医疗保险部门确定，属于硬性的政策规定，商保机构根本无法参与其中，所以商保机构的保险精算优势便无从发挥，很多时候仅仅是承担资料审核以及理赔服务。对大病保险基金的配置和使用，基本没有发言权。在多数地方，商业保险机构承担的更多的是出纳的角色，就是简单的核查以及费用赔付，而无法参与到大病保险基金的使用和配置决策之中，大大限制了这一主体的能动性，自身的能力和价值得不到体现。正如贵州某地级州的商业保险机构负责人所言，“在大病保险业务经办过程中，我们承担的工作就像财务管理中出纳角色，而非会计。希望相关部门能更多重视商保机构的参与度，希望能做‘会计’的角色，介入到大病保险基金的配置和使用的决策工作之中去，这样才能发挥我们的优势”。此外，商业保险机构经办大病保险业务的“经营环境”并不理想，存在诸多阻碍因素，如难以与医疗保险部门的大病患者数据实现及时、完整的共享，与相关部门的沟通协商的时间成本较高。如江苏某市大病保险业务承办方为获取较为完整的大病患者相关数据结构和信息来构建较为完整的大病保险患者数据库，与医疗保险部门的沟通协商困难重重，前后耗时一年多才获得部分授权，大大降低了商保机构的服务效率的提升。

三是当前大病保险政策不足以解决“因病致贫、因病返贫”问题。虽然当前政策对于大病患者有着一定的减负作用，但作用并不明显。从各地的实践效果来看，大病保险对患者的补偿比例仅提高了10% ~15%。现行大病保险制度仅仅是在基本医疗保险基础上的再次补偿，而且合规费用覆盖面较窄。此外，普惠性的补偿特性以及总量资金的限制，致使该政策难以从根本上解决大病患者的高昂医疗负担问题，尤其是社会弱势群体，如农村贫困人口以及低收入人群的“因病致贫、因病返贫”的社会问题。贵州某地级州商业保险机构负责人认为“在具体实践过程中，虽然政策有所倾斜，但现在的大病保险制度根本无法解决问题，尤其是山区的那些贫困农民，虽然有大病保险补偿，但是一旦生了大病，根本无法负担”。另一商业保险机构负责人同样认为，当前的大病保险政策固然取得了一定的成效，减轻了患者的负担，但是“未来应当设计更加高水平的大病保险制度，尤其是针对低收入和贫困人群”。与此同时，“应该在当前政策的基础上，探索商业保险机构、政府、个人共同参与的大病模式，各方共同负起责任，切实解决‘因病致贫、因病返贫’的社会问题”。但在推行新的大病保险体系和制度时“应当确保商业保险机构能够深入地参与到相关标准和规则的制定过程中，给予我们足够的重视。只有这样，才能实现多方共同协作，进而推动大病保险制度的完善以及制度功能的发挥”。

四、讨论和建议

（一）讨论

在当前大病保险政策体系之中，商业保险机构的角色不是传统意义上的补偿付费者，却承担着补偿付费的功能，但并未拥有这一角色的权力。在大病保险制度实施过程，与政府相关之间的关系也并非标准意义上的委托—代理关系，而是处于“听命”状态，地位并不平等，商业保险机构处于从属地位，缺乏基本的自主权，这在很大程度上限制了商业保险机构优势的发挥。

在各地大病保险的具体实践中，大部分商业保险机构处于亏损的状态，但依然坚持着，诚然，商业保险机构要承担社会责任，应当回馈社会，但持续的政策性亏损与其企业身份和性质相违背。同样，如商业保险机构经办大病保险业务一直处于亏损状态，对我国医药卫生体制改革以及构建多层次医疗保障体系的战略亦是极其不利的，不仅起不到推动作用，而且极有可能产生反向的阻力，滞缓新时代我国医疗卫生事业发展的步伐以及健康中国战略的实现。

（二）建议

从完善我国大病保险体系、优化大病保险业务的公共服务供给方式和供给效率而言，迫切需要深入分析和调整商业保险机构在承办大病保险工作之中的角色和定位，深入挖掘和发挥这一重要政策参与主体的优势。从商业保险机构角度来看，提出如下建议。

（1）优化商业保险机构承办大病保险服务的“营商环境”。良好的营商环境是推动企业发展和进步的重要因素，就商业保险机构而言，承办大病保险业务同样需要良好的外部条件和环境，以保障相关工作的顺利进行。因此，在政策和法律允许的范围，应当积极改善和优化商业保险机构参与大病保险业务的“营商环境”，减少和扫除商业保险机构开展大病保险业务的阻碍。如强化医疗保险部门与商业保险机构在医疗保险数据方面的对接和共享，将相关政策进行“无折扣”的执行，切实为提高“一站式结算”的效率提供坚实的数据支撑。此外，应制定并实施商业保险机构深度参与对医疗机构的医疗行为和服务费用监督的政策，破解商业保险机构难以对医疗机构有效监督的难题。从整体上营造适应新时代的大病保险承办环境，减少相关工作开展的阻碍，进一步调动商业保险机构参与大病保险工作的积极性，切实发挥这一主体在风险管控以及关系维护等方面的优势，提升大病保险基金的安全性以及政策的实施效果，缓解“因病致贫”“因病返贫”以及医患矛盾等社会问题。

（2）给予商业保险机构更多参与决策的空间和机会。在现行保险体系下，深化大病保险改革不能单从政府角度出发，仅考虑成本的节约和效率的提升（于保荣，2014），更应关注商业保险机构参与经办的深度和宽度。应当正确认识商业保险机构的价值和功能，通过内部机制调整，给予商业保险机构更多的参与机会和参与空间。确保在相关政策的决策中能积极纳入商业保险机构的智慧、意见和建议。一方面，在大病保险政府购买服务这一过程中，给予商业保险机构更为平等的地位以及相应的权利，引导商业保险机构深度参与到大病保险制度的完善和优化工作之中。另一方面，要在更大范围内发挥商业保险机构的保险精算能力以及第三方监督主体的独特性，提高对医疗机构和医务人员的相关行为的监督效果，提升有限大病保险基金的配置与使用效率，防止基金的浪费。

第五节 大病保险的利益相关者分析

上述分析表明，大病保险政策实施产生的效果，以及政策目标的实现程度，直接受到政策主体、政策客体和政策环境的影响。从需方、专家、政府和商业保险机构等不同视角分析我国大病保险政策，发现大病保险的各个参与方在政策的总目标下都有自身的目的、困难、诉求和预期，并由此而采取相应的对自己有利的措施。这些措施中，有的会因为各方站在各自利益考虑而产生明显的冲突，其后果是直接影响到大病保险政策目标的实现。因此，为了避免各方的利益冲突，需要从战略发展的高度和系统分析的角度分析问题并进行决策。本章节应用利益相关者理论和方法，进行大病保险的利益相关者分析，为我国大病保险政策的发展和完善提供参考和建议。

一、目的和意义

大病保险利益相关者分析的目的，是应用利益相关者的理论和方法，通过分析大病保险政策的主体和客体等利益相关方各自的利益、受益或受损状况，以及具体实践过程中的诉求等，系统比较和研究利益相关者之间的关系，尤其是对大病保险政策的重要性、支持程度和影响力等。在此基础上，使大病保险各利益相关方在一定时期的政策目标下达成利益共识，解决关键问题，形成共同方案，采取共同的行动，实现共同的目标。大病保险利益相关者分析的意义体现在两个方面，一方面，通过系统分析和比较分析，发现我国大病保险政策在设计和具有实施过程中存在的关键问题；另一方面，为大病保险政策的创新发展和不断完善提供参考和建议。

二、理论及应用

（一）利益相关者基本概念

1963 年斯坦福研究所（Stanford research institute，SRI）最早提出“利益相关者”一词，并给出明确定义，即“利益相关者是这样一些团体，没有其支持，组织就不可能生存”。该定义特别关注利益相关者对组织单方面的影响，虽然不够全面和完整，但是在当时认识到除了股东以外，还有其他一些团体对企业的生存产生影响，是具有重大意义的发现，并由此奠定利益相关者理论的基础。随后，瑞安曼（Eric Rhenman）在此基础上提出了比较全面的定义：“利益相者依靠企业来实现其个人目标，而企业也依靠他们来维持生存。”

利益相关者概念一经出现就在学界引起广泛的关注，学者们从管理学、社会学、社会伦理学、法学、经济学等不同的角度对利益相关者进行定义和研究。在此后的几十年间，文献中对利益相关者的定义多达30多种。在这些概念中，最具有代表性的是R. E. 弗里曼（R. E. Freeman）的定义。1984年，弗里曼出版了《战略管理：一种利益相关者的方法》一书，他在书中提出广义利益相关者的经典概念，即“利益相关者是能够影响一个组织目标的实现，或者受到一个组织实现其目标过程影响的所有个体和群体”。弗里曼提出广义利益相关者的概念，大大丰富和完善了利益相关者的内容，得到广泛认可。从此开始，人们对利益相关者的概念内涵基本上达成共识，“利益相关者就是任何能影响组织目标的实现或被组织目标实现所影响的团体或个体”。

综上所述，本研究将组织和企业的利益相关者概念应用于政策分析，并将利益相关者定义为：所有能够影响政策制定和实施，或者受政策和行动影响的人或团体，包括需求方、供给方、政府部门、供应商、相关社会组织和团体等。政策方案的制定和利益相关者之间存在相互依赖、相互影响的关系。一方面，利益相关者对公共政策的制定和实施产生影响，各利益相关方的意见是政策方案制定过程中主要考虑的因素。另一方面，一定时期针对某一政策问题，所有利益相关者不可能在各方面都达成一致意见，其中必定有一些群体的影响力大，而另一些群体的影响力小。

（二）利益相关者理论

1. 利益相关者理论的形成

利益相关者理论萌芽始于多德（Dodd，1932），他提出“不仅股东而且雇员、顾客和广大公众都在公司中有一种利益，而公司的经理们有义务保护这些利益”。1959年彭罗斯（Penrose）在其出版的《企业成长理论》中提出“企业是人力资产和人际关系的集合”的观念，从而为利益相关者理论构建奠定了基石。利益相关者理论是20世纪60年代逐步形成和发展起来的。1963年斯坦福研究所提出利益相关者的理论概念和框架。利益相关者理论观点经过战略管理的鼻祖伊戈尔·安索夫（H. Igor. Ansoff）和艾瑞克·瑞安曼（Eric Rhenman）为代表的学者的开创性研究，形成一个独立的理论分支。该理论一经产生就受到管理学界、经济学界、社会学界等的高度重视，后来经过弗里曼（Freeman）、布莱尔（Blair）、米切尔（Mitchell）、多纳德逊（Donaldson）、克拉克森（Clarkson）等学者的研究得到不断丰富和完善，利益相关者理论形成了比较系统的理论框架。

2. 利益相关者理论研究的进展

相关文献分析表明，根据利益相关者理论研究的重点内容的演进，将其理论研究进展大致可以划分为三个阶段：第一阶段是利益相关者理论对企业生存的影响。该阶段为20世纪60~80年代，主要代表是斯坦福研究所、伊戈尔·安索夫（H. Igor. Ansoff）和艾瑞克·瑞安曼（Eric Rhenman）。主要特征是充分论证了利益相关者的概念，并达成共识。同时，探讨利益相关者和企业的关系，认为利益相关者是“影响企业生存”的必要条件，两者是相互依存的关系。第二阶段是利益相关者理论实施战略管理的研究。该阶段从20世纪80~90年代，主要代表人物是R. E. 弗里曼（R. E. Freeman）。1984年，弗里曼在他的经典著作《战略管理：一种利益相关者的方法》中，首次提出将利益相关者方法应用于企业实施战略管理，主要特征是系统分析了利益相关者在企业战略分析、规划和实施中的作用，并形成利益相关者研究的基本框架。弗里曼的研究得到广泛的支持，尤其是经济学界的认同，因此成为利益相关者研究的标准范式（李洋，2004）。第三阶段是利益相关者理论动态发展。该阶段从20世纪90年代至今，主要代表是布莱尔（Blair）、米切尔（Mitchell）、多纳德逊（Donaldson）、克拉克森（Clarkson）。主要特征表现在两个方面，一方面是关于利益相关者参与所有权分配的研究。该阶段利益相关者理论研究最为活跃的领域，是利益相关者参与公司治理研究，其核心是利益相关者参与公司所有权的分配。其中，以布莱尔（Blair，1995）为代表的学者提出不只有股东是剩余风险的承担者，雇员、债权人、供应商都可能是风险的承担者。而风险承担者应该参与所有权的分配。另一方面是利益相关者分类标准的研究。随着利益相关者理论研究的深入和发展，人们发现并逐渐认识到不同类型的利益相关者对企业的影响是不同的。同样，企业对不同利益相关者的影响也不同。“企业的生存和繁荣离不开利益相关者的支持，但利益相关者可以从多个角度进行细分，不同类型的利益相关者对于企业管理决策的影响以及被企业活动影响的程度是不一样的”（陈宏辉，2002）。核心和关键问题是利益相关者分类标准的研究。查克汉姆（Charkham，1992）根据是否与企业存在交易性合同关系为标准，将利益相关者分为两类，一类是契约型利益相关者（contractual shareholders），包括股东、雇员、顾客、分销商、供应商、贷款人等，另一类是公众型利益相关者（community shareholders），包括消费者、监管者、政府、媒体、社区等。克拉克森（Clarkson，1994；1995）认为，从利益相关者在企业经营活动中承担风险的方式角度，可将利益相关者分为主动的利益相关者（positive stakeholders）和被动的利益相关者（passive stakeholders）。从利益相关者与企业联系的紧密程度角度，将利益相关者分为两类，一类是主要的利益相关者（primary stakeholders），包括股东、雇员、顾客、供应商等，直接影响企业的生存。另一类是次要的利益相关者（secondary stakeholders），包括社区、政府、媒体等，间接影响企业的运作或受到企业的间接影响的群体。对利益相关者分类标准研究做出重要贡献，最有代表性的人物是米切尔（Mitchell）。1997 年米切尔等提出了将利益相关者的界定与分类结合起来进行分析的"米切尔评分法"。据此方法将利益相关者分为确定型利益相关者、预期型利益相关者和潜在型利益相关者，根据不同利益相关者的特点分析对组织的影响情况。该方法为利益相关者的特征和类型的判断提供了分析的理论框架，是利益相关者理论的一大进步，并成为标志性的特征。

3. 利益相关者理论的核心观点

利益相关者理论研究有两个重要命题，一是利益相关者的判断，即谁是组织的利益相关者？二是利益相关者的影响，即利益相关者和组织之间如何产生影响？围绕这两个重要命题，利益相关者理论的核心观点主要体现在以下几个方面：首先，利益相关者的概念和类型的判断。最有代表性的是米切尔（Mitchell）等提出的利益相关者分类标准，即"米切尔评分法"。该方法认为，企业所有的利益相关者必须在合法性、权威性和紧迫性三个属性中至少具备一种属性。依据这三个属性对利益相关者进行评分，根据分值来将企业的利益相关者分为三种类型：一是确定型利益相关者。主要特征是同时拥有合法性、影响力和紧迫性。该类型利益相关者是企业首要关注和密切联系的对象，包括股东、雇员和顾客。二是预期型利益相关者。主要特征是三种属性中具备任意两种。同时拥有合法性和权威性的，如投资者、雇员和政府部门等。有合法性和紧迫性的群体，如媒体、社会组织等。同时拥有紧迫性和权威性的，却没有合法性的群体，比如，一些政治和宗教的极端主义者、激进的社会分子，他们往往会通过一些比较暴力的手段来达到目的。三是潜在型利益相关者。主要特征是只具备三种属性中的其中一种。该方法为利益相关者的特征和类型的判断提供了分析的理论框架，同时大大提升了利益相关者理论的实用性和可操作性。其次，利益相关者理论认为利益相关者应该拥有企业的所有权。现代契约理论认为，"由于企业物质资本相对于人力资本更具有专用性，并承担企业经营的财务风险，所以，企业出资者（股东或资本家）应该成为企业所有者，享有企业的剩余控制权和剩余索取权"。因此，企业管理中传统股东至上理论一直占据主导地位。利益相关者理论强烈地质疑"公司是由持有该公司普通股的个人和机构所有"的传统核心概念。利益相关者理论的产生，从全新的角度来阐述企业资源分配和企业所有权问题，为员工参与企业治理提供了有力的理论支持，并对传统股东至上理论提出挑战。两种理论的主要分歧的焦点在企业剩余索取权和剩余控制权归谁所有问题上。利益相关者理论认为，人力资本所有者有权分享剩余权。以布莱尔为代表的学者提出，并非只有股东是剩余风险的承担者，雇员、债权人、供应商都可能是风险的承担者。利益相关者理论认为，企业应是利益相关者的企业，包括股东在内的所有利益相关者都对企业的生存和发展注入一定的专用性投资，同时也分担了企业的一定经营性风险，或是为企业的经营性活动付出了代价，因而都应该拥有企业的所有权（Freeman，1984）。最后，任何组织发展都离不开利益相关者的投入和参与，组织追求的是利益相关者的整体利益。利益相关者与组织生存和发展密切相关，利益相关者的意见一定要作为组织决策时需要考虑的因素。所有利益相关者不可能对所有问题保持一致意见，其中某些处于主体地位利益相关者，他们的影响力要比另一些群体的更大，能够削弱决策者的自主权，影响组织的决策，但这并不表明组织仅仅为这些利益相关主体的利益服务，而应该为整体利益服务。因此，如何平衡各方利益成为战略制定考虑的关键问题。正如战略管理大师安索夫指出的，“要想制定理想的企业目标，必须综合平衡考虑企业的诸多利益相关者之间相互冲突的索取权，他们可能包括管理人员、工人、股东、供应商以及顾客”。

（三）应用

利益相关者理论产生以来，经过多阶段发展逐渐走向成熟，并受到高度重视，并在管理学、经济学、企业管理、战略研究、社会伦理、医疗卫生、法律等方面得到广泛应用，并产生积极影响。20 世纪 90 年代，利益相关者理论在国外被应用于卫生政策分析以及卫生机构的管理领域，在实践中取得显著的成效，并因此得到广泛应用和传播。主要的代表人物有：美国的布莱尔（Blair），也是利益相关者理论的代表性人物之一，应用利益相关者理论对医院与医生管理组织之间项目合作问题开展研究（Blair et al.，1990）；戴蒙德（Dymond），将利益相关者理论与方法应用于医药流通网络（Dymond et al.，1995）；托宾和佛特勒（Topping and Fottler），应用利益相关者理论对健康维护组织（HMO）如何改进管理和提高绩效进行研究等（Topping and Fottler，1990）。这些研究的一个共同特点，就是侧重于分析利益相关者对组织决策的态度或在决策中的作用（胡坤等，2007）。从国外对利益相关者理论和方法的实践和应用中可知，卫生政策改革和发展的过程是利益相关者相互冲突、协调、磨合与博弈的复杂过程，利益相关者分析是一个具有逻辑性、规范性的分析方法，是分析卫生政策改革中各种复杂性问题的使用手段。作为一种政策分析和管理方法，利益相关者分析在卫生政策和卫生改革研究中广泛应用并取得显著成效。

随着利益相关者理论的不断完善，在实际应用中对复杂问题的处理呈现出针对性、可操作性、实用性和有效性等特点，并得到广泛推广、借鉴和应用。我国最早是在经济学和管理学中介绍和探讨利益相关者理论和方法，并在一些卫生项目中探索和应用，并不断发展和完善（王永莲等，2006）。尤其是近些年来，已广泛应用于医疗卫生政策和医药卫生改革等多个领域中。首先是在医疗保险中的应用。早在2007年，姚岚等针对单病种定额支付改革和实践问题开展研究，应用利益相关者理论分析我国农村医疗机构实施单病种定额付费中的各方利益相关者。结果认为，单病种定额付费在农村医疗机构，特别是乡镇卫生院中相对容易推行（姚岚等，2007）。程雨蒙等基于利益相关者理论对医疗保险参保人员异地就医管理问题进行分析。研究认为，医疗保险参保人员异地就医管理过程中，医疗保险经办机构、异地就医参保人员、政府和医疗机构是关键利益相关者，应用利益相关者分析方法明确各利益相关方的角色定位，并提出相关建议（程雨蒙等，2014）。叶红梅等运用利益相关者理论和方法分析上海市医保慢性病长处方政策的实施情况。通过分析各利益相关方在医保实施慢性病长处方政策中的角色定位、获益或受损情况，以及对政策推行产生的影响，为政策的稳步推进提供借鉴（叶红梅等，2016）。林津晶等应用利益相关者理论对儿童基本医疗保险体系如何优化进行研究。基于利益相关者的理论和方法，明确儿童基本医疗保险的利益相关者，明晰影响儿童基本医疗保险稳定运行的动力与阻力，并为体系的优化和发展提出针对性建议（林津晶等，2018）。杨朵儿等开展医保相关政策，即进口抗癌药零关税和药品价格谈判双重政策，对利益相关者影响的研究。基于利益相关者理论分析进口抗癌药零关税和药品价格谈判双重政策实施对主要利益相关者的影响，并从利益相关者的角度提出优化建议（杨朵儿等，2018）。舒茜应用利益相关者理论，对医保药品带量采购政策进行分析。医药企业、医疗机构和患者在药品带量采购政策中的定位和影响，阐述改革的动力和阻力，为药品带量采购政策的完善和推广提供借鉴（舒茜，2019）。新的医保政策出台，应用利益相关者理论和方法进行分析并提出相关建议，成为政策分析常用方法之一。其次，在医疗卫生改革中的应用。郑少晖基于利益相关者理论，对医疗、医保和医药“三医联动”中涉及的主要利益相关者进行了分类与界定，进而分析了“三医联动”中各利益相关者间的关系，并对存在的矛盾与问题进行深入剖析，提出相应的对策及建议（郑少晖，2018）。房慧莹等以利益相关者理论为基础，借鉴国外整合医疗卫生服务体系的理念和经验，并结合我国云南省某县调研情况，分析主要利益相关者，通过协调各相关方利益关系，提出整合我国当前基层医疗卫生服务体系的建议（房慧莹等，2018）。医疗联合体（共同体）是当前医疗卫生改革的重点和着力点，应用利益相关者理论和方法，对医疗联合体（共同体）主要利益相关者进行界定、分类，提出管理策略，为促进医疗联合体（共同体）的发展提供参考依据。张年等（2017）、金燕等（2013）、何光秀（2020）等应用利益相关者理论对医疗联合体（共同体）利益相关者进行分类并提出管理策略的研究，有利于建立长效的利益平衡机制，促进医疗联合体（共同体）的有效运行。另外，基于利益相关者理论，还对新型农村合作医疗制度的分析与评价（郭洪伟等，2014），对农村县乡两级医疗服务整合作用机制分析（谢添等，2015），以及对分级诊疗制度的动力与阻力分析（王清波等，2016）等进行探索和应用。最后，在医疗卫生实践的应用。利益相关者理论还广泛应用于医疗机构的建设和发展、电子健康档案的建立、卫生适宜技术的分析，以及护理等医疗卫生建设和发展的实践中。如利益相关者理论在公立医院发展（李习平，2015），以及中医院发展实践中的应用（王丽君等，2013）。黄薇等应用利益相关者分析方法对电子健康档案的建设进行分析，研究和探讨我国电子健康档案建设过程中主要利益相关者的认知、立场、利益、资源、权利和领导能力等，分析主要利益相关者对电子健康档案建设的影响，为在利益平衡基础上解决存在的问题提供建议（黄薇等，2011）。朱婷婷等对预立医疗照护计划利益相关者评估工具进行综述，分别从预立医疗照护计划接受者和提供者角度，介绍预立医疗照护计划利益相关者评估工具的特点及应用现状，为我国预立医疗照护计划相关研究的开展提供参考（朱婷婷等，2019）。

三、内容和方法

（一）大病保险的利益相关分析的相关概念界定

通过相关文献分析法和 Mitchell 分类研究方法进行分析，研究内容主要包括大病保险的利益相关者、大病保险的利益相关者分类、大病保险的利益相关者分析等。

（二）大病保险利益相关者利益构成分析

根据大病保险利益相关者利益诉求分析的特征，从社会期望、利益诉求、实现路径和实施能力等方面对大病保险利益相关者利益构成进行定性分析。在此基础上进行综合分析和研判，为大病保险政策的改革和发展奠定基础。采用的主要方法是文献分析法、专家咨询和逻辑分析法。

（三）大病保险利益相关者影响力分析

大病保险利益相关者影响力判断主要参考米歇尔（Mitchell）于 1977 年提出的属性分类法，对大病保险利益相关者属性进行分析。主要包括三个维度：合法性、权威性和紧迫性。利益相关者影响力的定性分析体现在合法性、权威性和紧迫性的程度上，程度的描述分为 5 个等级，即“强”“较强”“一般”“较弱”和“弱”。

（四）大病保险利益相关者作用关系分析

在明确大病保险利益相关者概念界定和分类，以及利益相关者利益构成和影响力的基础上，回答在大病保险政策制定和实施过程中，各利益相关者之间“是否发生作用?”“与谁发生作用?”“发生什么作用?”等问题。通过系统分析大病保险利益相关者之间的作用关系，对了解大病保险利益相关者彼此之间的作用和产生的影响具有重要意义。

（五）大病保险利益相关者收益与风险分析

在上述大病保险利益相关者的利益构成、影响力分析和作用关系分析的基础上，将利益相关者分为三种类型，即关键利益相关者，如政府财政部门、医保部门和卫生健康委员会等；主要利益相关者，如商保经办机构、医疗服务机构、参保者、相关研究机构和药品器械供应商等；次要利益相关者，如行业协会、社会大众监管和司法部门等。在此基础上，再进一步分析大病保险各利益相关者可能得到的收益和风险。

四、分析步骤

（一）利益相关者的识别

通过头脑风暴等方法，分析政策可能影响到哪些个体或团体，包括受益者、受害者、受影响者和其他利益相关者。根据利益相关者的基本概念和内涵，结合我国现行城镇居民大病保险的性质和特点，对大病保险的利益相关者进行分析、识别和判断，为下一步利益相关者的分析奠定基础。

（二）利益相关者的利益构成分析

在对大病保险的利益相关者进行分析和识别后，需要分析大病保险政策对这些利益相关个体或团体的哪些利益产生影响，影响程度如何，以及利益实现的路径和实施的能力等。本研究根据大病保险的特点，将其利益相关者的利益构成分为两部分，即社会期望和自身利益诉求，并通过分析这些利益的实现路径和实施能力，对大病保险利益相关者的利益构成及其利益实现的可行性进行定性分析。

（三）利益相关者的影响力分析

在明确大病保险利益相关者及其利益构成的基础上，就需要对大病保险利益相关者的重要程度、影响力大小和影响范围等进行进一步分析，目的是找出大病保险利益相关者中的主要和关键的利益相关者，为大病保险政策的改革和发展找到核心和关键的着力点。根据重要程度，利益相关者可分为三类：第一类是关键利益相关者，指能够显著影响大病保险政策或者对其产生很重要影响的利益相关者；第二类是主要利益相关者，指直接受到大病保险政策影响的个体、群体或机构，是大病保险的直接受益者或受损者；第三类是次要利益相关者，指所有其他的个体或者机构，间接受到大病保险政策影响的个体、群体或机构。利益相关者影响力的分析和判断主要参考米切尔于 1977 年提出的属性分类法对大病保险利益相关者进行分析，从合法性、权威性和紧迫性三个维度综合分析大病保险利益相关者的影响力。通过利益相关者影响力分析，找到大病保险利益相关者中的关键利益相关者、主要利益相关者，为大病保险政策的进一步发展提供参考。

（四）制定参与方案

在已经获得利益相关者信息的基础上，分析不同利益群体相互作用，以及可能产生的收益与风险，重点关注确定型利益相关者，包括关键利益相关者和主要利益相关者，为制定确定型利益相关者参与政策方案制定、实施和管理提供参考和依据。

五、结果与分析

（一）大病保险利益相关者的相关概念

1. 大病保险的利益相关者

大病保险的利益相关者，是指拥有大病保险的法定权益，能够影响大病保险政策目标的实现，或者在大病保险政策目标实现过程中受到影响的所有个体和群体。利益相关者权益，主要是指基于需求、服务、研究、管理、监督或者契约等，而拥有对大病保险目标产生影响的权益。比如，参保居民、国家政府相关部门、地方政府部门、研究机构（或知名专家）、商业保险经办机构、医疗服务机构、药品和器械供应商、行业协会、社会大众监督和媒体，以及司法部门等。

2. 大病保险的利益相关者分类

本研究采用国际上常用的米切尔评分法的基本思想，对大病保险的利益相关者进行判断和分类。该方法是由美国学者米切尔和伍德（Wood）于1997年提出来的，它将利益相关者的界定与分类结合起来，大大促进了利益相关者理论的发展。米切尔评分法界定利益相关者的标准是，在合法性、权威性和紧迫性三个属性中至少要具备一种。其中，合法性是指某一群体是否被法律和道义上赋予对企业拥有的索取权；影响力是指某一群体是否拥有影响企业决策的地位、能力和相应的手段；紧迫性是指某一群体的要求能否立即引起企业管理层的关注。据此标准，将大病保险利益相关者分为三类：第一类是确定型利益相关者。该类型的特征是同时拥有合法性、权力性和紧迫性三种属性。确定型利益相关者是大病保险政策中重点关注和产生重要影响的对象，主要包括政府医保部门、居民参保者、研究机构或知名专家，以及商业保险经办机构等。第二类是预期型利益相关者。该类型的特征是在三种属性中具备任意两种。同时拥有合法性和紧迫性的群体，如媒体、社会组织等。预期型利益相关者是大病保险政策中需要关注的对象。第三类是潜在型利益相关者。该类型的特征是只具备三种属性中的其中一种。仅具有权威性而不具备合法性和紧迫性的群体，如尚未纳入大病保险保障范围但确实造成灾难性经济损失的患者群体。潜在型利益相关者是大病保险政策中需要涉及的对象。

3. 大病保险的利益相关者分析

大病保险的利益相关者分析（stakeholder analysis），就是找出大病保险政策中的利益相关者并进行系统分析，尤其是对会产生重要影响作用的确定型利益相关者本身及相互之间进行优劣分析，从而得出解决大病保险政策设计和实施过程中存在的主要问题的策略和方法，促进大病保险政策的不断完善和可持续性发展。大病保险利益相关者分析的目的有两个方面：一方面，分析与大病保险政策利益相关的所有个体或团体，帮助决策者在政策制定时分清重大利益相关者对于政策的影响；另一方面，在政策实施的过程中，分析政策实施的成果可能会对利益相关的个体或团体产生的影响，同时这些个体或团体会做出相应行动来影响政策的推进。因此，通过利益相关者分析，找出影响大病保险目标实现或者受大病保险影响大的利益相关的个体或团体，尤其是关键的利益相关者，进行系统分析和综合研判，并根据其特点制定针对性的沟通策略，对大病保险政策的推进和发展具有重要意义。

（二）大病保险利益相关者利益构成分析

充分了解大病保险利益相关者利益构成并进行综合分析和研判，为大病保险政策的改革和发展奠定基础。大病保险各利益相关者社会职能定位不同，本研究根据大病保险的特点，从大病保险的社会期望、利益诉求、实现路径、实施能力等方面进行大病保险主要利益相关者利益构成的定性分析。其中，实施能力的定性判断分为5级，即“强”“较强”“一般”“较弱”和“弱”，主要表示各利益相关者围绕各自社会期望和利益诉求，按照当前大病保险政策及其实现路径，在政策具体实施过程中体现的作用和程度。具体详见表3－34。

表3－34　　大病保险利益相关者利益构成分析

利益相关者	社会期望	利益诉求	实现路径	实施能力
医保部门	避免大病造成的灾难性经济负担，防止“因病致贫、因病返贫”	大病医保基金的合理筹集、合理合规使用和保障基金的收支平衡和有效运行	合理确定大病保险范围、保障水平和保障能力	强
财政部门	为大病保险提供充足的基金支持	提高大病保险金的使用效率，提升保障能力和水平	财政直接划拨或政府的转移支付	强
卫生健康委	加强医疗服务质量监管，缓解群众看病贵看病难	保障大病基本医疗服务，相关政策的有机衔接	政策制定，绩效考核，监督管理	强
商保经办机构	提升大病保险服务管理水平，弥补当前业务能力不足	参与大病保险业务管理全过程，实现相关数据共享，获取合理的利益	通过政府公开招标，签订合同或契约，实现具体经办	较强
医疗服务机构	提供高质量的医疗服务、有效的治疗，减少大病造成的健康损失	投入成本得到应有的补偿，患者及家属对大病治疗有正确的认识	根据政策规定进行诊治、提供服务和获得补偿	强
参保者	获得大病基本医疗服务，避免灾难性经济负担	得到有效便捷的大病医疗服务，获得大病保险更多的经济补偿	支付货币获得的权益	弱
相关研究机构	加强政策研究，为科学制定大病保险政策及可持续发展提供依据	接受大病保险研究的任务和项目，相关政策建议被政府部门采纳	政府部门委托研究和咨询，为决策者提供政策建议	一般

续表

利益相关者	社会期望	利益诉求	实现路径	实施能力
药品器械供应商	提供优质廉价的药品和医疗器械	扩大医疗市场占有率，获得应有的利益	药品器械等纳入医保目录及供给	一般
行业协会	完善监督、协调功能	提高组织、协调、监管效率	行业权利	弱
社会大众监管	理性把握舆论导向	防止“因病致贫、因病返贫”	舆论监督力量	较弱
司法部门	依法公正裁决	提高基金使用率，防范欺诈和骗保行为	司法影响	较弱

大病保险利益相关者利益构成分析显示，大病保险政策的决策者、管理者和服务的提供者等大病保险的利益相关者，在其利益诉求的实现方面表现为“强”的实施能力，直接影响大病保险政策的制定和实施；大病保险的需求方参保居民、行业协会、社会大众监督和媒体等大病保险的利益相关者，在其利益诉求的实现方面表现为“较弱”和“弱”的实施能力，其中，尤其是参保居民，在满足其利益诉求的实施能力上表现为“弱”，而大病保险政策的核心和目标是避免参保居民灾难性经济负担，防止“因病致贫、因病返贫”现象发生。这是当前政策中最需要关注的问题；相关研究机构，在大病保险政策研究和提供政策建议等方面实施的能力并未得到充分重视，表现为“一般”。因此需要两方面努力，一方面是研究机构要加强对大病保险的政策研究，为政策决策者提供参考依据和建议，另一方面是政策决策部门要以科学制定政策的程序和方法为依据，依托相关研究部门进行研究，积极采纳相关研究成果，进行科学决策。

（三）大病保险利益相关者影响力分析

利益相关者影响力判断主要参考米切尔于 1977 年提出的属性分类法对大病保险利益相关者属性进行分析，主要包括三个维度：合法性、权威性和紧迫性。其中，合法性的定义比法律概念下合法性的定义更为宽松。合法性高低判断在于社会一致认可度，而并非个人价值偏好；权威性是指某一群体是否拥有影响大病保险决策的地位、能力和相应的手段；紧迫性是指某一群体的要求能否立即引起大病保险管理层的关注，以及关注的程度。紧迫性主要从两方面考量，即时间敏感性及重要性，时间敏感性在于实现权益主张的顺序，重要性在于测量权益主张一旦耽误对大病保险造成的影响大小。利益相关者影响力的定性分析体现在合法性、权威性和紧迫性的程度上，程度的描述分为 5 个等级，即“强”“较强”“一般”“较弱”和“弱”。大病保险利益相关者属性描述，详见表 3 - 35。

表 3 - 35　大病保险利益相关者属性描述

利益相关者	权威性	合法性	紧迫性
医保部门	源于政治权利，具有强权威性	代表民意政府部门，具有较强的合法性	依据具体政策，一般具有较强的紧迫性
财政部门	源于政治权利，具有强权威性	代表民意政府部门，具有较强的合法性	依据具体政策，一般具有较强的紧迫性
国家卫生健康委	源于政治权利，具有强权威性	代表民意政府部门，具有较强的合法性	依据具体政策，一般具有较强的紧迫性
商保经办机构	政府购买服务，具有较强权威性	政府购买服务，具有较强的合法性	依据业务合同，一般具有较强的紧迫性
医疗服务机构	大病医疗服务提供者，具有较强权威性	依据大病保险政策，具有较强的合法性	依据具体政策，具有较强的紧迫性
参保者	患者个体权威性一般	合法性强	具有较强的紧迫性
相关研究机构	权威性一般	合法性一般	紧迫性一般
药品器械供应商	经济法人组织，可替代性很强，权威性一般	属于经济业务范畴，具有一般合法性	依据业务合同形式，紧迫性一般
行业协会	监督、服务机构，权威性较弱	合法性较强	紧迫性弱
社会大众监管	具有一般权威性	具有较弱合法性	紧迫性弱
司法部门	对大病保险的权威性较弱	具有一般的合法性	紧迫性弱

通过大病保险利益相关者影响力的定性分析可知，医保部门、财政部门和卫生健康委等同时具有强的权威性、较强的合法性和较强的紧迫性，根据米切尔的分类标准判断，它们属于确定型利益相关者。这些利益相关者因投入了大病保险政策建设和发展所需的各种资源而获得大病保险权益，而对大病保险政策的制定、实施和发展产生直接影响，并在此过程中发挥重要的决定性作用，因此是大病保险的关键利益相关者；商保经办机构、医疗服务机构、相关研究机构、参保

者和药品器械供应商等，亦同时具备一定的权威性、合法性和紧迫性，也属于确定型利益相关者，在大病保险政策实施过程中发挥主要作用，是主要的利益相关者。如商保经办机构或参保者等基于货币交换、服务购买或者契约而获得大病保险相关权益，并因此拥有对大病保险的权益主张。医疗服务机构是患者医疗服务的提供者，一方面通过提供医疗服务为患者减轻病患，不断提升医疗服务技术水平，另一方面通过提供服务获得经济补偿，用于医疗机构的建设和发展。当前医疗收入是医疗机构的主要经济来源，大病保险的补偿是其中组成部分。从参加大病保险的患者角度而言，在医患信息不对称条件下，患者就医行为受医务工作者影响较大，在医疗服务市场相对活跃条件下，单个患者及家属对大病保险权威性影响较小。不同患者对大病保险权益主张不尽相同，但是依据大病保险实现的主要目标要求，患者权益主张应优先受到大病保险重视。高校和相关研究机构是基于政策制定和实施的科学程序、方法和技术手段对大病保险开展研究，并提供政策参考建议。相关研究机构与大病保险在合作、信任及控制方面均无强联系，双方相互不依存，即对高校与大病保险双方而言均容易找到替代者，双方影响都很小。但是，随着科学制定政策的要求和约束，研究机构的政策咨询作用会越来越受到重视和采纳，因而对政策的影响也会不断增强。药品器械供应商作为市场行为主体，以营利作为企业目标，药品器械供应商具有较强的市场行为，各医疗器械供应商之间存在着较强的竞争关系及可替代性。大病保险与药品器械供应商合作属于市场业务合作范畴，药品器械供应商几乎没有强制力要求大病保险政策执行自己的意志，大病保险则对药品器械供应商施加影响。就权威性而言，药品器械供应商处于一般性权威。就合法性而言，药品器械供应商与大病保险基本属于市场经济范畴，在契约及法律规定的范围内行使市场经济行为，行为具有一般的合法性。紧迫性方面，医疗药品器械供应商权益主张属于一般紧迫性范畴，因此是大病保险的主要利益相关者；行业协会、社会大众监督和司法部门等，具备权威性、合法性和紧迫性三种属性中的两种，属于预期型利益相关者。社会大众、行业协会及司法部门等对大病保险权益主张权威性、合法性、紧迫性相对较弱。社会大众作为大病保险监督者，在大病保险未出现大的社会问题和政策问题时，其对大病保险的关注度有限，但一旦出现社会关注的政策问题，则具有强的权威性、紧迫性。监督义务是行业协会业务之一，监督力量不及政府部门，职能属于软约束范畴。司法部门与大病保险属于业务外延联系，彼此影响相对较小，是大病保险的次要利益相关者。

（四）大病保险利益相关者作用关系分析

在明确大病保险利益相关者概念界定和分类，以及利益相关者利益构成和影响力的基础上，系统分析大病保险利益相关者之间的作用关系，对了解大病保险利益相关者彼此之间的作用和产生的影响具有重要意义，是利益相关者分析的重要组成部分。这里大病保险是指我国以城乡居民大病保险为核心和代表的大病保险。因此，根据国家相关政策，判定大病保险利益相关者的属性并形成大病保险利益相关者作用关系，如图 3－1 所示。

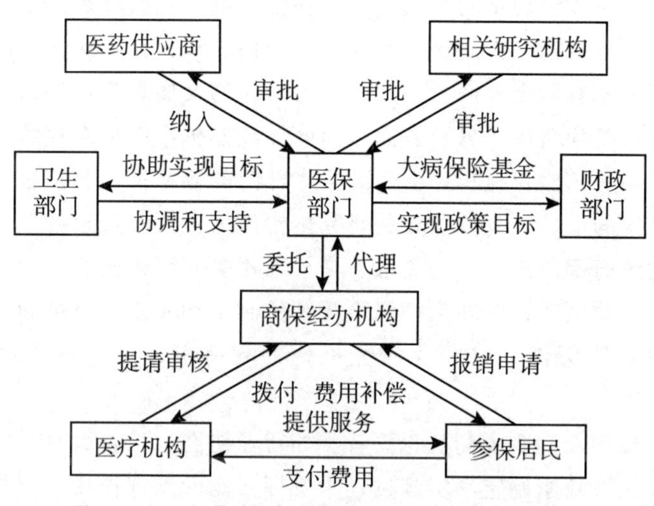

图 3－1　大病保险主要利益相关者作用关系

医保部门，是指政府医疗保险机构，代表政府在大病保险中发挥政策制定、实施、管理和监督等作用，是大病保险的核心和关键利益相关者。医保部门与其他利益相关者的作用关系主要体现在以下几个方面：一是医保部门与政府相关部门的关系。财政部门为医保部门提供资金支持和大病保险补助，是大病保险基金的主要来源，医保部门则要提高公共财政的资金使用效率，实现大病保险政策目标。医保部门大病保险政策的实施需要卫生部门的协调和支持，卫生部门则需要医保部门通过大病保险政策实施，共同实现保障群众健康避免经济风险的目标。二是医保部门与商业保险经办机构的关系。医保部门与商业保险经办机构（简称商保经办机构）是以政府购买服务的方式建立的委托代理关系。通过公开招标选择商保经办机构，双方签订合同，并履行合约。医保部门将大病保险经办业务委托给商保机构，并支付相应的费用，商保经办机构利用专业人员和专业管理优势，代理医保部门承担大病保险经办业务，并获得相应的报酬。三是医保部门与医药供应商的关系。医保部门确定纳入医保报销范围目录的药品、医疗器械等，医药供应商通过医保部门的审核，提供医保报销范围目录内的药品和器械。

由于商保经办机构受医保部门委托行使经办业务，因此代理医保部门与其他利益相关者发生作用关系，主要表现在以下几个方面：一是商保经办机构与医疗机构的关系。医疗机构提供大病保险医疗服务的服务项目和经费，提请商保经办机构审核，商保经办机构审核后按照大病保险政策的规定将合规的费用按比例拨付医疗机构。二是商保经办机构与参保居民的关系。参保居民向医保机构缴纳医疗保险费用，并向商保经办机构提出大病医疗费用报销申请，商保经办机构审核后，按照大病保险政策规定的补偿比例和补偿范围，将医疗费用报销后补偿给参保患者。医疗服务机构是大病保险医疗服务的提供者，在大病保险政策实施过程中主要的作用关系有两个方面：一方面是为参保的大病患者提供医疗服务，患者向医疗机构支付医疗费用。另一方面是向商保经办机构提请医疗费用审核，并获得经济补偿。当然，医疗机构还会受到卫生部门的业务指导和监督管理，并为卫生部门树立良好的形象。高校等相关研究机构作为主要利益相关者主要与以医保部门为代表的政府部门产生作用关系。高校等相关研究机构通过研究为政府决策部门提供参考和政策建议，在大病保险政策的制定和实施、改革和发展中得到采纳。同时，政府决策部门在相关研究机构的支持下，提高科学决策的能力和水平。

另外，大病保险的次要利益相关者，如行业协会、社会大众、媒体和司法部门等，在大病保险政策制定和实施过程中发挥一定的外部作用，但作用的持续性不强、产生影响不大且作用有限。

（五）大病保险利益相关者收益与风险分析

在上述大病保险利益相关者的利益构成、影响力和作用关系分析的基础上，将利益相关者分为三种类型，即关键利益相关者、主要利益相关者和次要利益相关者，再进一步分析大病保险各利益相关者可能得到的收益和风险。大病保险利益相关者可能的收益与风险分析结果如表 3－36 所示。第一种类型为关键利益相关者。其特点是，拥有高级别的组织机构，拥有高的权力和地位，对资源有控制分配权，在大病保险政策制定和实施中发挥关键性作用。如政府财政部门、医保部门和卫生健康委员会等。财政部门的可能收益主要表现在财政对医疗保险和大病保险的支持，通过将公共财政服务于民获得政治支持。可能存在的风险是财政资金不足，资金使用效率低下，针对性不强。医保部门的主要收益是大病保险政策目标的实现。同时，体现医保部门的引领作用、协调作用和管理水平。可能存在的风险主要表现在，大病保险基金使用效率低下，保障能力和水平不高，保障成效不明显，可持续性差，没有解决大病保险的问题。卫生健康部门的可能收益主要表现在积极配合支持大病保险政策的实施，加强医疗机构服务的业务指导、医疗服务的质量和行为等的监督管理，为大病保险政策的实施提供支持和保障。可能存在的风险是，大病保险政策的主体，如财政部门、医保部门等，以及政策的客体如大病保险参保的患者等，对卫生健康部门在大病保险医疗服务的业务指导、医疗服务质量和行为的监督管理等存在不满意状况。第二种类型是主要利益相关者。其特点是，具有较高级别的组织机构，拥有较高的影响力，对资源有一定的控制分配权，在大病保险政策制定和实施中发挥主要作用，如商保经办机构、医疗服务机构、参保者、相关研究机构和药品器械供应商等。商保经办机构是政府购买服务的具体经办者和相关业务管理者，并通过签订合同建立契约关系。商保经办机构在大病保险政策实施过程中的可能收益主要表现是，与政府部门建立良好的关系并取得信任，共享医疗保险和大病保险的数据信息，充分了解大病保险的业务流程和规范，保障大病保险业务的有效运行，并根据合同获得一定的利润，由此奠定拓展医疗保险市场经营范围的基础。可能存在的风险是，商保经办机构在实际运行操作过程中受到过多的约束和制约，难以充分发挥其业务管理的专业优势。政府部门目标明确、要求高，商保经办机构需要承担的责任大，但相应的权利和条件不对等，在可持续发展上存在风险。医疗服务机构是大病医疗服务的提供者，其在大病保险政策实施中可能得到的收益是：得到医疗服务技术的锻炼，提升大病医疗服务的能力和水平，获得医保的经济补偿，提升医疗机构的声誉，获得政府的更大的支持。可能存在的风险是：由大病医疗服务所获得的医保补偿水平低，大病诊治新方法和技术使用受限，可能会导致医生行为改变和患者的不满意。参保者是大病医疗服务和大病保险的需求方，其在大病保险政策实施中可能得到的收益是，在患有大病时可以得到救治，医疗费用得到大病保险的有效补偿，并不因此产生灾难性经济负担，即减少大病造成的健康损失和经济损失。可能存在的风险是，患大病时大病保险经济补偿能力低，参保患者自付费用高，造成巨额经济负担。或者，所患大病并不在大病保险的范围内。相关研究机构在大病保险政策实施过程中的可能收益主要表现是，相关研究成果得到政府决策部门的采纳，研究能力和研究水平得到政府部门认可，学术声誉得到提升。可能存在的风险是，政策研究中科学性不强，方法缺陷，对政策环境分析不充分，可行性差，导致研究方案实施过程中产生偏离政策目标后果，或者理论和实际的结合有差距，操作性不强，未能被决策部门采纳和应用。药品器械供应商在大病保险政策实施过程中的可能收益主要表现为，生产的药品和医疗器械等产品被纳入大病医疗保险的保障范围，在参保患者大病救治过程中得到医疗机构的应用，并因此可以获得市场份额和利润。可能存在的风险是，所生产的产品未纳入大病医保目录范围，产品销售和使用受到限制，产品市场范围小，效益差。第三种类型为次要利益相关者。其特点是，具有一定级别的组织机构，拥有一定的影响力，对资源没有控制和分配权，在大病保险政策制定和实施中有一定作用但产生的影响并不大，因此发挥次要作用，是大病保险的次要利益相关者。如行业协会、社会大众监管和司法部门等。行业协会在大病保险政策实施过程中的可能收益的主要表现是，对大病医疗服务诊治规范和路径等的业务指导和监管，并得到政府部门和社会的认可。可能产生的风险是行业协会指导和监管能力有限，实施过程中遇到阻力，权威性受影响。社会大众监管在大病保险政策实施过程中的可能收益主要表现在，在大病保险服务中发挥社会大众第三方监管作用，体现公平性。可能产生的风险是，由于医疗服务市场的特点，供方垄断，加上沟通不畅导致科学依据不足而存在一定的偏见。司法部门在大病保险政策实施过程中的可能收益的主要表现是，在提供大病保险服务过程中出现违法状况并提起诉讼时，能够主持公平和正义，惩罚违法行为，并得到社会信任。可能产生的风险是，由于医疗卫生领域专业性强，复杂性高，涉及范围广，再加上供方垄断，信息不对称等特点，可能在判定过程中受到各种因素干扰而影响其正确性。

表3-36　　大病保险利益相关者可能的收益与风险

主要利益相关者	属性	收益	风险
财政部门	关键利益相关者	体现公共财政为民服务，获得政治支持	资金不足，效果不明显，资金使用效率低下
医保部门	关键利益相关者	实现大病保险政策的目标，体现协调、决策和管理能力，提升政府机构形象	基金不足保障效果差，可持续性差；保障范围小，保障水平低；不能解决大病保险问题
卫生健康委	关键利益相关者	通过对医疗服务提供机构的业务指导、质量和行为监管等，为实现大病保险目标提供保障	大病保险政策主体和客体对大病医疗服务质量不满意；对大病医疗服务的行为不满意；对医疗机构的监管水平不满意
商保经办机构	主要利益相关者	业务能力得到政府部门的支持和认可；相关数据分享，大病保险业务有效运作	成本高补偿少难以维持运行；业务能力难以充分发挥，经办作用和成效不明显
医疗服务机构	主要利益相关者	通过为大病患者服务提升医疗技术水平；获得医保对医疗机构补偿；提高医疗服务机构声誉，获得政府更多支持	大病保险补偿水平低；大病诊治新方法和技术得不到医保补偿；医生行为改变；患者不满意
参保者	主要利益相关者	患大病时得到救治，医疗费用得到医保的有效补偿，未产生灾难性经济负担	大病医保经济补偿能力低，参保患者自付费用高，造成巨额经济负担

续表

主要利益相关者	属性	收益	风险
相关研究机构	主要利益相关者	研究成果得到政府决策部门的采纳；学术声誉得到提升，体现学术水平	政策研究中科学性不强和政策环境分析可行性不足导致与政策目标偏离。相关研究理论和实际结合有差距，操作性差
药品器械供应商	主要利益相关者	遵守医保相关规定，在大病救治中产品得到医疗机构应用，获得市场和利润	产品未纳入大病医保目录范围；产品市场范围小，效益差
行业协会	次要利益相关者	业务指导和监管得到政府部门和社会的认可	指导和监管能力有限，实施过程中遇到阻力，权威性受影响
社会大众监管	次要利益相关者	发挥社会大众监管的作用，体现公平性	科学依据不足而存在一定的偏见
司法部门	次要利益相关者	主持公平和正义，惩罚违法行为，严格执法得到社会信任	医疗卫生领域专业性强，复杂性高，供方垄断，信息不对称，影响正确的判定

六、主要结论

（一）大病保险的利益相关者的概念界定和分类

1. 概念

大病保险的利益相关者，是指拥有大病保险的法定权益，能够影响大病保险政策目标的实现，或者在大病保险政策目标实现过程中受到影响的所有个体和群体。比如，参保居民、国家政府相关部门、地方政府部门、研究机构（或知名专家）、商业保险经办机构、医疗服务机构、药品和器械供应商、行业协会、社会大众监督和媒体，以及司法部门等。

2. 分类

应用国际上常用的米切尔评分法的基本思想，根据具有的合法性、权力性和紧迫性等属性，对大病保险的利益相关者进行判断和分类。大病保险利益相关者分为三类：第一类是确定型利益相关者。该类型的特征是同时拥有合法性、权力性和紧迫性三种属性。确定型利益相关者是大病保险政策中重点关注和产生重要影响的对象，主要包括政府医保部门、居民参保者、研究机构或知名专家，以及商业保险经办机构等。第二类是预期型利益相关者。该类型的特征是在三种属性中具备任意两种，同时拥有合法性和紧迫性的群体，如媒体、社会组织等。预期型利益相关者是大病保险政策中需要关注的对象。第三类是潜在型利益相关者。该类型的特征是只具备三种属性中的其中一种。

（二）大病保险利益相关者利益构成分析

大病保险利益相关者利益构成分析显示：大病保险政策的决策者、管理者和服务的提供者等大病保险的利益相关者，在其利益诉求的实现方面表现为“强”的实施能力，直接影响大病保险政策的制定和实施；大病保险的需求方参保居民、行业协会、社会大众监督和媒体等大病保险的利益相关者，在其利益诉求的实现方面表现为“较弱”和“弱”的实施能力，其中，尤其是参保居民，在满足其利益诉求的实施能力上表现为“弱”，而大病保险政策的核心和目标是避免参保居民灾难性经济负担，防止“因病致贫、因病返贫”现象发生。这是当前政策中最需要关注的问题；相关研究机构，在大病保险政策研究和提供政策建议等方面实施的能力并未得到充分重视，表现为“一般”。

（三）大病保险利益相关者影响力分析

通过大病保险利益相关者影响力的定性分析可知，医保部门、财政部门和卫生健康委等同时具有强的权威性、较强的合法性和较强的紧迫性，属于确定型利益相关者。这些利益相关者因投入了大病保险政策建设和发展所需的各种资源而获得大病保险权益，而对大病保险政策的制定、实施和发展产生直接影响，并在此过程中发挥重要的决定性作用，因此是大病保险的关键利益相关者；商保经办机构、医疗服务机构、相关研究机构、参保者和药品器械供应商等，亦同时具备一定的权威性、合法性和紧迫性，也属于确定型利益相关者，在大病保险政策实施过程中发挥主要作用，是主要的利益相关者；行业协会、社会大众监督和司法部门等，具备权威性、合法性和紧迫性三种属性中的两种，属于预期型利益相关者。

（四）大病保险利益相关者作用关系分析

在明确大病保险利益相关者概念界定和分类，以及利益相关者利益构成和影响力的基础上，系统分析大病保险主要利益相关者的作用关系，如大病保险政策制定和实施、改革和发展中，医保部门为代表的政府部门、商保经办机构、医疗机构、参保居民、相关研究机构和医药供应商等的作用对象和作用关系，对了解大病保险利益相关者彼此之间的作用和产生的影响具有重要意义。

（五）大病保险利益相关者收益与风险分析

在上述大病保险利益相关者的利益构成和影响力分析的基础上，将利益相关者分为三种类型，即关键利益相关者、主要利益相关者和次要利益相关者，再进一步分析大病保险各利益相关者可能得到的收益和风险。第一种类型为关键利益相关者。其特点是拥有高级别的组织机构，拥有高的权力和地位，对资源有控制分配权，在大病保险政策制定和实施中发挥关键性作用，如政府财政部门、医保部门和卫生健康委员会等。第二种类型是主要利益相关者。其特点是具有较高级别的组织机构，拥有较高的影响力，对资源有一定的控制分配权，在大病保险政策制定和实施中发挥主要作用，如商保经办机构、医疗服务机构、参保者、相关研究机构和药品器械供应商等。第三种类型为次要利益相关者。其特点是具有一定级别的组织机构，拥有一定的影响力，对资源没有控制和分配权，在大病保险政策制定和实施中有一定作用但产生的影响并不大，因此发挥次要作用，是大病保险的次要利益相关者。

第四章

大病保险的实证分析

大病不仅给患者造成健康损失，而且会给患者、家庭和社会带来巨大的经济负担。因此，大病长期以来受到人们的高度重视，并对大病保险进行不断的探索。我国大病保险（狭义上的城乡居民大病保险）制度建设的里程碑，是国家发改委等六部门于 2012 年 8 月发布的《关于开展城乡居民大病保险工作的指导意见》。在此指导意见的指引下，部分省、市和地区开展城乡居民大病保险的试点。在总结试点经验的基础上，2015 年 7 月，国务院办公厅发布《国务院办公厅关于全面实施城乡居民大病保险的意见》，要求在全国范围内推行城乡居民大病保险，这标志着我国大病保险由局部试点逐步迈向全面覆盖。城乡居民大病保险在建设和发展过程中，因地制宜，不断探索和实践，逐步形成具有特色和代表性的大病保险的模式，本章通过对代表性地区大病保险的实证分析，分析其主要做法和取得成效，总结经验和不足，为大病保险模式的创新和发展提供参考。

代表性地区的选取遵循以下原则：一是社会经济发展状况。根据社会经济发展水平，如人均地区生产总值和人均可支配收入等指标，选择能够体现高、中、低三种发展水平的地区。既有经济发达地区，也有经济发展一般和欠发达地区。二是大病保险政策的特点。选择的代表性地区实施的大病保险政策具有特殊性和代表性，如有的地区大病保险“保病种”，有的“保高额费用”，有的大病保险制度“两保合一”，有的“三保合一”等。三是地理位置特点。代表性地区的地理位置包括平原、沿海、高原山区，体现不同地区大病保险的经验和成效。四是具有一定的影响力。选择代表性地区大病保险应当具有一定的影响力，比如文献中公认的大病保险的典型模式，或者是在实践中具有创新发展思路、具体实施的举措和一定成功经验的大病保险制度。五是实证分析的可行性。除了考虑上述原则外，还要考虑大病保险实证分析的可行性。实证分析需要得到当地相关政府部门和其他相关部门的大力支持，尤其是调查的数据、现场调研、会议访谈等。

在上述原则的指导下，综合考虑大病保险政策环境因素及其特征，本研究选择下列代表性地区进行大病保险的实证分析：一是上海市。其特点表现在，社会经济发展水平高、统筹层次高、基本医疗保障水平高、全国唯一一个大病保险“保病种”的地区、具有较强的影响力。二是苏州市。其特点表现在，社会经济发展水平高、大病保险实现真正意义上的“三保合一”，即城镇职工医疗保险、城镇居民医疗保险和新型农村合作医疗的有机整合、商业保险机构深度参与，承办大病保险效果显著。三是太仓市。其特点表现在，社会经济发展水平高、大病保险模式探索者和先行者、“差异化缴费、同等化待遇、公平性保障”，即将城镇职工和城乡居民统一纳入大病保险保障范围之内，并采取差异化缴费，城镇职工筹资高于城乡居民，但不同主体统一享受同样的保障待遇、大病保险对特殊群体倾斜。四是江阴市。其特点表现在，社会经济发展水平较高、形成城乡居民多层次保障体系（基本医疗保险、大病救助险和大病补充保险）、大病补充保险基金的筹集来自个人缴费、积极探索大病商业补充保险。五是湛江市。其特点表现在，社会经济发展水平中等、地处沿海地区、实现了“二保合一”（即城镇居民基本医疗保险和新型农村合作医疗整合为城乡居民医疗保险，且筹资标准、财政补贴和待遇水平一致）、加强贫困和特困人员保障。六是贵州黔南州。其特点表现在，社会经济发展水平相对较为落后、少数民族人口占58%、农村居民占户籍人口比例80%以上、贫困人口多，属于国家重点扶贫地区、大病保险统筹层次高、受益人数多、保障水平不断提升。七是陕西省宝鸡市。其特点是经济不发达，但对大病有较高的补偿水平。八是安徽省金寨县。其特点表现在，贫困地区建立多层次大病保障，保障效果较好。

第一节　上海市大病保险实证分析

一、基本情况

上海市位于中国华东地区，直辖市，属于省级行政区，是中国经济、金融、贸易、航运和科技创新中心。上海市共辖16个市辖区，土地面积为面积6 340.5平方千米。截至2018年末，全市常住人口总数为2 423.78万人。其中，户籍常住人口1 447.57万人，外来常住人口976.21万人，实现地区生产总值32 679.87亿元。全市共有医疗卫生机构5 298所，卫生技术人员20.65万人。全年全市医疗机构共完成诊疗人次2.76亿人次。反映区域健康状况的指标达到国际先进水平：市户籍人口平均期望寿命达到83.63岁。其中，男性81.25岁，女性86.08岁；上海地区婴儿死亡率为3.52‰；孕产妇死亡率为1.15/10万。①

至2018年末，上海市共有1 524.82万人（包括离退休人员）参加职工基本医疗保险，有342.76万人参加城乡居民基本医疗保险②。根据国家相关政策《关于开展城乡居民大病保险工作的指导意见》和《关于全面实施城乡居民大病保险的意见》，大病保险主要是指城乡居民大病保险，其属性是城乡居民基本医疗保险的拓展和延伸，实质上是在居民基本医疗保险补偿基础上的二次报销。从上海市城乡居民基本医疗保险补偿政策来看，其补偿是按照就医方式（门诊、住院）、医疗机构级别、人群年龄分段分类进行补偿，对于年龄大的患者在低级别医疗机构住院就医给予补偿力度最强（见表4-1）。

表4-1　　上海市城乡居民基本医保补偿现状

年度	医保待遇	人群分类	起付标准（元）			医保基金支付比例（%）		
			一级	二级	三级	一级	二级	三级
2018年度、2019年度	住院待遇	≥60岁	50	100	300	90	80	70
		<60岁				80	75	60
	门急诊待遇	≥60岁		300		70	60	50
		中小、婴幼儿、19~59岁		500				
2016年度、2017年度	住院待遇	≥60岁	50	100	300	90	80	70
		<60岁				80	70	60
	门急诊待遇	≥60岁		300		65	55	50
		中小、婴幼儿、19~59岁		500				

资料来源：根据上海市医保局网站相关医保待遇政策整理，https://ybj.sh.gov.cn/jb_jbdyl/20181121/0038-230.html；https://ybj.sh.gov.cn/jbcbjfl/20160103/0038-222.html。

① 资料来源：《上海年鉴2019》。

② 根据2016年1月发布的《国务院关于整合城乡居民基本医疗保险制度的意见》，对城镇居民基本医疗保险和新型农村合作医疗两项制度进行整合，建立统一的城乡居民基本医疗保险制度。

上海市前十位疾病的死亡原因，以 2017 年为例，依次为循环系统疾病、肿瘤、呼吸系统疾病、内分泌营养代谢病、损伤中毒、消化系统疾病、神经系统疾病、精神病、传染病及寄生虫病和泌尿生殖系病（见表 4－2）。全市共有1 573.37 万人（包括离退休人员）参加城镇职工基本养老保险，有 78.70 万人参加城乡居民基本养老保险。最低生活保障标准从 2017 年的每人每月 970 元提高到 1 070 元，增长 10.3%。月最低工资标准从 2 300 元提高到 2 420 元。

表 4－2　上海市 2017 年前十位疾病死亡原因和构成

死亡原因	死亡率（1/10 万）	占死亡总数（%）
循环系统疾病	350.85	40.40
肿瘤	265.02	30.52
呼吸系病	72.55	8.35
内分泌营养代谢病	45.96	5.29
损伤中毒	40.92	4.71
消化系病	20.36	2.34
神经系病	12.41	1.43
精神病	9.23	1.06
传染病及寄生虫病	8.10	0.93
泌尿生殖系病	7.56	0.87

资料来源：2018 年《上海统计年鉴》。

二、上海市大病医保政策演变

上海市城乡居民大病保险最早可追溯到 1997 年建立的大病统筹合作医疗，依据国家、上海市相关政策调整力度，上海市城乡居民大病医保大致可划分为 3 个阶段。

（一）农村合作医疗大病补偿的探索与实践（1997～2013 年）

1997 年，上海市《关于改革和完善本市农村合作医疗制度意见的通知》中提出，在农村合作医疗中开展大病统筹工作，并在奉贤县实施全县大病统筹合作医疗，住院医药费 5 000 元以上部分实施按费用分段不同比例补偿（王志锋等，1997；卫润石，1998）。2002 年，上海市大病统筹保险在政府 2002（94）号文件指导下，郊区农村合作医疗又有了新的发展和完善，如青浦区对企业进行税收托收加大区级大病社会统筹力度，完善大病社会统筹等，更加丰富了大病统筹筹资渠道。2008 年，上海市发布《关于巩固和发展新型农村合作医疗制度意见》，提出门诊大病补偿和大病减贫补助补偿。门诊大病补偿按照病种和费用两种形式补偿，大病减贫补助补偿主要用于针对贫困人员医疗费用的二次补偿。新型农村合作医疗大病保险在统筹范围上实现市级统一。

（二）城乡居民大病保险的探索与实践（2014～2016 年）

根据 2012 年国家六部委联合颁布的《关于开展城乡居民大病保险工作的指导意见》要求，结合上海大病保障的实际情况和特点，2014 年 7 月，上海市制定并实施《上海市城乡居民大病保险试行办法》，该办法规定上海市大病保险基金来源于城镇居民医保基金和新型农村合作医疗基金，标准为筹资总额度的 3%，并由商业保险公司承办。保障范围为个人负担较重的 4 类疾病治疗，包括重症尿毒症透析治疗、肾移植抗排异治疗、恶性肿瘤治疗、部分精神病病种治疗。

（三）城乡居民大病保险全面实施（2017 年至今）

2016 年 1 月，上海市制定并实施《上海市城乡居民基本医疗保险办法》，将城镇居民医保与新型农村合作医疗保险整合，探索建立城乡统一的基本医疗保险制度。城乡居民医保统一后，为保证上海市城乡大病保险有效实施管理，同年 12 月 23 日，市政府办公厅印发《上海市城乡居民大病保险办法》，并于 2017 年 1 月开始实施。新办法重新调整上海市城乡居民大病保险筹资标准和补偿比例，其中筹资标准为城乡居民基本医保当年筹资总额的 2%，补偿比例由原来的 50% 提高到 55%，并由商业保险公司承办。上海市城乡大病保险相关政策内容如表 4－3 所示。

表 4－3　　上海市城乡大病保险发展相关政策

政策文件	时间	筹资	补偿	运行
《关于改革和完善本市农村合作医疗制度意见的通知》	1997 年	各级政府、镇村企业	住院大病费用分段按不同比例补偿	县镇大病统筹
《关于巩固和完善本市农村合作医疗的补充意见》	2002 年	县、乡镇政府、村集体基金等	住院大病费用分段按不同比例补偿	区县大病统筹
《关于巩固和发展新型农村合作医疗制度意见》	2008 年	各级政府、村集体、企业、个人	按病种和费用补偿	区县级大病统筹

续表

政策文件	时间	筹资	补偿	运行
《上海市城乡居民大病保险试行办法》	2014 年	居保基金、农保基金总额的 3%	居保：按病种补偿；农保：按病种和费用补偿	商办大病险
《上海市新型农村合作医疗商业大病保险实施意见》	2014 年	新农合当年筹资额的 5%	按病种和费用补偿	商办农保大病险
《关于实施上海市城镇居民大病保险有关事项的通知》	2015 年	居保基金的 3%	按病种补偿	商办大病险
《上海市城乡居民基本医疗保险办法》	2015 年	个人和政府补贴	居保：按病种补偿；农保：按病种和费用补偿	商办大病险
《上海市城乡居民大病保险办法》	2016 年	城乡居民保险基金的 2%	按病种补偿	商办大病险

资料来源：根据参考文献及政府政策整理。

三、上海市大病保险分析

（一）上海市大病保险总体情况

上海市于 2016 年 1 月 1 日实施《上海市城乡居民基本医疗保险办法》，将原城镇居民基本医疗保险和新型农村合作医疗统一整合为城乡居民基本医疗保险，即“两保合一”。因而 2016 年城乡居民基本医保参保人数和大病受益人数有了较大程度的增加。2017 年和 2018 年大病保险受益率在 5.14‰。大病保险基金支出 2016 年和 2017 年增长较快，年均增速 53.34%，超过居民基本医保基金支出增速 40.77%，大病保险支出占医保支出的比例在 1.29% ~1.75%。居民基本医保基金的结余，2015 年至 2018 年分别为 0.5 亿元、-0.17 亿元、2.29 亿元和 14.58 亿元（见表 4-4）。

表 4 - 4　　2015 ~ 2018 年上海市大病保险总体情况

年份	大病保险受益人数（人）	大病保险受益率（‰）	大病保险基金支出（万元）	居民基本医保基金支出（亿元）	居民基本医保基金收入（亿元）	大病支出占居保支出比（%）	居保参保人数（人）
2015	6 074	2. 23	3 040. 36	23. 53	24. 03	1. 29	2 728 704
2016	15 515	4. 59	7 831. 21	53. 96	53. 79	1. 45	3 380 309
2017	17 699	5. 14	10 815. 09	61. 69	63. 98	1. 75	3 446 286
2018	17 601	5. 14	10 961. 27	65. 64	80. 22	1. 67	3 427 578

资料来源：上海市医疗保障局。

总体而言，上海市大病保险总体情况表明，大病保险的受益率稳中有提升，尤其是近两年稳定保持在 5. 14‰。大病支出占居保支出比例基本保持在一定水平，且略有下降。大病保险基金依赖于居民基本医保基金，而居民基本医保基金的结余有增长趋势，尤其是 2018 年达到 14. 58 亿元，为大病保险的可持续发展奠定了基础。因此，上海市现行大病保险政策在保障范围、保障能力和保障水平等方面，均呈现出平稳、有效、可持续、有潜力等特征。

（二）上海市大病保险医疗服务补偿情况

2015 ~ 2018 年大病补偿人次数，总体呈增长趋势，2017 年最高，达到 22 207 人次，2018 年基本平稳略有下降。大病保险门诊补偿金额呈逐年上升趋势，年均增长速度达到 63. 79%。大病保险住院补偿金额总体上呈增长趋势，其中，2017 年最高，达到 4 725. 64 万元，2018 年略有下降，为 4 374. 13 万元，年均增长速度为 41. 48%（见表 4 - 5）。除 2015 年外，其他年份大病保险门诊补偿金额均高于大病保险住院补偿金额，表明大病保险规定的病种更多是在门诊接受医疗服务。大病保险门诊补偿金额是住院补偿金额的 1. 19 ~ 1. 51 倍，且随着年份增加呈增长趋势，2018 年达到最高值（见表 4 - 5）。因此，就上海市大病保险医疗服务补偿情况而言，大病补偿人次增长到较为平稳的水平，大病保险门诊服务补偿金额与住院金额比增长速度更快，表明上海市大病医疗服务多发生在门诊服务中。

表 4-5　　2015~2018 年上海市大病保险门诊和住院补偿

年份	大病补偿人次（人次）	大病保险门诊补偿金额（万元）	大病保险住院补偿金额（万元）	大病门诊补偿/大病住院补偿
2015	7 113	1 499.08	1 541.28	0.97
2016	19 156	4 256.59	3 574.61	1.19
2017	22 207	6 089.45	4 725.64	1.29
2018	21 641	6 587.14	4 374.13	1.51

资料来源：上海市医疗保障局。

（三）上海市大病保险病种项目补偿情况

上海市大病保险病种项目补偿包括两个方面：一方面是大病保险主要病种项目补偿的人次，即大病保险补偿费用的流向；另一方面是大病保险主要病种项目补偿的费用，即大病保险补偿费用的流量。通过上述两方面分析，了解大病保险保障范围、保障重点和保障的能力。

上海市大病保险主要病种项目的补偿人次分析显示，2015 年大病保险补偿项目前三位依次为：精神疾病、恶性肿瘤化疗、恶性肿瘤中医药治疗；而 2016~2018 年，大病保险补偿项目前三位均为恶性肿瘤中医药治疗、化疗、精神疾病。2015~2018 年，上海市大病保险前三项病种项目的补偿人次之和，分别占各年总补偿人次的 86.12%、83.88%、84.52% 和 83.90%，是大病保险补偿费用的主要流向（见表 4-6）。

表 4-6　　2015~2018 年上海市大病保险各病种项目的补偿人次　单位：人次

补偿项目	2015 年	2016 年	2017 年	2018 年
化疗	1 638	5 792	7 146	7 062
放疗	323	890	1 125	1 089
血透	346	1 173	1 282	1 360
腹透	158	552	559	556
肾移植抗排异	20	70	80	93
同位素治疗	17	69	70	64
介入治疗	119	313	300	296
中医药治疗	1 621	6 537	7 949	7 726
精神病	2 867	3 739	3 674	3 368

续表

补偿项目	2015 年	2016 年	2017 年	2018 年
血友病	2	12	9	14
再障	2	9	13	13
合计	7 113	19 156	22 207	21 641

注：大学生的血友病和再生障碍性贫血属于居民大病保险保障范围。
资料来源：上海市医疗保障局。

上海市大病保险主要病种项目补偿的费用分析显示，从各项费用看，2015年大病保险病种项目补偿费用最多的是精神疾病治疗，第二是恶性肿瘤化疗，第三是血透；2016～2018 年大病保险病种项目补偿费用排在前两位的均为化疗和血透。此外，中医药治疗的补偿费用和精神病补偿费用也占较大比例。上述大病保险补偿费用的特点，体现了大病保险补偿费用的流量（见图 4－1）。

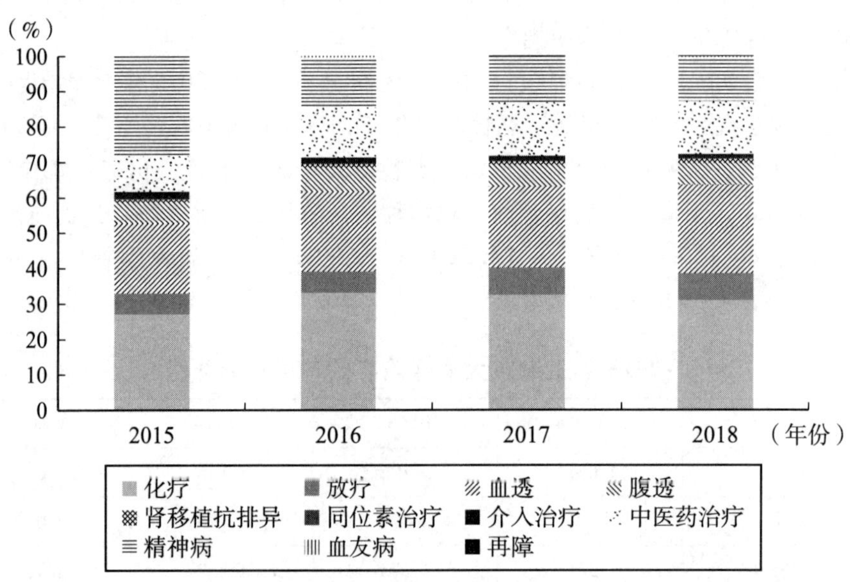

图 4－1　2015～2018 年上海市大病保险各病种项目补偿费用构成

资料来源：上海市医疗保障局。

（四）上海市大病保险参保者补偿情况

大病保险的成效主要体现在参保者得到大病保险经济补偿的情况。从上海市大病保险降低各病种和治疗项目患者自付医疗费用情况分析，总体而言，2015～2018年分别使大病患者自付医疗费用占比降低 13.82 个、13.47 个、14.86 个和 16.02 个百分点。大病保险对血友病和肾移植抗排异患者的医疗费用负担减轻程度最大，其次为血透，再次为腹透和放疗。上海市居民大病保险中，大学生参保者是其中组成部分。政策规定，大学生的血友病和再生障碍性贫血属于居民大病保险保障范围，而居民则仅限于4种病种的保障。目的是为大学生这一特殊群体提供范围更大的保障，避免他们因患大病造成的灾难性医疗经济负担，体现出对大学生的优惠政策。实践证明，对大学生大病保险的保障力度和保障水平较高。另外，从变动趋势来看，2015～2018年上海市大病保险病种和治疗项目中，化疗、放疗、血透、腹透、中医药治疗、精神病、血友病等自付医疗费用降低的比例呈增长趋势，而再生障碍性贫血的自付医疗费用降低的比例呈减少的趋势（见表4－7）。

表4－7　2015～2018年上海市大病保险降低各病种患者自付医疗费用百分点

单位：%

补偿项目	2015年	2016年	2017年	2018年
化疗	11.68	11.58	12.69	13.71
放疗	16.07	14.74	17.82	19.21
血透	19.86	18.70	20.25	20.74
腹透	18.24	17.89	19.25	19.33
肾移植抗排异	20.33	21.32	19.37	20.69
同位素治疗	15.55	15.84	14.44	17.48
介入治疗	12.13	11.80	12.63	12.24
中医药治疗	12.59	11.49	13.38	15.80
精神病	12.80	12.65	13.26	13.32
血友病	27.17	22.51	26.96	27.07
再障	4.88	23.32	15.51	12.74
合计	13.82	13.47	14.86	16.02

注：大学生的血友病和再生障碍性贫血属于居民大病保险保障范围。

资料来源：上海市医疗保障局。

从大病保险降低各病种患者门诊和住院自付医疗费用情况分析，门诊和住院各病种和治疗项目大病补偿效应结果显示，大病保险对降低大病患者门诊自付费用占比的效应较大，最高是2018年，降低了24.01个百分点，最低是2016年，降低了21.32个百分点。大病保险对降低大病患者住院自付费用占比的效应较小，各年使大病患者住院费用自付占比降低10个百分点左右。总体而言，上海市大病保险各病种和治疗项目的门诊患者和住院患者降低自付费用占比的幅度都呈现出增加的趋势，且门诊患者自付费用降低的幅度大于住院患者（见表4－8）。

表4-8　2015~2018年上海市大病保险降低各病种患者门诊和住院自付医疗费用百分点

单位：%

补偿项目	门诊				住院			
	2015年	2016年	2017年	2018年	2015年	2016年	2017年	2018年
化疗	21.31	20.43	22.92	24.77	9.37	9.45	10.22	10.70
放疗	23.92	23.68	26.06	26.75	11.46	10.95	13.02	13.56
血透	23.35	21.08	22.89	23.22	11.07	9.61	9.72	9.90
腹透	23.75	22.05	23.99	24.25	12.66	11.25	11.42	11.80
肾移植抗排异	23.80	24.19	25.99	26.22	6.59	8.36	7.04	7.01
同位素治疗	26.42	18.80	26.01	25.95	14.79	15.55	13.76	16.88
介入治疗	21.85	21.04	22.28	24.65	11.52	11.45	12.28	11.96
中医药治疗	22.12	21.04	22.72	23.27	7.02	5.96	6.47	7.23
精神病	23.98	22.82	24.39	25.18	10.65	10.65	11.46	11.51
血友病	27.17	24.75	27.28	27.07	0	17.03	20.29	0
再障	24.61	23.32	27.35	27.38	4.28	0	12.26	9.19
合计	22.93	21.32	23.29	24.01	9.97	9.36	10.13	10.67

注：大学生的血友病和再生障碍性贫血属于居民大病保险保障范围。

资料来源：上海市医疗保障局。

四、上海市大病医保政策的评述

通过对上海市大病医疗保险政策的梳理和总结，以及2015~2018年大病保险运行和补偿的实际情况分析，对上海市大病保险政策的评述如下。

（一）上海市大病医疗保险特色鲜明

上海市大病医保在国内开展较早，在其形成、建设和发展过程中，结合上海自身的社会经济发展特点，以及人口健康、疾病变化和医疗保障等实际情况，通过积极探索、锐意改革和勇于实践，积累了丰富的经验，形成了具有上海特色的大病保险。在国家发展改革委、卫生部、财政部、人力资源社会保障部、民政部和保监会联合颁布的《关于开展城乡居民大病保险工作的指导意见》以及国务院办公厅颁布的《关于全面实施城乡居民大病保险的意见》的指引下，上海市大病医疗保险根据自身社会经济发展的特点、人口结构和健康特征、疾病变化情况，以及居民基本医疗保障的水平，在国内形成唯一一个以大病病种而不是医疗费用标准作为大病保障对象的省市。

（二）上海大病医疗保险成效显著

2016 年，上海市城乡居民基本医疗保险实现统一，农村居民保障水平因此得到了进一步提升。上述实证分析结果表明，2018 年度、2019 年度大病保险补偿水平较 2016 年度、2017 年度有显著提高。上海市城乡居民大病保险补偿是在基本医疗保险补偿基础上进行的二次补偿。因此，对于接受 4 个大病病种相关治疗的患者来说，城乡居民基本医疗保险补偿与大病医疗保险补偿水平决定着患者个人就医负担。上海市城乡居民基本医疗保险补偿政策，是按照就医方式（门诊、住院）、医疗机构级别、人群年龄分段分类进行补偿，总体而言对于高龄患者、在低级别医疗机构就医、以住院方式就医的参保者给予补偿力度最强。

（三）上海大病医疗保险的优势和不足

目前，上海市大病医疗保险补偿是按照 4 个病种相关治疗进行补偿，与按医疗费用补偿相比，大病病种补偿具备一定优势，主要表现在几个方面：一是精准保大病。大病保险是为了解决城乡居民“因病致贫、因病返贫”问题而做出的一项制度性安排，其根本目的是保障参保者避免因患大病而造成的灾难性医疗费用损失。尽管大病保险补偿最终体现为费用的补偿，但是，大病保险按医疗费用补偿的方式使保障范围泛化，模糊了保大病的初衷，容易产生医疗服务的诱导需求和道德损害等行为。因此，上海市的大病保险充分体现了精准保大病的特点。二是大病保险效果好。实践结果表明，上海市大病保险在降低各病种和治疗项目患者自付医疗费用的效果显著。2016～2018 年分别使大病患者自付医疗费用占比降低 13.47 个、14.86 个和 16.02 个百分点，尤其是对肾移植抗排异、血透、腹透和放疗患者的医疗费用负担减轻程度最明显。三是保障系统较完善。上海大病保险效果明显，居民整体上感觉保障效果好的基础是在于上海拥有较完善的保障系统。大病保险的补偿设计和保障效果，依赖于拥有较高水平的城乡居民基本医疗保险化解医疗风险能力。上海市较高的基本医疗保险保障水平，使大部分人的医疗问题在基本医疗保险范围内得到解决。在此基础上，针对病种设计的大病保险再给予报销和分担，加之与医疗救助系统的相互结合和相互协同，共同提高保障效果。当然，大病保险制度中“保病种”模式也存在一定问题（沈焕根等，2013；周绿林等，2013），比如：保障疾病范围相对较窄；部分大额医疗费用的疾病无法补偿；病种选取标准条件要求高等。政府对大病保险高度重视，如何根据不同发展阶段的特点和要求做好该项工作，在充分考虑筹资、保障覆盖面、保障水平的基础上，切实保障大病患者最大可能地避免由此造成的灾难性经济负担，是下一步发展需要思考和规划的关键问题。

（四）上海市大病医疗保险发展趋势

新时期，在新一轮卫生健康的改革和建设发展中，上海被赋予新的使命，对其发展提出更高的要求。党的十八大以来，健康中国上升为国家战略。上海在健康中国建设中，应对标国际医疗服务先进水平，继续当好新时代改革开放排头兵和创新发展先行者，起到引领和示范作用。2020 年，上海将建设成为亚洲医学中心城市，同时，引领长三角一体化建设和“卓越全球城市”建设成为上海市的战略发展目标，为未来上海市卫生健康的发展指明了方向。尽管上海拥有优质的卫生资源并在卫生健康服务中取得显著成效，但是面对未来战略发展目标，卫生健康改革和发展方面将面临新的挑战。同样，对上海市大病医疗保险发展提出新的要求。

根据国际上医疗保险发展趋势、上海的战略目标，以及上海市社会经济发展的特点和卫生健康需求，上海市大病医疗保险发展趋势主要体现在两个方面：一方面，是整合碎片化的大病保险政策，实现参保者同等待遇，促进保障的公平性。由于历史性原因，城镇职工大病医疗保险、城镇居民大病医疗保险和新农合大病医疗保险分别独立运行。大病保险体系的“条块分割”“碎片化”不仅违背社会保险的互助性特征，降低风险分担效果，损害社会公平，而且增加基本医疗保险的运行和监管成本，影响制度的健康可持续发展。2016 年，上海市城镇居民大病医疗保险和新农合大病医疗保险合并，实现“两保合一”。医疗保险制度的统一以及不同人群医保待遇的一致性亦是全球城市医疗保险发展的经验。因此，上海大病保险发展趋势之一，应当体现在继续推行城镇职工大病医疗保险与城乡居民大病医疗保险的合并，最终实现“三保合一”，不仅有利于参保者实现同等医保待遇，而且会促进卓越全球城市建设的战略目标的实现。另一方面，是进一步突出大病保险的保障定位，构建完整意义上的大病保险的体系。当前的大病保险是狭义的大病保险，主要是指城镇居民的大病保险。而且，不论是城镇居民大病保险，城镇职工大病保险，还是新型农村合作医疗大病保险，都是基本医疗保险制度的拓展和延伸。目前不管是基于病种还是基于费用的补偿模式，在政策执行过程中都是对基本医疗服务费用的二次报销，没有突出针对发生灾难性医疗支出家庭提供保障的特点（姜学夫，2018）。上海市在新时期战略发展目标的实现，必须具备全球的视野、创新的理念、先进的科技、智能化技术和高质量的服务。因此，上海大病保险不仅要保障基本医疗服务，而且要在保障非基本医疗服务和高端医疗服务等方面进行探索和实践。上海市大病医疗保险在未来建设和发展中，要基于目标、勇于创新、敢于探索、强于实践，建立和完善具有上海特色的大病保险创新发展模式，为我国大病保险制度的发展和完善提供“上海方案”。

第二节　苏州市大病保险实证分析

一、基本情况

苏州位于长江三角洲中部、江苏省东南部，总面积8 657.32平方公里。全市地势低平，河流、湖泊、滩涂面积占全市总面积的36.6%，是著名的江南水乡。截至2018年末，全市共有52个镇，40个街道，1 180个居委会和1 025个村委会。其中，市区总面积4 652.84平方公里，包括20个镇，33个街道，626个居委会和436个村委会。地区生产总值18 597.47亿元，其中第三产业占比50.8%。新一代信息技术、生物医药、纳米技术、人工智能四大先导产业产值占规模以上工业总产值的比重达15.7%。成为首批国家服务型制造示范城市。①

苏州市人口总量和结构基本稳定。2017年末全市常住人口1 068.4万人，其中户籍人口691万人。户籍人口出生率12.01‰，户籍人口自然增长率4.81‰。全市常住居民人均可支配收入50 603元，比上年增长8.6%。其中城镇常住居民人均可支配收入58 806元，比上年增长8.2%；农村常住居民人均可支配收入29 977元，比上年增长8.3%。2017年末全市拥有各类卫生机构3 160个，其中医院193个、卫生院93个。卫生机构床位数6.66万张，其中医院病床5.61万张；拥有卫生技术人员7.96万人，其中医生3.03万人、注册护士3.45万人，分别比上年增长9.4%和12.6%。全市建成国家级医学重点学科2个、临床重点专科16个。全市累计建成23家医联体，覆盖137家医疗机构，组建家庭医生团队1 036个。基层医疗卫生机构门急诊总量和增速均超过综合医院。社会保障水平进一步提高。全市最低工资标准上调至1 940元/月。全市企业职工养老保险缴费人数505.98万人，比上年增加27.52万人，企业养老保险享受人数154.42万人。城乡居民社会养老保险参保人数44.88万人，领取基础养老金人数41.97万人，城乡居民基础养老金继续提高。城镇职工基本医疗保险参保人数688.31万人，失业保险参保人数464.58万人，工伤保险参保人数469.13万人，生育保险参保人数486.21万人。居民医保财政补贴提高到每人每年480

① 《苏州概览》，苏州市人民政府网，http：//www.suzhou.gov.cn/szsrmzf/szgl2018/szgl2018.shtml#location。

元。全市发放社会保障卡 1 160 万张，持卡公共服务项目开通率达 100%，网上服务提供率达 80%①。

苏州市作为东部经济发达城市，其医疗保障能力和水平处于领先地位，医药卫生体制改革亦走在全国前列。自 2013 年实施大病保险制度以来，取得了较为显著的成效，当地居民的医疗负担得到进一步的降低，有效避免了参保的大病患者因病造成的灾难性卫生支出。经过多年的探索和实践，苏州市形成了较为独特的大病保险运行模式。为深入了解和分析苏州市大病保险模式，总结相关的经验，为其他地区的大病保险实践提供参考，本研究将其专门作为典型案例进行调研。案例分析的主要内容包括苏州市大病保险政策演变、运行模式、特征、经办成效等几个方面，并在此基础上，分析苏州大病保险模式所需的条件、提出未来发展建议，为大病保险制度的改革、深化和模式的创新发展提供参考建议。

二、苏州市大病保险政策演变

从苏州市大病保险发展历程来看，其政策的演变大体经历了两个阶段，即大病保险政策实施的初始阶段以及全面提升阶段。前一阶段为大病保险试点推行时期，主要通过医疗救助（年度救助）的方式对参保大病患者发生的高额医疗予以再次补偿，其保障范围以及保障水平要远低于后一阶段。2018 年 1 月 1 日，随着《关于进一步完善苏州市大病保险制度的实施意见》的施行，苏州市大病保险工作进入全面提升阶段，开启了当地大病保险发展的新纪元。相关发展历程具体如下。

（一）初始阶段（2013～2017 年）

为降低大病患者的高昂医疗费用负担，在国家大病保险相关政策要求和指引下，苏州市开始推行大病保险政策。在原《苏州市区社会医疗救助办法》保费补助、实时救助、年度救助三种救助方式的基础上，将自费救助纳入医疗救助，颁布了《苏州市社会医疗救助办法》，通过扩大原医疗救助范围和救助水平的方式来体现大病保险政策，对低收入等困难群体予以进一步的保障。年度救助覆盖所有参保群体，而保费补助、实时救助和自费救助者三类救助仅针对低保特困人员以及低保边缘重病困难对象。其中，年度救助起付线为 4 000 元，

① 《2018 年苏州统计年鉴》，《2018 年苏州市国民经济和社会发展统计公报》，苏州市人民政府网，http://www.suzhou.gov.cn/szsrmzf/szgl/szgl.shtml。

从 4 000 元到 10 万元以上分为 8 个区段，补偿比例从 30% 到 95% 不等。自费救助的住院合规医疗费用从 6 000 元到 10 万元以上分为 4 个区段，补偿比例从 70% 到 90% 不等。年度救助与自费救助均不设封顶线，并由商业保险机构承办具体理赔工作。

《苏州市社会医疗救助办法》的正式实施，在进一步完善社会医疗救助制度的基础上，新增了困难人员自费救助，在全国首创建立了“保费补助、实时救助、年度救助、自费救助”的“四位一体”社会医疗救助体系，低收入群体的大病医疗费用支出风险得到进一步降低，普通居民的高昂医疗费用负担也得到一定程度上的降低。苏州市社保中心数据显示，2013 年全年保费补助 13 606 人，减免保费达 253.44 万元；实时救助 177 043 人次，救助金额达 3 217.68 万元；年度救助 18 470 人，救助金额达 3 759 万元，自费救助 2 785 人次，救助金额达 1 443.28 万元。

这一时期，苏州市并未单独制定大病保险制度，而是将大病保险融入医疗救助政策，普通意义上的大病保险主要通过年度救助的方式来实现，自费救助则是对低收入等困难群众的自费住院医疗费用进行的再次补偿，以避免大病患者发生家庭灾难性卫生支出。

（二）全面提升阶段（2018 年至今）

2017 年 11 月 30 日，苏州市政府办公厅颁布《关于进一步完善苏州市大病保险制度的实施意见》，并于 2018 年 1 月 1 日全面实施。该政策对原以年度救助形式开展的大病保险制度进行了进一步的拓展和优化。自此，苏州市大病保险进入全面发展与提升的阶段。无论是大病保险的筹资机制还是运行机制均得到进一步的强化，保障范围进一步扩大，保障水平更是实现了全面的提升。

苏州大病保险现行政策的主要做法，包括以下几个方面：一是保障对象。大病保险覆盖所有基本医疗保险的参保人员。二是保障范围。自付费用以及符合规定的自费费用，涉及门诊以及住院两个方面。三是筹资标准。参保职工与参保居民大病保险筹资额度相同，均为 110 元，其中财政补贴 40 元（2018 年数据）。四是保障水平。采取分段累进式补偿方式，普通居民与实时救助人群采取不同的起付线和报销比例，具体补偿比例如表 4 - 9 所示。五是承办方式。政府主导大病保险的政策制定、组织协调和监督管理、商业保险公司承办大病保险业务。苏州市区大病保险业务由东吴人寿独家承担。2013 ~ 2018 年的 6 年时间，东吴人寿承办苏州市大病保险业务保费收入 14.64 亿元，覆盖参保人员 1 000 万人，累计赔付 14.47 亿元，受益参保群众近 40 万人。

表 4-9　　苏州市大病保险保障水平

费用分类	费用区间段（元）	普通参保人员支付比例（%）	实时救助人员支付比例（%）
自付费用	3 000（含）~6 000（不含）	—	35
	6 000（含）~10 000（含）	30	35
	10 000（不含）~20 000（含）	40	45
自付和合规自费费用合计	20 000（不含）~50 000（含）	50	55
	50 000（不含）~100 000（含）	60	65
	100 000（不含）~200 000（含）	70	75
	200 000（不含）以上	80	85

资料来源：本项目根据苏州市大病保险相关政策整理制表。

三、苏州市大病保险运行模式

苏州市大病保险在实践中采用的是由政府购买服务，并委托商业保险机构具体承办的运行模式。商业保险机构依据相关政策的规定，通过政府公开招标，获得大病保险的承办权，负责大病保险的具体运营。

（一）苏州市大病保险运行机制

苏州市大病保险运行机制如图 4-2 所示。苏州市的大病保险运行机制，体现了职责清晰、功能明确、有效衔接和运行便捷等特点。政府医保部门作为服务购买方，主要职责是通过应用大病保险基金向商业保险机构购买大病保险服务，主要功能是制定规则和监督。按照竞标合同的约定向商业保险机构支付大病保险保费，制定相关政策约束和监督商业保险机构的规定。不直接干预商业保险机构的具体运作，但大病保险的基金由商业保险机构与社保中心共同管理，出现盈利或亏损，责任由双方共担。商业保险机构作为大病保险业务的承办方，主要职责是对符合政策规定的大病患者进行补偿，同时展开住院巡查、实地检查，并协助医保机构开展医疗稽核等工作，以保障大病保险基金的安全。医疗服务机构作为医疗服务的提供者，主要职责是为患者提供医疗服务，并接受医保机构以及商业保险的监督和稽核。参保人作为大病保险的被保险人，享有大病保险的权利，其因病支付的自付费用以及合规自费费用一旦超过起付线，无须提出申请，通过审核后，便可获得商业保险机构的理赔。

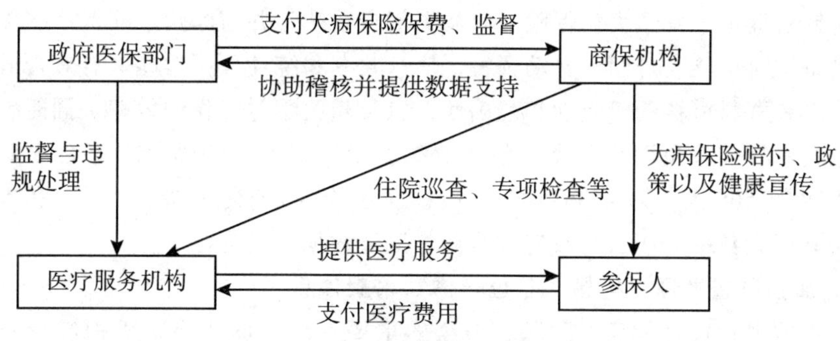

图4-2　苏州市大病保险运行机制

（二）商业保险机构承办大病保险业务的措施

苏州市大病保险的具体运营由中标的商业保险机构负责。承办业务的商业保险机构通过管理制度与监督体系建设、信息系统建立、大数据技术应用，以及对相关医疗数据进行智能审核和预警等方式，为提高大病保险业务的运行效率、服务质量和维护大病保险基金的安全提供有力支撑。措施具体包括以下几个方面。

1. 加强制度建设，保证业务规范高效运营

大病保险业务的规范高效的运行是承办大病保险商业保险机构的根本任务。在承接苏州市大病保险业务后，商业保险机构高度重视制度建设，先后制定和出台了13项大病保险管理制度，涉及大病保险服务质量考核、客户投诉管理、项目宣传、医院驻点服务等多个方面。在此基础上，逐步形成了完整的服务和业务流程，保证了大病保险服务工作的标准化、规范化的开展，也为运营保障工作的高质量和高效率开展奠定基础。

2. 加强宣传力度，增进居民了解信任支持

商业保险机构承办大病保险业务是一项新举措，客观上需要得到广大居民的认同、信任和支持。商业保险机构通过多途径、多方式和全方位的策略，开展加强大病保险政策的宣传工作。主要包括以下几种方式：一是媒体宣传。通过电台、报纸等媒体进行报告，宣传相关政策。二是现场宣传。设计、制作大病保险宣传易拉宝及折页，在现场进行宣传。三是专线咨询。开通大病保险咨询专线，为居民提供咨询便利。四是线上宣传。在公司官网、官微设计咨询、查询专栏。五是基层讲座，进企业、社区开展知识讲座、提供咨询服务。实践证明，通过上述举措，切实让人民群众感受到这一政策带来的益处，有效提升居民对大病保险的了解程度、信任度和支持度。

3. 加强信息管理，提升理赔效率和准确性

全面准确的信息和有效的信息管理，是大病保险实施的基础和核心。商业保险机构针对性地开发了大病保险专属数据信息系统，并与苏州市社保系统无缝对接，具备实时审核、理赔，自动预警、信息共享和统计分析功能。有效提升大病保险信息和资料审核的时效性和准确性，以及相关赔付工作的效率。同时，利用大数据技术处理海量医疗数据，整体效率大幅度提升。2018 年，平台大病保险理赔人数 95 568 人，服务 368 162 人次，理赔经办实现零差错。此外，积极协助医保局开展大数据分析，为政府政策调整提供数据分析支撑。

4. 加强监督管理，构建“三位一体”稽查体系

加强监督管理是大病保险基金安全的重要保障。商业保险机构履行监督职责，积极开展稽查工作。在组建专职稽查队伍的基础上，创新建立合署办公、住院代表、智能审核“三位一体”的大病保险稽查体系。合署办公，即在各社保中心设置服务站点，与基本医保经办机构合署办公，对基本医疗保险数据进行审核，确保基本医保基金的安全，为大病保险的二次补偿工作设置安全阀门，保障后续补偿资金的安全；住院代表，即组建专职的稽查队伍，进驻到市区重点的三甲医院，协助医保办进行稽查，展开身份核查、外伤调查和包括挂靠参保等在内的专项调查，及时发现违法、违规行为，避免大病保险基金的损失；智能审核，通过大病保险大数据平台对相关医疗数据进行智能监控与审核，一旦发现数据异常，便进行预警与核查，及时发现问题，确保大病保险基金运行安全。

5. 加强服务能力，延伸健康服务范围

商业保险机构在大病保险经办过程中，始终坚持“以人为本”的理念，通过增强服务能力，扩大服务范围，切实为参保者提供健康服务。例如，2018 年，商业保险机构为 4 369 名救助对象建立健康档案，密切关注这一群体的健康状况；开发健康管理生态平台，为参保人员提供一个线上的健康管理平台；组建医疗保险专家库，为相关工作的运行提供理论和方法支持；开展健康讲座、义诊，助力全面健康运动。此外，商业保险机构还利用相关信息数据，自建“寻人网络”，以联系到每一位获得大病保险补偿的患者，确保患者收到补偿款，给无感理赔增添温度。

四、苏州市大病保险的成效*

《关于进一步完善苏州市大病保险制度的实施意见》正式实施后，苏州市大病保险运行效果显著，主要体现在保障待遇、保障能力、保障水平、保障公平和

* 资料来源：相关数据来自本项目对苏州大病保险经办机构现场调研。

基金监管等方面，在一定程度上防止了大病患者发生家庭灾难性医疗支出。

（一）保障范围和保障待遇得到明显提升

苏州市新的大病保险政策实施以来，与之前的年度救助政策相比，在保障范围和保障待遇方面显著提升，主要表现在以下几个方面：一是享受待遇人数明显增加。2018 年大病保险补偿人数为 59 889 人，与 2017 年年度救助政策补偿人数 57 329 人相比增加了 2 560 人。二是人均补偿金额显著提高。2018 年大病保险人均补偿金额 4 809 元，同比 2017 年 3 016 元增长了 59.45%。三是大病患者现金支出压力不断下降。大病保险补偿前参保人员现金支出比例为 38.95%，大病保险补偿后下降了 7.93 个百分点。四是住院重病患者获得重点保障。据统计，2018 年苏州市区 76.23% 的住院患者享受到大病保险的补偿。五是大病保险支付比例（门诊和住院的自付以及合规自费部分）达到 51.86%，比政策规定的报销比例高出近 2 个百分点。

（二）分段累进式补偿促进保障水平提高

苏州市大病保险采取分段累进式补偿，费用越高补偿比例越高，且上不封顶。大病保险政策的实施，有效提升了大病保险的保障水平。统计显示，2018 年苏州市区有 4 169 名参保人员医药费用现金负担超过 5.5 万元的年人均可支配收入，大病保险对这一群体的平均补偿比例达到 70.96%。347 人获得的大病保险补偿额超过 5.5 万元，其中最高补偿金额为 72.35 万元。其中，获得大病补偿人数占比中，自付费用在 6 000 ~ 10 000 元的参保患者最大，达到 55.87%，其次为自付费用在 10 000 ~ 20 000 元的参保患者，为 31.71%，最后是自付费用在 20 000 元以上的参保患者，为 7.69%，三者合计占比达到 95.27%。

（三）“三保合一”充分体现保障公平性

苏州市区的大病保险，在城镇居民医疗保险和新型农村合作医疗合并，形成城乡居民医疗保险“两保合一”的基础上，对城镇职工医疗保险和城乡居民医疗保险进一步整合，实现真正意义上的“三保合一”。苏州市现行大病保险对各类参保类型人员实施相同的筹资标准以及保障水平，有效地降低了职工与城乡居民在医疗保障待遇方面的差异，医疗保障的群体间公平性得到进一步提升。2018 年大病保险补偿后，职工和居民现金支付比例分别降低至 27.97% 和 35.92%，两者之间的差距由原来的 11 个百分点降至 8 个百分点。此外，苏州市区城乡居民参保人员占比约 30%，但 60% ~70% 的大病保险费用流向了城乡居民。

（四）困难人群的大病保障得到倾斜

苏州市新的大病保险政策中，对困难人群尤其是社会医疗救助人员实施重点关注，并在大病保障力度上进行倾斜，确保困难人群的受益水平。主要表现在以下几个方面：一是起付线标准低。享受苏州市社会医疗救助的人员，其自付费用起付标准仅为3 000元，是普通参保人群的一半。二是报销比例高。社会医疗救助人员在各费用段支付比例，要比一般参保者高出5个百分点，政策的倾斜性较为明显。三是保障范围广。大病保险对实时救助人员的覆盖率为12.51%，远高于普通参保人员的1.67%。四是现金支付负担低。大病保险补偿后实时救助人员现金负担下降22.4%，普通人员下降20.27%。

（五）"三位一体"的稽查体系成效显著

实践证明，商业保险机构通过"三位一体"的稽查体系的有效运行，在大病保险监督方面取得了显著的成绩，及时发现违法违规行为，避免了大病保险基金的损失。主要表现在以下几个方面：一是涉嫌违规扣款稽查。2018年苏州大病保险全年筛查出涉嫌违规扣款单据104 791条，合计扣款119万。二是核查不合规支付。核查出外伤117人次不符合医保基金支付范围，避免了408.14万元的医保基金损失。三是稽查违规。发现定点机构违规，扣回10.3万元。四是发现疑违规案件。发现涉嫌挂靠参保团伙，疑违规案件50余件，截留费用92万元。

五、苏州市大病保险的特征

苏州市现行大病保险政策具有明显的特征，主要体现在以下四个方面。

（一）有效拓展大病保险保障的广度和深度

与国内其他地区大病保险的保障范围相比较，苏州市大病保险的保障范围更广泛，所涵盖的内容也更多，不仅包括自付费用，而且将门诊费用和合规自费费用（具体详见《关于规范社会基本医疗保险部分用语含义的通知》）也纳入其中。其特点有二：一是勇于探索，扩大保障范围。这一制度安排除对门诊费用进行保障外，还首次将患者自费费用纳入到大病保险补偿范围之中。二是起付线低，补偿上不封顶。普通参保人员的大病保险起付线为6 000元，困难群体（包括优抚对象）更低，仅为3 000元便可得到大病保险的补偿，而且并未设定补偿封顶线。广泛的补偿范围以及较低的起付线，在很大程度上拓展了大病保险保障的广度和深度。

（二）“三保合一”的一体化发展模式

我国医疗卫生事业发展的一个重要方向和目标，就是通过医疗保险的一体化发展，缩小不同群体间的医疗保障水平和差异，提高医保基金的抗风险能力和医疗保障体系的公平性。然而现状表明，多种医保类型下参保人员的待遇水平差距并未得到有效降低。苏州市大病保险在实践中积极探索，将职工与城乡居民统一纳入到大病保险政策体系中，实施一体化发展。具体表现为：一是大病保险同质化。在市区范围内，职工与城乡居民（含新农合）的人均大病保险筹资标准均为110元（其中包括财政补贴40元），而且大病保险的起付线和报销比例同样保持一致，在大病保险的补偿标准和保障比例方面实现了同质化。二是体现公平性和增强抗风险性。苏州市大病保险的探索和实践，符合社会医疗保险的公平原则以及风险分担原则。一方面，缩小职工与城镇居民在现金医疗费用负担比例方面的差距，进一步实现了医疗保障领域进行再次分配过程中的公平性；另一方面，扩大大病保险基金资金池的规模，提高了基金抗风险能力。“三保合一”的一体化发展模式为大病保险发展提供了经验和参考。

（三）商业保险机构承办大病保险

商业保险机构承办大病保险，实现全流程管理，是苏州大病保险模式的重要特征。主要表现在以下几个方面。一是数据系统的开发和无缝衔接。商业保险机开发大病保险数据系统，并与社保系统进行无缝衔接，实现大病保险数据的精准分析，并取得显著成效。在大病保险制度实施过程中，商业保险机构依据大病保险数据信息系统，对相关数据进行精准计算，实现理赔过程零差错。二是负责稽核工作，保障医保基金的安全。在苏州市区，商业保险机构不仅与社保中心实现合署办公，而且直接负责基本医保的稽查工作，包括稽核标准的制定、现场稽查工作的展开以及后台数据的监控。通过深度介入的方式，规避了骗保和欺诈案件的发生，从源头上维护了大病保险基金的安全。三是打造全民健康管理平台。为困难群体建立健康档案，并根据病种、病情进行健康干预，推动全民健康运动展开，延伸大病保险服务范围，提高人民群众的健康水平。

（四）大病保险与医疗救助深度融合

大病保险制度和医疗救助制度在制度属性上不同，前者属于基本医疗保险，目的是降低大病患者高昂医疗费用负担，避免患者家庭发生灾难性卫生支出，后者是政府对社会困难群体采取的兜底性的社会福利性的制度安排。尽管制度属性不同，但是两者的根本目的一致，均是为了缓解或解决“因病致贫、因病返贫”的社会问题。在如何实现两种制度的有效衔接，提高健康扶贫的精准性方面，苏州市对大病保险政策进行了积极探索，主要表现在几个方面：一是将实时救助人员的大病保险起付线降低为普通人群一半，各费用段支付比例亦提高 5 个百分点。二是借助商业保险机构承办大病保险的优势，展开民政困难群体入户调查和社会救助效能评估，确保精准扶贫实施到位。三是对患有特定病种的困难群体进行再次补助。2018 年，商业保险机构与吴中区财政局、民政局、人社局等相关部门展开合作，全省首创对困难人群展开重大疾病救助，对患有 25 种大病的低保对象、低保边缘对象按实际住院天数每天给予 100 元的补助。

六、苏州市大病保险的经验和不足

（一）苏州市大病保险的经验

苏州市大病保险模式能够取得当前的成效，主要经验体现在以下几个方面：一是筹资水平较高，为大病保险提供充足的保险基金。保险基金的筹集是大病保险能力和水平的基础和保障，一定程度上决定大病保险政策的保障效果。苏州市社会经济发展水平高，大病保险人均筹资 110 元，在全国范围内属于较高水平。苏州拥有充足的大病保险基金，为扩大大病保障范围，以及对自费费用进行保障提供了坚实的资金支持。二是工作无缝衔接，得到社保机构大力支持。商业保险机构承办大病保险，关键是要得到社保机构的大力支持。苏州市大病保险模式实践表明，社保中心和商业保险机构合署办公，大大提高了相关工作的沟通以及处理效率。将基本医保的稽查工作交由商业保险机构来处理，能够充分调动商业保险机构的积极性，并深度参与到大病保险的全流程监督之中。社保中心信息系统向商业保险机构开放，实现数据的无缝对接，为商业保险机构数据分析和有效监控提供了充分的条件。三是不求短期回报，商业保险机构投入力度较大。商业保险机构在承办当地大病保险业务后，坚持以人为本，切实保障参保者的根本利益，以大病保险政策目标为依据，不追逐短期利益回报。不仅出资构建大病保险数据信息系统，而且加强制度建设，形成“三位一体”的稽查体系，为大病保险基金安全保驾护航。同时，协助相关部门展开医疗救助工作，为困难群众提供救助。

（二）苏州市大病保险存在的不足

苏州市大病保险在具体实施过程中取得一定成效，同时也存在不足。主要表现在以下几个方面：一是实现精准保障的目标，大病保障对象尚需精细划分。当前大病保险保障对象采取简单的二分法划分，即分为普通人群与困难人群。低收入群体与高收入群体在大病支出负担方面有着明显的差异，但大病保险的补偿却采取同样的标准，在大病保险的精准扶贫方面还需要进一步提升。通过对大病保险保障对象进行精细划分，分别设定不同的补偿比例，可以精准识别切实需要大病保险补偿的群体，并给予更高水平的保障，放大政策的保障效用。二是要充分发挥优势，商业保险机构参与度尚有待进一步深化。进一步扩大保障范围和提升保障水平，始终是大病保险发展的趋势和目标。保障范围如何扩大、保障水平如何提升，制度功能如何提高，基金利用如何增效，这些都需要给予商保机构更多的参与空间。商业保险机构应当充分发挥精算和业务管理优势，如在扩大合规医疗费用范围时，通过建立数据系统，对相关药品等进行对比测算，制定最优的大病保险保障目录，从而提升大病保障水平和提高大病保险基金的使用效率。三是实现可持续发展，商业保险机构尚需要合理的激励机制。当前商保机构承办苏州市大病保险业务，一直处于亏损状态，并未实现盈利。未来要实现大病保险的可持续发展，应当采取更加合理的激励措施，确保商业保险机构得到应有的补偿，以调动其积极性、主动性和能动性。

第三节　太仓市大病保险实证分析

太仓市大病保险的探索和实践在全国走在前列，大病住院医疗再保险制度的设计和实施、医保经办方式的创新、保障范围和保障水平的有效提升等，有效降低了当地居民的高昂医疗费用支出以及灾难性卫生支出发生比例，并形成具有特色的“太仓模式”，而且“太仓模式”的做法和经验受到广泛认可，成为全国推行大病保险的蓝本，对于我国大病医疗保障体系的发展和完善产生了重要的影响。

一、基本情况

太仓市位于江苏省东南部，长江口南岸，属长江三角洲冲积平原，隶属江苏苏州市管辖。太仓市总面积为 809.93 平方公里，其中陆域面积 665.96 平方公里。太仓港口岸长38.8公里，其中深水岸线25公里，是距长江入海口最近的港口。太仓港是上海国际航运中心重要组成部分，是长江外贸第一大港。太仓市下辖国家级太仓港经济技术开发区、江苏省高新技术开发区、科教新城区，以及六个镇和一个街道。2018年末，太仓市户籍人口49.40万人，比上年增加7 049人。其中，男性23.84万人，女性25.55万人。人口出生率为7.11‰，死亡率为8.28‰，自然增长率为-1.17‰。年末常住人口71.92万人，城镇化率为67.40%，较上年提高0.21个百分点。

太仓被评为长三角最具发展活力的地区之一，综合实力连续多年位列全国百强县（市）前十名。2018年太仓市地区生产总值为1 330.72亿元，同比2017年增长6.8%，2018年城镇居民人均可支配收入为63 076元，农村居民人均可支配收入为32 458元，分别增长7.9%和8.1%。城镇居民人均生活消费支出为37 187元，农村居民人均生活消费支出为22 216元，分别增长5.2%和6.2%。城乡居民食品支出占生活费支出的比重（恩格尔系数）分别为29.2%和30.3%。太仓是全国城乡居民收入差距最小、农民收入最高的城市之一。社会保障不断强化，创新建立覆盖城乡的社会保障“太仓模式”。大病再保险政策成为国家医保新政蓝本。在全国率先推行灵活就业人员职业伤害保险制度。太仓市被评为国家生态市、国家卫生城市、国家园林城市、中国人居环境奖、中国长寿之乡、中国最具幸福感城市、全国综治最高奖“长安杯”、全国创建文明城市工作先进市、全国综合发展百强县（市）和福布斯中国大陆最佳县级城市。

太仓市拥有三级综合性医院1所，三级乙等中医医院1所，二级专科医院4所，各级各类医疗卫生机构268所，卫生服务体系健全率100%；获国家卫生城市荣誉称号，有国家卫生镇4个。医院、卫生院32所，妇幼卫生机构1所，急救中心1所，疾控中心1所。年末卫生机构拥有床位4 070张，其中乡镇卫生院床位数1 200张；拥有卫生技术人员4 789人，其中执业（助理）医师2 189人、注册护士2 251人。每千常住人口执业（助理）医师数为3.04；注册护士2 251人，每千常住人口注册护士数为3.13；全科医生283人，每万常住人口全科医生数为3.93。从1982年到2018年，太仓市人均期望寿命从72.19岁攀升到了84.27岁，其中女性达到86.5岁，男性81.98岁，获评中国长寿之乡。2018年孕产妇死亡率0/10万，婴幼儿死亡率2.84‰，5岁以下儿童死亡率4.57‰，三大健康指标处于世界前列①。

① 《2018年太仓市国民经济和社会发展统计公报》，太仓市人民政府，http：//www.taicang.gov.cn/taicang/tjgb/201903/fcf42fac70d94c8aad18e9dc944159d5.shtml。

《关于太仓市2019年国民经济和社会发展计划执行情况与2020年国民经济和社会发展计划草案的报告》，太仓市人民政府，http：//www.taicang.gov.cn/taicang/yjgh/202001/ad0c88bb04e24fafbef1b74e1c443288.shtml。

二、太仓市大病保险政策演变

太仓市大病保险的探索和实践可追溯到2008年的基本医保制度的整合与统一管理，相关的工作为后来的大病保险制度的开展提供了良好的制度环境以及管理环境。自2008年开始，太仓大病保险的实践和发展大体上可分为三个阶段，分别是基础阶段、探索阶段以及发展提升阶段（见表4－10）。

表4－10　　太仓市大病医保政策演进及其关键内容

项目	基础阶段（2008～2010年）	探索阶段（2011～2014年）	发展阶段（2015年至今）
	保障资源整合	大病再保险	大病门诊保险
关键内容	（1）资源整合：①城乡医保及医疗救助统一管理；②提高信息化水平。 （2）救助筹资：社保、民政、财政	（1）方式：商保承办，保险合同。 （2）筹资：划拨一定比例基金结余作为大病保险基金。 （3）补偿：分段比例补偿，不设封顶线	（1）方式：商保承办。 （2）筹资：基本医保统筹基金和财政筹资标准增加。 （3）补偿：分段按比例补偿动态调整，不设封顶线。 （4）待遇向特殊人员倾斜

（一）基础阶段（2008～2010年）

太仓大病保险基础阶段的特点是实现基本医保资源整合。2008年，太仓市以新农合为基础，试行城乡居民医保全面并轨，建立统一的城乡居民医疗保险制度，执行统一的筹资标准，实行统一的政府补贴、享受统一的医保待遇。此外，将城镇职工医疗保险制度、医疗救助制度统一纳入到人力资源和社会保障部门职能范围，且不断提高信息化服务管理水平、实现医保各类资源的整合，在全市形成了覆盖全民的基本医保体系。基本医保制度的整合与统一管理，为当地医疗保险事业的创新，尤其是大病保险事业的探索和发展奠定了坚实的物质和制度基础。

（二）探索阶段（2011～2014年）

太仓大病保险探索阶段的特点是大病保险模式建构。针对基本医保对大病患者的保障水平较弱，医疗费用越高，自付率越高，一旦出现大病风险，患者医疗负担很大，且极易出现灾难性经济负担甚至致贫问题。因此，为解决因患大病造成的灾难性经济损失的问题，太仓市开始探索在基本医保补偿之后的再保险措施。2011 年太仓市人社局颁布《关于社会医疗保险大病住院医疗实行再保险的规定（试行）》，决定从基本医保基金结余中划拨一定比例作为大病保险基金（职工 50 元/人/年，城乡居民 20 元/人/年），通过向商业保险机构招标的方式经办相关业务，对超过一定限额的参保患者（职工、城乡居民均为保障对象）进行了再次补偿，相关补偿比例见表 4－11。自此，太仓市进入大病保险时代。随着大病保险成效的显现，太仓市总结开展大病保险服务的经验，并得到广泛的认可，形成“太仓模式”，成为国家大范围推广大病保险的政策蓝本。

表 4－11　2011 年太仓市大病住院医疗保险报销比例

项目	费用段（万元）	补偿比例（%）	费用段（万元）	补偿比例（%）
补偿标准	1～2	53	8～9	70.5
	2～3	55.5	9～10	73
	3～4	58	10～15	75
	4～5	60.5	15～20	78
	5～6	63	20～50	81
	6～7	65.5	50 以上	82
	7～8	68	—	—
年度起付线	个人自付费用（除基本医保报销后的所有医疗费用）超过 1 万元			
封顶线	无			

资料来源：本项目根据太仓市大病保险政策和调研整理制表。

（三）发展阶段（2015 年至今）

太仓大病保险发展阶段的特点是大病保险保障范围扩大与水平提升。在全国开始推广实施大病保险制度之时，太仓并未停止大病保险的探索和改革的步伐，而是在保持原有政策稳定的基础上，进一步扩大大病保险的保障范围和保障水平。2015 年，太仓市下发《太仓市大病门诊医疗保险办法（试行）的通知》，对大病患者的门诊费用予以再次补偿。保险基金由财政和基本医保基金各出 10 元/人，同样采取商业公司承办、分段按比例补偿的方式进行操作。太仓市再次领先全国进入大病门诊保险阶段，当地居民的医疗负担压力得到进一步的降低。到 2015 年，太仓市形成了覆盖城镇职工、城乡居民的涉及住院、门诊的完整的大病保险体系。具体如表 4－12 所示。

表 4-12　　太仓市大病保险制度框架体系

制度要素	制度内容
制度种类	大病住院医疗保险、大病门诊医疗保险
制度主体	政府、商业保险机构、基本医保参保人
运行方式	商业保险机构承办
制度性质	基本医保基础上的补充保险，二次补偿
资金来源	基本医保基金结余、财政补贴
补偿范围	住院、门诊超过起付线部分

2017 年太仓市人力资源和社会保障局下发《关于大病医疗保险待遇向特殊人员倾斜的通知》，免除实时救助人员的住院费用起付线（12 000 元），同时将心脏起搏器等器材列入大病医疗保险补助范围。而且，根据经济社会发展情况进行动态调整大病保险门诊起付线以及补偿比例。具体见表 4-13。在大病保险保障待遇和保障水平不断提升的同时，相应增加大病保险基金的筹资标准。2019 年 12 月，太仓市医保局、财政局下发通知，要求参加居民医保人员大病保险整体筹资标准从每人每年 50 元增加到 80 元，其中增加的 30 元由居民基本医疗保险统筹基金列支。

表 4-13　　2018 年太仓市大病门诊医疗保险报销比例

费用分类	费用区间段	补偿比例（%）			
		普通参保人员	实时救助人员	特一参保人员	实时救助特一参保人员
自付费用	1 750 元（含）~3 500 元（不含）	—	50	—	50
	3 500 元（含）~6 000 万元（含）	53	58	70	75
	6 000 元（含）~8 000 元（不含）	55	60	70	75
	8 000 元（含）~10 000 元（不含）	57	62	70	75
	10 000 元（含）~12 000 元（不含）	59	64	59	64
	12 000 元（含）~14 000 元（不含）	61	66	61	66
	14 000 元（含）~16 000 元（不含）	63	68	63	68
	16 000 元（含）~18 000 元（不含）	65	70	65	70
	18 000 元（含）~20 000 元（不含）	67	72	67	72
	20 000 元（含）以上	70	75	70	75

资料来源：太仓市人力资源和社会保障局：《关于 2017 年度大病门诊医疗保险补助标准的规定》，http：//www. taicang. gov. cn/taicang/tcrsj05/201806/bcc9a1b104504e2598712002d8cacaf3. shtml。

三、太仓市大病保险主要做法和成效

（一）主要做法

1. 探索出大病保险基金稳定而持续的筹集方式

大病保险的基础和核心是基金的筹集。从筹资角度来看，太仓最初在探索和构建大病住院医疗保险制度时，不采取单独筹资或增加参保人员的缴费比例，而是从基本医保基金结余部分划拨来筹集大病保险基金。既没有增加参保者筹资的负担，又使参保者能够享受大病保险的待遇。在大病保险建设初期具有较强的可行性，因此得到认可和推行，并被2012年国家出台的《关于开展城乡居民大病保险工作的指导意见》所采纳。随着大病保险保障范围扩大和保障待遇的提升，对大病保险基金提出更高要求。2015年开展大病门诊保险时，太仓大病保险基金筹集渠道扩展，一方面主要还是来自基本医疗保险基金，另一方面来自财政的补贴。太仓大病保险筹资的探索和实践，为我国大病保险制度的建立和推广提供了借鉴和参考。

2. 实现商业保险机构专业承办大病保险业务的突破

从经办角度来看，太仓大病保险模式最早改变了传统医疗保险的经办方式，创造性地将商业保险机构引入大病保险体系，利用其专业承办业务的能力为大病保险提供运行的保障。承办大病保险的商业保险机构是通过政府公开招投标的方式进行选择，政府机构采用政府购买服务的方式，提供大病保障，即政府用大病保险基金向商业保险机构购买大病保险服务。政府医疗保险机构与承办大病保险业务的商业保险机构在平等协商、公平公正的基础上，约定相关的权责事项。采取保本微利与风险共担的机制，将商业保险机构纳入大病保险的利益共同体，以调动该主体承办相关业务的积极性和主动性。在具体业务开展过程中，商业保险机构在社保中心设立服务窗口，与社保机构联署办公，主动理赔，无须患者提出申请，方便群众。与此同时，引导商业保险机构参与相关的监管活动，强化对大病保险基金的监管。

3. 对参保患者的住院、门诊自付费用采取累进式二次补偿

太仓大病保险制度实施之初，其保障范围主要是参保患者的住院医疗费用，随着制度的扩展和完善，参保患者的门诊医疗费用也被纳入保障范围。在对具体参保患者医疗费用进行补偿时，首先是根据当地基本医疗保险制度进行补偿，其次，在一定条件下对参保患者的住院、门诊自付费用采取累进式二次补偿。在当地医疗保险部门与承办业务的商业保险机构在合理测算的基础上，应用相关的保险技术，调整和确定大病保险的保障能力、保障范围和保障水平，如设定大病保险的起付线，对超过起付线部分的医疗费用采取分段累进式二次补偿，费用越高补偿比例越高，且不设封顶线等。

4. 将城镇职工、城乡居民统一纳入大病保险保障范围

太仓大病保险模式的最重要、最有特色的做法是，根据太仓的实际情况，实施“差异化缴费、同等化待遇、公平性保障”，即将城镇职工、城乡居民统一纳入大病保险保障范围之内，并采取差异化缴费，城镇职工的筹资标准高于城乡居民，但不同主体统一享受同样的保障待遇。以此来扩大大病保险基金池以及提高基金抗风险能力，同时推进大病保险保障的城乡均等化和公平性。此外，当地大病保险在特殊群体如贫困人员的起付线和报销比例上均有所倾斜，主要表现在起付线低于普通群众以及每段补偿比例要高于普通居民。

（二）取得成效

1. 有效降低了个人医疗费用负担

太仓大病保险自开始探索和实践以来，随着大病保险政策的不断发展和完善，一直以良好的保障效果受到各方认可，尤其是在有效降低参保者医疗费用负担方面发挥重要的作用。因此，太仓大病保险改革和实践被称为“太仓模式”。相关研究显示，2011 年，太仓职工医保住院费用实际报销比例提高了 6.1 个百分点，城乡居民医保则增加 12.4 个百分点。医疗费用超过 5 万元的参保人的个人实际负担的费用降到了 30% 以内。大病门诊医疗保险的实施更是进一步提高了患者的补偿比例，个人自付费用进一步降低。

2. 不同群体待遇差距得以缩小

太仓市大病保险制度改变了传统基本医保制度不同群体间、城乡分割存在保障待遇差异的局面，对城镇职工和城乡居民实施无差异的保障待遇，充分体现了互助共济的特性。大病保险实施后，职工医保与城乡居民医保之间的实际报销比例差距得到有效缩小，由原来的超过 15%，缩减到不足 10%。目前实际情况表明，大病保险基金中，城镇职工筹资比例要高出城乡居民（城镇职工的筹资总额不超过大病保险基金总数的 20%），而大病保险基金的补偿更多地流向城乡居民，比例超过 50%，而且享受大病保险待遇的人数也要多于城镇职工。因此，太仓大病保险在实现参保者同等待遇和体现保障公平性方面走在前列，而保障待遇的提升对弱势人群更加有利，大大提高了参保者抵御大病风险的能力，避免大病造成参保患者灾难性经济损失。

3. 提升了医保经办专业化水平以及医保监管效率

太仓市大病保险较早尝试引入商业保险机构承办大病保险业务。实践表明，该举措既扭转了医保经办力量不足，又通过商业保险机构的专业水平，提高了办事效率，降低了行政管理成本。因此，商业保险机构承办大病保险业务成为“太仓模式”的特点之一，并在全国得到推广和实践。在政府医保部门的指导和配合下，商业保险机构深入参与到基本医保的相关检查和稽核工作之中，并开发了医疗费用实时预警监察平台，有效提升医保监管的效率，在一定程度上有效避免了大病保险基金的浪费和损失。

四、太仓市大病保险的经验

太仓市于2011年率先利用基本医保基金结余，向商业保险机构购买大病保险服务，以此降低职工、城乡居民的大病医疗费用支出负担，其探索实践以及做法成为全国试点和推行大病保险政策的模板和蓝本，对于我国医疗保险事业的发展和创新有着重要的价值和意义。通过对太仓市大病保险政策发展演变，以及具体做法和取得成效的分析，将太仓市大病保险的经验总结如下。

（一）医保制度整合为大病保险提供基础环境

太仓市于2008年统一城乡居民医疗保险，并将城镇职工医保、城乡居民医保与医疗救助统一划归入社保，进行统一管理，由此避免了医保制度部门分割管理和制度碎片化带来的阻碍和困难，为大病保险制度的实施扫除了管理障碍以及降低了协商成本。不同医疗保险制度的整合发展，也促使了基本医保基金结余的增加，从而为以后的大病保险探索、改革和实践提供了充足的资金来源。简而言之，太仓市基本医保制度的整合发展从管理以及资金两大方面为大病保险的探索和实践提供了坚实的基础。

（二）政府主导下创新医疗保险经办方式

太仓市大病保险具有一个明显的特征或重要经验，便是在以政府为主导的前提下，积极发挥市场作用，引入商业保险机构参与到大病保险业务之中，承担具体的理赔以及相关的稽核工作。这样的操作方式，打破了医保经办的常规——由社保机构经办医疗保险，创造性地利用第三方的专业优势（精算、风险控制等）来提高相关业务的服务效率，同时降低业务运行成本，医疗保险部门则专注于医疗保险的监督和管理工作，有效提升了医疗保险基金监管的效率。在政府保持主导地位的情况下，积极引入市场机制，打破传统思维束缚的同时，为商业保险机构介入基本医疗保险提供了一个机会，尤其是充分利用商业保险机构在大病保险业务方面的专业能力，弥补医疗保险机构经办力量的不足，有效推动医疗保险机构管理方式和运行机制的改革，创新了大病保险的医保经办方式。

（三）完善的制度和机制有效保障大病保险的平稳运行

除了在管理方式上的探索和改革，太仓大病保险模式在设计大病保险制度之时，还依据改革目标和要求针对性地制定了一系列制度和运行机制体系，为保障大病保险制度的有效运行提供服务和支撑。大病保险的制度和运行机制主要包括：大病保险业务承办的招投标制度、商业保险承办机构保本微利风险共担的财务机制、商业保险机构参与稽查制度和相关政策、联署办公制度、大病保险基金的筹集和补偿水平的动态调整机制、大病保险基金的监督管理机制等，从体系和制度建设上保障大病保险具体业务的开展和平稳运行。

（四）根据经济发展情况动态调整筹资与保障水平

太仓市大病保险的筹资和保障水平并非一成不变。根据社会经济发展情况和参保者医疗服务的需求，通过动态调整大病保险的筹资水平和补偿水平，提升保障能力和保障水平，满足人民群众对大病保险的需求，是太仓开展大病保险工作的另一重要经验和特点。当地大病保险筹资水平在 2011 年仅为职工 50 元/人/年，城乡居民为 20 元/人/年，随着经济的发展以及基本医保基金筹资额的提升，2018 年筹资标准提高到 50 元/人/年，2019 年达到 80 元/人/年。此外，在实施大病住院医疗保险 3 年后，太仓于 2015 年推行大病门诊保险，将门诊自费纳入保障范围，并逐年提高补偿比例，2017 年最高支付比例达到 70%，其中特殊群体为 75%，而这一比例 2015 年仅为 66%。重要的是，大病保险基金的来源是基本医保基金和政府财政补贴，并不增加广大参保者的经济负担。

五、太仓市大病保险发展的建议

通过上述分析可知，太仓市大病保险经过了三个阶段的发展和变化，大病保险在未增加居民筹资负担的基础上，通过大病保险管理体制和机制的改革，有效提升了大病保险的保障水平，有效提高了不同群体间保障待遇的公平性，有效缓解了因病致贫、因病返贫的社会问题。但不可否认，当地的大病保险也存在一些问题，如商业保险机构的定位、参与医保基金监管的合法性、基金可持续性等问题。为进一步推动大病保险事业的发展，太仓市应在加强基金监管、稳定医保基金的基础上，继续发挥“试验田”的作用，推动大病保险制度、体系的创新，具体而言，未来可从几个方面进行深入的探索。

（一）探索商业保险机构深度参与大病保险的可行性

从医疗经办视角而言，商业保险机构参与大病保险业务是对传统医保经办的改革和突破，是一项重要的体制和制度创新。然而在具体的业务开展过程中，商业保险机构能够参与的空间受到束缚，且参与的深度不够，从而导致其业务专业能力和水平未能充分发挥。未来，太仓市可以此为突破口，在当前大病保险模式实践的基础上，赋予商业保险机构更多的自主权和参与权，使其能够深度参与到大病保险基金的筹集、分配、使用以及大病医疗保险的监督管理之中，尤其是与医疗机构协商议价的权力和能力，促进大病保险基金的高效利用与安全稳定，充分发挥其在大病保险业务上的能力和水平。

（二）探索具有精准性和有效性的大病保险补偿方案

当前太仓市大病保险对患者的再次补偿主要是根据医疗费用高低实施分段累进式补偿，医疗费用越高补偿比例越高，虽然对特殊群体（贫困人员）实施政策性倾斜，然而精准性依然不足，无法有效识别因病致贫、因病返贫的潜在对象。为此，太仓市可利用自身优势，如经济发展水平高、人口不多等优势，展开全面、系统的大病需求调查，摸清全市居民的收入支出情况，同时根据年龄、疾病发病率情况，制定补偿方案，提高大病保险补偿的靶向性、精准性和有效性。

（三）探索特殊人群倾向性保障、精准保障和有效保障的途径

大病保险的根本目标是保障参保者在患大病时提升抵御经济风险的能力，避免因高额的医疗费用负担，而导致因病致贫和因病返贫。尤其是针对特殊人群应当给予倾向性保障、精准性保障和有效性保障。这也是发达国家的主要做法和经验。如德国法定医疗保险提供的医疗保障，覆盖了98%的民众看病所需的医疗服务，为保护特殊群体免除灾难性卫生支出风险，德国对个人自付医疗费用实行封顶（孙嘉尉，2014）。封顶对象主要包括低收入患者、社会救助者和慢性病患者。随着国家精准扶贫方略的出台，为实现全面建成小康社会的奋斗目标，提高建档立卡贫困人员保障水平，太仓大病保险可在原有成效的基础上进一步改革深化和探索实践，如设置个人自付的封顶线等，对特殊人群实施精准保障。另外，当前全国各地的大病保险在进行二次补偿时均设有起付线，作为获得补偿的门槛，太仓同样如此。但是起付线的设置对于普通民众尤其是低收入群体而言仍然过高，很可能未达到起付线就已经发生了灾难性卫生支出的问题，为此，太仓市

应当继续发挥自身优势，进行制度的探索和创新。在推动医保支付方式改革的前提下，尝试分阶段、分步骤取消大病保险起付线，一方面进一步降低本地区居民的医疗负担，避免因病致贫、返贫问题的出现。另一方面，通过政策的调整，积累相关的经验，为下一步的改革以及其他地区的大病保险发展实践提供借鉴。

第四节　江阴市大病保险实证分析

一、基本情况

江阴市位于中国华东地区的长江三角洲，是江苏省县级市，由无锡市行政代管。江阴市 1987 年 4 月经国务院批准撤县建市，下辖 3 个街道、9 个镇、2 个经济开发区、1 个国家高新区，土地面积为 987.53 平方公里。地处苏锡常“金三角”几何中心，交通便捷，历来为大江南北的重要交通枢纽和江海联运、江河换装的天然良港。①

截至 2018 年末，江阴市常住人口为 165.18 万人。其中，户籍常住人口 125.95 万人，外来常住人口 39.23 万人，实现地区生产总值 3 806.18 亿元。全市共有医疗卫生机构 625 所，卫生技术人员 1.09 万人。全年全市医疗机构共完成诊疗 1 110.7 万人次。市户籍人口平均期望寿命达到 81.98 岁。至 2018 年末，江阴市共有 83.99 万人（包括离退休人员）参加职工基本医疗保险，有 52.66 万人参加城乡居民基本医疗保险。全市居民人均可支配收入为 54 281 元，其中城镇居民人均可支配收入为 63 957 元，农村居民人均可支配收入为 33 136 元。城镇居民家庭恩格尔系数为 27.5，农村居民家庭恩格尔系数为 28.6。城镇居民人均消费性支出 32 187 元，农村居民人均消费性支出 21 632 元。全市拥有养老床位 12 940 张。城乡居民最低生活保障对象 4 832 人，发放最低生活保障 3 942.2 万元。全年实施直接救助 15.97 万人次，直接医疗救助支出 3 882.8 万元；实施临时救助 7 113 人次，发放救助金 622.4 万元。国家抚恤、补助各类优抚对象人数 5 636 人。②

① 《江阴概况》，江阴市人民政府，http：//www. jiangyin. gov. cn/jygk/index. shtml。

② 《2018 年湛江国民经济和社会发展统计公报》，江阴市人民政府，http：//www. jiangyin. gov. cn/doc/2019/03/15/697115. shtml。

二、江阴市大病医保政策

江苏省江阴市自2001年开始建立新型农村合作医疗制度，在制度设计之初秉持“征缴、监管、经办、服务”相分离的理念，即：政府组织征缴基金；卫生行政部门监管；商业保险公司提供经办管理服务；医疗卫生机构提供医疗卫生服务，形成了相互分离并相互制约的运行机制。江阴市新型农村合作医疗经过多年运营在基本医疗保障方面取得了较好的成效，但对于有更高需求的贫困人口和患大病的人群来说，其保障水平仍然不够。江阴市采取在新型农村合作医疗基础上探索建立多层次医疗保障体系，首先是在2005年建立大病救助制度，然后在2010年建立大病补充保险制度（见表4-14）。

表4-14　江阴市城乡居民医疗保险多层次体系内容

内容	基本医疗保险	大病救助险	大病补充险
基金筹集	居民个人、企业及市、镇财政	市财政、民政局慈善资金、残联在残疾人就业保障金	居民个人
保障对象	参保城乡居民	弱势群体、大病病种与大额费用人群	参保城乡居民
保障范围	基本医保目录	基本医保目录	基本医保目录和专家远程会诊
补偿方式	合规费用	大病病种和大额费用	大额费用
运营机制	政府外包商业管理	政府外包商业管理	商业保险

资料来源：根据江阴大病医保相关政策整理制表。

江阴市人民政府：《〈江阴市新型农村合作医疗大病救助实施办法〉的通知》，http：//www. jiangyin. gov. cn/doc/2012/04/11/396200. shtml。

江阴市人民政府：《关于切实做好2010年新型农村合作医疗基金征缴工作的意见》，http：//www. jiangyin. gov. cn/doc/2009/12/24/431116. shtml。

江阴市城乡居民医疗保险多层次体系内容建设和发展大致经历3个阶段。

（一）基础阶段（2001～2004年）

江阴市新型农村合作医疗制度起步于2001年，利用信息化手段搭建了高效管理服务平台，将新型农村合作医疗业务委托商业保险公司办理，并明确了各方责任，确保了基金使用的安全及效率。

（二）探索阶段（2005～2009年）

2005年，江阴市在新型农村合作医疗制度基础上，探索针对特殊人群及病种的大病救助险，基金筹资来源于两方面，一方面是从新型农村合作医疗基金中划出一定比例（8%），另一方面是民政财政补助。同时，江阴市新型农村合作医疗每两年对参保人群开展一次健康体检，医保补助从疾病治疗走向疾病防治，与社会经济发展同步，提高了新型农村合作医疗制保障水平。

（三）发展提高阶段（2010年至今）

2010年，为进一步提高百姓医疗补偿水平，江阴市探索建立大病商业补充保险，按自愿原则，每人每年额外筹资50元用于购买大病保险，并设置封顶线、起付线，分段按比例补偿。同时，持续扩大大病救助病种范围，同时将大额医疗费用也纳入保障范围，形成了多层次医疗保障体系。

三、江阴市大病保险取得的成效

（一）管理职责明晰

江阴市在新型农村合作医疗医保商业化运作基础上，建立了“契约型”大病补充保险。商业保险公司通过充分发挥其在医疗保险业务管理方面的专业优势，并进行市场化运作，政府则专职于管理和监督。通过有效运行，形成了运行单位成本更低，用人机制更加灵活的良好局面，并真正实现了管办分离。

（二）保障更加精准

在江阴市多层次医疗保障体系当中，特殊人群涵盖了低保贫困人群、高额费用大病病种人群以及发生了高额医疗费用人群。各个保障制度分工明确，有效衔接，针对不同保障对象，保障更加精准。大病救助险致力于解决低保贫困人群和特殊大病病种大额医疗费用问题，而大病商业补充险则致力于解决发生大额医疗费用，造成家庭经济困难。

（三）保障更加高效

江阴市在建立城乡居民多层次医疗保障体系过程中，较早开始探索和实践，将与医疗保障相关的各类资源进行整合，将民政医疗救助部分纳入新型农村合作医疗统一管理，建立了大病救助险，明确了大病救助险基金来源、保障范围、补偿水平。同时，建立大病商业补充保险，在商业保险参与多层次医疗保险体系建设方面进行了有力的探索。保险资源整合提高了资源使用效率，减少了补偿环节，方便了城乡居民。

（四）保障水平逐步提高

经过十几年发展，江阴市大病救助保险保障水平逐年提高，保障大病病种逐步扩大，补偿最高封顶额逐步增加。江阴市大病医疗救助险成效显著，年度救助基金从2001年的300万元增长到2018年的5 700万元，2010年政策性补偿比例已达到76%。江阴市大病补充保险是在大病救助保险基础上建立的针对大额医疗费用的商业大病保险，其资金来源于城乡居民个人资金缴纳，筹资额度已由2010年的50元/人提高到2019年的90元/人。报道显示，太平洋保险公司无锡分公司市场化运作的新型农村合作医疗大病补充保险制度，针对单次费用1万元以上的病人进行二次补偿，2011年发生万元以上医疗费用的参合人员的实际补偿比，较上一年提高了11个百分点，大大降低了大病患者自付比例。①

（五）保障水平提高空间广

2018年江阴市财政支出约为230.48亿元，城乡居民保险参保人数为52.66万人，财政医保补贴额度约为4.11亿元，对城乡居民医疗保险投入占当年江阴市财政总支出的1.78%。江阴市经济发展水平、财政收入的稳定增长，为城乡居民基本医疗保险、大病救助保险稳步发展提供了有力的支撑。江阴市2018年城乡居民基本医疗保险人均缴费额度为230元，大病补充商业保险人均缴费额度为90元，两类保险共需缴纳320元。江阴市2018年农民人均收入为33 136元，缴纳保险总额度约占农民人均收入的0.97%。从占比上来看，对绝大多数城乡居民来说缴纳两类保险经济压力是不大的。江阴市大病保险提高空间广阔。②

四、江阴市大病医保政策ROCCIPI分析

ROCCIPI技术理论是联合国教科文组织推荐的立法研究和社会科学研究立法，该方法最早由美国学者赛德曼提出，旨在帮助指导立法起草者确定调整对象

①② 相关资料来自本项目对政府相关部门与单位调研。

背后的原因，有针对性设计法案具体内容。该框架共分为 7 个维度，包括：规则（rule）、机会（opportunity）、能力（capacity）、交流（communication）、利益（interest）、过程（process）和意识（ideology），并借助 7 个维度之间的相互联系和固定的思维模式去剖析某些社会问题，以便开发针对问题的最优策略。ROC-CIPI 技术具有独特的视角，是一种全面的、系统的、富有逻辑的分析框架，能够阐明政策问题与解决问题的可行性，并已广泛应用于卫生政策的研究。

（一）规则

规则是指江阴市开办大病保险应遵循的准则。2012 年、2015 年国家部委和国务院分别颁布了《关于开展城乡居民大病保险工作的指导意见》和《关于全面实施城乡居民大病保险的意见》，标志着我国大病保险由试点逐步迈向全面覆盖。《“健康中国 2030”规划纲要》提出，要健全以基本医疗保障为主体、其他多种形式补充保险和商业健康保险为补充的多层次医疗保障体系。国家政策要求城乡居民大病医保基金来源于基本医保基金，保障标准为高额医疗费用（当地上一年度城镇居民年人均可支配收入、农村居民年均人均纯收入），保障范围与城乡居民基本医保相衔接。江阴市大病保障政策发展在探索和实践中，领先于国家政策在实践中实施，其政策与国家发展理念相一致，但又具有特殊性。

（二）机会

机会是指江阴市开办大病保险的有利条件和机遇。近年来，在国家精准扶贫方略的指引下，因病致贫、因病返贫问题得到了各级政府广泛重视。城乡居民医疗保障已由原来保基本逐步向保障特殊需求人群倾斜，在国家相关政策指引下大病保险实现了全覆盖，保障水平逐步提高。当前国家层面城乡居民基本医疗保险参保率稳定在 95% 以上，居民基本医保较高而且稳定的参保率也为大病保险稳定发展打下基础。2019 年我国政府工作报告明确指出，继续提高大病保险保障水平，居民医保人均财政补助一半用于大病保险。降低并统一大病保险起付线，报销比例由 50% 提高到 60%，进一步减轻大病患者、困难群众医疗负担。

从国家政策层面来看，大病保险保障地位逐渐增强，保障水平逐步提高，政府财政补助在大病保险筹资方面作用持续加强。江阴市大病补助险主要依赖政府财政支持，在江阴较高财政收入背景下，可确保其保障水平逐步提高。从江阴市大病补充险来看，其筹资额度多年保持不变，在缺乏政府财政补贴的背景下，提高大病补充保险保障水平，势必会增加百姓缴费经济负担，从而影响保险参保规模。而百姓的缴费水平与参保规模又与商保公司利润密切相关，商保公司无利润会降低其参与大病保险积极性。

（三）能力

能力是指江阴市大病保险可持续发展的动力。2018年江阴市财政支出约为230.48亿元，城乡居民保险参保人数为52.66万人，财政医保补贴额度约为4.11亿元，对城乡居民医疗保险投入占当年江阴市财政总支出的1.78%。江阴市经济发展水平、财政收入的稳定增长，为城乡居民基本医疗保险、大病救助保险稳步发展提供了有力的支撑。江阴市2018年城乡居民基本医疗保险人均缴费额度为230元，大病补充商业保险人均缴费额度为90元，两类保险共需缴纳320元。江阴市2018年农民人均收入为33 136元，缴纳保险总额度约占农民人均收入的0.97%。从占比上来看，对绝大多数城乡居民来说缴纳两类保险经济压力是不大的。江阴市大病补充保险作为政府主导的全民自愿购买的商业保险，如何平衡政府部门和商保公司之间关系，既能最大限度保障参保人员保障利益，又能兼顾商业保险公司自身利益，从而能够保持保险的可持续能力，是值得思考的问题。[①]

（四）交流

交流是指参与江阴市大病保险各方权责明确程度。江阴市在全国范围内较早将各类医疗保障资源（新型农村合作医疗、医疗救助）纳入统一部门管理实施，逐步形成大病救助保险，并由商业保险公司经办管理。江阴市城乡居民基本医疗保险"政府组织、自愿参加、多方筹资、征管分离、专款专用、以收定支、保障适度"原则经办，实现了"征缴、监管、经办、服务"相分离，各部门职责清晰。政府部门负责大病救助保险、大病商业补充险征缴和商业保险公司运行监管，大病补充险由商业保险公司市场化运作。从现有的政策文件来看，大病救助险和大病商业补充险在多层次医疗保障体系当中的地位和作用有些交叉重叠，上述问题可能会对江阴市城乡居民医疗保险整体保障水平产生一定影响。

（五）利益

利益是江阴市开办大病保险所带来的补偿效益。江阴市城乡居民医疗保险经过多年的发展，已经逐步形成了基本医疗保险、大病救助保险、大病商业补充保险为基础的多层次医疗保障体系。江阴市大病保险管理和运行机制更加成

① 相关资料来自本项目对政府相关部门与单位调研。

熟，形成了丰富的开办经验，为国家各地区开办大病医疗保险提供了可借鉴的典型范式。报道显示，太平洋保险公司无锡分公司市场化运作的新型农村合作医疗大病补充保险制度，针对单次费用1万元以上的病人进行二次补偿，2011年发生万元以上医疗费用的参合人员的实际补偿比，较上一年提高了11个百分点，大大降低了大病患者自付比例。江阴市大病医疗救助险成效显著，年度救助基金从2001年的300万元增长到2018年的5 700万元，2010年政策性补偿比例达到76%。

（六）过程

过程是指江阴市大病保险开办的有效程度。江阴市城乡居民大病保险分为大病救助险和大病补充险两个部分。江阴市大病救助险建立于2005年，是在新型农村合作医疗基本医保基础上针对特殊贫困人群、大病病种、大额费用建立的保险基金，其资金来源于市财政、民政局慈善基金和残联在残疾人就业保障中的基金。经过十几年的发展，江阴市大病救助保险保障水平逐年提高，保障大病病种逐步扩大，补偿最高封顶额逐步增加。2018年江阴市大病救助保险共筹集到5 700万元，其中市财政出资4 900万元。江阴市大病补充保险建立于2010年，是在大病救助保险基础上建立的针对大额医疗费用的商业大病保险，其资金来源于城乡居民个人资金缴纳，筹资额度已由2010年50元/人提高到2019年90元/人。①

江阴市大病补助险资金来源更加多元，百姓不需额外缴费，但基金来源更加依靠政府财政支持。江阴市大病补充险是政府主持下居民集体购买的商业保险，基金来源居民个人，同时贫困人口保险缴纳由政府给予支持。除贫困人口外，该大病保险政府未承担补助责任，因此如何防止健康人群逆选择问题，保证大病补充保险长期稳定参保率是该保险可持续发展必须考虑的问题。

（七）意识

意识是指江阴市各方参与大病保险认识程度及理念。江阴市城乡居民医疗保险一直走在全国前列，在全国范围内较早引入商业保险公司经办新型农村合作医疗，较早建立大病救助保险和大病商业补充险，其大病保险开办经验为全国推广建立大病保险提供了有效的借鉴。江阴市医疗保障部门有较强防病意识，对居民健康体检医疗保险给予补偿。同时，江阴市大病补充险经办方商保公司有较强的服务意识，开发了远程会诊系统，聘请上海、南京专家教授为参合群众提供免费远程会诊。总体而言，江阴市广大城乡居民参保意识较强，有较强的健康消费理念。

---

① 相关资料来自本项目对政府相关部门与单位调研。

五、江阴市大病医疗保险可持续发展策略

（一）持续加强大病保险宣传力度

江阴市多层次医疗保障体系当中大病商业补充险性质较为特殊，与其他地区大病保险基金来源于政府财政和部分基本医疗保险金不同，江阴市大病补充商业保险完全来源于个人缴纳，由于政府未参与保险基金的筹集，以及健康居民对商业保险认识偏差等问题，江阴大病保险基金规模会受到一定程度影响。因此，为保障大病商业保险基金筹集可持续性和资金规模，政府在基金筹集过程中需持续宣传引导群众认识大病商业补充保险重要性。

（二）多层次医疗保障体系中，进一步明确两类大病保险地位作用

从国家制度层面来看，城乡居民大病保险是基本医疗保障制度的拓展和延伸，是对基本医疗保障的有益补充。从国家所倡导的构建多层次医疗保障体系来看，各类保障之间的关系为：医疗救助等构成的保底层、社会基本医疗保险构成的主体层、大病保险和商业健康保险共同构成的补充层。从国家规定的多层次医疗保障体系中大病保险的地位和作用分析可知，江阴市大病救助补充险兼顾了保底和补充职能，而大病商业补充险则主要承担的是补充层职能。为了更加明晰江阴市大病保险职能，从保障内容的精准性和广泛性来看，我们认为江阴市大病救助险应聚焦于大病病种保障以满足精准性要求；而大病商业补充险应聚焦于大额费用以满足广泛性要求。

（三）大病补充商业保险筹资、保障机制需逐步明确

从大病商业补充保险筹资来看，江阴市大病商业补充险筹资已由最初的 50 元调整到 90 元，2016 年以来大病商业补充保险筹资多年维持 90 元的筹资水平，人民生活水平逐步提高，百姓医疗服务需求更加多样，如何更加科学合理地增加大病保险筹资，适当提高百姓保障水平和商业保险公司利润水平，建立起更加优化的保障机制。

（四）政府需平衡好自身与商业保险公司间关系

为保证商业大病补充险正常开展，政府在商业保险经办过程中应充分发挥协调和监管职能，协调好大病补充保险群众筹资，确保稳定的参保率，并协调

好商保公司与医疗机构关系。同时，加强大病商业保险经办监管，确保在经办过程中百姓能够得到较好的保障待遇。盈利是商保公司生存发展的根本，商保公司只有盈利才有经办大病商业补充险的动力，政府在商保公司经办过程中应明确各自的权力和义务，确定盈利方式。同时，大病商业补充险作为民生工程，如果商保公司能够把保险服务深入到各家各户，必会带动其他医疗商业保险业务的发展。

第五节　湛江市大病保险实证分析

一、基本情况

湛江，位于中国大陆最南端雷州半岛，广东省西南部，是广东省辖的地级市，粤桂琼三省区交汇处。湛江市总面积 13 263 平方公里，下辖 4 个市辖区、3 个县级市、2 个县，共有 82 个镇、2 个乡、37 个街道、307 个居委会、1 636 个村委会。拥有国家级湛江经济技术开发区（国家高新技术产业开发区），以及奋勇高新区、南三岛滨海旅游示范区、海东新区 3 个功能区。湛江是广东省域副中心城市，是粤西和北部湾城市群中心城市、全国首批沿海开放城市、首批“一带一路”海上合作支点城市、首批全国海洋经济创新发展示范城市、全国性综合交通枢纽，被评为全国综合实力百强城市、国家卫生城市、国家园林城市、中国优秀旅游城市、全国双拥模范城市和中国特色魅力城市。①

截至 2018 年末，湛江户籍人口 848 万人，常住人口 733.2 万人，其中城镇人口 315.35 万人，占常住人口的比重（常住人口城镇化率）为 43.01%。全年出生人口 11.44 万人，出生率 15.63‰，死亡人口 4.05 万人，死亡率 5.54‰。自然增长人口 7.39 万人，自然增长率 10.1‰。2018 年，湛江实现地区生产总值 3 008.39 亿元，民营经济增加值 1 924.91 亿元，占地区生产总值的 64.0%。人均地区生产总值 41 107 元。居民人均可支配收入为 21 426.9 元。其中，城镇常住居民人均可支配收入为 29 046.3 元，农村常住居民人均可支配收入 15 888.9 元。②

① 《湛江概况》，湛江市人民政府，https://www.zhanjiang.gov.cn/mlzj/zjgk/content/post_1300793.html。

② 《2018 年湛江国民经济和社会发展统计公报》，湛江市人民政府，https://www.zhanjiang.gov.cn/zwgk/sjfb/tjgb/content/post_1404507.html。

湛江市医疗卫生资源情况如下：一是医疗卫生机构共 3 478 个。其中，医院 108 个（包括 6 家三甲医院），乡镇卫生院 94 个，妇幼保健院（所、站）10 个，疾病预防控制中心（防疫站）7 个，社区卫生服务机构 60 个。二是医疗卫生机构的床位总数为 36 692 张。三是卫生技术人员共 40 620 人。其中，执业医师 9 831 人，执业助理医师 3 820 人，注册护士 18 265 人。截至 2018 年末，湛江市参加城镇职工基本养老保险人数（含离退休人员）131.63 万人，参加城乡居民医疗保险人数 631.98 万人。城镇享受低保救济的困难群众 1.83 万人，农村享受低保救济的困难群众 22.19 万人。湛江市有各类保险公司 47 家，保费收入 96.75 亿元。其中，寿险保费收入 73.02 亿元，增长 14.8%，占全年保费收入的 75.5%。全年各类保险赔付和给付支出 32.24 亿元。其中，寿险给付和赔付 20.22 亿元。①

1998～2007 年，我国先后建立了城镇职工医疗保险、新型农村合作医疗和城镇居民医疗保险三大基本医疗保险制度，逐步实现了基本医疗保险的“制度全覆盖”“人员全覆盖”。但是城乡分割、三元并立的医疗保障体系、制度“碎片化”、管理分离、重复参保、资源浪费、保障水平城乡和地域差异较大，严重影响了“人人公平享有基本医疗保障”目标的实现（李长远、张举国，2016）。2008 年以前，湛江与全国绝大多数地区一样，城乡医疗保障体系处于三元分割状态。2008 年 7 月，湛江市打破户籍限制，将城镇居民基本医疗保险、新型农村合作医疗整合为城乡居民医疗保险，实现了“三保合二保”，两制度筹资标准、财政补贴和待遇水平一致。整合后的城乡居民医保统筹层次由原来的县（区）级提升为市级，并由湛江市人力资源和社会保障局统一管理，卫生部门不再参与城乡医保的经办管理。“三保合二保”的再保险模式，是将三大基本医保制度整合为两项制度，然后从城乡基本医疗保险统筹基金中提取一部分保费向商业保险购买补充性保险，并着力突出大病风险保障，以实现再保险，并将医保基金部分费用报销和监督管理职能外包给商业保险公司，以再保险的方式委托其管理，形成了“二次分保，第三方协同管理”的城乡医保统筹模式。

二、湛江市大病保险政策演变

推进城乡医疗保险制度整合，是深化我国医疗保障体制改革的优先目标，其

① 《2018 年医疗卫生事业发展统计公报》，广东省人民政府，https：//search.gd.gov.cn/search/all/759001?keywords = 2018% E5% B9% B4% E5% 8C% BB% E7% 96% 97% E5% 8D% AB% E7% 94% 9F% E4% BA% 8B% E4% B8% 9A% E5% 8F% 91% E5% B1% 95% E7% BB% 9F% E8% AE% A1% E5% 85% AC% E6% 8A% A5。

目的是促使全民医保体系由“形式普惠”向“实质公平”转变（郑功成，2015）。为了实现全面建成小康社会，广东省湛江市实行大病保险改革的探索，并在实践中形成以“政府主导、专业运作、合署办公、即时赔付”为主要特点的大病保险模式，被称为“湛江模式”，对完善我国大病医疗保险制度具有重要的借鉴意义。根据公开发布的文献资料进行分析和总结，“湛江模式”的形成和发展可以划分为三个阶段：探索阶段、形成阶段和发展阶段。

（一）探索阶段（2008～2011年）

2008年7月，湛江市政府发布了《湛江市关于城乡居民基本医疗保险试行办法》，实现城乡基本医保一体化[①]，标志着开始新的基本医疗保险制度的探索。该文件中明确提出，整合城镇居民医疗保险和新型农村合作医疗为城乡居民基本医疗保险，引入商业保险公司参与基本医保经营与管理，控制了保障成本，提高了保障效率。为降低大额医疗费用压力，在政府投入和个人缴费标准不提高的前提下，将城乡居民基本医疗保险基金统筹账户的85%继续用于支付基本医疗保险费用，其余的15%向商业保险公司（通过公开招标，湛江市社会保险基金管理局选择了中国人民健康保险股份有限公司湛江支公司）购买大额补充医疗保险，并由商业保险公司承办。

（二）形成阶段（2012～2016年）

该阶段实现了由实践中的“大额医疗补助”向“大病保险”的过渡，标志着大病保险“湛江模式”的初步形成。2012年5月，湛江市政府率领医改办、卫生局、财政局等多名工作人员前往太仓交流学习。2012年8月，在国家《关于开展城乡居民大病保险工作的指导意见》引导下[②]，为进一步提高大病保障水平，在学习借鉴太仓模式做法的基础上，湛江市人力资源和社会保障局建立了大病医疗保险制度，通过设置封顶线，在大额医疗补助基础上按额度进行分阶段按比例补偿等方式，调整了湛江市城乡居民医疗保险待遇，并由商业保险公司承办（曾理斌、倪少凯等，2014；赵靖，2012）。随着社会经济不断发展，个人和政府补贴筹资额度逐年增长，商办保险医疗费用控制效果凸显，医保报销实际补偿比例逐年增加。

---

① 《湛江市医疗保障局关于印发湛江市城乡居民基本医疗保险试行办法的通知》，湛江市人民政府，2011年8月16日。

② 《六部门关于开展城乡居民大病保险工作的指导意见》，中央政府门户网站，http：//www.gov.cn/gzdt/2012－08/31/content_2214223.htm，2012年8月31日。

（三）发展阶段（2017 年至今）

2016 年，湛江市人力资源和社会保障局发布了《关于调整城乡居民医保大病保险待遇的通知》，开始针对特殊人群进行精准保障，对特困供养人群、建档立卡贫困人员、最低生活保障对象，下调大病保险起付标准，在个人自付起付线以上按照较高比例报销，不设封顶线，对缓解特殊人群就医压力起到较好的促进作用[①]。湛江市大病医保发展进程关键内容详见表 4 - 15。

表 4 - 15　　湛江市大病医保发展进程关键内容

	探索阶段（2008 ~ 2011 年）	形成阶段（2012 ~ 2016 年）	发展阶段（2017 年至今）
项目	大额医疗补助	大病医疗保险	大病精准补偿
关键内容	(1) 资源整合：城乡医保一体化。 (2) 方式：商保承办，保险合同。 (3) 筹资：基金的 85% 用于基本医保，15% 用于购买商保大额医疗补助。 (4) 补偿：设置封顶线，分段按比例补偿	(1) 方式： ①学习太仓经验； ②商保承办。 (2) 筹资：从基本医保中按每人 2 元筹资。 (3) 补偿： ①在基本医保和大额医疗补助基础上进行再次报销； ②设置封顶线，分段按比例补偿	(1) 特困供养人员：自付费用 4 000 元以上，按 85% 报销，无封顶； (2) 建档立卡的贫困人员、最低生活保障对象：自付费用 6 000 元以上，按 80% 报销，无封顶； (3) 其他人员：按照正常待遇享受

三、湛江市大病保险的成效和经验

（一）主要做法

对湛江市城乡居民基本医疗大病保险主要做法，从保障对象、保障范围、资金筹集、保障待遇、基金管理和监督五个方面进行介绍。

1. 保障对象

回顾“湛江模式”三个发展阶段，大病保险保障对象为城镇职工基本医疗保

① 《关于调整城乡居民医保大病保险待遇的通知》，湛江市人力资源和社会保障局，http：//www.gdzj.lss.gov.cn/outside/bmfw/wssb/cxybb/xgzc/2017/0109/10002.html，2017 年 1 月 9 日。

险覆盖范围以外的湛江市户籍居民。

2. 保障范围

湛江市实现了新型农村合作医疗和城镇居民医疗保险的整合。“两保合一”后的城乡居民基本医疗保险以基本医疗保险为主，大额医疗补助为补充，建立了多层次的城乡居民基本医疗保障制度。城乡居民基本医疗保险费个人缴费部分的70%用于社区卫生服务机构（含社区卫生站、乡镇卫生院、村卫生站）门诊，15%用于建立大额医疗补助，15%用于建立住院统筹基金。湛江大病医疗保险，实际上是在基本医保制度基础之上，建立了大病医疗补助制度，对参保人自付部分进行再保险，也就是在住院统筹基金和大额医疗补助之上叠加大病医疗补助保险。因此，湛江的大病医疗保险的保障范围，是在基本医保和大额医疗补助基础上进行再次报销。

3. 资金筹集

湛江城乡居民大病医疗补助保险并未单独筹资，而是依附于城乡居民基本医疗保险基金。湛江城乡居民基本医保基金来自两个方面：一方面是个人缴费。湛江城乡居民基本医保基金个人缴费的特点是，城乡居民以户为参保单位，而不是个人为单位，按年度申报参保。于每年10～12月持有关资料到户籍所在地镇（乡）、街道办事处指定的机构办理下一年度参保登记手续。2009年最初实施的时候，每户可选择每人每年20元或50元的个人缴费标准缴纳，缴费标准一经选定，两年内保持不变，居民以户为单位自由选择缴费档次，按年缴费。近年来，随着湛江市经济水平的不断发展，年度最高支付限额和个人缴费水平均在逐年上升。2011年调整为每人每年30元和60元，2013年为每人每年50元和80元，2016年起合并为一个档次，城乡居民每人每年医保缴费为120元，2018年调整为每人每年180元，2019年为每人每年220元。另一方面是财政投入。城乡居民基本医疗保险基金单独设账管理，按国家有关规定计息，基金及其利息免征税费。财政补助参保人的资金除中央、省级财政补助外，市、县（市、区）财政按不低于省政府要求的标准按比例分担。对城镇户籍低保对象、丧失劳动能力的重度残疾人、低收入家庭60周岁以上的老年人，其基本医疗保险费个人缴费部分除省级财政和当地社会医疗救助基金补助后的差额部分，由市、县（市、区）财政按比例分担。农村户籍的五保户、低保对象，其基本医疗保险费个人缴费部分，由当地的社会医疗救助基金负担。财政承担的城乡居民基本医疗保险费补贴，由各级财政部门按参保人员名册统一核拨，每年从财政专户中一次性直接划拨代缴。

湛江大病医疗补助保险资金的筹集方式为：按照参保人每人2元（2012年，湛江市城乡居民参保人数为637万人）的筹资标准，从结余的医保基金中划出1 200余万元基金作为大病医疗补助基金。将这1 200余万元交由承办的保险公司封闭运作，完全自负盈亏。随着湛江市社会经济发展、医疗消费水平变化和大病统筹基金支出等情况的逐年变化，筹资标准并不是一成不变的，需要根据实际情况及时作出调整。

4. 保障待遇

城乡居民基本医疗保险的参保者，在享受基本医保和大额医疗补助的待遇的基础上，还可进一步享受大病保险待遇，具体待遇如表4－16所示。在城乡居民基本医保政策范围内，参保患者自付费用2万元以上，大病保险给予补偿。随着自付费用增加，大病保险补偿的比例不断增加。大病保险补偿比例范围最低为50%，最高达到80%。年度最高支付限额为60万元，包括基本医疗保险和大病保险。另外，特困供养人员年度个人住院自付费用达到4 000元以上，大病保险按85%报销，不设年度最高支付限额。建档立卡的贫困人员、最低生活保障对象，年度个人住院自付费用达到6 000元以上，大病保险按80%报销，不设年度最高支付限额。

表4－16　　湛江市大病保险的保障待遇

医保政策范围内自付费用	大病保险支付比例（%）	年度最高支付限额（含基本医疗保险和大病保险）合计（万元）
2万～5万元	50	60
5万～8万元	60	
8万～10万元	70	
10万元以上	80	

资料来源：湛江市人力资源和社会保障局公开资料。

5. 基金管理和监督

湛江市建立了城乡居民基本医疗保险信息平台，完善了定点医疗机构的网络建设，逐步实施城乡居民基本医疗保险一卡通服务，实现医疗保险信息化管理。大病保险基金依附于该平台进行管理和监督。主要体现在以下几个方面：一是加强规范管理。明确规定城乡居民基本医疗保险基金存入社会保障基金财政专户，专款专用，不得挤占挪用；当年社区卫生服务机构门诊医疗基金结余转入住院统筹基金。若年度住院统筹基金有结余，结转下一年度使用。二是加强定点医疗机构的监管。成立医疗保险医学专家小组，医学专家小组受城乡居民基本医疗保险领导小组办公室委托，参与对定点医疗机构的检查监督。三是加强医疗服务质量考核评估。建立医疗保险医疗服务质量考核评价制度，医疗保险考核结果与医疗费用结算挂钩。四是经办机构的监管。医疗保险经办机构要在每年第一季度向社会公布上年度住院统筹基金的收支情况，接受社会公众的监督，并接受市职能部门的监督审查。五是加强工作人员监管。各有关部门工作人员有下列行为之一的，视情节轻重，给予行政处分，构成犯罪的，依法移交司法机关处理。如，基金管理有违反《湛江市关于城乡居民基本医保试行办法》和其他财经制度规定情形的；医疗保险经办机构在审核、报销、支付医疗费时徇私舞弊，利用各种手段贪污、骗取、挪用住院统筹基金的；损公肥私或利用职权和工作之便收受当事人财物的；因失职造成住院统筹基金损失的；其他违反医疗保险政策规定行为被投诉，经查证属实的。六是加强惩戒。医疗保险定点医院及其工作人员违反服务协议的，由医疗保险经办机构依据协议处理；参保人以各种非法手段骗取住院统筹基金的，医疗保险经办机构有权追回所发生的费用，停止参保人享受当年的城乡居民基本医疗保险待遇；构成犯罪的，依法移交司法机关处理。

（二）取得成效

"湛江模式"是医疗保险改革的典型模式之一。湛江市依据自身经济社会发展的实际情况，在"农民多、收入少、财政弱"的情况下，面对老百姓看病难、看病贵，因病致贫、因病返贫的现象，率先通过医疗保险改革，探索出一条具有很强操作性和借鉴意义的医保改革之路（原彰，黎东生等，2019）。湛江医疗保险，特别是在大病医保领域改革的做法，取得的成效主要有以下几个方面。

1. 打破城乡二元壁垒，促进了健康公平

中国城乡"二元式结构"的历史由来已久，由此导致的发展不平衡也是个极为现实的社会问题。2012 年，《"十二五"期间深化医药卫生体制改革规划暨实施方案》提出，进一步推进了各项基本医疗保障制度之间的衔接，实现"人人公平享有健康保障"的目标。广东省是我国经济实力较强的省份之一，然而其地域之间的发展水平并不均衡。湛江的经济基础同省内其他地区相比，相对薄弱，同时农村人口所占比例较高，存在着城乡经济发展不平衡的"二元经济"。此外，与我国典型的中等城市一样，湛江市农村人口很多，户籍分界明显（李瑛珊，2014）。湛江采取的"一个制度、两个层次"的制度模式，将城镇居民医疗保险、新型农村合作医疗整合为城乡居民医保，统筹兼顾城乡居民收入差距和参保意愿，借由设置不同的缴费、待遇档次供参保人员选择，可借此逐步消除原来的"二元式结构"所带来的发展不平衡问题。之后，再通过经济和人口发展的变化，对缴费和待遇做出适当的调整，并通过建立大病医疗补助制度，对参保人自付部分进行再保险。可见湛江市对大病医保的统筹设计兼顾了其区域发展的实际情况，可供其他地区在统筹城乡医保改革时借鉴。

一项对湛江市 2009 ~ 2012 年某三甲医院城乡居民次均住院最终自付费用，及其占家庭平均剩余可支配收入的比例的调查显示，从整体上看湛江城镇居民家庭没有发生灾难性医疗支出。虽然 2009 ~ 2011 年农村居民参保人的次均住院最终自付费用占家庭平均剩余可支配收入比例均高于 40%，但农村居民参保人的次均住院最终自付费用占家庭平均剩余可支配收入的比例在逐年下降，尤其是 2012 年该比例为 39.52%，说明农村家庭发生灾难性医疗支出的概率呈现下降趋势（曾理斌，2014）。由此可以说明这种改革的形式，对避免个人和家庭的灾难性医疗支出，维持社会稳定，促进健康公平具有重要的意义。

2. 引入社会力量，激活了医疗保险领域的发展

大病保险制度应属于准公共产品，长久以来一直都由政府负责。政府负责医保基金的筹集和管理，对基金的使用进行监督。这种“家长式”的管理体制，缺乏活力，改革困难，并且难以为继。湛江市政府通过大胆的改革和创新，借助社会力量，引入商业保险公司开展基本医疗保险和大病保险，利用商业保险公司在资金、人员、专业化管理等方面所具有的独特优势，通过合署办公，节省了社保经办人员的编制、办公与管理经费，极大缓解了财政压力。同时，还利用人保健康公司建设信息平台、提供办公设备、组建专业核查队伍、定点医院派驻人员等（李瑛珊，2014）。

这种公共服务的供给模式，可称为“PPP”（Public-Private-Partnership）模式，即“公私伙伴关系”。“PPP”模式特指公共部门（政府部门）与私人部门（商业机构等营利性组织或非营利性组织）建立伙伴关系，提供公共产品或服务的一种合作模式。相关研究显示，通过引入商业保险公司，参保群众的人均住院费用从 2008 年的 7 369 元，下降至 2009 年的 3 543 元，人均治疗成本下降了约 60%；同时承保的人保公司也通过强化事中诊疗行为监控，降低项目总体赔率约为 85%，扣除成本之后，每年均可保持 3% 的持续盈利，可实现保本微利（曾耀莹，2012）。可见通过引入社会力量，在医疗保险领域采取这种公私合作伙伴的模式，对于探索和建立城乡一体化的医疗保障管理制度，推动医药卫生体制改革具有重要的意义（杜晓宇，2011）。

3. 减轻了资源短缺压力，提升了保障效果

2009 年湛江市社会保险基金管理局在编经办管理人员仅有 27 人，而改革后纳入经办服务管理的城乡居民参保人数为 590 余万人（经办管理人员数与服务对象之比约为 1∶220 000，远高于国际通常标准 1∶5 000）。虽然医疗卫生投入水平（卫生总费用占生产总值的比例）与全国平均水平基本持平，但湛江的经济发展水平和城镇化水平在中国处于落后地位，总量不足，且城乡贫富差距明显。新的城乡居民医疗保险制度在缴费标准和保障待遇方面，如何比改革前的旧制度更具吸引力，这就需要适度降低城乡居民的缴费水平，增加政府财政补贴，并加大对医疗卫生机构的公共财政投入，这将对财力较为薄弱的湛江市政府形成巨大的财政压力（曾理斌，2014）。

为了解决湛江市在城乡居民医疗保障一体化过程中所面临的人力、资金、技术和管理等资源要素极度短缺的现状，“湛江模式”将城乡居民基本医疗保险个人缴费的15%划拨给人保健康公司购买大病保险。与商业再保险模式不同的是，这种再保险是由政府决定再保险的责任范围和支付范围，保险公司承诺保本微利，如果有较大亏损，政府也会给予补助。这种模式充分利用了商业保险公司专业化的人力、资金、技术和管理等，大大缓解了政府的财政压力，弥补了经办管理能力的不足，同时也转嫁了一部分医保基金的风险，提高了医保基金的管理水平。通过这种再保险模式，缓解了人民群众看病难、看病贵的问题，尤其是大病对于普通家庭的危害。“湛江模式”为健康扶贫提供了一种很好的解决方案（原彰、黎东生等，2019）。

（三）主要经验

1. 因地制宜，形成区域特色

“湛江模式”通过借鉴和学习先进经验，结合实际情况，引入大病医疗保险，并由商业保险公司承办，形成自身特点，如设置了封顶线，在大额医疗补助的基础上分阶段按比例补偿（李阳、段光锋，2018）。湛江市并没有像太仓一样，全面整合城乡医疗，而是仅仅整合了新农合与城镇居民医疗保险，原因就在于湛江市充分考虑自身经济欠发达，农业人口众多的实际状况。考虑到保险的责任义务和权利是紧密相连的，这就导致在短期内湛江市的大病保险必须设置封顶线，并且不能搞“一刀切”，全面整合城乡医疗保险。

2. 通过健康扶贫，取得明显成效

世界卫生组织2000年的报告显示，若一个家庭的医疗开销比例超过非食品支出的50%，就会导致贫困，即我们常说的“因病致贫”。2003年，有WHO的研究员指出，当家庭医疗支出达到或者超过家庭可支付能力的40%，即发生灾难性医疗支出（刘玉君，2016）。相关研究显示，从湛江市2009~2012年某三甲医院城乡居民次均住院最终自付费用及其占家庭平均剩余可支配收入的比例来看，湛江城镇居民家庭没有发生灾难性医疗支出。虽然2009~2011年农村居民参保人的次均住院最终自付费用占家庭平均剩余可支配收入比例均高于40%（2009年达到67.97%），但农村居民参保人的次均住院最终自付费用占家庭平均剩余可支配收入的比例在逐年下降，尤其是2012年该比例为39.52%，说明农村家庭发生灾难性医疗支出的概率呈现下降趋势（曾理斌，2014）。通过设立大病保险的形式，可有效缓解大病对普通家庭的危害，通过健康扶贫实现精准扶贫，可有效减轻政府的扶贫压力。

3. 发挥市场特点，充分利用社会资源

有关大病保险制度的一个重要争议就是政府与市场的关系。早在《关于开展城乡居民大病保险工作的指导意见》出台以前，包括湛江、太仓和厦门在内的一些地区就开始探索将商业保险机构引入基本医疗保险体系，相关的讨论和争议不断。就湛江经验来看，其大病保险的属性仍然可以归为基本医疗保险，是在基本医疗保险上的延伸、拓展，并不是一项独立的制度。在这个过程中仍然是坚持政府的主导地位，做好监督管理和定价工作。商业保险机构有着制度上的必要性和天然优越性，一定程度上可以减轻医疗保险行业存在的道德风险，合理控制费用（刘玉君，2016）。可见，在经济欠发达地区在人力和财力有限的时候，需要充分利用社会资源。同时政府应该更关注于顶层设计，从具体琐碎的事务中脱离出来，把一些事务交给商业保险机构，这不是削弱，有时候反而是强化政府职能的一个过程。在我国进一步深入改革开放的过程中，医疗领域这种开放的姿态和举动，对其他领域的改革和发展无疑是一个良好的借鉴。

四、湛江市大病保险的ROCCIPI分析

ROCCIPI分析框架广泛应用于社会科学领域，其主要分析维度包括：规则、机会、能力、交流、利益、过程和意识。ROCCIPI分析框架具有独特的解释力与分析视角，有利于从多维度阐释湛江市大病医疗保险改革，总结成效与发现问题，并提出解决方法。

（一）规则分析

湛江市大病医疗保险改革中的规则，是指参与改革的人、财、物和信息资源等都需要遵循的条例、章程和制度。2008年7月发布的《湛江市关于城乡居民基本医疗保险试行办法》中明确提出，整合城镇居民医疗保险、新型农村合作医疗为城乡居民医保。即在政府投入和个人缴费标准不提高的前提下，将城乡居民医保基金统筹账户的85%继续用于支付基本医疗保险费用，其余的15%向公开招标的商业保险公司购买大额补充医疗保险。2012年国家相关部委联合颁布《关于开展城乡居民大病保险工作的指导意见》，指出以力争避免城乡居民发生家庭灾难性医疗支出为目标，合理确定大病保险补偿政策，实际支付比例不低于50%，并按医疗费用高低分段制定支付比例，原则上医疗费用越高支付比例越高。同时还规定了采取向商业保险机构购买大病保险的方式承办城乡居民大病保险。同年8月，湛江市人力资源和社会保障局发文，建立大病医疗补助制度，调整了湛江市城乡居民医疗保险待遇。至此，湛江市作为早期试点改革的城市之

一，经过先期4年左右的探索和实践，在国家指导意见的指引下，结合自身实际情况，因地制宜对大病保险制度进行动态调整，并进行了较好的衔接。目前从规则分析看来，相关制度明确，规则有操作性，并不存在着制度衔接等方面的障碍。

（二）机会分析

湛江市大病医疗保险改革中的机会，是指顺利建成湛江市“二次分保，第三方协同管理”的城乡大病医保统筹模式的可持续性与利好性。基于湛江市的实际情况，大病医保的发展和完善具有以下三个机遇。第一，市场机会。随着湛江市经济的不断发展，人们的健康意识不断增强，人均寿命延长，各种恶性肿瘤和慢性病等的患病人数也在不断增长。在未来，人们会更愿意为了自身的健康去投资和消费。但是，商业保险公司在事前没有参与和介入，提供对重大疾病知识的防范、健康饮食、体检等健康管理等活动。如果能够进行有效的引导和规范，这会是商业保险公司包括很多民营医疗机构的发展机遇。第二，政策机会。经由前面的分析可知，通过设立大病保险，可有效缓解大病对普通家庭的危害，通过健康扶贫实现精准扶贫，有效减轻了政府的扶贫压力，而且国家相关部门《关于开展城乡居民大病保险工作的指导意见》中也明确规定，可以通过向商业保险机构购买大病保险的方式承办城乡居民大病保险。可见，社会力量的引入，对完善我国社会医疗保险制度具有重要的借鉴意义。第三，时代机会。随着科技的进步与发展，电子信息化、云共享等形式不断出现，商业保险公司介入大病医保会在实践中收集到大量与人群健康相关的大数据，如何做好个人信息保密工作无疑会是未来的监管难点和重点。更重要的是，如果能够妥善利用这些信息，推进建立完善的居民电子健康档案，实时监控居民的健康状况，预防为主，防治结合，从而减少疾病发生的概率，将对保障全民健康具有更加长远的战略发展意义。

（三）能力分析

湛江市大病医保改革中的能力，是指解决医保改革过程中存在问题所具备的能力。这种能力可以从理论政策能力和落地实践能力两个方面进行阐述。在理论政策方面，我国已经在2017年党的十九大报告中提出了以“共建共享全民健康”为主题的建设“健康中国”战略，提出了包括“聚焦重点人群实施健康精准干预”，并针对时代变化，针对疾病谱的变化，继续优化防治策略，有效控制重大疾病的发生和流行。继续不断深入改革和落实大病医保的相关政策，是深入落实党的十九大精神的体现，也是党的根本宗旨和执政理念在卫生健康领域的集中体现。湛江市自2008年开始实行大病医疗保险以来，根据区域实际，整合城镇居民大病保险和新型农村合作医疗大病保险，并通过不断修正和完善，提高大病保险的保障能力和保障水平，提升了公平性，更好地保护了人民健康，有效防止了“因病致贫、因病返贫”现象的发生。在落地实践能力方面，湛江城乡居民医保覆盖面不断扩大，保障水平不断提高，管理正逐步规范。由政府出资将关闭、破产、解散、停产、半停产困难企业退休人员纳入职工医保范围，解决了困难企业退休人员医疗保障问题。湛江全市的五保户、低保对象、重度残疾人等特殊群体则由政府帮助缴费（肖淞文，2013）。综上所述，有关大病医保中的相关缴费、整合等政策制度仍然需要完善，还需要从区域实际出发，在政府和市场的双向协调下，健康稳步地持续推进。

（四）交流分析

湛江市大病医保改革中的交流，是指一切与大病医保改革相关的概念、衍生服务及政策制度的信息交流和对于群众的宣传和认识。湛江市大病保险的交流分析分为两个方面：一方面是大病保险制度在实施过程中各部门、各项制度和具体操作的沟通和交流。湛江市政府高度重视大病保险，政府各部门之间协调沟通无障碍，并与居民基本医疗保险制度有效衔接。同时，政府部门和商业保险承办机构的合作良好，在相关信息交流、运行监管方面得到保障，是大病保险政策得以顺利运行的关键；另一方面是与参保者的交流。这是由湛江的地理和人口结构特点决定的。根据相关文献资料的描述，现湛江市分布的三大方言中，从人口来看，说雷州话的约占全市人口的51%，粤语约占31%，崖话约占12%，虽然由于社会开放，人们交往日益频繁，但是大部分地区及湛江市周围农村，仍是通用雷州方言，不同方言之间，差异明显；至于普通话，在党政机关等场所、学校及一些家庭通行，年青一代大多数除了会讲当地方言外，都懂普通话（关洪，2012）。基于这种实际情况，各种与大病医保改革相关的概念、衍生服务及政策制度的信息交流在各区除了用方言和普通话做宣传之外，另一种渠道和方法就是文字。关于大病医保的相关内容，可以在湛江市人力资源和社会保障局单独开辟的社会保险专栏进行查阅，此外还可以通过搜索微信公众号“湛江市人社局”查询相关的信息。如此，可以确保政策在实施过程中，政府部门和民众之间的双向沟通和交流。

（五）利益分析

湛江市大病医疗保险改革中的利益，是指在医保改革过程中不同利益相关者（集团）的利益分配和权利。主要涉及的利益集团包括医疗服务供给方，如三级医院、二级医院和基层医院；医疗服务需求方，如居民/患者；医疗服务管理筹资方，如政府卫生部门、医保部门和商业保险企业。通过对不同类别的医疗机构设置不同梯度的报销比例，可有效规范患者的就医行为。2019 年，湛江市乡镇卫生院、一类医院、二类医院和三类医院的基本医疗保险支付比例（在规定的项目范围内）分别为 85%、80%、70% 和 50%，之后在大额补充医疗保险之上叠加大病医疗补助保险，在这个过程中需要防范的是部分患者和医疗机构“小病大治”“拖床占床”等行为的出现，就目前的政策来看，对大病康复期患者的向下转诊政策并没有得到很好的体现。此外，对于财政、医保等政府部门来说，如何与商业保险公司建立起相互协调与博弈，寻找利益平衡点的协同发展模式也是十分必要的。

（六）过程分析

湛江市大病医疗保险改革中的过程，是指医保改革过程中各项政策实施的有效程度。从湛江大病保险政策的演变中可知，湛江大病保险在探索和实践中，逐步形成了具有特色的模式，并取得较为明显的成效。同时，湛江大病保险在建设发展过程中，尤其是在政策设计和具体操作层面，还存在需要进一步完善的地方。主要表现在以下几个方面：首先，保险基金个人缴费标准。整合后的城乡居民医保，最初几年是划分不同的档次，但是 2016 年后取消了这种档次差别，收费标准变得统一，2019 年为每人每年 220 元。但是考虑到目前湛江市还存在着大量农村人口，农村家庭的可支配收入低于城镇家庭的可支配收入，而城乡居民每年所缴纳的医保费用一致，所以面对同样的自付医疗费用，农村家庭可能难以为继。因此，提高医保的普惠性、公平性、有效性是亟待解决的核心问题。就缴费标准问题还应根据经济社会发展的实际做深入的论证。其次，未来发展需要商业保险公司深度参与。“湛江模式”中商业健康保险公司只是参与了事后投保人合规住院医疗自付部分的二次补偿，而对于事前并没有参与提供对重大疾病知识的防范、健康饮食、体检等健康管理等活动；事中如大病的诊疗方案、控制医疗费用支出等方面也没有参与管理。所以，“湛江模式”中商业健康保险公司还没有充分发挥其应有的价值和作用。最后，加强制度建设。商业健康保险进入社会医疗保险已经在多地试点多年，但顶层设计一直非常缺乏，相关法律法规都没有形成体系。而且，社会医疗保险的属性是公益性、普惠性，而商业健康保险是趋利性，要协调好两者之间的冲突性，使两者有机结合，做到商业健康保险公司的“保本微利”，这是需要多方协作的事情。

（七）意识分析

湛江市大病医疗保险改革中的意识，是指医保改革过程中不同主体和利益集团对医保改革的基本认识、不同观点和评价，可从宏观和微观两个方面进行分析。宏观层面，国家和相关行政部门主要为了实现“健康中国”“脱贫攻坚”等战略提供基础和保障，促进深化新一轮医药卫生体制改革，合理配置卫生资源，解决“看病难、看病贵”的问题；微观方面，考虑到湛江市的经济发展水平和人口增长规律，打破“城乡二元结构”，建立湛江市大医疗保障制度的时机还未成熟。随着社会经济的发展，城镇化的推进，人民群众生活水平得到很大的改善和提高。然而，伴随而来的生活节奏的加快、环境污染严重、工作压力普遍增大、不良饮食习惯和不良生活方式等的影响，导致疾病谱发生变化，心脑血管疾病、肿瘤和慢性病等成为影响人们健康的主要疾患，发病率不断增加。在现行缴费水平下，城乡居民医保基金的运行压力依然巨大。另外考虑到保险的责任义务与权力是紧密相连的，未来是否要将城镇职工和城乡居民医保进行合并，进一步建立起湛江市大医疗保障制度，将所有的医疗保障制度纳入同一个总盘子，建立起一个金字塔结构，实现真正意义上的“三保合一”，还有待进一步论证。

第六节　黔南州大病保险实证分析*

一、基本情况

黔南布依族苗族自治州（以下简称黔南州）地处中国西南部、贵州省中南部，是全国30个少数民族自治州之一。黔南州成立于1956年8月，自治州首府为都匀市，全州土地总面积2.62万平方公里，下辖2市9县1自治县，7个省级经济开发区，州内居住有汉、布依、苗、水、毛南、瑶等43个民族，全州总人口420万人，其中少数民族人口占58%。农村居民占户籍人口比例超过80%，建档立卡贫困人口80余万人，经济发展相对较为落后，属于国家重点扶贫地区。[1] 2018年，黔南州完成地区生产总值1 313.46亿元，比上一年增长10.8%。城镇和农村常住居民人均可支配收入分别突破3万元和1万元，达到31 136元和10 721元。农村贫困发生率从2017年的9.95%下降到4.65%。全州卫生机构2 530个（含村卫生室），实

* 本节中黔南州所有数据来源于本项目对黔南州医保局及相关单位现场调查数据。

① 《黔南州概况》，黔南布依族苗族自治州人民政府网站，https：//www.qiannan.gov.cn/zjqn/qngk/qnzgk/。

有床位21 048张，卫生技术人员19 983人，其中：执业（助理）医师6 879人，注册护士8 178人，药师827人，技师1 317人。2018年，全州建档立卡贫困户数签约服务21.91万户，共82.08万人。黔南州主要健康指标中，平均期望寿命为73岁，孕产妇死亡率29.16/10万，婴儿死亡率5.86‰，5岁以下儿童死亡率8.05‰。①

黔南州医疗保障制度包括城镇职工基本医疗保险、城镇居民基本医疗保险、新型农村合作医疗制度和城乡居民医疗救助制度，基本医疗保险参保率多年保持在95%，新型农村合作医疗参保率近100%。黔南州的大病保险，主要是指城镇居民大病保险和新型农村合作医疗大病保险，分别是城镇居民基本医疗保险和新型农村合作医疗保险的拓展和延伸。2014～2018年，黔南州城镇居民基本医疗保险参保人数、人均筹资标准和各级医疗机构报销比例等，呈现不断增长的趋势（如表4－17所示）。截至2018年，全州城镇居民参保人数达30.3万人，比4年前增加了近3万人。人均筹资水平由每人每年120元逐步增加到每人每年220元，且参保率超过95%。医保报销比例与人均筹资标准实现同步增长，并实现分级分类报销，报销比例分别为：一级医院90%，二级医院80%，三级医院70%，门诊特殊病70%。城镇居民基本医疗保险封顶线有所下降，由9万元降为7万元。黔南州城镇居民基本医疗保险在目录范围方面，执行的是贵州省统一的城镇居民基本医疗保险目录。

表4－17　2014～2018年城镇居民基本医保相关情况

项目		2014年	2015年	2016年	2017年	2018年
参保人数（万人）		27.4	29.6	30.0	30.1	30.3
人均筹资标准（元）		120	120	120	150	220
报销比例（%）	一级医院	80	80	90	90	90
	二级医院	70	70	80	80	80
	三级医院	60	60	70	70	70
	门诊特殊病	70	70	70	70	70
封顶线（万元）		9	9	7	7	7
目录范围		贵州省统一的城镇居民基本医疗保险目录				

黔南州新型农村合作医疗参保人数连续多年处于稳定增长状态，如表4－18所示。截至2018年，全州新型农村合作医疗参保人数达346.3万人，比4年前

① 《黔南州2018年国民经济和社会发展统计公报》，黔南布依族苗族自治州人民政府网站，https://www.qiannan.gov.cn/zwgk/zfsj/tjxx/tjgb/202011/t20201106_74409663.html。

增加21.5万人，实现了全体农村居民的完全参保。相较于中东部地区而言，虽然黔南州的新型农村合作医疗人均筹资水平较低，但黔南州新型农村合作医疗筹资水平也在逐年不断提高，由2014年每人每年70元提高到2018年每人每年120元。黔南州的新型农村合作医疗目录范围，执行的是贵州省统一的新型农村合作医疗目录。相比较而言，参加新型农村合作医疗的农民享有较好的保障待遇，比如，住院报销比例较高，参合农民得到实惠。尤其是新型农村合作医疗报销的封顶线，随着筹资水平的提高而不断增加，近两年由封顶线20万元，增加到2018年的30万元，在贵州省处于较高的水平，为黔南州新型农村合作医疗提供重要保障。

表4-18　　2014~2018年黔南州新型农村合作医疗相关情况

项目	2014年	2015年	2016年	2017年	2018年
参保人数（万人）	324.8	326.7	328.1	334.2	346.3
人均筹资标准（元）	70	70	90	120	120
封顶线（万元）	12	20	20	30	30
报销比例	根据实际调整，门诊、一般住院以及特殊病种采取不同补偿比例				
目录范围	贵州省统一的新型农村合作医疗目录				

二、黔南州大病医保政策演变

黔南州的大病医疗保险主要是指城镇居民大病保险和新型农村合作医疗大病保险。黔南州社会经济发展状况和人口结构特征等推动其大病保险政策的形成、发展和完善，并形成自己的特色。黔南州以少数民族人口为主，占人口的58%，农村居民为主，占户籍人口比例超过80%，新型农村合作医疗参保人数是城镇居民医疗保险的10余倍。同时，黔南州经济发展较为落后，医疗资源较为匮乏，且贫困人口众多。围绕这些特点，黔南州在缓解大病患者的高昂医疗费用负担，降低因病致贫、因病返贫问题发生的风险，促进医疗保障领域的公平性以及提升人民群众的获得感等方面，进行不断的探索和实践，并在完善基本医疗保险制度的基础上，逐步形成适合当地特点的大病保险政策。黔南州大病保险的探索和实践大体可划分为3个阶段，即大病保险的探索阶段、形成阶段和发展阶段。

（一）大病保险的探索阶段

为了缓解城镇居民因患大病造成的医疗经济负担，黔南州采用补充医疗保险的形式进行积极探索，为城镇居民提供大病保险。2009 年黔南州颁布了《黔南州城镇居民补充医疗保险试行办法》，开始城镇居民大病保险的探索和实践。该办法的具体做法如下：一是筹资方式。城镇居民补充医疗保险采取个人缴费的方式筹集保险基金，标准是每人每年 30 元。二是基本属性。该保险是补充医疗保险，是在按照城镇居民基本医疗保险政策报销后，对合规的医疗费用进行再次报销。三是保障待遇。对城镇居民补充医疗保险设置起付线，即城镇居民基本医疗保险统筹支付 9 万元。起付线以上的部分，该补充保险再报销 70%，且年度最高支付限额为 4 万元。该补充医疗保险共实施了 3 年，并在实践中取得一定的成效。

（二）大病保险的形成阶段

随着 2012 年 8 月国家发改委等六部委制定的《关于开展城乡居民大病保险工作的指导意见》的颁布，黔南州在探索实践的基础上，根据国家部委的指导意见，逐步形成了具有自身特色的城镇居民大病医疗保险制度。2013 年黔南州政府颁布《关于修改黔南州城镇居民补充医疗保险试行办法的通知》，该通知的特点体现在 3 个方面：一是明确了目标。将原先的补充保险改名为城镇居民大病保险。二是筹资方式改变。通知提出，大病保险基金筹资水平不变，依然是每人每年 30 元，但是其中个人负担 50%，个人负担以外部分由基本医疗保险基金拨付。三是补偿待遇提高。大病保险起付标准维持不变，但年度最高支付限额由 4 万元增长至 15 万元，补偿比例由 70% 提高至 90%。该阶段在国家部委相关文件指引下，通过对实践经验的总结和提高，初步形成黔南州城镇居民大病保险制度。

2015 年 7 月，国务院办公厅下发了《关于全面实施城乡居民大病保险的意见》，标志着在全国范围内开始全面实施城乡居民大病保险。黔南州政府和卫计委颁布多份政策文件，落实中央和贵州省城乡居民大病保险政策。如 2015 年 10 月黔南州政府发布《黔南州新型农村合作医疗大病保险实施办法》，要求全州 12 月 30 日零点开始全面推行新型农村合作医疗大病保险，表明占人口总数 80% 的农村居民有了大病保险的保障。因此，城镇居民大病保险和新型农村合作医疗大病保险政策的建立，标志着黔南州大病保险制度的形成。

（三）大病保险的发展阶段

黔南州在建立大病保险制度的基础上，通过实践不断总结经验，促进大病保险的建设和发展。2016 年黔南州政府出台《关于印发黔南州城镇居民大病保险实施办法的通知》，要求在国家相关政策规定指引下，实施普遍意义上的城镇居民大病保险政策。同年，黔南州卫计委发布《关于进一步明确新型农村合作医疗大病保险相关问题的意见》，细化了新型农村合作医疗大病保险实施过程中的具体问题和操作规范。2017 年黔南州政府出台《关于印发黔南州城镇居民大病保险实施办法的通知（2017 年 5 月修订）》，根据目标要求和实际情况对城镇居民大病保险实施办法做了进一步完善。2018 年，黔南州卫计委发布相关政策文件，进一步提高大病保险最高支付限额，达到 20 万元。同时，大病保险筹资标准也进一步提高，由 2017 年的 34.2 元提高到 50.50 元。2019 年黔南州政府办公室出台《关于印发黔南州城乡居民基本医疗保险实施办法（试行）的通知》，提出将城镇居民大病保险与新型农村合作医疗大病保险整合发展，实现“两保合一”，建立城乡居民大病保险制度。同时提出统一的大病保险制度起付标准为 7 000 元/年度，分段进行支付，最低档支付比例不超过 60%，封顶线 25 万元，目的是实现城乡居民大病保险保障水平和保障待遇的统一和提升。该阶段的特点主要体现在两个方面：一方面是黔南州大病保险制度的建设和提高。这一时期，无论是城镇居民大病保险还是新型农村合作医疗大病保险均获得快速发展，在总结实践经验的基础上，各项制度不断建立和完善，制度的保障范围、保障水平和保障能力不断提高。另一方面是黔南州大病保险制度的创新和发展。根据自身实际情况和特点，提出城镇居民大病保险与新型农村合作医疗大病保险“两保合一”，建立城乡居民大病保险制度，为黔南州大病保险制度的改革和发展指明了方向。

三、黔南州大病保险分析[①]

（一）黔南州城镇居民大病保险分析

1. 政策演变情况分析

黔南州城镇居民大病保险自 2009 年探索实践以来，经历了探索、形成和发展等不同阶段，在不同阶段的变迁、建设和发展过程中，逐步形成了自身的特点，主要体现在两个方面：一方面，城镇居民大病保险在制度层面保持稳定性。如，政策的属性是基本医疗保险，统筹范围是州级统筹，经办方式是商业保险机构承办，保障的医疗服务目录范围与城镇居民基本医疗保险项一致。另一方面，城镇居民大病保险在保险技术层面的动态调整。如，筹资的标准，在探索阶段和形成阶段即 2009 ~ 2015 年，均为 30 元/人/年，2016 年起改为“当年居民医保筹资总额的 5%”，2018 年又调整为 50 元/人/年；资金的来源，2012 年前探索阶段

① 资料来源：黔南州医疗保障局现场调研资料。

的筹资标准 30 元由两部分组成，即参保个人需缴纳 15 元和基金统筹 15 元。2013 年至今，均改为从城镇居民基本医疗保险基金筹集，个人不需要缴费；起付线进行一次调整。2009～2015 年，在基本统筹基金支付超过 9 万元后，才能享受大病保险。2016 年起降低为“上一年度黔南州城镇居民人均可支配收入的 50%”；大病保险的报销比例，探索阶段参保患者起付线以上合规医疗费用可获得 70% 的二次补偿，形成阶段提高到 90%，发展阶段改为“超额累进，分段计算”，起付线以上合规费用分为 4 段，报销比例分别为 60%、70%、80% 和 90%；封顶线，探索阶段为 4 万元，形成阶段为 15 万元，发展阶段不设封顶线（见表 4－19）。从上述城镇居民大病保险政策演变情况分析可知，黔南州城镇居民大病保险是按照国家相关政策要求，通过提高筹资标准、改变筹资方式、降低起付线、分段设置报销比例，以及不设封顶线等方式，来扩大保障范围、提高保障的能力和保障水平，目的是让参保的城镇居民得到更多实惠和保障。

表 4－19　　黔南州城镇居民大病保险政策演变情况

<table>
<tr><th>项目</th><th>探索阶段
（2009～2012 年）</th><th>形成阶段
（2013～2015 年）</th><th colspan="2">发展阶段
（2016～2018 年）</th></tr>
<tr><td>政策属性</td><td>基本医疗保险</td><td>基本医疗保险</td><td colspan="2">基本医疗保险</td></tr>
<tr><td>统筹范围</td><td>州级统筹</td><td>州级统筹</td><td colspan="2">州级统筹</td></tr>
<tr><td>经办方式</td><td colspan="4">商业保险机构承办（中国太平洋保险公司黔南州分公司）</td></tr>
<tr><td>筹资标准</td><td>30 元/人/年</td><td>30 元/人/年</td><td>当年居民医保筹资总额的 5%</td><td>2018 年 50 元/人/年</td></tr>
<tr><td>资金来源</td><td>参保者个人 15 元，基金统筹 15 元</td><td>基本医保基金</td><td colspan="2">基本医保基金</td></tr>
<tr><td>起付线</td><td>基本统筹基金支付超过 9 万元</td><td>基本统筹基金支付超过 9 万元</td><td colspan="2">上一年度黔南州城镇居民人均可支配收入的 50%</td></tr>
<tr><td>报销比例</td><td>70%</td><td>90%</td><td colspan="2">“超额累进，分段计算”：
起付线以上～15 000 元，60%。
15 001～35 000 元，70%。
35 001～70 000 元，80%。
70 000 元以上，90%</td></tr>
<tr><td>封顶线</td><td>4 万元</td><td>15 万元</td><td colspan="2">不设封顶线</td></tr>
<tr><td>目录范围</td><td>与城镇居民基本医疗保险一致</td><td>与城镇居民基本医疗保险一致</td><td colspan="2">与城镇居民基本医疗保险一致</td></tr>
</table>

2. 政策运行状况分析

（1）城镇居民大病保险受益人数不断增加。

受益人数是指在一定时期根据相关政策的规定，享受大病保险待遇，获得大病保险经济补偿的人数。该指标是反映大病保险实施效果的重要指标。黔南州城镇居民大病保险受益人数，总体上呈显著增长趋势。如图 4 - 3 所示，2014 ~ 2015 年，大病保险受益人数由 124 人增加到 235 人，将近增长了 1 倍。2016 年之后是增长的高峰期。与 2014 年相比，2016 年增长了 6 倍，大病保险受益人数达到 758 人，尤其是 2017 年增长 10 倍多，达到 1 324 人。

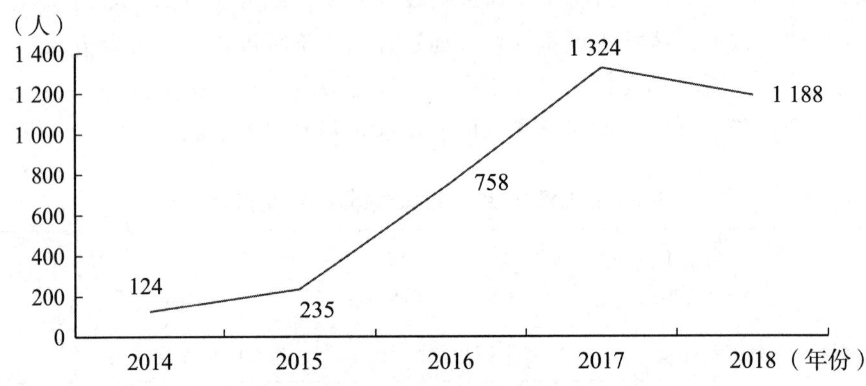

图 4 - 3　黔南州城镇居民大病保险受益人数变化情况

尽管 2018 年大病保险受益人数有所减少，但总人数仍高达 1 188 人。黔南州城镇居民大病保险受益人数大幅增长的主要原因是，2016 年当地大病保险政策进行调整，起付线由原来的城镇居民基本医保统筹基金超过 9 万元的部分，降低为年度人均可支配收入的 50%。政策门槛的降低导致一大部分以前未达到起付标准的患者被纳入政策保障范围。另外，随之一并调整的大病保险补偿比例和不设封顶线等措施，亦起到促进作用。

（2）城镇居民大病保险人均医疗费用和补偿水平分析。

图 4 - 4 列示了大病保险受益者人均医疗费用、补偿额及补偿比例变化情况。各指标的变化趋势表明，黔南州城镇居民大病保险参保者的人均医疗费用，2015 年下降较为明显，但是总体上呈快速增长的趋势。城镇居民大病保险参保者的平均医疗费用在 3 万元，2015 年最低，为 20 948. 76 元，2018 年人均费用最高，达到 35 727. 02 元。从大病保险人均补偿额来看，2014 年人均补偿额度为 12 208. 99 元，为期间最高额。2015 年以来，人均补偿额基本维持在 7 000 元上下，上下波动在 300 元左右，变化趋势较为平缓，整体上呈现稳中增长的趋势。大病保险人均实际补偿比例（大病保险补偿额占医疗费用的比例）则呈现明显的下降趋势，

2014 年实际补偿比例为 34.49%，2018 年则降至 20.46%，降幅近 41%。

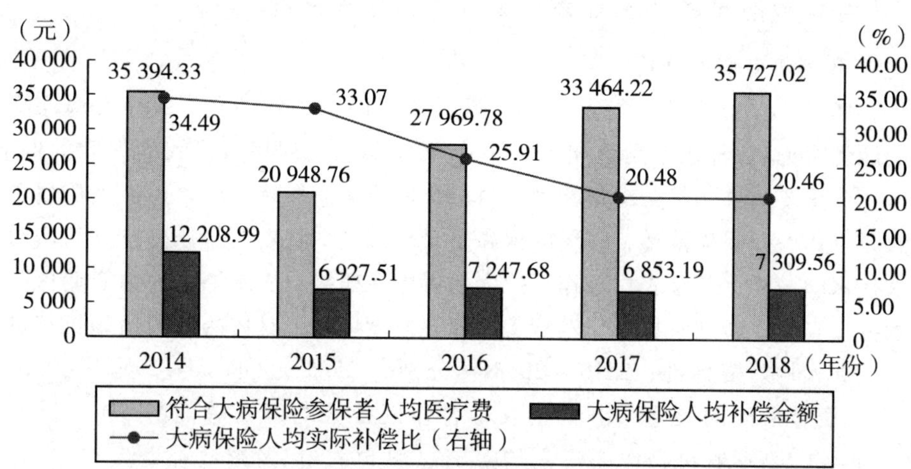

图 4-4　黔南州城镇居民大病保险受益者人均医疗费用、补偿额及补偿比例变化情况

（3）城镇居民大病保险基金运行状况分析。

黔南州城镇居民大病保险基金运行状况分析显示，大病保险基金收入和支出均呈显著增长趋势，且支出的增长高于收入的增长，基金结余逐步减少并出现入不敷出的情况，如表 4-20 所示。从基金收入角度看，城镇居民大病保险基金收入呈现持续增长态势，大病保险基金收入增加主要源于人均筹资水平的增加。2014 年城镇居民大病保险基金收入仅为 287 万元，到 2018 年增长到 846 万元，增长了近 3 倍。从基金支出角度看，城镇居民大病保险基金支出呈现出更加快速的增长态势。2014 年大病保险基金支出仅为 151 万元，2018 年达到 868 万元，增长了将近 6 倍。从基金结余角度看，由于城镇居民大病保险基金支出的增长趋势大于收入，因此，基金结余大幅减少，并自 2016 年开始，城镇居民大病保险基金连续三年出现收不抵支的情况，直接影响到城镇居民大病保险政策的可持续性发展。

表 4-20　黔南州城镇居民大病保险基金收支情况　单位：万元

项目	2014 年	2015 年	2016 年	2017 年	2018 年
收入	287	272	527	832	846
支出	151	163	549	907	868
结余	136	109	-22	-75	-22

（二）黔南州新型农村合作医疗大病保险分析

1. 政策演变情况分析

2016年黔南州卫计委发布《关于进一步明确新型农村合作医疗大病保险相关问题的意见》，标志着黔南州人口中占80%的农村居民有了大病保险的保障，具有十分重要的意义。黔南州新型农村合作医疗大病保险，政策属性上仍属于新型农村合作医疗保障范畴，享受的保障目录范围同新型农村合作医疗。与城镇居民大病保险一样，新型农村合作医疗大病保险在州级层面统筹，并由商业保险机构承办。自建立新型农村合作医疗大病保险制度以来，具体的政策措施每年进行调整。如人均筹资标准，2016～2018年分别为25.5元/年、34.2元/年和50.5元/年；资金来源的渠道，由新型农村合作医疗人均筹资总额的5%，提高到6%，再到“新型农村合作医疗人均筹资总额5%，以及财政补助人均20元”；起付线由年度单次医疗费用7 000元，调整为年度累计医疗费用7 000元，大大提高了保障的范围；报销比例实施分段报销，稳中有升；封顶线由14万元提高到20万元（见表4－21）。从上述新型农村合作医疗大病保险政策分析可知，黔南州新型农村合作医疗大病保险制度建立时间虽然不长，但是根据建设发展目标要求和政策环境的变化在不断进行发展和提高。具体措施包括：筹资标准的提升、资金筹资渠道的拓宽、起付线实际意义上的降低、报销比例稳中有升，以及封顶线大幅度提高等，并在具体实施过程中，为提高新型农村合作医疗大病保险的保障能力和保障水平发挥重要作用。

表4－21　　黔南州新型农村合作医疗大病保险政策变化

	2016年	2017年	2018年
政策属性	新农合	新农合	新农合
统筹层次	州级统筹	州级统筹	州级统筹
经办方式	商业保险机构承办（商业保险机构保险公司黔南州分公司）	相同	相同
人均筹资标准（元/年）	25.5	34.2	50.5
资金来源	新农合人均筹资总额的5%	新农合人均筹资总额的6%	新农合人均筹资总额5%以及财政补助人均20元

续表

	2016 年	2017 年	2018 年
起付线	单次 7 000 元	年度累计 7 000 元	年度累计 7 000 元
报销比例	7 001 ~ 14 000 元，50%； 14 001 ~ 35 000 元，60%； 35 001 ~ 70 000 元，70%； 70 001 ~ 140 000 元，80%	7 001 ~ 35 000 元，60%； 35 001 ~ 70 000 元，70%； 70 001 ~ 140 000 元，80%	7 001 ~ 35 000 元，60%； 35 001 ~ 70 000 元，70%； 70 001 ~ 140 000 元，80%
封顶线	单次 14 万元	单次 14 万元	年度 20 万元
目录范围	与新型农村合作医疗一致	与新型农村合作医疗一致	与新型农村合作医疗一致

2. 政策运行情况分析

（1）新型农村合作医疗大病保险受益人数阶梯式增长。

自黔南州新型农村合作医疗大病保险政策正式推行开始，享受到大病保险补偿的农村居民人数呈阶梯式增长。2016 年是政策实施第一年，大病保险的受益人数为 11 169 人，2017 年即增长了 3.5 倍，达到 38 882 人。到 2018 年，享受大病保险待遇人数达到 86 045 人，与政策实施的第一年比较，两年增长了 7.7 倍（见图 4 – 5）。新型农村合作医疗大病保险受益人数出现大幅度增加的最主要的原因是政策因素。一方面，2017 年国务院相关部门出台政策文件，要求强化大病保险对贫困人口的倾斜力度，通过降低起付线，提高报销比例等各种措施保障参保者享有大病保险服务。另一方面，黔南州政府积极响应国家政策要求，对具体政策方案和措施进行调整。比如，曾经直接取消贫困人口的大病保险起付线来扩大享受保障的受益人群的范围。该措施于 2018 年底取消，后来针对贫困人群的

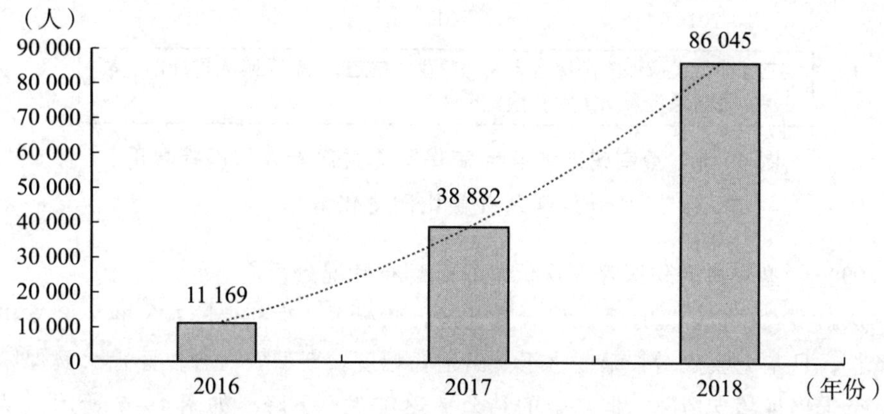

图 4 – 5　黔南州新型农村合作医疗大病保险受益人数变化情况

补偿政策，采取与贵州省政策一致的方式。当然，影响因素还包括，大病保险报销的低费用段报销比例的提升，以及政策环境下对参保者医疗服务需求的激发等，在多种因素共同作用下，新型农村合作医疗大病保险受益人数在 2017 年、2018 年出现阶梯式增长。

（2）新型农村合作医疗大病保险人均医疗费用和补偿水平分析。

从黔南州新型农村合作医疗大病保险医疗消耗和补偿情况来看，符合大病保险条件的参保患者人均医疗费用呈逐年下降的趋势，2016 年大病保险参保者人均医疗费用为 1.31 万元，2017 年下降到 0.69 万元，到 2018 年继续下降到 0.44 万元，仅为 2016 年人均医疗费用的 1/3。新型农村合作医疗大病保险的人均补偿金额连续降低，人均补偿额从 2016 年的 0.4 万元降至 2018 年的 0.2 万元，降幅达到 50%。虽然人均补偿额减少较为明显，但新型农村合作医疗大病保险实际补偿比却呈增长趋势，大病保险人均补偿金额占人均医疗费用比重从 2016 年的 30.68% 增长到了 2018 年的 43.69%。出现这一现象的重要原因同样源自新型农村合作医疗大病保险政策调整，补偿条件的降低，促使受益人数出现大规模增加，拉低了大病保险参保者平均费用与平均补偿金额，如图 4-6 所示。

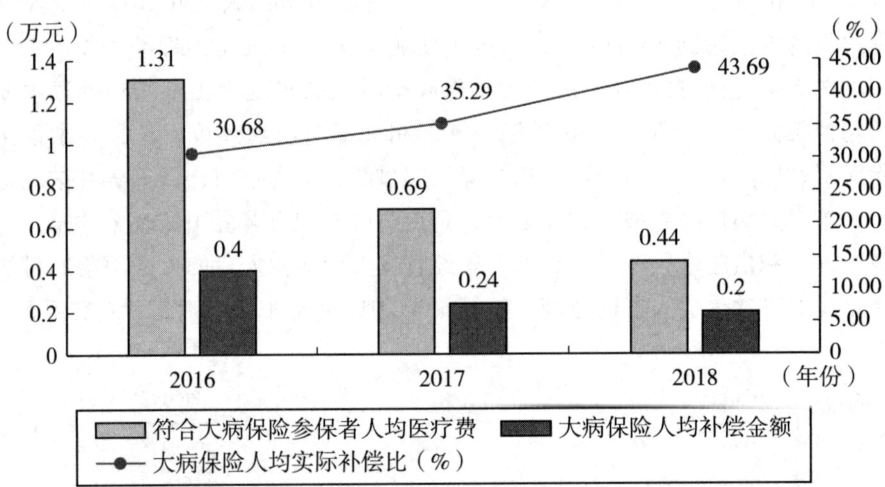

图 4-6　黔南州新农合大病保险受益患者人均医疗费用、补偿额及补偿比例变化情况

（3）新型农村合作医疗大病保险基金运行状况分析。

从新型农村合作医疗大病保险基金运行状况看，大病保险基金收入和支出同时增长，且基金收入增长幅度小于支出增长幅度。新型农村合作医疗大病保险基金运行未出现超支情况，但基金的结余率逐年明显下降。如图 4-7 所示，从基金收入角度看，新型农村合作医疗大病保险基金筹资水平逐年增加，基金收入亦逐年增长。2016 年基金收入约为 0.84 亿元，2017 年增加到 1.15 亿元，2018 年基金收入增长尤为明显，收入超过 1.74 亿元，是 2016 年收入的 2 倍。从基金支出角度看，新型农村合作医疗大病保险基金支出逐年增加，且增长幅度更快。2016 年，大病保险基金支出为 0.45 亿元，2017 年增加 1 倍，达到 0.95 亿元，到 2018 年大病保险基金支出近 1.7 亿元，是 2016 年基金支出的近 3 倍。从基金结余角度看，新型农村合作医疗大病保险基金未出现超支情况，但结余连续三年逐年下降。2016 年大病保险基金结余为 0.39 亿元，2017 年约为 0.19 亿元，到 2018 年基金结余约为 600 万元。大病保险基金当年结余率，由 2016 年的 46.21%，下降到 2018 年的 3.46%。

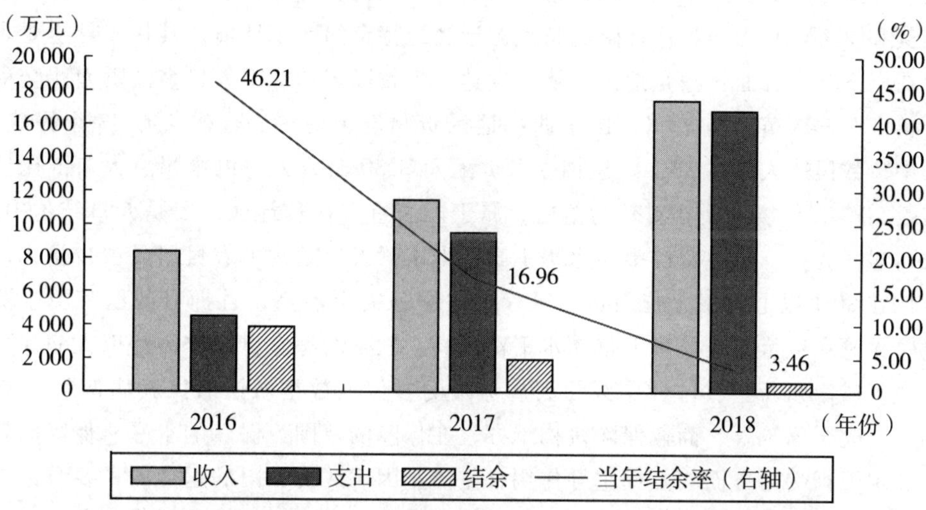

图 4-7 黔南州新型农村合作医疗大病保险基金收支变化情况

（三）有效减轻贫困人口医疗经济负担

黔南州城镇居民大病保险与新型农村合作医疗大病保险在政策方案建设和发展过程中，体现的一个共同特征是，扩大保障范围，大病保险补偿人数呈逐年上升趋势，参保的大病患者的医疗负担得到很大程度的降低。尤其是新型农村合作医疗大病保险对建档立卡贫困人口优惠政策更加显著，政策的倾斜大大提高了贫困人口医疗费用补偿比例，有效减轻了贫困人口医疗经济负担。据统计，贫困人口的大病保险实际补偿比例已经达到 86.4%，远远高于普通参保者的补偿比例。而且，从 2016 年 9 月到 2018 年底，建档立卡贫困人口大病保险的报销人次高达 97 990 人次，占总人次的 43.7%，报销金额是 8 347.70 万元，占总金额的 27.07%。结果表明，黔南州大病保险政策方案，不论从保障的受益人数来看，还是补偿的水平来看，都有效减轻了建档立卡贫困人口医疗经济负担，防止因病致贫和因病返贫取得明显成效。

四、黔南州大病医保政策的评述

（一）黔南州大病医疗保险具有代表性

黔南州大病保险政策是在国家大病保险相关政策指引下，结合当地的社会经济发展特点、人口结构和特征，在不断的探索和实践中形成和发展的。黔南州在大病保险政策的实践中积累的经验，为具有相似特征地区大病保险的发展提供了案例和参考。黔南州大病保险的特点源于当地特定的政策环境，其代表性主要表现在以下几个方面：一是地区经济欠发达，少数民族和贫困人口多。黔南州全称是黔南布依族苗族自治州，位于西部地区贵州省中南部。全州共有 43 个民族，其中少数民族人口占 58%。建档立卡贫困人口 80 余万人，占全州总人口的比例接近 20%，经济发展相对较为落后，属于国家重点扶贫地区。二是人口结构中，农村居民为主，卫生资源整体水平不高。黔南州人口结构中农村居民占户籍人口比例在 80% 以上。相比较而言，医疗卫生服务需求不高，且拥有的医疗卫生资源，无论在数量还是质量上整体水平都不高。三是新型农村合作医疗以大病保险为主。黔南州新型农村合作医疗大病保险的参保人数是城镇居民大病保险的 10 倍，实现全州统筹、商业保险机构承办，在保障的范围、保障的水平、保障的效果和保障影响力方面均发挥主导作用，是防止因病致贫和因病返贫的重要政策方案。因此，黔南州大病保险政策为具有上述特点地区大病保险的建设和发展提供了典型性和代表性的案例。

（二）黔南州大病医疗保险取得成效

黔南州大病医疗保险主要是指城镇居民大病保险和新型农村合作医疗大病保险。黔南州以国家大病保险相关政策为依据，根据自身的实际情况和特点，建立大病保险制度，并在探索和实践中不断建设和完善，取得了较为显著的成效。黔南州大病医疗保险的经验和成效主要表现在以下几个方面：

（1）统筹层次高，保障有效且公平。不论是城镇居民大病保险还是新型农村合作医疗大病保险，黔南州的大病保险政策建立之初就定位在州级统筹。从保险理论角度分析，全州范围内大病保险的统筹，既增加了大病保险基金抵御风险的能力，又为提升大病保险的保障能力和保障水平奠定了基础，同时还有利于大病保险公平性的提高。

（2）政府购买服务，商业保险机构承办。黔南州大病保险采取政府购买服务的模式，通过公开招投标的方式，引入商业保险机构承办。黔南州大病保险以新型农村合作医疗大病保险为主，其参保人数是城镇居民大病保险的10余倍，具体业务由商业保险机构承担，并形成良好的运行机制。新型农村合作医疗大病保险中，医保机构代表政府作为服务购买方，主要职责是按照政策要求，制定具体的大病保险实施政策，利用医保基金向商业保险承办机构购买大病保险服务，同时对其进行监督和管理。商业保险承办机构，主要职责是按照承办合同规定，负责大病保险补偿、巡查、核查以及回访工作，尤其是对定点医疗机构申报的大病保险费用材料进行审核，以及对医疗机构提前垫付的合规大病保险费用进行补偿。医疗服务机构，主要职责是为患者提供医疗服务，并接受医保机构以及承办机构的监督和稽核。参保的患者，在就诊医疗机构便可同时申报新农合与大病保险，及时补偿，无须再次提出申请。

（3）大病保险受益人数增加，有效保障贫困人口。黔南州大病保险政策取得的成效主要体现在保障范围的扩大、受益人数的大幅增加和贫困人口的有效保障。城镇居民大病保险始于2014年，到2018年的受益人数是2014年的10倍，新型农村合作医疗大病保险始于2016年，2018年受益人数是2016年的7.7倍。总体而言，大病保险政策通过降低起付线、提升报销比例和提高封顶线等措施，有效减轻参保大病患者的医疗经济负担，尤其是新型农村合作医疗大病保险对建档立卡贫困人口优惠政策更加显著，有效减轻了贫困人口医疗经济负担，为避免“因病致贫、因病返贫”现象发生提供了案例依据。

（4）商业保险承办机构形成管理经验。商业保险机构承担黔南州新型农村合作医疗大病保险业务，为保障大病保险业务高水平、高质量地开展，在具体实践过程中形成了管理经验。主要体现在：①建立制度体系，加强规范管理。为保障大病保险业务的有效运行和规范化管理，商业保险机构制定了一系列的规章制度，如《大病保险驻院代表管理办法》《大病保险补偿服务方案》、驻院代表制度、与当地合医办合署办公制度、参与基本医保审核制度等。同时，通过专业培训组建一支大病保险管理审核队伍，以提高人岗相适的水平，为大病保险具体工作的开展提供支撑。②开展“一站式”服务，提高服务的便捷性。在省级层面，依托商业保险机构的统筹优势，积极推进省级“一站式”平台建设，同时成立大病保险省级结算中心，患者在省级定点医院，实现“一站式”即时结算。在州级层面，商业保险机构与定点医疗机构进行深度合作，实现基本医疗与大病保险“一站式”即时结算，无须患者再次进行申报。在县市层面，商业保险机构与当地12个县市新农合管理机构联合办公，并设立独立的报销窗口，专项服务于外出务工垫资就医的患者，实现大病保险窗口的“一站式”结算服务。通过开展系统性的“一站式”服务，为患者报销提供方便，不仅加快了审核速度，而且减少了医疗机构的工作负担，提高了大病保险业务的便捷性。另外，为满足当地外出务工农民在外就医的需求，积极探索基本医保与大病保险实现跨省的一站式即时结报的方式。③构筑监管防线，保障基金安全。具体措施包括：一是强化医疗核查和外部调查。对定点医疗机构进行日常审核、巡查，尤其是针对是否存在冒名就诊、挂床住院、分解收费、重复收费等违法行为。同时，利用商业保险机构遍及全国的服务网络，与各县市和医办紧密配合，对异地外伤及高额的费用相关的案件做好调查核实。工作人员每日采用不定时、不定医疗机构方式进行巡查，并按照20%的比例对定点医疗机构上传的结算病例进行复核，查看是否存在违规行为。二是建立大病保险智能审核系统，强化审核力度。2017年底搭建了大病智能审核系统，通过设置相应的审核规则来筛选数据，提出预警，工作人员可以直观而迅速地调取数据进行有效分析。应用智能系统审核，强化了审核力度，以把控医疗费用使用的合理性。三是制定回访制度，确保补偿基金切实到达患者账户。通过全国统一服务专线95519对大病患者进行回访，确认大病报销资金到账情况。对于补偿在3万元以下的大病患者进行短信回访，告知报销的金额，对于3万元以上的大病保险补偿患者采取电话回访的形式，告知相关情况并征询患者的意见和建议。电话回访在一定程度上防范了风险，同时也扩大了大病保险的影响力，提升了宣传效果。

（三）黔南州大病医疗保险存在的不足

黔南州大病医疗保险在取得一定成效的同时，也发现存在一些较为明显的问题和不足，具体而言，主要包括以下几个方面：一是大病保险基金支出增长迅猛，可持续性受影响。通过上述分析可知，黔南州大病保险基金支出连续多年增长，且增长势头迅猛，尤其是城镇居民大病保险连续多年出现超支和亏损，直接影响到城镇居民大病保险的可持续发展。新型农村合作医疗大病保险基金总支出虽然未曾超过总收入，有一定的结余，但是大病保险基金结余率同样是连续多年下降，且下降幅度显著，2016年建立新型农村合作医疗大病保险制度时，年度基金的结余率为46.21%，到2018年大病保险基金结余率急速下降为3.46%，对未来可持续性发展产生影响。二是政策调整过程中科学性和预测性不够。一个高价值政策方案需要依照科学的程序进行制定、实施和评估。政策目标、保险技术、政策条件和政策效应之间存在客观的、紧密的联系，任何一个环节都不是孤立存在的，需要系统分析。前文分析表明，大病保险起付线的调整对医疗费用和补偿人数等产生直接影响。黔南州城镇居民大病保险自2016年降低起付线后，获补偿的大病患者人均医疗费用两年间增长了超过70%，剔除物价指数增长的影响，增长比例也不低于60%，导致收不抵支，结余为负值。又如，新型农村合作医疗大病保险于2017年底取消了建档立卡贫困人群的起付线之后，2018年大病保险补偿人数翻了一倍，大病保险基金支出比2017年增加了6 000余万元。政策调整的后果预计不足，以致基金出现超常规增长，后来这一政策措施被医保局及时取消。三是监管队伍质量有待进一步提高。医疗费用和基金支出的增长，一方面是政策调整因素的作用直接导致，另一方面也可能存在过度医疗、小病大治、诱导需求，甚至违法违规行为。因此，加强医疗服务和费用的监管意义重大。但是，目前大病保险监管队伍专业能力尚显不足且流动性高。按照合同要求，商业保险机构需向当地县级医疗机构派驻两名监管人员，对该医疗机构进行现场巡查和材料审核，然而这些人员并非体制内人员，队伍流动性较大，而且多数驻院监管人员的医学专业知识不足，难以满足工作需求。

（四）黔南州大病医疗保险发展建议

根据黔南州大病医疗保险的特点、经验和不足的分析，为今后发展提出以下建议：一是实现“两保合一”，统一城乡居民大病保险。截至2019年底，黔南州大病保险依然采取城镇居民大病保险与新型农村合作医疗大病保险独立运行的方式，虽然相关政策提出要建立统一的城乡居民大病保险制度，但具体整合办法和方案尚未出台。为保障大病保险基金稳定和发展，提高基金运行的稳定性与可持续性，应当尽快制定和实施统一城乡居民大病保险政策。整合城镇居民大病保险与新型农村合作医疗大病保险，实现“两保合一”，以此增加大病保险基金的资金池，提高基金的抗风险能力。此外，应对大病保险制度进一步完善，尤其是筹资、支付范围和标准以及运行等领域的制度建设。二是加强基金监管体系建设。针对黔南州大病保险医疗费用和基金支出增长过快的问题，在完善政策设计的同时要加强大病保险基金监管的制度体系以及专业人才队伍建设。维护大病保险基金的安全和稳定是保障大病保险政策可持续运行的前提和关键事项。面对大病保险基金支出以及医疗费用过快增长的问题，医保部门应当加快建立健全医保基金监管的制度体系，制定具体可行的监管条例和实施办法，确保制度能够做到切实可行，以及对违规违法行为的严肃惩处。此外，大病保险基金监管的专业队伍建设亦应受到足够的重视，可通过招聘具备专业医学背景的大学生充实监管队伍、强化培训的力度、采取便携式人工智能设备等多种途径提高监管队伍的工作能力和工作效率。三是引导商业保险公司深度参与。商业保险机构在保险精算以及基金管理方面有着特有的优势和能力，医保部门应当积极引导商业保险机构深度参与到相关政策的制定和实施之中，给予这一主体更多的参与机会和参与空间，而不仅仅是承担数据、材料审核以及保费支付的功能，将其作为“二手出纳”的角色。将商业保险机构纳入具体方案制订、实施以及评估的全过程之中，并积极发挥其功能，同时借助商保机构遍布全国的服务网络提高大病保险业务的服务效率。

第七节　宝鸡市大病保险实证分析

一、基本情况[①]

宝鸡市位于关中平原西部，隶属陕西省，下辖3区9县，总面积1.81万平方公里。截至2018年末，全市常住人口377.10万人，实现地区生产总值2 265.16亿元。全市医疗卫生健康机构3 043个。其中，医院105个，社区卫生服务机构76个，乡镇卫生院165个，疾病控制机构和卫生监督机构26个，妇幼保健机构13个，村卫生室1 836个，计划生育技术服务机构36个。卫生人员3.92万人，卫生技术人员3.18万人，其中，执业（助理）医师1.02万人，注册护士1.31万人。全市医疗卫生机构床位数26 921张，其中，医院20 508张，妇幼保健机构1 567张，卫生院4 245张。

2018年末，全年全市居民人均可支配收入为21 185元。其中，城镇居民人均可支配收入31 802元；农村居民人均可支配收入11 936元。全市城镇职工基本养老保险参保72.87万人，城镇职工医疗保险参保55.24万人，失业保险参保30.00万人，工伤保险参保41.03万人，生育保险参保30.08万人。城乡居民基本养老保险参保151.25万人。新农合参合人数267.87万人次，参合率99.62%。享受合疗补助492.98万人次，基金支出19.74亿元，其中：住院基金支出17.82亿元，政策范围内报销补偿比80.45%，实际报销补偿率57.3%。

二、宝鸡市大病保险模式

宝鸡市2004年开始实施新型农村合作医疗制度，2007年开始实施城镇居民基本医疗保险。为进一步提高宝鸡市医疗保障水平，宝鸡市于2011年5月开始

① 《2018年宝鸡市国民经济和社会发展统计公报》，陕西省人民政府，http://www.shaanxi.gov.cn/zfxxgk/fdzdgknr/tjxx/tjgb_240/sqgb/201905/t20190524_1666555.html，2019年5月24日。

统筹各类医保资金，由财政兜底，与基本医保制度无缝衔接，在陕西省率先开展大病统筹救助工作。在国家、陕西省政策的指引下，宝鸡市先后出台了《宝鸡市城乡居民大病保险实施办法（暂行）》《宝鸡市城乡居民大病保险实施细则（暂行）》对大病保险工作进行了指导与细化，并从2013年开始实施大病保险政策，保障范围为参加了新型农村合作医疗、城镇居民医保（含儿童、学生医保）的人员，因病住院，按基本医疗保险政策规定报销后，个人自付部分合规的费用达到1万元以上部分，进入大病医疗保险，分段按比例报销，年度封顶线为30万元，并由商业保险公司承办。2019年，在国家和陕西省政策指导下，宝鸡市新型农村合作医疗保险和城镇居民医疗保险实现了整合①。

三、宝鸡市大病保险的主要成效

（一）贫困人口保障更加优越

为缓解贫困居民就医经济负担，宝鸡市逐步调整了保障政策，对全市参保建档立卡贫困人口、农村特困人员、农村低保对象，按基本医疗保险政策规定报销后，大病医疗保险报销比例每段比普通人口提高5个百分点，分段按比例报销。同时，取消了建档立卡贫困人口年度个人累计报销补助封顶线②。

（二）各类基本医疗保险与大病保险无缝衔接

医保信息系统管理服务功能不断完善，已形成自上而下的完整经办服务网络，城乡参保患者在市域内住院，只要医疗费用超过各类基本医保的封顶线，就能依托先进的医保信息管理平台自动进入大病补偿程序，按相应的大病补偿标准进行报销。

（三）缓解了大病患者经济负担

由表4-22可知，大病保险政策实施后宝鸡市大病保险实际补偿比平均在16%左右，数据已超过全国层面大病保险实际补偿比中位数。由此可知，宝鸡市虽然整体经济实力不强，但为居民提供了较高的大病补偿水平，城乡居民大病负担进一步得到了缓解，其大病保险保障的经济效率较高。

---

① 贺伟：《陕西省城乡居民大病保险制度实施效果评估》，西北大学硕士学位论文，2018年。

② 《宝鸡医保政策调整》，宝鸡新闻网，http://www.baojinews.com/p/323709.html。

表 4-22　2013～2015 年宝鸡市城乡大病保险补偿受益情况

年度	参保人数（万人）	受益人数（人）	受益率（‰）	补偿人员住院总费用（万元）	大病保险费用（万元）	实际补偿比（%）
2013	319.93	6 254	1.95	33 695.14	4 808.88	14.27
2014	330.43	11 938	3.61	51 270.00	8 510.31	16.60
2015	340.17	14 076	4.13	64 460.18	10 635.93	16.50

资料来源：本项目对宝鸡市医保局的现场调研。

（四）大病保险发展可持续性仍需提高

从宝鸡市大病保险政策制定来看，其保险基金来源与基本医保密切相关，基本医保基金可持续性制约大病保险发展。2013～2015 年宝鸡市城乡居民大病保险结余率分别为 33.06%、-6.24%、5.08%，数据逐步趋向平衡，并略有结余。这主要是因为制度对大病发生率较高的农村居民设置了较高的门槛，报销上城乡居民保持一致，政策上未对农村居民给予更多的倾斜，现有基金数额增量不能维持补偿水平逐步提高。

（五）大病保险受益人次范围较窄

由表 4-22 可知，2013～2015 年宝鸡市城乡居民大病保险的受益率分别为 1.95‰、3.61‰、4.13‰，该数值处于全国居民平均大病发生率 2‰～4‰之间，并且受益率逐年上升，但城乡居民大病保险参保人构成中，农村居民人数是城镇居民的 4 倍，农村居民大病发生率要高于全国平均水平，因此大病保险受益人数仍然较窄，应持续提高。

第八节　金寨县大病保险实证分析

一、基本情况[①]

金寨县位于中国安徽省西部，隶属六安市，下辖 12 个镇、11 个乡、1 个开

① 《金寨县国民经济和社会发展统计公报（2018）》，县情资料网，http://www.ahmhxc.com/tongjigongbao/15948.html，2019 年 9 月 7 日。

发区，土地面积3 814平方公里。截至2018年末，金寨县户籍人口为68.35万人，其中农村人口为57.2万人。农村贫困人口约为4万人，其中因病致贫人口约为2万人。地区生产总值（GDP）113.94亿元。全县医疗卫生机构拥有床位数1 889张，县乡两级卫生专业技术人员1 969人（高级职称51人，中级职称387人，初级职称及以下1 524人，工勤231人），其中2018年新聘高级职称11人，新聘中级职称33人。2013年末，户籍人口人均期望寿命为77.27岁。

至2018年末，金寨县城乡常住居民人均可支配收入16 016元，城镇常住居民人均可支配收入25 174元。农村常住居民人均可支配收入11 097元。全县各种社会福利收养性单位35个，拥有床位数5 800张。全县基本养老保险参保人数390 788人，全县基本医疗保险参保人数633 403人，失业保险参保人数18 471人。城镇居民最低生活保障人数3 437人，农村居民最低生活保障人数27 349人。

二、金寨县大病保险模式①

金寨县通过改进基层医疗机构，并逐步建立起基本医疗保险、大病医疗保险等政策构成的多层次医疗保障体系，防止居民因病致贫。金寨县住院治疗大病费用医保支付过程举例见图4－8。

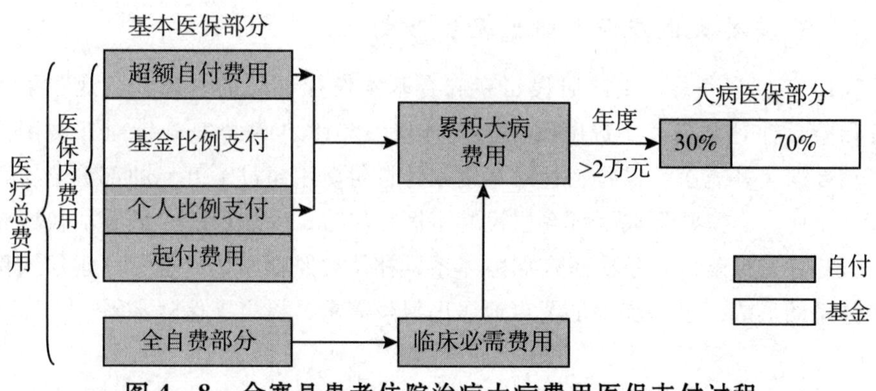

图4－8 金寨县患者住院治疗大病费用医保支付过程

（一）住院基本医保支付

根据医疗保险政策，患者住院医疗总费用可划分为两部分：（1）全自费部分，即医保不予计算支付的部分，称为医保外费用；（2）基本医保部分，即医保

① 《金寨县人民政府办公室关于印发城乡居民医疗补充保险实施方案的通知》，金寨县人民政府，https://www.ahjinzhai.gov.cn/public/6597251/22430771.html，2019年7月21日。

予以计算支付的部分，称为医保内费用。医保内费用可分为四个部分，包括：起付费用、个人比例支付费用、基金比例支付费用和超额自付费用。起付费用是指对医保内费用给予支付的起始额度，一般来说，医院级别越低起付费用越低；个人比例支付和基金比例支付是指起付费用以上，个人和医保各自分担的支付比例，一般来说，医院级别越低支付比例越高；超额自付费用是指医保基金支付额度超过一定限额即停止支付，金寨县基本医保支付限额为 25 万元。

（二）住院大病医保支付

大病医疗保险给予支付的费用为累计大病费用，累计大病费用来源于三个部分，包括医保内超额自付费用、医保内个人比例支付费用和医保外全自费中的临床必须费用（临床必须费用是指医疗机构确认的临床治疗确需的治疗类药品费用）。对于年度累计大病费用超过 2 万元的部分，大病医疗保险基金给予分段按比例支付，无封顶限额。

三、金寨县大病保险的主要成效

（一）多层次医疗保障体系逐步形成

2013 年，金寨县在城镇居民、新农合基本医疗保险的基础上，建立了大病医疗保险，针对大额医疗费用给予二次补偿。2018 年，金寨县针对非贫困户建立了城乡居民补充医疗保险，针对年度累计自付费用超过 1 万元的部分给予再次补偿。至此，金寨县形成了城乡居民基本医疗保险、大病保险、城乡居民医疗救助、医疗补充保险的多层次医疗保障体系，补偿按照顺序依次进行。多层次医疗保障体系的形成，进一步满足了当地居民保障需求，提高了保障水平[①]。

（二）缓解了百姓就医负担

大病保险政策降低了患者实际自付费用，年均基本医保补偿 4.80 万元，大病医保补偿 0.76 万元，大病医保补偿平均占总补偿额度的 14% 左右，患者年均医保范围内自付费用分别为 2.62 万元，实际自付为 4.05 万元。2016 年安徽省农

① 《健康脱贫兜底“351”和“180”工程实施办法》，http：//www.jzybzx.com/NewShow.aspx?id = 218&Typet = zl。

村家庭年均收入约为 3.2 万元,[①] 意味着大病患者家庭年度收入要低于实际自付的医疗费用，大病保险缓解灾难性卫生支出的能力还不够。

（三）保障范围得到扩大

金寨县大病医疗保险保障范围较基本医保进一步扩大，将经确认的全自费部分临床必需费用纳入大病保险范围，保障水平进一步得到提高。但研究表明，大病患者医保范围外人均自付费用约为 1.43 万元，费用仍然较高。研究还发现享受大病保险补偿待遇的住院患者约占住院总人口的 0.93%，受益面仍然较窄。

（四）贫困人群保障更加优越

金寨县是国家级贫困县，贫困人口中，因病致贫的比例较高。为真正缓解因病致贫家庭经济负担，金寨县制定了针对建档立卡贫困户的特殊保障政策，如“351”政府兜底保障政策，贫困人口在省内县域内、市级、省级医疗机构就诊的，个人年度自付封顶额分别为 0.3 万元、0.5 万元和 1.0 万元，年度内个人自付合规费用累计超过个人自付封顶额时，超过部分的合规费用由政府兜底保障。个人自付封顶额按照贫困人口年度内就诊最高级别医疗机构确定。贫困人口特殊保障政策的制定，真正解除了贫困人口的后顾之忧。

① 本项目对金寨县医保的现场调研。

第五章

典型大病保险模式评估

我国全面实施城乡居民大病保险以来，各地根据国家相关政策的指导意见和要求，结合实际情况进行探索和实践，并取得大病保险的实践经验，逐步形成了各种类型的大病保险模式。大病保险模式是在实践中取得较大成效的基础上，通过分析、归纳和总结经验，建立起具有地域性、特征性的管理体制和运行机制，并形成具有一定特色的管理方式和行为方式。各种类型的大病保险模式各有所长，各有特点，到目前为止尚未见到对不同模式进行系统性比较和评估的报道。而对大病保险模式的学习、借鉴、参考和选择，依赖于对大病保险模式进行综合评估。因此，本章基于 RE - AIM 模型，从可及性、有效性、采纳性、实施性和可持续性 5 个维度构建了指标体系，对具有代表性和典型性的上海、太仓和湛江三地的大病保险模式进行了综合评估。

第一节　问题的提出

2012 年 8 月，国家发展改革委等六部门发布《关于开展城乡居民大病保险工作的指导意见》，并在部分省、市和地区开展试点。在总结试点经验的基础上，2015 年 7 月，国务院办公厅发布《国务院办公厅关于全面实施城乡居民大病保险的意见》，要求在全国推行城乡居民大病保险。这标志着我国大病保险由局部试点逐步迈向全面覆盖，成为一项普遍实施的医疗保险制度。该项制度的全面实施，取得一定的成效，但是，我国城乡居民大病保险一经推出，就在学理依据、政策理解和实践操作等方面存在多样性和争议性。在实践过程中，逐渐形成了保高额费用、保大病病种等不同的城镇居民大病保险模式。

从科学制定政策的程序角度分析，任何一项政策的研制和实施都需要对其效果进行评价。目前，相关文献中关于大病保险政策评价的研究主要集中在以下几个方面：一是对不同大病保险模式、经验和成效的分析。比较具有代表性的文献，如对国外大病保险模式的比较（孙嘉尉、顾海，2014），湛江大病保险模式的总结分析（曾理斌，2014），上海市大病医疗保险实施效果评价等（陈珉惺等，2017）。二是大病保险制度评价指标体系的研究。近年来，代表性文献，有大病保险实施效果评价指标体系（刘彤彤等，2018），农村居民重大疾病保障制度评价指标体系等（丁一磊等，2017）。三是从监管、实施、合作、发展和补偿等方面对大病保险制度的运行和完善进行分析。代表性文献，如《对大病保险的监管》（李亚青，2017）、《大病保险的发展路径》（马伟玲等，2016）、《大病保险补偿模式》等（朱铭来等，2017）。尽管相关学者对大病保险政策实施以来取得的经验和成效进行了总结，但是就总体而言，在各地不同类型模式的系统评估方面未见报道。而不同大病保险模式之间的比较和综合评估，是大病保险政策实施到一定时期后最为关注的问题。根据卫生政策制定的科学程序，政策方案的评估直接影响到大病保险政策的深化、调整、改革和完善，为大病保险政策的走向提供了参考依据。通过相关文献研读和分析发现，对不同类型大病保险模式的比较和评估具有迫切要求，但相关研究缺乏，主要存在以下问题：一是缺乏科学系统的评估方法。一方面，各类型大病保险模式是在各地大病保险政策实践中取得明显成效的基础上，通过经验的总结和提炼形成的，都有各自的特色。另一方面，各类型大病保险模式既做不到干预和对照分析，又没有模式复制的成功案例。因此，在大病保险政策的系统评估方面缺乏方法。二是缺乏不同模式比较和评估的方法。尽管国家对大病保险政策全面实施有指导意见，但是并未形成明确的模式和规范，而且鼓励各地探索和实践。各地依据社会经济发展和医疗卫生服务实际情况，因地制宜研制大病保险政策，并在具体实践过程中不断探索，形成不同类型的大病保险模式。由于不同类型的大病保险模式，其管理体制和运行机制，以及取得的成效都存在差异，因此，在不同模式的比较和评估方面还缺乏有效的方法。三是缺乏共性的评估指标和标准。由于各类型大病保险模式实现的目标不同，保险对象、保险范围、保险能力和保险水平等存在差异，因此，从模式综合评估的角度难以选择共性的定性指标和定量指标，对不同类型大病保险模式进行事前、事中和事后的全程评估。随着我国大病保险政策的实施、推广和深化，迫切需要对具体实践中形成的各种模式进行比较、分析和评估，更需要选择出好的大病保险模式进行推广和应用。本研究即是在针对上述问题的基础上，借鉴政策评估 RE - AIM 模型思想，构建大病保险模式评估指标体系，对我国城镇居民大病保险的典型模式进行实证评估，并依据评估结果提出相关政策建议，为大病保险政策的有效推进和可持续发展提供参考依据。

第二节　模型与方法

美国学者（Russell E. Glasgow）于 1999 年设计和构建了 RE - AIM 模型（Russell E. Glasgow，1999），主要用来评价健康促进干预对公共卫生产生的影响。该模型具有以下特点：一是具有系统性。该模型构建的评估框架主要是从宏观角度进行的综合评估，具有较好的全面性和系统性。在模型评估的维度中，既有个体角度评价又有组织角度评价，既有对方案现状的评价又有可持续性评估，既有操作性评价又有有效性评估。因此，该模型评估涉及干预方案全过程中各个不同方面的影响，可用于系统评价干预方案或措施的总体成效。二是具有实用性。该模型的设计主要是通过固化分析维度，使得现实环境中干预方案涉及的关键步骤得以简化，弥合了研究与实践之间的差距，具有较强的实用性。RE - AIM 模型可以广泛应用于公共卫生政策的计划、实施和评价（Russell E. Glasgow，2002；Klesges LM，2005）。三是具有可操作性。该模型在固定维度框架下，使得不同干预方案围绕统一标准进行比较，具有可比性。同时，在同一框架下，制定了特有的标准化方法来测定重要的影响因素，提高了可操作性，帮助项目规划人员、评估人员和决策者最大限度地提高他们成功开展循证干预的机会。因此，该模型一经出现就得到广泛的认可和应用，包括癌症生存者研究、慢性病自我管理、身体运动和健康饮食、控烟干预、健康政策、健康行为等各个领域，特别是在计划、评估和选择健康政策等方面的应用受到高度重视并发挥出重要作用（Stephanie Jilcott et al.，2007；Gaglio，Bridget，2013）。

一、RE－AIM 模型评估框架

RE - AIM 模型从 5 个维度构建政策评估的框架，即可及性（reach）、有效性（effectiveness）、采纳性（adoption）、实施性（implementation）、可持续性（maintenance），并从个体水平和组织水平两个层面，围绕评估的核心问题进行综合性分析，见表 5 - 1。

表 5-1　　RE-AIM 模型评估框架

评估维度	含义	评估水平
可及性（Reach，R）	政策干预措施的人群覆盖情况	个体
有效性（Effectiveness，E）	政策干预措施的影响或结果	个体
采纳性（Adoption，A）	组织机构对政策实施的支持与参与	组织
实施性（Implementation，I）	政策措施的执行及其与目标的一致性	组织
可持续性（Maintenance，M）	政策干预措施对政策目标的长期影响	个体和组织

可及性，主要反映一项政策或干预措施实施后，所覆盖的目标人群的范围。该指标主要从个体水平的层面，评价政策涉及的人群或接受到干预措施的人群在目标人群中所占的比例。

有效性，主要反映一项政策或干预措施实施后所产生的效果。该指标主要从个体水平的层面，评价政策的直接影响下或接受干预措施后，取得阳性结果的个体占所有接受干预措施的人群的比例，也就是政策的干预效果。

采纳性，主要反映一项政策或干预措施实施后，组织和机构的参与情况。该指标主要从组织水平层面，评价受到政策或干预措施的影响，其实施机构和实施者对政策和干预措施的社会环境、活动或者方案采纳的比例。回答的主要问题是，政策和干预的实施中，有多少比例的机构参与、如何发展和促进对服务提供的组织支持，项目措施和目标的一致性等。

实施性，主要反映一项政策或干预措施实施后，其预期的内容在多大程度上得到实现，包含政策和干预项目的时间和成本。该指标主要从组织水平层面，评价政策和干预措施按预期内容实施的程度，主要关注的内容是具体干预实施与项目方案的一致性和成本花费。

可持续性，主要反映一项政策或干预措施实施后，在多大程度上能够继续对参与者产生效力，并使政策和干预措施能够不断完善和发展。该指标既是个体水平也是组织水平的评价指标，主要指一段时间之后项目的持续程度，关注的内容是一段时间之后干预在个体和组织的持续效果。

二、评估指标

基于 RE-AIM 模型的大病保险模式评估的指标的选择，是不同模式比较和评估的核心和关键，本研究主要通过下列步骤确定评估：一是评估指标的选择。在 RE-AIM 模型评估框架下，根据该模型的要求和大病保险的特征，结合大病保险实施的实际情况和数据的可获得性等，来选择评估指标。二是评估指标的确定。在选取指标的基础上，根据代表性、系统性、可比性和数据可获得性的原则，通过专家讨论最终确定评估指标。

（一）可及性评估指标

大病保险的可及性是指个体接受大病保障的能力和机会，以大病保险覆盖率作为测量指标。我国城乡居民大病保险制度规定大病保险面向的对象是城乡居民基本医疗保险的参保者，故此指标以当地基本医疗保险参保率代替。

（二）有效性评估指标

大病保险制度建立的目的是着力维护人民群众的健康权益，切实减轻医疗经济负担，避免人民群众因病致贫、因病返贫，其有效性体现在广度和深度两个层面：广度即享受大病保险补偿者在整体参保人群中的比例；深度则是指大病保险的保障水平，即大病费用补偿度，因大病医疗费用受到经济水平的影响，因而本指标采取相对数指标，以人均大病费用补偿金额/本年度居民人均消费支出进行测量。

（三）采纳性评估指标

基本医疗保险是大病保险的基础，大病保险是基本医疗保障制度的拓展和延伸，因而在采纳性方面主要从两个方面反映：一是大病保险的统筹层次，统筹层次越高，参与的个体越多，越有利于发挥保险的保障效能；二是大病保险和基本医疗保险之间的协同和衔接，基本医保的保障水平越高越有利于大病保险对大病患者保障的针对性和精确性。

（四）政策实施评估指标

大病保险政策的实施主要涉及保障对象、保障水平（补偿比例和范围）、保险经办等主要制度设计。因而大病保险的实施性通过大病保险起付标准、大病保险费用补偿方式、大病保险补偿范围、大病保险经办形式四个指标进行衡量。

（五）可持续性评估指标

大病保险的可持续性应首先反映在需方层面，即大病保险受益者的增减情况，反映了大病保险保障范围的变化情况，同时还要从供方层面关注大病保险基金运行的可持续性，即大病保险基金能否支撑该制度进一步深入发展。由于大病保险的筹资来源是基本医疗保险基金中的一部分，因而供方可持续性通过保险基金与医疗费用的相对变化幅度进行衡量。

三、评估方法

从理论角度而言，评估模型的重点在于确定其评估的概念模型和框架。从方法角度而言，评估模型的重点在于评估指标及其权重。根据上述方式选定各个维度各项评估指标，并在此基础上建立模型评估的指标体系。大病保险实践表明，建立的模型评估指标体系中，各维度、各指标的影响力和重要性有明显差异。为了体现评估的准确性、客观性和科学性，采用传统的专家咨询法，根据评估指标体系中各指标的重要程度确定权重系数。本研究邀请医疗保险部门领导、卫生健康委的领导、大学和研究机构等大病保险领域的专家学者共 10 余名进行咨询，最终确定了评价指标和权重。在明确模型各项指标和权重的基础上，通过计算综合得分来比较和评估不同的大病保险模式。

鉴于指标体系中既有定性指标又有定量指标，为便于综合评价，对各指标采取等级评定法计算得分，具体过程为：第一步，将各个指标的评定等级分为高、中、低三个等级，确定每个指标不同等级的评定标准，定量指标的评定标准以国家平均水平作为参考，定性指标的评定标准通过专家讨论确定；第二步，确定指标的最高分值和最低分值，高、中、低三个等级，分别对应 9 分、7 分、5 分；第三步，确定评价对象各指标的得分，定量指标通过实际值与标准值的比较确定所处等级和对应得分，定性指标通过查阅相关政策细则判断指标所处等级和对应的得分；第四步，用加权求和公式计算各评价对象综合得分，并按其大小排序，进行综合评价。计算公式如下：$S = \sum_{i=1}^{n} w_i p_i$，$S$ 为综合得分，p_i 为单项指标得分，w_i为各项指标的权重（$\sum_{i=1}^{n} w_i = 1$）。最终形成基于 RE - AIM 模型的大病保险模式评估指标体系（见表 5 - 2）。

表 5 - 2　基于 RE - AIM 模型的大病保险模式评估指标体系

一级指标（权重）	二级指标（权重）	指标解释	评分标准
可及性（0.15）	大病保险覆盖率（0.15）	因大病保险的对象为参加基本医疗保险者，此指标以当地基本医疗保险参保率代替	高：高于国家水平 1 个百分点。 中：与国家水平持平（上下相差 1 个百分点内）。 低：低于国家水平超过 1 个百分点

续表

一级指标（权重）	二级指标（权重）	指标解释	评分标准
有效性（0.25）	大病保险受益面（0.10）	享受大病保险报销者/城乡居民医疗保险参保总人数	高：高于国家水平。 中：与国家水平持平（上下相差10%以内）。 低：低于国家水平超过10%
	大病费用补偿度（0.15）	人均大病费用补偿金额/本年度居民人均消费支出	高：10%以上。 中：5%～10%。 低：低于5%
采纳性（0.20）	大病保险统筹层次（0.10）	大病保险统筹的层级和范围	高：省级城乡居民统筹；或地市级职工、居民统筹。 中：地市级城乡居民统筹；或县级职工、城乡统筹。 低：县级统筹
	基本医保的协同效应（0.10）	基本医疗保险的保障水平，从起付线、报销比例、封顶线综合评价	高：基本医保降低个人医疗费用负担的能力强。 中：基本医保降低个人医疗费用负担的能力较强。 低：基本医保降低个人医疗费用负担的能力一般
实施性（0.25）	大病保险起付标准（0.07）	起付线/居民可支配收入	高：无起付线或小于60%。 中：60%～80%。 低：80%～100%
	大病保险补偿方式（0.05）	是否有封顶线，补偿比例是否动态调整	高：无封顶线。 中：费用越高，补偿比例越高。 低：固定比例
	大病保险补偿范围（0.08）	大病保险补偿的项目和药品范围，通过查阅各地医保药品目录、诊疗项目目录，与国家基本目录比较后综合评价	高：比国家基本目录增补范围大。 中：比国家基本目录增补范围较大。 低：比国家基本目录增补范围较小
	大病保险经办形式（0.05）	商业承办机构的参与程度	高：商业保险经办且承担运营风险。 中：商业保险经办但不承担运营风险。 低：无商业保险经办

续表

一级指标（权重）	二级指标（权重）	指标解释	评分标准
可持续性（0.10）	受益面增长情况（0.05）	大病医保受益人群比例变化情况：大病起付线/人均可支配收入的变化情况或病种是否扩大	高：降低（或扩大病种）。 中：不变（病种维持不变）。 低：升高
	基本医保筹资可持续性（0.05）	大病保险基金从基本保险基金划拨，因而基本医保的筹资能够反映大病医保的可持续性：城乡居民医保人均筹资标准增速/医疗保健价格指数	高：大于 1.20。 中：1.10 ~ 1.20。 低：小于 1.10

四、评估对象和数据来源

我国城乡居民大病保险推广实施以来，在不断的探索和完善中，形成了多种典型的大病保险模式。本研究从大病保险补偿方式的视角，以上海、太仓和湛江三地大病保险模式为研究对象：上海为病种补偿模式，大病界定标准为选定的病种，根据规定对大病患者进行补偿，补偿范围包括门诊和住院医疗费用；太仓为费用补偿模式，大病界定标准为高额的医疗费用，按费用分段给予不同比例的补偿，补偿范围包括门诊和住院费用；湛江亦采用费用补偿模式，补偿范围仅包括住院费用，并区分人群进行补偿，特殊贫困人群补偿比例高于一般人群。本章应用 RE - AIM 模型来评价 3 种模式的大病保险综合运行效果。

数据来源主要是政府公开数据和文献中提取的数据，如基本医疗保险和大病保险的政策文件、政府部门发布的医疗保险相关统计信息、国民经济和社会发展统计公报、社会保险信息披露、统计年鉴、大病保险实证研究的文献等，部分上海市大病医保的数据通过向医保管理部门调查获得。评价指标主要采用 2016 年的截面数据，可持续性的两个指标通过比较 2014 年和 2016 年两个年度数据计算获得。

第三节 研究结果

大病保险可及性维度：我国已基本实现全民医保，参加城乡居民基本医疗保险者（包括城镇居民医疗保险和新型农村合作医疗保险）均被大病保险制度覆盖，三地大病保险覆盖率均在96%以上，超过国家95%的平均水平[①]（见表5－3）。

表5－3　　大病保险模式评估结果

一级指标（权重）	二级指标（权重）	上海		太仓		湛江	
		指标值	得分	指标值	得分	指标值	得分
可及性（0.15）	大病保险覆盖率（0.15）	高（96%）	9	高（99%）	9	高（98.68%）	9
有效性（0.25）	大病保险受益面（0.10）	中（0.74%）	7	高（0.86%）	9	高（0.93%）	9
	大病费用补偿度（0.15）	高（13.61%）	9	高（12.23%）	9	中（7.76%）	7
采纳性（0.20）	大病保险统筹层次（0.10）	高	9	中	7	中	7
	基本医保的协同效应（0.10）	高	9	中	7	中	7
实施性（0.25）	大病保险起付标准（0.07）	高（0）	9	高（22.18%）	9	低（80.36%）	5
	大病保险补偿方式（0.05）	高	9	高	9	中	7
	大病保险补偿范围（0.08）	高	9	中	7	低	5
	大病保险经办形式（0.05）	中	7	高	9	高	9

① 《中国健康事业的发展与人权进步》白皮书，国务院新闻办公室网站，http：//www.scio.gov.cn/ztk/dtzt/36048/37159/37161/Document/1565175/1565175.htm，2017年9月29日。

续表

一级指标（权重）	二级指标（权重）	上海		太仓		湛江	
		指标值	得分	指标值	得分	指标值	得分
可持续性（0.10）	受益面增长情况（0.05）	中（病种不变）	7	低（升高）	5	高（降低）	9
	基本医保筹资可持续性（0.05）	中（1.11）	7	中（1.14）	7	高（1.23）	9
综合评分		8.46		8.08		7.52	

大病保险有效性维度：2016 年我国大病保险覆盖城乡居民 9.66 亿人，累计超过 800 万人直接受益①，受益面为 0.83%，三个地区中，上海大病保险受益面低于国家水平，太仓和湛江均高于国家水平。大病费用补偿度以人均大病费用补偿金额/本年度居民人均消费支出测量，上海大病费用补偿度最高，湛江最低。

大病保险采纳性维度：上海市大病医保为全市城乡居民统筹，太仓为县级城镇职工和城乡居民统筹，湛江为市级城乡居民统筹。在基本医保的协同效应方面，上海市居民基本医保在减轻居民医疗费用负担发挥的基础性作用更大，主要体现在较低的起付线、较高的报销比例和封顶线，且对 60 岁以上人群提高报销比例。

大病保险实施性维度：上海市大病保险采取病种管理，对符合规定病种的参保者均进行大病补偿，不设起付线，太仓和湛江均以医疗费用作为大病的界定标准，但太仓大病起付线/居民可支配收入远低于湛江。在大病费用补偿方式上，上海采取固定报销比例，但不设封顶线，太仓和湛江根据医疗费用高低逐步在提高报销比例，但太仓大病医保无封顶线，而湛江设定了大病报销封顶线。在大病补偿范围方面，上海和湛江均按照当地的医疗保险药品和项目目录执行，但上海市医疗保险药品目录中的药品数量在全国领先，且较早开始将一些治疗必需但价格昂贵的肿瘤药物纳入医保（李成志等，2014），而太仓大病保险报销则突破了基本医保药品目录限制，仅规定了部分不予报销的清单（徐林南，2014）。在大病保险经办形式方面，三地均引入商业保险公司参与大病保险，但上海市大病保险运行中商业保险公司仅负责费用审核和报销，不承担运营风险。

大病保险可持续性维度：上海市大病医保以病种界定，受益人群相对比较稳定，太仓大病保险起付线/人均可支配收入由 2014 年的 21.56% 上升至 2016 年的

① 《中国大病保险覆盖城乡 9.66 亿人　超 800 万人直接受益》，国际在线网站，http://news.cri.cn/20161219/8c0b6bbe-3507-8ff0-d8c4-3c6d766079cf.html，2016 年 12 月 19 日。

22.18%，湛江该项指标则由 2014 年的 84.43% 下降至 2016 年的 80.36%。基本医保筹资可持续性方面，湛江市医保筹资增速相对医疗保健价格增速相对较高，上海相对较低。

结果显示，总体评价得分由高到低分别是上海市大病保险模式、太仓市大病保险模式、湛江市大病保险模式（见图 5-1）；可及性维度，三地评分相同；有效性评分太仓模式最高，上海模式和湛江模式总体差异不大；采纳性评分上海模式最高，太仓模式和湛江模式相同且低于上海模式；实施性评分由高到低依次为上海模式、太仓模式、湛江模式；可持续性评分湛江模式最高，其次为上海模式，再次为太仓模式。

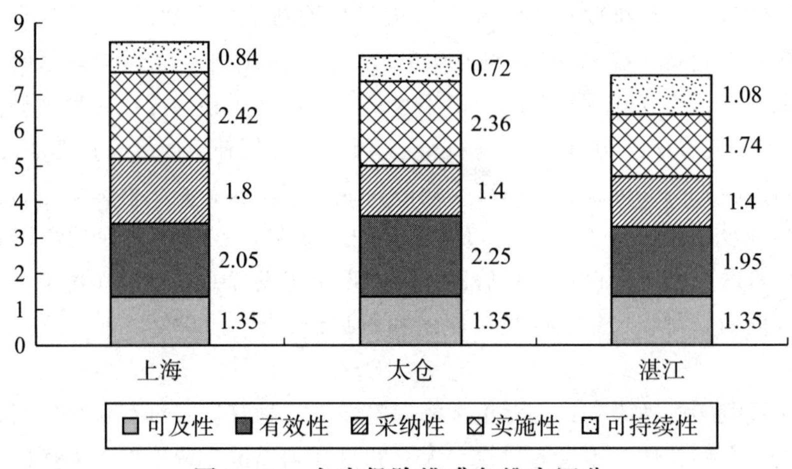

图 5-1 大病保险模式各维度评分

第四节 结论与建议

一、典型大病保险模式的特点

本研究利用 RE-AIM 模型对上海、太仓和湛江三地具有典型性的大病保险模式进行了综合评价。需要指出的是，综合评价的目的并不是为了给 3 种典型大病保险模式进行排序，而是从整体的视角更加系统地认识不同大病保险模式的优点和存在的问题，为大病保险模式的进一步完善提供经验借鉴。

（一）上海市大病保险模式的特点

上海市大病保险模式的显著特点，是在基本医疗保险较高保障水平的基础上，针对确定的大病病种对大病患者实施精确保障。上海市城乡居民基本医疗保险具有较高的保障水平，主要体现在较低的起付线、较高的报销比例、较宽的药品目录、不设置医保报销封顶线，这些制度安排对高额医疗支出有较强的保护作用。在此基础上，将重症尿毒症透析治疗、肾移植抗排异治疗、恶性肿瘤治疗（化学治疗、内分泌特异治疗、放射治疗、同位素治疗、介入治疗、中医治疗）、部分精神病病种治疗（精神分裂症、中重度抑郁症、躁狂症、强迫症、精神发育迟缓伴发精神障碍、癫痫伴发精神障碍、偏执性精神病）所发生的医疗费用，纳入城乡居民大病保险的补偿范围，有效降低了患上述大病参保者的个人医疗负担。从评价结果看，上海市大病保险在实施性、采纳性和有效性方面评分较高，这与其基本医保的补偿政策、基本医保与大病保险的协同保障效应是密切相关的。但是，该模式也存在受益面较窄的问题，可能会将少数患非大病病种却发生了高额医疗费用的参保者排除在外，且病种范围一直未扩展，在受益群体的可持续性方面有待提高。同时在大病保险运行方面，尽管引入了商业保险经办，但商业保险公司并不承担运营风险，未能发挥其积极性和专业优势。

（二）太仓市大病保险模式

太仓市大病保险模式的特点，是互助共济、大病保险保障待遇较高和专业化运作。太仓市将城镇职工和城乡居民统一纳入大病保险，职工和居民采取不同的筹资标准，但享受同等的保障待遇，体现了保险的互助共济和筹资的公平性。对大病保险设置了较低的起付标准，并按照医疗费用的高低分段累进补偿，自付费用越高报销比例越高，补偿的范围突破了基本医保药品目录（郑秉文，2013），采取负面清单的形式对不予报销的情况作了规定，较大程度上降低了居民个人承担的医疗费用，有效性评价得分在3种模式中最高。太仓市大病保险按照“政府主导、联合办公、专业运作”的方式实施，商业保险公司在经办过程中需要承担一定的运营风险，提高了保险公司的积极性和运行效率。太仓大病保险模式实施的前提和基础是经济水平发达且医保基金较为充裕，作为一个县级市，太仓市保障人群少，管理难度小，但也正是由于这些特点使得该模式的推广性和应用性不足。由于大病的准入门槛较低，使得本应该是“特惠型”的大病保险变成了“普惠性”，且由于参保者数量较少，对风险的共济分担能力相对较弱，一旦筹资不能增加将对可持续性带来较大影响。

（三）湛江市大病保险模式

湛江市大病保险模式的特点，是在广受益的基础上突出重点人群的大病保障和专业化运作。由于经济发展水平不高，湛江市的基本医疗保险与上海市和太仓市相比有较大差距，但是湛江市大病医疗保险更关注参保人群的受益面。湛江市在保险实施过程中关注对特困供养人员、最低生活保障对象、儿童等重点人群的保障，通过降低起付标准、提高报销比例和取消基金支付限额等方式切实减轻了经济困难群众的医疗费用负担。在大病保险经办方面，湛江早在2009年就引入商业保险公司经办城乡居民大病保险服务，利用其专业化的人力资源、管理技术和资金投入缓解社会医疗保险经办管理能力的不足，大病补偿超支的风险由社会医疗保险基金和商业保险公司分担。从评价各维度看，湛江在可持续性方面在3种模式中得分最高，这与其受益面的增长有关，同时也说明湛江在提高基本医保和大病保险待遇方面存在较大的空间。

二、大病保险存在的问题

在《关于开展城乡居民大病保险工作的指导意见》出台之前，上海、太仓、湛江均开展了大病保险的实践探索，国家的大病保险政策正是在总结各地经验的基础上制定的。大病保险模式受到社会经济发展水平、人口结构、疾病构成、医疗消费水平、政策环境等多方面因素的影响，需要因地制宜，但通过对三地大病保险模式的综合分析，发现存在以下共性问题。

（一）大病保险保障对象不够精准

大病保险的政策目标是切实解决人民群众“因病致贫、因病返贫”问题，使绝大部分人不会再因为疾病陷入经济困境。依据这一政策目标，大病保险的保障对象需要综合医疗费用和个人（或家庭）经济收入两方面因素确定。而目前大部分地区仅以医疗费用超过某一限度作为大病界定标准，上海以大病病种和治疗方式作为大病界定标准，都没有与个人经济状况挂钩，这样可能会导致部分贫困者因无法负担医疗费用而没有利用医疗服务，反而得不到大病保险补偿，而达到大病保险起付标准者并不一定发生灾难性卫生支出，但仍然得到大病保险补偿。目前大病保险是在基本医疗保险基础上的二次报销，大病保险目标对象的识别不够精准，使得大病保险仍然具有普惠性质，未能充分发挥基金的保障效能。

（二）大病保障待遇的差异性较大

上海的基本医疗保险具有较高的保障水平，在此基础上对符合政策的大病患者进行二次补偿，不设起付线和封顶线。太仓和湛江设置了大病起付线，但经济发达的太仓的大病起付线反而更低，且太仓未设置大病保险报销封顶线，报销范围也超出基本医疗保险目录，湛江的大病保险待遇相对则较低。目前大病保险的统筹层次不一，有省级统筹，也有地市级统筹，甚至县级统筹，由于经济发展水平和医保筹资标准不同，相应的保障待遇也存在较大差异。从健康保障的公平性角度看，相同的疾病应该得到相同的治疗，但通常情况下经济越发达的地区医疗保障水平越高，而从大病保险的政策目标看，经济收入越低者越应该享有大病保障，并需要更高的保障待遇。目前以医疗费用保障为主的大病补偿模式使得不同地区居民大病保障的水平存在较大差异，影响到大病保障的公平性。

（三）商业保险经办大病保险的优势未充分发挥

《国务院办公厅关于全面实施城乡居民大病保险的意见》指出，采取商业保险机构承办大病保险的方式，发挥市场机制作用和商业保险机构专业优势，提高大病保险运行效率、服务水平和质量。从目前商业保险参与的方式看，一种是商业保险公司只负责费用审核和报销的具体事务，收取管理费，但不承担运营风险；另一种是商业保险与社会保险共同分担大病保险的基金超支风险。在大病保险经办中，不同地区引入的不同的商业保险公司导致其承保人数受限，而“大数法则”是保险精算的基础，在经办具体业务中商业保险公司对医疗行为监督和控费的效力较弱，这些都限制了商业保险专业优势的发挥，实际只承担了大病费用核保和报销的工作。

三、大病保险发展的建议

我国大病保险制度建立的背景是城乡居民基本医疗保障水平较低、大病患者的医疗费用负担重，存在“因病致贫、因病返贫”问题。为解决这些问题，在探索实践的基础上，提出建立大病保险制度，其定位是基本医疗保障制度的拓展和延伸。各地应根据基本医疗保险的保障能力、经济发展水平和医疗消费水平，统筹提升基本医疗保险和大病保险的综合保障效能。上海可在重点保障四类大病患者的基础上，根据疾病严重程度、病程长短、医疗费用高低等因素，逐步扩大大病保险的病种范围，扩大受益面，进一步发挥精准保大病的优势。太仓可在现有大病费用保障模式的基础上，借鉴上海的病种保障模式，在提高基本医疗保险待遇的同时，通过费用和病种更加精准地保障大病患者。湛江可在医保基金承受范围内进一步提高基本医疗保险的保障水平，并通过降低大病起付标准、扩大大病保障范围（将门诊大病纳入）、取消大病报销封顶线等措施进一步提高大病保险的保障水平。

大病保险制度的建立在较短时间内扩大了受益面，减轻了大病患者的医疗负担，但关于其定位一直存在争议，有学者认为大病保险只是对基本医疗保险的二次报销，没有突出针对发生灾难性医疗支出家庭提供保障的特点（姜学夫，2018），指出大病保险应与基本医保、医疗救助、商业保险等衔接和融合，实现重点人群精确瞄准和大病类型精准保险（仇雨临等，2017）。随着医疗保障制度的不断完善，应进一步提升大病保险的精准性、公平性和有效性：一是精准保大病。坚持大病保险缓解“因病致贫、因病返贫”、防止发生灾难性卫生支出的政策目标，建立医疗费用负担和个人或家庭经济收入的关联机制，扩大政府部门间信息共享，精准识别大病保险的保障对象。二是提升公平性。合理区分基本医疗保险和大病保险的保障对象和保障范围，构建“普惠性”和“特惠型”相结合的医疗保障制度，保障大病保险参保者的横向公平和纵向公平。根据各地实际，通过提高报销比例和医保支付封顶线、设定个人自付封顶线等方式合理提高基本医疗保险的保障水平，使大部分人的医疗问题在基本医疗保险范围内得到解决，对于基本医保范围内医疗费用负担较重的少数群体由大病保险进行保障。三是提高有效性。通过政府和市场的有机结合，提高商业保险经办大病保险的积极性和参与度，促进大病保险效率的提高。可考虑建立国家或省级层面的大病保险基金，向商业保险公司投保，承保机构要有一定的集中度，以发挥基金的规模效益；补偿方式以病种补偿为主，综合考虑疾病严重程度、医疗费用和预后等因素，确定大病保险补偿的病种；在运营方式上以再保险形式向商业保险公司投保，由其承担运营风险，同时向承保的商业保险机构开放医疗服务信息共享权限，调动商业保险在保险监督和控费方面的积极性。在这种模式下，大病保险的统筹层次提高，可以增强风险共济能力，缩小大病保障待遇差异，提高大病保障的公平性。承保机构相对集中，采用病种保障形式，更有利于保险机构发挥精算的优势，通过疾病发生概率确定保险费率，发挥保险基金的规模效益，真正发挥市场机制作用和商业保险机构专业优势，提高大病保险运行效率、服务水平和质量。

第六章

大病保险政策的微观模拟分析

理论分析和相关研究表明，大病具有的严重性、风险性和医疗费用高等共性，会导致健康和经济的双重风险，并可能给患者造成巨大的健康损失和灾难性经济负担，是影响健康的重要因素。大病保险是避免上述风险的重要手段。我国在大病保险的探索和实践中，积累了经验、取得了一定成效，同时也发现一些瓶颈问题需要突破。突破需要在实践基础上的创新和发展，然而，政策研究的特点决定了并非所有解决问题的方案和构想都能在实践中得到实施和验证。因此，需要通过政策方案的模拟分析来提供依据和参考。本章以上海市大病保险为例，应用微观模拟分析方法，通过不同假设条件下大病保险主要参数的变化、调整和设置，对上海市大病保险政策变化及其产生的结果进行模式分析，为大病保险政策完善和创新发展模式的建立提供依据。

第一节　研究背景

我国大病保险政策的制定和实施，是源于 2012 年 8 月国家发改委、卫生部等 6 部委出台的《关于开展城乡居民大病保险工作的指导意见》。该指导意见主要针对人民群众大病医疗负担过重的问题，提出要形成政府、个人和保险机构共同分担大病风险的机制，以及政府主导，专业运作，支持商业保险机构利用专业优势承办大病保险，发挥市场机制作用的运行机制。各地在国家确定的指导意见下，结合实际情况，因地制宜进行大病保险的探索和实践。在大病医疗保险广泛开展试点并取得一定经验的基础上，2015 年 7 月，国务院办公厅下发了《关于全面实施城乡居民大病保险的意见》，提出了实施大病保险的基本原则、在全国范围内推广的要求，以及建立起比较完善的大病保险制度的发展目标。2015 年我国开始全面实施城乡居民大病保险，对大病患者发生的高额医疗费用给予进一步保障，以减轻大病患者的医疗经济负担，避免因病致贫、因病返贫的现象发生。我国在大病保险政策具体实践过程中，根据各地的实际情况和特点，形成了不同的保障模式。在取得一定成效的同时，也发现一些需要进一步探索和解决的问题。

我国在大病保险政策的实践中，逐渐形成了两种对大病的界定方式：一种是通过医疗费用界定，另一种是通过疾病病种界定。我国大部分地区是以医疗费用作为界定大病的标准，即以个人年度累计负担的合规医疗费用超过当地上一年度人均可支配收入者作为补偿对象。大病保险保障和补偿的对象是医疗费用，通常称为“保费用”。上海市是为数不多的以疾病病种和治疗方式作为大病界定标准的城市，《上海市城乡居民大病保险办法》将重症尿毒症透析治疗、肾移植抗排异治疗、恶性肿瘤治疗（化学治疗、内分泌特异治疗、放射治疗、同位素治疗、介入治疗、中医治疗）、部分精神病病种治疗（精神分裂症、中重度抑郁症、躁狂症、强迫症、精神发育迟缓伴发精神障碍、癫痫伴发精神障碍、偏执性精神病）4 种病种所发生的医疗费用，纳入城乡居民大病保险的保障范围。大病保险保障和补偿的对象是大病的病种，通常称为“保病种”。同时，在大病保险实施和推广过程中，各地根据大病保险政策指导意见，结合当地实际，也进行了诸如“保费用”中增加病种等多种形式的探索。

大病的界定方式，决定了大病保险的补偿对象，而不同类型的补偿对象又直接影响到大病保险补偿的效果。因此，由此而产生的问题，受到普遍的关注：大病保险“保费用”和“保病种”，哪种方式取得的效果更好？大病界定的不同方式，在实践中各自应用的条件和特点是什么？“保费用”和“保病种”两种方式，在大病保险的受益人群、保障能力、保障范围、补偿水平、基金使用效率、政策的可持续性等方面比较，哪种更具有综合优势？对大病保险制度的改革、创新和发展有何借鉴意义？要回答和验证这些问题，理论上应该通过“病例—对照”分析的结果进行判定，即在同质状况下，设定干预组和对照组进行比较和分析。但是，政策问题分析的特点决定了其并不具备理论设计的条件。不可能将一个区域划分为同质的两组，一组实施大病保险“保费用”方式，另一组实施大病保险“保病种”方式，经过一定时期的实践来比较不同政策的实施成效。现实中存在的可能性是，对分别实施“保费用”和“保病种”方式的不同区域所产生的效果进行比较，虽然具有一定的参考意义，但是实际应用价值不大。主要原因在于不同区域的政治、经济、社会文化、技术等各方面的条件和水平不同，这些差异会导致分析结果的偏移。

针对上述问题，有效的解决方案是对同一区域实施不同政策的情况进行模拟分析。本研究选择上海市作为案例进行大病保险政策的模拟分析，主要考虑以下几个方面的原因：一是特点突出。上海是全国唯一一个单纯以疾病病种作为大病界定标准的城市，其他城市和地区不具备相应的实践条件。二是数据完整。本研究得到了上海市相关部门数据资料的支持，获得分析所需的完整数据，为大病保险政策方案的微观模拟分析奠定基础。三是有代表性。上海的社会经济发展和与之相适应的社会保障具有代表性，可为大病保险创新发展提供借鉴经验。因此，本研究基于上海市城乡居民和城镇职工的医保数据，应用微观模拟模型分析方法，模拟不同政策设计和不同补偿方案下大病保险的运行情况。同时，进一步模拟城乡居民大病保险和城镇职工大病保险合并情况下的补偿效果，目的是为大病保险模式的创新发展提供证据和建议。

第二节　文献综述

一、大病的界定和保障

我国对大病的界定标准有大病病种和医疗费用两种方式。按照病种界定大病的优点是费用较易控制，管理相对简单、操作性强，缺点是保障范围局限，公平性有所欠缺；按照费用界定大病具有较强的针对性，凡个人承担的医疗费用超过一定额度均可进入大病保障范围，公平性较好，但医疗费用难于控制，对医保基金产生较大风险（沈焕根等，2013；朱晓文，2013）。国外尽管医疗保障制度各异，但都有针对大病医疗保障的制度安排。总体来看，商业重疾险以病种保障为主，而国家或社会医疗保险则多以医疗费用和被保险人的支付能力作为大病保障的依据，如美国的医疗照顾计划（Medicare）、新加坡的健保双全计划、日本的高额医疗费报销制度等（杨文沁，2007；孙冬悦等，2013）。部分国家还作了个人自付医疗费用封顶的制度安排，如美国的商业健康保险和德国社会医疗保险规定个人自付超过一定限额则不需要再分担医疗费用（周竞等，2013）。保险的本质是风险转移和分摊，疾病风险从医学和经济学角度来看可分为对健康带来的危害和与之相对应的经济损失（疾病的经济负担），这也正是病种和费用两种大病界定标准的理论基础。但两种标准并不是割裂的，在大病病种的界定中通常考虑了费用因素。尽管疾病可以通过预防措施减少其发生概率，但其造成的健康危害只能由个体承担，能够转移和分摊的只有疾病的经济损失。因而，补偿方案的设计是大病保险有效运行的关键，也是完善大病保险制度的重点研究方向。

二、大病保险补偿方案

补偿方案的设计实际上是建立费用分摊机制，其合理性直接关系到医疗保险基金使用的有效性和公平性，从而影响到制度目标能否达成。李程跃等（2013）从保障的风险范围将补偿模式分为3种类型：风险型——主要针对高风险进行补偿；福利型——主要针对低风险人群，关注受益面；福利风险型——上述两者的结合。但不管何种补偿模式在方案设计时均需明确起付线、封顶线和补偿比。张英洁等（2008）指出在补偿方案设计中应重点考虑起付线、封顶线、补偿比、诊疗及药品目录4方面内容。在《关于开展城乡居民大病保险工作的指导意见》中指出大病保险主要针对高额医疗费用，各地也可以从个人负担较重的大病病种起步开展大病保险，而《国务院办公厅关于全面实施城乡居民大病保险的意见》指出大病保险针对的是高额医疗费用，具体标准由地方政府根据实际情况确定。大病保险的起付线涉及大病的认定标准，大部分地区以医疗费用作为大病的认定标准，分为相对标准和绝对标准，相对标准以个人承担的医疗费用超过人均可支配收入的一定比例，绝对标准规定了大病保险的具体起付金额（唐兴霖等，2017）。仅有少数省份规定了大病病种，如山东省在建立大病保险制度之初，采取了按病种费用补偿与按额度补偿相结合的办法，但从2015年起，取消了按病种补偿；上海市则一直将重症尿毒症透析治疗、肾移植抗排异治疗、恶性肿瘤治疗、部分精神病病种治疗的病人作为大病保险对象，且未设定起付线。在其他方面，大部分省份未设定大病保险报销封顶线，医疗费用为符合基本医保报销目录内的合规医疗费用，补偿比采取固定报销比例和分段渐进报销比例（费用越高报销比例越高）两种模式（王琬，2014；唐兴霖等，2017）。

三、大病保险效果评价

随着大病保险制度的推进，关于大病保险运行效果评价的研究日益增多。顾海等（2016）从大病保险政策制度目标、运行过程、实施效果三个方面对江苏省四个地市的大病保险实施情况进行了评价分析。丁一磊等（2017）从人口覆盖、筹资、基金支出、大病补偿、大病医疗费用5个方面建立了农村居民重大疾病保障制度评价指标体系。高广颖等（2017）从大病保险平均补偿比、大病患者医疗支出负担、灾难性卫生支出发生率等方面评估新农合大病保险制度对缓解灾难性卫生支出的效果。刘彤彤等（2018）根据“结构—过程—结果”模型从制度覆盖、基金筹集、基金使用、受益程度、参保满意度5个方面构建了大病保险实施效果的评价指标体系。韩文甫等（2018）使用公平和效益两个方面6个指标构建了大病保险绩效评价指标体系。目前大病保险评价的指标重点关注大病保险制度的广度（受益面）、深度（补偿效果）和可持续性（基金的收支情况），研究者分别利用所构建的指标体系并对不同地区大病保险运行情况进行了实证分析，但对于不同补偿模式下大病保险运行效果的比较则研究不多，仅有少数学者对基于病种和费用两种补偿方式进行了理论分析。王宗凡（2010）分析了基于病种和费用两种方式保障门诊大病的差异，认为基于病种补偿受益人群相对较少，管理难度相对较小，容易有效控制医疗费用，基金的使用效率也相对较高，但在公平性方面不及费用补偿。周晋等人（2016）通过数学建模方法分别针对是否按照病种界定“大病”、费用筹资方式、报销起付线等问题来比较不同大病保险体系的公平和效率状况，结果显示如果以费用界定大病可使参保人享有更好的公平性，同样的医保资金在无病种限制的补偿方案中产生的总效用大于有病种限制的补偿方案。上述研究从理论上探讨了基于病种和费用两种大病补偿方式的差异，但缺少相关的实证研究案例。

四、微观模拟在医疗保障领域的应用

微观模拟（microsimulation）是1957年美国奥克特（Orcutt）教授提出的一种基于微观个体定量研究宏观经济政策效应的分析工具，其以微观个体（个人、家庭等）作为描述和模拟的对象，以某项政策的具体内容或实施办法作为干预措施，模拟有关政策实施过程，通过定量计算政策实施后微观主体的行为结果来分析评价政策的宏观效应（温海滢，2008）。微观模拟较多用于研究税收制度改革、养老保险制度改革和社会救助制度改革等对居民收入分配、社会公平和财政收支的影响（张世伟等，2009）。在医疗保障领域，熊林平等（2002）构建了城镇职工医疗保险微观模拟模型的框架，李一平（2005）、李照金（2005）等构建了镇江市医疗保险微观模拟模型，并对医疗保障政策的效果进行了模拟预测，李玲等（2006）构建了昆明市城镇职工医疗保险微观模拟模型。上述研究为医疗保险政策的微观模拟研究提供了经验，也证明了微观模拟模型在医保政策调整决策中的应用价值。

第三节　研究目的和意义

本研究基于上海市城乡居民和城镇职工医疗服务的微观数据，利用微观模拟方法，主要对以下假定条件下产生的结果进行模拟：一是其他条件不变情况下，假定上海市大病界定的标准采用“医疗费用”而不是现行的“大病病种”，比较大病保险补偿能力和水平，以及可能产生的效果。即在以医疗费用作为大病界定标准的情形下大病保险的受益人群覆盖、实际补偿效果和大病保险基金的支付压力，并与现实中以病种作为大病界定标准的大病保险实际运行结果进行对比，为两种补偿模式的差异提供研究案例。二是其他条件不变情况下，假定将上海市城乡居民大病保险现行保障的 4 种病种进行扩增，分析并确定可以再增加哪些病种，模拟病种增加后基金的承受力和产生的结果。三是其他条件不变情况下，假定将上海市城乡居民大病保险与城镇职工大病保险进行合并，模拟其产生的结果和影响。通过调整城乡居民大病保障待遇水平，达到城镇职工的保障水平，进而模拟测算城乡居民大病保障的情况，同时探索城乡居民大病保险和城镇职工大病保险合并后，统筹后的大病保险可能产生的结果。通过上述假定条件的模拟和分析，以期为大病保险政策的完善提供决策信息和依据，并为大病保险创新发展模式的建立和发展提供依据。

第四节　资料来源与研究方法

一、资料来源

本研究的数据和资料来源于以下三个方面：一是国内外学术期刊中大病保险的相关文献，以及相关著作和学位论文；二是政府部门大病保险的相关政策，以及上海市政府部门相关网站的公开数据资料；三是数据来源于上海市医疗保险报销结算系统，通过分层随机抽样，按照 2% 的抽样比例，从城乡居民医疗保险参保者和城镇职工参保者中抽取个体及其在一个年度内的所有门诊和住院记录，共抽样调查 2015 年和 2016 年两个年度的数据，大约 30 余万条，主要用于微观模拟分析。

二、研究方法

（一）大病保险微观模拟模型设计

1. 基本思路

大病保险是在基本医疗保险基础上对医疗费用负担较重的参保者进行进一步补偿，以减轻高额医疗费用负担。根据大病保险的制度定位和政策目标，大病保险微观模拟模型设计的基本思路主要基于以下几点考虑：一是所模拟的大病保险补偿方案与基本医疗保险补偿规则相衔接，即符合现行大病保险政策的要求，并在其规定的范围内进行模拟分析。二是以参保个体为对象，汇总其在一年内所有真实发生的门诊和住院服务利用数据，按照就医和报销的流程模拟其在新的补偿方案之下，个人和保险基金分别负担的医疗费用情况。三是以起付线、补偿比、封顶线作为政策模拟的参数，以受益人数、补偿程度、基金支付等作为效应指标。四是选择增加大病病种时，遵循的原则包括：严重威胁健康、高昂的医疗费用、疾病转归好需持续治疗、社会影响大等。五是采用静态微观模拟模型，即假定补偿规则的变化短期内不会引起医疗服务供需双方行为的改变，由于补偿规则的变化对医疗服务行为产生的影响难以定量估算，且模拟的期限较短，为简化模型故作这种假设。

2. 模型的构成

大病医疗保险微观模拟模型由 4 个模块构成：基础数据模块、医疗服务利用模块、政策实施模块和效应分析模块（见图 6－1）。

一是基础数据模块。该模块主要用来储存个体的基本信息，描述个体的属性特征，建立与其他模块的逻辑关系，以满足政策模拟的需要。此模块数据通过抽样调查获得，具体方法是按照性别、年龄进行分层，然后按照 2% 的抽样比例从城乡居民基本医疗保险参保人员中抽取相应的参保个体，记录其性别、年龄、人员类别等基本信息，以身份编号作为唯一标识码，与其他模块建立逻辑关系。

二是医疗服务利用模块。该模块主要用来储存个体在一个年度内的门诊和住院服务利用的信息，以真实发生的医疗服务来模拟测算医疗费用及个人和医保基金分担的情况，分为基本医疗保险和大病医疗保险两个层次，基本医疗保险部分按照相应的报销规则分担医疗费用，在此基础上符合大病保险保障范围的个体进入大病保险补偿阶段，按照所设计的大病补偿方案进行模拟。按照基础数据模块中抽取的参保人编号，调取每一个研究对象一年内所有的门诊和住院就医记录，主要信息包括就诊时间、就诊机构级别、医疗费用及其构成情况、医保支付、个人自付和自费情况等。

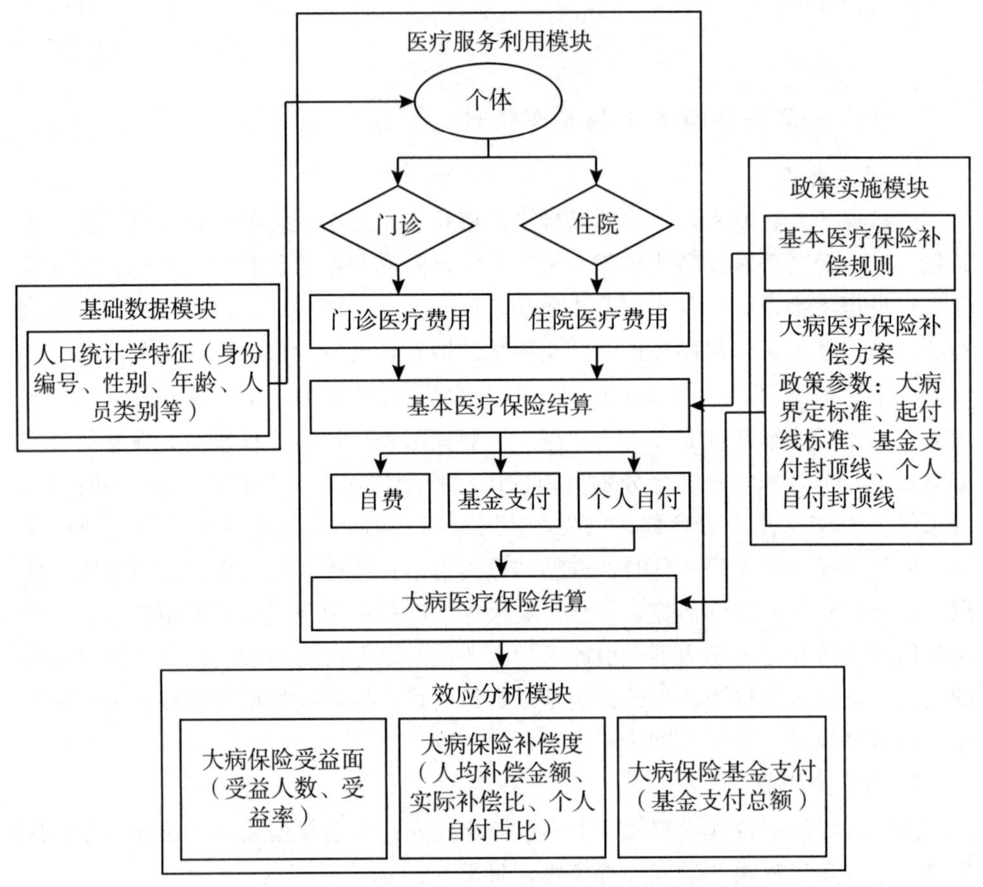

图6-1　大病医疗保险微观模型框架

三是政策实施模块。该模块按照城乡居民基本医疗保险补偿规定和所设计的大病补偿方案（具体见后文）设定相应的规则，并将这些规则施加于个体医疗服务利用的过程中，从而实现政策模拟的过程。政策实施模块通过政策参数的调整对个体施加影响，大病保险模拟的政策参数主要包括大病的界定标准（医疗费用或病种）、起付标准、补偿比、医保支付封顶线、个人自付封顶线，通过政策参数的组合来实现对不同补偿方案的模拟。

四是效应分析模块。该模块主要用于输出宏观系统结果，即对政策干预后个体的微观变化进行叠加汇总，从而获得宏观的政策效应。政策效应需要选择合适的观测指标，根据大病保险的政策目标和文献分析结果，本研究拟从大病保险受益面、大病保险补偿度和大病保险基金支付 3 个方面分析评价大病保险的运行结果，具体指标包括大病保险受益人数及受益率，大病保险人均补偿金额、实际补偿比、个人自付占比，基金支付总额。

（二）模拟方案的设计

1. 假定情境一的补偿设计

假定情境一，是指其他条件不变情况下，大病保险的补偿对象不是大病病种，而是基于医疗费用补偿的模拟方案。上海市从 2014 年 7 月开始实施城乡居民大病保险，对重症尿毒症透析治疗、肾移植抗排异治疗、恶性肿瘤治疗、部分精神病病种治疗发生的基本医疗保险报销范围内的费用，在基本医疗保险报销后，对个人自付的费用，纳入本市城乡居民大病保险支付范围，由大病保险资金报销 50%，2017 年报销比例提高至 55%。上海市以病种和治疗方式为大病界定标准，对大病范围内的门诊和住院费用均予以补偿，不设定起付线和封顶线。本研究拟比较病种和费用两种大病界定方式的差异，在综合分析国内各省市大病保险方案和国外经验的基础上，在设计模拟方案时主要考虑 3 个政策参数：大病保险的起付线、报销比例和个人自付封顶线。目前，大病保险起付线设立的主要依据是上一年度人均可支配收入，鉴于有学者认为人均可支配收入远高于灾难性卫生支出的标准（朱铭来等，2013），本研究将起付线设定为 4 个水平，由高到低依次为：人均可支配收入的 100%、人均可支配收入的 80%、人均可支配收入的 50% 和人均可支付能力（家庭非食品消费支出）的 40%。鉴于上海市大病保险现行报销比例为 55%，且在 2019 年国务院政府工作报告中明确提出大病保险报销比例由 50% 提高到 60%，为保持政策延续性，将报销比例设定为 55% 和 60% 两个水平。大病报销封顶线通常是设定基金支付的封顶线，由于大病保险是为了防止因病致贫，因而在补偿方案中引入了个人自付封顶线，将个人自付封顶线设定为人均可支配收入和无个人自付封顶线两个水平。基于三个政策参数的不同水平，共组合出 14 种补偿方案进行模拟（见表 6-1）。

表 6-1　　大病保险补偿方案设计

补偿方案	起付线	报销比例（%）	个人自付封顶线
方案 1	人均可支配收入 ×1.0	55	无
方案 2	人均可支配收入 ×1.0	60	无
方案 3	人均可支配收入 ×0.8	55	无
方案 4	人均可支配收入 ×0.8	60	无

续表

补偿方案	起付线	报销比例（%）	个人自付封顶线
方案 5	人均可支配收入 ×0.5	55	无
方案 6	人均可支配收入 ×0.5	60	无
方案 7	人均可支付能力 ×0.4	55	无
方案 8	人均可支付能力 ×0.4	60	无
方案 9	人均可支配收入 ×0.8	55	人均可支配收入 ×1.0
方案 10	人均可支配收入 ×0.8	60	人均可支配收入 ×1.0
方案 11	人均可支配收入 ×0.5	55	人均可支配收入 ×1.0
方案 12	人均可支配收入 ×0.5	60	人均可支配收入 ×1.0
方案 13	人均可支付能力 ×0.4	55	人均可支配收入 ×1.0
方案 14	人均可支付能力 ×0.4	60	人均可支配收入 ×1.0

注：人均可支配收入——上一年度居民人均可支配收入；人均可支付能力——（上一年度人均消费总支出 - 人均食品支出），相关数据通过历年《上海市统计年鉴》获得。

2. 假定情境二的补偿设计

假定情境二，是指其他条件不变情况下，对现行大病保险保障的 4 种病种进行扩增，模拟分析增加大病病种方案所产生的结果。国际上，绝大多数的发达国家都根据本国的经济、社会发展水平和财政收入状况，采取了不同模式的大病医疗保障制度，形成了不同的大病保障病种范围。美国重大疾病保险资源中心规定，重大疾病保险必须覆盖的疾病有：心脏病、器官移植、昏迷、血管成形术、癌症、肾衰竭、失明、失聪、艾滋病（通常针对医疗人员）、卒中、阿尔茨海默病、冠状动脉搭桥、心脏瓣膜手术、截瘫、多发性硬化症、主动脉手术、严重烧伤等。德国等国家和地区则是在社会保险制度中强制建立大病医疗保障制度。台湾地区的健康保险重大伤病范围分为恶性肿瘤、先天性凝血因子异常、严重溶血性贫血及再生不良性贫血等共计 30 类。英国、加拿大等国家实施国民卫生服务制度，以商业性大病医疗保险为辅保障居民免受疾病带来的重大灾难。2011 年，英国保险协会《重大疾病保险的最佳实践声明》指出，商业重疾险的保障范围包括阿尔茨海默病、主动脉移植手术、癌症等 23 种疾病。我国新农合规定了大病保险的 22 类疾病，包括儿童白血病、先心病、终末期肾病、乳腺癌、宫颈癌、重性精神疾病、耐药性肺结核、艾滋病机会性感染等。

在选择模拟扩大病种时，主要考虑以下因素：严重威胁居民身体健康；疾病负担重、费用高；疾病转归好、疗效确切、存活期长；病程长、需持续治疗；对特殊人群有严重危害（不包括罕见病），特别关注儿童期疾病等弱势群体；社会影响大，可能对他人产生严重影响的疾病。在充分考虑国外重大疾病保险病种和我国新农合规定的大病保险的 22 类疾病基础上，结合上海市现有大病保险规定的病种和治疗项目，拟从以下疾病中选择扩大大病保障的病种：耐药肺结核、艾滋病机会性感染、心脏缺血性疾病、脑梗死、先天性心脏病、唇腭裂。根据 2016 ~ 2018 年样本个体住院患者所患病种，由于住院每年的抽样人群中大概有 5 000 人的住院记录，预先从患病人数多的、具有社会影响大的（传染病）和先天遗传性疾病三类进行选择，但经过统计，后两者因患病率低，在抽样数据中极少，所以只能选择缺血性心脏病和脑梗死做模拟（见表 6 - 2）。

表 6 - 2　　2016 ~ 2018 年样本个体住院患者所患病种

病种	编码	2016 年	2017 年	2018 年
耐药肺结核	A15	2	2	2
艾滋病机会性感染	B20、B21、B22、B23、B24	1	0	0
苯丙酮尿症	E70	0	0	0
慢性缺血性心脏病	I25	237	235	264
脑梗死	I63	362	370	369
先天性心脏病	Q21、Q22、Q23、Q24、Q25、Q26	3	2	12
唇腭裂	Q35、Q36、Q37	0	0	0

3. 假定情境三的补偿设计

假定情境三，是指其他条件不变情况下，当上海市城乡居民大病保障待遇水平达到现行的城镇职工的保障水平时，模拟测算可能产生的结果。上海市城镇职工虽没有专门的大病保险，但对于大病和高额医疗费用仍然有相应的保障措施，主要体现在 3 个方面：一是城镇职工门诊大病（与城乡居民大病保险规定的 4 类疾病相同），在职职工门诊大病费用由统筹基金支付 85%，退休人员门诊大病费用由统筹基金支付 92%。二是统筹基金最高支付限额（目前最高支付限额为 53 万元）以上的医疗费用，由地方附加基金支付 80%。三是城镇职工医保综合减负政策，参保人员年自付医疗费累计超过其年收入一定比例的部分（比例根据个人收入情况确定，收入越高比例越高），实行医保综合减负，由地方附加基金支付 90%。

城乡居民与城镇职工医保待遇差异既体现在基本医保待遇的差别上，又体现在大病和高额医疗费用的差别上。因而本部分拟通过调整居民大病保障待遇水平，达到城镇职工的保障水平，进而模拟测算居民大病保障的情况。主要是三种情况：一是只提高4类大病的报销比例，分别提高至82%和92%。二是将职工的综合减负政策用于居民大病保险，因城乡居民无就业，综合减负的标准参照城镇职工减负的最低值，即按照基本生活保障线的25%确定，同时增加按照最低工资标准25%这一情况模拟。三是在将居民基本医保报销水平提升至职工基本医保实际报销水平的基础上，再按照综合减负的政策予以保障。

（三）样本数据描述

样本数据来源于上海市医疗保险报销结算系统。采用分层随机抽样方法，按照2%的抽样比例，从城乡居民医疗保险参保者中抽取个体及其在一个年度内的所有门诊和住院记录，共抽样调查2015年和2016年两个年度的数据（见表6－3）。

表6－3　城乡居民大病保险样本个体基本情况

分类指标		2015年		2016年	
		人数（人）	占比（%）	人数（人）	占比（%）
性别	男	29 851	48.44	36 729	47.36
	女	31 778	51.56	40 827	52.64
年龄	0～19岁	40 585	65.85	42 081	54.26
	20～39岁	16 856	27.35	18 023	23.24
	40～59岁	238	0.39	6 252	8.06
	60～79岁	2 593	4.21	9 916	12.79
	80岁及以上	1 357	2.20	1 239	1.60
身份类别	城乡居民	38 963	63.22	54 626	70.43
	大学生	22 666	36.78	22 930	29.57
医疗服务利用	有门诊	30 899	50.14	45 219	58.30
	有住院	1 043	1.69	2 782	3.59
	无门诊和住院	30 491	49.48	32 120	41.42

三、技术路线

本章的技术路线见图6－2。

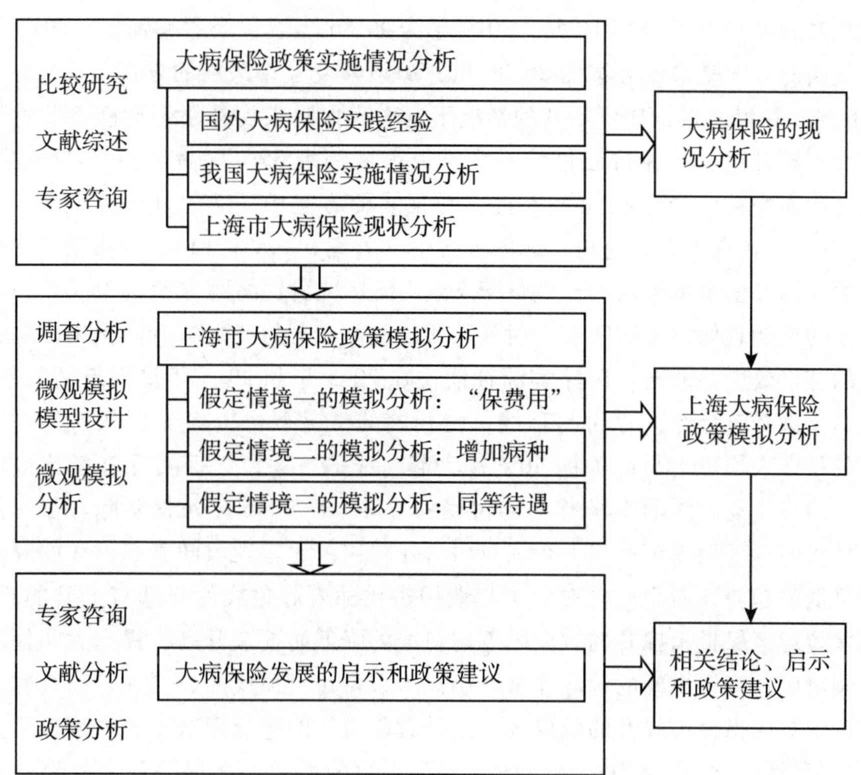

图 6-2　大病保险政策模拟的技术路线

第五节　结果与分析

一、大病保险医疗费用补偿模拟分析

（一）预设方案模拟结果

2015 年和 2016 年各种预设补偿方案的模拟结果，以及大病保险实际补偿方案的运行结果，分别见表 6-4 和表 6-5。随着大病保险起付线的升高，大病保险受益人数和受益率有较大幅度的降低，当起付线为人均可支付能力的 40% 时（2015 年为 7 937 元，2016 年为 10 205 元），受益率最高，当起付线为人均可支

配收入时（2015 年为 47 710 元，2016 年为 49 867 元），受益率最低，2015 年受益率最高的方案是最低方案的 26. 96 倍，2016 年受益率最高的方案是最低方案的 24. 06 倍。在保持报销比例不变的情况下，大病保险人均补偿金额随着起付线的升高而逐渐升高。在保持起付线不变、报销比例由 55% 提高至 60% 的情况下，大病保险人均补偿金额在无个人自付封顶线的方案中（方案 1 ~ 方案 8）提高 9% 左右，而在有个人自付封顶线的方案中（方案 9 ~ 方案 14），因报销比例提高带来的人均补偿金额提高的比例低于 9%，且起付线越高的方案组中人均补偿金额提高的比例越低，表明随着自付封顶线的设立和起付线的提升，报销比例提高产生的补偿效应在减弱。医保实际补偿比在 2015 年和 2016 年呈现不同的趋势，在报销比例和有无个人自付封顶线保持相同的情况下，2015 年医保实际补偿比最高的是以人均可支付能力的 40% 作为起付线的方案，医保实际补偿比最低的是以人均可支配收入的 50% 作为起付线的方案，而 2016 年医保实际补偿比则随着起付线的降低而逐渐升高。个人自付医疗费用占比呈现出随着起付线的降低而逐渐降低的趋势，而个人自费的医疗费用占比随着起付线的降低有上升的趋势。大病保险对医保报销提升的效应随着起付线的降低而逐渐升高，提高大病保险报销比例对医保报销提升的效应非常微小。个人自付封顶线的设立在较高起付线的方案组中对医保报销提升的效应较大，随着起付线的降低而减小。大病保险支出总额对起付线的变化最为敏感，随着受益人数的增加大病保险基金支出快速增加，相邻两档起付线之间基金支出最高增幅达 200%；而因报销比例提高所增加的大病保险基金支出则较为平缓，最高增幅在 9% 左右；个人自付封顶线的设立在高起付线组对大病保险基金支出带来的影响较大，如 2015 年，以个人可支配收入的 80% 为起付线，报销比例为 55%，因设立个人自付封顶线导致大病保险基金支出的增幅为 25%，而在起付线最低的组，个人自付封顶线仅使大病保险基金支出增加 1%。

表 6-4　　2015 年不同大病保险补偿方案模拟结果及比较

补偿方案	大病界定标准	受益人数（人）	受益率（‰）	大病保险人均补偿金额（元）	医保实际补偿比（%）	个人自付占比（%）	自费占比（%）	大病保险提升医保报销百分点（%）	大病保险支出总额（万元）
方案 1	费用	620	0. 23	11 187. 39	62. 70	27. 76	9. 54	5. 46	610. 54
方案 2	费用	620	0. 23	12 204. 43	63. 20	27. 26	9. 54	5. 96	666. 05
方案 3	费用	1 063	0. 39	10 585. 39	64. 51	26. 01	9. 48	5. 88	1 155. 38
方案 4	费用	1 063	0. 39	11 547. 70	65. 04	25. 48	9. 48	6. 41	1 260. 41

续表

补偿方案	大病界定标准	受益人数（人）	受益率（‰）	大病保险人均补偿金额（元）	医保实际补偿比（%）	个人自付占比（%）	自费占比（%）	大病保险提升医保报销百分点（%）	大病保险支出总额（万元）
方案 5	费用	2 745	1.01	8 882.68	61.62	26.00	12.38	7.42	2 423.82
方案 6	费用	2 745	1.01	9 690.19	62.29	25.33	12.38	8.10	2 644.17
方案 7	费用	16 914	6.20	4 925.27	66.18	22.16	11.66	9.12	8 332.56
方案 8	费用	16 914	6.20	5 373.03	67.01	21.33	11.66	9.95	9 090.07
方案 9	费用	1 063	0.39	13 233.23	65.98	24.54	9.48	7.35	1 444.39
方案 10	费用	1 063	0.39	13 561.52	66.16	24.36	9.48	7.53	1 480.21
方案 11	费用	2 745	1.01	9 414.90	62.06	25.56	12.38	7.87	2 569.05
方案 12	费用	2 745	1.01	10 077.77	62.62	25.00	12.38	8.42	2 749.93
方案 13	费用	16 914	6.20	4 977.39	66.28	22.06	11.66	9.22	8 420.72
方案 14	费用	16 914	6.20	5 407.78	67.08	21.26	11.66	10.02	9 148.86
现行方案	病种	6 074	2.23	5 005.53	75.54	17.12	7.34	13.82	3 040.36

表 6-5　　2016 年不同大病保险补偿方案模拟结果及比较

补偿方案	大病界定标准	受益人数（人）	受益人数占比（‰）	大病保险人均补偿金额（元）	医保实际补偿比（%）	个人自付占比（%）	自费占比（%）	大病保险提升医保报销百分点（%）	大病保险支出总额（万元）
方案 1	费用	1 090	0.32	8 871.61	62.45	27.90	9.65	4.33	966.68
方案 2	费用	1 090	0.32	9 678.12	62.84	27.51	9.65	4.72	1 054.56
方案 3	费用	2 092	0.62	8 714.96	62.99	26.92	10.09	4.99	1 823.26
方案 4	费用	2 092	0.62	9 507.22	63.44	26.47	10.09	5.44	1 989.01
方案 5	费用	5 884	1.74	8 319.01	64.08	24.00	11.92	6.29	4 894.93
方案 6	费用	5 884	1.74	9 075.29	64.65	23.43	11.92	6.86	5 339.93
方案 7	费用	26 020	7.70	5 833.37	65.49	20.45	14.06	7.97	15 178.70
方案 8	费用	26 020	7.70	6 363.67	66.21	19.73	14.06	8.69	16 558.58
方案 9	费用	2 092	0.62	10 599.10	64.07	25.84	10.09	6.07	2 217.44
方案 10	费用	2 092	0.62	10 926.30	64.26	25.65	10.09	6.25	2 285.89

续表

补偿方案	大病界定标准	受益人数（人）	受益人数占比（‰）	大病保险人均补偿金额（元）	医保实际补偿比（%）	个人自付占比（%）	自费占比（%）	大病保险提升医保报销百分点（%）	大病保险支出总额（万元）
方案11	费用	5 884	1.74	8 558.27	64.26	23.82	11.92	6.47	5 035.71
方案12	费用	5 884	1.74	9 205.88	64.75	23.33	11.92	6.96	5 416.77
方案13	费用	26 020	7.70	5 847.13	65.50	20.44	14.06	7.99	15 214.51
方案14	费用	26 020	7.70	6 368.52	66.22	19.72	14.06	8.70	16 571.21
现行方案	病种	15 515	4.59	5 047.51	74.61	17.66	7.73	13.47	7 831.21

（二）预设方案与实际方案的比较

上海目前实施的是以病种和治疗方式作为大病界定标准的补偿方案，从实际运行结果看，2015 年和 2016 年大病保险的受益率分别为 2.23‰和 4.59‰，大病保险基金支出分别为 3 040.36 万元和 7 831.21 万元。与预设的以费用作为大病界定标准的补偿方案相比，现行大病保险方案具有更高的基金支出和受益率，只低于起付线为人均可支付能力的 40% 的补偿方案。尽管现行方案的人均补偿金额并不高，但其医保实际补偿比均高于预设方案，2015 年和 2016 年分别达到了 75.54% 和 74.61%，大病保险对医保报销提升的效应也较大，2015 年和 2016 年均超过 13 个百分点，个人自付和自费的比例也低于预设方案。

（三）大病报销比例的敏感度分析

按照现有大病保险政策，即以现有政策规定的病种为保障对象，根据上述 2016 年的模拟结果，如果仅提高大病保险报销的比例，那么，当报销比例从 60% 提升至 85% 时，2018 年大病保险基金支出分别为 11 957.75 万元和 16 940.14 万元，分别是当年大病保险实际支出（10 961.27 万元）的 1.09 倍和 1.55 倍，大病保险分别使个人自付费用比下降 17.47 个和 24.57 个百分点。按照上海市大病保险政策，大病保险筹资为居民基本医疗保险基金收入的 2%，2018 年居民基本医保收入为 80.22 亿元，则大病保险筹资上限为 1.60 亿元，根据模拟结果大病保险的报销比例最高可达 80%，所对应的医保实际补偿比为 85.31%，大病保险使个人自付费用比下降 23.30 个百分点（见表 6-6）。

表 6－6　　2018 年提高大病保险报销比例模拟结果

大病报销比例（%）	大病保险基金支出（万元）	医保实际补偿比（%）	大病保险降低个人自付百分点（%）
60	11 957.75	79.49	17.47
70	13 950.71	82.40	20.38
80	15 943.66	85.31	23.30
85	16 940.14	86.77	24.75

二、增加病种后大病保险补偿结果模拟分析

如将缺血性心脏病作为大病病种，则仅此一种疾病就有 3.5‰左右的参保者符合大病保险对象；如将脑梗死作为大病病种，则仅此一种疾病就有近 5.5‰的参保者符合大病保险对象。两种疾病的受益率远高于目前实行的大病病种人数的总和。尽管大病保险人均补偿金额不多，但由于人数众多，大病保险基金支出总额也较多，缺血性心脏病的大病保险支出总额分别占 2016 年和 2018 年大病保险支出（现行大病补偿方案）的 38.31% 和 35.31%，脑梗死的大病保险支出总额分别占 2016 年和 2018 年大病保险支出的 40.62% 和 26.56%。而从实际补偿效果看，两种疾病医保实际补偿比均在 85% 以上，大病保险使医保报销比提升 10 个百分点以上（见表 6－7）。

表 6－7　　增加大病病种后大病保险补偿结果模拟

年份	病种编码	受益人数（人）	受益人数占比（‰）	大病保险人均补偿金额（元）	医保实际补偿比（%）	个人自付占比（%）	自费占比（%）	大病保险提升医保报销百分点（%）	大病保险支出总额（万元）
2016	I25	10 834	3.21	2 769.39	85.86	9.64	4.50	11.78	3 000.34
	I63	18 387	5.44	1 729.99	85.44	8.71	5.85	10.64	3 180.89
2018	I25	12 913	3.77	2 997.40	87.28	10.32	2.40	12.61	3 870.63
	I63	18 525	5.40	1 571.56	88.22	8.94	2.84	10.93	2 911.33

注：因 2017 年住院数据中患者个人自付有很多记录是 0，且不完整，所以 2017 年未做模拟。

三、城乡居民与城镇职工医保同等待遇下模拟测算

（一）城镇职工大病保障基本情况

上海市城镇职工相关的大病保障政策，即门诊大病、超过统筹基金支付封顶线和综合减负3种情况受益人数及支出情况见表6－8。门诊大病受益人数较多，每年在30万左右，统筹基金对大病的补偿逐年递增，2018年达到了41.49亿元。超过统筹基金支付封顶线的人数较少，每年大约500人，这部分超过封顶线的医疗费用由附加基金予以再次补偿，补偿总金额不足1亿元。城镇职工综合减负收益人数规模每年在5万~6万人，减负部分支出由地方附加基金支出，每年在5亿元左右。

表6－8　　　　上海市城镇职工大病保障基本情况

年份	城镇职工门诊大病			城镇职工超统筹基金支付封顶线			城镇职工综合减负		
	受益人数（人）	受益率（‰）	医保支出（亿元）	受益人数（人）	受益率（‰）	附加支付（亿元）	受益人数（人）	受益率（‰）	减负支出（亿元）
2015	276 233	19.10	31.29	501	0.03	0.58	63 388	4.38	4.68
2016	295 045	20.09	34.06	509	0.03	0.66	63 434	4.32	5.04
2017	319 104	21.34	37.33	525	0.04	0.73	59 802	4.00	5.20
2018	339 468	22.29	41.49	510	0.03	0.75	54 734	3.59	5.25

（二）提高大病报销比例模拟

对于城镇职工门诊大病（4个病种），在职职工门诊大病费用由统筹基金支付85%，退休人员门诊大病费用由统筹基金支付92%。如果将城乡居民大病保险报销比例提升至85%和92%两个水平，则结果如下（以2018年为例）：当大病报销比例提高至85%时，大病保险基金支出比现有水平增加约6 000万元，医保实际补偿比可达到86.77%，降低个人自付占比24.75个百分点；当报销比例提高至92%时，大病保险基金支出增加约7 300万元，对应的医保实际补偿比为88.81%（见表6－9）。

表 6-9 2018 年提高大病保险报销比例模拟结果

大病报销比例	大病保险基金支出（万元）	医保实际补偿比（%）	大病保险报销后个人自付占比（%）	大病保险报销前个人自付占比（%）
55%（现行政策）	10 961.27	78.03	16.86	32.88
85%	16 940.14	86.77	8.13	32.88
92%	18 335.21	88.81	6.09	32.88

（三）增加医保综合减负模拟

在维持城乡居民基本医保报销待遇的基础上，引入职工的综合减负政策，即对城乡居民自付医疗费用超过一定水平者实施 90% 的减负，将此减负部分作为大病保险的保障范围。现行综合减负的自付医疗费用根据个人收入情况确定，最低的起付线为上年度最低生活保障标准的 25%（对象为精减回乡退休职工和因患大病丧失劳动能力无法就业者），在此标准以上的自付医疗费用可减负 90%。考虑到城乡居民多为无固定工作者，因而将其减负的标准定为最低生活保障标准的 25% 和最低工资标准的 25%，2018 年最低生活保障标准和最低工资标准分别为 1 070 元/月和 2 420 元/月，最后测算符合综合减负的人数及医保报销情况（见表 6-10）。

表 6-10 居民医保减负模拟结果

大病标准线	受益人数（人）	受益人数占比（%）	大病保险人均补偿金额（元）	医保实际补偿比（%）	自费占比（%）	大病保险报销后个人自付占比（%）	大病保险报销前个人自付占比（%）	大病保险支出总额（亿元）
最低生活标准 ×25%	262 007	7.64	4 621.24	78.09	9.36	12.55	28.13	12.11
最低工资标准 ×25%	85 988	2.51	7 787.85	75.33	10.81	13.86	27.14	6.70

在保持基本医保待遇水平不变的情况下，两种大病起付标准的大病保险支出分别为 12.11 亿元和 6.70 亿元，对应地降低个人自付占比分别为 15.58 个和 13.28 个百分点。

（四）提高城乡居民基本医疗保障待遇模拟

按照城镇职工医保的实际报销比例（包括门诊和住院）提高城乡居民基本医保待遇水平，由于城乡居民医保未设定统筹基金报销封顶线，参照城镇职工综合减负的政策，将其减负的标准定为最低生活保障标准的25%和最低工资标准的25%，2018年最低生活保障标准和最低工资标准分别为1 070元/月和2 420元/月，而后测算符合综合减负的人数及医保报销情况（见表6－11）。

表6－11　　提高居民基本医保报销水平模拟结果

大病标准线	受益人数（人）	受益人数占比（%）	大病保险人均补偿金额（元）	医保实际补偿比（%）	自费占比（%）	大病报销后个人自付占比（%）	大病报销前个人自付占比（%）	大病保险支出总额（亿元）	基本医保增加支出（亿元）
最低生活标准×25%	110 729	3.23	3 666.19	82.82	10.23	6.95	14.00	4.06	23.56
最低工资标准×25%	34 516	1.01	5 378.01	82.85	8.84	8.31	14.01	1.86	23.56

结果显示，两种减负标准下，受益率有较大变化，符合大病保障的患者医保实际补偿比基本一致，大病保险支出金额分别为4.06亿元和1.86亿元，但由于提高了居民基本医保报销水平，基本医保需增加23.56亿元的支出。

第六节　结论与启示

一、主要结论

本研究运用微观模拟的思想和方法，利用上海市城乡居民基本医疗保险和城镇职工医疗保险的微观数据，模拟分析了以医疗费用作为大病界定标准下的多个补偿方案的运行结果、扩增大病病种的选择及其增加的结果，以及城乡居民大病保险与城镇职工合并后的结果，主要结论如下。

（一）以病种作为大病界定标准的补偿方案具有更好的补偿效果

通常认为，以病种界定大病相比以医疗费用界定大病，大病保险的受益面相对较小（董曙辉，2013；王宗凡，2010），但从模拟结果看，仅当起付线设定为人均可支付能力的40%时（2015年为7 937元，2016年为10 205元），现行的病种补偿方案的受益率低于费用补偿方案，但当起付线设定为人均可支配收入的50%（2015年为23 855元，2016年为24 934元）及以上时，病种补偿方案的受益率远高于费用补偿方案。从实际补偿效果看，2015年和2016年上海市大病保险使医疗保险实际补偿比分别上升了13.82%和13.47%（包括门诊和住院费用），高于所有的以费用界定大病的补偿方案。上海市大病保险采用病种补偿的方式是有一定条件基础的，一是城乡居民基本医疗保险的保障范围包括了门诊和住院费用，且没有设置医保支付封顶线，对巨额医疗支出已经有一定的保护作用，降低了个人医疗费用负担（陈珉惺等，2017）；二是在基本医保的基础上，选择了重症尿毒症透析治疗、肾移植抗排异治疗、恶性肿瘤治疗、精神病病种治疗等需要长期治疗且医疗费用负担较重的病种作为大病保险的保障范围。在基本医疗保险具有较高保障水平基础上，将特定病种纳入大病保险，不仅保证了受益面，而且增强了大病保险的保障对象的针对性。

（二）大病保险基金的支出受大病保险受益率的影响程度较大

从模拟结果看，大病保险基金支出对受益人数的变化最为敏感，如在保持报销比例在55%的情况下，2015年不同的起付线下大病保险受益率分别为0.23‰、0.39‰、1.01‰、6.20‰，其所对应的大病保险基金支出分别为610.54万元、1 155.38万元、2 423.82万元、8 332.56万元。大病保险受益率主要取决于大病的界定标准，在以费用为界定标准时取决于起付线的高低，而在以病种为界定标准时取决于病种疾病的发生概率。这提示在设计大病保险补偿政策时，应重点考虑大病的界定标准，使大病保险基金能够平稳可持续运行。

（三）在以费用界定大病的情况下高费用段的大病保险补偿效应相对较弱

在以费用界定大病的情况下，报销比例可采取固定报销比例和分段渐进式报销比例。本次模拟的补偿方案采用固定的报销比例，随着起付线的提高，尽管大病患者的人均补偿金额在提高，但因大病保险所提升的医保报销百分点却在逐渐降低，表明医疗费用越高的大病患者，大病保险对减轻其医疗费用负担的程度反而较小。从理论上讲，大病保险要实现防止因病致贫的目标，医疗费用越高的患者应该得到更高的补偿，而实际上大病保险仅是一种二次报销的形式，对医疗费用较重的大病患者的保护作用并不显著。

（四）设置大病保险个人自付封顶线对大病保险基金的稳定性冲击不大

在起付线和报销比例不变的情况下，因设置个人自付封顶线引起大病保险基金支出的变化情况见表6-12。起付线越高，因设置个人自付封顶线所导致的大病保险基金支出的增幅越大，但由于起付线高，大病保险受益人数较少，基金支出的总额反而较少，而在较低起付线的补偿方案下，由于起付线低使得超过个人自付封顶线的大病患者数量非常少，因此引起的大病保险基金支出增幅较小。总体来看，设置大病保险个人自付封顶线对基金的平衡影响不大，但对极少数高额医疗费用的大病患者能够起到较大的保护作用。

表6-12　设置个人自付封顶线对大病保险基金支出的影响

起付线	报销比例（%）	设置个人自付封顶线导致的大病保险支出增幅（%）	
		2015年	2016年
人均可支配收入×0.8	55	25.01	21.62
人均可支配收入×0.8	60	17.44	14.93
人均可支配收入×0.5	55	5.99	2.88
人均可支配收入×0.5	60	4.00	1.44
人均可支付能力×0.4	55	1.06	0.24
人均可支付能力×0.4	60	0.65	0.08

（五）现行大病保险制度下，增加大病病种扩大保障范围效果有限

在当前上海市大病保险制度下，假定大病保险基金不变，通过增加大病病种来扩大保障范围，取得效果是有限的。主要原因体现在两个方面：一方面是由于大病保险基金有限，而增加病种的患病人数多，由此导致保障范围和保障能力的提升与预期目标存在差距。目前上海市纳入大病保险的4类疾病具有健康危害大、治疗迫切、费用负担重等特点，大病保险人均补偿最高的是重症尿毒症透析治疗、肾移植抗排异治疗，两种治疗的人均补偿额在10 000元以上，但由于参保的大病患者人数较少，大病保险基金的总支出并不高。本研究将缺血性心脏病和脑梗死两种病种纳入大病保险病种中进行模拟，结果表明，由于参保者中两种

疾病患病人数较多，根据现行大病保险补偿规定，将导致大病保险基金支出在现有水平上提高 60% 以上，但人均大病补偿金额却在 3 000 元以下，表明这两类疾病的患者人数较多，但医疗费用负担相对较轻，尽管如此，却需要更多的大病保险基金支出来维持。另一方面是大病病种的选择方式。大病病种的选择需要综合考虑疾病严重程度、医疗费用负担、社会影响、基金承受能力等多方面因素，对病种的选择的科学性和合理性要求很高。本研究在选择大病保险模拟扩大病种时，重点考虑以下方面因素：一是疾病特征。主要疾病特征包括严重威胁居民身体健康、医疗费用高、疾病疗效确切、需持续治疗和社会影响大等。二是相关大病保险病种，如国外重大疾病保险病种和我国新农合规定的大病保险的 22 类疾病等。三是结合上海特点。特别是上海市现有大病保险规定的病种和治疗项目，以及现行大病保险制度和大病保险基金等实际情况。

（六）城乡居民与城镇职工大病保险合并，实现同等待遇，需要基金支持

（1）居民与职工大病保障水平差异较大。城乡居民无论是在基本医疗保险还是在大病保险的保障待遇方面均显著低于城镇职工。以 2018 年为例，居民住院服务基本医保实际报销比例为 67.57%，门诊服务基本医保实际报销比例为 49.49%，而同年度职工住院和门诊基本医保实际报销比例分别为 73.99% 和 77.63%。居民大病医保只有 4 类疾病，大病医疗费用（包括门诊和住院）报销比例为 55%，而职工同样有 4 类疾病的门诊大病保障，报销比例在职人员为 85%，退休人员为 92%，在此基础上职工还有在高额医疗费用方面的保障，对超过统筹基金支付封顶线之上的部分再报销 80%，对年自付医疗费用超过个人收入一定比例者进行医保减负，超出部分的报销比例为 90%。职工在大病保障方面既有病种保障又有高额医疗费用保障，而居民大病保障仅有病种保障，且报销比例较低。

（2）仅依靠城乡居民医疗保险提高大病保障水平的空间有限。按照目前的制度安排，城乡居民大病医保筹资来自城乡居民基本医疗保险，上海市筹资标准为当年城乡居民医保基金筹资总额的 2% 左右，国家对大病保险的要求是进一步降低起付标准，提高报销比例。2018 年居民基本医保收入为 80.22 亿元，则大病保险筹资上限为 1.60 亿元，根据模拟结果大病保险的报销比例最高可达 80%，尚未达到职工大病报销比例（85%），居民大病医保筹资水平亟待提高。

（3）提高基本医保待遇水平比提高大病保险待遇水平需要更多的基金支持。大病保险出台的背景正是由于居民基本医保保障水平低，个人医疗费用负担过重，但居民医保和大病保险筹资来源于同一渠道，所不同的是两者之间的分配比

例问题。模拟测算结果显示，仅提高大病保障待遇则大病保险支出较高，但对基本医保支出无影响，而提高基本医保待遇使大病保险支出减少，但基本医保支出更大，且后一种方案所需资金总和远远超过前一种方案。

二、政策启示

大病保险是为了解决城乡居民“因病致贫、因病返贫”问题而做出的一项制度安排，自实施以来在一定程度上提高了大病保障水平，但大病保险在制度定位、政策设计和补偿模式等方面仍存在争议（王琬等，2019）。本研究为比较大病保险不同补偿模式的运行效果提供了一个研究案例，基于研究结果主要有以下政策启示。

一是鉴于“保大病病种”和“保大额费用”两种模式各有优缺点，大病保险创新发展模式应将两者结合起来统筹考虑。对上海市大病保险政策而言，按照病种界定大病的优点是费用较易控制，管理相对简单、操作性强，缺点是保障范围局限，不在规定病种范围内的高额医疗费用得不到保障，公平性有所欠缺。因而许多学者支持以费用来界定大病，其理由是大病保险的目标是解决因病致贫，降低患者的大额医疗费用负担是关键问题。但以费用界定大病标准同样存在一些问题，一方面影响医疗费用的因素很多，除了疾病本身的特点，还可能存在过度医疗和诱导需求，医疗费用的不可控性较大。另一方面基于费用的模式使大病保险实际上成为医疗费用二次报销，保障对象不够精确，且可能存在逆向选择，如部分贫困者因无法负担医疗费用而没有利用医疗服务，反而得不到大病保险补偿，而具备支付能力者利用了医疗服务反而得到更多的补偿，与大病保险的政策目标不符。

从国际上来看，以病种的形式来界定大病多用于商业保险中的重疾险，我国银保监会也规定了重疾险的25种疾病，由于疾病发生的概率可以预测，可以发挥商业保险公司的精算和运营优势。在大病保险中可以借鉴该模式，如在国家或省级层面建立统一的大病保险基金，采用病种保险的形式向商业保险公司投保，承保机构要有一定的集中度，发挥大病保险基金的规模效应，向承保的商业保险机构开放医疗服务信息共享权限，调动商业保险在保险监督和控费方面的积极性。同时，对于不在大病病种目录内但确实发生高额医疗费用的患者，通过社会医疗保险或医疗救助对其进行补偿，实行申报制，即发生大额医疗费用后提出申请，社会保障机构根据其个人或家庭收入情况核定是否进行医疗费用的再次补偿。通过病种和费用两种模式的结合，使大病患者切实得到充分的保障，避免因病致贫。因此，在以后大病保险制度改革发展设计和确定大病保险补偿对象时可以将保大病病种和保高额费用结合起来考虑。

二是上海市大病保险的借鉴意义在于，大病保险的补偿设计和保障效果与城乡居民基本医保政策密不可分。首先是要通过城乡居民基本医疗保险化解医疗风险，根据各地实际，通过扩大保障范围（门诊）、提高报销比例和医保支付封顶线等方式合理提高基本医疗保险的保障水平，使大部分人的医疗问题在基本医疗保险范围内得到解决，然后对于基本医保内医疗费用负担仍较重的少数群体再由大病保险进行保障。大病保险的筹资本身就来源于城乡居民基本医疗保险基金，要通过政策设计合理切割基本医保和大病保险的比例，使之相互协同，共同提高保障效果。

三是对大病保险制度的发展而言，需要进一步突出大病保险的保障定位。城乡居民大病保险建立的背景是城乡居民基本医疗保障水平较低、医疗费用负担较重，其定位是基本医疗保障制度的拓展和延伸，目标是防止发生家庭灾难性医疗支出。目前无论是基于病种还是基于费用的补偿模式，在政策执行过程中都是对医疗费用的二次报销，没有突出针对发生灾难性医疗支出家庭提供保障的特点（姜学夫，2018）。因而在完善大病保险制度过程中，要合理确定灾难性卫生支出的标准，建立医疗费用负担和个人或家庭经济收入的关联机制，扩大政府部门间信息共享，精准识别大病保险的保障对象，并依据家庭经济状况确定个人自付封顶线，切实降低灾难性医疗支出的发生率，提高大病保险制度的保障效果。

四是合并城乡居民医疗保险和城镇职工医疗保险是发展趋势，但基金压力是挑战，需要在政策和制度上进一步探索。大病保险的制度目标是防止和减少“因病致贫、因病返贫”，是维护人们基本健康权益的一项制度安排，对维护社会稳定和公平正义具有重要意义。尽管由于筹资模式和筹资水平等客观原因，城乡居民与城镇职工享受的医疗保障待遇之间存在较大差距，但在大病保障方面应该做到待遇基本相同，因而需要提高居民的大病保障水平。由于大病保险基金来源于城乡居民基本医疗保险，而后者的筹资渠道和筹资水平受限，所以仅仅依靠城乡居民医疗保险对城乡居民大病保障水平的提高空间有限，不足以实现防止“因病致贫、因病返贫”的政策目标。从长远看，职工医疗保险和居民医疗保险合并是发展趋势，能够进一步发挥医疗保险的风险共济作用，提高基金的使用效率，但由于当前筹资模式、筹资水平和保障待遇差别太大，两者合并仍存在较大的障碍，而且合并之后对基金平衡也提出了很大的挑战。在这种情况下，探索大病保险的新模式就显得尤为重要，可以考虑在基本医疗保险之上建立专门的统筹居民和职工的大病保险制度，统一筹资和大病保障待遇，这样在不需要太大投入的同时可以更好地保障患大病的重点人群，减轻居民医保和职工医保合并的阻力，同时可以为全民大病医疗保险探索有效的经验和措施。

第七章

大病保险创新发展模式的设计与分析

前面各章从理论和实践的角度，系统分析了我国大病保险制度建立和发展的历程，一方面肯定了大病保险在探索实践中取得的经验和成效，同时，在另一方面也发现了现行大病保险制度存在的问题和发展的瓶颈。存在的主要问题可以归集为三类：第一类是现行大病保险制度通过改变系统内外部条件和增进协作等，可以克服和解决的问题；第二类是现行大病保险制度部分可以解决，部分难以解决的问题；第三类是政策目标有导向，发展有趋势，群众有需求，但是现行大病保险制度难以克服的瓶颈问题。上述各类问题和瓶颈的有效破解，将促进大病保险制度的不断完善，而大病保险模式的创新发展是实现其制度完善的根本路径。本章主要针对现行大病保险制度中存在的主要问题，从卫生政策科学制定程序的视角，通过对特定领域问题的根源分析，形成大病保险创新发展的思路，并针对解决问题的核心要素和程度，设计大病保险创新发展的模式，为大病保险模式的战略选择和制度完善提供依据。

第一节　创新发展模式设计的逻辑思路

一、概念界定

（一）模式

模式，是人们在社会生产和社会生活过程中，通过不断探索和实践，积累经验并发现事物发展的方式和规律，并在此基础上抽象和升华，形成对解决特定领域问题具有指导意义的方法论。

（二）发展模式

发展模式，是指以目标和需求为导向，建立具有一定特征性的管理体制和运行机制，并在一定区域内政治、经济、社会文化和技术等背景下，形成具有一定特色的管理方式、运行方式和行为方式，并为建设和发展指明方向。

（三）创新发展模式

创新发展模式，是在一定的社会经济背景下，以政策目标要求和社会需求为指引，针对现行模式运行中存在的主要问题，通过理念创新、体制创新、机制创新和服务方式创新等，不断改进、提升和完善，为相关政策的发展指明路径。

（四）大病保险创新发展模式

大病保险创新发展模式，是在一定的社会经济发展和相关政策环境下，以大病保险发展趋势、政策目标和客观需求为牵引，通过对现行大病保险制度和模式实施过程中存在的主要问题的系统分析和确认，应用卫生政策科学制定程序的方法，对确认的问题进行根源分析，并根据问题根源分析的结果和解决问题的程度，针对性地提出大病保险创新发展的治标模式、治本模式和标本兼治模式，为大病保险模式的战略选择和制度完善提供依据。

二、逻辑思路

根据政策科学制定程序的思路和要求，本研究确定的大病保险创新发展模式设计和发展的逻辑思路为“问题确认—问题根源分析—模式方案研制—制定发展路径”。大病保险创新发展模式的设计，首先要进行问题的确认。主要通过现行大病保险状况与大病保险建设发展的主要任务之间的差距，来确定大病保险存在的问题，并进行问题确认。其次是进行问题根源分析。主要通过对确认的大病保险问题进行根源分析，系统分析问题产生的根源、影响因素及其作用机制，为制定解决问题的政策方案奠定基础。再次是模式的研制。根据问题根源分析的结果，针对性地提出大病保险创新发展的治标模式、治本模式和标本兼治模式等备选方案。最后是制定发展路径。根据各类备选模式方案的特点，指出其发展的路径。

第二节 大病保险创新发展模式的设计

根据上述大病保险创新发展模式设计的逻辑思路，即“问题确认—问题根源分析—模式方案研制—制定发展路径”，在问题根源分析的基础上，进入模式方案研制阶段。大病保险创新发展模式的设计主要包括模式设计的目的和任务、模式设计的总体框架、模式的主要内容和模式的总体分析等方面。

一、模式设计的目的和任务

（一）目的意义

从公共政策角度而言，建立大病保险创新发展模式属于政策方案的研制。政策方案研制的目的是依据政策制定科学程序，制订高价值的政策方案，为决策者提供依据。同样，建立大病保险创新发展模式的根本目的是，依据制定高价值政策的要求确定模式设计的逻辑思路，根据该逻辑思路和政策科学制定的方法，针对性地提出特定条件下大病保险创新发展的治标模式、治本模式和标本兼治模式，为决策者提供备选方案。其意义在于，研制的各种大病保险创新发展模式，是一定条件下针对现行大病保险模式和制度存在的主要问题而设计的。根据不同问题、不同要求、不同政策环境等制定针对性创新发展模式及其实施路径，为最大限度地解决问题提供科学依据。

（二）基本任务

根据模式设计的目的和意义，要建立起具有针对性、科学性、客观性、有效性和可行性的大病保险创新发展模式，必须完成下列基本任务，实现基本要求。基本任务主要包括以下几个方面：一是确定模式设计思路。正确的设计思路是建立模式的前提和基础。正确性是通过科学性、规律性、客观性和可行性来保证的。根据政策制定的科学程序，本研究的设计思路是，通过分析确定现行大病保险问题形成的影响因素、问题形成的根源和问题形成的作用机制，在此基础上建立具有针对性的大病保险创新发展的治标模式、治本模式和标本兼治模式。二是明确模式的建设目标。根据上述模式设计的思路，系统考虑三类模式分别要解决的核心问题、解决问题的程度、具备的政策环境和政策条件等，明确大病保险创新发展模式的优先发展顺序，即标本兼治模式、治本模式和治标模式，在此基础上结合实际情况确立模式的建设目标。三是确定模式的核心要素。对未来发展模式的建立应遵循一定的范式。本研究中，大病保险创新发展模式的建立包括以下核心要素，如模式建设的思路和目标、模式内涵、模式的结构、模式的特点、模式的机制、模式的技术规范和模式的实施路径等。四是提出模式的实施路径。在建立大病保险创新发展模式的基础上，根据治标模式、治本模式和标本兼治模式各自的建设目标和特点，结合政策环境和实际情况，为大病保险创新发展模式的建设和发展提出实施路径，为决策者提供参考依据。

二、模式设计的主要内容

上述大病保险创新发展模式设计的逻辑思路、目的意义和基本任务，为最终实现创新发展模式设计这一目标指明了方向，并奠定了扎实的基础。高价值政策方案的制定依赖于政策制定的科学程序、内容和方法。作为一种政策方案，大病保险创新发展模式要取得科学性、有效性和可行性的成效，其模式在内容设计上需要系统和完整。

（一）问题的根源分析

问题的根源分析是制定大病保险创新发展模式的前提和基础。根据政策制定科学的程序和方法，确定现行大病保险模式和制度中存在的问题，并分析主要影响因素、问题的根源和作用机制。据此，建立相应的大病保险创新发展治本模式、治标模式和标本兼治模式。因此，在大病保险创新发展模式内容设计中，问题的根源分析是逻辑起点。

（二）模式的思路和目标

模式的思路和目标是制定大病保险创新发展模式的指引和方向。模式是根据问题根源分析的结果，以及解决问题的范围和程度，以思路为指引、目标为导向来设计和建立的。如果目标是解决问题的表象和影响因素，则需设计和建立大病保险创新发展的治标模式；如果目标是解决问题根源，则需设计和建立大病保险创新发展的治本模式；如果目标是解决问题及根源的作用机制，则需设计和建立大病保险创新发展的标本兼治模式。因此，在大病保险创新发展模式内容设计中，思路和目标是建设和发展的方向。

（三）模式的功能和特点

模式的功能和特点是大病保险创新发展模式的主体。模式功能和特点设计主要依据两个方面：一方面是以现有模式和实践经验为基础。任何模式创新都是以实践为基础的提升、变革和完善，是理论和实践的结合。另一方面是需要解决的问题和目标。根据当前问题的确认和问题的根源分析，确定创新模式要解决的目标，设计相应的治标模式、治本模式和标本兼治模式。据此，可以设定模式的内涵，设计模式的结构、功能和特点。因此，在大病保险创新发展模式内容设计中，功能和特点是建设和发展的核心。

（四）模式的机制

模式的机制是大病保险创新发展模式有效运行的关键。机制是模式系统中各构成要素之间相互作用的过程和功能，模式机制的设计源于当前存在的问题、问题的根源分析和模式的目标设置，且主要服务于模式的功能和特点。大病保险创新发展模式的功能和特点，是通过其相关机制的系统设计、相互协调和有效运行来实现的。因此，在大病保险创新发展模式内容设计中，机制是建设和发展的关键。

（五）模式的技术规范

模式的技术规范是大病保险创新发展模式的保障。从技术层面而言，大病保险创新发展模式在具体实践和操作过程中，需要按照统一的标准、技术和规范执行。比如，大病保险的基金筹集标准、大病保险补偿标准等保险技术标准；大病保险保障的服务范围、医疗服务的诊疗规范、用药规范等医疗服务的技术和管理规范等。因此，在大病保险创新发展模式内容设计中，技术规范是建设和发展的保障。

（六）模式的实施路径

模式的实施路径为大病保险创新发展模式的具体实施指明方向，并提出建议。根据大病保险创新发展治标模式、治本模式和标本兼治模式等各种模式的不同目标、功能和特点，结合政治、经济、社会文化和技术等政策环境和具备条件，设计模式实施的路径和实施步骤，同时提出相关建议，为创新发展模式的具体实施提供参考。因此，在大病保险创新发展模式内容设计中，实施路径是建设和发展的途径。

三、模式设计的总体框架

本研究中的大病保险创新发展模式，是以政策科学制定程序为指导，按照

“问题确认—问题根源分析—模式方案研制—制定发展路径”的逻辑思路，围绕大病保险创新发展模式的建设目标和基本任务来设计和实施的。据此，形成了大病保险创新发展模式设计的总体框架，主要包括以下三个部分：一是大病保险问题的根源分析。主要是根据政策科学制定程序的方法，确定现行大病保险存在的主要问题，尤其是进行问题的根源分析。通过问题根源分析，将问题划归为三种类型，即问题形成的影响因素、问题形成的根源和问题形成的作用机制，为相关政策方案的选择奠定基础。二是大病保险创新发展模式设计的思路。在上述问题根源分析的基础上，针对问题及影响因素、问题的根源和问题形成的作用机制3种类型，分别采取相应的对策，即治标政策方案、治本政策方案和标本兼治政策方案。同时，确定大病保险创新发展模式设计的核心要素，如模式的思路和目标、模式内涵、模式的结构和功能、模式的特点、模式的机制和模式的技术规范等。清晰的设计思路，为模式形成提供了明确的方向和要求。三是大病保险创新发展模式设计的形成。在大病保险创新发展模式设计思路指引下，逐步建立、形成和完善大病保险创新发展的治标模式、大病保险创新发展的治本模式和大病保险创新发展的标本兼治模式。同时，提出各种模式的发展路径、政策环境和优先发展顺序，为决策者提供参考依据（见图7-1）。

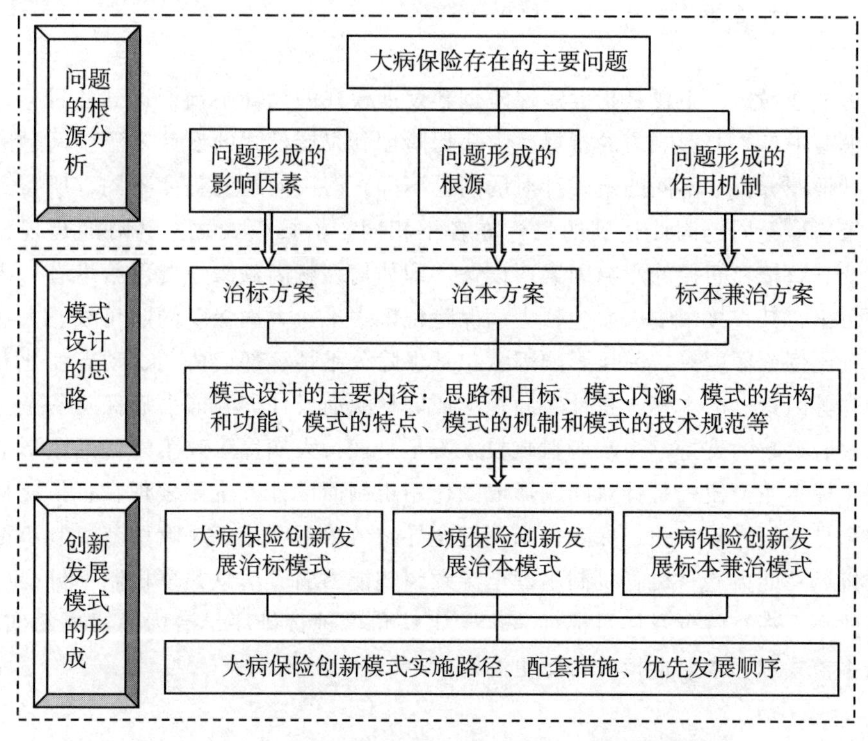

图7-1　大病保险创新发展模式设计的总体框架

第三节　大病保险创新发展模式设计的总体分析

上述大病保险创新发展模式设计的总体框架，主要包括了三种模式，即治标模式、治本模式和标本兼治模式。由于针对的问题不同，解决问题的程度不一样，各模式的目标任务、特点和效果也不同。因此，通过对大病保险创新发展模式设计进行总体分析，能够明确各种模式可以解决的问题、解决的方式和程度、实现的目标，以及实施的效果等，可为决策者对模式的选择提供参考依据。

应用美国学者格拉斯哥（Glasgow）于 1999 年构建的 RE - AIM 模型的基本思想，主要从定性角度对大病保险创新发展模式的各种设计方案进行总体分析和比较。RE - AIM 模型从可及性目标（Reach）、实施效果（Effectiveness）、采纳性（Adoption）、可实施性（Implementation）和可持续性（Maintenance）5 个维度构建模式政策方案评估的框架，围绕评估的核心问题进行综合性分析。

一、可及性目标

可及性目标，主要是指大病保险创新发展模式的设计中预期达到的目标，也是该模型中有重要影响力的指标。大病保险创新发展模式的设计来源于问题的确认及其根源分析，不同的模式针对的问题不同，解决问题的程度不同，所需具备的政策环境不同，因此达到的目标亦各不相同。治标模式主要针对的是现象问题，及其直接和间接的影响因素而设计。即如何缓解高额医疗费用给患者带来的经济负担，其直接影响因素包括大病保险统筹水平、大病保险的起付线、大病保险报销比例或额度等，间接影响因素包括保障公平性、部门协调、动态变化和监督管理等因素。治本模式是针对问题形成的根源而设计。当前大病保险基金主要依靠政府财政的支持，而政府财政投入不足是现行大病保险政策特定问题形成的根源。标本兼治模式是针对问题形成的作用机制而设计。主要表现在：衔接机制不健全导致制度碎片化、保障机制不健全导致效果不明显、风险调节机制不健全导致抗风险能力差、监管机制不健全导致纠偏能力弱、信息共享机制不健全导致运行效率不高。就可及性目标而言，从定性角度进行排序，治标模式更易实现，而治本模式和标本兼治模式目标更高。

二、实施效果

实施效果，主要是指大病保险创新发展模式实施后产生的结果和成效，以及对是否能够实现预期目标、目标实现的程度和实现的成效进行的判断。值得注意的是，大病保险创新发展的各种模式都是为了实现共同的目标，但是目标实现的程度有所不同。治标模式实现的目标是，缓解大病产生的高额医疗费用给患者造成的经济负担，即从现象上解决问题；治本模式实现的目标是，有效解决大病产生的高额医疗费用给患者造成的经济负担，即从根源上解决问题；标本兼治模式实现的目标是，彻底解决大病产生的高额医疗费用给患者造成的经济负担，即从作用机制上解决问题。因此，并不是标准低而容易实现的目标，其有效性就高，而是从共同目标实现的有效性角度考虑。鉴于此，大病保险创新发展标本兼治模式和治本模式的有效性相较于治标模式是更高的。

三、采纳性

采纳性，主要是指大病保险创新发展模式的任务目标、管理体制和运行机制、模式的功能和特点、相关技术规范、实施的方式和方法等，被组织机构、实施机构和实施者等接受和采纳的程度。在对采纳性进行定性考量时注意两个方面，一方面是预期目标不高的方案容易实现，引起的震荡小，表现为容易被采纳。另一方面越是预期目标高的方案，实现难度越大，引起的震荡也越大，不确定性越强，会影响到方案的采纳性。因此，治标模式采纳的主要方式包括：提高报销比例、增加基金补助和扩大受益人群。治本模式采纳的主要方式包括：降低起付线、减少个人支付比和设立个人支付封顶线。标本兼治模式采纳的主要方式包括：建立大病保险体系和构建分层联动整合模式等。综合上述因素，大病保险创新发展的三种模式中，标本兼治模式和治标模式的采纳性较高。

四、可实施性

可实施性，主要是指大病保险创新发展模式在实施过程中，对模式是否按设计和计划执行，实施的进度如何，与模式目标的一致性怎样，投入的成本多少等方面所做的综合判断。从大病保险创新发展模式设计的角度看，治本模式和治标模式的改革具有较强的路径依赖性，因此可实施性相对较高。标本兼治模式涉及大病保险体系的建立，以及体制和机制改革，模式的创新性强，其操作和实施需要具备一定政策环境和政策条件，因此相比较而言，可实施性较低。

五、可持续性

可持续性，主要是指大病保险创新发展模式实施一段时期以后，对其所具备的持续能力、持续程度和持续效果的判断。从定性的角度判断方案的可持续性时，需要考虑的主要影响因素包括：预期目标的难度、成本投入的强度和条件具备的程度。大病保险创新发展模式中，治本模式的预期目标高，如设置个人支付封顶线需要大量大病保险基金的支撑，但是基金筹集获得高强度、持续性支持的可能性相比较而言不高。治标模式因针对问题表象而设计，预期目标实现难度不大，模式的可持续性不高。标本兼治模式在体制机制、运行方式和政策环境的设计中呈现出较高的可持续性。

综合上述分析，借鉴 RE－AIM 模型的思想和分析框架，将大病保险创新发展模式的设计思路和方案从不同的维度进行定性分析和研判，并提出模式的优先发展顺序。结果显示，大病保险创新发展标本兼治模式排在第一位，其次为大病保险创新发展的治本模式和大病保险创新发展的治标模式（见表 7－1）。需要指出的是，在特殊情况下，比如当前问题严重程度高，迫切需要控制，且主要由影响因素作用导致，则需要首先考虑治标模式。本研究将针对大病保险存在的主要问题和问题的根源分析，按照通常情况下大病保险创新发展模式的优先发展顺序，分别对各模式进行系统研究，并探索其发展的路径，为决策者提供参考依据。当然，大病保险创新发展模式的选择还要根据解决的问题、解决问题的程度、具备的条件、所需的政策环境和发展趋势等，进行综合分析和判定。

表 7－1　　大病保险创新发展模式分析与比较

方案	解决问题的程度	主要解决方式	达到目标	实施效果	采纳性	实施性	可持续性	优先顺序
标本兼治模式	解决机制问题：彻底解决高额费用给患者造成的经济负担	（1）建立大病保险体系。 （2）构建分层联动整合模式	高	高	高	中	高	1
治本模式	解决根源问题：有效解决高额费用给患者造成的经济负担	（1）降低起付线。 （2）减少个人支付比。 （3）设立个人支付封顶线	高	高	中	高	中	2

续表

方案	解决问题的程度	主要解决方式	达到目标	实施效果	采纳性	实施性	可持续性	优先顺序
治标模式	解决现象问题：缓解高额费用给患者造成的经济负担	（1）提高报销比例。 （2）增加基金补助。 （3）扩大受益人群	中	中	高	高	中	3

第八章

大病保险政策问题的根源分析

正如上章所述，大病保险创新发展模式的选择依赖于大病保险政策问题的根源分析，问题的根源分析是高价值政策方案和模式制定的前提和关键。因此，本章将根据政策科学制定的程序和方法，系统地开展我国大病保险政策问题的根源分析，目的是科学准确地找到大病保险主要问题及影响因素、问题的根源，以及问题形成的作用机制，为我国大病保险存在的问题“把脉”和“诊断”，为进一步研究针对性的政策方案和建立大病保险创新发展模式奠定基础。

第一节　政策问题根源分析概述

本研究在系统分析政策问题根源分析的相关文献，以及参考主要著作（郝模，2017；谢明，2015）的基础上，结合本研究的实际和特点，确定大病保险政策问题根源分析的相关概念、逻辑思路和实施步骤及方法。

一、相关概念

（一）政策问题（policy issue）

政策问题是指在特定情境下，经社会公共权威认定，具有一定特征并需要通过特定的公共政策给予解决的问题。其中，特定情境是指特定的历史时期和特定的历史条件，以及公共政策特定的适用范围；社会公共权威是指具有特殊权力能够制定公共政策的政治实体，如政府或相关团体和机构等；一定特征是指政策问题具备的基本特点，如社会现实中的客观存在并在特定领域产生重要影响；产生较大的利益或价值冲突，具有严重性和广泛影响性，以及政府认为有必要采取行动予以解决等。

（二）政策问题的影响因素（influencing factors of the policy issue）

政策问题的影响因素，是指在一定时期与特定政策问题相互关联，并对其产生主要影响的要素。政策问题影响因素又分为两类：一类是直接影响因素，主要是指根据特定领域发展的客观规律和专业知识判断，直接影响政策问题的产生和发展的因素；另一类是间接影响因素，是指与政策问题有间接关联，并通过直接影响因素作用于问题的产生和发展的因素。

（三）政策问题根源（root of the policy issue）

政策问题根源是指在特定情境下，通过特定领域的专业知识和逻辑判断，某些影响因素对政策问题的进一步影响已经穷尽，在客观事物发展中难以寻找出更进一步的影响因素，这些因素被认为是特定问题的根源，亦称为元问题。

（四）政策问题形成的作用机制（formulation mechanism of the policy issue）

政策问题形成的作用机制，是指在一定的政策环境下，在问题根源引发、各种影响因素作用下，通过逻辑链形成的某种运作方式，并作用于特定领域政策问题的产生、发展和演变的过程。

（五）政策问题根源分析（root analysis of the policy issue）

政策问题根源分析，是指在一定政策环境下，针对特定的政策问题，按照政策科学制定程序，运用公认的科学方法和逻辑判断，从政策问题影响因素、政策问题根源和政策问题形成的作用机制三个方面进行的政策分析。政策问题根源分析是政策方案选择的基础依据，根据其结果，可制定相应的政策方案。如果要从政策影响因素方面解决问题，可选择治标方案；如果要从政策问题根源方面解决问题，可选择治本方案；如果要从政策问题的作用机制方面解决问题，可建立标本兼治的方案。

二、逻辑思路

政策问题根源分析的逻辑思路是："政策问题的确认—形成特定问题—特定问题影响因素分析—特定问题形成的根源—特定问题形成的作用机制"。

（一）政策问题的确认

政策问题的确认是政策问题根源分析的逻辑起点，只有发现问题才能为解决问题指明方向。政策问题的产生主要是源于现行政策的实施效果与政策目标或者政策发展趋势之间产生的矛盾。政策问题的分析和确认，就是发现这些矛盾的过程。在确定的特定领域诸多问题中，需要通过优先排序准确找出政策的关键问题，即在确认矛盾的基础上，要抓住主要矛盾和矛盾的主要方面。优先顺序的排列需要综合评估政策问题的重要性、严重性和可行性。从理论上而言，问题的优先顺序为：重要且严重的问题、重要但不严重的问题、严重但不重要的问题、不严重也不重要的问题。同时，还要结合解决问题的可行性进行综合评估。

（二）形成特定问题

政策问题的确认，尤其是问题的优先顺序的排列，为形成特定问题奠定基础。但是，是否能够成为特定问题，或者说如何确定为特定问题，还需要两个方面的考虑：一方面是客观条件是否具备。根据问题的迫切性、危害性和涉及范围等考虑，在一定时期和政策环境下是否具备解决这些问题的条件；另一方面是主观条件是否具备。一定时期，政策问题中哪些问题得到重点关注，特定问题的形成最终还是由政策制定者或政策研究人员确定。问题的根源分析就是对特定问题的根源分析。因此，特定问题的形成是根源分析的关键。

（三）特定问题的根源分析

特定问题的根源分析的主要内容包括三个方面：一是特定问题形成的影响因素分析；二是特定问题形成的根源；三是特定问题形成的作用机制。从临床医学角度而言，正确的临床诊断是有效治疗的前提。政策问题的根源分析，就是对一定时期某一领域存在的特定问题进行"诊断"，系统地发现特定问题形成的"病因"，目的是为针对性地选取治标、治本或标本兼治的政策"治疗"方案提供依据。

三、实施步骤及方法

（一）明确特定问题

在进行政策问题的根源分析时，明确根源分析的特定问题是首要任务。特定问题的明确需要通过采取以下几个方面的措施：一是政策问题确认。客观事物发展规律表明，在一定时期，某个特定领域必定会存在涉及领域内外、轻重缓急、表象和深层次等众多问题。受资源和条件限制，政策制定者、研究者和相关政策主体不可能针对所有的问题制定解决方案，因此需要确认一定时期某一领域的政策问题。二是政策问题的优先顺序。在确定的众多政策问题中，根据政策问题的重要性、严重性和可行性等进行分析和判断，并对一定时期的政策问题进行排序。通过政策问题的优先顺序，找出关键问题。三是明确特定问题。通过上述分析，在关键的政策问题中，确定特定问题，为特定问题的根源分析奠定基础。明确特定问题的主要内容包括两个方面：一方面是特定问题的判定，即如何在找出的关键问题中判定哪个或者哪几个是特定问题。通常采用的判定方式有三种，第一种是由政策的决策者根据问题的重要性、迫切性和可解决程度进行确定。第二种是由政策的研究者根据特定领域现状、规律和发展趋势等进行判定。第三种是由政策的决策者和研究者通过沟通合作、研究讨论共同判定。另一方面是特定问题的界定，即回答特定问题是什么的问题。特定问题的界定包括：问题表现形式、范围、严重程度，以及造成的影响等。在明确特定问题之后，就可以从特定问题的影响因素、问题根源和问题作用机制三个方面进行特定问题的根源分析。

（二）特定问题的影响因素分析

在明确特定问题的表现形式、涉及范围和严重程度等的基础上，需要进一步分析是哪些因素对特定问题产生影响。特定问题的影响因素分为两类：一类是直接影响因素。通常是指在政策问题的系统中，与特定问题的形成和发展直接关联并产生重要影响的因素；另一类是间接影响因素。间接因素存在于政策问题系统或者政策环境中，虽然不是直接作用于特定问题，但是通过直接因素等载体产生间接作用，并对特定问题产生影响。影响因素的分析方法可分为两种：一种是逻辑分析方法。在掌握相关信息资料和文献的基础上，结合专业知识和相关经验，应用归纳、演绎和推理等逻辑分析方法，对特定问题影响因素进行分析和总结。另外一种是定量分析方法。主要通过应用各类模型和方法，定量分析各种因素的影响程度，并据此判定主要影响因素。通常，为了使特定问题影响因素的研判更加准确，逻辑分析法和定量分析法会联合使用。如果特定问题的形成主要是其影响因素引起的，则需要制定“治标”的政策方案给予解决。

（三）确定特定问题的根源

特定问题的根源是以特定问题的影响因素为基础，穷尽其对特定问题的进一步影响的“元问题”。从临床角度看，疾病会表现出许多症状和体征，采用对症治疗是对疾病症状的控制和缓解，属于“治标”方案。要彻底治愈疾病必须找到疾病的病因，根据病因施治才是“治本”方案。从疾病防控角度看，在传染病防控中，通常会采取多种措施，如减少人群聚集、勤洗手、戴口罩等，目的是减少疾病传播，亦属于“治标”方案。有效控制传染病，还是要找到并控制其传染源，这是“治本”方案。因此，“病因”和“传染源”可分别视为疾病和传染病的根源。从政策制定角度看，同样需要找到特定问题的根源，制定有的放矢的政策方案。确定问题根源常用的方法：一是逻辑推断。以特定问题和影响因素建立的关系链为基础，通过归纳和分类理清思路，应用演绎、推理、反推等方法进行逻辑推断。二是边界分析。政策领域的边界分析是指，当查阅的文献数量或询问利益相关者数量再增加，而问题数量不增加时，问题边界的界定即告结束，或称为“穷尽”。正如威廉·N. 杜恩所言，在系统收集问题的基础上，判别是否“穷尽”可以选用边界分析法（威廉·N. 杜恩，2002）。当然，两种方法结合使用更有助于问题根源的判定。如果特定问题的形成主要源于问题根源，则需要制定“治本”的政策方案予以解决。

（四）特定问题形成的作用机制分析

当特定问题的形成、发展和演变过程，是在一定的政策环境下，由问题根源引发、影响因素作用下导致的，那么，表明特定问题主要是在作用机制下形成的。例如，传染病传播有三大要素，分别是传染源、传播途径和易感人群。其中，传染源是问题的根源，传播途径和易感人群是主要影响因素。因此，传染病的传播机制是由传染源引发的，并通过传播途径和易感人群得到传播的。针对其传播机制，传染病防控的措施是“控制传染源、切断传播途径和保护易感人群”，该措施可以得到“标本兼治”效果。当然，传染病的实际防控中，在初始阶段难以找到传染源的情况下，传播途径和易感人群是引起传染病传播的主要影响因素，通常采用“切断传播途径和保护易感人群”的“治标”策略。特定问题形成的作用机制分析，就是对特定问题的根源、影响因素之间的关系进行系统的分析和表达，阐述其对特定问题形成的综合作用和影响。特定问题作用机制的分析，主要源于根源分析和影响因素分析，因此其分析方法主要是逻辑分析、文献荟萃分析、专家咨询和宏观模型分析等，甚至要得到政策主体、客体，以及利益相关方的接受和认可。如果特定问题的形成主要是作用机制导致的，则需要制定“标本兼治”的政策方案给予解决。

第二节　大病保险政策特定问题的形成

大病保险政策特定问题的形成，主要是来自大病保险政策问题的确认，既是根源分析的前提，又是制定相关政策方案需解决的问题和实现的目标。政策问题的确认是根源分析的逻辑起点，因此，如何科学准确地把握大病保险政策存在的问题并形成特定问题，是根源分析的核心和关键。

一、大病保险政策特定问题形成的基本思路

大病保险政策特定问题形成的基本思路：首先是大病保险政策问题的确认。本研究主要通过文献计量分析、专家咨询和逻辑分析等方法，从定量和定性两个方面分析当前大病保险政策存在的问题，并综合分析结果，对大病保险政策存在主要问题进行研判。其次是大病保险政策特定问题的形成。大病保险政策问题确认后，根据问题的严重性、重要性和可行性进行综合分析，在咨询政策制定相关部门或政策研究人员的基础上，对本研究中大病保险政策特定问题作出明确判断。

二、大病保险政策主要问题的文献计量分析（2012～2019 年）

2012 年 8 月国家发改委、卫生部、财政部、人社部、民政部、保监会六部门联合发布了《关于开展城乡居民大病保险工作的指导意见》，提出在全国范围内建立大病保险制度，完善城乡居民医疗保障体系。2015 年 7 月，国务院办公厅发布了《关于全面实施城乡居民大病保险的意见》，对大病保险制度提出具体实施要求，并在全国范围内推行。2012 年以来，各地根据指导意见结合本地区特点，在大病保险政策的制定、组织、实施和保障等实践过程中取得一定成效，积累了一定的经验，同时也发现了存在的问题。为了准确把握当前大病保险政策存在的主要问题，本研究将文献计量分析作为研判的一种方法。

（一）目的意义

应用文献计量分析的方法，对一定时期学术文献中关于大病保险政策及其实施过程中存在的问题、研究的重点和发展趋势等进行准确而客观的分析，并对主要问题进行分析、归类和研判，为大病保险政策问题的确认和进一步的根源分析提供依据。

（二）检索策略

围绕上述分析目的，采取的检索策略如下：一是以“大病保险、大病医疗保险、大病医保”为检索词，对主题进行模糊检索，尽可能做到不遗漏相关专业文献。二是以中国知网（CNKI）学术文献网络出版总库为总统计源，文献来源设定为所有期刊。文献筛选仅选择完整文献，即有摘要和关键词的文章。三是检索时间设定为2012年1月至2019年7月。以2012年作为搜索起始时间，主要源于这一年我国正式颁布《指导意见》，并在全国范围内试点。以此为起点进行梳理，可以整体了解我国大病保险实践和研究的发展脉络。经检索，初步收录2 844篇期刊文献，其中大病保险2 083篇、大病医疗保险604篇、大病医保156篇。经NoteExpress V3.2软件去重和手动筛选，剩余1 346篇，删除不相干的文献后，纳入分析的文献样本有349篇，导出题录并以Refworks格式保存。具体检索与筛选流程如图8-1所示。

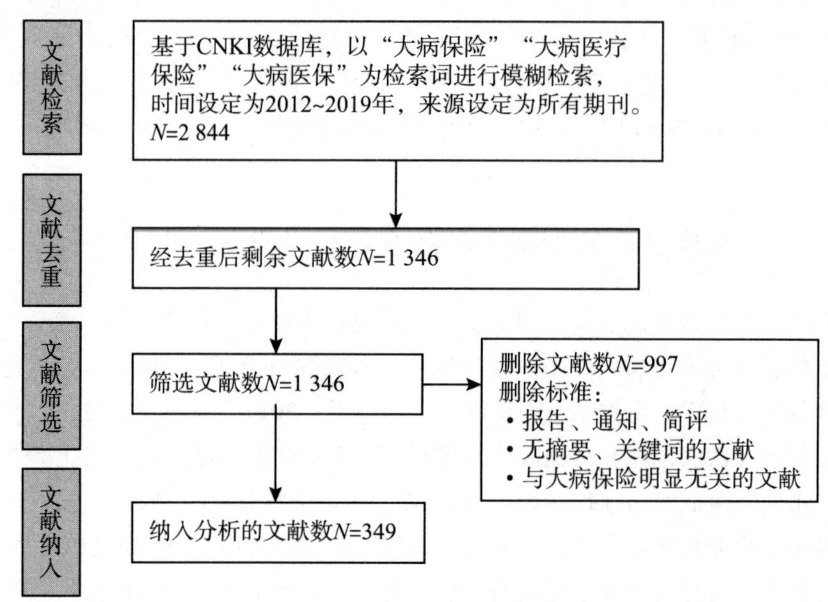

图8-1 文献检索与筛选流程

（三）分析方法

运用Excel分析国内大病保险论文数量、研究的主要内容等基本情况。运用可视化分析软件Citespace5.0 R7绘制关键词共现网络、关键词时区视图、机构合作图等。在此基础上，采用的分析方法如下：首先，根据文献发表趋势、关键词和期刊来源分析，初步选定主要文献的范围。其次，通过制作研究机构知识图谱，了解大病保险研究领域主要核心机构，重点把握这些核心机构研究文献。尤其需要重点关注的是，有国家级、省部级基金支持的研究项目和该领域的知名专家的文献，并将此作为重点文献。最后，通过文献荟萃分析。围绕我国大病保险领域的问题进行分析和汇总，并通过问题的排序和逻辑分析来确认大病保险政策的关键和焦点问题。

（四）结果分析

1. 文献发文趋势分析

发文趋势是反映相关研究进展的一个重要的指标，通过对发文量的年度走势进行分析，可以直观地看出学界对某一研究领域或者研究主题的关注度如何。由图8－2可以看出，自2012年大病保险政策试点实施到2017年，学界对其关注度不断提高，相关研究成果也呈逐年上升趋势。2018年、2019年稍有回落。从研究背景来看，2012年8月，随着国家大病保险《指导意见》的下发，以及各地试点的开展，作为新生事物的大病保险开始引起学界的关注和研究。由于处于政策推行的初期，制度效果尚未显现以及学术研究本身的规律，这一年关于大病保险的学术研究文献仅有5篇。但随着大病保险试点工作的逐步铺开，试点案例、探索实践、试点成效以及存在问题不断涌现，研究场景和研究素材的增加，

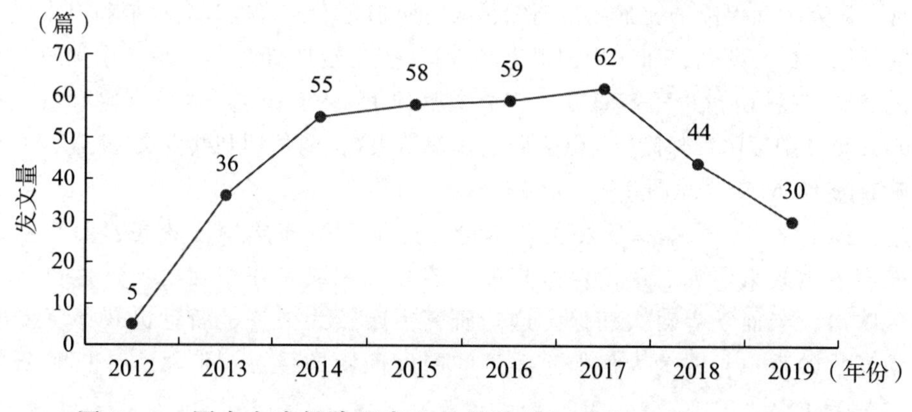

图8－2 国内大病保险研究文献的数量年变化（2012～2019年）

调动了学术界对大病保险政策研究的热情和动力。与此同时，2015 年大病保险《实施意见》的下发，大病保险在全国范围内全面推行，大病保险进入快速发展阶段，各地的大病保险实践为学者们提供了便捷的研究场景以及诸多可获取的数据资料，由此产生 2013 ~ 2017 年相关研究成果数量的直线上升。

2017 年是大病保险学术研究成果发表的高峰年，政策成果的呈现以及学术研究素材的积累迎来了学术成果的质变。但 2017 年至今，相关学术成果发表量有所下降，出现这一现象的原因大体包括两个方面：一方面，2017 年以来大病保险政策和制度并未有较大的、实质性的突破和改变，而且政策的正向效果以及存在的问题和不足已经有了大量的研究，尤其是存在的问题逐步固化，需要改革的深化和创新的举措。另一方面，学术研究存在其自身的规律和特性，任何研究主体和研究领域均不可能出现一直快速发展的局面，尤其是对政策主题的研究。在经历快速发展之后，相关研究速度和研究成果产出会有所降低和减少，特别是在面临困难和研究瓶颈的时候，研究的难度会增加。此外，当前大病保险研究一直是在基本医保范畴内部进行讨论和分析，限制了大病保险研究的范围以及学术研究的思维，在缺乏突破口的情况下，不可避免地会影响相关学术成果的产出。

2. 期刊来源分析

文献期刊来源分布往往能反映某领域研究的专业化和综合化程度，对期刊分布的分析，可以帮助我们快速确定大病保险研究的核心期刊群，对全面、系统地把握相关问题具有指导意义。本研究利用 Excel 对中国知网上导出的文献期刊数据进行统计分析发现，刊发大病保险相关研究的学术论文的期刊超过百余种，其中发文量大于等于 4 篇的有 20 种，共刊发 179 篇，占总发文量的 51.29%。排名前 5 位的期刊发文量达到 98 篇，占总文献数的 28.08%。由此可见，大病保险研究相关论文的集中度相对较高。通过对期刊性质或者说专注的研究主题进行分析发现，研究大病保险的文献主要刊发在两类期刊之上：一是卫生政策和卫生经济研究领域的核心期刊，如《中国卫生经济》《卫生经济研究》以及《中国卫生政策研究》，三种期刊共发文 53 篇，占总文献的 15.19%；二是医疗保险领域专业期刊，如《中国医疗保险》《保险职业学院学报》，两种期刊共发文 44 篇，占总文献数的 12.61%（见图 8 - 3）。

整体上来看，大病保险相关学术论文的期刊分布集中度较高，而且主要刊发在卫生政策研究、医疗保险相关的核心期刊或专业期刊之上。这也从侧面反映出，当前学界对大病保险这一研究主题较为关注，而且也获得了专业学术刊物的重视，并为大病保险政策和制度问题的搜寻、汇总、分析和研究提供参考。

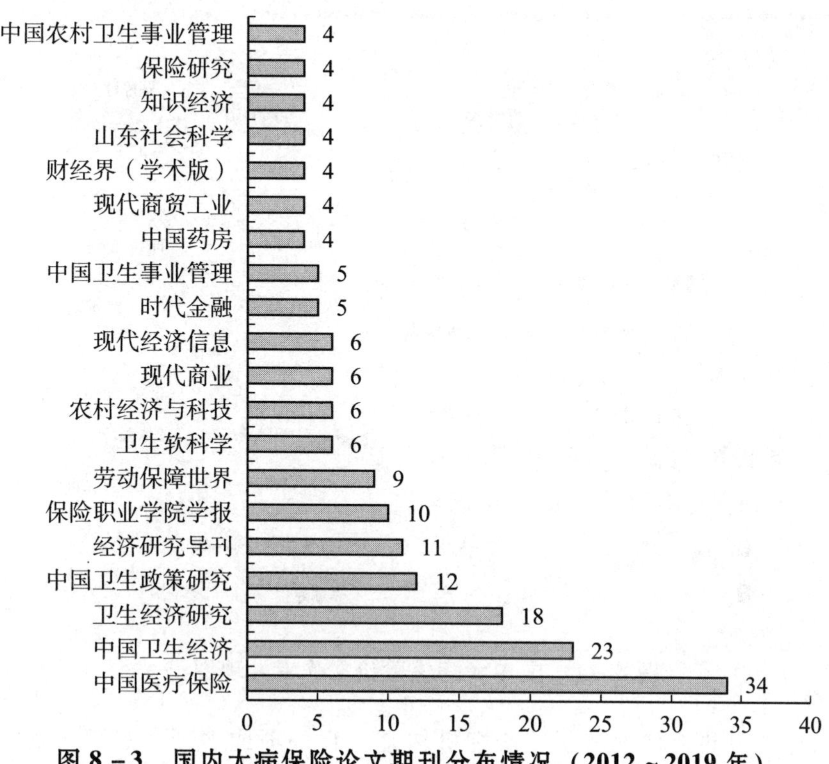

图 8-3　国内大病保险论文期刊分布情况（2012~2019 年）

3. 作者和机构的共现分析

文献计量分析中，科技论文的共现是指具有相同或不同类型特征项共同出现的现象，共现分析是对共现信息进行定量分析的方法。本研究中，通过作者和机构的共现分析，聚焦大病保险政策问题研究的重点文献，为准确把握和深入分析奠定基础。

作者共现情况分析。在 Citespace5.0 R7 界面中，时间区间选择 2012~2019 年，Node type 选择“Author”，阈值设置为 Top 50per slice，thresholding（c，cc，ccv）设置为（2，2，20）、（2，2，20）、（2，2，20），最后得到 57 个节点、64 条连接线、密度为 0.0401 的研究作者图谱。节点为年轮状，节点越大，作者字体越大，说明该作者总体频次越高。作者之间的连线代表两个作者有合作，连线越粗，共现频次越高。由图 8-4 作者共现图谱可以看出，当前关于大病保险的研究，不同学者之间的协作相对较少，独立研究为主。但也有部分学者之间形成了较为紧密的合作关系，如图 8-4 中以吴海波、马骋宇、姜学夫、顾雪非、宋占军、朱铭来等为代表的几个主要合作网络。对这些学者的文献将进行重点研读和分析。

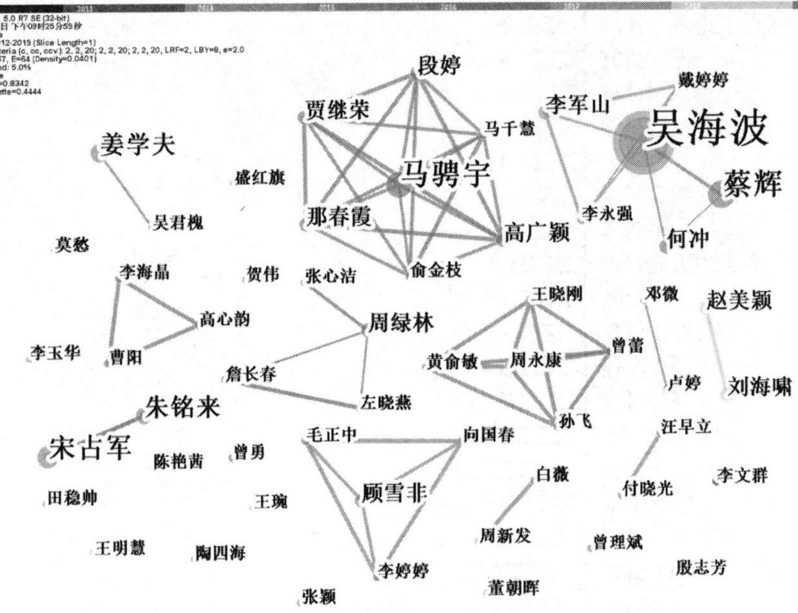

图 8-4 国内大病保险论文作者共现图谱

研究机构共现情况分析。研究机构是进行一项或多项学科研究的专门性组织，通过制作研究机构知识图谱，可以及时把握那些对该领域研究能力强具有代表性的机构及其研究的成果。在 Citespace5.0 R7 界面中，时间区间选择 2012～2019 年，Node type 选择“institution”，阈值设置为 Top 50per slice、thresholding（c，cc，ccv）设置为（2，2，20）、（2，2，20）、（2，2，20），Pruning 为 None，最后得到 27 个节点、1 条连接线、密度为 0.0028 的研究机构图谱。节点为年轮状，节点越大，研究机构字体越大，说明该机构总体频次越高。机构之间的连线代表两个或 n 个机构有合作，连线越粗，共现频次越高。由图 8-5 可以看出，在大病保险研究领域，各机构之间合作相对较少，独立研究是常态。首都医科大学、南开大学、江西中医药大学、江苏大学、卫生部卫生发展研究中心等机构发表的相关文献和研究成果，将被视为关注和分析的重点。在具体研究内容上，江西中医药大学的研究共涉及大病保险的筹资机制、运行风险、大病保险与其他医疗保险的区别等几个方面，研究方法多为经验分析。首都医科大学的研究内容主要集中在大病保险实施效果方面，研究方法以定量分析为主。南开大学相关学者的研究侧重于大病保险的运行分析、补偿模式以及基金可持续性的研究。不同机构的研究侧重点有所不同，从大病保险制度的不同侧面展开研究，均取得了一定的成果，对于学界和大病保险的政策制定、实施等部门有着重要参考价值。对外经济贸易大学主要侧重于国内外大病保险经验介绍、经办、治理机制以及完善大病保险政策建议等几个方面。

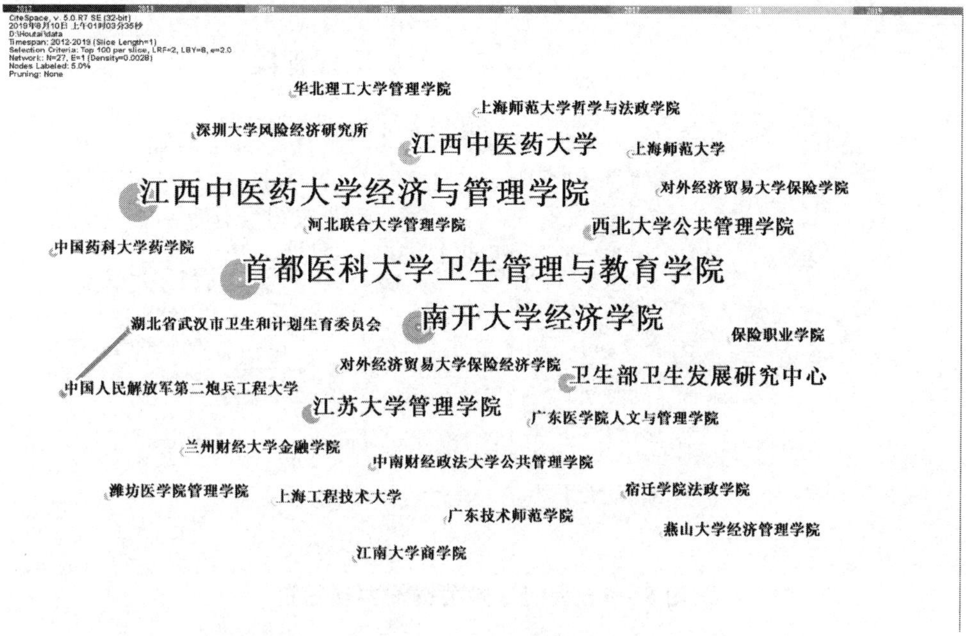

图 8-5　国内大病保险研究机构共现图谱

4. 文献关键词共现分析

根据文献计量学研究的观点，对文献关键词词频和共词的分析可以反映该研究领域的研究热点和重点。为此，运用可视化软件对所选取的文献进行分析。在Citespace5.0 R7 界面中，时间区间选择 2012～2019 年，Node type 选择“Keyword”，阈值设置为 Top 50per slice、thresholding（c，cc，ccv）设置为（2，2，20）、（2，2，20）、（2，2，20），最后得到 79 个节点，160 条链接线、密度 0.0519 的关键词共现图谱。节点为年轮状，节点越大，关键词字体越大，说明该关键词总体频次越高。年轮的厚度与该年的关键词词频成正比。关键词之间的连线代表两个关键词经常出现在同一篇文献，连线越粗，共现频次越高。由图 8-6 可以看出，大病保险、城乡居民大病保险、大病医疗保险等关键词在图中的字体较大，且年轮较多，这主要是由于检索词选用大病保险、大病医疗保险以及大病医保。其次，属性、运行机制、精准扶贫、筹资、保障水平、商业保险、灾难性卫生支出等关键词在图谱中较为突出，与核心关键词即检索词之间的连线较粗，相应表明学界在对大病保险展开研究时，主要围绕以上几个方面进行。

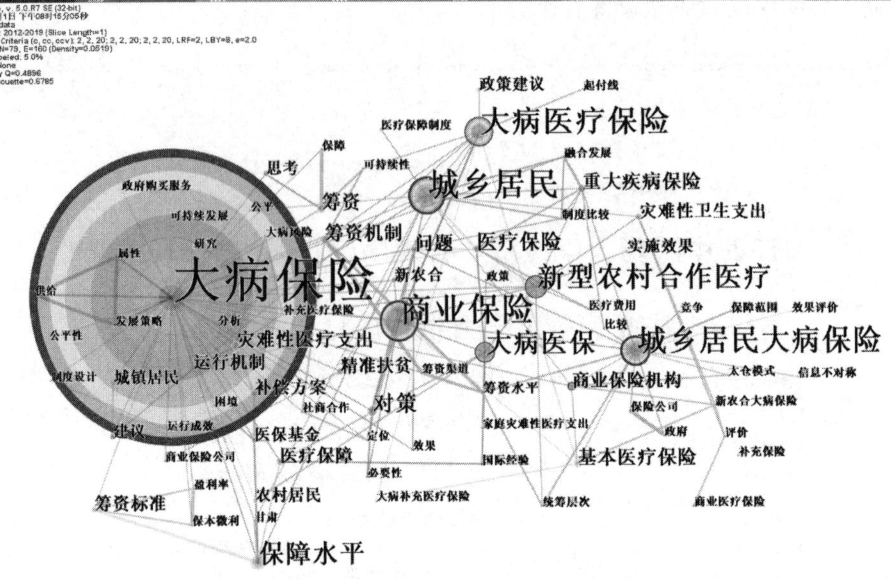

图 8-6 大病保险关键词共现图谱

根据文献计量学分析观点，关键词共现反映的是某研究领域整体研究的热点和重点，而关键词时序图谱则从时间维度展现某研究领域研究推进情况以及侧重点的变化情况。由图 8-7 可以看出，在大病保险政策刚刚试点推行的 2012 年，学界对大病保险的关注度并不是很高，而且主要从宏观层面展开论述，探讨的内容主要是大病保险的制度属性、服务供给以及如何发展等理论问题。随着试点的不断推进以及规模持续扩大，学界对大病保险的研究力度不断加大，研究主题由制度属性等问题转向保障水平、筹资机制、运行机制、保障效果等方面，更加关注政策的执行层面以及最终效果。2015 年大病保险政策在全国范围内推行，学者们的研究重点也发生了一定的变化，更加关注大病保险制度的可持续性、公平性以及典型模式等。出现这一转变的一个重要原因便是，建立并实施大病保险制度成为全国性的行为，迫切需要对这一制度的平稳、可持续发展以及群体间的待遇公平性予以重视。典型模式受到重视，一方面是因为典型案例研究本身就是作为学术研究的一种方式，是深入分析研究对象的有效方法。另一方面，通过典型案例的经验模式总结，也可为其他地区以及未来发展提供有价值的经验和教训，进而推动我国大病保险制度的发展和完善。2019 年以来，学界对大病保险的研究重点和侧重主要集中在精准扶贫方面，将大病保险与医疗扶贫相结合，对大病保险政策实施的效果尤其是对贫困人口的医疗减负情况进行分析评价，并探讨如何从大病保险角度助力精准扶贫目标的实现。

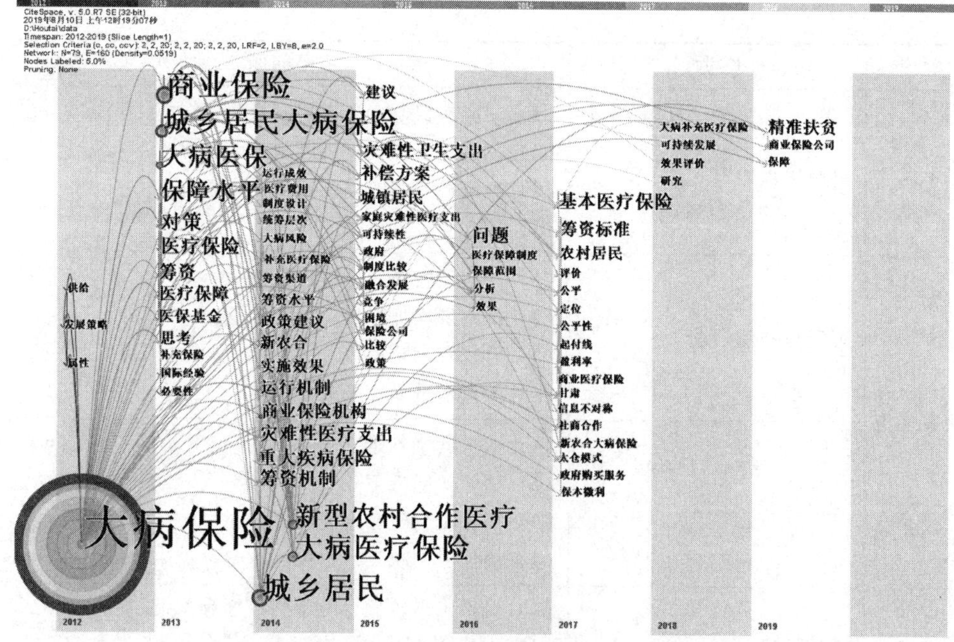

图 8-7　大病保险关键词时序图谱

5. 大病保险政策存在的主要问题

通过上述学术期刊来源、作者、研究机构和文献关键词的共现分析，选出我国大病保险研究的重点文献 15 篇进行聚焦、选择、判定、整理和研读，系统总结和分析当前大病保险政策存在的问题。重点文献的系统分析显示，当前大病保险政策在实践中存在的主要问题，集中体现在 20 个重点问题中。通过对这些问题的归纳和汇总分析，将其归为保障目标和范围、制度属性与定位、机制设置、筹资与补偿、经办以及实施效果 6 大类，并根据重点文献中提及的频度、程度和关切度，对每一类的具体问题进行排序。在主要问题归为 6 大类的基础上，根据其性质进一步归纳为 3 个维度，即政策设计、政策实施和政策成效（见表 8-1）。

表 8-1　　文献分析视角下大病保险政策存在的主要问题

维度	归类	主要问题
政策设计	保障目标和范围问题	（1）大病概念不清。 （2）保障范围模糊。 （3）保障目标不明确
	制度属性与定位问题	（1）制度属性不明、边界不清晰。 （2）发展方向不明确

续表

维度	归类	主要问题
政策设计	机制设置问题	(1) 不同医保制度衔接机制缺失。 (2) 风险、责任分担机制缺乏。 (3) 稳定可持续的筹资机制尚未建立。 (4) 监管、考核机制不具体
政策实施	筹资与补偿问题	(1) 起付线较高、补偿比例低。 (2) 统筹层次低，风险分担不足。 (3) 合规费用范围小。 (4) 筹资水平低、筹资渠道单一
	经办问题	(1) 信息共享不足。 (2) 监管效能低下。 (3) 商保机构优势未能发挥。 (4) 商保机构缺乏自主性
政策成效	实施效果问题	(1) 保障水平较低，与预期目标有差距。 (2) 可持续性面临挑战。 (3) 公平性不足

从大病保险的制度设计方面看，关键问题主要体现在大病概念不清、制度属性不明边界不清，以及不同医保制度衔接机制缺失。具体而言，当前无论是学界还是具体实践领域，均未能明确界定什么是大病，大病的内涵和外延到底包括哪些。概念界定不清晰致使保障范围、保障人群难以精准。同样，保障目标也因普惠性的二次补偿而变得模糊不清。与此同时，大病保险虽然以基本医疗保险的拓展和延伸的角色出现，但其保障范围远远超出基本医保的范畴，那么大病保险到底是基本医疗保险还是补充保险，其属性到底是什么，政策没有明确的界定，学界内部也处在争论之中。随制度属性不明和制度定位不清而来的便是大病保险的边界问题，当前大病保险在实施一般性二次补偿的同时，向贫困群体的倾斜力度极其明显，承担了部分医疗救助的功能和角色。此外，大病保险又与商业医疗保险尤其是商业重疾险有着重叠之处。缺乏明确的制度边界是现行政策的一个重要问题。关于大病保险发展方向问题，当前政策并未给出明确的答案，各地的政策更多的是参照国家指示以及地方经济情况做部分调整，表现出明显的“走一步算一步”的倾向。在机制设置领域，学者们普遍认为存在这样几个问题：不同医保制度间的衔接机制未有效建立，政府、商保机构之间责任、风险分担机制缺乏，稳定可持续的筹资机制缺乏，基金监管以及具体的考核机制不够具体、明确。大病保险在制度设计方面呈现出“先天不足”的特征。

从大病保险制度实施维度看，其面临的主要问题可分为两个方面：一方面是筹资补偿问题。筹资与补偿的问题主要表现在：起付线过高、实际补偿比例较低。多数地区大病保险政策规定的合规费用范围较为狭窄，难以有效覆盖大病患者的需求。筹资水平较低、筹资渠道单一以及地区差异较大。各地大病保险多为市级统筹，层次较低，致使大病保险基金抗风险能力较弱。虽然部分省份实现省级统筹，但在资金筹集以及使用方面依然存在地区差异；另一方面是大病保险的经办问题。碎片化的医疗信息系统以及医保数据的低共享率，严重限制了商业保险机构的专业精算以及风险管理的优势发挥。商业保险机构处于从属和被动地位，缺乏自主决策的空间和自由，基本承担"二手出纳"的功能。风险、利益分担不公以及监督机制的不具体，导致大病保险基金的整体监管效能不尽如人意。

从大病保险的制度成效角度看，该项制度对于减轻患者的高额医疗费用负担有着重要的价值和意义，在具体的实践中也发挥了作用，降低了大病患者的医疗负担。但问题依然明显，从实际补偿比例来看，保障水平依然较低，未能实现政策的预期目标——避免家庭发生灾难性卫生支出。而且，多地区大病保险基金处于超支状态，基金面临可持续性的威胁。

三、大病保险政策主要问题的专家咨询

（一）研究目的

通过对大病保险相关领域权威专家的咨询，充分了解专家对我国当前实施的大病保险政策的看法和今后发展的建议。特别是在理论和具体实践方面存在的问题和不足，并对这些问题进行总结分析，从专家视角对当前大病保险政策存在的主要问题进行判断。

（二）资料来源与方法

1. 专家的选择

本次专家咨询邀请对象包括：国家和省部级卫生、财政、医保等相关部门领导；相关领域高校院校著名专家；研究院所（中心）著名专家；医疗机构分管医保领导和商业保险公司领导等共 40 名。

2. 咨询方式

本次咨询通过电子邮件、微信等方式发放问卷，由专家进行独立填写后在规定时间返回。受访的 40 名专家中，有 38 位专家给予回复，问卷应答率为 95%，

应答问卷有效率为100%。其中来自高校的专家有12人（32.4%），研究院所（中心）有5人（13.5%），政府及其事业单位有11人（27.0%），医院有8人（21.6%），商业保险公司有2人（5.4%）。

3. 定量分析

统计专家对大病保险主要问题的意见，采用均值分析法计算各主要问题分值，并排序。具体计算步骤如下：第一步，对题目进行赋值。为方便计算，以题目选项总数为总分值。如题目总选项为7项，那该题总分值则为7分。第二步，对专家所选择的选项进行赋值。根据选项平均分配题目总分值，例如，题目总分值为7，假定专家选择其中4项，则每一选项得分为7/4，如果仅选择1项，那么该选项得分为7，其他以此类推。第三步，计算各选项平均值，计算公式为 $A = \sqrt{\sum_{i=1}^{n} a_i / N}$，其中 $i = 1, 2, 3, \cdots, n$，a_i 为每位专家对第 i 项的得分，N 为参与调研的专家总数。A 的值越大，则代表专家认为该问题越重要。

4. 逻辑分析

问卷中对“大病保险政策存在的问题”设计有两种方式，即结构性问题和开放性问题。开放性问题主要是根据专家的回答，应用逻辑分析方法进行归纳、分类、判定和分析。

（三）研究结果

1. 大病保险主要问题及排序

根据专家对当前大病保险政策存在的问题的选项，应用上述研究方法，分别计算专家选择的频次和每个问题项的均值得分，并依据分值进行排序。我们选出其中排序在前10位的问题（见表8-2），并将其作为专家视角下的当前大病保险政策存在的主要问题。

表8-2　专家视角下当前大病保险政策存在的主要问题及其排序

大病保险存在的主要问题	频次	分值	排序
“大病”概念界定标准混乱	27	1.68	1
政府与市场的风险责任归属不明	23	1.53	2
体系与法规不健全、制度属性与定位模糊	20	1.34	3
商业保险公司（经办）优势未能充分发挥	25	1.30	4
筹资方式单一、制度可持续性较差	24	1.22	5

续表

大病保险存在的主要问题	频次	分值	排序
统筹层次过低，风险分担机制发挥不充分	21	1.12	6
政策目标不清晰	14	0.90	7
政策规定过于笼统缺乏指引性	14	0.84	8
基金运行缺乏安全性与稳定性	12	0.68	9
保障水平较低、保障范围不明确	12	0.59	10

2. 大病保险主要问题归纳分析

上述当前大病保险政策存在的10个主要问题，虽然彼此之间是相对独立的，但是有的相互之间存在关联、部分的重叠和影响。因此，为了准确把握关键问题，根据一致的标准进行归类和分析。按照上述文献计量分析中的归类标准进行归类，即保障目标和范围问题、制度属性与定位问题、机制设置问题、筹资与补偿问题、经办问题和实施效果问题，并统一归纳为政策设计、政策实施和政策效果3个维度，结果见表8-3。

表8-3 专家视角下当前大病保险政策存在主要问题的归纳分析

维度	归类	主要问题
政策设计	保障目标和范围问题	“大病”概念界定标准混乱（排序第1） 政策目标不清晰（排序第7） 政策规定过于笼统缺乏指引性（排序第8）
	制度属性与定位问题	政府与市场的风险责任归属不明（排序第2） 体系与法规不健全、制度属性与定位模糊（排序第3）
	机制设置问题	统筹层次过低，风险分担机制发挥不充分（排序第6） 基金运行缺乏安全性与稳定性（排序第9）
政策实施	筹资与补偿问题	筹资方式单一、制度可持续性较差（排序第5）
	经办问题	商业保险公司（经办）优势未能充分发挥（排序第4）
政策成效	实施效果问题	保障水平较低、保障范围不明确（排序第10）

3. 大病保险模式改革的措施和建议

专家咨询表中设计了开放式题目，针对当前大病保险存在的主要问题，结合我国国情和医疗卫生发展的实际情况，咨询专家对大病保险模式改革的措施和建议。项目组直接采用典型专家的个人建议作为参考和启示。这是因为，改革的目标是解决问题取得实效，而不是建立理论上完美而缺乏实操性的方案。通过对开放式题目中专家建议的研读和分析，以下专家的建议具有代表性。

专家A："需要解决的主要问题：第一，大病以病种界定。根据病种及费用的情况，确定大病病种目录。第二，基金的筹集。通过大病补充医疗保险进行筹措。第三，完善报销制度。严格审核费用，规范医院的行为，费用按比例报销。第四，商业保险的介入。商业保险与大病补充医疗保险必须具有同等的竞争条件。第五，复合型的大病保险模式（既有职工的大病补充医疗保险，又有不同商业保险公司的大病保险）较为适合我国。该模式应该具备的必要条件是公平的筹资渠道和竞争环境。"

专家B："主要思路：一是明确保障范围，实施基本大病保险；二是提升筹资和保障水平；三是对低收入大病人群重点关注。解决方法：主要靠制度完善和落实；靠政府加大对基本大病保险的投入，同时按照大数法则提升筹资层次；鼓励和吸收社会慈善对大病救助的捐赠；加强结保核算，实行自付封顶。分担式基本大病保险模式比较适合仍处于社会主义初级阶段的14亿人口大国，加上我国医保制度建立不久，仍处于健全完善阶段，必须依靠政府、社会和个人共同分担大病付费风险。重视基本大病保险制度建立和完善，在筹资方式、水平和保障水平方面要量力而行，循序渐进。要结合DRGs的实行，基本大病分类、临床路径和结算有章可循，保险费用基本可控。"

专家C："需要解决的主要问题（从商业保险公司角度看）：支撑大病保险可持续长远发展的基础薄弱，体现在经营结果上，大部分保险公司亏损经营，长远发展的动力不足。就整个行业而言，目前主要依赖调整政策（提高筹资水平）来实现'保本微利'，在医保基金面临巨大压力的情况下，这种盈利模式显然不可持续。主要思路和措施：现阶段大病保险经营中面临的问题，其实是我国医疗保险所面临问题的局部体现，涉及政策、体制、机制、专业能力等层面。相应地，解决问题的措施也应该是综合的、全局性的。考虑到现实可操作性，下面谈几点建议：（1）完善顶层设计，出台配套政策和制度，进一步确立商业保险公司的定位和职责边界。为商业保险公司深度参与'医改'和医疗费用控制提供政策和体制上的保证，加强商业保险公司在医保管理中的地位和作用，从'二手出纳'的角色转变为协助医保局进行医疗费用的过程管控。（2）完善大病保险筹资、定价、风险调节机制，确保可持续发展。（3）在经办模式上，推动基本医保与大病保险经办的一体化衔接。大病保险本质上是基本医保的补充和延伸，大病保险的医疗风险只是'冰山一角'。由于系统和数据不共享，管理权不对等，目前两者运行和管理处于割裂状态，未形成统一体系，严重制约了商业保险公司的医保管理权利和能力。（4）尽快出台医疗数据应用的法律文件，建立医疗数据应用体系和平台。目前，商业保险公司参与医疗费用控制的主要技术瓶颈在于医疗信息不对称。国家应加快推动医疗数据共享和应用的相关立法和体系建设。商业保险公司参与大病保险经办是我国政府转变社会治理方式、变革公共服务提供方式的一项创新性探索。经过几年的实践，已经摸索出基本的模式，取得了初步的成功，也积累了丰富的经验。下一步，应该在前期成果的基础上，进一步加快加大创新步伐，深化改革。一是模式：商业保险公司对基本医保和大病保险进行一体化经办。立足现实和发展要求，这是一种比较可行的方式。国家要加快推进保险业参与基本医保整体经办业务的步伐，将大病保险和基本医保一体化经办，明确路线图和时间表，促进保险公司长远规划、长期投入、专业化发展的积极性，改变目前医保管理中存在的'管而不控'的局面，保证基本医保和大病保险的稳健发展。二是必要条件：出台相关法律，确立经办者（商业保险公司）在医保管理、医疗费用控制中的法律地位。完善相关政策和制度，明确经办者（商业保险公司）的责、权、利，改善政策环境和经营环境。"

专家 D："大病保险迫切需要解决的问题是建立长期稳定的大病保险筹资机制。大病保险基金来源于基本医疗保险，要想充分发挥大病保险的制度效果，必须进一步提升筹资水平。除了依靠政府长期稳定的财政投入外，还应积极探索多渠道筹资，例如鼓励企业、慈善组织等募捐、资助。此外，逐步探索城乡居民以收入为基础的医保筹资模式，提高医保基金筹资水平。在政府财政投入及筹资途径多元化的前提下，逐步提高大病保险的筹资水平。推行由政府主导的基本医疗保险与大病保险一体化管理模式。第一，明确大病保险的政策目标及内涵，综合考虑医疗费用和病种以确定保障范围，充分体现大病保险与基本医疗保险保障目标的差别，避免大病保险成为程序上的'二次补偿'；第二，拓宽筹资渠道，逐步探索纵向公平的医疗保险筹资机制，建立筹资稳定增长的长效机制；第三，制定大病病种的诊疗规范，报销范围及标准，加强服务监管、费用审核，建立大病保险风险控制的激励与处罚机制，提高基金使用效率；第四，完善信息系统、运营流程，简化费用审核及报销程序，实现基本医疗保险与大病保险的一体化服务。"

专家 E："需要解决的主要问题是：(1) 界定大病保险中'大病'的范畴和分类；(2) 明确筹资种类、途径和方式；(3) 大病保险支付的规制和技术方法；(4) 服务和监督管理机制及社会法治宣传等一系列问题。目前已经有了很好的探索和基础，可不断借鉴国际先进经验，从国家政策设计—地方操作保障—社会融入、个人参与等多层面、多渠道共同形成适合我国国情的、较为完善的大病保险制度和体系。进一步明确大病保险是我国基本医疗保障体系的重要组成；不断完善'政府托底，社会保障，商业保险'相融合的运作方法；加强过程监管，提高服务质量和水平；强化政策宣传舆论引导，营造良好社会氛围等。我国大病保险制度是全民医疗保障和医保制度的重要组成，作为基本医疗保障的补充和延伸，大病保险模式必须坚持政府主导、以人为本、统筹协调、保障大（重、特、大）病为原则和目标，有效解决居民'灾难性医疗支出'经济负担和风险，着力维护人民群众的健康权益。完善的大病保险模式，必须：(1) 强化政府责任和统筹；(2) 完善部门协调配合和服务；(3) 加强专业技术指导和管理；(4) 纳入社会监督和市场参与等。"

专家 F："需要解决的主要问题：(1) 全方位的公认的大病定义或认定标准；(2) 居民的健康投资与保险意识和交费；(3) 保障基金保额的测算与费率厘定；(4) 保费支付标准；(5) 参保人就医行为规范、医疗行为规范、医保支付规范。措施：(1) 基础研究和大数据分析；(2) 立法立规；(3) 精细化系统化信息化智能化的监控、分析和管理，完善服务和管理规则；(4) 科学化的支付方式，如精细完善的 DRGs 付费系统等；(5) 公开透明的考核评价和奖惩机制。未来发展模式：'多层次保险 + 多层次''多途径保障 + 法治化'的全方位（多部门协同）协调管理。措施：要解决对医疗保险政策措施、方式和付费标准研究论证不够，科学性不强问题。需采取全方位措施。"

专家 G："需要解决的主要问题：筹资方式单一、统筹层级较低、未发挥商业保险机构优势。措施：扩大大病保险资金筹资渠道；提高统筹层次，厘清政府与市场的风险责任归属；发挥商业保险机构在数据挖掘、风险控制、智慧经办、医疗服务管理等领域专业优势，形成保障合力。统筹职工、居民大病保险，政府主管，社会保险机构通过业务经办实施社会监督，政府、个人和保险机构风险共担的保险模式。所需的必要条件：(1) 合理的筹资渠道和筹资水平。(2) 较高的统筹层级。(3) 发挥经办商业保险机构专业优势。(4) 规范的病种及诊疗价格。"

上述具有代表性和典型性的专家，从我国大病保险迫切需要解决的问题、具体措施、发展模式和需要具备的条件等方面提出看法和建议，具有重要的参考价值。既有短期发展的应对措施，又有长远发展的系统建议；既有政策设计层面的思考，又有政策实施层面的办法；既有提高效率的建议，又有提升公平性的措施；既有保基本的基础，又有多元化的选择；既有管理体制的改变，又有运行机制的改革。这些典型性建议为下一步建立我国大病保险的创新发展模式提供了参考。

四、大病保险政策特定问题的形成

根据政策问题根源分析的逻辑思路，即"政策问题的确认—形成特定问题—特定问题影响因素分析—特定问题形成的根源—特定问题形成的作用机制"，大病保险政策特定问题的形成源于大病保险政策问题的确认。在大病保险政策问题确认并排序的基础上，根据问题的严重性、重要性和可行性进行综合分析，在咨询政策制定相关部门或政策研究人员的基础上，对本研究中大病保险政策特定问题作出明确的判断。大病保险政策特定问题的形成是大病保险政策特定问题根源分析的前提，是进一步分析大病保险政策特定问题形成的影响因素、根源和作用机制的基础和必要条件。

上述文献计量分析、重点文献分析和专家咨询的结果显示，不同分析方法对当前大病保险政策存在问题的判定具有高度的一致性。根据该研究结果，进一步分析这些主要问题的特征，体现在以下几个方面：一是当前我国大病保险政策存在的问题已经聚焦并形成共识。经过文献计量分析和重点文献分析产生的大病保险政策存在的20个主要问题，与专家咨询方法产生的10个主要问题几乎完全重合，说明大病保险政策存在的主要问题已经达成共识，充分反映出这些问题的重要性。二是大病保险政策的主要问题已经影响到其有效运行和可持续发展。从大病保险政策主要问题所属的维度来分析，专家咨询的结果中有70%的问题集中在“政策设计维度”，文献计量分析和重点文献分析的结果除了在“政策设计维度”与专家咨询结果一致外，还体现在具体操作的“政策实施维度”和体现实施效果的“政策成效维度”。因此，政策设计的缺陷和不足给政策实施带来困境，进而直接影响到政策的成效及其可持续发展，充分表明这些主要问题的严重性。三是迫切需要解决当前大病保险政策存在的主要问题。当前大病保险政策存在的主要问题，已经在各地的实践中产生重要影响。政策在定位、属性、目标、对象、机制等方面的模糊和缺失，导致其在实践过程中缺乏指引，难以有效执行，取得的效果有限。国家医疗保障局成立后，医疗保障制度改革迎来重要发展机遇期，充分体现解决主要问题的迫切性和可行性。

综上所述，从定性定量角度分析，大病保险政策存在的主要问题已经明确。从逻辑判断角度分析，通过分类和归纳将大病保险政策主要问题归集在政策设计、政策实施和政策成效3个维度，且彼此之间既相互独立又相互联系。根据问题的重要性、严重性和问题解决的可行性分析，并通过专家咨询，确定大病保险政策特定问题为：大病患者因高额医疗费用造成灾难性经济负担和健康损失①。其表现形式为，大病患者因医疗费用高昂而无法负担，造成灾难性经济损失，或者因此无法就医而造成健康损失；保障范围是，参加城镇居民大病保险、新型农村合作医疗大病保险、城镇职工大病保险和其他大病保险等参保者中的大病患者。现行大病保险政策的实践表明，设计的缺陷、制度碎片化、效果有限性等大

① 2005年，世界卫生组织（WHO）在综合多种因素的基础上，明确灾难性卫生支出的概念，即如果一个家庭现金支付的医疗卫生费用（OOP）超过家庭非食品消费的40%，就认为该家庭发生了灾难性卫生支出。

大限制其自身修复功能。换言之，要解决大病保险政策特定问题，还需系统分析其影响因素、问题形成根源和作用机制，并在此基础上提出针对性的大病保险创新发展模式。

第三节　大病保险政策特定问题形成的影响因素

本研究中大病保险政策特定问题，确定为大病患者因高额医疗费用造成灾难性经济负担和健康损失。该特定问题的形成受多种因素的影响，分析其影响因素的主要目的是，发现重要影响因素，采取针对性措施，为制定大病保险治标模式奠定基础。在医疗保险领域范围内，特定问题“大病患者因高额医疗费用造成灾难性经济负担和健康损失”属于“系统的结果子模”。卫生系统宏观模型中各个子模之间的逻辑关系表明，引起“系统的结果子模”变化的直接动力是“系统的服务过程子模”，“系统的服务过程子模”主要是在“系统的结构子模”的作用下发生变化，而“系统的结构子模”又受到外部系统子模的影响。因此，将大病保险政策特定问题的形成的影响因素分为两类，即直接影响因素和间接影响因素。直接影响因素来源于“系统的服务过程子模”，而间接影响因素来源于“系统的结构子模”以及“外部系统子模”。

一、特定问题形成的直接影响因素

卫生系统宏观模型分析显示，导致大病患者因高额医疗费用造成灾难性经济负担和健康损失的直接影响因素来自医疗保险服务的过程子模。通过文献系统分析和专家咨询，医疗保险服务的过程了模中，大病保险特定问题的直接影响因素主要包括：大病界定的标准、大病保险统筹水平、大病保险的起付线、大病保险报销比例或额度和基本医疗服务报销范围。

（一）大病界定的标准

大病的界定标准，直接影响到大病保险政策保障的目标和范围，是大病保险必须明确的基础性问题。目前，在大病保险的实践中，大病的界定并未取得共识，主要包括以下几个方面：第一，以高额医疗费用界定大病。我国现行大病保险政策规定，大病界定以医疗费用为主，高额医疗费用，可以个人年度累计负担的合规医疗费用超过当地统计部门公布的上一年度城镇居民、农村居民年人均可支配收入作为主要测算依据。第二，以疾病病种界定。以国际疾病分类为依据，以疾病的严重程度、疾病危害程度，以及诊治的医疗费用等界定大病。第三，以灾难性卫生支出界定大病。大病就是给患者家庭造成灾难性卫生支出的疾病。根据世界卫生组织的概念，如果一个家庭现金支付的医疗卫生费用（OOP）超过家庭非食品消费的40%，就认为该家庭发生了灾难性卫生支出。通过文献分析、政策实践和专家咨询，课题组认为，大病的界定标准并非孤立的、静止的、固化的，而是受到社会经济、技术水平、医疗保障等多种因素影响，呈现阶段性、衔接性和动态性特点。因此，大病的界定标准：初始阶段，以医疗费用界定为主，注重简易性、便捷性和操作性；过渡阶段，以医疗费用和病种结合来界定，注重操作性和普及性的基础上，逐步考虑大病保险的精准性；发展阶段，以病种界定为主，并随着疾病谱、保险基金、医疗技术、保障能力等的变化动态调整。通过建立基本保险、补充保险和商业保险相互衔接、相互补充的大病保险体系，实现精准性保障。

（二）大病保险统筹水平

大病保险统筹水平的高低，直接影响到大病患者因高额医疗费用造成灾难性经济负担和健康损失。统筹水平越高，大病患者抵御大病造成的经济损失和健康损失的能力就越强。大病保险统筹水平包括以下两个方面：一是大病保险制度统筹。当前大病保险制度呈现碎片化状况，如城镇居民大病保险、新型农村合作医疗（以下简称“新农合”）大病保险、城镇职工大病保险和商业大病保险等，不同制度保险的对象、范围和水平不同。在现行大病保险制度下，实现“两保合一”，即城镇居民大病保险和新型农村合作医疗大病保险两者统筹合并，甚至是在政策环境成熟情况下，将城镇职工大病保险统筹合并，实现“三保合一”，制度的统筹能够充分体现公平性，有效提升解决大病造成的经济损失的能力，尤其是对农民和城镇低收入居民而言，无论是保障待遇还是保障水平都会得到直接提升。二是大病保险的统筹范围。我国大病保险经历了由实践、试点到全面推开的过程，各地在具体实施过程中，根据国家指导意见和要求结合实际情况制定相应的政策。尤其是在大病保险的统筹范围方面，主要是以县级统筹和市级统筹为主，目前正在逐步扩大大病保险统筹的范围，由县级、市级统筹向省级、区域统筹发展。统筹范围的扩大能够增强大病保险抗风险的能力，尤其是有益于抵御风险能力差的脆弱人群。

（三）大病保险的起付线

现行大病保险规定，参保者的医疗费用达到规定的额度和要求后，超过此额度标准的医疗费用才能按照大病保险的报销比例享受二次报销。因此，大病保险起付线设定的高低，对大病患者因高额医疗费用造成灾难性经济负担和健康损失产生直接影响。从某种程度上讲，大病保险的起付线已经成为一些地区用来判定是否为大病、是否享受大病保险待遇的标准。一般而言，起付线设定得低，优点是扩大受益面，更多的参保者享受大病保险带来的经济风险分担，尤其是对低收入人群有利。缺点是对医保基金造成压力，还有可能产生医疗服务的过度利用，不利于控制医疗费用。起付线设定得高，优点是将小额医疗费用排除在外，有利于降低管理成本，提高保障大病的效能。缺点是受益面受限，可能超过部分低收入参保者的承受能力，并抑制其正常的医疗服务需求，从而造成难以承受的经济负担和健康损失。起付线的合理设定，需要根据大病保险的目标、基金的筹集水平、保障的能力、保障的范围和保障的程度等进行综合判定。

（四）大病保险报销比例或额度

大病保险报销比例或额度，是指一定时期大病保险政策规定的，大病保险的参保者在支付大病医疗费用时，能够获得经济补偿的程度和水平，是大病保障待遇的重要体现。避免大病患者因高额医疗费用造成灾难性经济负担，主要是通过大病保险报销比例或额度来实现的，是解决大病保险特定问题的最主要、最直接的影响因素。大病保险报销比例或额度设定得高，参保者的保障待遇就高，减轻经济负担的能力就强，产生的效用就大，但是这会给大病保险基金带来巨大压力，对筹资、管理、使用和运行等提出更高的要求。反之，大病保险报销比例或额度设定得低，尽管能够维护和保障当前大病保险的运行，但是减轻大病保险参保者经济负担的能力有限，达不到大病保险的目的。因此，大病保险报销比例或额度是领域内大病保险特定问题形成最直接的影响因素，如何科学合理地确定该因素是一项重要的保险技术，需要根据政策目标、政策环境、具备的内部和外部条件等进行综合研究确定。

（五）基本医疗服务报销范围

当前大病保险是依附于基本医疗保险而存在的，表现为在基本医疗保险基础上的再次报销。基本医疗保险报销的前提条件是参保者因疾病发生的“合规的医疗费用”，而合规的标准是符合基本医疗服务报销范围。因此，当前大病保险的报销范围和保障待遇，也限定在基本医疗服务范围内，超出基本医疗服务报销范围的费用属于不合规的医疗费用，需要患者自费承担。基本医疗服务主要包括符合基本诊疗规范、基本用药目录和基本检查规范等，只有在此规范和目录内提供的服务才能够报销。基本医疗服务报销范围对大病保险参保者因病造成的经济负担和健康损失产生直接影响，主要表现在以下三个方面：一是现行城镇居民大病保险的根本属性是基本医疗保险功能的拓展和延伸，提供的是基本医疗服务，保障的是合规的基本医疗费用，会对当前大病保险特定问题的解决产生重要影响；二是随着社会经济的发展和医学技术的进步，基本医疗服务的范围和功能是动态变化的，报销范围也会随之而发生变化，标志着化解经济风险和健康风险的能力提升；三是保障基本医疗服务，在服务能力水平提升的基础上，更关注的是公平性，是为所有参保者提供的健康保障和经济保障。因此，基本医疗服务报销范围是保基本的、动态变化的、体现公平性的，为化解大病患者因高额医疗费用造成灾难性经济负担和健康损失奠定基础，具有重要意义。

二、特定问题形成的间接影响因素

根据卫生系统宏观模型中各子模之间的关系，“系统结果子模”的间接影响因素来源于“系统的结构子模”以及“外部系统子模”。结合相关政策和文献分析，导致大病患者因高额医疗费用造成灾难性经济负担和健康损失的间接影响因素，主要与现行大病保险的运行机制相关，尤其是基金保障、部门协调、动态变化和监督管理等因素。

（一）基金保障

保险基金是实现保险效能的前提和必要条件。现行大病保险基金是从基本医疗保险基金中划转而来的，受到基本医疗保险的制约。从当前大病保险的实践情况看，大病保险基金的数量是有限的，导致抵抗风险的作用也是有限的，进而会影响到大病保险目标的实现。要想有效化解大病患者因高额医疗费用造成灾难性经济负担，就必须有充足的大病保险基金做保障。基金的保障包括两个方面：一方面是大病保险基金的筹集。即在现行制度和条件下，如何保证基金及时有效地筹集。另一方面是大病保险基金的增资。除了基本医疗基金外，还要尽可能扩大筹集的范围和力度，建立和完善增资机制，由此保证大病保险抵御大病风险的能力和水平得到发展和提高。

（二）部门协调

大病保险是一项为广大人民群众提供大病医疗服务保障，并化解和分担经济风险的系统工程。系统工程的有效运行，离不开系统内外相关子系统的配合与协调。现行大病保险制度主要涉及医保、医疗和医药等各部门的联动，同时还有财政、物价、卫生等相关部门的协调。各部门的协调机制顺畅与否，会影响到大病保险制度的运行，进而对大病保险特定问题的形成产生间接影响。即拥有良好的部门协调机制，可以对化解大病患者因高额医疗费用造成灾难性经济负担具有促进作用。否则，各部门协调出现障碍，将会对大病保险特定问题的形成起到促进作用。

（三）动态变化

客观事物并非静止不变的，而是按照自身的规律运动、变化和发展的，具有动态变化的特征。同理，大病保险制度是动态变化的。随着社会经济的发展、人民群众需求的改变和医学技术的进步等，对大病保险化解灾难性经济风险和健康风险的要求会不断提升。因此，如果大病保险制度在其保障范围、保障技术、保障能力、保障水平、保障待遇等方面一成不变，违背其自身的发展规律，那么，将会促进并加剧大病保险特定问题的形成。

（四）监督管理

一项高价值的政策要取得其应有的成效，除了政策的科学制定、有效实施外，还要加强监督管理。监督管理应该落实在政策实施的事前、事中和事后，即全过程监管。监督管理的目的是及时发现问题并给予纠正，确保政策实施按照政策的目标和实施步骤进行，并为取得预期成效提供保障。因此，大病保险政策实施过程中的监督管理，同样会影响到大病保险的成效。缺乏监督管理，会造成大病保险基金使用、服务提供、服务行为等方面低效或者资源浪费，并因此而影响到大病保险的效果，同时促进大病保险特定问题的形成。

第四节　大病保险政策特定问题形成的根源

通过大病保险政策特定问题影响因素分析，找到主要的影响因素，就像是在疾病临床诊断中找到了疾病“症状”，而针对“症状”的治疗方案是治标的方案。要想得到根本性治疗，制定治本方案，就必须要通过“症状”找到“病因”。因此，在上述大病保险特定问题影响因素分析的基础上，进一步探索大病保险政策特定问题形成的根源，目的是为制定大病保险创新发展的治本模式提供依据。

特定问题形成的根源是以特定问题及其影响因素建立的关系链为基础，通过文献系统分析、相关政策分析和逻辑分析，深入分析对影响因素产生影响的主要原因，表现为穷尽其对特定问题的进一步影响的“元问题”。现行大病保险政策特定问题为大病患者因高额医疗费用造成灾难性经济负担和健康损失。由上述分析可知，该特定问题形成的影响因素分为直接影响因素和间接影响因素，间接影响因素通过直接因素等载体产生间接作用，并对特定问题的形成产生影响。大病保险政策特定问题的形成受多种因素的影响，主要是基金保障、部门协调、动态变化和监督管理等间接影响因素，通过作用于大病保险统筹水平、大病保险的起付线、大病保险报销比例或额度，以及基本医疗服务报销范围等直接影响因素，协助直接影响因素共同促使特定问题的形成。进一步分析，这些直接影响因素的确定，主要受到大病保险的政策目标和政策环境的制约。以目标为导向的各地大病保险政策，受当地政治、经济、文化和技术的特点等的影响，必将对大病保险政策的筹资、起付线、报销比例和基本医疗服务水平等产生制约，并因地制宜进行调整。而大病保险的政策目标能否实现，核心是大病保险基金是否充足。现行的大病保险制度是基本医疗保险制度的拓展和延伸，主要保障的是基本医疗服务，而政府的主要职责就是主导并保障广大人民群众享有基本医疗服务。因此，当前大病保险基金主要依靠政府财政的支持，而政府财政投入不足是现行大病保险政策特定问题形成的根源（见图 8－8）。

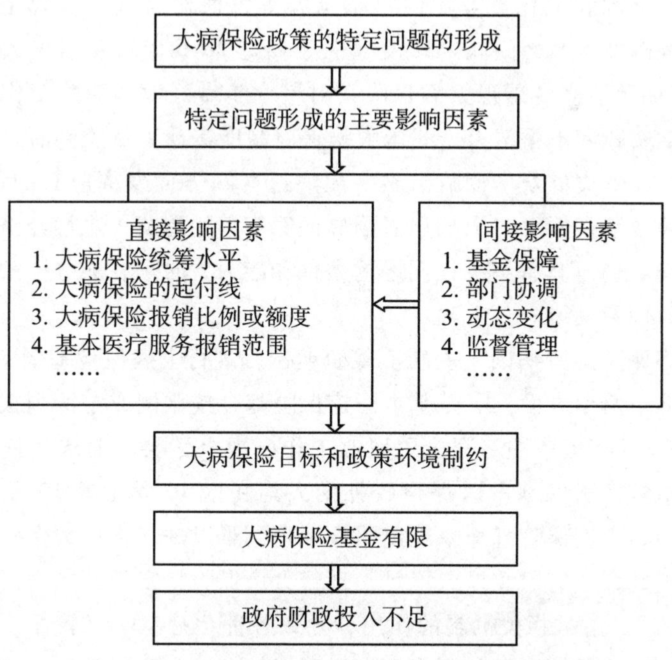

图 8－8　现行大病保险政策特定问题形成的根源

第五节 大病保险政策特定问题形成的作用机制

特定问题形成的作用机制分析，就是对特定问题的根源、影响因素之间的关系进行系统的分析和表达，阐述其对特定问题形成的综合作用和影响。在临床治疗中，最有效的临床治疗方案是标本兼治的方案。标本兼治方案的制定，依赖于对疾病明确而精准的诊断。要获得精准诊断，不仅要判定疾病的症状，找到疾病的病因，而且要发现疾病发生的作用机制。因此，在把握大病保险政策特定问题形成的影响因素和形成的根源的基础上，进一步分析并发现特定问题形成的作用机制，对建立创新发展标本兼治模式具有重要意义。

大病保险政策特定问题的作用机制体现在大病保险政策的发生、发展和演变过程中。2012 年 8 月，国家发展改革委等 6 个部门联合印发《关于开展城乡居民大病保险工作的指导意见》，明确大病保险是基本医疗保障制度的拓展和延伸，提出对高额医疗费用实施再次报销的指导意见。2015 年 8 月，国务院办公厅发布《关于全面实施城乡居民大病保险的意见》，在试点的基础上全面推开，并在扩大合规医疗费用范围和强化商业保险机构承办等方面作出进一步规定。2016 年 7 月，国务院医改办等 8 部门联合印发《关于做好 2016 年城乡居民大病保险工作的通知》，表明政府高度重视大病保险，对进一步做好大病保险工作提出具体要求。通过探索实践和不懈努力，我国大病保险制度实现了从无到有，从地方试点到全面推开，在解决群众“因病致贫、因病返贫”方面发挥应有的作用。但是，现行大病保险政策在面对“大病患者因高额医疗费用造成灾难性经济负担和健康损失”问题时，尚不具备解决该问题的条件和能力，必须在充分了解其作用机制的基础上进行创新发展。

现行大病保险的“病因”在于其筹资机制。现行大病保险基金的筹集渠道有限，主要来源于两个方面：一是基本医疗保险基金按比例或定额划拨，二是财政的补助。如 2016 年国务院召开全国医改工作电视电话会，要求各地完善大病保险政策，要求城乡居民基本医保财政补助人均新增 40 元中的 10 元用于大病保险。实践表明，大病保险基金呈现出明显不足，难以进一步扩大保障范围和提高保障水平。因此，政府财政投入不足是现行大病保险特定问题的根源。财政投入不足的“病因”，通过相关机制的作用，导致各种“症状”的产生。主要表现在以下几个方面：一是不同医保制度衔接机制不健全，大病保险制度碎片化。现行大病保险制度主要包括城乡居民大病保险、新型农村合作医疗大病保险和城镇职工大病保险等，主要保障的是基本医疗服务，由于缺乏制度衔接机制，可能会导致重复保险、重复补贴和低效保障等现象。二是保障机制不健全，大病保险成效有限。在大病保险实践过程中，大病保障机制存在的缺陷和问题显现得比较明显，具体表现为：保障目标不清、属性与定位模糊、大病概念不明、保障范围模糊、保障水平有限，直接影响到大病保险的成效。三是风险调节机制不健全，抵御风险能力不强。在大病保险基金不足的情况下，通过调整大病保险起付线、调整大病保险报销比例等，补偿能力低，只能起到一定的缓解作用，还不足以抵御大病风险，距离目标尚有较大差距，影响到大病保险的可持续发展。四是监管机制不健全，纠偏能力不强。由于缺乏有效的监督管理机制，在大病保险的实践中出现基金筹集不到位和使用不当、医疗服务行为不规范现象，甚至是“道德损害”等行为，因此抑制和纠偏的能力不强。五是信息共享机制不健全，大病保险运行效率不高。大病保险信息共享机制不健全，导致各基本大病保险制度之间缺乏有效沟通，表现为保障边界不清，重复保险、多重保险等，造成有限资源浪费。同时，医保、医药和医疗之间缺乏联动，在基本医疗服务提供和保障、基本用药目录制定和使用、合规医疗费用界定等方面缺乏协调，直接影响到大病保险运行保障的效率。

上述各种作用机制面对现行大病保险存在的“病因”，并未发挥出协调性和有效性作用，导致了大病保险各种“症状”的发生，其后果是直接影响到大病患者避免灾难性经济损失和健康损失的效能。因此，针对大病保险特定问题形成的作用机制来制定的方案才是标本兼治的方案。

第九章

创新发展模式一：大病保险的治标模式

我国自2012年8月国家发展改革委等6个部门联合印发《关于开展城乡居民大病保险工作的指导意见》以来，通过试点和全面推开，逐步建立了大病保险制度。现行的大病保险是基本医疗保障制度的拓展和延伸，主要是为了解决的问题是大病给患者造成的经济负担，尤其是要防止和减少“因病致贫、因病返贫”现象的发生。根据前两章中关于大病保险创新发展模式的设计和特定问题的根源分析的要求，如果需要解决的问题是在当前大病保险实践中出现的，产生重要影响、具有严重性，且迫切需要解决的现象和问题，那么就要针对大病保险政策特定问题形成的主要影响因素来研究对策和方案。大病保险政策问题分析显示，大病保险特定问题的直接影响因素主要包括：大病保险统筹水平、大病保险的起付线、大病保险报销比例或额度，以及基本医疗服务报销范围。针对特定问题影响因素制定的方案属于治标的政策方案，而在此政策方案基础上构建的创新发展模式，为大病保险创新发展的治标模式。

第一节　模式的思路和目标

一、基本思路

根据卫生政策方案制定的程序中，针对特定问题形成的影响因素制定政策方案的思路和要求，即“政策问题—特定问题危害—影响因素—政策方案”，系统分析我国现行城乡居民大病保险制在全面推广和实践中存在的问题，并在这些问题中找到特定领域的关键问题及其影响因素。针对政策特定问题形成的主要影响因素，通过建立基于现行制度下大病保险的治标模式，制定相应的政策方案和采取相应措施，不断提升大病保险的保障能力和保障水平。

二、建设目标

总体目标：系统分析当前我国大病保险制度存在的问题及其影响因素，在现行大病保险制度基础上，将城镇居民大病保险和新型农村合作医疗大病保险合并，实现“两保合一”，建立起城乡居民大病保险治标模式。针对大病保险特定问题形成的影响因素，采取扩大统筹范围、增加大病基金筹集、提高保障待遇等措施，提高城乡居民大病保障的公平性，有效减轻大病患者看病就医的经济负担，防止发生家庭灾难性医疗支出。

具体目标：一是实现“两保合一”，提升大病保险公平性。将现行的城镇居民大病保险和新型农村合作医疗大病保险合并，形成城乡居民大病保险制度，促进城乡居民公平享有基本医疗服务。二是建立大病保险治标模式。针对当前大病保险政策中存在的主要问题，以及主要问题形成的影响因素，通过内涵、功能、特点和相关机制等的研究，系统构建大病保险治标模式。三是提出大病保险治标模式的实施路径。根据大病保险治标模式的功能和特点，在系统分析该模式内部环境和外部环境的基础上，把握建设发展中的核心和关键问题，采取针对性措施，提出大病保险治标模式建设发展的实施路径，逐步提升大病患者保障待遇和保障水平。

第二节　模式的构建

一、模式的内涵

大病保险的治标模式的核心特征是“治标”，从政策制定的科学程序角度看，“治标”针对的是政策问题的表象及其影响因素。据此，大病保险治标模式采取的措施是针对现行大病保险存在的特定问题，其愿景是城乡居民公平享有基本医疗服务，并逐步减轻参保者患大病时产生的经济负担，而治标模式的功能、特点和机制设置均围绕该愿景和目标进行。

因此，大病保险的治标模式就是针对现行大病保险制度中存在的特定问题及其影响因素设计的，其内涵体现在：以当前大病保险政策问题及其影响因素为导向，以现行大病保险制度为基础，通过城镇居民大病保险和新型农村合作医疗大病保险“两保合一”，建立大病保险治标模式，保证参保者公平享有基本医疗服务。同时，采取逐步降低大病保险起付线和提高补偿比例等措施，逐步减轻参保人员因大病产生的灾难性经济负担（见图9-1）。

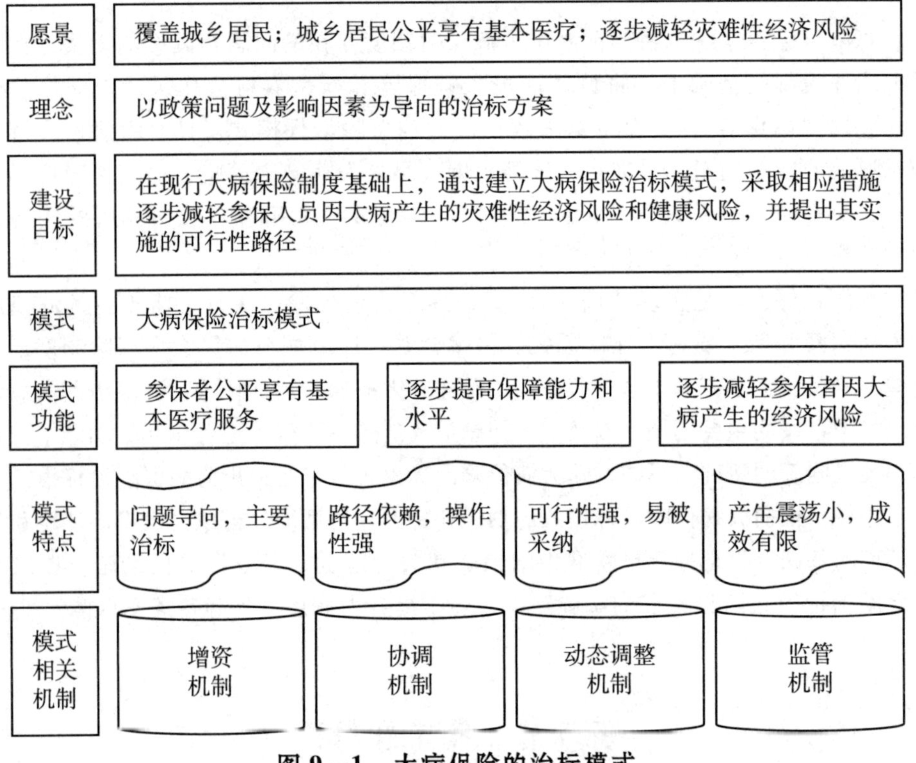

图9-1 大病保险的治标模式

二、模式的功能

模式功能源于模式的设计，模式设计的主要依据是其目标和愿景。大病保险治标模式的功能主要体现在以下三个方面。

（一）参保者公平享有基本医疗服务

现行的城镇居民大病保险和新型农村合作医疗大病保险分别依附于城镇居民

基本医疗保险和新型农村合作医疗，为参保者提供的是基本医疗服务。当参保人患有大病且形成高额医疗费用时，在基本医疗保险和新型农村合作医疗报销基础上，再进行二次报销。大病保险治标模式将实现“两保合一”，即将城镇居民大病保险和新型农村合作医疗大病保险合并为城乡居民大病保险，其目的和功能都是为了提升农村居民参保者的保障水平，逐步缓解由于大病产生的高额医疗费用给患者造成的灾难性经济负担，实现城乡居民参保者公平享有基本医疗服务的目标。

（二）逐步提高保障能力和水平

大病保险的治标模式为参保的大病患者提供基本医疗服务保障，“两保合一”的实施，将现行碎片化的大病保险制度逐步进行整合，逐步扩大大病保险基金的总额，增强大病保险抵御风险的能力，提高大病保险的保障水平。随着社会经济的发展和医学技术的进步，通过基本诊疗技术水平的提升、基本用药目录的完善、基本医疗服务手段的提高等方式，大病保险治标模式逐步建设和完善，在提供基本医疗服务的保障范围、保障能力和保障水平等方面逐步得到扩大和提升。

（三）逐步减轻参保者因大病产生的经济负担

这是大病保险治标模式的核心功能，也是其需要实现的目标。逐步减轻参保者因大病产生的经济负担，主要通过两个方面来实现：一方面是大病保险基金的增资。大病保险治标模式保障的是基本医疗服务，因此大病保险基金主要的筹资渠道是政府财政对大病保险基金的投入和支持，要通过建立政府财政投入的增资机制确保大病保险基金的筹集。同时，还可以接受慈善捐赠等方式，拓宽增资渠道。另一方面是大病保险的技术调整。根据大病保险基金的筹集和使用状况，通过逐步提高大病保险的补偿比例和降低起付线等技术方法，来有效缓解参保者在患大病时遇到的经济风险。

三、模式的特点

（一）问题导向，主要治标

大病保险治标模式主要针对当前大病保险存在的特定问题而设计，通过对问题的直接和间接影响因素的干预，使问题呈现的严重程度及其影响得到逐步缓解和改善。从该政策方案愿景和目标制定的角度看，是为了解决现行大病保险制度存在的主要问题，因此愿景和目标具有针对性和目的性。在范围上，政策方案以现行城镇居民大病保险制度和新型农村合作医疗大病保险制度为依据，并未涉及城镇职工大病保险和商业大病保险等制度。在政策上，主要通过调整大病保险的起付线和补偿比例，在基金可承受范围内扩大保障范围和提升保障水平，逐步缓解大病给参保者造成的经济风险。在制度上，主要体现为在现行大病保险制度体系和框架下，进一步地深化、补充和完善，并未产生根本性变革和影响。

（二）路径依赖，操作性强

大病保险治标模式是针对现行大病保险政策在实践过程中出现的关键问题及其表现出的“主要症状”而实施的“对症治疗”，其采取的对策思路实质上是“头痛医头、脚痛医脚”，预期的效果是“症状”的消失或者缓解，并未涉及制度和政策的根本性改变。从政策方案制定和实施的角度看，具有较强的路径依赖性，表现为在现行大病医疗保险制度下，根据政策目标采取的措施，而措施更多是程度上的区别并非实质的改变。比如，通过调整大病保险的起付线扩大受益人群，提升大病患者的补偿比例减少其经济负担等。因此，该模式的方案具有操作性强的特点。

（三）可行性强，易被采纳

大病保险治标模式的政策方案是在现行大病保险制度不发生根本性改变的前提下设计、建立和实施的，因此具有强的可行性。从政策方案选择的角度看，大病保险治标模式的性质决定了其政策方案和实施方案均是在现行制度基础上的进一步深化和改革。不论在保险技术、相关政策、制度安排、相互协调和管理方式等方面，还是在政治、经济、社会和技术等方面，该治标模式都具备政策方案实施所需的内部环境和外部环境。因此，大病保险治标模式政策方案更容易被政府部门采纳和接受。

（四）产生震荡小，成效有限

大病保险治标模式的基本理念和建设目标表明，该模式的政策方案更多关注的是在现行大病保险政策基础上，针对现行大病保险政策特定问题及其形成的影响因素而采取的措施，以及对大病保险起付线、报销比例等调整的程度，属于“量的积累”，而不是政策方案产生“质的改变”。因此，从政策方案实施的效果角度看，该模式在实施过程中对现行大病保险制度各利益相关者产生的震荡不大，采取的措施亦是逐步的、递进的和可控的。当然，由此而产生的成效也是针对性的、局部的和有限的。

四、模式的机制

（一）增资机制

大病保险治标模式是在现行大病保险制度的基础上，为解决存在的主要问题而设计的。尽管解决的是问题的表象，但是要取得预期的效果，关键是确保大病保险基金的筹集。因此，建立大病保险基金的增资机制是政策方案实施的前提和基础。根据大病保险治标模式的特点，增资机制的建立要关注以下方面：一是逐步增加从基本医疗保险划归大病保险基金的比例或数量；二是逐步增加政府财政对大病保险基金的支持力度；三是扩大大病保险筹资的其他渠道。在此基础上，逐步形成政府主导、多渠道支持、法律保障、稳定持续的大病保险基金增资机制。

（二）协调机制

大病保险治标模式仍然依附于当前基本医疗保险制度，是基本医疗保险功能的扩展和延伸。因此，该模式的政策方案要发挥好自身的功能，有效运行并可持续发展，就要充分认识到建立和完善方案协调机制的重要性。该模式的协调机制总体上包括两个方面：一是内部协调机制。主要是指大病保险治标模式内部在结构、作用、功能、措施和运行等方面的协调。比如，城镇居民和新农合大病保险“两保合一”涉及有效运行、管理和发展进程的协调，大病保险的基金、大病保险需求、保障能力、保障水平等的协调等。二是外部协调机制。主要作用于大病保险治标模式与外部政策环境的协调发展。比如，医疗、医药和医保之间的“三医联动”，大病保险与财政、物价、民政等相关部门的协调机制。因此，大病保险治标模式政策方案的协调机制是其有效运行的重要支撑。

（三）动态调整机制

大病保险治标模式的愿景和目标是逐步减轻参保者因患大病造成的经济负担，而愿景和目标的实现需要在政策方案中扩大保障范围、提升保障能力和提高保障水平。特别是大病保险基金、保障范围和保障待遇之间要建立动态调整机制。具体而言，大病保险治标模式政策方案的动态调整机制主要包括以下几个方面：一是基本医疗服务动态调整机制。大病保险治标模式的政策方案为参保者提供的是基本医疗服务，而随着社会经济的发展和医学科技的进步，基本医疗服务是动态发展变化的，因此，要通过建立动态调整机制保证基本医疗服务范围和水平的提升。二是大病保险起付线的动态调整机制。大病保险起付线的下调将扩大大病保险患者的受益面，但是如何调整、调整的幅度、调整产生的影响等，需要通过建立动态调整机制进行系统分析。三是大病保险补偿比例的动态调整机制。该机制是大病保险治标模式保障能力的重要体现，直接反映参保的大病患者享受的保障待遇。大病保险补偿比例主要是依据大病保险需求、保障基金和保障能力协调制定的，客观上需要建立动态调整机制。因此，大病保险治标模式的动态调整机制是其有效运行的核心和关键。

（四）监管机制

大病保险治标模式的有效实施除了增资机制、各种协调机制和动态调整机制外，还需要监管模式的保障。通过建立全程监管机制，及时发现大病保险治标模式政策方案在实施过程中存在的问题，有利于采取针对性措施进行纠正，保障政策方案的实施和运行按照其愿景和目标发展。监管机制主要包括以下几个方面：一是大病保险基金的监管。没有保险基金就没有大病保险。建立保险基金监管机制，加强大病保险基金的筹集、分配和使用的监管，具有重要的意义。二是医疗服务行为的监管。大病保险治标模式保障的是基本医疗服务，而建立医疗服务行为监管机制，可以有效避免过度医疗、大病惜治等现象发生。三是欺诈骗保行为的监管。国际的实践表明，欺诈骗保不容忽视，造成巨大的浪费并产生不良的社会影响。建立监管机制，加强大病保险治标模式防欺诈骗保行为监管刻不容缓。因此，大病保险治标模式监管机制是其有效运行的保障。

第三节　模式的路径

大病保险治标模式能否取得成效并实现预期目标，还需要在实践中进行验证，而在实践中验证的关键是要基于模式特点设计好其实施路径。根据治标模式的愿景和目标、功能和特点，及其所具备的内部和外部政策环境，大病保险治标模式具有较强的路径依赖，是在现行大病保险基础上的深化、改革和完善，解决的是问题呈现出的现象，因此，该模式的实施路径的设计应把握其特点、重点和核心，其基本思路是“政府支持—明确发展目标—信息共享平台建立—方案执行评估”。

一、政府支持

政府的支持是大病保险治标模式的建立和实施的前提条件和基础，也是该模式实施路径的入口。大病保险治标模式政策方案的实施，首先要得到政府支持，主要包括以下几个方面：一是资金投入的支持。一方面，大病保险治标模式保障的是基本医疗服务，而基本医疗服务主要应有政府保障，另一方面，大病保险治标模式愿景和目标的实现主要依赖于大病保险基金，而大病保险基金主要来源于政府财政的支持。二是政策支持。政府在政策思路和发展方向上的支持，是打开实施路径入口的重要依据。比如，大病保险治标模式提出的城镇居民大病保险和新农合大病保险的“两保合一”，得到政府部门相关政策的支持。三是各部门联动的支持。大病保险治标模式并非只靠医疗保险部门能够实现，必须得到相关部门的大力支持和配合，比如医疗、医药和医保的“三医联动”，财政、物价、发改委等相关部门的支持等。

二、明确发展目标

发展目标为实施路径指明了方向。明确大病保险治标模式的发展目标，并使之可量化、可考量、可评估，为该模式的实施路径指明方向。大病保险治标模式政策方案的主要目标包括以下几个方面：一是实现城镇居民大病保险和新型农村合作医疗大病保险的合并，即“两保合一”，逐步解决大病保险制度的碎片化、保障待遇差异和公平性问题；二是通过降低大病保险起付线等方式，逐步扩大大病保险实际受益人群的范围；三是通过提高大病保险个人负担补偿比例等方式，逐步提高大病保险补偿待遇，减轻参保者的经济负担。

三、信息共享平台建立

信息共享平台是路径通畅的保障。大病保险治标模式涉及的范围广，包括政府各相关部门、医疗机构、医药企业、广大城乡居民等，其政策方案的设计、实施、调整和有效运行等，客观上需要相关信息的及时、准确和完整作为保障。当前在信息化建设和管理中，存在条块分割、部门利益等导致的信息碎片化、信息孤岛等问题，因此，大病保险治标模式在实施路径中，迫切需要建立信息共享平台来给予保障。信息共享平台主要功能体现在：一是建立数据共享库，为政策方案制定提供系统、完整、准确的数据资料；二是建立知识共享库，为政策方案提供技术和方法上的支撑；三是建立决策咨询共享库，为方案的实施、模拟和决策提供咨询。

四、方案执行评估

政策方案的执行评估是实施路径中的重要关口。大病保险治标模式在具备模式建立的基本条件、具有明确的目标作为路径的指引并保障路径通畅的前提下，就可以通过政策方案的执行和评估，在治标模式的实施路径上稳步前行。当然，在前行的过程中会遇到各种关口，要顺利通过这些关口实现目标，就需要在方案执行过程中进行全程评估，及时发现、纠正和解决存在的问题，确保方案沿着发展路径顺利进行。方案执行评估是指方案实施的全程评估，主要包括三个方面：一是事前评估，即在大病保险治标模式方案实施前，对采取措施的内外部政策环境和效果进行评估；二是事中评估，即在大病保险治标模式方案实施过程中，及时评估计划目标与实际情况的差异，并给予纠正；三是事后评估，即大病保险治标模式方案实施后，进行系统评估。

第十章

创新发展模式二：大病保险的治本模式

现行的大病保险是基本医疗保障制度的拓展和延伸，保障的对象是参加城镇居民基本医疗保险的居民和参加新农合的农民，保障的范围是大病患者符合基本医疗服务的费用，保障的目的是解决患大病给患者造成灾难性的经济损失和健康损失。根据本研究提出的大病保险创新发展模式的总体设计和要求，如果建立的创新发展模式不仅针对大病保险政策问题的现象和影响因素，而且针对政策问题的根源（roof of the policy issue），即大病保险的元问题时，这种模式称为大病保险的治本模式。大病保险政策问题的根源分析结果显示，以现行大病保险特定问题及其影响因素建立的关系链为基础，通过文献系统分析、相关政策分析和逻辑分析可知，大病保险基金主要依靠政府财政的支持，而政府财政投入不足是现行大病保险政策特定问题形成的根源。因此，本章将针对大病保险的问题根源，制定性质上属于治本的政策方案，并在此基础上构建大病保险的治本模式。

第一节　模式的思路和目标

一、基本思路

根据卫生政策方案制定的程序中，针对特定问题形成的根源制定政策方案的思路和要求，即“政策问题—问题危害—影响因素—问题根源—政策方案”，按照政策制定的科学程序和方法，通过对政策特定问题形成的根源进行分析，研判大病保险政策的元问题，并以此为核心结合当前社会经济发展特点，采取针对性措施和方法，建立大病保险的治本模式，目的是从根源上解决大病保险的政策问题。

二、建设目标

总体目标：系统分析当前我国大病保险制度存在的问题及问题根源，在政府各相关部门的大力协同和支持下，针对大病保险特定问题形成的根源，制定治本性的政策方案。在现行大病保险制度基础上，通过采取降低起付线、减少个人支付比例，尤其是设立个人支付封顶线等措施，建立和完善城乡居民大病保险治本模式，从根本上减轻大病患者看病就医的直接经济负担，有效防止发生家庭灾难性医疗支出。

具体目标：一是增加政府财政投入，设置个人支付封顶线。针对当前大病保险政策特定问题形成的根源，通过在现行大病保险制度中设置个人支付的封顶线，可以从根本上解决因患大病造成的灾难性经济损失的问题。个人支付的封顶线的设置，需要充足的大病保险基金做保障，而现行大病保险提供的是基本医疗服务保障，因此需要政府财政投入的大力支持。二是形成动态调整机制，有效解决参保者医疗费用负担。根据社会经济发展的特点、大病保障的需求和大病保险基金的筹资状况，建立起付线、个人支付比例和个人支付的封顶线之间的动态调整机制，通过调整大病保险保障范围、保障水平和保障能力，确保大病保险治本模式的有效运行，并在较大程度上缓解患大病参保者的医疗费用负担，避免发生灾难性医疗支出。三是依据相关政策环境，提出模式的实施路径。根据大病保险政策问题的根源分析的客观要求和社会经济发展的实际情况，以及大病保险治本模式的总体发展目标，系统分析模式建设发展中的关键问题，提出实现大病保险的治本模式的有效路径。

第二节　创新模式的构建

一、模式的内涵

根据政策制定的科学程序，大病保险的治本模式是针对政策问题的根源而非表象而建立的。现行大病保险政策特定问题的形成受到许多因素的影响，主要表现在保险基金筹集单一、保障待遇和水平不高，以及缓解大病患者经济负担的实际效果有限等。但是，从政策问题的本质和根源角度分析，大病保险特定问题的根源在于政府财政投入不足。这是因为：一是大病保险基金筹资渠道单一。治本模式是建立在现行大病保险制度基础上的，而现行大病保险并非独立险种，是依附于城乡居民基本医疗保险的一种制度性安排，大病保险基金来源于基本医疗保险基金，因此大病保险基金的筹集渠道单一而有限。二是保障基本医疗服务是政府职责。大病保险的治本模式是在现行大病保险制度上的补充、协调、创新、发展和完善，从保障的范围和属性看，是对参保的大病患者提供基本医疗服务产生的合规费用进行补偿，而保障基本医疗服务是政府的主要职责，因此政府财政应对大病保险治本模式的建立和发展予以充分保障。

因此，大病保险的治本模式就是针对政府财政投入不足这一根源性问题而设计的，其内涵体现在：以大病保险政策问题的根源分析为指引，在现行大病保险制度基础上，针对特定问题形成的根源，通过确保政府财政对大病保险基金的投入、降低起付线、提高补偿比例和设置个人支付封顶线等技术手段，以及建立相关机制等措施，建立大病保险治本模式。根据大病保险治本模式的特点，结合政策环境的支持，通过模式的有效运行充分发挥其功能，实现覆盖城乡居民、享有基本医疗服务，从根本上化解参保人员因大病产生的灾难性经济风险的愿景和目标（见图 10 - 1）。

二、模式的功能

大病保险治本模式的功能是围绕其目标和愿景设计的，主要体现在以下三个方面：一是重点保障参保者基本医疗服务。这是由现行大病保险的属性决定的。当参保人患有大病且形成高额医疗费用时，大病保险治本模式将对基本医疗服务范围内发生的费用给予报销和保障。二是有效减轻大病患者的直接经济负担。大病保险治本模式通过动态调整机制，调整参保人员起付线、逐步提升补偿比例等方式，有效减轻大病患者的直接经济负担。三是从根本上解决大病患者灾难性经济风险。这是大病保险治本模式的核心功能。通过大病保险政策问题的根源分析，借鉴国际先进经验，针对性地采用设置个人支付封顶线的技术方法，即大病患者个人支付医疗费用达到一定程度后就封顶，再发生的费用由保险基金和政府承担。由此，可以从根本上解决大病患者的灾难性经济风险问题。

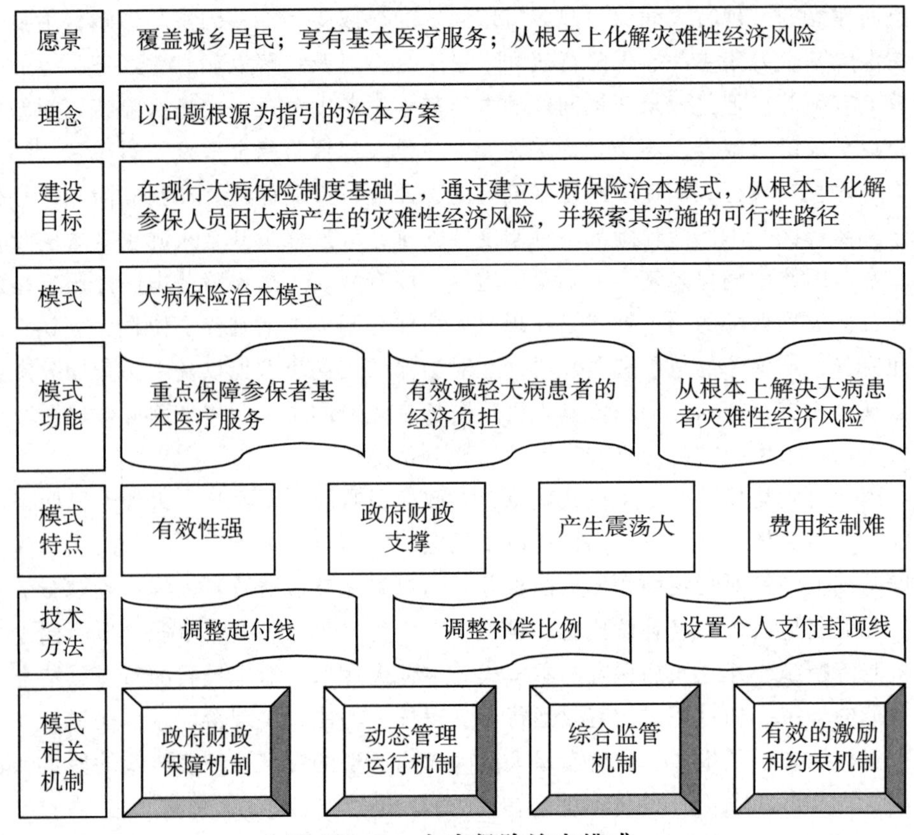

图 10-1　大病保险治本模式

三、模式的特点

（一）有效性强

大病保险治本模式是针对现行大病保险政策问题的根源设计的，目的是从根本上解决大病给患者带来的灾难性经济负担的问题，因此该模式实施后取得的效果明显，具有有效性强的特点，主要表现在以下三个方面：一是扩大大病保险受益人群。以现行大病保险制度为基础，通过大病保险起付线的调整，即降低享受大病保险的门槛值，来扩大大病保险的受益人群，尤其是使经济条件较差的低收入人群得到保障。二是提高参保大病患者的补偿比例。根据大病保险的目标和社会经济发展状况，逐步提高大病保险对患者的补偿比例，使大病患者在基本医疗服务范围内的保障待遇不断提高。三是设置大病保险个人支付封顶线。这是大病保险治本模式的实质和根本所在。通过设置个人支付封顶线，从根本上化解大病给患者带来的灾难性经济风险。因此，大病保险治本模式的实施会产生明显的预期效果，具有有效性强的特点。

（二）政府财政支撑

大病保险治本模式需要政府财政的支撑，这是该模式的必要条件和显著特征。这是因为：一是大病保险提供的是基本医疗服务，属于公共物品或准公共物品，从理论上而言需要政府财政作为主要支撑；二是大病保险覆盖面的扩大和补偿比例的提升，依赖于大病保险基金的统筹情况，其中政府财政的支持是关键；三是大病保险个人支付封顶线的设置和运行，更加需要充足的大病保险基金作为依靠。否则，大病保险的治本模式将成为空中楼阁。因此，大病保险基金的筹集是关键，而在基金的筹集渠道中，政府的财政支持发挥核心和支撑作用。

（三）产生震荡大

大病保险治本模式的设计并非针对大病保险存在问题的表象，而是针对政策问题的根源，因此该模式产生的效果是从根本上解决大病保险的政策问题。政策效果的根本性改变必将产生大的震荡，这种震荡主要包括以下三个方面：一是从需方角度看，大病保险治本模式对参保的大病患者产生正向的、积极的震荡，表现在大病患者将因此而得到充分的保障，再不会因大病而出现灾难性经济风险。二是从供方角度看，大病保险治本模式对提供服务的医疗机构和医药企业产生震荡。尤其是在大病保险基金有保障、保障水平和能力提升的状况下，供方采取的行为和方式与约束条件下相比，将会产生明显的变化。三是从管理角度看，大病保险治本模式对政府部门的管理产生震荡。一方面是政府财政的大力支持，该模式主要依赖于政府投入的保障，对政府部门预算和优先支持提出客观要求，另一方面是大病保险高水平保障条件下更需要医疗、医保和医药等各部门的联动、协同和综合监管，以保证该模式具有持续性而不是一过性的。

（四）费用控制难

大病保险治本模式尽管有很高的有效性和充分的保障能力，能够从根本上解决大病保险问题，但是该模式同时也存在明显的不足，特别是医疗费用的增长幅度加快和大病保险补偿费用的增加，导致控制大病患者医疗费用的难度增加，且直接影响到该模式运行的可持续性。大病保险治本模式费用控制难，主要体现在以下三个方面：一是政府财政投入费用难以控制。政府财政经费是有限的，而大病患者需求是无限的，二者之间如何权衡来实现治本的目标，具有一定难度。二是大病保险基金难以控制。广覆盖、高福利的大病保险的治本模式需要充足的大病保险基金做保障，而做到大病保险基金的充分筹集、合理分配和有效使用并非易事。三是医疗费用难以控制。社会经济发展和医学技术进步，引起医疗费用，尤其是大病医疗费用的大幅度增加。同时，大病保险治本模式呈现的高福利保障措施会导致医疗费用控制难度增加。比如，设置个人支付封顶线后，封顶线以上的大病医疗费用由基金承担，但是医疗服务市场的特点决定了供方具有垄断性，而作为供方的医疗机构缺乏费用控制的动力。因此，费用控制是大病保险治本模式的难题，需要设计相应的运行、制约和监管机制进行克服。

四、模式相关机制

（一）政府财政保障机制

建立大病保险治本模式的前提条件是筹集到充足的大病保险基金，而政府的财政支持是主要的基金来源。因此，为保障大病保险治本模式的实施，需要建立稳定、长效的政府财政保障机制，而建立机制并保证其有效运行，需要重点考虑以下三个方面的问题：一是大病保险基金需求的测算。根据大病保险治本模式的设计和大病保险的需求，测算治本模式所需的保障基金数量的范围。大病保险基金需求的测算是大病保险治本模式的基础，模式的设计、建立和实施均是以此为依据开展的。二是法律法规上明确基金来源。通过准确测算大病保险治本模式基金需求，回答了实施该模式“需要多少”大病保险基金的问题。接下来，要考虑的问题就是基金“从哪里来”。大病保险治本模式保障的是大病患者的基本医疗服务，因此大病保险基金主要应该来自政府的财政支持。该模式要实现可持续发展，必须要有稳定的筹资机制，而要获得政府财政的稳定支持，其必要条件是在相关的法律法规中予以明确规定。三是优先保障机制。“没有全民健康就没有全面小康”，“健康中国”是我国优先发展战略，而大病是影响全民健康并且造成患者灾难性经济风险的主要因素，因此，应该通过建立相关机制将大病保障放在优先保障的地位。综上所述，建立政府财政保障机制是大病保险治本模式的前提和基础。

（二）动态管理运行机制

大病保险治本模式的建立主要依赖于社会经济的发展、医学技术的进步、居民的客观需求，以及健康的理念和价值观等，因此该模式并非孤立的、静止的，而是随着实际情况和需求而变动，具有动态发展的性质。因此，大病保险治本模式的有效运行需要依靠其动态管理机制。主要表现在以下几个方面：一是调整起付线，扩大受益面。根据大病保险基金的保障能力，通过调整大病保险的起付线，可以逐步扩大大病患者的受益面。二是调整补偿比例，减少医疗费用负担。通过调整大病保险费用的补偿比例，可以逐步提升大病保险的保障待遇，减轻大病患者医疗费用的经济负担。三是设置个人支付封顶线，从根本上解决灾难性经济负担。通过设置个人支付封顶线，为大病患者提供避免灾难性经济风险的安全屏障。上述机制既各自独立运行、动态变化调整，又彼此之间相互关联，在系统和动态发展中取得平衡。综上，建立动态管理运行机制是大病保险治本模式的核心。

（三）综合监管机制

要确保大病保险治本模式实现设计的理念和目标，除了要求方案的科学设计和准确地实施外，还需要综合监管来保证其按正确方向发展。因此，建立大病保险治本模式的综合监管机制具有重要意义。主要表现在以下三个方面：一是大病保险基金的监管。通过建立大病保险基金监管机制，对大病保险基金的筹集、管理、使用和分配进行全程监管，重点防止挪用、欺诈、骗保等情况发生，保证大病保险基金管理和使用的合法性、安全性和有效性。二是大病保险服务监管。大病保险治本模式为大病患者提供的是基本医疗服务，包括基本诊断、基本治疗和基本用药服务。通过建立大病保险服务的监管机制，可以保证为大病患者提供合规的服务范围、服务质量和服务水平。三是大病保险第三方监管。大病保险治本模式涉及广大人民群众的利益，除了大病保险系统内部的监管外，还应当加强系统外监管。通过建立大病保险治本模式的第三方监管机制，可以避免大病保险系统自身监管的不足和缺陷，并不断进步和完善。综上所述，建立综合监管机制是大病保险治本模式的保障。

（四）有效的激励和约束机制

大病保险治本模式的有效实施和可持续发展，需要大病保险的需求方、供给方和管理方等各方沿着模式设计的正确方向共同努力和协同配合。其中，有效的激励和约束机制为该模式实施和运行提供保障。主要体现在以下三个方面：一是医疗服务提供方的激励和约束。医疗服务机构是医疗服务的提供方，通过设立供方激励约束机制，一方面激励供方提供高质量的基本医疗服务，另一方面约束供方避免过度医疗造成资源浪费。二是大病保险需方的激励和约束。大病保险的需方是大病保险的参保者，需方激励约束机制的作用，一方面表现在对参保者少患或不患大病的正向激励，另一方面表现在对过度利用、滥用和浪费有限资源的约束。三是大病保险管理方的激励和约束。从管理方角度而言，既要鼓励为保证目标实现而努力的行为，又要避免盲目和不切合实际的发展。综上所述，建立有效的激励和约束机制是大病保险治本模式可持续发展的重要依据。

第三节 模式的路径

根据大病保险治本模式的功能和特点，该模式的建立、实施和可持续发展需按照“达成共识—政府支撑—方案研制—可行性分析—模式执行和评估”的思路进行，同时也是该模式实施路径的思路。

一、达成共识

健康中国是国家的战略目标，健康融入万策，为人民群众提供全方位、全周期的健康服务是举国共识，在共识之下才会有共同的策略和共同的行动。大病保险治本模式的建立和实施，首要任务是其各个利益相关者要达成共识。政府相关部门、医疗保险机构、医疗卫生机构、医药企业、广大人民群众、大学和研究机构等利益相关者，就通过大病保险治本模式从根本上解决大病给患者造成的灾难性经济负担这一问题，在理念、愿景、目标、思路、方法和行动等方面达成共识。达成共识是采取行动和付诸实践的前提，而实践是检验是否实现大病保险治本模式的预期效果的唯一标准。

二、政府支撑

在大病保险各利益相关者达成共识的基础上，大病保险治本模式的实施还需要明确得到政府的支持，尤其是政府财政的支撑。这是因为，根据大病保险治本模式的特点，该模式为大病患者提供的是基本医疗服务，因此政府在保险基金的提供和基本医疗服务的保障方面有不可推卸的责任，并且是大病保险基金筹集的主要渠道。大病保险治本模式从根源上解决大病患者灾难性基金负担问题，具有保障范围广、保障待遇高的特征，而该模式保障目标的实现依赖于大病保险基金筹集的水平。因此，政府财政的投入是大病保险基金的重要支撑，是大病保险治本模式能否建立和实施的核心和关键。

三、方案研制

大病保险治本模式实施的第三步是研制具体实施方案。方案研制的依据是社会经济发展状况、现行医疗保障的能力和水平、模式实现的目标和愿景，以及其他相关条件的具备情况。大病保险治本模式实施方案研制的重点是建立动态管理和协调的机制。具体而言，在大病保险基金可承担的基础上，通过系统调节大病保险起付线、补偿比例和设置个人支付封顶线等技术手段，发挥大病保险模式的功能，逐步实现其治本的目标。

四、可行性分析

大病保险治本模式的方案研制形成后，接下来要做的是方案的可行性分析。可行性分析主要包括政治、经济、社会和技术等方面。首先分析政治环境的可行性。主要取决于大病保险治本模式的政策目标是否得到政府法律法规、相关制度、政策和改革趋势等方面的充分支持。其次是经济可行性分析。特别是当前社会经济发展的水平能否支撑政策目标和政策方案的实施，这是大病保险治本模式的核心和关键。再次是社会环境可行性分析。主要表现在当前社会需求、社会文化和社会价值观念等对大病保险治本模式是否支持。最后是技术环境可行性分析。即与大病保险治本模式相关的保险技术、医疗服务技术和管理技术等是否可行。

五、模式的执行和评估

经过可行性分析后，大病保险治本模式方案进入执行和评估阶段。该模式方案在执行过程中必将遇到各种动力或阻力，特别重要的是通过阻力分析和评估，寻找克服和解决的措施和方法，纠正偏差，保证方案政策目标的实现。根据大病保险治本模式的特点，其政策方案的实施重点关注两个方面：一方面是大病保险基金是否足够支撑大病保险的治本策略，并具有可持续发展的能力；另一方面是如何有效抑制大病保险中出现的过度医疗，或者大病治疗不足的问题。通过大病保险治本方案的实施和评估，发现存在问题，提出针对性建议进行修正和完善，促进其可持续发展。

第十一章

创新发展模式三：大病保险的标本兼治模式

当前人们崇拜医学科技，因为它正在不断地攻克一个又一个难以治愈的大病。然而，医学科技是一面双刃剑，一方面为大病患者带来希望和福音，另一方面患大病产生的高额医疗费用给患者及其家庭带来巨大的经济负担。从前述的理论分析可知，现行城乡居民大病保险的根本属性是城乡居民基本医疗保险功能的拓展和延伸，其筹资方式、保障范围、保障能力和保障水平，决定了现行大病保险保障的是基本医疗服务，是合规的基本医疗费用。因此，一个基本的判断是，现行城乡居民大病保险只能在有限的范围内缓解大病患者高额的医疗费用，而不可能解决因大病产生的高额医疗费用给患者造成的灾难性经济负担和健康损失的问题。既然当前城乡居民大病保险保障能力有限，那么客观上就会呼唤一种创新的模式。根据本研究提出的大病保险创新发展标本兼治模式的总体设计和要求，以及大病保险政策特定问题的根源分析，针对问题形成的作用机制，需要建立大病保险创新发展的标本兼治模式。

第一节　模式的思路和目标

针对本研究提出的大病保险政策特定问题，即大病患者因高额医疗费用造成灾难性经济负担和健康损失，以及特定问题形成的作用机制，依据国际上大病保险的经验和发展趋势，结合我国健康中国 2030 等目标，构建具有中国特色的大病保险创新发展标本兼治模式。

一、基本思路

根据卫生政策方案制定的程序中，针对特定问题形成的作用机制来制定政策方案的思路和要求，即“政策问题—问题危害—影响因素—问题根源—作用机制—政策方案”，在对我国大病保险理论和实践分析的基础上，归纳关键问题，确认特定问题并进行问题的根源分析；针对大病保险特定问题形成的作用机制，结合政策环境的需求，对大病保险制度的属性、政策定位和政策目标进行理论探索和创新；从系统和整合的视角进行统筹考虑，构建层次明晰、衔接高效、功能互补的大病保险体系框架，并提出大病保险创新发展标本兼治模式与可行路径。

建立大病保险标本兼治的创新发展模式，其核心理念就是以人民为中心。任何医疗保险制度和体系的建设，开始的出发点和最终的目的都是为了减少人的经济风险和健康风险，以及保障人的健康。在以人民为中心的理念下，大病保险标本兼治创新发展模式的愿景：一是人群的全面覆盖；二是满足不同层次参保人员的需求；三是参保人员公平享有其权利；四是有效化解参保人的灾难性经济风险和健康风险。

二、建设目标

总体目标：在以人民为中心的核心理念下，以国家健康发展战略为指引，以社会经济发展和国际大病保险经验及发展趋势为依据，以有效降低参保人员因大病产生的灾难性经济风险和健康风险为目的，通过当前大病保险政策在实践中存在的主要问题及其根源分析，针对大病保险政策特定问题形成的作用机制，制定标本兼治的政策方案。从系统、整合、高效和可持续发展的视角，构建具有中国特色的大病保险创新发展的模式，并根据实际情况探索其实施的可行性路径。

具体目标：一是构建我国大病保险标本兼治的创新发展模式。针对大病保险政策特定问题形成的作用机制，提出建立分层联动整合式大病保险模式，即大病保险的标本兼治模式。从模式内涵、模式结构和功能、模式的特点、模式的相关机制、模式的标准和规范，以及模式的创新等方面，对该模式构建的核心要素进行系统分析和探讨。二是形成我国大病保险创新发展体系。与现行大病保险制度相比，建立的大病保险创新发展体系有以下特点：第一，分层保障，服务全覆盖。通过分层划分保障功能，保障的医疗服务既有基本医疗服务和非基本医疗服务，又有大病治疗必需的高端医疗服务。第二，联动保障，整合服务。各层之间保障分工明确，相互衔接，并形成有机整体。有效提升保障的效能。第三，较好的兼容性。能够较好地实现保大额医疗费用和保大病病种相结合，逐步实现精准保大病。三是提出大病保险创新发展标本兼治模式的实施路径和配套措施。根据大病保险创新发展标本兼治模式的总体目标和特征，通过路径选择的逻辑分析、理论分析和大病保险政策环境分析，提出实现大病保险创新发展标本兼治模式的三种路径，即渐进式发展路径、阶梯式发展路径和跨越式发展路径。同时，提出各种路径的具体实施步骤，以及相应的配套措施和条件，为决策者提供参考依据。

第二节　模式的构建

一、模式的内涵

基于前期的理论和实证分析，以及本研究提出的大病保险创新发展标本兼治模式的总体设计，结合新时代卫生健康发展的客观要求，本研究提出建立具有中国特色的大病保险的创新发展模式，即分层联动整合式大病保险模式。其基本内涵在于：分层是为了满足不同层次大病患者需求，既体现横向公平又体现纵向公平；联动是指各层之间不是孤立的，静止的运行，各层功能清晰，相互联系，相互补充；整合表明各层之间不仅是联动，而且是有机整合，是为了提高保险模式的整体效率为了避免碎片化政策，避免重复保险、重复补偿和逆向选择，提高保障的精准性和靶向性。主要内容包括：模式的结构和功能、模式的特点、模式的相关机制、模式的标准和技术规范、模式的创新等（见图 11－1）。

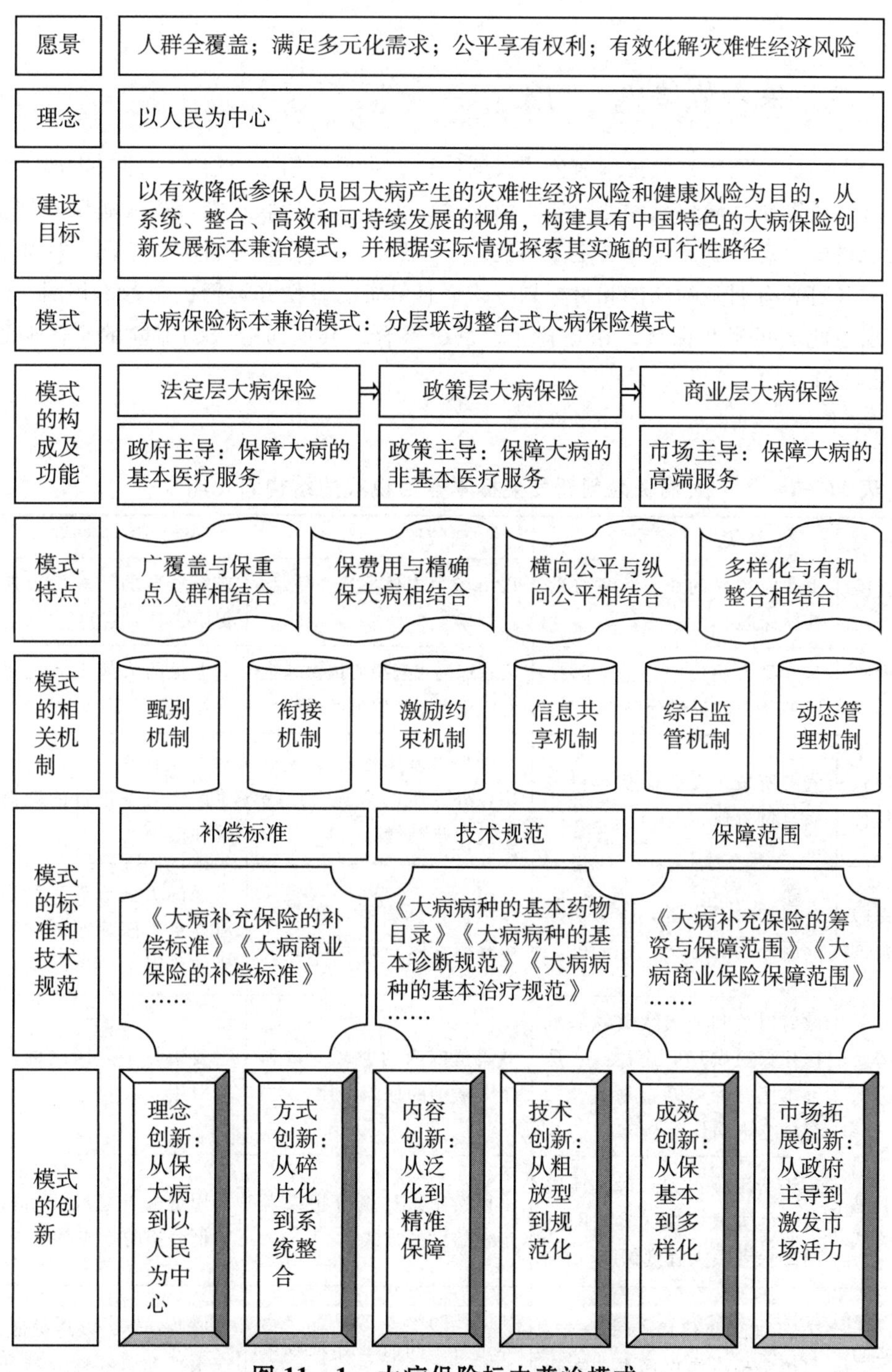

图 11-1　大病保险标本兼治模式

二、模式的结构

大病保险创新发展标本兼治模式的结构，主要包括三个层次，即法定层大病保险、政策层大病保险和商业层大病保险，为建立分层联动整合式大病保险创新发展模式奠定基础。结构决定了功能，三个层次大病保险各自定位不同、性质各异、各自具有明确的功能和目标划分，而且筹资、补偿和运行机制各不相同，但各层彼此之间相互衔接，相互补充，系统整合，共同筑起大病保险的牢固防线（见表11－1）。

表11－1　　大病保险创新发展标本兼治模式的结构和功能

内容	法定层大病保险	政策层大病保险	商业层大病保险
保险性质	由政府主导的、人人享有的社会保险	以市场为主体实施的公益性保险	市场主导的开放性大病保险，具有营利性
保险功能	基本型大病保险，基本医疗服务范围内提供保险	为参保的大病患者提供基本医疗服务范围以外的保险	为参保的大病患者提供高层次医疗服务的保险
保险目标	病有所依，大病保基本和大病自付封顶	对参保者基本医疗服务范围以外发生的合理费用提供进一步补偿	对参保者高质量、高水平医疗服务进行的靶向性补偿
保险范围	参保的大病患者，在基本医疗服务范围内发生的费用	参保的大病患者，在基本医疗服务以外发生的费用	参保的大病患者，在享有高水平医疗服务时产生的费用
筹资方式	政府财政和个人缴纳的基本医疗保险费用。途径：一是基本医疗保险基金划拨；二是独立大病保险基金	政策范围内的财政支持和个人缴纳的保险费用	主要来自个人缴纳的保险费用
补偿方式	采用费用分担和自付封顶相结合的方式。在保险范围内给参保者最大程度保障	采用费用按比例分担或者定额给付的方式	采用定额补偿或费用按比例分担的方式
运行方式	政府与商业保险公司合作，具体包括：商保经办、委托办理和保险合同	在一定政策下以市场为主体运行，同时要体现政策层大病保险的公益性，采用的主要方式为保险合同	政府监管下，以高质量、高水平和营利性为特征的商业运行

（一）法定层大病保险

法定层大病保险的性质是由政府主导的社会保险，其基本功能是为参保的大病患者提供基本医疗服务范围内的保险，属于人人享有的基本型大病保险，如当前我国实施的城乡居民大病保险。法定层大病保险的主要目的，是当参保者罹患大病并产生高额的医疗费用时，在基本医疗服务范围内为参保者提供保障，做到大病有所依、大病保基本和大病自付封顶。该层的筹资来自政府财政和个人缴纳的基本医疗保险费用，主要途径有二：一是依据各地缴费标准，从基本医疗保险基金中划出一定比例或数额作为法定层大病保险基金；二是依据其保障的性质，由政府财政和个人单独缴费设立大病基金。保险的补偿，采用费用分担和个人自付封顶相结合的方式，即当参保者确定为患有大病并造成大额医疗费用时，第一阶段由法定层大病保险基金和个人按比例共同负担，当个人负担的医疗费用仍然过高且难以承受时（如造成家庭灾难性医疗费用支出），进入第二阶段，该阶段即参保者自付封顶，封顶线以上的医疗费用由法定层大病保险基金支付，在保险范围内给参保者最大程度保障。运行方式采用政府与商业保险公司合作的方式，具体包括：一是商保经办。政府主导，由商业保险公司经办。二是委托办理。政府通过交付管理费委托商业保险公司管理运作。三是保险合同。政府用大病保险基金向商业保险公司购买保险业务。

（二）政策层大病保险

政策层大病保险的性质是，在政府制定的相关政策下以市场为主体，通过社会组织提供的公益性保险，其基本功能是为参保的大病患者提供基本医疗服务范围以外的保险，属于政策范围内人群享有的政策型大病保险，如大病补充保险。政策层大病保险的主要目的，是在政策范围内对参保者大病基本医疗服务范围以外发生的合理费用提供进一步保障，进一步减少大病患者的经济负担。该层的筹资来自政府政策范围内的财政支持和个人缴纳的保险费用，针对不同人群采取不同优惠措施。保险的补偿，采用费用按比例分担或者定额给付的方式，即在参保者患大病并享受完法定层大病保险补偿后，其在大病基本医疗服务以外发生的合理医疗费用，可在政策层大病保险中得到补偿。补偿方式有二：一是根据费用按比例补偿，二是按照定额给予补偿。保险的运行方式，是在一定政策下以市场为主体运行，同时要体现政策层大病保险的公益性，采用的主要方式为保险合同，主要由政府用政策性大病保险基金向商业保险公司购买保险业务。

（三）商业层大病保险

商业层大病保险性质为市场主导的开放性大病保险，具有营利性，其基本功能是为参保的大病患者提供高层次医疗服务的保险，属于满足高层次需求的商业型大病保险，如重大疾病保险。商业层大病保险的主要目的，是参保者在患大病后对其获得的高质量和高水平的医疗服务进行的靶向性补偿。该层的筹资主要来自个人缴纳的保险费用。个人可根据自身保险的意愿、经济状况、补偿标准、享受医疗服务的水平等，自愿选择不同等级的保险费用缴纳，并享有合同规定的权利和义务。保险的补偿，采用定额补偿或费用按比例分担的方式，即商业层大病保险的参保者，在患大病时可享受高新技术的诊治、高水平的医疗服务和高新的药物治疗，由此产生的医疗费用可在商业层大病保险中得到补偿。补偿方式有二：一是按照定额给予补偿，二是根据费用按比例补偿。保险的运行方式，是在政府监管下以高质量、高水平和营利性为特征的商业运行模式。

三、模式的特点

（一）广覆盖与保重点人群相结合

我国基本医疗保险的覆盖率达到98%，取得显著成效。同样，源于基本医疗保险的基本大病保险也实现广覆盖的目标。但是，大病保险实现广覆盖的目标仅仅是基础，除此之外更要关心的是患大病的重点人群是否得到有效保障。创新发展模式在基本大病保险基础上，增加补充性保险和商业保险，形成多层保障模式，而且各层之间的功能既明确划分又有效衔接，为保障患有大病的重点人群提供多重保险。

（二）保费用与精确保大病相结合

现行大病保险主要是保费用，即在基本医保补偿基础上对高额医疗费用患者实施一定比例的二次补偿。很显然，这种保险模式在一定程度上能够起到缓解患者经济负担的作用，但是这种简单粗放的补偿方式，不论从理论上还是从行为上，对于诱导大额费用的形成起到促进作用，而忽略了保大病的本质，由此造成目标的偏离和资源有效利用率低下。创新发展模式则通过多层联动整合的模式，在基本大病保险保费用基础上，再针对大病患者进行补偿性保险，进一步减轻负担，并有机衔接商业保险，共同实现精准保大病。

（三）横向公平与纵向公平相结合

城乡居民大病保险为代表的现行大病保险是基本大病保险，主要保障的是基本医疗服务，因此重点关注的是保险的横向公平，在设计和实施过程中注重的是覆盖面广，受益人数多，但忽视保险的精准性效果，特别是对真正的大病患者、真正因患大病而造成高额医疗费用负担的患者保障作用有限。创新发展模式在保基本注重横向公平基础上，根据不同层次和不同功能保险一体化的设计，体现出大病保险中多参保多受益的纵向公平，实现两者有机结合。

（四）多样化与有机整合相结合

现行相关的大病保险方式呈现出保险的多样性、探索性和碎片化，包括城乡居民大病保险，城镇职工大病保险和商业重疾险等。这些大病保险要么依附于基本医疗保险，要么自行探索实践，要么单独商业保险，造成相互之间没有关联，功能不清、彼此割裂、重复保险和保障效率低下。创新发展模式通过功能分层和有效衔接，将碎片化的、独立的大病保险进行有机整合，从而实现功能切割，有效衔接，层次递进等特点，提高大病保险的系统性和保障的效率。

四、模式的机制

创新发展模式并不是一个无须干预的自适应系统，其功能的发挥和有效的运行需要通过相关机制来联系、协调和保障。机制是指组织结构和功能之间的相互联系、作用和调节方式，反映内部组织和运行变化的规律。创新发展模式的机制是指，通过协调创新发展模式的构成要素，即法定层大病保险、政策层大病保险和商业层大病保险，各层之间相互联系、彼此作用和各自功能等，以更好地发挥其整体成效的具体运行方式。具体而言，创新发展模式的机制包括：甄别机制、衔接机制、激励约束机制、信息共享机制、综合监管机制和动态管理机制等。

（一）甄别机制

创新发展模式通过将各层大病保险服务进行整合，形成一个有机整体，提供高效持续的大病保险服务。从系统的角度看，除了大病保险创新发展标本兼治模式大系统外，其各构成要素都自成系统，且各自都有特定的功能，比如，法定层大病保险主要承担提供保障大病基本医疗服务功能，政策层大病保险主要提供保障大病非基本医疗服务功能，商业层大病保险主要保障的是大病的高端服务功能。值得注意的是，创新发展模式中各构成要素之间功能的有效切割和明确划分，恰恰是其高效运行和全方位保障的前提和基础。因此，保险服务的甄别机制就是要依据创新发展模式的相关技术标准和规范，对参保者是否患有大病、医疗服务是何种类型、享受哪种保障待遇等作出准确的判断，为参保者提供享有相关保险服务的有效路径。

（二）衔接机制

当前的大病保险制度依附于基本医疗保险，虽然有广泛的人群覆盖率，但是仍然存在统筹地域小，各地补偿标准多，保障范围单一且重复，保障精准性差等问题。从设计角度看，为了避免重复保险、重复补贴和低效保障，大病保险创新发展标本兼治模式各层的保障功能既保持独立性又相互联系，彼此之间通过功能区分和功能互补，构建互相衔接、相互补充，有机整合的大病保险体系。新的大病保险模式的衔接机制的主要作用主要表现在几个方面：一是各层大病保险功能的衔接，体现大病全方位服务。法定层大病保险的功能是保障大病患者基本医疗服务，政策层大病保险保障非基本医疗服务，商保层大病保险保障高端高水平的服务，各层之间实现功能上无缝连接。二是各层大病保险补偿范围的衔接，体现全方位补偿。依据法定层、政策层和商保层各自的功能特点，各层大病保险相应的补偿范围各有不同，能够使参保者实现全方位补偿。三是各层大病保险信息衔接，体现全方位服务保障。上述各层大病保险功能和补偿范围的有效实施，必须依靠信息的衔接作为媒介和载体，没有信息的有效衔接就没有各层大病保险功能的实现。因此构建信息的衔接机制是大病保险创新发展标本兼治模式实现全方位全过程保障的基础。

（三）激励约束机制

大病保险创新发展标本兼治模式提出了新的思路、目标、体制和系统的制度设计，然而要实现其功能和目标最为关键的是必须调动核心主体的积极性，同时监督其规范性。创新发展模式中，最为重要的是突出了市场的主体地位，明确了政府监管的职责。即使是在提供基本医疗服务的法定层的大病保险，也是通过政府购买服务，由商业保险公司经办或承办来实施。政策层和商保层的大病保险，法理上由商业保险公司承担。因此，激励约束机制重点是对作为大病保险创新发展标本兼治模式主体的商业保险公司的激励和约束。激励机制的目的是调动活动主体的积极性和主动性，制约机制的目的是保证经营管理的有序性和规范性，二者相辅相成，相互制约。激励约束机制主要作用体现在几个方面：一是政府对商业保险公司的激励约束。政府要正确处理好和市场的关系，做到既不缺位、失位，也不越位、错位。政府应积极鼓励商业保险公司经办或者承办大病的基本保险，并对专业性强、管理规范、信誉良好的商业保险公司在市场、运营、管理和信息等方面给予政策上的支持和相应的激励措施。探索对具有社会责任、社会贡献、承担社会风险等的商业保险公司实施激励的机制。同时，充分发挥政府引导和监管的职能，对大病基本保险的医疗服务和基金的使用实施全程的监管，以制度和规范进行约束。二是商业保险公司加强内部的激励约束。商业保险公司要积极探索多种形式相结合的激励和约束机制。根据不同人群的特征，除了绩效考核等物质激励外，还可以采用包括企业文化激励、目标激励、精神激励等方式。根据新的大病保险模式内不同层级保险的目标和性质，制定相应的章程、服务标准和服务规范，以及监督和处罚管理规定，通过符合政策需要的、规范化的经营管理和服务，以及全程的监督管理来完善内部约束机制。

（四）信息共享机制

在当今信息技术高度发展的互联网时代，谁拥有了信息资源，谁就能在竞争和发展中获得先机和优势。随着5G、大数据、人工智能等信息技术的发展，信息资源愈加显现出其基础性、重要性和决定性作用。因此，按照法律法规，依据相关信息技术、标准和规范，在大病保险创新发展标本兼治模式内的不同部门、不同层次间建立信息共享机制，对于优化资源配置、节约社会成本、有效保障参保者利益、提高保险资源利用率，以及增加社会效益和经济效益等，具有重要意义。大病保险创新发展标本兼治模式的信息共享机制主要表现在几个方面：一是建立健康信息共享系统。我国医疗卫生领域十分重视信息化建设，掌握信息资源的主要政府部门和事业单位形成自己独立的信息体统，如卫生部门、医保部门、疾控中心、医疗机构、社区卫生服务中心、社区健康档案等，而受部门利益的影响而形成的信息孤岛、信息壁垒等问题始终未能解决，直接影响到信息的完整性和信息的利用效果。因此，加强健康信息共享机制的顶层设计，形成统一标准的信息共享系统，实现在健康档案、疾病预防、医疗服务和医疗保险等方面信息交流和信息共享，具有十分重要的意义。二是健康信息使用管理机制。健康信息共享系统是在政府指导和协调下，各部门在自愿、平等和互惠的基础上构建的。健康信息共享系统要在应用过程中发挥其重要作用，必须建立健康信息的使用管理机制。经办或者承办大病保险的商业保险公司有权申请共享信息数据，为创新发展模式的整体效能服务。系统用户在信息数据的使用权限、使用范围、使用程序和管理规范等方面需要严格按相关制度执行。三是健康信息的安全管理机制。信息安全是信息化建设的重点，也是信息共享机制建设的前提和必要条件。信息共享必须建立在健康信息的安全管理机制的基础上，必须严格在信息安全和保密的条件下实现。信息安全管理机制，要根据信息安全的法律法规、维护信息安全所需要的技术、信息安全管理制度、惩戒措施、安全意识的提高，以及社会责任感的增强等多方面系统考虑来建立、应用并不断完善。

（五）综合监管机制

监管机制是指组织或系统内主体、客体、体制、制度等各构成要素之间相互作用关系，以及运行的过程、方式和规律。因此，监管机制是确保组织或系统依法依规执行、维护公共利益、减少运营风险、及时纠偏预警、进行违规惩戒，并按照既定目标发展的不可或缺的重要一环。大病保险创新发展标本兼治模式是一个保险体系，其有效的运行离不开综合监管机制的保障，主要表现在几个方面：一是政府部门监管机制。加强引导和监督管理是政府部门的重要职责，建立政府部门监管机制是核心和关键。政府部门对大病保险创新发展标本兼治模式的监管机制，必须做到有法可依，依法监管。根据医疗服务的特点，实现多部门联动、协同监管、全程监管、行刑衔接的综合监管机制，确保大病保险创新发展标本兼治模式按照正确的目标运行和发展。二是商业保险公司的内部监管机制。获得经办和承办大病保险的商业保险公司，需要构建内部全程监管机制，对于遵守制度、政策和法规、规范运营行为、控制经营风险、开展绩效评估、加强内部审计、提高经营效率等，具有重要意义。三是社会监管机制。医疗服务涉及人民群众的公众利益，因此引入第三方参与大病保险医疗服务和基金使用的监管，发挥社会舆论和公众监督的作用，建立社会监管机制，发挥全方位全过程监管的特点，充分体现监管机制产生的效应。另外，在监管的方法上要应用大数据、智能化等措施，实现全方位、全过程、全覆盖的精细化监管，在纠偏方法上采用信息公开、协议管理、行政处罚、刑事处罚等手段，结合行业自律作用和诚信管理的约束作用，使监督机制更加专业、系统和完善。因此，建立政府部门监管、商业保险公司的内部监管和社会监管三位一体的综合监管机制，是大病保险创新发展标本兼治模式降低运营风险，按照既定目标可持续发展的重要手段和根本保障。

（六）动态管理机制

动态管理机制是指组织或系统在运行过程中，根据内部和外部环境的变化和预测，对组织或系统的管理目标、管理手段、管理规范进行调整和修正的管理行为和方式。因此，动态管理机制的本质是根据内外部环境的变化，在组织的运营和管理上进行适时的调整、修改、补充和完善，以快速适应环境不断变化的要求，保证组织目标的实现。大病保险创新发展标本兼治模式的服务水平和运行能力并非静止的、一成不变的，其管理机制应该是动态的、可调整的、可持续的。

随着社会经济的发展、医学科技进步、医疗服务需求的增加，以及“互联网+医疗”等新理念新技术的发展，新的大病保险模式的服务范围、服务标准、服务规范、服务技术、服务水平等必将会发生相应的变化，而动态管理机制的建立将发挥重要作用。主要体现在以下两个方面：一是动态筹资机制。大病保险基金的筹集是基础和核心，是决定大病保险的覆盖范围、保障范围和保障水平的关键性因素。筹资水平受社会经济发展、医疗新技术的应用、医疗服务需求变化等的影响，并随之产生客观变化需求。建立动态筹资机制，是大病保险的前提和保障。二是服务标准和规范的动态管理机制。大病保险创新发展标本兼治模式是多层的、功能衔接的整合模式，各层大病保险的功能和服务范围有明确的界定和划分，但是其服务标准和服务规范会随着保障能力、保障水平和保障需求的增加产生进行动态调整的客观要求。比如，大病病种的基本药物目录、大病病种的基本诊断规范、大病病种的基本治疗规范、大病补充保险的补偿标准，以及大病商业保险的补偿标准等，将根据技术进步、需求变化、医保基金承受力、医疗服务价格、药品价格等进行动态调整和动态管理。

五、模式的标准和技术规范

大病保险创新发展标本兼治模式构建的大病保险体系，要充分而有效地发挥其整体效能，核心问题是解决好以下问题：一是重复保险。功能切割不清，低层次的重复保险不仅不能起到大病保险的作用，还可能浪费有限的资源。二是有效衔接。各层保险在理论上不能出现保障人群和功能真空地带。三是整体效能。大病保险创新发展标本兼治模式并非各层保险的物理堆积，而是有机的整合。因此，要解决上述问题，必须做到各层有明确的功能划分，各层之间有效衔接相互补充，而实现上述要求的核心和关键是制定大病保险的技术标准和技术规范。

法定层大病保险主要是保基本，技术规范主要包括基本诊疗规范、基本药物目录。法定层实施基本大病保险的前提是，任何一种确定的大病必须拥有规范的临床诊治路径，而在按照临床路径实施诊治的过程中，采用的检查、诊断、治疗、用药、设备和器械等技术手段和方法，应当根据社会经济发展、医学科学技术的进步、医疗服务的安全性、经济性和社会性等确定，即提供的是基本医疗服务。因此，法定层大病保险的技术规范包括：《大病病种诊治的临床路径》《大病病种的基本药物目录》《大病病种基本目录》《大病病种的基本诊断规范》《大病病种的基本治疗规范》《大病基本医疗服务设施标准》；政策层大病保险主要是补充保险，技术规范包括：《大病补充保险的筹资与保障范围》《大病补充保险的运行规范》《大病补充保险的补偿标准》；商业层大病保险主要是商业保险，技术规范包括：《大病商业保险的病种目录》《大病商业保险的筹资与运行规范》《大病商业保险的补偿标准》《大病商业保险病种的诊断和治疗规范》《大病商业保险用药标准》和《大病商业保险保障范围》等。

第三节 模式的创新

创新是大病保险发展的必由之路，只有创新才能促进大病保险的全面发展。大病保险创新发展标本兼治模式在服务理念、服务方式、服务内容、服务技术、服务成效和服务市场拓展等方面进行创新，主要体现在六个方面。

一、服务理念创新：从保障大病到以人民为中心

大病无疑会给患者带来健康的损失、生命危害和巨额的医疗费用，给家庭带来难以承受的经济负担，给社会保障体系带来巨大的挑战。因此，如何保障大病成为一种迫切的要求，同时也成为完善社会保险制度的重要理念。目前我国实施的城乡居民大病保险正是保大病理念的主要代表。现行大病保险模式的属性是城乡居民基本医疗保险功能的拓展和延伸，是对大病产生的合规的基本医疗费用的二次报销，其保障的是大病产生的费用。值得注意的是，根据属性可以清晰地判断出当前大病保险模式的作用，即依附于城乡居民基本医疗保险的大病保险，仅仅是在有限的范围内缓解大病患者高额医疗费用，而不可能解决“因病致贫，因病返贫”的问题。本研究提出的大病保险的创新发展模式的核心理念是以人民为中心，目的是实现这样的愿景：当患者罹患大病并产生高额的医疗费用时，创新发展模式将为参保的人病患者提供多层次且相互衔接的保险，从而实现大病有所医、治疗有保障、费用少负担的目标。因此，服务理念由保障大病到以人民为中心，体现为服务理念的创新。

二、服务方式创新：从碎片化到系统整合

人们早已经认识到身患大病给个人、家庭和社会造成的巨大影响。为了避免因患大病而造成巨大的健康损失和经济损失，除了加速推动医学技术的进步和发展外，人们对大病保险的实践和探索从未停歇。早在 1997 年上海市《关于改革和完善本农村合作医疗制度意见的通知》中就提出，在农村合作医疗中开展大病

统筹工作，并在奉贤县实施全县大病统筹合作医疗，住院药费5000元以上部分实施按费用段不同比例补偿。2010年起，新型农村合作医疗制度以儿童先心病和白血病为对象，开始探索建立重大疾病医疗保障制度。到2013年，已有20类病种纳入新农合大病保障范围，2012年国家出台《关于开展城乡居民大病保险工作的指导意见》，采取用城镇居民保险和新农合基金购买商业医疗保险的方式，建立城乡居民大病保险制度。2013年3月，国务院办公厅发布《关于建立疾病应急救助制度的指导意见》，对发生急重危伤病、需要急救，但身份不明确或无力支付相应费用的患者进行医疗救助。然而，实践表明，城乡居民大病保险试点、应急救助制度、商业健康保险、医疗救助、多种形式补充医疗保险和公益慈善等多种形式的服务保障方式，在实践中取得一定成效的同时也暴露出明显的缺陷，主要表现在：多部门指导下协调的障碍、各种服务保障方式功能的碎片化、各种方式理论上完整但实践中缺乏有效衔接、保障重复和保障真空地带并存等。创新发展模式针对这些现象和问题，将碎片化的服务保障方式进行顶层设计和有机整合，主要体现在：功能划分清晰的不同保险层级、保障有机衔接、作用协同互补的整合式保险。从实践探索中形成的碎片化的保障，到系统整合的顶层设计，体现了大病保险服务保障方式的新颖性。

三、服务内容创新：从泛化的保障费用到精准保大病

大病保险，顾名思义保险补偿的对象是患有大病并造成健康损害和经济损失的参保者。但是在实践过程中，考虑到大病界定的复杂性、大病诊治的不规范性、操作的便捷性、实施的可行性，以及大病保险基金的有限性等因素，因此将大病保险的范围确定在对发生的大额的医疗费用进行二次报销上。2012年8月，国家发改委等六部门联合下发了《关于开展城乡居民大病保险工作的指导意见》，这是我国正式建立大病保险制度的开端。该指导意见中有两点值得注意：一是基本原则为“坚持以人民为中心，统筹安排”，二是保障范围为“可以是医疗费用，也可以是个人负担较重的疾病病种”，全国绝大多数的试点省市选择了泛化的保障医疗费用。经过3年的试行，尽管取得一定成效，但是在保障大病方面的作用有限。2015年8月，国务院办公厅发布了《国务院办公厅关于全面实施城乡居民大病保险的意见》，提出“到2017年，建立起比较完善的大病保险制度”的建设目标。该意见中同样值得注意的也有两点：一是基本原则改为“坚持以人民为中心，保障大病”，二是保障范围为“对参保人员患大病发生的高额医疗费用进行相应的保障”。但是，政策的路径依赖导致城乡居民大病保险在全面实施过程中仍然忽略了保大病的初衷。大病保险创新发展标本兼治模式在服务内容上

紧紧围绕保大病这一核心和本质，主要表现在：法定层的保险主要保障大病的基本医疗服务，政策层保险主要保障大病的非基本医疗服务，商保层主要保障大病高端医疗服务，各层之间功能不同，相互衔接。因此，实现从泛化的保障费用到精准保大病的创新和突破。

四、服务技术创新：从粗放型到规范化

从保险技术的角度看，当前实施的城乡居民大病保险，不论在政策层面还是在具体实践中，呈现的技术手段还是以依附性、便捷性和操作性为主，服务技术手段总体上呈现为粗放型的特点。根据国务院办公厅发布的《国务院办公厅关于全面实施城乡居民大病保险的意见》，城乡居民大病保险是基本医疗保障制度的拓展和延伸，是对大病患者发生的高额医疗费用给予进一步保障的一项新的制度性安排。该意见中在相关技术手段上给出指导性建议，比如，大病保险的筹资手段是“从城乡居民基本医保基金中划出一定比例或额度作为大病保险资金”，保障手段是“参保人患大病发生高额医疗费用，由大病保险对经城乡居民基本医保按规定支付后个人负担的合规医疗费用给予保障”，补偿手段是“随着大病保险筹资能力、管理水平不断提高，进一步提高支付比例”，管理运行手段是“支持商业保险机构承办大病保险”，并加强政府部门的监管等。在实践过程中，往往聚焦于上级部门部署和要求，相比于技术性而言更关注方案的操作性和便捷性。创新发展模式构建的是独立的大病保险体系，其多层结构的设计要求定位清晰、相互衔接、功能互补、精准保障，要实现这些目标就需要科学规范的保险技术作为支撑和保障。比如，大病的界定、各层筹资和补偿水平的精算、大病病种的临床路径规范、大病病种的基本诊疗规范和基本用药规范、信息管理技术规范等。创新发展模式的建构、管理和运行将会以保险技术及其发展规律为依据，更加注重应用具有科学性、标准化和可行性的技术规范指导实践，相较于现行的粗放型管理运行模式需要有较大的突破和创新。

五、服务成效创新：从保基本到多样化保障

大病保险的产生和发展的逻辑起点是，大病会导致患者健康严重的危害，并造成巨大的经济损失，使大病患者个人和家庭因遭受无法承受的健康和经济的双重打击而陷入贫困，即所谓“因病致贫，因病返贫”。大病保险的根本目的是根据社会经济发展的特点构筑一道牢固的防线，当大病保险参保者患大病时能够得到相应的医疗服务并在经济上得到应有的补偿。因此，大病保险的成效也就体现

在，保险的覆盖面、参保者获得经济补偿的程度、实际获得补偿的人数，以及减少乃至防止“因病致贫，因病返贫”现象发生的情况。从服务和保障的成效上看，现行城乡居民大病保险模式有以下特点：一是保费用，保基本。就属性而言，现行城乡居民大病保险是城乡居民基本医疗保险的拓展和延伸，保障的范围是针对参保者发生的基本医疗报销范围内的大额医疗费用进行的二次报销，即补偿的是基本医疗服务范围内产生的合规医疗费用。二是体现横向公平。现行城乡居民大病保险依附于城乡居民基本医疗保险，覆盖面涉及所有居民。在补偿方式上体现了横向的公平性，即每个参保者医疗费用达到一定的起付线标准，都可以获得同样的补偿待遇。三是效果有限。现行城乡居民大病保险基于覆盖面广和保基本的特点，决定了其保障的效果是有限的，即使保险的补偿率达到100%也不可能解决“因病致贫、因病返贫”的问题。同样，大病保险的创新发展模式具有以下特点：一是保大病，应保尽保。在大病保险创新发展标本兼治模式中，不论基本医疗服务、非基本医疗服务，还是高端医疗服务都包含在保障范围内，且分工明确，功能衔接，有利于实现精准保大病。二是充分体现公平性。大病保险创新发展标本兼治模式的设计不仅体现横向公平，即同层的参保者享受同等的待遇，而且体现纵向公平，即不同层之间有区别，参保的层级越多，保障的范围越广，享受的待遇就越高。三是成效显著。大病保险创新发展标本兼治模式在整体设计上就是为了解决参保者因患大病导致的巨大经济负担问题，也是实现大病保险目的的根本途径。因此，相比较而言，大病保险创新发展标本兼治模式比现行大病保险制度在服务和保障的成效上更具新颖性和完整性，是解决“因病致贫，因病返贫”的创新发展模式。

六、服务市场拓展创新：从政府主导到激发市场活力

没有全民健康，就没有全面小康。在新时代健康中国确立为国家战略的大背景下，普及健康生活，优化健康服务，完善健康保障，发展健康产业成为健康中国建设的重点。大病给健康带来巨大的威胁和经济负担，因此大病的防治和大病的保险具有重要意义。社会主义市场经济体制下，客观上要求要坚持正确处理政府和市场关系，以促进市场的公平性和效率的提升。实践表明，政府主导下的基本医疗保险是法定的、强制性的保险，保障的是基本医疗服务，具有广覆盖、公平性和适宜性。因此，现行的城乡居民大病保险在基本医疗服务范围内，一定程度上缓解患者的经济负担，但是无法满足实际存在的多方位、多元化的需求。中国共产党第十九届中央委员会第四次全体会议公报指出，要充分发挥市场在资源配置中的决定性作用，更好发挥政府作用，全面贯彻新发展理念，坚持以供给侧

结构性改革为主线，加快建设现代化经济体系。在医疗服务保险市场中，同样要正确处理好政府和市场的关系，在基本医疗服务领域政府要有所为，在非基本医疗服务领域市场要有活力，目的是全方位、全生命周期保障人民健康。新的大病保险模式，体现了政府和市场的职能划分，体现了基本大病保险的保障，体现了个性化人本化的保险服务需求。既有政府主导的法定层大病保险作为基础保障，又有市场主导、政府综合监管的政策层和商保层大病保险作为多元化需求的保障，同时采用商业保险公司具体经办和承办，政府综合监管的机制来运行，大病保险创新发展标本兼治模式在市场主导配置资源、商保专业化运营管理、信息资源和技术共建共享、激活和拓展商保市场、完善激励和约束机制，以及各项功能的有机整合来满足全方位、多样化需求等方面符合新时代发展创新性。

第十二章

模式实施路径一：渐进式发展路径

大病保险创新发展模式只有通过有效的实施才能实现其目标。大病保险创新发展模式实施路径的选择，受到政策主体、政策客体和政策环境的影响。本章将通过对渐进式发展理论的系统分析，充分了解其实质和特点，结合现行大病保险的实际情况，提出大病保险创新发展模式的渐进式路径的设计方案，以及具体的实施步骤和配套措施。

第一节　渐进式发展路径的内在逻辑

渐进式发展路径，是指在准确把握现实中存在的问题，充分分析现实状况的优势和劣势的基础上，在遵循文化传统、历史条件和现实国情等形成的各种约束条件前提下，充分利用现有的资源，采取的立足现状、适度探索、实践中改进、稳步发展、不断完善的改革路径。渐进式发展路径的优点是：改革震荡小，具有较好的操作性；改革成本低，具有较强的可行性。缺点是受内外环境和条件影响大，改革步骤慢；改革力度小，取得成效有限，与理想目标差距逐渐缩短。

渐进式发展路径的选择，取决于历史文化发展和现实国情造就的一系列前提约束条件，取决于如何平衡改革、发展和稳定之间的关系，并由此形成了渐进式发展的内在逻辑。约束条件主要表现在：一是注重实用理性而忽视抽象思辨的实用主义思想，如摸着石头过河，二是对传统体制的认同感强，虽认为现实中存在问题，但并不会全盘否定，三是社会经济发展状况不同造成城乡二元结构，以及各地区发展不平衡的现状，需要震荡小的渐进发展。同时，改革是解决传统制度中存在主要问题的根本动力，发展是解决主要问题的主要措施和改革相关制度的关键，稳定改革引起的震荡及其产生的社会影响，是改革发展的前提。渐进式发展的内在逻辑，就是在稳定的前提下，把改革的力度、发展的速度和社会可承受的程度统一起来，形成温和、渐进的改革路径，由此避免了体制内和体制外的剧烈冲突，降低改革的成本和代价①。

第二节　渐进式发展路径的基本思路

一、渐进式发展的实质

渐进式发展的最终目的是实现对现行模式的改革，采取的手段是温和的、循序渐进的。因此，渐进式发展是一种改革和发展的路径，其实质上仍是大病保险利益相关者之间利益关系的调整。一方面要尊重各方利益相关者的权利。要充分认识到并肯定各方利益相关者对物质利益追求的内在动机，追求自身利益的权利，以及为自身利益而采取的符合法律、政策和规定的措施。另一方面要平衡各方利益实现目标。要建立达成共识的、统一的建设发展目标，通过相关机制协调和平衡各方利益，并在各利益相关者现有利益分配格局没有大的触动和改变的前提下，通过对现有资源和可支配资源进行有序的、渐进的调整和利用，调动大病保险各利益相关方的积极性和主动性，从而促进各方的参与和广泛支持。

二、渐进式发展路径的基本思路

采用渐进式路径建立分层联动整合式大病保险模式的基本思路是：以大病保险的需求和存在的主要问题为牵引，以建立大病保险创新模式的目标为导向，立足于当前社会经济发展、大病保险政策和大病保险能力和水平等实际情况，采用定目标、按计划、分步骤、可操作、低震荡的渐进式路径思路，重点关注所需条件的成熟度、方案的可行性和操作性，小步快跑，稳步推进，逐步建成分层联动

① 刘军：《中国渐进式发展道路为什么获得成功》，载于《人民论坛》，2018 年 11 月 16 日。

整合式大病保险模式。

三、渐进式发展路径的特点

（一）路径依赖性强

渐进式发展往往表现为较强的路径依赖性。路径依赖是指政策变迁过程中，过去实施的政策往往具有塑形固化和自我增强的特征，由此导致政策实施路径的依赖和惯性运行。政策的路径依赖和惯性运行，对现行的制度和内外部环境产生的影响较小，同时在政策路径依赖中的惯性运动会产生强制中的诱致性，从而直接影响到未来政策的理念、未来政策的选择和未来政策的执行。

（二）以增量带动存量

渐进式发展的改革通常采取的思维和行动方式表现：首先，以改革增量为突破口，力争在某一个局部、某一个方面实现“帕累托改进”，即在不损害他人利益的同时能使一部分人获得利益，目的是减少由于改革带来的阻力。其次，以局部的增量改革及其产生的成效为示范，带动存量改革。最后，根据社会经济发展状况和需求的迫切性，在条件允许和具有可行性的范围内适度加大增量改革力度，并由此形成倒逼机制，促进现有存量进行改革。通过增量先行存量为主的改革，最终实现资源和利益的调整，资源和利益再分配，以及资源利用效率提升的改革目标。这种先增量后存量的改革避免了利益相关者的剧烈冲突，体现了渐进式改革温和、平稳的特点。

（三）成本低震荡小

渐进发展路径的一个主要特点是改革和发展投入的成本少，或者是在现有投入状况不变的约束条件下进行的改革。选择渐进式发展路径就表明改革是局部的、小范围的，在其发展变化过程中可以实现评估、监控和及时纠偏，即使出现预期外的变化，亦是可控的，甚至可以及时终止而不会影响大局。因此，渐进式发展产生的震荡不会大，不论是组织内部还是社会影响，都是在可调整、可控制的范围内。

（四）发展循序渐进

渐进式发展路径强调适当的顺序性。通常依据客观需求的迫切性、政策的导向性、内部组织的积极性和外部环境条件的可行性等，来确定改革和发展的优先发展顺序，方案成熟一项推出一项。一般采用发展问题、制定方案、局部试点、评估总结、推广实施的路径。因此，渐进式发展路径的改革步幅小、稳定性好、建设周期长，呈现出发展循序渐进的特征。

第三节　渐进式发展的路径设计

建立分层联动整合式大病保险模式是未来大病保险创新发展的政策目标。不同的理念、不同的视角、不同的思路和不同的政策环境条件等，都会对实现政策目标的路径选择产生影响。选择渐进式发展路径来实现政策目标，根据上述渐进式发展的内在逻辑和特点，需要重点考虑两个关键问题：一是渐进式改革与发展的动力。渐进式改革和发展的动力是以内生需求为主导、以政策目标为牵引、以实际情况为依据形成的。尽管渐进式改革具有较强的路径依赖，呈现出温和、平稳、低震荡等特征，但是这种发展和变化不应该是自然的、水到渠成式的被动发展，而是围绕政策目标进行的主动式变革。二是渐进式改革与发展的进程。渐进式发展的改革步幅小、震荡小、建设周期长，但是，这些特点并不意味着为了求得平稳发展而忽略了发展进程。渐进式改革和发展的进程应该是围绕政策目标，按计划、分步骤、有约束的条件下设计并实施的。因此，采用渐进式发展路径建设和发展大病保险创新模式，需要依据渐进式发展的理论、政策目标特点，以及当前的政策环境条件，充分考虑上述问题，并在此基础上设计渐进式发展路径。

一、渐进式决策理论

任何公共政策都是为了达到一定的目标而采取的行动，而行动的效果如何则需要应用公共政策理论和模型分析来判定。传统的公共政策理论源于传统经济学理论，是以经济人假设为前提的理性分析和选择，主要代表是公共政策分析中传统的理性模型。该模型认为，能够带来社会效益的最大化的公共政策才是最优的选择，即实现目标的最优方案。传统理性模型的政策目标和应用的前提条件过于理想化，在实际应用中难以满足，导致其实用性不强。但是，传统理性模型优化分析的思路、框架和方法，奠定了政策分析的理论基础。在此基础上，政策学家、管理学家和相关学者对公共政策分析的理论和模型进行拓展，并提升其实际应用价值。如西蒙提出的有限理性模型（或称次优决策模型），认为政策追求的是满意解而非最优解；托马斯·戴伊等提出的精英理论，认为公共政策由精英们制定并把握主动权，公众是被动的。其中，最具有代表性的是林布隆提出的渐进决策理论，该理论在政策分析中得到广泛的应用。

渐进式决策理论是由美国政治学家和政策科学家查尔斯·林布隆教授（Charles Lindblom）在对传统理性主义总结、批判和吸收的基础上提出的具有实际应用价值的决策分析理论。传统的理性决策理论将政策制定视为一个完全理性分析的过程，回答的是“理论上应该如何制定政策”的问题，但是在制定政策的实际应用中存在着明显的缺陷而影响其可行性，如面临的问题并非完全既定、因时间和成本等因素影响理性选择，以及个人价值观的影响等。渐进式政策理论认为，政策制定的实践中，不可能完全按照理性主义的原则进行最优化方案的选择，而是对以往政策行为不断补充和修正的过程。该理论根据政策制定实践中的特点，回答的是“具体实践中如何制定政策”的问题。渐进式政策理论具有以下的特点：一是渐进式决策。政策的制定是依据过去的经验，通过现有政策与以往政策的比较，考虑各种环境因素，采用对以往政策进行局部的、小范围调整的方式，经过逐渐补充和完善来实现的。据此，逐渐把一项旧的政策转变为一项新的政策。二是妥协性方式。渐进式决策理论认为，政策制定被看作是各种政治力量和利益团体相互作用、讨价还价的过程，而政策方案的选择往往是政治妥协的产物，考虑的是方案的可行性和有效性，并折中选择各利益相关方都能接受的政策方案，并非重新开始一个新的政策制定过程（崔先维、王大海，2019；黄健荣，2002；崔先维，2010）。三是稳中求变。渐进式决策采用的小范围、行动缓慢的改变，保障了决策过程的稳定性。但这种变革实质上是决策效果累积的过程，是量变到质变的过程，其目的是达到稳中求变的效果。

渐进式决策理论模型如图 12－1 所示，其表现形式可以分为两类：一类是有限政策目标下的渐进发展。这种改革方式适用于政策目标有限、改革内容不多、改革难度不大，并在某一时期通过以往政策调整和修正就能够实现的方案。如图 12－1 所示，假定方案 B 的政策目标是，在纵轴时间的第 2 年实现既定的政策目标 2。要实现这个目标，需要在以往政策 A 的基础上，根据目标要求和实际情况进行修正和协调，通过基于政策 A 的渐进发展，实现政策目标。另一类是一定政策目标下的动态渐进式发展。这种改革方式适用于政策目标比较远大、改革面临的问题比较复杂且难度较大，需要在一定时期通过不断调试和修正才能实现的政策目标。如图 12－1 所示，假定方案 D 的政策目标是，在以往方案 A 的基础上，要在第 4 年实现政策目标 4。要实现这个较为长远的目标，需采用动态渐进式发展方式：第一步，与上述有限政策目标下的渐进发展方式相一致，并在第 2 年实现既定的政策目标 2，即实现方案 B；第二步，以已经实现的方案 B 作为

“以往政策”，通过修正和调整等渐进式政策调整，在第 3 年实现方案 C；第三步，重复上述过程，最终实现方案 D 的目标。

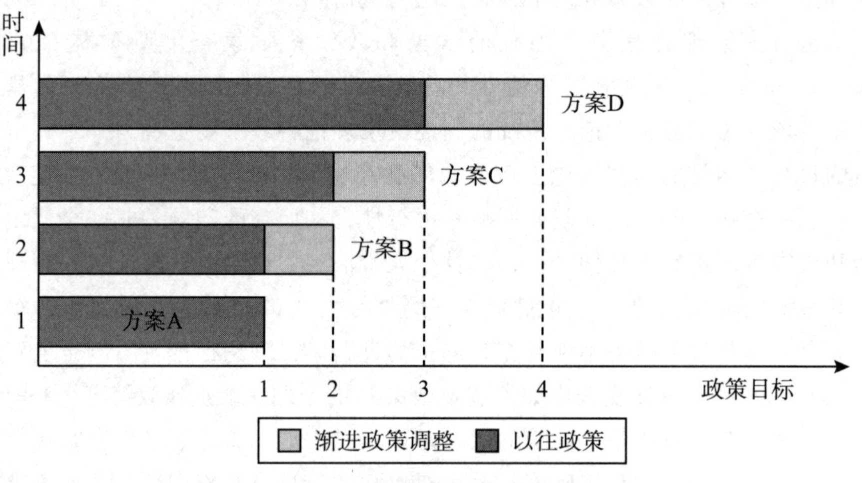

图 12-1　渐进式决策理论模型

渐进式决策理论的核心是决策者在保留以往政策的承诺、对现行政策的修正和补充、政策目标与政策方案相互调适之间的动态平衡。该理论以其实用性、灵活性、平稳性和现实可行性等特点，能够有效地解决矛盾、冲突和争端，在现代公共政策选择中得到普遍应用。但是，渐进式决策理论也存在一些不足之处，有其应用条件的限制。当政策需求和政策环境发生巨大变化，需要对以往的政策进行根本性的变革时，渐进决策理论的作用则受到限制。

二、路径设计

大病保险模式创新的政策目标是建立分层联动整合式大病保险创新模式，该政策目标实质上是根据大病保险的实际需求和政策环境，对以往相关政策的有机整合和系统完善，具有内容多样性、功能系统性、待遇公平性、管理一致性、保障有效性、发展持续性、建设长期性、影响广泛性等特征。大病保险创新模式的建立和发展，将从根本上保障大病给患者带来的健康损失和经济损失。实现政策目标有多种路径和手段，选择渐进式发展是一种比较温和、稳定的制度安排。渐进式发展设计时，必须重点考虑以下几个问题：一是渐进式发展在改革实践中有哪些经验？二是渐进式决策理论应用于具体实践中的核心要素有哪些？三是如何在大病保险创新模式的政策目标和方案之间进行动态调试？这是因为，任何一种路径都有自身的特点、各自的优势和劣势，具体实践中没有一种路径是完美无缺的。因此，渐进式路径在设计过程中需要借鉴实践经验、把握核心关键、发挥渐进式发展的优点，为政策目标实现提供有效的、可行的和高质量的发展路径。

首先，渐进式发展在我国改革开放过程中的经验借鉴。我国改革开放40年取得了举世瞩目的成就。中国改革开放的渐进式发展道路的特点和成功经验体现在：改革路径选择的原则是从下到上、先易后难；改革进程上采取先试点后推广，由点到面推进方式；改革方式上采取增量改革先行，逐渐向存量改革过渡；强制性制度创新与诱致性制度创新有机结合等（马晓河，2008；赛晓序，2004）。其次，渐进式决策理论在实际应用中的核心和关键。渐进式发展路径的设计和实施，取决于影响渐进式发展的核心要素。核心要素主要包括：方案的预期目标、政策的支持、具备条件和政策环境、投入成本、操作性和可行性、预计成效和产生的影响等。在渐进式发展路径设计时要充分考虑这些要素。最后，在政策目标和方案之间进行动态调试。从渐进式决策理论模型可知，当政策目标较长远并非短期能够实现时，采用动态渐进式发展的方式，方案需要根据具体发展情况进行动态调整和修正。

综上所述，采用渐进式发展路径来建立分层联动整合式大病保险创新模式，其路径设计的基本构想为：首先，目标有序分解，路径先易后难。将大病保险创新模式的目标进行分解，并按照其政策条件和可能实现的程度，由易到难进行划分和排序。如将大病保险创新模式中，法定层全民基本大病保险的建设分解为两步进行，第一步是在现行大病保险政策基础上，实现“两保合一”，即城镇居民大病保险和新型农民合作医疗大病保险两者统筹合并。第二步是在“两保合一”的基础上，政策环境成熟情况下，将城镇职工大病保险统筹合并，实现“三保合一”，即法定层面的全民基本大病保险。同样，政策目标系统有序地分解后，按此路径设计实施。其次，增量改革先行，带动存量变化。政策变迁和政策目标实现的突破点是增量的改变，是在不减少他人利益的情况下，实现自身利益的增加。同时，在增量改变同时带动存量的变化。例如，大病保险创新模式中，政策层大病保险的设置即为增量的变化。该层的功能是在法定层保障大病基本保险的基础上，对非基本医疗和用药的进一步保险，增加了对大病患者的保障功能。同时，对基本保险和商业保险等存量产生影响，促进分层合作、功能衔接和资源有效利用。再如，“两保合一”将城镇居民大病保险和新型农民合作医疗大病保险两者统筹合并，合并后享受的待遇一致。对于参保的居民而言保险范围和待遇不变，但是参保农民则实现保险待遇的提升。再次，改善政策条件，适时动态调整。渐进式发展过程中，前期的政策资源投入很可能限制现在政策的选择，因此，改善前期政策资源投入和条件，有助于现行政策的发展。政策条件不断地改善和适时地动态调整，是政策目标实现的保障。例如，大病保险创新模式建设中，政治层面上相关制度政策的支持、经济层面上政府的财政投入、技术层面上各层大病保险的功能、标准、规范和衔接机制、社会层面上参保人员的获得感和认同感等，这些政策条件发生变化，相应的政策实施要进行动态调整。最后，改革循序渐进，扎实稳步发展。选择渐进式发展路径，必须处理好改革、发展和稳定的关系。改革源自大病保险存在的主要问题、人民群众的需求和社会经济发展的客观需要，是社会经济发展的动力。发展的目的是针对大病保险存在的问题，采取有效措施，通过建立和发展大病保险创新模式，促进政策目标的实现，是解决问题的关键。稳定是改革与发展的前提。渐进式发展特别强调稳定的作用，改革的力度和发展的速度都是以稳定为前提条件的。

根据上述路径设计的构想，立足于当前政策和政策目标的差距分析，结合渐进式发展的核心要素，主要包括：方案的预期目标、政策支持、具备条件、可操作性、预计成效、成本投入、产生震荡和可行性分析等，本研究提出大病保险创新模式的渐进式发展路径设计方案（见表12－1）。

表12－1　　大病保险创新模式渐进式发展路径设计及分析

序号	预期目标	实施路径	政策支持	具备条件	可操作性	预计成效	成本投入	产生震荡	可行性
1	实现基本医保的省级统筹	逐步由县、市级统筹扩大到地市级、省级统筹	强	强	强	中	弱	弱	强
2	建立城乡居民大病保险制度	“两保合一”：居保与新农合合并	强	强	强	强	中	弱	强
3	建立法定层全民大病基本保险	“三保合一”：居保、新农合和职工医疗保险合并	中	中	中	强	中	弱	强
4	确定大病病种及动态调整机制	大病保险病种分析、基金和保障能力分析	中	中	强	强	中	中	中
5	制定大病保险基本规范和标准	大病基本保障范围：诊断、治疗和用药规范，支付方式等	强	强	中	中	中	中	中
6	建立政策层大病保险	政府财政支持和个人选择相结合。筹资，保障，功能等	中	中	中	中	强	强	中
7	建立商业层大病保险	商业大病保险筹资、保障范围、保障水平等	中	中	中	中	中	中	中
8	三层大病保险的有效衔接机制	保障功能、保障范围、保障水平等衔接机制的研究	弱	弱	中	中	强	中	弱

续表

序号	预期目标	实施路径	政策支持	具备条件	可操作性	预计成效	成本投入	产生震荡	可行性
9	创新模式的信息平台和信息共享	大数据背景下各相关部门信息共建、共享和共管	中	弱	中	强	强	中	中
10	创新模式的社会治理	信息共享下的社会治理：个人健康素养，社区预防，医疗机构，保险公司，社会监督等	中	弱	弱	强	中	中	中

路径设计的主体思路：一是实施大病保险统筹。这里的大病保险统筹包括两个方面，一方面是指扩大大病保险统筹的范围，由县级、市级统筹向区域、省级统筹发展，最终实现全国统筹的目标。另一方面是指将现行的城镇居民大病保险、新农合大病保险和城镇职工大病保险整合统筹为全民基本大病保险。二是建立大病保险的技术规范。技术规范是大病保险的前提和基础。大病保险的有效实施必须依照相关的技术规范进行保障，如大病的界定标准。只有准确界定大病，才能实现精确保大病。大病保险的实质是保障因大病造成的经济损失。现行大病保险模式多为保费用，即对参保人发生的大额医疗费用进行补偿，其基本逻辑是大额费用一定是由大病产生的。但是，现实中，从样本的医疗费用排序来看，高额费用的病种，不一定是大病。现行大病保险模式，更容易导致医生供方诱导需求，导致医疗费用的过度增长。因此，大病的确定和精确保大病有重要意义。同样，如大病病种的基本诊疗规范、大病病种的基本用药规范、大病病种的临床路径和收费标准等。三是构建大病保险创新模式。现行大病保险缺乏系统设计，存在制度碎片化、保险重复、保障重置、待遇缺乏针对性等问题，新的分层联动整合式大病保险模式的设计不仅分为基本大病保险、政策性大病保险和商业大病保险，而且还设计各层的功能和保障范围的衔接机制，克服制度的碎片化，提高保障的有效性。

第四节　渐进式发展路径的实施步骤

渐进式发展路径的选择，主要依赖政策目标的特征和要求、渐进式发展的特点和理论的分析、具备的政策环境，以及渐进式发展的实践经验。在此基础上设计的大病保险创新发展模式渐进式发展路径，还需要在实践过程中进行检验。渐进式发展路径在实践过程中要坚持统筹设计、动态调整、减少震荡、平稳发展的原则，同时要避免过于保守、故步自封、盲目激进等问题。具体实施步骤如下。

一、加强顶层设计

一个系统、完整、科学的政策方案在具体实施过程中的首要任务，是做好统筹规划和顶层设计。过去的渐进式发展，在重大问题和重大政策导向判断不清楚、改革局面和改革方向难以判定的情况下，采用的是实践中探索和“干中学”的方式，在实践中总结经验，并不断修正完善，似乎顶层设计的作用和意义并不明显。但是，当前的渐进式发展，是在改革的方向、目标和路径都已明确，在渐进式决策理论的指导和实践经验借鉴下全面推进的，所有实施步骤需要统筹规划，而不是过去的在实践中摸索式前进。实践探索和加强顶层设计形成辩证统一体，从实践中获得真知，用真知修订和完善设计，再用顶层设计指导实践，并由此循环往复，不断发展。因此，大病保险创新模式的实施需要统筹规划和系统的顶层设计，从而避免实施过程中的随意性、盲目性和保守性等引起的进程的阻滞和方向的偏离，这是确保政策目标实现的前提。

二、明确政策目标

政策方案实施的顶层设计，从总体上系统描绘了方案实施的全局和方向，在此基础上，需要进一步细化，使其具有操作性。接下来，重要的一步就是明确政策目标。这里的明确政策目标主要两方面含义：一是政策目标的分解。通过分析政策目标和当前政策实施状况的差距，以渐进式理论为指导，结合相关政策环境变化，将政策目标分解到不同时期，主要采用前述理论中“一定政策目标下的动态渐进式发展”方式来推进和实现。大病保险创新模式的目标是“以有效降低参保人员因大病产生的灾难性经济风险和健康风险为目的，从系统、整合、高效和可持续发展的视角，构建具有中国特色的大病保险创新模式”，其主要构成要素如法定层大病保险、政策层大病保险和商业层大病保险，即为主要的分解目标。二是各分解目标的优先排序。根据渐进式发展的特点和要求，以往政策是渐进式发展的重要依据，而前一个政策目标的实现是下一个目标的基础。因此，在具体实施过程中，渐进式发展的分解目标是有排列顺序的，其发展是依次递进的，不能盲目冒进和跨越。例如，法定层大病保险中，先要实现分目标“两保合一”，即城镇居民和新型农村合作医疗大病保险的合并。接下来，再实现下一个分目标

“三保合一”，即在“两保合一”的基础上，再与城镇职工大病保险合并。其他目标分解和确定由此类推。

三、政策环境分析

渐进式发展具有较强的路径依赖性，相比较于其他方法和路径，更加重视政策方案在推进过程中体现温和、平稳、震荡小的特点，对现实政策环境和条件具有更高的依存度。政策环境分析主要包括两个方面：一方面是政策方案内部的政策环境。主要是指在政策方案实施前，在系统内部是否具备实现政策目标所需要的条件。比如，围绕政策目标的系统方案、相关体制和机制、技术标准和规范、相关规章和制度等。另一方面是政策方案外部的政策环境。主要是指从系统外部来分析和判定，实现政策目标具备的条件是否成熟。比如，政治环境，政策目标是否得到国家一定时期相关制度、政策和改革方向等方面的充分支持；经济环境，当前社会经济发展的水平能否支撑政策目标实施；社会环境，社会文化、价值观念和社会需求等是否支持政策目标；技术环境，与政策目标相关的保险技术、信息技术、疾病分类和诊断治疗技术等是否具备支持条件。

四、政策方案的执行

在政策方案的内外部政策环境成熟，具备政策实施所需的条件时，就可以按照方案顶层设计的规划路径，按照渐进式发展的顺序执行方案。政策方案的执行分为两种情况：一种是有限政策目标下的渐进发展。通常是指政策方案的目标十分明确具体，政策实施的内外部条件基本具备，且政策改革难度不大等情况，比如，大病保险创新模式中的分目标之一，实现基本医疗保险的省级统筹。该政策目标十分具体，并通过政府支持、具备条件、可操作性、预计成效、投入成本、产生的震荡和可行性分析等方面的系统分析，被认为是普遍可行的渐进发展路径。另外一种是复杂目标下的渐进式发展。政策方案执行过程中，有的政策目标具有创新性和不确定性、改革中面临的问题复杂且难度较大，此种情况下需要根据方案不同时期实际执行情况进行动态调整和完善。在渐进式发展执行过程中，这种情况通常采用的原则是“自下而上、先易后难；寻求突破、先试点后推广”。比如，大病保险创新模式中，建立政策层的大病保险是主要构成要素之一，也是重要的分目标。作为创新举措，虽然在理论上已经设计其保障功能、保障范围、保障水平和保障效果，但是从未进行过实践检验。因此，根据上述原则，选择政策环境相对成熟的基层进行实践，先易后难不断探索，并将改革的经验向上传递，引起上层重视并转化为改革意志。在具体执行过程中，既要敢于突破、勇于创新，又要循序渐进、小心求证。通常采用先试点，试点成功后再推广到面，其优点是社会震荡小，试错成本低。这种由点到面的方式是我国渐进式发展的宝贵经验。

五、方案动态调整

政策方案执行过程中必将会遇到各种的动力和阻力，而这些性质不同的作用力会直接影响到政策目标的实现。因此，在政策方案的实施过程中，及时准确地判定实践中存在的问题，并对政策方案进行动态的纠偏、修正、引导和调整，这是保障政策目标实现的关键环节。尽管渐进式发展具有路径依赖、社会震荡小、循序渐进等特征，但是归根到底也是一种发展方式，要发展就要有从量变到质变的改变发生，而政策目标正是通过这种质变来实现的。政策方案执行过程中，渐进式发展方案的动态调整主要有两种形式：一种是促进式调整。渐进式发展在其特点突出的同时也存在明显的缺陷。比如，改革动力不足、思想行为保守，甚至拖延政策方案的进程等。这些情况一旦发生，就需要采取鼓励、督促、要求和命令等促进式动态调整措施，保证政策方案实施的顺利进行和政策目标的实现。另一种是修正式调整。渐进式发展过程中，同样会遇到政策环境复杂、改革难度大、体制机制变革、目标和内容创新发展等困难。此时，通常选择路径的思路是：先试点，由点到面，再全面推开。尤其是试点过程，是在实践中大胆突破和勇于创新的过程，是通过修正式动态调整不断接近政策目标和不断完善的过程。同样，在由点到面的扩试，以及全面推开的实施过程中，修正式动态调整发挥重要的作用，确保政策方案的实施按照政策目标的正确方向发展。

第五节　渐进式发展路径的配套措施

渐进式发展的重要特征是稳步而有序的发展，即循序渐进的发展。选择渐进式发展路径建立大病保险创新模式，强调利用已有的组织资源推进改革，突出政策方案的改革和发展是以稳定为前提。但是，渐进式发展过程中，也需要强制中的诱致性，尤其是试点中的探索性和创新性。因此，政策方案的顺利实施和政策目标实现，除了渐进式发展路径的整体设计外，还需要配套措施给予支撑。配套措施的支持主要包括认识、制度和实践三个层面。

一、认识层面的配套支持

人们对客观事物的正确认识是经过从实践到认识，再从认识到实践的多次反复才能实现。源于实践提出的大病保险创新模式，是解决现行政策下大病保险存在关键问题的政策方案。渐进式发展路径是政策目标导向下政策方案选择的实施路径。根据渐进式发展的特点，大病保险创新模式的渐进式发展，除了依赖于其渐进式路径的有效设计外，还需要各方在认识层面上达成共识，作为政策方案实施的配套保障措施。认识层面的共识主要包括以下三个方面：一是政策目标达成共识。理念和目标的共识是渐进式改革和发展的基础和必要条件。针对大病保险实践中存在的当前难以解决的问题，提出建立分层联动整合式大病保险创新模式的政策目标。在此政策目标上，大病保险的主体和客体必须达成共识。没有目标的共识，就没有共同方向，改革和创新将失去稳定前提下发展的基础和条件，也就没有渐进式发展的路径。因此，政策目标达成共识是渐进式发展路径的必要条件。二是各利益相关方达成共识。大病保险是一项民生工程，也是一项复杂的系统工程。大病保险模式的创新，涉及政府的财政、物价、卫生健康、医疗保障等相关部门，以及医药企业、医疗机构、广大人民群众、保险公司等多个利益相关者。改革和发展必将触及各方利益的调整，而渐进式发展要求这种利益调整是循序渐进的。因此，促使各利益相关方在一定时期一定政策目标下达成共识，是渐进式发展的重要配套措施。三是政策方案达成共识。政策的主体和客体在大病保险创新模式的政策方案上要达成共识，充分了解不同时期政策方案的演进和措施，避免在政策执行过程中产生大的震荡和不可预测的影响，这样才能保证政策实施得以顺利进行。政策方案达成共识，并在政策执行中形成共识，亦是渐进式发展的重要保障。

二、制度层面的配套支持

要想选择渐进式发展的路径，必须在制度层面上得到支持。相关制度愈加完整，渐进式发展的步伐愈加稳健，制度变迁过程中产生的社会震荡越小、改革的成本越低，实现政策目标的可能性就越大。在一定程度上讲，制度是渐进式发展的基础和保障。渐进式发展路径的设计是建立在当前制度环境基础上的，除此之外，还需要在外部系统中得到相关制度的配套支持，才能保证政策方案的顺利实施。制度层面的配套措施主要包括三个方面：一是法律和规章制度建设。渐进式发展的前提是稳定，保持稳定的主要举措是遵守现有的法律和规章制度。现行的大病保险依附于基本医疗保险制度中，其功能是对高额费用的二次报销，而建立分层联动整合式大病保险创新模式实质上是制度创新，而制度创新会带来利益调整和一定程度的震荡。因此，在其渐进性式改革和发展的路径中，更需要相关法律、医疗保险规章制度等的配套支持，才能保证政策方案的稳定而有效的实施。二是标准和技术规范建设。标准和技术规范是依照政策法规制订的具有法规性、指导性和约束力的规范，是制度的重要组成部分。大病保险创新模式的渐进式发展，需要基本医疗保险相关的标准和技术予以配套支持。例如，疾病的病种分类标准、疾病诊断和治疗的临床路径、基本医疗服务诊疗规范、基本医疗服务用药目录、基本医疗保险支付手段等，对于大病的选择、功能划分和衔接、保障范围和水平等具有重要的支撑作用。三是信息共享制度建设。制度通过有效的执行力对团体或个人的行为进行约束和规范，因此执行力是制度的保障。当前，信息技术进入高速发展的时代，大数据、5G、人工智能等信息技术的应用，为提高执行力奠定坚实的基础。医保部门、医疗机构、卫生健康委、保险公司等，加强在信息互通、信息分析和信息共享方面建设，将对大病保险创新模式渐进式发展起到重要的支撑作用。

三、实践层面的配套支持

人类对客观物质世界的认识及其运动规律的发现都来源于实践，而实践又是检验真理的唯一标准。凡是符合客观的真理性认识，通过实践必然会成功地转化为客观的现实。建立分层联动整合式大病保险模式，是对传统大病保险模式的改革和创新，而选择渐进式发展路径尤其需要注意防止过于保守、等待观望、拖延改革，甚至阻滞改革等影响政策目标实现的情况发生。我国改革开放的实践经验表明，“先试点，由点到面，再全面推开”是中国渐进式发展的成功经验。大病保险创新模式的渐进式发展路径，在政策实施过程中采纳该成功经验，并需要在实践层面得到配套支持措施。主要体现在以下三个方面：一是试点地区的配套支持。改革方案的试点，就是要求试点单位和地区具备打破常规、勇于探索，不畏艰险、敢于担当的精神。试点的重要作用之一，就是解决渐进式发展中过于保守、缺乏改革动力或动力不足的问题。以大病保险创新模式的目标为牵引，按照统筹规划的政策方案实施过程中，还需要当地政府部门在制度创新、体制机制创新、经济投入等方面予以配套支持，以及在相关技术应用、信息分享和全程监管等方面的配套支持。二是试点推广的配套支持。在试点取得经验的基础上，选择政策环境相似且基本具备改革条件的地域进行扩试。试点推广的重要意义在于有效解决渐进式发展中存在的拖延、观望和滞后性问题。扩试地区需要在政府部门组织和协调、经费投入保障、试点经验的采纳和应用、制度政策的制定和政策效应的评估等方面对政策实施给予配套支持。三是政策环境的配套支持。政策环境是作用和影响政策方案的外部条件的总和。实践必须适应政策环境，同时实践离不开政策环境的支持。大病保险创新模式在渐进式发展的实践过程中，需要政策环境的配套支持。主要包括：一定时期国家的社会制度、战略方针、法律法规等政治环境；一定时期社会的宏观经济发展和微观经济投入等为代表的经济环境；一个国家或地区居民基本素养、文化程度和价值观念等社会文化环境，以及一定时期一个社会具有的科学技术的能力和水平等技术环境。政策环境的配套支持，是政策方案在实践中向政策目标迈进的重要保障。

第十三章

模式实施路径二：阶梯式发展路径

本章通过分析阶梯式发展的内在逻辑，明确阶梯式发展的基本思路，归纳阶梯式发展的特点。在阶梯式理论分析的基础上，结合大病保险创新发展模式的特征，提出大病保险创新发展模式的阶梯式发展路径的设计方案，以及具体实施步骤和配套措施，为决策者提供参考。

第一节　阶梯式发展路径的内在逻辑

阶梯式发展路径，是指客观事物在实现其目标的建设和发展过程中，划分出若干不同质却又相互衔接的发展阶段，并遵循由量变到质变的发展规律。每个阶段相当于积蓄量变的平台期，当量的积累能够引起质的变化时，呈现出从一个台阶到更高的新台阶的跃升。阶梯式发展路径的优势是，每个平台期为发展中量的积累提供修正、补充、协调和提升的机会，不同发展阶段的成效有明显的质的提高，实现建设目标的路径和效果更加清晰和明确。缺点是容易受传统的路径依赖的影响，造成平台期量的积累过长而拖延发展进程。目标建设过程中的不同阶段（即不同阶梯）划分，既要有质的明显区别，又要有相互紧密的衔接，因此在整体设计和具体操作中有一定难度。

阶梯式发展路径的选择，取决于两个基本条件，一是实现的目标能够清晰分解为不同梯次的阶段性目标并有机衔接。二是发展过程中各阶段的目标具体明确，而且实现具体目标的政策、措施、步骤和条件相对成熟。在此基础上选择阶梯式发展路径产生的成效比较明显。阶梯式发展的内在逻辑，就是将实现目标分为相互联系和有机衔接的具有梯次的阶段性目标，在达到一个阶段性目标并稳步发展的前提下，将发展的速度和社会可承受的程度与下一个阶段性目标相结合，加快改革发展力度，实现更高阶段的目标。在实现目标整体设计框架下，分为具体目标明确、不同阶段划分和不同阶段的有机衔接，形成清晰的改革路径。各阶段在建设发展中逐步由量的积累到质的改变，实现向更高阶梯的跃升，进而实现最终目标。

第二节　阶梯式发展路径的基本思路

一、阶梯式发展的实质

阶梯式发展具有清晰的改革路径，主要体现在将改革目标分解为若干个梯次的阶段性目标，并通过阶段性目标的牵引，采取由量变到质变并产生阶梯式跃升的方式实现目标。改革本质上是利益的调整和重新分配。阶梯式发展在大病保险的利益相关者之间利益调整时，表现为一定时期、一定阶段围绕阶段性目标的调整，相对而言是平稳的且操作性比较强的，但是在不同阶段发展的不同梯次的跃升期，会直接影响到利益相关者之间的利益分配和调整，可能产生较大程度变革和由此带来的相关效应。

二、阶梯式发展路径的基本思路

采用阶梯式路径建立分层联动整合式大病保险模式的基本思路是：根据大病保险创新发展模式的核心内容和特点，将分层联动整合式大病保险模式的建设发展目标进行分解，并划分为相互关联的、具有递进梯次的不同发展阶段。具体可分为四个阶段：第一阶段将城镇居民大病保险和新农村合作医疗大病保险合并，实现“两保合一”。第二阶段将城镇居民大病保险、新农村合作医疗大病保险和城镇职工大病保险合并，实现“三保合一”。第三阶段建立分层联动整合式大病保险模式。第四阶段完善分层联动整合式大病保险模式的管理体制和各项运行机制，保障其可持续发展。在各阶段建设目标的牵引下，根据社会经济发展和相关政策支持情况，在每个阶段内部通过量的积累引起质的变化，再跃升到一个又一个新的阶段，最终实现大病保险创新模式建设发展的目标。

三、阶梯式发展路径的特点

（一）阶段性目标导向

阶梯式发展路径的典型特征是，将组织发展的目标分解为不同的发展阶段，各阶段的目标既有质的区别又彼此相互衔接。每个阶段的发展即是以该阶段的目标为导向，各种资源的调整和利用均是为了阶段性目标的实现。而不同阶段的目标也是相互联系的，当一个阶段的目标实现后，将会以下一个阶段的目标为导向继续发展。这种以阶段性目标导向为特征的发展方式，是实现最终目标的主要途径。

（二）改革存量带动增量

阶梯式发展路径具有明显的两个特征，一方面在每个阶梯内部，即每个阶段性目标实现过程中，通常采取的主要方式是改革存量，通过存量的调整和利用增加量的积累来实现目标。另一方面在阶梯之间变化，即由低级阶段向高级阶段跃升时，通常需要增量来促进改革，在存量改革的基础上带动增量的提高，从而实现质的转变和目标的阶梯式跃升。

（三）成本和效应呈阶梯式变化

客观事物的发展如果选择阶梯式发展路径，那么其投入成本和产出效应的变化同样遵循阶梯式变化的规律。在每个阶段内部发展过程中，主要表现为量的产生和不断积累，并无剧烈的变革和震荡。从逻辑上推断，这个时期的成本投入和产生的效应也是稳定的、平缓的，处于量的积累期。当由一个阶段向另一个阶段变化时，表现将从量的积累到质的转变，因此其产生的效应发生了质变和跃升，而相应的成本投入亦呈现相应的变化。

（四）发展呈阶梯式跃升

阶梯式发展路径强调的是客观事物的发展先要实现量的积累，当一个阶段量的积累达到足够多的程度，则表明该阶段的目标得以实现。同时，在具备由量变到质变的转化的条件时，可以实现由低级阶段向高一级阶段跃升。这种由量变到质变产生的阶梯式跃升，是阶梯式发展路径的主要特征。客观事物的发展正是通过一个阶段的量变到质变，从而跃进到一个又一个新的台阶来实现的。

第三节　阶梯式发展路径的设计

与前述渐进式发展有别，阶梯式发展有自身的特点。如果说渐进式发展是稳步推进和提升，逐渐接近目标的线性发展路径，那么阶梯式发展则是在一定阶段会出现跃升和质的变化，呈现出阶梯式发展路径。选择阶梯式发展路径需要符合两个重要的条件：一是将实现的总目标划分为不同的阶段性目标。各发展阶段的目标不同，但彼此之间有相互联系和衔接，并在性质上表现为具有质的不同和根本性改变。二是每个发展阶段目标的实现后会上升到更高一级的发展阶段，由此而呈现出阶梯式变化。每个阶段内部发展是平稳的、量的积累的过程，当量的积累到一定程度会发生质的改变，这个质变就是在不同发展阶段实现跃升。因此，阶梯式发展路径的设计要根据阶梯式发展的理论和特点，紧紧围绕其必备的重要条件展开。

一、阶梯式发展理论

阶梯式发展理论的提出者和倡导者是朱训，其代表作为《阶梯式发展论》。该论著认为“阶梯式发展是指客观事物随时间由一个台阶跃进到另一个台阶的发展，是客观物质世界运动的重要形式，也是人类主观认识运动的重要形式”，同时指出“阶梯式发展形象地表达了事物发展的实质，即发展不是简单的量的增减，不是重复，而是渐进过程的中断，是量变基础上质的飞跃，是新事物的产生和旧事物的消亡，是不断向新的阶梯的攀登”。因此，在实践活动中不要采用盲目冒进的方式，勉强去做超越现阶段能力、水平和具备条件的事情，而是要根据不同发展阶段的特点，采取符合发展规律的措施，有计划按步骤进行。

阶梯式发展理论认为，在客观的物质世界中，客观事物是不断地运动、变化和发展的，主要表现为：规模上由小到大，层级上由低级到高级，难度上由简单到复杂，性质上由新事物代替旧事物。因此，发展是客观事物随时间变化由量变到质变的过程。这个过程是由不同的阶段构成，各个阶段具有不同的质，但彼此之间相互衔接。在每个阶段内部，通过量的积累引起质的变化而进入新的阶段。

发展就是通过一个阶段的量变到质变，登上一个又一个阶梯，跃进到一个又一个新的阶段来实现的。客观事物运动过程中这种量的积累、阶段性的转变、阶梯式上升所呈现的形式就是阶梯式发展。

从内容和形式上看，阶梯是客观事物前进且向上发展的方式和路径，发展是客观事物由简单到复杂，由低级到高级的连续不断的变化。阶梯式发展理论研究的核心内容是客观事物的变化和发展规律。自然和社会的一切事物都是客观存在的，是不以人的意志为转移的，它们的发展都遵循由量变到质变的变化规律。而且，这种发展都具有时空特征，在时间上表现为阶段性特征，在空间上表现为台阶式特征，即所谓的阶梯性。阶梯式发展是事物发展的普遍规律，既是客观事物运动的重要形式，也是人类主观认识运动的重要形式，其内容主要表现在两个方面：一方面是阶梯内的渐变。一切事物在阶梯内部的变化和发展被称为累积过程，累积过程是系统中事物逐渐发生的变化，这种变化表现为量的变化和量的积累。阶梯内事物的量变在时间尺度上具有依赖性。并在量变积累中孕育着突变。另一方面是阶梯之间的突变。事物的发展从一个阶梯跃升到更高一级的阶梯被称为突变结果。突变结果是系统对输入能量的瞬时性强烈响应，表现为质的改变。事物的突变结果是量的积累达到一定程度后产生的质变，既是对上一累积过程的终止又是对下一累积过程的触发。因此每一个阶梯都包含一个突变结果和一个累积过程。随着时间的变化，客观事物的发展是渐进过程中量的“积累”，是量变基础上质的“飞跃”，是新旧事物之间的更替，是不断向新的阶梯的跃升。

从方法论角度上看，阶梯式发展论运用马克思主义辩证唯物主义和历史唯物主义的立场、观点和方法，从哲学高度探究自然界、人类社会和主观认识的变化发展规律。阶梯式发展并非单纯的理论演绎，而是运用马克思主义哲学总结实践经验而产生的，具有深厚的实践基础和理论根据。不仅符合科学发展观的要求，更是实现科学发展的方式和路径。就方法论而言，阶梯式发展遵循以下的原则：一是阶梯式发展遵循唯物辩证法。唯物辩证法认为，量变和质变是事物发展变化的两种基本状态。任何事物的发展都是量变和质变的统一。阶梯式发展论是对唯物辩证法量变质变规律在认识上的深化，形象地表达了事物发展的实质。二是阶梯之间既相互联系又有质的区别。前一阶梯是后一阶梯的必要准备，后一阶梯是前一阶梯的必然结果。一切实践活动都要按计划、分阶段、有步骤地进行，要按照事物发展变化规律行事，既要避免超越阶段发展的盲目行事，又要注意每一个阶梯上量的积累，防止急于求成。三是阶梯的合理标度是科学发展的关键。阶梯的标度可以缩小或扩大，当阶梯无限细分时，事物发展轨迹相当于曲率各不相同的曲线的无缝连接；当阶梯无限放大时，事物发展轨迹趋向线性。但是，阶梯依然存在且不可逾越。事物的发展要求一定的能量驱动机制，表现为成本付出。罗照华等指出，阶梯式发展是事物发展的普遍规律，阶梯的尺度过于细微或者过于粗放都需要付出过大的成本。四是阶梯式发展是事物发展运动的基本形式。客观世界是复杂的、多样的。客观事物发展运动的形式也是多样的。阶梯式发展是事物发展运动的基本形式，其运动都具有客观性、连续性、前进性、广泛性和周期性等特点。一般情况下，事物遵循基本形式的发展运动，但亦可能出现非基本形式的运动，比如突变式发展、跨越式发展等。

二、路径设计

党的十八大以来确立了健康中国的战略发展目标，提出没有全民健康就没有全面小康，因此卫生和健康问题引起高度重视，进入一个战略发展机遇期。大病给患者造成难以承受的“双重损失”，即严重的健康损失和重大的经济损失，直接影响到患者的健康和个人、家庭的经济负担。大病保险在保障民生中发挥着重要的作用。传统的大病保险模式在保障基本医疗服务方面发挥一定成效，但是在新时代、新发展和新要求下，客观上要求大病保险模式的创新和发展，因此将面临新的机遇和挑战，主要包括三个方面：一是在卫生和健康改革的大背景下，如何针对主要问题制定大病保险发展规划和目标。在发展新理念下，大病保险面临新的发展阶段，需要遵循根据规划、把握特点、明确路径、协调发展的思路进行制定。二是在高质量发展的理念和形势下，根据当前社会经济发展状况和具备的条件，如何选择实现大病保险模式创新发展的路径。三是大病保险模式的创新发展必定带来新理念、新思路和新举措，将对相关制度、政策规定、管理体制、运行机制、标准规范、保障措施等提出新的要求。

针对上述将面临的挑战，需要在理念、制度、政策、管理和规范等方面不断完善，创新发展是必然的选择。本研究提出的分层联动整合式大病保险创新模式是建设和发展的总目标，而实现总目标不仅需要大病保险创新模式管理体制和运行机制等内部系统的科学设计和安排，而且还需要政治、经济、技术和社会等外环境的支撑。不同的理念、不同的内外部环境、不同的发展水平、不同的发展条件等，直接影响到实现总目标的路径的选择。阶梯式发展论为大病保险创新模式建设和发展路径的选择提供理论支撑。本研究根据总目标的特点和要求，结合大病保险现阶段发展状况，以及可能获得的支撑条件，应用阶梯式发展理论设计大病保险创新模式建设和发展的路径。大病保险创新模式的阶梯式发展路径主要分为以下四个阶段，每个阶段即为一个阶梯（见图 13 - 1）。

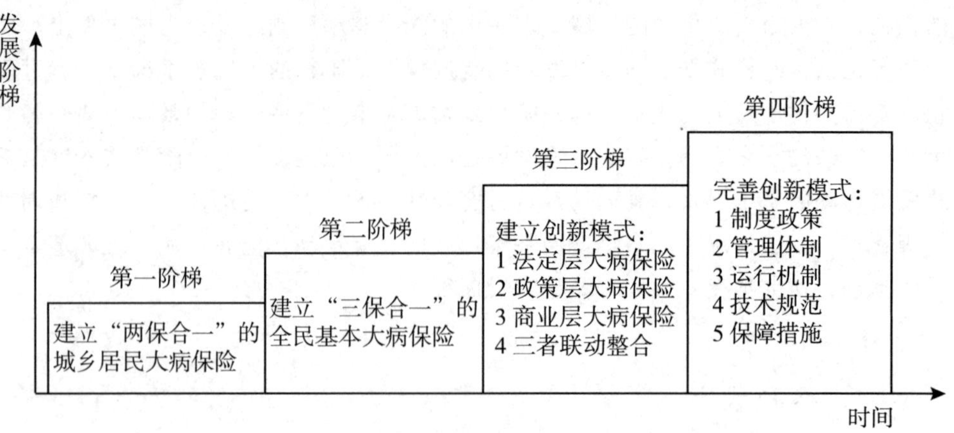

图 13-1　大病保险创新模式的阶梯式发展路径

第一阶梯目标是建立“两保合一”的城乡居民大病保险。该阶段是由当前大病保险发展经过量的积累并发生质的改变后跃升而实现的。大病保险的现状主要表现为：依附于基本医疗保险和新型农村合作医疗，属于费用的二次报销，并非独立险种；城镇居民大病保险、新农合大病保险等不同大病保险制度引发碎片化、低效率，重复参保等问题，并且影响到公平性和保障效率等方面。事实上，“两保合一”，即城镇居民大病保险和新型农村合作医疗大病保险，合并为城乡居民大病保险，既有客观需求又具备了制度整合的基础和条件。这是因为，第一，城镇化为制度整合提供了大环境。城镇化是伴随工业化发展，非农业产业在城镇集聚、农村人口向城镇集中的自然历史过程，当前我国正处于城镇化发展的关键时期。城镇化的发展对医保制度的整合提出客观要求。第二，财政主导筹资为制度整合奠定基础。城镇居民大病保险和新型农村合作医疗大病保险的筹资来自城镇居民基本医疗保险和新型农村合作医疗保险，都是由财政主导的筹资方式，为两种制度整合奠定了基础。第三，医保基金压力增加对制度整合产生促进作用。随着保障范围和保障水平的提升，加之基金筹集的有限性，以及通常被解读为与农民工相关的重复参保现象（朱恒鹏等，2017），使得近年来医保基金面临压力，对制度整合提出要求。另外，“两保合一”在国内已经开展试点和推广，并取得一定成效。综上所述，由大病保险发展现状中量的积累而发生质的转变时，即由现状跃升到第一阶梯。

第二阶梯目标是建立“三保合一”的全民基本大病保险。在实现“两保合一”的建设目标后，完成了向第一个阶梯的质的跃升。根据阶梯式发展理论，接下来的发展将进入相对平稳的渐变期和量的积累期，即对“两保合一”后产生的问题不断修正、完善和积累经验，并为下一个阶梯的跃升做准备。大病保险创新模式的第二个阶梯目标是建立“三保合一”的全民基本大病保险，也是总目标建设的第二个阶段。这个阶段的划分的主要依据是前期“两保合一”的建设发展情况和阶梯内部在多个方面量的积累，主要包括政治层面上政府各部门的支持、协调；政策层面上“两保合一”运行的效果和经验；技术层面上“三保合一”具备的条件；制度层面上“三保合一”构想的方案，以及对“三保合一”实施的可行性分析进行系统的分析。当阶梯内部量的积累达到一定程度后将会产生质的改变，即实现从第一个阶梯向第二个阶梯的跃升，实现“三保合一”的全民基本大病保险的目标。

第三阶梯目标是建立分层联动整合式大病保险创新模式。阶梯式发展认为，当事物在某一阶梯上量的变化和积累达到一定程度时，必然要向更高的台阶攀升，而能够推动和加速事物向更高台阶攀升的最重要的动力就是创新。第三阶梯的目标就是建立分层联动整合式大病保险创新模式。第二阶梯构建的“三保合一”的全民基本大病保险，保障的是基本医疗服务和基本的用药服务，其保障能力是有限的。单纯依靠法定层面的全民基本大病保险，只能缓解但不可能保障因患大病造成的健康损失和经济损失。因此，第三阶梯提出的大病保险创新模式包括了法定层的大病保险、政策层的大病保险和商业层的大病保险，彼此之间保障功能互补、相互衔接，构成有机整合的大病保险体系。建立大病保险创新模式，就需要有创新的理念、创新的思维、创新技术、创新方案和创新的行动，这些是实现向第三阶梯跃升的必要条件。

第四阶梯目标是完善大病保险创新模式。阶梯式发展并非处于平衡态的运行，其运行的轨迹是非线性的、前进的、上升的，且呈现出阶梯的形态。阶梯式发展的每个阶段，对事物发展的认识都包含“实践—认识—再实践—再认识”的循环上升过程。在发展到第三阶梯，通过实践和认识实现了构建分层联动整合式大病保险创新模式的目标，但是依据对事物认识和发展规律，需要对该创新模式的运行中存在的问题、保障成效如何等进行系统分析和总结，并提出改善的建议和措施。通过再实践和再认识，逐步从量的产生、量的积累，到质的改变，完成从第三阶梯到第四阶梯的跃升，实现完善大病保险创新模式的目标。这个跃升的产生并非想象的、盲目的，它是以实践为基础，以阶梯式发展理论为指导，以不断地补充完善为手段形成的。第四阶梯目标的实现，需要的核心和关键是系统内部条件具备和系统外部环境支持，主要包括：相关制度政策的支持、管理体制的突破、运行机制的改革、技术规范的制定和执行，以及保障措施的配套等。这些都需要顶层的设计、科学制定、系统安排、严谨实施、有效监督和科学评价，并在实践中不断检验、修正和完善。

第四节　阶梯式发展路径的实施步骤

通过上述阶梯式发展的特点和理论的分析，以及阶梯式发展路径的设计，为建立和发展分层联动整合式大病保险模式提供了可选择的方案。阶梯式发展路径的核心要素有两个：一是将未来实现的目标划分为不同的发展阶段。二是从一个阶梯向高一级阶梯跃升具备的条件。采用阶梯式发展路径建立大病保险创新模式的具体实施步骤如下。

一、根据发展目标划分发展阶段

阶梯式发展要求将实现目标的过程划分为不同的阶梯，事物通常根据自身的特点和发展规律来划分。自然域中的事物，阶梯的划分主要依赖自组织的过程；社会域中的事物，阶梯的划分取决于事物发展的经济效益和社会效益、公众意志、公平性和权威水平等；主观域中的事物，阶梯的划分取决于对自然域事物发展规律的认知和人为因素。理论和实践都证明，阶梯划分和阶梯标度的选择，直接影响到发展的成本和成效。因此，阶梯的合理划分和合理标度是科学发展的关键。

本研究的目标是建立分层联动整合式大病保险创新模式，具有社会域事物的特点。因此，根据阶梯式发展理论，以大病保险当前存在的主要问题、社会经济发展、相关制度运行、参保者的需求、具备的内外部条件等为基础，结合大病保险模式创新的目的、创新的理念、创新体制和机制，以及社会效益和投入产出等成效，将建设和发展大病保险创新模式的日标划分为四个阶梯：第　个阶梯是建立“两保合一”的城乡居民大病保险；第二阶梯是建立“三保合一”的全民基本大病保险；第三阶梯是建立分层联动整合式大病保险创新模式；第四阶梯是完善大病保险创新模式。这四个阶梯在各自阶梯内部根据自身规律发展实现量的变化，当量的积累达到一定程度后会发生质的改变。由量变到质变意味着阶梯彼此之间依据梯次顺序由低级向高级跃升。

二、根据发展阶段特点制定方案

根据阶梯式发展的理论，事物的发展是按照一定规律进行的，事物发展的轨迹是不断变化的、前进的和跃升的。这种变化在阶梯内部表现为量的改变和积累，在阶梯之间表现为质的攀升，并通过不断攀升实现既定的目标。因此，在明确实现目标过程中不同发展阶段的划分后，需要根据各阶段的特点制定实施方案。制定实施方案包括两个方面，一方面是总体方案的制定。选择阶梯式发展路径实现目标，就需要根据事物发展的规律对方案进行顶层设计，确定阶段的划分和发展规划，以体现方案的系统性、整体性和协调性。既要避免只顾眼前不顾长远的短视行为，又要避免不顾一切的盲目行为。另一方面是阶梯方案的制定。在实现目标的过程中，每上升一个阶梯就是一次质的提升，而这些质的提升是实现目标的依据和保证。因此，根据不同发展阶段的特点、核心问题、支持环境、具备条件等，制定科学合理的阶梯式方案，是实现目标的基础、核心和关键步骤，具有重要意义。

本研究中采用阶梯式发展路径，制定建立大病保险创新模式的总体方案，核心内容包括：一是建设目标。方案的建设总目标是建立分层联动整合式大病保险创新模式。二是建设内容。将总体目标划分为四个建设发展阶段，每个阶段形象地称为一个阶梯。三是建设方法。各阶梯之间具有质的不同，相互联系相互协调，并依次发生质的提升，最终实现总目标。方案中按照四个阶梯的设计顺序发展、逐级上升。从一个阶梯到另一个阶梯的跃升就是一次质的变化，既是前一个阶梯发展的结果又是新阶梯发展的开端。四是建设的环境分析。依据建立大病保险创新模式的支撑环境进行方案实施的可行性分析。一方面是大病保险创新模式的内部环境分析，如制度、政策、体制、机制、技术和方法等。另一方面是大病保险创新模式的外部环境分析，如政治、经济、社会和技术等。

制定不同发展阶段的方案，即阶梯式方案，是实现各阶段目标乃至总目标的基础和根本保证。第一阶梯方案的核心内容：一是建设目标。将现行的城镇居民大病保险和新型农村合作医疗大病保险整合成为城乡居民大病保险，实现“两保合一”。二是建设内容。重点整合的内容包括：筹资政策、保障范围、保障待遇、保障水平、医保药品和医疗服务项目目录、基金管理等制度的整合；整合经办机构，理顺管理体制；整合方法和规范，完善运行机制。三是建设方法。主要包括：提高统筹层次、完善信息系统、加强监督管理等。四是可行性分析。国务院印发《关于整合城乡居民基本医疗保险制度的意见》，并在全国范围实施，为“大病保险的两保合一”奠定基础。

第二阶梯方案的核心内容：一是建设目标。在第一阶梯“两保合一”的城乡居民大病保险基础上，进一步与城镇职工大病保险制度整合，建立“三保合一”的全民基本大病保险。二是建设内容。重点需要解决的问题包括：筹资渠道不同、享受待遇的差异、医保药品和医疗服务项目目录不同、管理和制度分割和公平性等。三是建设方法。系统地设计和推进需要政府部门的高度重视和支持、体制机制的完善、信息系统的支撑和监督管理保障等。四是可行性分析。随着国家医保局的成立和地方医保局的组建，各地将经历经办机构、管理部门及医保制度的整合，三大医疗保险“三保合一”的探索和实践已经开始。

第三阶梯方案的核心内容：一是建设目标。在第二阶梯“三保合一”全民基本大病保险的基础上，进一步实现质的跃升，建立分层联动整合式大病保险创新模式。二是建设内容。大病保险创新模式主要包括：法定层大病保险、政策层大病保险和商业层大病保险。各层具有不同的功能，彼此之间相互衔接，相互补充，形成独立有效的大病保险体系。三是建设方法。主要包括：创新模式中不同要素结构功能明确划分并衔接，系统建立甄别、衔接、激励约束、共享、监管和动态管理等机制，建立新的补偿标准、技术规范和保障范围。四是可行性分析。取决于创新模式设计的科学合理性和外部环境的支持程度。

第四阶梯方案的核心内容：一是建设目标。在第三阶梯建立分层联动整合式大病保险创新模式基础上，进一步根据实际情况，不断完善大病保险创新模式。二是建设内容。主要包括：功能的完善、管理体制的完善、运行机制的完善、技术标准的完善和制度完善。三是建设方法。根据大病保险创新模式的实施和评估情况，发现存在的主要问题，并根据实际情况和具备的条件，依靠制度和科技相结合的原则进行改进和完善。四是可行性分析。主要依据第三阶梯的建设情况和具备的内外部条件确定。

三、方案的执行

方案的执行是指通过一定的组织形式，采用多种行动方式，将一个方案从设计规划内容转化为现实的效果，并使方案的目标得以实现的过程。方案执行最主要的功能是保证方案目标和效果的实现。选择阶梯式发展路径，方案在执行过程中有自身的特点。主要表现在：一是阶段性。方案的执行分为不同的阶段，每个阶段有各自的建设目标。二是有序性。方案执行是按照每个阶段时间上的先后顺序进行的，只有前一个阶段的任务目标完成后，才能跃升到下一个梯次即进入下一个阶段。方案启动后，不同发展阶段和各阶梯之间的运行轨迹是有序、前进、向上的，不可能出现逆序和跨越发展的情况。三是动态性。阶梯式发展路径是层层递进的，一个阶梯产生质的飞跃一定依赖于前一个阶梯量的积累。因此，根据方案阶段性实施情况和条件的变化等，对方案的执行进行动态调整和修正，有助于方案的顺利执行。

基于阶梯式发展在方案执行时的特点，大病保险创新模式在方案执行中重点关注的是明确方案的第一阶梯或第一阶段。因为，这是方案执行的起点和基石，该阶段目标任务是否顺利完成将决定下一阶段能否继续实施，直接影响到最终目标的实现。本研究将阶梯式发展路径设计为四个阶梯，第一阶梯确定为建立“两保合一”的城乡居民大病保险。当然，可根据实际情况，如果有的地区已经完成“两保合一”的目标，可将下一阶段选为首个阶梯。但需要注意的是，仍然要依照阶梯的顺序发展。

作为起点和重要基础的第一阶梯，建立“两保合一”的城乡居民大病保险方案的执行过程主要包括以下几个方面：一是政策方案的宣传。政策方案的宣传对方案的有效执行具有重要意义。这是因为，只有方案执行者充分了解方案的理念、目标、内容和措施，并将方案内容转化为民众能够接受和理解的指令时，方案的执行才能达成共识和顺利进行。二是政策方案的组织。任何政策方案都是通过建立方案执行组织机构，制定组织原则和执行办法，来使方案的目标变为现实效果，因此政策方案的组织是政策执行的核心和关键。三是政策方案的实施。政策方案的执行机关采取的具体行动。客观上要求政策方案要具体化、具有可操作性，并在实施过程中进行协调各方关系，加强监督管理，保证目标的实现。根据方案的执行过程的要求，在完成第一阶梯的任务后，再通过不断完善逐渐实现量变以及量的积累，条件具备后实现质的改变，并跃升到第二阶梯。其他阶段发展亦如此，在形式上循环往复，过程上不断前进、梯次上不断提升，最终实现建立和完善大病保险创新模式的总的目标。

四、方案的评估

人类对世界的认识是有限的，而解决政策问题的方案又是多元而复杂的，会受到内部和外部环境等多重因素的影响。因此，方案实施后，最为关注的问题有三点：一是方案在执行过程中存在哪些问题和障碍，二是方案执行产生的后果和造成的影响，三是方案预期目标实现的程度。要回答上述问题，就需要对方案执行过程中产生和反馈的信息进行评估。对方案进行科学的评估，既是检验方案效果的重要途径，又是确定方案走向的重要依据。

根据阶梯式发展的特点，方案的评估分为以下几种情况：一是阶段性评估。方案执行后，围绕方案的阶段性目标，需要评估回答的主要问题：是否达到阶段性目标？政策投入产出如何？方案实施带来的影响？下一步方案是否需要调整？阶梯式发展论认为，即使是每一个台阶的内部也不是“平滑”的，也会有一些波动。因此，要不断分析、总结、评价和纠偏，保证发展按照正确的方向进行。二是预评估。主要是指对方案实施的预期结果进行评估。当方案一个阶段的目标完成后，对其阶段性发展中量的变化和量的积累情况如何，是否具备能够产生质的变化的条件，以及能否跃升到下一阶梯的发展等的预期做出的判断。三是过程评估。对阶梯式发展路径的全过程进行系统评估。四是后评估。主要是指对方案执行后产生的实际效果进行评估。不论何种类型评估，在制定评估方案时都要明确评估的主体，即由谁来评估；描述评估客体，即评估对象是什么；阐述评估目的，即为什么评估；建立评估标准，即根据什么评估；选择评估方法，即如何进行评估（谢明，2016）。

方案阶段性评估从第一阶梯开始。评估的主体总体上可分为两类，一是政府部门，如方案的决策机构和执行机构。二是非政府部门，如专业学术团体和研究机构等。通常采用第三方评估形式，主要通过与政府部门签合同，将评估任务交由大学或专业研究机构进行。该阶段评估的客体是大病保险政策。评估的目的是建立“两保合一”的城乡居民大病保险。评估标准是方案评估的前提条件，主要体现在“两保合一”政策制度的建立、统一的基金筹集、使用和管理、统一的保障范围、统一的保障待遇、统一的保障水平、统一的管理体制和运行机制等。评估方法是根据评估的标准对方案实施前后效果进行对比分析。当方案第一阶段的目标完成后，接下来需要对是否能跃升到下一个发展阶段，即登上高一级的阶梯，进行预评估。当各发展阶段基本完成后，对方案实施过程和结果进行评估。因此阶梯式发展路径的评估具有自身的特点，对于政策方案的制定、发展和走向都具有重要参考价值。

第五节　阶梯式发展路径的配套措施

选择大病保险阶梯式发展路径来实现政策目标，一方面要充分了解阶梯式发展特点、方案设计思路和实施步骤，另一方面还要分析方案实施过程中所需的配套措施。阶梯式发展路径的配套措施主要包括政府、经济、社会和技术四个层面。

一、政府层面的配套支持

阶梯式发展是在前进过程中的不断跃升，每次跃升都是一次质的变革。而每次变革必定带来利益的调整，要使改革发展顺利进行，除了政策方案外，还需配套措施的支持，尤其是政府部门大力支持。主要包括几个方面：一是发展理念上达成共识。政府各相关部门要将大病保险发展理念统一到以人为本，以人民为中心，具体表现为要从根本上解决参保者因大病造成巨大的健康损失和灾难性经济损失的问题，而不是聚焦在各部门的任务、资源和利益等方面。二是充分体现政府职责。基本医疗服务属于公共物品，保障基本医疗服务是政府的职责。任何一个大病患者都应该得到基本的大病医疗服务，不论其贫穷还是富有，准确界定并提供基本的大病医疗服务，更应该成为政府保障的重点。因此政府相关部门应在财政投入、制度建设、相关保障方面给予大力支持和充分保障。三是各部门的协调、联动和大力支持。大病保险模式的创新和发展是一个民生工程、系统工程，其建立和发展并非仅依靠医疗保障部门就能实现的。从内部系统来看，需要医疗、医药和医保部门的"三医联动"，在建立和完善体制机制等方面发挥重要作用。从外部系统来看，需要财政、社保、物价、税收等政府相关部门的协调和大力支持。因此，政府各部门的支持是实现方案目标的根本性保障。

二、经济层面的配套支持

选择阶梯式发展路径建立和发展大病保险的创新模式，意味着对传统大病保险模式和相关制度的阶段性的、不断的突破和创新。阶梯式发展认为，事物是发展变化的，不会永远停留在某一个阶段或某一个阶梯水平上，会向更高的阶梯攀升，而促使事物向更高阶梯攀升的最重要的动力因素就是创新。但是，从一定意义上讲，模式的创新主要涉及资源和利益的重新分配，没有一种制度创新可以忽略经济层面的支持而实现。另外，很多问题产生的根源是长期以来财政投入的不足而造成的。本研究的目的就是建立分层联动整合式大病保险创新模式，按照阶梯式发展规律和发展路径，制度突破和创新还需要经济方面的大力支持。经济层面的配套支持主要表现在两个方面：一方面是存量调整。主要表现在对现有资源的调整和倾斜。比如在第一阶梯的目标建立"两保合一"的城乡居民大病保险制度过程中，大病保险的资金筹集、保障范围和保障水平等实现公平待遇，都需要从基本医保中，从政府卫生投入中得到调整和政策倾斜。另一方面是增量提高。主要是指对方案所需资源的投入。党的十八大以来，健康中国成为国家战略，并置于优先发展的地位。大病给患者的健康和经济造成巨大的影响，如果要从根本上解决这个问题，就需要建立大病保险创新模式，而创新模式方案的有效实施和能否取得预期效果，很大程度上取决于经济上的投入和投入的程度。如果方案所需的经济投入在现阶段中无法实现，那么大病保险创新模式就是一句空话。当然，上述两方面同时给予支持，更有助于阶梯式发展路径的顺利实施和大病保险创新模式的实现。

三、社会层面的配套支持

公共政策问题涉及社会系统的各个方面，政策方案实施过程中必定会遇到各种各样的动力或者阻力。其中，社会层面形成的动力和阻力是重要的组成部分。政策方案实施过程中需要正确认识并积极引导动力来推进方案的执行，同时更加需要充分预估遇到的阻力，采取相应的措施缓解、解决，或者避免阻力的发生，从而保障政策方案的有效运行。选择阶梯式发展路径进行大病保险创新模式改革，因政策目标涉及每个人的利益，所以其社会影响面比较宽且影响力大。阶梯式发展的每一次阶梯的跃升就是一次质的改变，相比渐进式改革，阶梯式发展路径的改革力度大、改革影响面广、改革措施持续性强。因此，在政策方案执行过程中遇到的阻力也相对大。就社会层面而言，需要以下配套措施的支持：一是加强宣传，统一认识。健康是涉及每一个人的利益，是人的基本权利。大病保险是维护健康并减少经济损失的重要制度，有利于推动保障更加公平、管理服务更加规范、医疗资源利用更加有效，促进全民医保体系持续健康发展。通过宣传教育让每个人充分了解建立大病保险创新模式的意义、自己的权利和义务，是政策方案顺利执行的基础。二是专业机构，广泛参与。大学、研究所、行业协会和团体等作为第三方要积极参与大病保险创新模式的改革。这是因为，大病保险模式创新是一项复杂的系统工程，客观上需要对方案进行科学的设计、统筹安排和准确评价，研究机构和专业团体的参与可为政策方案的主体和客体提供专业的、权威的、公平的技术方案。三是建立诚信，社会治理。阶梯式发展路径的特点之一是，发展过程中每次阶梯的跃升就是一次质的变革。大病保险改革涉及面宽、基金量大、利益相关者众多、社会影响广泛，因此对方案执行中的监督管理方面提出更高的要求。传统的监督管理方式难以适应大病保险创新模式带来的制度的变革、出现的新问题和新的要求，建立参保者个人的诚信体系和卫生健康行业诚信体系，加强公众的监督和社会治理，是有效防止医疗服务资源滥用和医保欺诈等不良行为的重要补充和配套措施。

四、技术层面的配套支持

技术是政策方案制定和实施过程中的核心关键和根本保证，任何一项政策方案都离不开技术的支撑。“政策方案需要哪些技术？”“当前是否具备这些技术？”“这些技术是否公认并可操作？”等等，这些问题必须有清晰的答案，对政策方案的制定和实施具有决定性作用。阶梯式发展认为，事物都是按一定规律发展变化的，客观事物的发展和人们的认识都是遵循台阶式上升与发展规律的。政策方案的制定应尊重客观规律，但是规律发生作用的条件具有多样性，表现形式具有复杂性，所以客观规律是通过反复实践和探索认识的。在实践和探索过程中，技术发挥重要的保障和支撑作用。在大病保险创新模式的建设发展中，重点依靠的是领域内的关键技术来设计政策方案。除此之外，还需要相关的技术配套措施给予支撑，起到辅助和保障作用，有助于政策方案的制定和执行。主要包括以下几个方面：一是信息技术的支持。大病保险创新模式在全社会范围产生影响，其建立的分层联动整合模式是一种新的大病保险体系，是具有针对性的独立的险种。创新模式中法定层基本大病保险、政策层大病保险和商业层大病保险的有机整合，迫切需要信息资源的分享。另外，创新模式的实施还需要和医疗机构、社区卫生、医药等信息资源的整合和共享。这些都需要信息技术的支持。二是医保技术的支持。大病保险创新模式尽管构建了独立的体系，但从保险技术角度而言，不可能完全独立于现行保险体系而设计，仍然受到现行保险技术的影响。阶梯式发展中不断的积累、变革和提升，客观上需要现行医保技术的支持，如疾病的分类技术、医保基金筹资和测算、医保保障范围和保障水平的测算、医保补偿能力的测算、按疾病诊断相关组的医保支付技术、基本医保与商业保险的衔接技术等。三是管理技术的支持。面对一个复杂的系统工程，管理技术的有效应用将会发挥重要的作用，即管理出效益。在大病保险创新模式的阶梯式发展路径中，包含有多个阶梯的建设目标、各方利益相关者、各种制度的衔接和影响、方案运行的效果和监控调整等，因此会对管理的能力和水平提出较高的要求。而管理的能力和水平主要通过管理的技术来体现，如制定规划的技术、目标管理技术、统筹协调技术、信息管理技术、大数据分析技术、政策方案的模拟仿真技术、预测决策技术等，这些管理技术在阶梯式发展的不同阶段为建设目标的实现提供配套支持作用。

第十四章

模式实施路径三：跨越式发展路径

跨越式发展路径的实质是发生根本性的、质的变革，并对整个系统产生较大的影响，而这种变革和影响决定了改革和发展的成败。因此，要选择跨越式发展路径，就必须充分了解跨越式发展的理论和特点，准确判断是否开启政策窗口期，科学设计跨越式发展的路径，以及明确实施的步骤和相关配套措施。本章将通过对上述问题的系统分析，提出大病保险创新发展模式的跨越式路径，为创新发展模式的路径选择提供参考依据。

第一节　跨越式发展路径的内在逻辑

跨越式发展路径，是指客观事物发展以实现的最终目标为导向，为了在一定时期实现确定的目标，而采取的一系列体制和机制改革的行动方案和具体步骤措施。跨越式发展路径的选择通常有两种可能性：一种是顺应性变革。不论客观事物的内部系统还是外部环境，都具备实现发展目标所需的必要条件，在不产生巨大变革和震荡条件下，在原有制度的基础上实施改革并实现新的目标，即当前处于政策变革的时间窗口期。另一种是激进性改变。一定时期，为了实现客观事物的预期目标，采取对现行制度、管理体制和运行机制等进行彻底的、革命性的改变的方式。跨越式发展路径的优点主要表现在目标具体明确，路径准确清晰，措施具有针对性，效果直接易于评估。缺点是可能引起较大程度的震荡，需要内外部环境都具备相应条件，相对而言考虑不周会造成较大风险。

跨越式发展路径的选择，取决于对改革和发展判断的能力和决心，取决于是否是政策变革的时间窗口期的判定。跨越式发展的内在逻辑，就是在改革、发展和稳定的关系中，坚持把改革的力度放在首位，发展的速度和社会可承受的程度与改革目标相结合，在改革和发展中实现新的均衡和稳定。因此，明确的发展目标，完善的顶层设计，系统的制度、政策、管理体制和运行机制的构建，以及配套措施的支撑等，是跨越式发展路径的必要条件。

第二节　跨越式发展路径的基本思路

一、跨越式发展的实质

跨越式发展具有明确的目标和直达的路径，其实质就是变革，而且这种变革是质的改变、根本性的改变和显著的提升。跨越式发展的变革就是各方利益相关者之间利益的调整，变革的程度取决于各方利益相关者利益调整的力度，以及利益重新分配的程度。跨越式发展的变革程度决定了发展的目标，如果发展目标定得过高，则变革程度高，各方利益需要大的调整，需要与目标相适应的资源投入，可能产生的震荡大，存在的风险也大；如果发展目标定得适当，则适当的投入、适度的利益调整和分配，以及可控的风险，会表现为一定时期客观事物发展出现有效率的改进和质的提升。

二、跨越式发展路径的基本思路

采用直通式路径建立分层联动整合式大病保险模式的基本思路是：根据政治经济发展、社会文化进步和需求的增长，应用公共政策理论和方法准确判断跨越式发展的目标是否处于政策的窗口期。只有处于政策窗口期的改革和发展目标，才是具有条件的必要性、操作的可行性和实现的可能性的目标。在此基础上，大病保险的各方利益相关者必须在改革和发展的政策理念、政策方案和政策执行中达成共识，采取共同的行动，取得共同成效，才能实现建成分层联动整合式大病保险模式的共同目标。

三、跨越式发展路径的特点

（一）开启政策窗口

采用跨越式发展路径就是要通过客观事物的质的改变达到预期的目标。然而，一定时期内客观事物的质的改变并非一蹴而就，也并非所有的事物都能实现质的改变。因此，选择跨越式发展路径需要一定的机遇，需要具备一定的条件。根据政策变迁理论中的多源流理论，这个机遇和必要条件就是政策的窗口期。多源流理论认为，一项政策的变迁是一定时期多种因素共同作用的结果，主要取决于问题源流、政策源流和政治源流三者的连接与交汇。三条源连接和交汇表明打开了政策之窗，而开启政策之窗为政策问题的解决或政策变迁提供了机会，因此政策之窗又被称为机会之窗。政策之窗的关闭意味着政策变迁的条件还不成熟，人们要想推动政策变迁的实现，就必须等待政策之窗的开启。

（二）增量与存量并举

医疗卫生改革的实践表明，在改革中采取盘活存量，提高效率的方式，即有限资源的有效分配和利用，取得明显的成效。但是，这种成效是阶段性的，并受到资源局限性的影响。跨越式发展的实质是发生变革，而且是质的改变。这种质的提升单纯依赖盘活存量是难以实现的。因此，在具备改革的必要条件的基础上，应该采取以新模式和新体制机制下的增量改革与存量改革并举的方式。相较于渐进式和阶梯式等发展路径，跨越式发展路径的难度和阻力会更大，而增量和存量并举方式可以降低跨越式发展路径的阻力。

（三）成本和效应明显提升

跨越式发展是客观事物从一个政策或制度环境向另外一个改革后的新的制度环境的转化，此转化不是量的积累，而是发生质的根本性的改变。要实现这种质的改变就需要增加改革和发展的成本投入，一定程度上改革的成效和投入的成本有相关关系。因此，选择跨越式发展路径，表明改革是全面的、系统的，改革的效应是提升的，与此同时，改革的成本投入亦是需要增加的。效应提升是改革的目标，成本投入是改革的基础和保障。

（四）发展呈跨越式

所谓“跨越式发展”，是指在一定时期和一定条件下，客观事物从一个发展阶段向另一个高级阶段发展表现出的超常规的赶超行为。这种超常规的赶超不仅仅是一般的速度型增长，而且体现了速度与效率并重、当前和长远兼顾，以及内部和外部协调的关系。选择跨越式发展路径就是在一定条件下实现从一种旧模式向另一种新的模式的转变，而这种转变呈现出快速发展、高水平发展、协调发展和可持续发展等跨越式发展的特征。

第三节　跨越式发展路径的设计

根据跨越式发展的思路和特点，其发展路径的设计要回答两个核心问题：一是要判断能不能选择跨越式发展。在实现目标的诸多路径中，每种路径都有自己的必备条件，只有这些条件都具备以后才能选择。二是要回答跨越式发展如何实施。在确定采用跨越式发展的基础上，要明确实施跨越式发展的具体步骤，确保按路径实施。针对上述问题，我们需要一个明确的答案，更重要的是，答案的产生是要以科学的理论和方法为依据和支撑。因此，第一个问题我们将以政策变迁的多源流理论为依据进行判定，第二个问题将应用公共政策制定的方法和程序进行分析。

一、路径判别

在判别是否选择跨越式发展路径时，采用的方法是美国著名的政策学家和政治学家约翰·W. 金登（John W. Kingdon）提出的多源流框架（multiple streams framework，MSF）。在政策变迁理论中，多源流理论是其中的重要代表并被广泛应用。该理论的前提假设是公共政策场域中具有决策环节和过程中的模糊性（ambiguity）、决策时机把握的偶然性（contingency）与政策未来的不确定性（uncertainty）。多源流框架正是通过政策判别系统中的动态非平衡状态来寻找耦合性发生的逻辑关系。

多源流理论认为，公共政策场域中并行流淌着三股独立的源流：一是问题源流（problem stream）。问题源流是针对引起政府关注并打算采取行动予以解决的社会问题而生成的源流。问题源流的主要作用是分析和判定哪些问题是政策问题，其中哪些政策问题需要优先纳入政府议程。其分析和判定的主要方法是指标（indicators）、焦点事件（focusing events）、反馈（feedbacks）和负担（loads）等，通过系统分析来促进议程设定，在议程建立中发挥关键作用。二是政策源流（policy stream）。政策源流又称政策原汤，是漂浮思想、提出政策议案、拟订政策建议、根据反馈修改议案、再次漂浮思想的过程。政策源流的核心作用是推动政策方案和政策建议的产生。政策方案和建议主要是通过某一特定领域的某些专业人员组成的政策共同体（policy community）或政策网络（policy network）提出解决方案，并进行互相交流、碰撞、调整和融合产生的。政策源流对问题是否进入政策议程有重要的影响。三是政治源流（political stream）。政治源流是指对政策议程或产出有影响的政治和文化情景。政治源流独立于问题源流和政策源流而流淌，主要由政党意识、国民情绪、公众舆论、利益集团、立法及行政机构的调整等因素构成（约翰·W. 金登，2017）。

问题源流、政策源流和政治源流在公共政策场域中按照自身的动力机制和运行规则流动，既相互独立又相互影响。当政策问题得到确认、政策方案充分完备、政治环境动力充足时，三条源流会在同一个时刻交汇在一起，或者三种源流存在先后流动，其中主导性源流牵引其他源流的流向，并在某一关键时刻汇合。三条源流在某一个关键时刻交汇和耦合时，表明打开了政策之窗（policy windows）。政策之窗的开启意味着社会问题被提上政策议程。三源流的部分结合并不能成功开启政策之窗。如政策流与问题流汇合，但缺少合适的政治气候；政治流与政策流汇合，但缺少解决紧要问题的感受；政治流和问题流都要求采取适当的行动，但缺少值得倡导的可行方案。只有“三流耦合”，才能极大地提高问题获得解决的机会，以将某一主题牢牢固定在决策议程上（杰伊·沙夫里茨等，2008）。政策窗口开启的时间十分短暂，这就需要政策建议的倡导者具备抓住并利用政策之窗开启机会的能力，促使其提出的政策方案受到决策者关注并进入政策议程。正如金登指出：“当一扇政策之窗敞开的时候，政策建议的倡导者就意识到他们的机会来了，并且会抢着去利用这种机会。”因此，一旦政策之窗开启，新的公共政策就会被选择。多源流框架如图 14 - 1 所示。

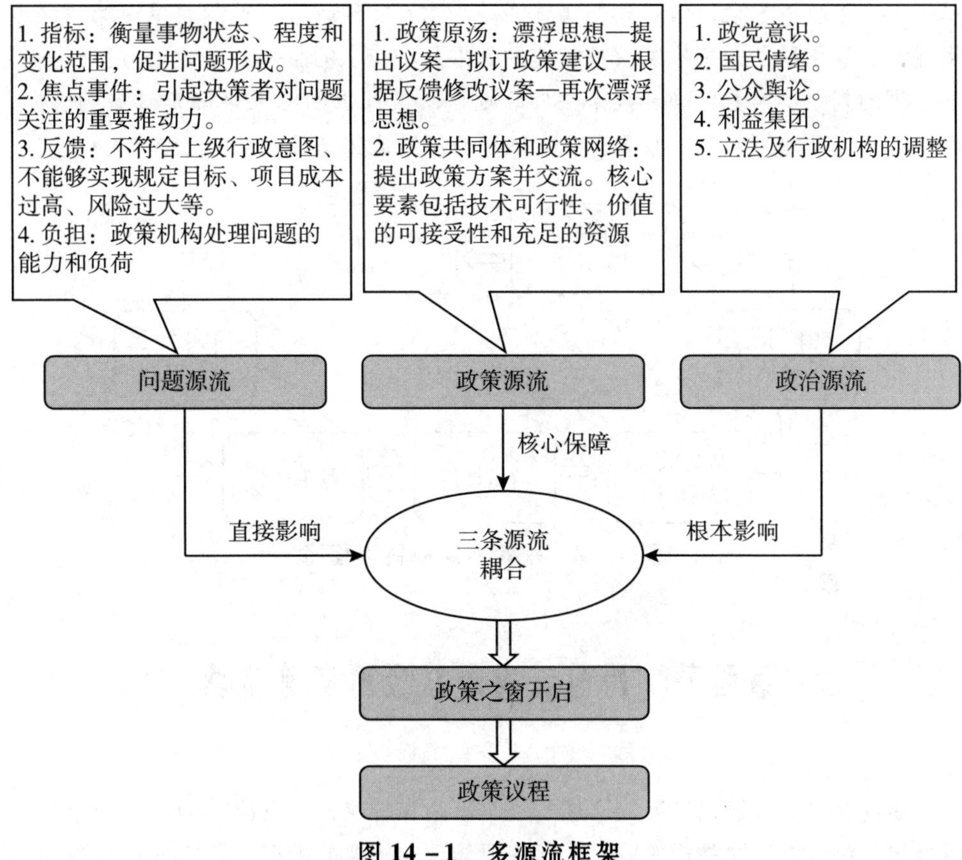

图 14-1　多源流框架

二、路径设计

在确定时间窗口已经开启，并进入政策议程的基础上，进一步需要考虑的问题是如何设计和确定实施的路径？路径设计是按照政策制定的科学程序（scientific procedure of policy making）进行，也是制定高质量卫生政策的重要依据，见图 14-2。第一，政策问题的确认。在公共政策场域中，确定特定领域范围内优先需要解决的焦点问题和关键问题，使之优先进入政策议程成为政策问题；第二，政策问题的根源分析。针对政策问题分析其根源、影响因素和作用机制，可以分别获得治本、治标和标本兼治的政策思路。第三，政策方案的研制。根据上述形成的政策思路和实际情况，制定政策的目标、实现目标的具体措施，以及形成特定的政策方案。第四，政策方案可行性论证。这是政策方案实施前的一个重要环节，通常从政治、经济、社会文化和技术等方面进行可行性分析，同时从方案潜在的效果和合理性等方面进行补充。第五，政策执行。在政策可行性分析的基础上，将政策方案付诸具体的实施活动，达到实现政策目标的目的。第六，政策评价。应用科学方法检验政策实施的效果及其产生的影响，对政策方案作出科学合理的判断。第七，确定政策去向。根据政策评价的结果来确定政策的去向，政策去向包括政策延续、政策调整、政策终结和政策法律化。

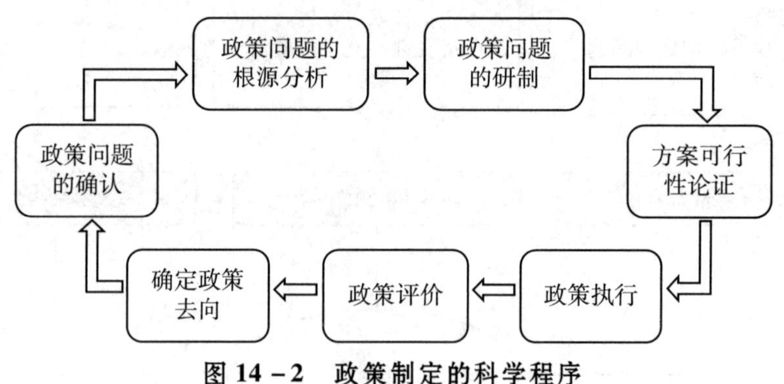

图 14－2　政策制定的科学程序

第四节　跨越式发展路径的实施步骤

通过上述对跨越式发展的实质、基本思路和特点，以及路径的判别和程序分析可知，跨越式发展路径的核心要素主要体现在机遇的把握、各方共识、明确的目标和具备的条件，核心要素是跨越式发展的必要条件。采用跨越式发展路径建立大病保险创新模式的具体实施步骤如下。

一、政策窗口期的判别

跨越式发展路径的实质是发生根本性的、质的变革，不论对系统内部还是社会均产生较大的影响，而这种变革和影响决定了改革和发展的成败。因此，能够准确判断形势并把握机遇，是选择跨越式发展路径的前提条件。如何判别和把握机遇？根据多源流理论，在公共政策制定过程中，相互独立且分流而动的三种源流，在某一时刻实现交汇和耦合时，就开启了“政策之窗”（又称为“机会之窗”）。因此，根据三种源流的系统分析，准确判别耦合的动力、耦合的时机、耦合的方式和耦合的结果，是政策窗口期判断的重要手段和方法，同时也对判断是否具备实施跨越式发展路径的前提条件等具有重要意义。

二、利益相关方达成共识

改革的本质是打破当前利益相关方的利益分配现状，实现利益的再分配。选择直通式发展路径就是对传统大病保险模式的改革，是对大病保险利益相关各方利益的调整和重新分配。大病保险的利益相关者包括政府相关部门（财政部门、卫生部门、医保部门、物价部门等）、医疗机构、医生、居民和大病患者、经办机构、商保公司、药品和器械供应商等，为了保证直通式改革的顺利进行，这些利益相关方必须达成共识。主要包括以下几个方面：一是理念上达成共识。利益相关各方的理念统一以人民为中心，而不仅是给予一定的费用保障。二是目标上达成共识。在共同理念下产生共同的目标，即通过构建具有中国特色的大病保险创新模式，有效降低参保人员因大病产生的灾难性经济风险和健康风险。三是行动上达成共识。有了共同的目标，就需要制定方案，并通过有机衔接的共同行动来实现。四是利益上达成共识。共同行动的结果必将产生各方利益的调整。利益的分配是核心和关键，达成的共识需体现在设计、执行、监管、实效和可持续发展等全过程中。利益相关方达成共识是直通式改革的前提条件之一。

三、明确目标和改革方案的关键

前文所述，针对当前大病保险理论和实践中存在的主要问题，以及新时代卫生健康发展的客观要求，本研究从系统、整合、高效和可持续发展的视角，提出建立具有中国特色的大病保险的创新模式，即分层联动整合式大病保险模式。目的是有效降低参保人员因大病产生的灾难性经济风险和健康风险。该改革方案的核心和关键点在于：一是分层。体现了满足不同层次大病患者的需求，既体现横向公平又体现纵向公平。二是联动。各层之间既保持独立又相关联动，功能边界清晰且相互补充。三是整合。各层之间不仅是联动，而且形成有效衔接，层次递进的有机整合体，避免了政策碎片化，提高了大病保险的系统性和保障的效率。

四、制定制度规范和技术标准

任何一个方案的制定和实施，都需要相关的技术标准和制度规范进行指导、约束和参考。技术标准和制度规范既是改革方案各种机制有效运行的依据，又是方案功能和效果能够实现的保障。大病保险创新模式改革方案在制定、实施和推进过程中，所需的技术标准和制度规范主要包括以下：一是制度规范。如《全民大病基本保险的试行办法》《大病补充保险的试行办法》《大病商业保险的试行办法》《大病基本保险的筹资、管理和使用规定》《大病基本保险病种动态调整规定》《大病基本保险保障范围和补偿管理规定》《大病基本保险监督管理规定》《大病补充保险的筹资、管理和使用规定》《大病补充保险保障范围和支付管理规定》《大病补充保险的运行规范》《大病补充保险的补偿管理规定》《大病商业保险的筹资与运行规范》《大病商业保险的补偿管理规定》《大病商业保险保障范围》等。二是技术标准。如《大病基本保险病种目录》《大病病种诊治的临床路径》《大病病种的基本药物目录》《大病病种的基本诊断规范》《大病病种的基本治疗规范》《大病基本医疗服务设施标准》《大病基本保险补偿流程、标准和规范》《大病补充保险诊断和治疗技术规范》《大病补充保险的补偿标准》《大病商业保险诊断和治疗技术规范》《大病商业保险的病种目录》等。制定上述制度规范和技术标准的根本目的，是保障大病保险创新模式的有效运行。

五、方案的可行性分析

改革方案或政策方案的可行性分析，是先期制定的改革或政策方案在实施之前，对其所具备的实施条件和能力，以及是否能够达到预期方案的效果等进行的论证。任何一项改革的推进和政策的实施过程中遇到的阻力或者动力，都可以归集在政治（political）、经济（economic）、社会文化（social）和技术（technology）等方面，即 PEST 分析。因此，大病保险创新模式的实施方案的可行性论证，应紧紧围绕这四个方面确定其判断标准和指标体系。同时，还要从方案的必要性、时效性、科学性、可操作性和合理性等方面进行分析、论证和完善。

六、方案的实施和评估

方案的实施是为了实现政策目标，对组织和行为模式进行重新调整的过程，从形式上看是将政策方案落实的各项活动。根据方案建设目标，将建立大病保险的创新模式的具体内容、管理体制和运行机制等转变为现实的过程。其关键步骤包括明确目标、环境分析、制定实施计划、资源配置和管理协调。方案的评估是对政策方案的实施过程、效果和价值等进行判断，为政策方案的完善提供依据。其具体实施步骤包括：根据大病保险的创新模式的建设和实施方案，构建评价指标，如目标实现程度指标、效果指标、产生影响的指标、政策效果的归因评价指标等；制定政策方案评价的计划；通过调查收集并分析评估相关资料；形成政策方案的评估报告。

七、方案的调整和完善

通过政策方案的实施和评估，对政策方案在一定时期取得的效果、存在的问题，以及产生的社会影响进行系统的分析和总结，并提出完善政策方案的建议，为进入新一轮的发展提供科学依据。大病保险的创新模式的建设并非一蹴而就的，而是一个不断建设和发展的动态任务链。一定时期内，就是要紧紧围绕建设目标，应用科学的评估指标，通过实践成效来检验政策实施过程和效果的有效性、合理性、稳定性和科学性，及其产生的社会影响，从而对政策的价值做出科学合理的判断，并为政策方案的调整和完善提供依据。

第五节　跨越式发展路径的配套措施

选择大病保险跨越式发展路径，除了要充分了解跨越式发展的实质、特点、设计思路和实施步骤外，还要进一步分析具体实施过程中所需的配套措施。唯有在政策方案实施前进行周密考虑和系统分析，对可能出现的主要问题有预判和针对性措施，才能保证政策方案的按计划和步骤顺利实施。跨越式发展路径的配套措施主要包括制度、技术和管理三个层面。

一、制度层面的配套措施

采用跨越式发展路径实现从当前大病保险的模式到大病保险的创新模式的变革，是大病保险制度性突破，是一次根本性的变革。这种变革将产生较大的社会影响，必将遇到各种困难与阻力，因此需要在相关制度层面予以支持。根据大病保险创新模式的建设目标、特点和实施步骤，从制度层面具备的必要条件应包括以下几个方面。

（一）政府财政投入的支持

制度的变迁需要成本，且和制度建设的目标和预期的成效密切相关。跨越式发展不可能仅通过内部存量的调整和提高效率来实现，其发展特点决定必须有增量的提升。比如大病保险创新模式中大病基本保险制度整合和重构、大病政策性保险的建立，尤其是老龄化背景下老人及其他弱势人群参保、基本大病保障的范围和水平的提升等，均需要政府财政投入的支持。

（二）医保制度的有效衔接

当前的大病保险的属性是依附于居民基本医疗保险的二次报销，而大病保险的创新模式将其视为独立险种，根本性解决因大病带来的健康和经济的双重损失。因此，从制度层面要设计和协调好新模式中大病保险与基本医疗保障制度、医疗救助制度、疾病应急救助、慈善救助制度和商业保险等在功能、范围和待遇等方面的衔接，避免碎片化、重复报销、功能脱节等问题的发生。

（三）医疗、医保和医药的“三医联动”

大病保险改革最终目的是更好地保障人的健康，而人的健康不仅涉及医疗保险，而且还与医疗卫生和医药等密切相关。“三医联动”是指医疗卫生体制改革、医药体制改革和医保体制改革的联动，通过联动理顺体制、激活机制，形成改革合力，目的是完善医疗卫生系统的整体性、协调性和有效性，更好地造福于人民。其中，医保改革是基础，要让群众在患大病时看得起病；医疗改革是根本，要让群众在患大病时看得到甚至看得好病；医药改革是关键，要让群众在患大病时用得起药。因此，“三医联动”是医改政策科学制定、有效实施和取得成效的前提和基础，在制定相关政策时必须协同发展、配套实施，为改革目标提供政策支持。

二、技术层面的配套措施

技术是建立和实施大病保险创新模式的科学依据和根本保障，没有技术的支撑不可能有大病保险改革的实践。选择跨越式发展路径，对技术的要求更加系统和全面。除了对大病保险创新模式系统内部的技术标准和技术规范有明确要求外，还需要相关配套的技术给予支撑，主要包括以下三个方面。

（一）疾病诊断和分类技术

大病保险保障和补偿的对象是患大病的参保者，因此大病的界定十分重要，是前提和基础。什么是大病？如何确定大病？回答这些问题需要疾病诊断和分类技术作为配套措施予以支撑。国际疾病分类（international classification of diseases，ICD）是世界卫生组织制定颁布的国际统一的疾病分类标准，也是全球卫生健康领域具有权威性的规范性标准，并广泛应用于各国临床诊断、医疗管理、教学科研和政策制定等研究和实践中。目前主要应用的是 ICD－10，其内容和标准在不断丰富和完善。另一种典型的病种分类的技术方法是疾病诊断相关分组（diagnosis related groups，DRGs）。目前 DRGs 被认为是世界公认的较为先进的病种分类方式，广泛应用于医院管理和医保支付方式中。DRGs 根据患者个人和疾病的临床特点、消耗的医疗资源、治疗难度，以及合并症与并发症及转归等因素把病人分为 500～600 个诊断相关组，且具有明显的组内同质性和组间的差异性。在科学测量患者病情的严重程度、医疗服务的强度和医疗资源消耗的基础上，确定每个 DRGs 的价格。在医疗保险制度改革中，按照 DRGs 价格标准作为保险机构向医院预付费用的依据，是当前国际上认为利多弊少的一种支付方式。根据国内外的经验，研究适合我国国情或地区实际的 DRGs，为医疗保险改革提供重要的数据，并应用于大病的选择、费用的支付和管理，具有重要的意义。

（二）卫生技术评估

卫生技术评估（health technology assessment，HTA）是一种为决策者合理选择卫生技术提供科学依据的重要的方法。通过对某项医疗卫生技术（包括临床、公共卫生、药品、检验、设备和管理技术等）的安全性、有效性、经济性和社会适应性等方面进行系统全面的评价，提出对该项医疗卫生技术的开发、应用、推广与淘汰的政策建议，目的是合理配置和使用有限的医疗卫生资源，提高其利用质量和效率。卫生技术评估广泛应用于临床技术评估、医用药品的一致性评估、医疗设备的技术评估等方面，并对医疗卫生技术是否应用和推广起到关键的作用。分层联动整合式大病保险创新模式的建立和发展过程中，法定层的全民大病基本医疗保险承担保障大病的基本医疗服务的功能，而大病基本医疗服务具有动态发展变化的特征，并随着社会经济发展和医学技术的进步等发生变化。当参保者患有大病时，如何确定哪些医疗服务是基本医疗服务？卫生技术评估将成为重要的技术方法，为决策判断提供科学的依据。

（三）新的信息技术

大数据、人工智能、5G、云计算、移动互联网、物联网等新一代信息技术，将成为各个领域创新变革的重要支撑和平台，在产业结构、生产方式、服务提供方式、管理模式、商业模式、保障模式和创新范式等方面发生深刻变革。这种变革将直接影响国家各个行业的发展模式，预示着生产、管理、治理整个体系发生改变，并由此而带来战略发展的机遇，谁抓住机会就会占领并引领相关领域的前沿。例如，5G时代人工智能在医疗、健康和管理决策领域的应用，移动医疗和互联网医院，创新药物、生物技术和新型材料、医学3D打印等新技术带动健康产业的发展等，将促进健康服务手段革新和新模式的产生。大病保险创新模式的建立和发展必须对新一代信息技术在卫生健康领域应用有充分的认识和高度敏感性。科技驱动和创新驱动，会给大病保险创新模式的服务形式、服务内容、服务范围、服务管理、服务效果和服务效率等方面大幅度提升创造条件，必将推动并支撑大病保险模式的深刻变革。

三、管理层面的配套措施

大病保险涉及每一个人的利益，因此大病保险创新模式的建立和发展是一个复杂的系统工程。从管理层面而言，要保证大病保险创新模式有效运行并向着目标方向发展，不仅需要大病保险系统内部的计划、组织、指挥、协调和控制，而且还需要外部系统在部门协调、整体环境、资源和技术共享等方面的配套支撑。这些配套措施中，最为重要的有以下几个方面。

（一）政府和市场协调管理

从保险经济学角度分析，分层联动整合式大病保险创新模式提供的服务产品是多样化的，既有公共物品和准公共物品（如基本大病保险，政策性大病保险）又有私人物品（商业性大病保险）；管理和运行采用的是商业保险公司经办或承办的市场化、专业化模式；实现的目标因保险层次不同表现为既有公益性又体现一定程度的盈利性。因此，大病保险创新模式呈现出多样性、复杂性和有机整合的特征。针对其特征，在管理层面上要采取政府和市场协调管理的方式作为配套措施给予保障。一方面要发挥市场在资源配置中的决定性作用。党的十八届三中全会提出使市场在资源配置中起决定性作用，标志着我国社会主义市场经济发展进入了一个新阶段。市场经济的本质就是市场决定资源配置，也是市场经济的一般规律。通过价格机制和市场竞争调节供给和需求，实现生产要素的最适组合，是最有效率的资源配置方式。另一方面，还要发挥政府的作用。这是因为，通过市场机制配置资源尽管有强竞争和高效率，但是面对提供的产品是公共物品、收入分配不公平、过度的趋利行为、维持宏观经济和社会稳定等方面问题时，会出现“市场失灵”。这是市场经济和市场机制本身无法克服的，需要通过政府的税收、财政转移支付、社会保障、引导、调节、干预、规制等作用进行防范。《中共中央关于全面深化改革若干重大问题的决定》明确指出：“政府的职责和作用主要是保持宏观经济稳定，加强和优化公共服务，保障公平竞争，加强市场监管，维护市场秩序，推动可持续发展，促进共同富裕，弥补市场失灵。”习近平总书记指出：“使市场在资源配置中起决定性作用和更好发挥政府作用，二者是有机统一的，不是相互否定的，不能把二者割裂开来、对立起来，既不能用市场在资源配置中的决定性作用取代甚至否定政府作用，也不能用更好发挥政府作用取代甚至否定使市场在资源配置中起决定性作用。”[①] 因此，在大病保险创新模式的建设和发展中，要实现市场作用和政府作用有机统一、相互补充、相互协调和相互促进，确保其持续健康发展。

（二）智能化监督管理

选择跨越式发展路径建立大病保险创新模式，就是对传统大病保险模式的根本性变革，而这种变革将对各利益相关方产生较大程度的影响。如何加强正向激励避免负向影响？及时的监管和纠偏是沿着正确方向发展和实现目标的必要条件。以政府为监管主体，强调对市场行为主体命令、处罚与控制的传统监督管理方式在新时代、新情况和新问题下已经难以适应。在大病保险创新模式的建设中，政府购买服务的探索、全民大病基本保险整合、各类大病保险的衔接、信息技术公司、咨询服务机构、商业健康保险公司、金融机构等参与医疗保险经办管理和服务等，对监督和管理提出迫切的要求。传统的管理理念、管理方式、管理手段已不能适应改革发展、职能转变、服务群众的需要（黄华波，2015）。智能化监管是在综合运用物联网、移动互联网、云计算、大数据、人工智能等新兴信息技术基础上，对传统监管机制的颠覆性革新，是监管机制创新的发展趋势，是建立大病保险创新模式的客观要求，是适应新时代建设发展的必然选择。医疗保险智能监控工作经过试点已经在全国进行推广，并在医保经办信息化、规范化、标准化、精确化建设、取得了一定的经验。在此基础上，作为管理配套措施，智能化监管在理念上，主张监管者通过自我监管实现管理与技术的融合，主张被监管者强化自我监管，主张在跨界别协同中取长补短；智能化监管主体是监管部门、市场主体和社会主体；智能化监管的方式是基于全国贯通的信息化系统、智能化大数据分析系统和决策支持系统。智能化监管的技术主要体现在两个方面，一方面在数据的感知、动态记录、全程追溯的基础上，通过智能化的科学分析实现自动预警、风险预测等为特征的预防性监管，将监管的关口前移；另一方面通过远程监测、智能传感、实时应答等技术手段，实现全程、连续、不间断的监管，提高监管资源配置的科学化、精细化、精准化与均衡化水平。通过智能化监督和管理为大病保险创新模式的建设和发展助力（叶岚、王有强，2019）。

① 《习近平经济思想学习纲要》，人民出版社、学习出版社 2022 年版，第 79～80 页。

（三）社会化治理

分层联动整合式大病保险创新模式是一个多元混合的系统，该系统中由政府、市场、社会、民众等多元主体参与，提供的产品既具有公益性的特征又有市场竞争性特点，在医疗保险市场中由商业保险公司经办或承办运行。因此，随着市场经济迅速发展、社会事务日益增加、社会主体不断增多并形成不同的价值及利益诉求，传统的政府包揽管理模式已经难以适应改革发展的要求。政府逐渐从过去对社会事务全面包揽的方式向与市场、社会、民众共建共治转变。社会化是社会治理的本质，是新时代社会治理改革、创新、发展的首要目标。提高社会治理社会化水平，重点在于促进政府、企业、社会组织、公民等多元主体之间相互促进、形成合力，共建共治共享，发挥多元合力的作用（肖丹，2019）。因此，大病保险的创新模式建设和发展中，需要各种配套措施保障多元主体之间的协同、共生、共享和共同参与。具体而言，政府要转变角色、职能和行为模式，由传统的管治和管理思维和行为方式转变为具有统筹和引领作用的社会化治理模式。政府要坚持依法治理和专业化治理，特别是要完善政府购买服务、政府招标、政府采购等的相关机制，建立高效合理的服务供给体系。同时，通过建立智能化政府运行机制，激发和引导其他各主体参加社会治理的积极性，充分发挥其他主体的职能和作用。市场企业要依法行事并符合市场经济规律的要求，在市场机制作用下积极参与市场竞争、有效配置生产要素，并在取得经济效益的同时，还要关注社会效益、社会责任的提升。市场企业在社会化治理中发挥主要作用。社会组织要积极参与社会化治理，并在其中发挥专业化治理作用。党的十八届三中全会通过的《中共中央关于全面深化改革若干重大问题的决定》指出，要充分激发社会组织活力，实现政府治理与社会自治良性互动。除了医疗卫生、医疗保险、医药保障等行业学会外，相关涉及民生保障、公益慈善、行业协会商会等类型的社会组织作为治理主体参加社会治理，并成为社会治理专业化的重要力量。民众是社会治理社会化的另一类参与的主体，在治理社会化中发挥重要作用。引导民众理性参与、扩大民众参与范围、保障民众参与的权益、搭建民众参与的平台和完善民众参与制度体系等做法（刘智勇，2018），是探索和实践中总结的经验。因此，通过激活政府、市场、社会和民众等各类社会治理主体的功能，搭建多样化参与平台，完善共建共治共享的治理机制，确保各主体有序、有效、公平、公正地参与社会治理，充分发挥其应有的治理功能，为大病保险创新模式建立提供有力支撑。

第十五章

研究总结

第一节　研究主要结果

一、大病保险理论分析

（一）大病保险经济分析

在大病保险相关概念界定和4个研究假设的基础上，进行大病保险经济分析：首先，产品属性分析。从理论上阐述，大病保险作为一种产品或服务，根据经济学上产品或服务特性的划分，属于准公共物品。其次，保障供给分析。不同属性的产品或服务具有不同的特点，而产品或服务的不同特点决定其有效供给的方式也不一样。根据准公共物品的属性，本研究得到的基本结论是：为避免和防止"市场失灵"和"政府失灵"，准公共物品不应单纯由政府或市场单独提供，应采取政府主导下的整合式大病保险供给方式，建立多层次的大病保险体系是根本路径。最后，理论经济分析。大病保险的实质就是将个人大病经济风险在特定群体中进行分摊（risk spread）。在此过程中，大病保险将会遇到两个重要的挑战，即道德损害（moral hazard）和逆向选择（adverse selection）。大病保险的保障范围、保障能力、保障水平和保障效果，主要依赖于大病保险制度的设计和具体实践。大病保险的设计除了重点考虑大病保险的目标、社会经济发展水平，以及大病保险的基本理念外，在操作层面上更需要研究大病保险的费用支付方式，特别是其技术参数，如起付线、共同付费和封顶线等。这些技术参数的设定直接影响到大病保险的效果，并在大病保险的实践中具有重要意义。

（二）新理论视角下的大病保险

全面分析了福利多元主义理论、新公共服务理论等国外相关新理论，对我国大病保险建设和发展，特别是在当前的关键时期，如何突破“瓶颈”问题，实现创新发展，具有借鉴意义。习近平新时代中国特色社会主义思想对我国大病保险更新观念、确立方向、解决问题、创新发展等方面具有重要指导意义。

（三）我国大病保险理论分析

通过分析我国大病保险缘起，提出我国大病保险政策实现了从无到有的突破，在政府的高度关注和支持下积极探索和实践，并取得一定成效，但是，当前大病保险政策在相关理论层面存在的主要争议主要体现在大病界定、制度定位、筹资方式、补偿方式、运行方式等方面。这些争议直接影响到大病保险的实践和可持续发展，因此，本研究从理论视角系统分析我国大病保险存在争议和形成的问题，系统分析关键问题产生的根源、影响因素及其作用机制，并针对性地提出大病保险创新发展的备选方案，主要包括治标方案、治本方案和标本兼治方案。

二、大病保险利益相关者分析

（一）需方视角下的大病保险

通过抽样调查，从需方视角分析大病保险的需求方对大病保险的知晓度、满意度及其影响因素，为大病保险政策改善提供依据，具体见表 15 - 1。

表 15 - 1　需方视角下大病保险分析

	主要内容
研究目的	通过对上海市居民的抽样调查，分析常住居民对现行大病保险政策的知晓度、满意度和医院支付情况，及其影响因素，为大病保险的创新发展提供参考依据
资料来源与方法	采用分层整群典型抽样的方式对上海市居民进行抽样调查。根据经济发展水平和地理位置选 3 个区，每个区选择 1 个社区卫生服务中心作为典型代表进行抽样调查。采用现场调查和入户调查相互结合的方式，每个社区发放 1 000 份问卷，共发放 3 000 份调查问卷。方法包括情境分析法、案例分析法和统计分析法

续表

	主要内容
结果与分析	(1) 基本情况分析。本次调查共发放3 000份调查问卷，其中有效问卷2 654份，回收问卷的有效率为88.5%。 (2) 知晓度及其影响因素分析。调查结果显示，有29.13%的被调查居民不知道当前大病保险政策。logistic回归模型结果显示，知晓程度与性别、户口、受教育年限、经济情况、自评健康、是否定期体检、是否罹患慢性病以及本人或亲近的人是否患过大病呈显著相关关系。 (3) 满意度及其影响因素分析。满意度体现在大病保险的保障范围和保障水平两个方面。结果显示，居民对保障范围的满意率为62.2%，主要影响因素为：自评价健康状况、基本医保类型、年龄、家庭规模、罹患慢性病，以及本人或亲近的人是否患有大病；居民对报销比例的满意率为56.9%。主要影响因素为：户口、家庭规模、家庭年人均支出的对数、自评价健康状况、罹患慢性病、本人或亲近人罹患大病、基本医保类型和年龄。 (4) 意愿支付及其影响因素分析。主要包括两方面内容，一方面是居民对大病保险的支付意愿。调查结果显示，有1 561例被调查者具有高的支付意愿，占比为59.33%；支付意愿一般的有540例，占比为20.52%；有530例被调查者的支付意愿低，占比为20.15%。另一方面是居民对大病保险的意愿支付额。情境1，即大病保险可获得补偿10万元时，75.74%的居民意愿支付额区间为1～200元；情境2，即大病保险可获得补偿30万元时，68.95%的居民意愿支付额区间为50～300元；情境3，大病保险可获得补偿50万元时，61.56%的居民意愿支付额区间为100～500元；情境4，大病保险可获得补偿100万元时，67.14%的居民意愿支付额区间为100～1 000元。在四种不同的补偿情境下，年龄、户口、家庭规模和人均支出都是影响个人大病保费意愿支付额的因素
讨论与建议	讨论：高度重视居民对大病保险的认知程度；居民对大病保险的支付意愿；居民对大病保险的个人意愿支付额与补偿水平的关系。 建议：一是积极宣传，提高知晓程度；二是加强宣教，提升预防和保险意识；三是不断完善，扩大保障范围和报销水平；四是改革创新，完善保障体系

（二）专家视角下的大病保险

通过专家咨询和专家访谈，从专家视角分析当前大病保险政策存在的问题、取得的成效和未来发展的方向，为大病保险政策的改革和发展提供依据，具体见表15－2。

表 15-2　专家视角下的大病保险

	主要内容
研究目的	通过专家调查咨询的方式，了解和分析大病保险政策领域权威专家对现行大病保险政策的意见和未来发展的建议
资料来源与方法	选择国内大病保险研究相关领域的权威和知名专家，通过向专家发放调查问卷并结合专家访谈的方式进行咨询，收集相关的定量和定性的资料进行分析
结果与分析	(1) 基本情况。本次调查共邀请和咨询了 40 名国内大病保险相关领域的专家，共有 38 位专家给予了回复，问卷应答率为 95%，有效率为 100%。 (2) 专家对大病保险政策效果的总体评价。55.3% 的专家认为，当前大病保险政策取得较明显成效，部分缓解了“因病致贫、因病返贫”。其余 44.7% 的专家则认为，在一定程度上降低了大病患者医疗支出压力，但是在缓解“因病致贫、因病返贫”问题上效果并不明显。 (3) 当前大病保险政策存在的问题。一是政策设计问题。政策的制度属性、定位模糊（累计占比为 57.9%），相关的政策法规体系不健全（累计占比为 52.6%）。二是政策执行问题。认为“大病”概念界定标准混乱，占比 71.1%，商业经办未能充分发挥优势，占比为 65.8%，筹资方式单一、制度可持续性较差占 63.2%。 (4) 大病保险未来发展方向。一是在报销比例方面应当根据个人收支情况，向弱势人群倾斜；二是设置起付线、补偿比和封顶线比例的合理组合；三是构建多层次保障体系
建议	(1) 清晰而准确地界定概念。(2) 明确划分业务中责权关系。(3) 提高大病保险的统筹层次。(4) 拓宽大病保险筹资方式与渠道

（三）政府视角下的大病保险

基本结论：政府将现行大病保险定性为基本医保制度的拓展和延伸，是对基本医保的补充和完善，而非新的独立的保险制度。相关部门对于发展大病保险给予重视和支持，采取多种方式稳定基金来源以及提高大病保险的筹资水平和保障水平，并采取政府购买服务的方式，委托商业保险机构承办大病保险业务以提高相关工作的效率和服务质量。此外，通过采取相关措施，推动大病保险与其他制度的有效衔接，强化该制度对贫困群体的支持力度，助力精准扶贫政策，以期避免大病患者家庭发生灾难性卫生支出，进而解决“因病致贫、因病返贫”的社会问题。

（四）商业保险机构视角下的大病保险

基本结论：一是当前大病保险经办方式并非标准意义上的政府购买服务模式；二是商业保险机构的自身优势难以发挥；三是当前大病保险政策不足以解决“因病致贫、因病返贫”问题。建议：优化商业保险机构承办大病保险服务的“营商环境”，给予商业保险机构更多参与决策的空间和机会。

（五）大病保险利益相关者分析

（1）概念和分类。大病保险的利益相关者，是指拥有大病保险的法定权益，能够影响大病保险政策目标的实现，或者在大病保险政策目标实现过程中受到影响的所有个体和群体，比如，参保居民、国家政府相关部门、地方政府部门、研究机构（或知名专家）、商业保险经办机构、医疗服务机构、药品和器械供应商、行业协会、社会大众监督和媒体，以及司法部门等。大病保险利益相关者分为三类：第一类是确定型利益相关者；第二类是预期型利益相关者；第三类是潜在型利益相关者。

（2）大病保险利益相关者利益构成分析。大病保险政策的决策者、管理者和服务的提供者等，其利益诉求的实现方面表现为“强”的实施能力；参保居民、行业协会、社会大众监督和媒体等，表现为“较弱”和“弱”；相关研究机构，表现为“一般”。

（3）大病保险利益相关者影响力分析。医保部门、财政部门和卫生健康委等同时具有强的权威性、较强的合法性和较强的紧迫性，是确定型利益相关者；商保经办机构、医疗服务机构、相关研究机构、参保者和药品器械供应商等，也是确定型利益相关者；行业协会、社会大众和司法部门等，是预期型利益相关者。

（4）大病保险利益相关者作用关系分析。结果显示，在大病保险政策的创新发展中，要高度重视大病保险利益相关者，如医保部门、商保经办机构、医疗机构、参保居民、相关研究机构和医药供应商等的作用对象、影响力和作用关系。

（5）大病保险利益相关者收益与风险分析。基本结果：在上述大病保险利益相关者的利益构成和影响力分析的基础上，将利益相关者分为三种类型，即关键利益相关者、主要利益相关者和次要利益相关者，针对其特点分析可能得到的收益和风险。

三、大病保险实证分析

根据社会经济发展状况、大病保险政策特点、地理位置和影响力等因素，选择代表性地区进行分析。通过对代表性地区大病保险的实证分析，分析其主要做法、特点和取得成效，总结经验和不足，为大病保险模式的创新和发展提供参考。代表性地区大病保险主要特征见表 15－3。

表 15－3　　代表性地区大病保险的特征

代表性地区	主要特征
上海市	(1) 社会经济发展水平高；(2) 统筹层次高；(3) 基本医疗保障水平高；(4) 全国唯一一个大病保险“保病种”的地区、具有较强的影响力
苏州市	(1) 社会经济发展水平高；(2) 大病保险实现真正意义上的“三保合一”，即城镇职工医疗保险、城镇居民医疗保险和新型农村合作医疗的有机整合；(3) 商业保险机构深度参与大病保险业务，承办大病保险效果显著
太仓市	(1) 社会经济发展水平高；(2) 大病保险模式探索者和先行者；(3)“差异化缴费、同等化待遇、公平性保障”，即将城镇职工和城乡居民统一纳入大病保险保障范围之内，并采取差异化缴费，城镇职工筹资高于城乡居民，但不同主体统一享受同样的保障待遇、大病保险对特殊群体倾斜
江阴市	(1) 社会经济发展水平较高；(2) 形成城乡居民多层次保障体系（基本医疗保险、大病救助险和大病补充保险）；(3) 大病补充保险基金的筹集来自个人缴费；(4) 积极探索大病商业补充保险
湛江市	(1) 社会经济发展水平中等；(2) 地处沿海地区；(3) 实现了“二保合一”(即城镇居民基本医疗保险和新型农村合作医疗整合为城乡居民医疗保险，且筹资标准、财政补贴和待遇水平一致)；(4) 加强贫困和特困人员保障
贵州黔南州	(1) 社会经济发展水平相对较为落后；(2) 少数民族人口占 58%；(3) 农村居民占户籍人口比例超过 80%；(4) 贫困人口多，属于国家重点扶贫地区；(5) 大病保险统筹层次高；(6) 受益人数多、保障水平不断提升
宝鸡市	(1) 关注贫困人口保障；(2) 各类保险较好衔接；(3) 受益面较窄
金寨县	(1) 贫困地区；(2) 多层次保障；(3) 注重贫困人口保障；(4) 保障范围不断扩大

四、典型大病保险模式评估

基于 RE－AIM 模型，从可及性、有效性、采纳性、实施性和可持续性 5 个维度构建了指标体系，对具有典型性的上海、太仓和湛江三地的大病保险模式进行了综合评估，具体见表 15－4。

表 15－4　　　　典型大病保险模式评估

	主要内容
研究目的	借鉴政策评估 RE－AIM 模型思想，构建大病保险模式评估指标体系，对我国城镇居民大病保险的典型模式进行综合评估，并提出相关政策建议
资料来源与方法	本研究基于 RE－AIM 模型的评估维度，通过专家咨询选择指标并构建综合评价指标体系，对具有代表性的上海、太仓和湛江三地的大病保险模式进行了综合评估。资料来自相关政府网站和调研访谈
结果与分析	总体评价得分由高到低是上海模式、太仓模式、湛江模式；可及性维度，三地评分相同；有效性评分太仓模式最高、湛江模式最低；采纳性评分上海模式最高，太仓模式和湛江模式相同且低于上海模式；实施性评分由高到低依次为上海模式、太仓模式、湛江模式；可持续性评分湛江模式最高，其次上海模式，最后为太仓模式
建议	综合评价的目的并不是为了排序，而是从整体的视角更加系统地认识不同大病保险模式的优点和存在的问题，为大病保险模式的进一步完善提供经验借鉴。根据评估结果，分析了大病保险存在问题，提出了进一步提升大病保险精准性、公平性和效率的建议

五、大病保险政策的微观模拟分析

以上海市大病保险为例，应用微观模拟分析方法，通过不同假设条件下大病保险主要参数的变化、调整和设置，对上海市大病保险政策变化，及其产生的结果进行模式分析，为大病保险政策完善和创新发展模式的建立提供依据（见表 15－5）。

表 15－5　　　　大病保险政策的微观模拟分析

	主要内容
研究目的	以上海市大病保险为例，通过不同假设条件下大病保险主要参数的变化、调整和设置，对上海市大病保险政策变化，及其产生的结果进行模式分析，为大病保险政策完善和创新发展模式的建立提供依据

续表

	主要内容
资料来源与方法	资料来源于上海市政府相关网站、利用2015~2016年上海市城乡居民医疗服务的微观数据，以及相关专家咨询。采用微观模拟（microsimulation）法构建大病保险微观模拟模型，包括4个模块：基础数据模块、医疗服务利用模块、政策实施模块和效应分析模块。主要对4种假定条件下产生的结果进行模拟：一是假定采用“按费用”而不是现行的“按病种”进行补偿；二是假定将现行保障的4种病种进行扩增，分析可行性；三是假定将城乡居民大病保险与城镇职工大病保险进行合并，模拟其产生的结果和影响
结果与分析	（1）假定一模拟结果。上海市“按病种”的补偿方案具有更高的受益率和医保实际补偿比，大病保险基金支出对受益人数的变化最为敏感，在“按费用”补偿的情况下，高费用段的大病保险补偿效应相对较弱。 （2）假定二模拟结果。现行大病保险制度下，增加大病病种扩大保障范围效果有限。保险基金不变，增加缺血性心脏病和脑梗死两个病种作为大病，则两种疾病的受益率远高于目前实行的大病病种人数的总和。 （3）假定三模拟结果。按照城镇职工医保的实际报销比例提高城乡居民基本医保待遇水平，受益率有较大变化，大病保险支出金额分别为4.06亿元和1.86亿元，但由于提高了居民基本医保报销水平，基本医保需增加23.56亿元的支出
建议	一是鉴于“保病种”和“保费用”两种模式各有优缺点，大病保险创新发展模式应将两者结合起来统筹考虑；二是大病保险的补偿设计和保障效果依赖于基本医保政策；三是需要进一步突出大病保险的保障定位；四是合并城乡居民医疗保险和城镇职工医疗保险是发展趋势，但基金压力是挑战，需要在政策和制度上进一步探索公平性和效率

六、大病保险创新发展模式研究

针对现行大病保险制度中存在的主要问题，从卫生政策科学制定程序的视角，通过对特定领域问题的根源分析，形成大病保险创新发展的思路，并针对解决问题的核心要素和程度，设计大病保险创新发展的模式，为大病保险模式的战略选择和制度完善提供依据（见表15-6）。

表 15-6　　大病保险创新发展模式

研究内容	大病保险治标模式	大病保险治本模式	大病保险标本兼治模式
针对问题	问题形成的影响因素	问题形成的根源	问题形成的作用机制
基本思路	根据卫生政策方案制定程序中“政策问题—特定问题危害—影响因素—政策方案”的思路和要求，针对政策问题的主要影响因素制定方案	根据卫生政策方案制定程序中“政策问题—问题危害—影响因素—问题根源—政策方案”的思路和要求，针对政策问题根源制定方案	根据卫生政策方案制定程序中“政策问题—问题危害—影响因素—问题根源—作用机制—政策方案”的思路和要求，针对政策问题的作用机制定方案
建设目标	在现行大病保险制度基础上，通过建立大病保险治标模式，采取相应措施逐步减轻参保人员因大病产生的灾难性经济风险和健康风险，并提出其可行性路径	在现行大病保险制度基础上，通过建立大病保险治本模式，从根本上化解参保人员因大病产生的灾难性经济风险，并探索其实施的可行性路径	以有效降低参保人员因大病产生的灾难性经济风险和健康风险为目的，从系统、整合、高效和可持续发展的视角，构建具有中国特色的大病保险创新发展模式，并根据实际情况探索其实施的可行性路径
模式的功能	(1) 参保者公平享有基本医疗服务。 (2) 逐步提高保障能力和水平。 (3) 逐步减轻参保者因大病产生的经济风险	(1) 重点保障参保者基本医疗服务。 (2) 有效减轻大病患者的经济负担。 (3) 从根本上解决大病患者灾难性经济风险	(1) 政府主导：保障大病的基本医疗服务。 (2) 政策主导：保障大病的非基本医疗服务。 (3) 市场主导：保障大病的高端服务
模式的特点	(1) 问题导向，主要治标。 (2) 路径依赖，操作性强。 (3) 可行性强，易被采纳。 (4) 产生震荡小，成效有限	(1) 有效性强。 (2) 政府财政支撑。 (3) 产生震荡大。 (4) 费用控制难	(1) 广覆盖与保重点相结合。 (2) 保费用与保大病相结合。 (3) 横向与纵向公平相结合。 (4) 多样化与有机整合相结合

续表

研究内容	大病保险治标模式	大病保险治本模式	大病保险标本兼治模式
模式的机制	（1）增资机制。 （2）协调机制。 （3）动态调整机制。 （4）监管机制	（1）政府财政保障机制。 （2）动态管理运行机制。 （3）综合监管机制。 （4）有效的激励约束机制	（1）甄别机制。 （2）衔接机制。 （3）激励约束机制。 （4）信息共享机制。 （5）综合监管机制。 （6）动态管理机制
模式的路径	（1）政府支持。 （2）明确的发展目标。 （3）信息共享平台建立。 （4）方案执行评估	（1）达成共识。 （2）政府支撑。 （3）方案研制。 （4）可行性分析。 （5）执行和评估	（1）渐进式发展路径。 （2）阶梯式发展路径。 （3）跨越式发展路径
优先顺序	第三	第二	第一

七、大病保险创新发展模式的实施路径

大病保险创新发展模式只有通过有效的实施才能实现其目标。本研究提出大病保险创新发展模式的3种路径：渐进式发展路径、阶梯式发展路径和跨越式发展路径，并对各种路径的实质、思路、特点、路径设计、步骤和配套措施等进行系统分析，具体见表15－7。

表15－7　　大病保险创新发展模式的实施路径

研究内容	渐进式发展路径	阶梯式发展路径	跨越式发展路径
内在逻辑	在稳定的前提下，把改革的力度、发展的速度和社会可承受的程度统一起来，形成温和、渐进的改革路径，由此避免体制内和体制外的剧烈冲突，降低改革的成本和代价	将实现目标分为相互联系和有机衔接的具有梯次的阶段性目标，各阶段在建设发展中逐步由量的积累到质的改变，实现向更高阶梯的跃升，进而实现最终目标	在改革、发展和稳定的关系中，坚持把改革的力度放在首位，发展的速度和社会可承受的程度与改革目标相结合，在改革和发展中实现新的均衡和稳定

续表

研究内容	渐进式发展路径	阶梯式发展路径	跨越式发展路径
实质	大病保险利益相关者之间利益关系的调整。一方面要尊重各方利益相关者的权利。另一方面要平衡各方利益实现目标	将改革目标分解为若干个梯次的阶段性目标，并通过阶段性目标的牵引，采取由量变到质变并产生阶梯式跃升的方式实现目标	具有明确的目标和直达的路径，其实质就是变革，而且这种变革是质的改变、根本性的改变和显著的提升
基本思路	以需求和问题为牵引，以目标为导向，立足于当前政策环境和条件，采用定目标、按计划、分步骤、可操作、低震荡的渐进式发展路径思路，重点关注条件的成熟度、方案的可行性和操作性，小步快跑，稳步推进，逐步建成分层联动整合式大病保险模式	大病保险创新发展模式的目标分解为相互关联的、具有递进梯次的四个发展阶段。在各阶段建设目标的牵引下，根据社会经济发展和相关政策支持情况，在每个阶段内部通过量的积累引起质的变化，再跃升到一个又一个新的阶段，最终实现大病保险创新模式建设发展的目标	在改革发展目标处于政策窗口期的前提下，大病保险的各方利益相关者在政策理念、政策方案和政策执行中达成共识，采取共同的行动，取得共同成效，才能实现建成分层联动整合式大病保险模式的共同目标
特点	(1) 路径依赖性强。 (2) 以增量带动存量。 (3) 成本低震荡小。 (4) 发展循序渐进	(1) 阶段性目标导向。 (2) 改革存量带动增量。 (3) 成本和效应阶梯式变化。 (4) 发展呈阶梯式跃升	(1) 开启政策窗口。 (2) 增量与存量并举。 (3) 成本和效应提升。 (4) 发展呈跨越式
理论依据	渐进式决策理论查尔斯·林布隆（Charles Lindblom）	阶梯式发展理论朱训等	多源流理论约翰·W. 金登（John W. Kingdon）
路径设计	第一，目标有序分解，路径先易后难。 第二，增量改革先行，带动存量变化。 第三，改善政策条件，适时动态调整。 第四，改革循序渐进，扎实稳步发展	第一阶梯目标：建立“两保合一”城乡居民大病保险。 第二阶梯目标：建立“三保合一”全民基本大病保险。 第三阶梯目标：建立分层联动整合式大病保险模式。 第四阶梯目标：完善大病保险创新模式	第一，政策问题的确认。 第二，问题根源分析。 第三，政策方案研制。 第四，政策方案可行性论证。 第五，政策执行。 第六，政策评价。 第七，确定政策去向

续表

研究内容	渐进式发展路径	阶梯式发展路径	跨越式发展路径
实施步骤	（1）加强顶层设计。 （2）明确政策目标。 （3）政策环境分析。 （4）政策方案的执行。 （5）方案动态调整	（1）根据目标划分发展阶段。 （2）根据发展阶段特点制定方案。 （3）方案的执行。 （4）方案的评估	（1）政策窗口期的判别。 （2）利益相关方达成共识。 （3）明确目标和改革方案。 （4）制度规范和技术标准。 （5）方案的可行性分析。 （6）方案的实施和评估。 （7）方案的调整和完善
配套措施	（1）认识层面的配套支持。 （2）制度层面的配套支持。 （3）实践层面的配套支持	（1）政府层面的配套支持。 （2）经济层面的配套支持。 （3）社会层面的配套支持。 （4）技术层面的配套支持	（1）制度层面的配套措施。 （2）技术层面的配套措施。 （3）管理层面的配套措施

第二节　研究创新

一、创新性提出大病保险创新发展的三种模式

创新是大病保险发展的必由路径，只有创新才能促进大病保险的全面发展。本研究在文献分析、理论研究、实证分析、综合评估、模拟分析的基础上，根据政策制定的科学程序和方法，提出大病保险创新发展的 3 种模式，即大病保险创新发展标本兼治模式、大病保险创新发展的治本模式和大病保险创新发展的治标模式。其中，优先发展顺序排在首位的是大病保险标本兼治模式，即分层联动整合式大病保险模式。其基本内涵在于：分层是为了满足不同层次大病患者需求，既体现横向公平又体现纵向公平：联动是指各层之间不是孤立的、静止的运行，各层功能清晰，相互联系，相互补充；整合表明各层之间不仅是联动，而且是有机整合，是为了提高保险模式的整体效率，为了避免碎片化政策，避免重复保

险、重复补偿和逆向选择，提高保障的精准性和靶向性。

该模式创新性体现在以下六个方面。一是服务理念创新：从保障大病到以人民为中心。二是服务方式创新：从碎片化到系统整合。三是服务内容创新：从泛化的保障费用到精准保大病。四是服务技术创新：从粗放型到规范化。五是服务成效创新：从保基本到多样化保障。六是服务市场拓展创新：从政府主导到激发市场活力。

二、创新性提出大病保险创新发展模式实施的三条路径

本研究在大病保险创新发展模式实施路径的探索中，形成一套系统研究实施路径的方法。该研究方法主要思路包括以下几个方面：一是形成路径研究的基本思路。根据大病保险模式的目标和特征、政策环境、具备条件等，分析选择路径的内在逻辑和实质，形成路径的基本思路；二是分析路径的特点；三是开展理论研究，并进行路径的设计；四是研制路径实施的具体步骤；五是选择路径的配套措施。据此，本研究创新性地提出大病保险模式建设和发展的3条实施路径，即渐进式发展路径、阶梯式发展路径和跨越式发展路径，为决策者对大病保险模式实施路径的选择提供参考依据。

第三节　研究局限性

一、数据可获得性、调研可行性等使相关研究受到一定局限

尽管研究的整体设计比较系统全面，研究框架和技术路线清晰，但是在研究具体实施过程中，因种种原因使研究受到一定的局限性，主要表现在以下几个方面：一是数据的可获得性受限。本研究的数据来源于政府部门网站、统计年鉴、政府工作报告、现场调查、专家咨询、相关文献和会议报告等，但是受到医保数据保密规定、公开数据不完整等因素的影响，无法展现我国大病保险实际情况的全貌，因此选择典型地区、典型模式进行研究。二是调研的可行性受限。现场调研是本研究的特色之一，通过对大病保险需方、政府部门、专家、商业保险机构等的现场调查，获取第一手资料，从不同视角来分析大病保险，使研究更加客观、系统和全面。由于时间、经费、协调等原因直接影响到调研的可行性，因

此，选择典型地区开展现场调查。三是代表性受限。我国大病保险政策提出指导意见，在具体实施中，根据不同地区特点形成因地制宜的方案，具有探索性和多样性特征。基于上述两个因素的影响，本研究采取选择典型地区、典型模式的方法进行分析。尽管在典型样本的选择方面进行充分的考虑，并制定相关原则和方法，但是在代表性方面仍有一定局限性。

二、大病保险创新发展模式和路径所产生的成效尚需在实践中验证

本研究通过系统分析国内外相关文献和政策，在对我国大病保险的理论分析、实证研究、综合评估和模拟分析等研究的基础上，结合我国实际和特点，提出我国大病保险创新发展标本兼治模式、大病保险创新发展的治本模式和大病保险创新发展的治标模式，以及相关发展路径，完成了本研究的主要目标。尽管大病保险创新发展模式和路径的提出是建立在理论研究、实证分析和模拟分析的基础上，但是，创新发展模式和路径实施的效果究竟如何？是否达到预期的效果？还有哪些需要改进的问题？这些都需要在今后的具体实践和研究中充分验证、丰富和完善。

附录一

居民对大病保险的认知及意愿情况调查表

居民对大病保险的认知及意愿调查

尊敬的先生/女士：

您好！我们承担了教育部哲学和社会科学研究重大课题攻关项目，旨在通过本次调查了解上海居民对大病保险的认知、看法和期望等，为完善大病保险政策提供参考依据。

我们将对您所提供的所有信息绝对严格保密，仅用于科学研究。

非常感谢您愿意抽出宝贵的时间参与本次调查，也希望您根据实际情况认真填写。

复旦大学课题组

【填写说明：完成本问卷需要10～15分钟。填空题请在横线上直接填写，选择题请在英文字母选项上打√，判断题请在“是”或“否”上打√，可多选的题请至少勾选一项。】

【注意事项：本调查以家庭为单位，每户家庭有一人填写即可。】

第一部分：人口基本特征

1. 您的性别是：

(A) 男　　　　(B) 女

2. 您出生于________年________月。

3. 您常住于上海市________________区/县。

4. 您的户籍类型为：

（A）非农业户口　（B）农业户口　（C）其他________

5. 您的受教育程度是：

（1）小学及以下　（B）初中　（C）高中/中专　（D）本科/大专

（E）研究生及以上

6. 您目前的就业状态是：

（A）单位在职　请继续回答 6.1　（B）失业/无业　（C）退休/离休

（D）自雇（包括自由职业、个体户、务农等）　（E）学校在读

（F）其他________

6.1　您的单位类型是：

（A）党政机关　（B）企业　（C）事业单位

（D）社会团体，居/村委会　（E）其他________

7. 目前，您本人参加了哪些医疗保险？【可多选】

（A）无　（B）城镇职工基本医疗保险

（C）城镇居民基本医疗保险　（D）公费医疗

（E）单位购买的商业医疗保险　（F）个人购买的商业医疗保险

（G）补充医疗保险　（H）其他________

8. 目前，您的婚姻状况为：

（A）未婚　（B）已婚　（C）离婚　（D）丧偶

（E）其他________

9. 您共有________个子女。（若无请填 0）

10. 目前，您的家庭有________个人共同居住生活（至少半年）。

10.1　您的同住家庭成员分别是您的什么人？【可多选】

（A）配偶/伴侣　（B）父母　（C）配偶的父母　（D）儿子

（E）儿媳　（F）女儿　（G）女婿　（H）孙辈

（I）祖辈　（J）兄弟姐妹　（K）保姆　（L）其他____

11. 2017 年，您的家庭全年总收入约为：

（A）5 万元以下　（B）5 万～10 万元

（C）10 万～15 万元　（D）15 万～20 万元

（E）20 万～30 万元　（F）30 万～50 万元

（G）50 万元以上

11.1　其中，您的家庭主要收入来源是：【最多选两项】

(A) 劳动/工作收入 (B) 养老保险金/离退休金
(C) 房屋/土地等租赁/变卖收入 (D) 生产经营所得
(E) 股票等投资所得 (F) 非同住亲属的资助补贴
(G) 失业保险金 (H) 社会救助
(I) 其他________

11.2 您是不是民政部门认定的低保或低收入人群?(是/否)

12. 2017 年,您的家庭全年总支出约为:(不包括投资型支出)
(A) 5 万元以下 (B) 5 万~10 万元
(C) 10 万~15 万元 (D) 15 万~20 万元
(E) 20 万~30 万元 (F) 30 万~50 万元
(G) 50 万元以上

12.1 其中,全家自费支出的医药费用约为________元。
*包括所有同住家庭成员这一年的门诊、住院、日常用药等

13. 您觉得您目前的身体状况是:
(A) 很健康 (B) 比较健康 (C) 一般 (D) 比较不健康
(E) 很不健康

14. 您定期体检吗?(是/否)

15. 您有确诊的慢性病吗?
(A) 没有 (B) 有哪种/哪些疾病:________________

16. 如果您本人出现身体不适需要就诊,一般您会选什么医院?
(A) 首选社区医院 (B) 首选二级医院
(C) 首选三级医院 (D) 根据病情
(E) 其他________________

第二部分:对大病保险的看法

17. 您对“大病保险”了解多少?
(A) 非常了解 (B) 比较了解 (C) 知道一点 (D) 听说过
(E) 没听说过(直接跳到 18 题)

17.1 您从哪些途径了解到大病保险?【可多选】
(A) 传统媒体 (B) 自媒体 (C) 社区/街道的宣传、告知
(D) 医院宣传、医生告知
(E) 亲朋好友告知或亲身经历 (F) 其他________

17.2 您认为现行大病保险报销流程有哪些地方需要改进?【可多选】
(A) 无须改进,非常满意

（B）没有工作人员清晰告知报销流程

（C）报销流程烦琐　　　　　　　　（D）报销时间长

（E）报销内容不明确　　　　　　　（F）报销门槛高

（G）不知道　　　　　　　　　　　（H）其他________

18. 您认为什么疾病可称为“大病”？【可多选】

（A）高费用的疾病（不一定迅速威胁生命）

（B）需要紧急抢救的重症疾病

（C）需要长期治疗的慢性重症疾病

（D）长期严重影响患者正常行为能力的疾病

（E）其他________________

现行的上海市大病保险涵盖四大病种：尿毒症透析、肾移植抗排异、恶性肿瘤、部分精神病。

19. 您对目前这种保障范围满意吗？

（A）满意　　　（B）不满意　　　（C）无所谓

现行的上海市“城乡居民大病保险”的报销比例为：参保人员在基本医保报销后，个人自付的费用，纳入城乡居民大病保险支付范围的，由大病保险资金报销55%（二次报销），即该大病在医保范围内的总报销比例为80%（不含自费项目）。

20. 您对目前这种报销水平满意吗？

（A）满意

（B）不满意，您认为合适的总报销比例为__________%（不含自费项目）

21. 您本人或亲近的家庭成员中是否有人患有（患过）以上四种大病？（是/否）（如选“否”，请直接跳到22题）

21.1　患者的病种：

（A）尿毒症　　（B）肾移植　　（C）恶性肿瘤　　（D）部分精神病

21.2　治疗过程中，患者每月医药费支出约__________元。

21.3　患者治疗该病时享受了哪种大病保险报销待遇？【可多选】

（A）无

（B）城乡居民大病保险或城镇职工大病保险

（C）政府补充医疗保险

（D）商业医疗保险

21.4　您对患者的大病治疗医药费的总体报销水平满意吗？

（A）满意　　　（B）不满意，原因是________________

21.5　您认为大病保险的总体效果是：

（A）完全消除了家庭大病支出负担

（B）极大缓解了家庭大病支出负担

（C）较大程度上降低了家庭大病支出负担，但有一定的经济压力

（D）一定程度上降低了家庭大病支出负担，家庭经济压力仍然较重

（E）作用不明显，家庭可能依然陷入贫困

第三部分：对大病及大病保险的意愿支付

22. 如果一种疾病要被列入"大病"，您认为这个病的总医药费（包括医保报销部分）一般至少要达到：

（A）5 万元　（B）10 万元　（C）20 万元　（D）30 万元

（E）50 万元　（F）100 万元

23. 从心理预期上，按目前的情况，您认为自己最多会出________万元来为本人治疗大病。

24. 在现行大病保险的模式基础上，如果扩大保障范围、提高报销比例，您是否愿意个人支付一定的费用？

（A）非常愿意　（B）愿意　（C）一般/无所谓　（D）不太愿意

（E）不愿意

25. 假设大病保险的补偿模式为：如果居民被确诊患有某种大病后，在基本医保基础上，可获得一笔大病保险补偿金，前提是需要从现在起每年缴纳一定的费用，您愿意每年缴纳多少钱？

25.1　如果这笔补偿金为 10 万元，您愿意每年缴纳：

（A）0 元　（B）50 元以下

（C）50～100 元　（D）100～200 元

（E）200～300 元　（F）300～500 元

（G）500～1 000 元　（H）1 000 元及以上

25.2　如果这笔补偿金为 30 万元，您愿意每年缴纳：

（A）0 元　（B）50 元以下

（C）50～100 元　（D）100～200 元

（E）200～300 元　（F）300～500 元

（G）500～1000 元　（H）1 000 元及以上

25.3　如果这笔补偿金为 50 万元，您愿意每年缴纳：

（A）0 元　（B）50 元以下

（C）50～100 元　（D）100～200 元

（E）200～300 元　（F）300～500 元

(G) 500～1000 元　　　　(H) 1 000 元及以上

25.4　如果这笔补偿金为 100 万元，您愿意每年缴纳：

(A) 0 元　　　　(B) 50 元以下

(C) 50～100 元　　　　(D) 100～200 元

(E) 200～300 元　　　　(F) 300～500 元

(G) 500～1 000 元　　　　(H) 1 000 元及以上

问卷到此结束！再次感谢您百忙之中抽出时间帮助我们完成调查。祝您身体健康、生活愉快！

附录二

大病患者访谈提纲

大病患者对大病保险的看法

本研究致力于调查上海大病保险的患者使用情况效果，本次访谈结果将作为本研究提出大病保险完善机制的参考依据。您的信息将被严格保密并仅用于本次研究。

访谈编号________

访谈地点________________________________

主访者________________________________

1. 患者的患病过程和当前生活状态（包含但不限于）

（1）患者身患什么病？

（2）什么时候发现患病？怎么发现的？

（3）目前的严重程度？

（4）目前患者的日常生活是什么样的？（比如多久看一次病，住一次院等）？

（5）与患病前的生活相比，患者现在有哪些特殊需求？（如需要固定的时间、人力、额外的设备等）？

（6）患病经历对家庭经济方面及其他方面的影响？

2. 患者的就医经历（包含但不限于）

（1）去过哪些医院看病？是否有寻求特定医生看病？

（2）选择过什么治疗方式？这些治疗方式的治疗效果怎么样？

（3）您觉得选择什么样的医院、医生和治疗方式主要受到外界哪些因素影响？（口碑、亲朋好友、病友、信息收集……）

（4）就医至今，患者的心态有怎样的变化？家庭成员的心态有怎样的变化？

（5）就医过程中，有没有令你印象深刻的事件？请谈一谈。

（6）在治疗过程中，患者或者您的家庭遇到的主要困境/担心是什么？

3. 看病的费用情况（包含但不限于）

（1）到目前为止，患者看病总共花费了多少钱？其中，自付多少钱？报销多少钱？

（2）在大病治疗中平均每个月自付多少钱？因大病而自付的医疗费用在您家庭的承受范围之内吗？

（3）患者使用了哪些主要治疗药物？这些主要治疗药物是进口药还是国产药？是自费还是可以报销？选择药物和治疗方式时是如何考量的？

（4）有哪些因素会影响患者的治疗决策？（金钱、家庭、预后效果……）

4. 关于大病保险（包含但不限于）

（1）您是怎样知道大病保险的？（时间上、渠道上……）

（2）对大病保险了解多少？

（3）患者购买了哪些大病保险，包括居民大病保险、商业保险和补充医疗保险？这些保险是强制参保还是主动购买？这些保险分别报销的比例是多少？

（4）您认为基本医疗保险中的大病保险能否有效减轻家庭负担？目前这个报销比例合理吗？如果不合理，您觉得合理的比例是多少？

5. 建议

（1）您希望政府做什么，能够帮助您缓解更多大病治疗费用负担方面的问题？

（2）从实际出发，您认为减少患者大病经济负担的有效方式和途径有哪些？

（3）其他建议。

6. 受访者信息收集

（1）受访者性别是：

（A）男　　　　（B）女

（2）受访者年龄是________周岁。

（3）受访者教育程度是：

（A）小学及以下　（B）初中　　　　（C）高中　　　　（D）大学

（E）研究生及以上

（4）目前，受访者家庭有________口人。（共同居住生活）

（5）受访者家庭 2017 年总收入约为：

（A）5 万元以下　　　　　　　　（B）5 万～10 万元

（C）10 万～20 万元　　　　　　　（D）20 万～50 万元

（E）50 万元以上

（6）受访者家庭 2017 年总支出约为________元。

（7）受访者家庭 2017 年自费医疗支出金额约为________元。

（8）受访者家庭每月食品支出约为________元。

附录三

大病保险专家咨询表

大病保险专家咨询表

尊敬的专家：

您好！我们承担了教育部哲学和社会科学研究重大课题攻关项目，主要对我国大病保险政策、实施绩效及发展趋势进行探究。咨询表包括三部分，第一部分是您的基本情况，第二部分是对我国城乡居民大病保险的看法，第三部分是对我国大病保险发展的建议。您是该领域的知名专家，我们诚挚地希望能得到您的支持和帮助。在此表示由衷的感谢！

复旦大学课题组

2018 年 10 月

第一部分：基本情况

1. 性别：________

(A) 男　(B) 女

2. 年龄：________

(A) 31 ~ 39 岁　(B) 40 ~ 49 岁　(C) 50 ~ 59 岁　(D) 60 岁及以上

3. 职称：________

(A) 副高级　(B) 正高级　(C) 其他

4. 您从事的工作主要涉及的研究领域（可多选）：________

（A）医疗保障（保险）　　（B）医药卫生政策
（C）卫生经济学　　（D）卫生事业管理
（E）其他（请注明：＿＿＿＿＿＿＿＿）

5. 您从事相关工作研究的年限：＿＿＿＿

（A）5～10年　（B）11～15年　（C）16～20年　（D）20年以上

6. 您所在的单位的属性：＿＿＿＿

（A）高校　　（B）研究院所（中心）
（C）政府部门及其事业单位　　（D）商业保险公司
（E）医院

第二部分：对我国城乡居民大病保险政策的看法

1. 您认为当前我国城乡居民大病保险政策实施的总体效果如何？＿＿＿＿

（A）完全消除了居民大病支出压力，解决了"因病返贫、因病致贫"问题
（B）几乎消除了居民大病支出负担，有效缓解"因病返贫、因病致贫"问题
（C）很大程度上降低居民大病支出压力，部分缓解"因病返贫、因病致贫"问题
（D）一定程度上降低居民大病支出压力，但在缓解"因病返贫、因病致贫"问题上效果并不明显
（E）在降低居民大病支出压力以及缓解"因病返贫、因病致贫"问题上均不明显

2. 从国家政策设计层面而言，您认为目前推行的城乡居民大病保险政策存在的不足主要有哪些（可多选）：＿＿＿＿

（A）政策规定过于笼统缺乏指引性　　（B）制度属性与定位模糊
（C）政策目标不清晰　　（D）保障范围不明确
（E）体系、法规不健全　　（F）其他（请注明：＿＿＿＿＿）

3. 从地方实践角度来看，您认为当前我国城乡居民大病保险存在的主要问题和不足有哪些（可多选）：＿＿＿＿

（A）筹资方式单一、制度可持续性较差
（B）统筹层次过低，风险分担机制发挥不充分
（C）"大病"概念界定标准混乱
（D）基金运行缺乏安全性与稳定性
（E）政府与市场的风险责任归属不明
（F）商业经办保险公司优势未能充分发挥
（G）宣传有待加强

(H) 保障水平较低且保障范围较小

(I) 其他 (请注明: ________)

4. 您认为以下哪些疾病可称之为“大病”(可多选): ________

(A) 危急重型疾病　　(B) 高费用的疾病

(C) 慢性危重疾病　　(D) 需紧急抢救的疾病

(E) 其他 (请注明: ________)

5. 您认为大病保险应该如何确定“大病”: ________

(A) 根据医疗费用　　(B) 根据病种

(C) 病种与费用相结合　　(D) 根据家庭支出结构 (灾难性支出)

(E) 其他 (请注明: ________)

6. 当前城乡居民大病保险基金主要由基本医保基金筹集, 您认为是否可以将其定性为基本大病保险? ________

(A) 是　　(B) 否 (跳转至第8题)

7. 作为基本大病保险, 是否应当按照基本诊疗、基本用药和基本价格规范来治疗大病? ________

(A) 是　　(B) 否

8. 您认为城乡居民大病保险由商业保险公司经办是否合适? ________

(A) 合适　　(B) 不合适

主要理由: ________________

____

9. 当前, 在城镇职工大病医疗保障方面, 实践中存在两种不同的保险方式, 一种为设立单独的城镇职工大病补充保险, 另外一种则是将城镇职工纳入到城乡居民大病保险之中, 进行统筹保障。您认为哪种方式较为合适? ________

(A) 单独设立城镇职工大病补充保险

(B) 纳入到城乡居民大病保险, 统筹保障

主要理由: ________________

____

第三部分　大病保险发展的建议

1. 根据我国实际情况, 您认为我国大病保险支付的发展方向为: ________

(A) 基本全免　　(B) 固定比例支付

(C) 自付费封顶　　(D) 其他 (请注明: ________)

该支付方式需具备的必要条件是: ________________

____

2. 您认为当前我国大病保险迫切需要解决的问题是什么？解决问题的主要思路和措施有哪些？

3. 您认为什么样的大病保险模式较为适合我国？实现该模式应该具备的必要条件有哪些？

附录四

上海市大病医疗保险数据调研需求表

一、城乡居民

（一）城乡居民基本医保和大病保险汇总数据

提取年限：2014～2018 年。

表 A1　2014～2018 年居民大病医保补偿总体补偿情况（每年 1 个表格）

	大病患者人数[a]	总费用		居民基本医保补偿费用		大病医保补偿费用		大病患者个人自付费用		大病患者自费费用		大病保险受益率[l]
		门诊总费用[b]	住院总费用[c]	门诊[d]	住院[e]	门诊[f]	住院[g]	门诊[h]	住院[i]	门诊[j]	住院[k]	
恶性肿瘤												
精神疾病												
尿毒症												
肾移植												
大学生血友、再障												

注：(a) 患大病的人数，非人次数。(b) 大病患者发生的门诊医疗总费用（包括医保支付、个人自付和自费）。(c) 大病患者发生的住院医疗总费用（包括医保支付、个人自付和自费）。(d) 基本医保对大病患者的门诊费用补偿金额。(e) 基本医保对大病患者的住院费用补偿金额。(f) 大病保险对大病患者的门诊费用补偿金额。(g) 大病保险对大病患者的住院费用补偿金额。(h) 在符合医保目录范围内的门诊费用中个人支付的金额。(i) 在符合医保目录范围内的住院费用中个人支付的金额。(j) 不在医保目录内的门诊费用。(k) 不在医保目录内的住院费用。(l) 享受大病保险报销的人数在居保总参保人数中的比例。

表 A2　　居民基本医保参保人员基本情况

年份	年龄				性别		身份类别			
	18 岁以下（人数）	19～59 岁（人数）	60～69 岁（人数）	70 岁以上（人数）	男（人数）	女（人数）	学龄前（人数）	中小学生（人数）	大学生（人数）	居民（人数）
2014										
2015										
2016										
2017										
2018										

表 A3　　城乡居民基本医疗保险和大病医保汇总数据

	项目	2014 年	2015 年	2016 年	2017 年	2018 年
居民基本医保	医保基金收入					
	医保基金支出					
	参保人员门急诊人次					
	参保人员住院人次					
	门急诊次均费用					
	人均住院费用					
	医保基金补偿门诊费用总额（补偿参保者门诊医疗费用总额）					
	医保基金补偿住院费用总额（补偿参保者住院医疗费用总额）					
	门诊个人自付总额					
	住院个人自付总额					
	门诊自费总额					
	住院自费总额					
大病保险	大病保险受益人数					
	大病保险基金收入					
	大病保险基金支出（含管理费等其他支出）					
	大病保险补偿总额（仅包括补偿患者的费用）					

表 A4　　城乡居民住院病种人次排序（前 50 位，由高到低）

病种（ICD 编码）	住院人次数	住院医疗费用
病种 1		
病种 2		
……		

表 A5　　城乡居民住院病种费用排序（前 50 位，由高到低）

病种（ICD 编码）	住院医疗费用	住院人次数
病种 1		
病种 2		
……		

（二）城乡居民参保者医疗服务利用数据

按照 2% 的抽样比例，从城乡居民医疗保险参保者中随机抽取参保个体。

1. 参加居民医疗保险人员基本信息

参保者身份识别号、性别、年龄、文化程度等基本信息（根据系统内字段提取）。

表 A6　　2014～2018 年参保居民样本基本情况（每年 1 个表格）

身份识别号	性别	年龄	婚姻状况	文化程度	……
ID1					
ID2					
……					

2. 参保居民门（急）利用与费用信息

按照抽取的 ID 号将该参保者一年内所有的门诊消费数据全部抽取，按照系统内字段导出。

表 A7　　2014～2018 年参保居民门急诊利用（每年 1 个表格）

身份识别号	就诊机构级别	就诊时间	诊断编码	挂号费	诊疗费	治疗费	手术材料费	……	医保支付	个人自付	自费	是否大病医保	大病医保补偿金额
ID1													
ID2													
……													

注：费用构成按照系统内字段提取各分项费用。

3. 参保居民住院服务利用与费用信息

按照抽取的 ID 号将该参保者一年内所有的住院消费数据全部抽取，按照系统内字段导出。

表 A8　　2014～2018 年参保居民住院利用（每年 1 个表格）

身份识别号	就诊机构级别	就诊时间	诊断编码	住院天数	住院费	诊疗费	治疗费	手术材料费	……	医保支付	个人支付	自费	是否大病医保	大病医保补偿金额
ID1														
ID2														
……														

注：费用构成按照系统内字段提取各分项费用。

二、城镇职工

城镇职工相关的大病保障政策：（1）城镇职工只有门诊大病（4 个病种），在职职工门诊大病费用由统筹基金支付 85%，退休人员门诊大病费用由统筹基金支付 92%；（2）统筹基金最高支付限额以上的医疗费用，由地方附加基金支付 80%；（3）职工综合减负政策，参保人员年自付医疗费累计超过其年收入一定比例的部分，实行医保综合减负，由地方附加基金支付 80%。

（一）城镇职工大病汇总数据

提取年限：2014～2018 年。

表 A9　　城镇职工医保参保人员情况

年份	人员类别（年龄与在职状态）							性别		身份类别	
	在职44岁以下（人数）	在职45岁以上（人数）	在职中人一档（人数）	退休人员69岁以下（人数）	退休人员70岁以上（人数）	退休中人一档（人数）	退休老人（人数）	男（人数）	女（人数）	在职（人数）	退休（人数）
2014											
2015											
2016											
2017											
2018											

表 A10　2014 ~ 2018 年职工门诊大病医保补偿总体补偿情况（每年 1 个表格）

	大病患者人数[a]	总费用[b]	医保统筹基金支付总额[c]	大病患者个人自付总额[d]	大病患者自费总额[e]	大病保险受益率[f]
恶性肿瘤						
精神疾病						
尿毒症						
肾移植						

注：(a) 患大病的人数（而非人次）。(b) 门诊大病患者的总费用。(c) 大病患者医疗总费用中从职工医保补偿的费用。(d) 在符合医保目录范围内个人支付的总费用。(e) 不在医保目录内的总费用。(f) 享受大病报销的人数在总参保人数中的比例。

表 A11　　2014 ~ 2018 年职工高额医疗费用补偿总体补偿情况

年份	超过统筹基金支付封顶线人数[a]	总费用[b]	统筹基金支付金额[c]	附加基金支付金额[d]	患者个人自付金额[e]	患者自费金额[f]	超过统筹基金支付封顶线人数占参保人数的比例[g]
2014							
2015							
2016							
2017							
2018							

注：(a) 超过支付封顶线的人数。(b) 上述人员的医疗总费用。(c) 统筹基金支付的金额，即当年支付封顶线 × 人数。(d) 超过封顶线由附加基金支付的金额。(e) 通过所有报销后，在符合医保目录范围内的个人自付医疗费用总额。(f) 不在医保目录内的费用总额。(g) 超过封顶线人数占比。

表 A12　2014～2018 年职工综合减负医疗费用补偿总体补偿情况

年份	符合综合减负的人数[a]	总费用[b]	统筹基金支付金额[c]	附加基金支付金额[d]	患者个人自付金额[e]	患者自费金额[f]	符合综合减负的人数占参保人数的比例[g]
2014							
2015							
2016							
2017							
2018							

注：(a) 符合综合减负的人数。(b) 上述人员的医疗总费用。(c) 统筹基金支付的金额。(d) 附加基金支付的金额。(e) 通过所有报销后，在符合医保目录范围内的个人自付医疗费用总额。(f) 不在医保目录内的费用总额。(g) 符合综合减负的人数占比。

表 A13　城镇职工住院病种人次排序（前 50 位，由高到低）

病种（ICD 编码）	住院人次数	住院医疗费用
病种 1		
病种 2		
……		

表 A14　城镇职工住院病种费用排序（前 50 位，由高到低）

病种（ICD 编码）	住院医疗费用	住院人次数
病种 1		
病种 2		
……		

（二）城镇职工参保者医疗服务利用数据

按照 2% 的抽样比例，从城镇职工医疗保险参保者中随机抽取参保个体

1. 参加城镇职工医疗保险人员基本信息

参保者身份识别号、性别、年龄、文化程度等基本信息（2017～2018 年）。

表 A15　　2017～2018 年参保职工样本基本情况（每年 1 个表格）

身份识别号	性别	年龄	婚姻状况	文化程度	……
ID1					
ID2					
……					

2. 参保职工门（急）诊利用与费用信息

按照抽取的 ID 号将该参保者一年内所有的门诊消费数据全部抽取，按照系统内字段导出。

表 A16　　2017～2018 年参保职工门急诊服务利用情况

身份识别号	就诊机构级别	就诊时间	诊断编码	挂号费	诊疗费	治疗费	手术材料费	……	医保支付	个人自付	自费	是否门诊大病
ID1												
ID2												
……												

注：费用构成按照系统内字段提取各分项费用。

3. 参保职工住院服务利用与费用信息

表 A17　　2017～2018 年参保职工住院服务利用情况

身份识别号	就诊机构级别	就诊时间	诊断编码	住院天数	住院费	诊疗费	治疗费	手术材料费	……	医保支付	个人支付	自费	是否符合综合减负
ID1													
ID2													
……													

注：费用构成按照系统内字段提取各分项费用。

附录五

黔南州大病医疗保险数据调研需求表

一、调研目的

（一）教育部哲学和社会科学研究重大课题攻关项目“大病保险的创新模式和发展路径研究”的需要

（二）寻求与贵州医保局的支持和合作

（三）模拟未来政策变化（如起付线、报销比例等的变化，或大病病种增加等）对贵阳大病医保的实施效果的影响

二、调研需求

（一）医保政策层面

1. 居民基本医保政策：筹资标准、起付标准、报销目录（诊疗和药品）、报销比例、封顶线、支付方式（项目付费、病种、DRG）

表 A18　　　　城乡居民基本医疗保险基本情况

	2014 年	2015 年	2016 年	2017 年	2018 年
参保人数					
参保率					
人均筹资标准					
起付线					
报销比例					
封顶线					
目录范围（与国家基本目录相比，一致或超出国家）					

2. 居民大病医保政策：筹资标准、起付标准、报销目录（诊疗和药品）、报销比例、封顶线、支付方式（项目付费、病种、DRG）

表 A19　　　　城乡居民大病医疗保险基本情况

	2014 年	2015 年	2016 年	2017 年	2018 年
人均筹资标准					
起付线					
报销比例					
封顶线					
目录范围					

（二）数据需求（2014～2018 年）

1. 居民基本医保参保人数、参保人员构成情况（年龄、性别、身份类别等）、医保基金收支情况、参保人员医疗服务利用情况（门急诊人次、住院人次），医疗费用及构成（个人自付比例、统筹基金支付比例、自费比例）、按照病种汇总人次数前 50 位的病种、医疗费用前 50 位的病种

表 A20　　　　城乡居民基本医疗保险汇总数据

	2014 年	2015 年	2016 年	2017 年	2018 年
参保人员年龄构成（各年龄段占比）					
性别构成					
身份类别构成（学龄前、中小学生、大学生、居民）					
医保基金收入					
医保基金支出					
参保人员门急诊人次					
参保人员住院人次					
门急诊次均费用					
人均住院费用					
医保基金补偿总额					
统筹基金支付比例					
个人自付比例					
自费比例					

表 A21　　城乡居民病种人次排序（前 50 位，由高到低）

病种（ICD 编码）	人次数
病种 1	
病种 2	
……	

表 A22　　城乡居民病种费用排序（前 50 位，由高到低）

病种（ICD 编码）	医疗费用
病种 1	
病种 2	
……	

2. 居民大病医疗保险受益人数、大病保险基金收支情况、医疗费用情况、大病保险实际补偿比

表 A23　　城乡居民基本医疗保险汇总数据

项目	2014 年	2015 年	2016 年	2017 年	2018 年
大病保险受益人数					
大病保险基金收入					
大病保险基金支出					
符合大病保险参保者人均医疗费用					
大病保险人均补偿金额					
大病保险实际补偿比					

（三）参保者个体数据（2014 ~ 2018 年，随机抽样 2% ~ 3%）

1. 参加居民医疗保险人员基本信息

参保者身份识别号、性别、年龄、文化程度等基本信息。

表 A24　　参保居民基本情况（抽样个体，每年 1 个表格）

身份识别号	性别	年龄	婚姻状况	文化程度	是否救助对象	
ID1						
ID2						
……						

2. 参保居民门（急）医疗利用与费用信息

身份识别号、就诊日期、就诊医疗机构、诊断编码、挂号费、检查费、药品费等（医疗消费数据按已有字段提取）、费用构成（自费、个人自付、统筹基金支付等）、大病保险补偿金额。

表 A25　参保居民门急诊利用（抽样个体，每年 1 个表格）

身份识别号	就诊机构级别	就诊时间	诊断编码	挂号费	诊疗费	治疗费	手术材料费	……	医保支付	个人支付	自费	是否大病医保	大病医保补偿
ID1													
ID2													
……													

注：费用机构按照系统内字段提取各分项费用。

3. 参保居民住院医疗利用与费用信息

医保卡号、姓名、性别、出生年月、住址、住院号、医疗机构、入院日期、出院日期、住院诊断、疾病编码、单病种、挂号费、床位费、检查费、药品费等（医疗消费数据按已有字段提取）、支付费用（自费、个人自付、统筹基金支付等）、大病保险补偿金额。

表 A26　参保居民住院利用（抽样个体，每年 1 个表格）

身份识别号	就诊机构级别	就诊时间	诊断编码	住院天数	住院费	诊疗费	治疗费	手术材料费	……	医保支付	个人支付	自费	是否大病医保	大病医保补偿
ID1														
ID2														
……														

注：费用机构按照系统内字段提取各分项费用。

（四）访谈提纲（主要负责 2 ~ 3 人）

1. 当前贵州大病保险取得成效和存在的主要问题

2. 贵州实施大病医保的特点、未来改革的思路和主要的突破点

参考文献

［1］白阳、戴元章、曾乔林：《让大病患者的负担轻些再轻些——四川省倾力推进大病保险工作》，载于《中国人力资源社会保障》2015年第10期。

［2］卞呈祥：《城乡居民大病保险经办运行机制探讨——以厦门为例》，载于《卫生经济研究》2013年第4期。

［3］蔡辉、吴海波：《城乡居民大病保险与商业重疾险比较研究》，载于《经济研究导刊》2015年第23期。

［4］陈珉惺、王力男、李芬：《上海市城镇居民大病保险实施评价》，载于《中国卫生经济》2017年第5期。

［5］陈金甫：《构建多元利益诉求化解机制的大保障格局：点评社保与商保的关系》，载于《中国医疗保险》，2013年第10期。

［6］陈晓云、傅鸿鹏、杨正夫、张会、江震：《利益相关者分析方法在卫生政策领域应用》，载于《中国公共卫生》2017年第6期。

［7］程斌：《农村居民大病保险的运行分析》，载于《中国卫生经济》2018年第4期。

［8］程雨蒙、胡况、梅启慧等：《基于利益相关者理论的医疗保险诚信体系构建》，载于《医学与哲学》2014年第7期。

［9］程雨蒙、胡况、梅启慧：《基于利益相关者理论的参保人员异地就医管理分析》，载于《医学与社会》2014年第10期。

［10］褚福灵：《灾难性医疗支出研究》，载于《中国医疗保险》2016年第3期。

［11］褚福灵：《综合发力 化解灾难性医疗风险》，载于《中国卫生》2015年第7期。

［12］褚福灵：《构建重特大疾病保障机制》，载于《中国医疗保险》2015年第8期。

［13］崔先维、王大海：《政策工具选择的渐进主义分析》，载于《福建论

坛》(社科教育版) 2009 年第 10 期。

[14] 崔先维:《渐进主义视阈中政策工具的选择》,载于《行政论坛》2010 年第 5 期。

[15] 戴维·L. 韦默、艾丹·R. 维宁:《政策分析——理论与实践》,戴星翼、董骁、张红艳译,上海译文出版社 2003 年版。

[16] 丁栋兴:《江苏省太仓市城乡一体化医疗救助运行分析》,载于《安徽卫生职业技术学院学报》2009 年第 4 期。

[17] 丁一磊、杨妮超、顾海:《中国农村居民重大疾病保障制度评价指标体系构建及运行效果分析——以东中西部 101 个医保统筹地区为例》,载于《南京农业大学学报》(社会科学版) 2017 年第 6 期。

[18] 董曙辉:《关于大病保险筹资与保障范围的思考》,载于《中国医疗保险》2013 年第 4 期。

[19] 杜晓宇:《PPP 模式在城乡居民医保一体化建设中的应用——以湛江为例》,载于《保险职业学院学报》2011 年第 3 期。

[20] 房慧莹等:《基于利益相关者理论整合基层医疗卫生服务体系》,载于《中国卫生经济》2018 年第 6 期。

[21] 冯鹏程:《美国社会医疗保险制度及商业保险参与情况》,载于《中国保险报》2015 年 7 月 8 日第 6 版。

[22] 付晓光等:《农村居民大病保险试点存在的问题及对策研究》,载于《科学经济社会》2014 年第 3 期。

[23] 付晓光、杨胜慧、汪早立:《城乡居民大病保险的政策演进与思考》,载于《中国卫生经济》2019 年第 3 期。

[24] 弗里曼:《战略管理——利益相关者方法》,上海译文出版社 2006 年版。

[25] 高广颖等:《新农合大病保险制度对缓解灾难性卫生支出的效果评价》,载于《社会保障研究》2017 年第 2 期。

[26] 高传胜:《包容性发展视角下城乡居民大病保险新政再思考》,载于《社会科学战线》2016 年第 3 期。

[27] 顾海:《大病医保,太仓提供了什么经验?》,载于《社会观察》2012 年第 11 期。

[28] 顾海、朱晓文、钱瑛琦:《大病保险政策评价指标体系构建与效果评价——以江苏省为例》,载于《中国卫生管理研究》2016 年第 1 期。

[29] 关洪:《湛江市三个粤语点语音比较研究》,暨南大学硕士学位论文,2012 年。

[30] 郭伟伟:《新加坡社会保障制度研究及启示》,载于《当代世界与社会

主义》2009 年第 5 期。

[31] 郭洪伟等:《新型农村合作医疗制度利益相关者分析与评价》，载于《中国卫生事业管理》2014 年第 6 期。

[32] 韩文甫、李艺:《健康中国战略背景下河南省大病保险制度绩效评价——基于 AHP 分析法》，载于《四川劳动保障》2018 年第 S1 期。

[33] 郝模:《卫生政策学》，人民卫生出版社 2017 年版。

[34] 何光秀、汤少梁:《分级诊疗背景下县域医疗共同体建设中的利益相关者博弈研究》，载于《中国全科医学》2020 年第 13 期。

[35] 何文炯:《"大病保险"应当单独筹资》，载于《中国医疗保险》2013 年第 11 期。

[36] 何文炯:《大病保险辨析》，载于《中国医疗保险》2014 年第 7 期。

[37] 何文炯:《大病保险运行机制四大问题 》，载于《中国社会保障》2014 年第 6 期。

[38] 何文炯:《大病保险制度定位与政策完善》，载于《山东社会科学》2017 年第 4 期。

[39] 胡坤、孟庆跃、胡少霞:《利益相关者理论及在卫生领域中的应用》，载于《医学与哲学》(人文社会医学版) 2007 年第 2 期。

[40] 胡大洋:《大病医疗保险应由医保经办机构经办》，载于《中国医疗保险》2012 年第 9 期。

[41] 胡善联等:《英国非营利性私人医疗保险制度》，载于《国外医学》(卫生经济分册) 2002 年第 1 期。

[42] 黄华波:《大病保险的制度特性与经办模式分析》，载于《中国社会保障》2015 年第 8 期。

[43] 黄华波:《医疗保险智能监控的进展与思考》，载于《中国医疗保险》2015 年第 12 期。

[44] 黄健荣:《决策理论中的理性主义与渐进主义及其适用性》，载于《南京大学学报》(哲学·人文科学·社会科学版) 2002 年第 1 期。

[45] 黄薇等:《电子健康档案建设的利益相关者分析》，载于《中国数字医学》2011 年第 11 期。

[46] 贾洪波:《补充医疗保险的实际运作: 四个国家比较》，载于《改革》2012 年第 11 期。

[47] 贾洪波:《中国发展补充医疗保险的理论依据浅析》，载于《中国医疗保险》2018 年第 5 期。

[48] 姜学夫:《我国大病保险制度面临问题及可持续发展建议》，载于《中

国人力资源社会保障》2018 年第 10 期。

［49］（美）杰伊·沙夫里茨、卡伦·莱恩、克里斯托弗·博里克：《公共政策经典》，彭云望译，北京大学出版社 2008 年版。

［50］金燕、鲁胜锟、李绍华：《我国医疗联合体的利益相关者分析》，载于《中国医院管理》2013 年第 10 期。

［51］金维刚：《重特大疾病保障与大病保险的关系解析》，载于《中国医疗保险》2013 年第 8 期。

［52］荆林波、贾俐贞：《新加坡医疗保障制度的基本情况与经验》，载于《中国党政干部论坛》2012 年第 3 期。

［53］蒋云赟：《我国城乡大病保险的财政承受能力研究》，载于《财经研究》2014 年第 11 期。

［54］孔繁丽：《浅析上海中医门诊大病医保的管理实践难点》，载于《上海医药》2015 年第 7 期。

［55］李长远、张举国：《城乡医疗保险制度整合对参保居民待遇水平的影响——基于三种典型整合模式的比较》，载于《求实》2016 年第 2 期。

［56］李成志等：《关于部分特殊药品医保使用管理办法的研究》，载于《中国医疗保险》2014 年第 4 期。

［57］李程跃、孙梅、励晓红等：《研制补偿方案：新型农村合作医疗保险方案研制思路之七》，载于《中国卫生资源》2013 年第 4 期。

［58］李剑华、王聪、陈光：《3 种模式探路大病保险》，载于《健康管理》2014 年第 8 期。

［59］李静云：《商业保险以保险合同模式承办城乡居民大病医疗保险分析》，载于《商情》2014 年第 32 期。

［60］李良：《太仓“大病再保险”的实践与思考》，载于《商业经济》2015 年第 9 期。

［61］李玲等：《昆明市城镇职工医疗保险微观模拟模型的构建》，载于《第二军医大学学报》2006 年第 9 期。

［62］李习平：《公立医院利益相关者演化博弈均衡研究》，载于《中国卫生经济》2015 年第 2 期。

［63］李亚青：《政府购买服务模式下的大病保险有效监管研究》，载于《中国卫生政策研究》2017 年第 4 期。

［64］李洋、王辉：《利益相关者理论的动态发展与启示》，载于《现代财经》2004 年第 7 期。

［65］李阳：《我国大病保险发展趋势分析——基于三种典型模式》，载于

《卫生经济研究》2018年第4期。

[66] 李一平等：《镇江市医疗保险微观模拟政策模型的设计和建立》，载于《中国卫生经济》2005年第2期。

[67] 李瑛珊：《医疗保障城乡整合典型模式比较研究——以东莞、珠海、湛江为例》，载于《卫生经济研究》2014年第6期。

[68] 李松林：《论新公共服务理论对我国建设服务型政府的启示》，载于《理论与实践》2010年第2期。

[69] 李玉华：《城乡居民大病保险制度运作中的政府职责——基于政府购买公共服务的视角》，载于《南方金融》2016年第3期。

[70] 李照金等：《镇江市城镇人员医疗保险政策的模拟与预测》，载于《中国卫生经济》2005年第2期。

[71] 梁平、包晗：《社会保障下公共服务外包的创新——以“太仓模式”为例》，载于《管理观察》2017年第36期。

[72] 林津晶、黄文龙：《基于利益相关者的儿童基本医疗保险体系的优化研究》，载于《中国卫生经济》2018年第7期。

[73] 刘吉威：《大病医疗保险政策分析——以福利多元主义理论为视角》，载于《上海保险》2013年第4期。

[74] 刘彤彤等：《大病保险实施效果评价指标体系构建及应用》，载于《中国卫生经济》2018年第9期。

[75] 刘洋：《城乡居民大病保险问题与对策研究——以陕西省为例》，载于《西安交通大学学报》（社会科学版），2016年第6期。

[76] 刘玉君：《我国城乡居民大病保险的运行机制及保障效果研究》，西南财经大学硕士学位论文，2016年。

[77] 刘元春：《城乡大病保险与重大疾病保险的比较分析》，载于《江苏科技信息》2014年第10期。

[78] 柳云飞、周晓丽：《传统公共行政、新公共管理和新公共服务理论之比较研究》，载于《前沿》2006年第4期。

[79] 刘颖、任苒：《大病卫生支出及其影响》，载于《中国卫生经济》2010年第3期。

[80] 刘智勇：《社会化：我国社会治理体制的创新与发展》，载于《上海行政学院学报》2018年第3期。

[81] 卢婷：《大病医疗保险“湖南模式”的实践及展望》，载于《湖南行政学院学报》2015年第2期。

[82] 卢祖洵：《医疗保险》，人民卫生出版社2017年版。

[83] 罗奎：《关于新农合制度建设的实践与思考》，载于《卫生经济研究》2008 年第 3 期。

[84] 罗新录：《城乡居民大病保险制度的效果评估和政策建议》[D]. 南京大学硕士学位论文，2016 年。

[85] 吕学静：《基于社会效益角度 社保更具优势》，载于《中国医疗保险》2013 年第 12 期。

[86] 马洪范、辜登峰：《澳大利亚医疗保障的做法、经验与启示》，载于《公共财研》2017 年第 2 期。

[87] 马晓河：《渐进式改革 30 年：经验与未来》，载于《中国改革》2008 年第 9 期。

[88] 马晓鸥：《新医改下我国城乡居民大病保险制度的法经济学研究》，载于《湖北警官学院学报》2019 年第 2 期。

[89] 马伟玲、孙婷、王俊华：《我国大病医疗保险制度公私合作路径研究》，载于《苏州大学学报》（哲学社会科学版）2016 年第 4 期。

[90] 马勇、于新亮、张杰：《城镇居民大病保险保障绩效实证研究》，载于《中国医疗保险》2015 年第 8 期。

[91] 毛瑛等：《我国大病保险政策评价：基于旬邑县的实证研究》，载于《中国卫生经济》2015 年第 8 期。

[92] 母玉清：《我国医疗保险制度发展的历程、现状及趋势》，载于《中国初级卫生保健》2016 年第 2 期。

[93] 钱永峰：《日本医疗保障模式对完善我国医疗保障制度的启示》，载于《现代医院管理》2012 年第 2 期。

[94] 仇雨临、冉晓醒：《大病保险创新发展研究：实践总结与理论思考》，载于《江淮论坛》2019 年第 6 期。

[95] 仇雨临、翟绍果、黄国武：《大病保险发展构想：基于文献研究的视角》，载于《山东社会科学》2017 年第 4 期。

[96] 仇雨临、黄国武：《大病保险运行机制研究：基于国内外的经验》，载于《中州学刊》2014 年第 1 期。

[97] 仇雨临：《“大病保险”终归是一个医疗费用的概念》，载于《中国医疗保险》2013 年第 6 期。

[98] 冉密、孟伟、熊先军：《重特大疾病保障研究综述》，载于《中国医疗保险》2013 年第 8 期。

[99] 饶雍华：《城乡居民大病医疗保险问题研究》，云南财经大学硕士学位论文，2016 年。

[100] 赛晓序：《论中国式渐进改革的特点及优势》，载于《济南大学学报》2004年第1期。

[101] 沈华亮：《深圳特色的重特大疾病保障机制建设路径及思考》，载于《中国医疗保险》2013年第11期。

[102] 沈焕根、王伟：《大病保险按病种划分公平吗》，载于《中国医疗保险》2013年第4期。

[103] 宋伟、李沛、蔡江南：《我国大病医保的筹资、经办与费用控制——"如何建立大病医保制度"圆桌会议综述》，载于《中国卫生政策研究》2013年第1期。

[104] 宋大平、崔雅茹：《商业保险机构参与基本医疗保险经办服务：国际经验、国内现状与机制完善》，载于《中国卫生经济》2019年第1期。

[105] 宋占军：《我国各地城乡居民大病保险追踪与分析》，载于《上海保险》2013年第12期。

[106] 宋占军：《城乡居民大病保险运行评析》，载于《保险研究》2014年第10期。

[107] 宋占军：《城乡居民大病保险政策评估与制度优化研究》，经济科学出版社2018年版。

[108] 舒茜等：《药品带量采购政策的利益相关者分析》，载于《卫生经济研究》2019年第8期。

[109] 孙冬悦等：《大病医疗保障制度的国际经验及启示》，载于《中国卫生政策研究》2013年第1期。

[110] 孙嘉尉、顾海：《国外大病保障模式分析及启示》，载于《兰州学刊》2014年第1期。

[111] 孙菊：《我国重特大疾病医疗救助因病致贫对象界定方法研究——基于湖北省M市实证》，载于《中国卫生政策研究》2017年第4期。

[112] 孙纽云等：《基于大病病种分类的医药费用特征分析》，载于《中国卫生政策研究》2013年第1期。

[113] 孙志刚：《实施大病保险是减轻人民就医负担的关键》，载于《行政管理改革》2012年第12期。

[114] 唐兴霖、黄运林、李文军：《地方政府城乡居民大病保险政策比较及其优化研究》，载于《理论探讨》2017年第6期。

[115] 田源：《我国大病保险制度建设研究》，广西大学硕士学位论文，2017年。

[116] 田稳帅：《甘肃省城乡居民大病保险保障水平研究》，载于《兰州工

业学院学报》2017 年第 3 期。

[117] 王超群等:《大病保险制度对城乡居民家庭灾难性卫生支出的影响——基于某市调查数据的分析》，载于《中国卫生事业管理》2014 年第 6 期。

[118] 王东进:《急需雪中送炭且慢锦上添花——重特大疾病保障和救助机制的性质与功用》，载于《中国医疗保险》2013 年第 7 期。

[119] 王东进:《建立重特大疾病保障和救助机制是健全全民医保体系的重大课题》，载于《中国医疗保险》2013 年第 4 期。

[120] 王东进:《我们应该向太仓学些什么》，载于《中国医疗保险》2014 年第 8 期。

[121] 王东进:《关于重特大疾病保障的几个基本问题》，载于《中国医疗保险》2014 年第 9 期。

[122] 王东进:《廓清雾霾天地宽——重特大疾病保障问题的调研与辨析》，载于《中国社会保障》2015 年第 3 期。

[123] 王东进:《全民医保在健康中国战略中的制度性功能和基础性作用(下)》，载于《中国医疗保险》2016 年第 12 期。

[124] 王虎峰:《医疗保障》，中国人民大学出版社 2011 年版。

[125] 王丽君、尹爱田:《基于利益相关者理论的中医院发展政策研究》，载于《中国卫生事业管理》2013 年第 3 期。

[126] 王勤:《新加坡医疗保障制度及其对我国的借鉴》，载于《经济管理》2007 年第 11 期。

[127] 王清波、胡佳、代涛:《建立分级诊疗制度的动力与阻力分析——基于利益相关者理论》，载于《中国卫生政策研究》2016 年第 4 期。

[128] 王琬:《大病保险筹资机制与保障政策探讨——基于全国 25 省〈大病保险实施方案〉的比较》，载于《华中师范大学学报》(人文社会科学版) 2014 年第 3 期。

[129] 王琬:《建立重特大疾病保障机制的国际经验》，载于《中国医疗保险》2014 年第 7 期。

[130] 王琬:《新加坡大病保险制度的发展与变革》，载于《中国医疗保险》2016 年第 8 期。

[131] 王琬、闫晓旭:《政府购买大病保险服务的政策演进路径研究》，载于《江汉学术》2017 年第 6 期。

[132] 王琬、吴晨晨:《制度缘起，政策争议与发展对策——大病保险研究现状与思考》，载于《威尼斯电子游戏学报 》(人文社会科学版) 2019 年第 1 期。

[133] 王亦冬:《新加坡医疗保障制度对我国深化医改的启示》，载于《中

国初级卫生保健》2012 年第 6 期。

[134] 王永莲、杨善发、黄正林：《利益相关者分析方法在卫生政策改革中的应用》，载于《医学与哲学》（人文社会医学版）2006 年第 4 期。

[135] 王志锋、尹爱田、郝模：《以大病统筹方法解决农村居民因病致贫的可行性研究》，载于《中国初级卫生保健》1997 年第 10 期。

[136] 王宗凡：《门诊大病医疗保障政策的比较分析》，载于《中国卫生经济》2010 年第 4 期。

[137] 卫润石：《奉贤县合作医疗大病住院统筹费用分析》，载于《中国农村卫生事业管理》1998 年第 8 期。

[138] 威廉·N. 杜恩：《公共政策分析导论》，谢明、杜子芳、伏燕等译，中国人民大学出版社 2002 年版。

[139] 温海滢：《微观模拟分析方法及其在公共经济政策研究领域的应用》，载于《广东商学院学报》2008 年第 3 期。

[140] 伍凤兰：《日本全民医疗保障制度的启示》，载于《卫生经济研究》2008 年第 1 期。

[141] 乌日图：《关于大病保险的思考》，载于《中国医疗保险》2013 年第 1 期。

[142] 乌日图：《医疗保障制度国际比较及政策选择》，中国社会科学院 2003 年版。

[143] 吴海波：《大病保险筹资与控费机制改革研究》，载于《中国卫生经济》2014 年第 5 期。

[144] 吴海波、周桐、刘统银：《我国大病保险实施进展、存在问题及发展方向》，载于《卫生经济研究》2019 年第 4 期。

[145] 向国春等：《医疗救助与大病保险衔接中的难点及实践探索》，载于《卫生经济研究》2014 年第 3 期。

[146] 肖丹：《四维视角：社会治理现代化的困境和对策研究》，载于《广西社会科学》2019 年第 2 期。

[147] 肖淞文：《“湛江医保”模式》，载于《新理财（政府理财）》2013 年第 Z1 期。

[148] 谢明编著：《公共政策导论》，中国人民大学出版社 2016 年版。

[149] 谢卫卫、弓媛媛、马潇萌：《新型农村合作医疗大病保险的实施效果评估：基于 CFPS 的数据分析》，载于《中国卫生经济》2017 年第 3 期。

[150] 谢添等：《基于利益相关者理论的农村县乡两级医疗服务整合作用机制分析》，载于《中国卫生政策研究》2015 年第 4 期。

[151] 熊林平、高嘉陵：《城镇职工医疗保险微观模拟模型构建研究》，载于《科学技术与工程》2002 年第 6 期。

[152] 熊先军、林坚、王莉丽：《域外应对大病风险》，载于《中国社会保障》2013 年第 8 期。

[153] 熊先军、高星星：《规治大病政策回归制度本位》，载于《中国医疗保险》2016 年第 3 期。

[154] 许飞琼：《澳大利亚的医疗保险制度及其借鉴》，载于《中国医疗保险》2013 年第 5 期。

[155] 徐林南：《大病医疗再保险“太仓模式”剖析》，载于《金融纵横》2014 年第 1 期。

[156] 徐善长：《大病保险：健全医保体系的重要环节》，载于《宏观经济管理》2013 年第 3 期。

[157] 徐英：《南非重大疾病保险的发展》，载于《上海保险》2002 年第 12 期。

[158] 徐文娟、褚福灵：《灾难性卫生支出水平及影响因素研究——基于 CHARLS 数据的分析》，载于《社会保障研究》2018 年第 5 期。

[159] 徐伟等：《日本重大疾病保障制度经验借鉴及启示》，载于《中国卫生经济》2017 年第 5 期。

[160] 杨翠迎：《社会保障学》，复旦大学出版社 2015 年版。

[161] 杨朵儿、汤少梁：《进口抗癌药零关税和药品价格谈判双重政策对利益相关者的影响研究》，载于《中国药房》2018 年第 19 期。

[162] 杨磊：《基于发展型社会政策的大病剔除社会医疗保险理论研究》，天津大学硕士学位论文，2012 年。

[163] 杨红燕：《世界各国主要医疗保障模式比较分析》，载于《中国卫生事业管理》2002 年第 9 期。

[164] 杨睿：《我国大病医疗保险制度及其发展策略》，载于《中国卫生政策研究》2013 年第 6 期。

[165] 杨文沁：《国外重大疾病保险介绍》，载于《金融经济》2007 年第 12 期。

[166] 杨小芳：《常州市大病保险运行状况与展望》，载于《中国医疗保险》2015 年第 8 期。

[167] 叶红梅、温静、郑军华：《基于上海市慢性病长处方的利益相关者理论分析》，载于《中国医院》2016 年第 4 期。

[168] 叶岚、王有强：《基层智慧监管的政策过程与创新机制——以东部沿海城市区级市场监管部门为例》，载于《中国行政管理》2019 年第 8 期。

[169] 叶颖刚:《城乡居民大病保险实施效果及服务质量研究——基于新公共服务理论视角》,载于《河北金融》2015 年第 11 期。

[170] 姚岚等:《利用利益相关者理论分析我国农村医疗机构单病种定额付费》,载于《中国医院管理》2007 年第 7 期。

[171] 姚强、谢佳、孙菊:《重特大疾病医疗救助因病致贫对象界定的理论与方法探析》,载于《中国卫生经济》2017 年第 3 期。

[172] 《医保“委托管理”:江阴模式 VS 湛江模式》,载于《领导决策信息》2012 年第 15 期。

[173] 殷志芳、王霓、王波:《城乡居民大病保险制度评价与实施效果研究》,载于《绥化学院学报》2017 年第 3 期。

[174] 于保荣等:《商业保险公司承办城乡居民大病保险现状研究》,载于《卫生经济研究》2018 年第 3 期。

[175] 于保荣、王丁:《商业保险公司介入社会医疗保险的模式研究——运用新公共管理理论及国际经验》,载于《卫生经济研究》2014 年第 8 期。

[176] 原彰、黎东生、李雅诗:《大病保险的典型模式分析》,载于《当代经济》2019 年第 2 期。

[177] 余臻峥:《国外典型国家医疗救助制度经验及其借鉴》,载于《现代商贸工业》2010 年第 19 期。

[178] [美] 约翰·W. 金登:《议程、备选方案与公共政策》,丁煌等译,中国人民大学出版社 2017 年版。

[179] 曾理斌、安然、张旭升:《对湛江市城乡居民一体化医疗保障模式的思考》,载于《中国卫生经济》2013 年第 6 期。

[180] 曾理斌、倪少凯、陈祝萍:《大病医疗保险保障的实践:湛江模式》,载于《南方金融》2014 年第 6 期。

[181] 曾理斌:《大病医疗保障“湛江模式”的成效、经验与启示》,载于《西部论坛》2014 年第 4 期。

[182] 曾耀莹:《太仓:大医保独领风骚》,载于《中国医院院长》,2012 年第 20 期。

[183] 曾耀莹:《湛江:补充医保二次发酵》,载于《中国医院院长》,2012 年第 20 期。

[184] 张博、咸胜玉:《宁夏大病保险实践的启示》,载于《中国医疗保险》,2015 年第 11 期。

[185] 张冠军、张燕红:《补充医保自付 25% 厦门大病医保为全国提供范本》,载于《就业与保障》2013 年第 11 期。

[186] 张建东、高建奕：《西方政府失灵理论综述》，载于《云南行政学院学报》2006 年第 5 期。

[187] 张年等：《医疗联合体利益相关者的界定及分类研究》，载于《安徽医药》2017 年第 9 期。

[188] 张乔娜、陈方力、洪平平：《国外大病保障实施经验对江西大病保险发展的启示》，载于《中共南昌市委党校学报》2015 年第 6 期。

[189] 张世伟、万相昱、曲洋：《公共政策的行为微观模拟模型及其应用》，载于《数量经济技术经济研究》2009 年第 8 期。

[190] 张晓：《在基本医保制度中对重特大疾病进行政策界定》，载于《中国医疗保险》2013 年第 6 期。

[191] 张晓、胡汉辉、刘蓉：《重特大疾病医疗保障制度设计面临的问题与挑战》，载于《中国医疗保险》2013 年第 8 期。

[192] 张晓、丁婷婷、胡汉辉：《几个典型医疗保险模式国家筹资改革比较》，载于《中国医疗保险》2010 年第 5 期。

[193] 张晓莹：《大病保险的厦门范本》，载于《中国金融》2012 年第 19 期。

[194] 张遥、张淑玲：《英国商业健康保险经验借鉴》，载于《保险研究》2010 年第 2 期。

[195] 张颖、刘晓星、许佳馨：《我国城乡统筹居民大病保险：模式设计与模拟测算》，载于《财经论丛》2015 年第 8 期。

[196] 张英洁、李士雪：《新型农村合作医疗补偿方案设计的理论研究（二）——补偿方案设计的内涵及思路》，载于《卫生经济研究》2008 年第 10 期。

[197] 张宗久等：《推进我国大病保障制度建设工作的思考与设想》，载于《中国卫生政策研究》2013 年第 1 期。

[198] 赵斌：《探索大病医疗保险服务新模式》，载于《浙江经济》2015 年第 18 期。

[199] 赵靖：《“湛江模式”之案例分析》，载于《新农村》2012 年第 7 期。

[200] 珍妮·V. 登哈特、罗伯特·B. 登哈特：《新公共服务——服务，而不是掌舵》，丁煌译，中国人民大学出版社 2010 年版。

[201] 郑秉文：《一个具有生命力的制度创新：大病保险“太仓模式”分析》，载于《行政管理改革》2013 年第 6 期。

[202] 郑功成：《全民医保要从形式普惠走向实质公平 》，载于《中国医疗保险》2015 年第 3 期。

[203] 郑庆偲、夏苏建：《我国灾难性卫生支出与大病保险研究现状分析》，载于《医学与社会》2015 年第 1 期。

［204］郑少晖、刘男平、邢花：《基于利益相关者理论的三医联动相关问题研究》，载于《科技与创新》2018年第19期。

［205］郑伟：《推进大病保险的思考》，载于《宏观经济管理》2013年第3期。

［206］周晋、金昊：《大病医保体系内的制度差异及其公平和效率评价》，载于《大连理工大学学报》（社会科学版）2016年第1期。

［207］周竞、管士云、罗玉霞：《大病补充医疗保险的理论基础与国际经验研究》，载于《知识经济》2013年第13期。

［208］周绿林、张心洁：《大病保险对新农合基金可持续运行的影响研究——基于江苏省调研数据的精算评估》，载于《统计与信息论坛》2016年第3期。

［209］周绿林、吴悦、詹长春：《纳入门诊大病统筹的病种分析：以江苏省为例》，载于《中国卫生经济》2013年第1期。

［210］朱恒鹏等著：《中国城乡居民基本医疗保险制度整合研究》，中国社会科学出版社2017年版。

［211］朱铭来、宋占军：《大病保险对家庭灾难性医疗支出的风险分散机制分析》，载于《中国卫生政策研究》2012年第12期。

［212］朱铭来：《融资模式和补偿条件决定了大病保险的性质》，载于《中国医疗保险》2013年第8期。

［213］朱铭来、宋占军、王歆：《大病保险补偿模式的思考——基于天津市城乡居民住院数据的实证分析》，载于《保险研究》2013年第1期。

［214］朱铭来、宋占军：《大病保险试点周年评述》，载于《中国医院院长》2014年第3期。

［215］朱铭来、于新亮、宋占军：《我国城乡居民大病医疗费用预测与保险基金支付能力评估》，载于《保险研究》2013年第5期。

［216］朱铭来等：《中国家庭灾难性医疗支出与大病保险补偿模式评价研究》，载于《经济研究》2017年第9期。

［217］朱明君：《德国法定医疗保险费用支付制度》，载于《中国医疗保险》2012年第4期。

［218］朱晓文：《按费用确定“大病”保障范围更趋公平》，载于《中国医疗保险》2013年第6期。

［219］朱婷婷等：《预立医疗照护计划利益相关者评估工具的研究进展》，载于《中华护理杂志》2019年第12期。

［220］国家医疗保障局：《关于政协十三届全国委员会第二次会议第3858号（医疗体育类417号）提案答复的函》，http：//www. nhsa. gov. cn/art/2019/12/3/

art_26_2104. html。

[221] 国家发改委、卫生部等六部委:《关于开展城乡居民大病保险工作的指导意见》, http: //www. nhc. gov. cn/tigs/s9660/201208/d27ac3e2bdf94780826e80458131a353. shtml。

[222] 国务院:《关于促进健康服务业发展的若干意见》, http: //www. gov. cn/zhengce/content/2013 - 10/18/content_6067. htm。

[223] 国务院办公厅:《关于加快发展商业健康保险的若干意见》, http: //www. gov. cn/zhengce/content/2014 - 11/17/content_9210. htm。

[224] 国务院办公厅:《关于全面实施城乡居民大病保险的意见》, http: //www. gov. cn/zhengce/content/2015 - 08/02/content_10041. htm。

[225] 国务院:《关于整合城乡居民基本医疗保险制度的意见》, http: //www. gov. cn/zhengce/content/2016 - 01/12/content_10582. htm。

[226] 国务院扶贫办、卫计委等 15 部门:《关于实施健康扶贫工程的指导意见》, http: //www. nhc. gov. cn/caiwusi/zcxxi/201606/d16de85e75644074843142dbc207f65d. shtml。

[227] 国务院医改办、发改委、财政部、卫计委等:《关于做好 2016 年城乡居民大病保险工作的通知》, http: //www. nhc. gov. cn/tigs/s7846/201608/4946bf766adc4e12be0cc21c6a609a2f. shtml。

[228] 国务院:《关于印发"十三五"深化医药卫生体制改革规划的通知》, http: //www. gov. cn/zhengce/content/2017 - 01/09/content_5158053. htm。

[229] 国务院办公厅:《关于印发深化医药卫生体制改革 2017 年重点工作任务的通知》, http: //www. gov. cn/zhengce/content/2017 - 05/05/content_5191213. htm。

[230] 国务院办公厅:《关于印发深化医药卫生体制改革 2018 年下半年重点工作任务的通知》, http: //www. gov. cn/zhengce/content/2018 - 08/28/content_5317165. htm。

[231] 国家医疗保障局、财政部:《关于做好 2019 年城乡居民基本医疗保障工作的通知》, http: //www. nhsa. gov. cn/art/2019/5/13/art_37_1286. html。

[232] 国家医疗保障局、财政部、国家卫生健康委、国务院扶贫办:《关于坚决完成医疗保障脱贫攻坚硬任务的指导意见》, http: //www. nhsa. gov. cn/art/2019/10/17/art_37_1860. html。

[233] 民政部、财政部、人社部、卫计委、保监会:《关于进一步完善医疗救助制度全面开展重特大疾病医疗救助工作的意见》, http: //www. nhc. gov. cn/yzygj/s3593/201505/0605f4dfce3e4e64a9e09684b119305d. shtml。

[234] 卫计委、财政部：《关于做好2017年新型农村合作医疗工作的通知》，http://www.nhc.gov.cn/jws/s6476/201704/aa3084a3dece4eee902d37e379667af7.shtml。

[235] 卫健委、发改委、科技部等：《关于印发促进社会办医持续健康规范发展意见的通知》，http://www.nhc.gov.cn/yzygj/s3577/201906/8e83be9a99764ea6bb5f924ad9b1028d.shtml。

[236] 中共中央、国务院：《"健康中国2030"规划纲要》，http://www.gov.cn/xinwen/2016-10/25/content_5124174.htm。

[237]《决胜全面建成小康社会　夺取新时代中国特色社会主义伟大胜利》，http://politics.gmw.cn/2017-10/27/content_26628091.htm。

[238] 太仓市人民政府网站，http://www.taicang.gov.cn/site_overview/tc-Survey.html。

[239] 关于太仓市2019年国民经济和社会发展计划执行情况与2020年国民经济和社会发展计划草案的报告。

[240] 2018年太仓市国民经济和社会发展统计公报。

[241] 太仓市2018年度卫生与人群健康状况报告。

[242] 太仓市人力资源和社会保障局：《关于社会医疗保险大病住院医疗实行再保险的规定（试行）太人社规字（2011）5号》，http://www.taicang.gov.cn/govxxgk/014185034/2011-10-11/3b984f34-eebc-4383-acce-0ffaa3c215b0.html。

[243] 太仓市人民政府：《市政府印发太仓市大病门诊医疗保险办法（试行）的通知》，http://www.taicang.gov.cn/site_publicinfo/003001/003001003/20180525/d02aef16-4031-41d7-8145-6042dbaedfec.html。

[244] 太仓市人力资源和社会保障局：《关于大病医疗保险待遇向特殊人员倾斜的通知》，http://www.taicang.gov.cn/site_service/005001/005001002/005001002001/20170926/9dc2256a-b5dd-4c7c-9f29-cf56a632739f.html。

[245] 太仓市人力资源和社会保障局：《关于2017年度大病门诊医疗保险补助标准的规定》，http://www.taicang.gov.cn/govxxgk/014185034/2018-06-26/27db0560-7e0c-4dc5-a3a5-668f637ceb0a.html。

[246] 太仓市人力资源和社会保障局：《关于2016年度大病门诊医疗保险补助标准的规定》，http://www.taicang.gov.cn/xxgk/jcms_files/jcms1/web17/site/attach/-1/170619144138836.pdf。

[247] 太仓人才网：《市政府印发太仓市大病门诊医疗保险办法（试行）的通知》，http://www.tcrcsc.com/news_32850.html。

[248] 太仓人才网：《关于提高2014、2017年我市居民医疗保险筹资标准通知》，http：//www. tcrcsc. com。

[249] 江阴市合管办：《2014、2017年度江阴市新农合医疗运行情况》，http：//www. jyxnh. com。

[250] 江阴模式：《独特盈利模式医保商办典范》，http：//finance. sina. com. cn/money/insurance/bxsd/20120917/035413152843. shtml。

[251] 湛江市人民政府：《印发湛江市城乡居民基本医疗保险试行办法的通知》，2011-08-16，http：//www. zhanjiang. gov. cn/fileserver/statichtml/2011-08/66a43418-8b35-44de-8e41-f861a7efc45c. htm？cid9c-bd56-a9a6f22100be。

[252] 社保基金管理局：《2014～2017年湛江市城乡居民基本医疗保险政策主要内容》，http：//www. zhanjiang. gov. cn/fileserver/StaticHtml/2017-03/ae281223-8a12-4a76-acc8-65fe3bb3088d. htm？cid=e491a51a-88a8-4d9c-bd56-a9a6f22100be。

[253] 湛江市人力资源和社会保障局：《关于调整城乡居民医保大病保险待遇的通知（湛人社2016-514号）》，http：//www. gdzj. lss. gov. cn/ outside/bmfw/wssb/cxybb/xgzc/2017/0109/10002. html，2017年1月9日。

[254] 湛江市政府门户网站：《湛江概况》，http：//www. zhanjiang. gov. cn/fileserver/statichtml/2017-03/acb5621c-ee48-4922-84d9-146949fee79d. htm？cid=cbdd9247-4e70-4968-9b5b-f400 f82d69b4，2018年3月29日。

[255] 湛江市统计信息网：《湛江市统计年鉴2018》，http：//tjj. zhanjiang. gov. cn/_Layouts/ApplicationPages/TemplateFashion/，2019年4月1日。

[256] 湛江市人力资源和社会保障局：《2019年湛江市城乡居民基本医疗保险政策主要内容》，http：//gdzj. lss. gov. cn/outside/sbxxgk/sbzc/2017/1110/11156. html，2019年5月8日。

[257] 湛江市人社局：《关于调整城乡居民医保大病保险待遇通知》，http：//gdzj. lss. gov. cn/outside/bmfw/wssb/cxybb/xgzc/2017/0109/10002. html。

[258] 杭州大病医疗保险政策，http：//news. vobao. com/zhuanti/851874456704570920. shtml。

[259] 河南省人民政府：《关于印发河南省城乡居民大病保险实施办法（试行）的通知》，http：//www. henan. gov. cn/zwgk/system/2017/01/17/010702147. shtml。

[260] 河南日报网：《河南公布城乡居民大病医保新政》，https：//www. henandaily. cn/content/fzhan/hntsuo/2017/0119/31414. htm。

[261] 甘肃省人民政府：《甘肃省城乡居民大病保险实施方案》，http：//www. gsws. gov. cn/single/11118/51795. html。

[262] 甘肃省人民政府：《关于调整完善甘肃省城乡居民大病保险相关政策的通知》，http：//www. gansu. gov. cn/art/2017/3/27/art_4786_303764. html。

[263] Gaglio B.，Shoup J. A.，Glasgow R. E. The RE – AIM framework：A systematic review of use over time [J]. *Am J Public Health*，2013，103（6）：38 – 46.

[264] Glasgow R. E.，Vogt T. M.，Boles S. M. Evaluating the public health impact of health promotion interventions：The RE – AIM framework [J]. *Am J Public Health*，1999，89（9）：1322 – 1327.

[265] Glasgow R. E. Evaluation of theory-based interventions：The RE – AIM model. Health Behavior and Health Education（3rd Ed.）. San Francisco：Wiley，2002：531 – 544.

[266] Glasgow R. E.，Lichtenstein E.，Marcus A. C. Why don't we see more translation of health promotion research to practice? Rethinking the efficacy to effectiveness transition [J]. *Am J Public Health*，2003，93：1261 – 1267.

[267] Guessous I.，Gaspoz J. M.，Theler J. M.，et al. Forgoing dental care for economic reasons in Switzerland：A six-year cross-sectional population-based study [J]. *Preventive Medicine*，2012，55（5）：521 – 527.

[268] Jahangir A. M. Khan，Sayem Ahmed，Timothy G. Evans. Catastrophic healthcare expenditure and poverty related to out-of-pocket payments for healthcare in Bangladesh-an estimation of financial risk protection of universal health coverage [J]. *Health Policy and Planning*，2017，32（8）：1102 – 1110.

[269] Kei Kawabata，Ke Xu，Guy carrin. Preventing impoverishment through protection against catastrophic health expenditure [J]. *Bulletin of world health organization*，2002，80（8）：612.

[270] Klesges L. M.，Estabrooks P. A.，Glasgow R. E.，Dzewaltowski D. Beginning with the application in mind：Designing and planning health behavior change interventions to enhance dissemination [J]. *Annals of havioral Medicine*. 2005，29：66S – 75S.

[271] Knaul F. M.，Arreola – Ornelas H.，Méndez – Carniado O.，et al. Evidence is good for your health system：Policy reform to remedy catastrophic and impoverishing health spending in Mexico [J]. *The Lancet*，2006，368（9549）：1828 – 1841.

[272] Kopczynski J.，Lewandowski Z.，Gorynski P.，Wojtyniak B. The future

of chronic diseases [J]. *Central European Journal of Public Health*, 2001, 9 (1): 3 - 13.

[273] Russell E. Glasgow, Thomas M. Vogt, Shawn M. Boles. Evaluating the public health impact of health promotion interventions: The RE - AIM framework [J]. *American Journal of Public Health*, 1999, 89 (9): 1322 - 1327.

[274] Stephanie Jilcott, Alice Ammerman, and Janice Sommers. Applying the RE - AIM framework to assess the public health impact of policy change [J]. *Annals of Behavioral Medicine*, 2007, 34 (2): 105 - 114.

[275] Turquet P. Health insurance system financing reforms in the Netherlands, Germany and France: Repercussions for coverage and redistribution [J]. *International Social Security Review*, 2012, 65 (1): 29 - 51.

[276] Van Doorslaer E. , O, Donnell O, Rannan - Eliya R. P. , et al. Catastrophic payments for health care in Asia [J]. *Health Economics*, 2007, 16 (11): 1159 - 1184.

[277] Wagstaff A. , van Doorslaer E. Catastrophe and impoverishment in paying for health care: With applications to Vietnam 1993 - 1998 [J]. *Health Economics*, 2003 (12): 921 - 934.

[278] World Health Organization. Global status report on noncommunicable diseases 2014 [R]. Geneva: WHO, 2015.

[279] WHO. Sustainable Health Financing, Universal Coverage and Social Health Insurance. Geneva: World Health Organization, 2005.

[280] Xu K. , Evans D. B. , Kawabata K, et al. Household catastrophic health expenditure: a multicountry analysis [J]. *The Lancet*, 2003, 362 (9378): 111 - 117.

[281] Xu K. , Evans D. B. , Carrin G. , et al. Protecting households from catastrophic health spending [J]. *Health Affairs* (Project Hope), 2006 (26): 972 - 983.

[282] Xu Ke. Household catastrophic health expenditure: A multi-country analysis [J]. *The Lancet*, 2003 (362): 111 - 117.

后　记

经过三年的努力，本人作为首席专家承担的教育部哲学社会科学研究重大课题攻关项目“大病保险创新发展的模式与路径研究”终于完成了，且顺利按时通过结项，并被纳入重大攻关项目成果出版计划。在该项目的整个研究过程中，经历了扬帆启航的自信、错综复杂的现状、研究思路的困惑、缺乏数据的苦恼，现场调研的困难，以及各种各样的挑战，终于完成了既定的目标。回顾初获课题时的喜悦、课题研究过程中的艰辛、提交结题材料后的期待和书稿付梓的过程，不禁百感交集，感慨万千！诸多感触聚焦到两个方面：

一方面是感谢。感谢教育部的信任和支持，使我们有机会在重大课题攻关项目资助下能够系统、专注地开展大病保险研究。感谢国内大病保险相关研究专家的大力支持。通过政府相关部门和专家推荐、文献计量分析等方式，较为全面地了解我国大病保险研究的主要专家学者，并向他们多次咨询，得到专家的大力支持，这是本研究的重要依据。感谢代表性地区医保部门、卫生健康委员会、商业保险机构、医疗机构、社区等在现场调研等方面给予的大力支持，这是本研究的循证依据。感谢研究团队的共同努力和协作。核心成员在理论、方法、调研和沟通协调等方面形成了清晰的思路和高效的措施，尤其是研究生做了大量基础性工作，为确保项目顺利完成奠定基础。

另一方面是希望。尽管按照项目任务书要求完成了各项任务目标，形成一定的研究成果，但是从大病保险未来发展和实际应用效果的角度看，尚期待实现政策转化和实践应用。希望本研究的成果能为今后相关研究奠定基础和提供依据。研究提出的三种大病保险创新发展模式能够得到相关部门的采纳，转化为大病保险改革创新的政策，并在实践中得到进一步验证。

另外，受到研究时间的有限性、医保和相关数据获得性、现场调查的可行性等因素的影响，研究尚存在不足之处，需今后进一步丰富和完善。同时，欢迎大家批评指正！

教育部哲学社會科学研究重大課題攻関項目

成果出版列表

序号	书　名	首席专家
1	《马克思主义基础理论若干重大问题研究》	陈先达
2	《马克思主义理论学科体系建构与建设研究》	张雷声
3	《马克思主义整体性研究》	逄锦聚
4	《改革开放以来马克思主义在中国的发展》	顾钰民
5	《新时期　新探索　新征程 ——当代资本主义国家共产党的理论与实践研究》	聂运麟
6	《坚持马克思主义在意识形态领域指导地位研究》	陈先达
7	《当代资本主义新变化的批判性解读》	唐正东
8	《当代中国人精神生活研究》	童世骏
9	《弘扬与培育民族精神研究》	杨叔子
10	《当代科学哲学的发展趋势》	郭贵春
11	《服务型政府建设规律研究》	朱光磊
12	《地方政府改革与深化行政管理体制改革研究》	沈荣华
13	《面向知识表示与推理的自然语言逻辑》	鞠实儿
14	《当代宗教冲突与对话研究》	张志刚
15	《马克思主义文艺理论中国化研究》	朱立元
16	《历史题材文学创作重大问题研究》	童庆炳
17	《现代中西高校公共艺术教育比较研究》	曾繁仁
18	《西方文论中国化与中国文论建设》	王一川
19	《中华民族音乐文化的国际传播与推广》	王耀华
20	《楚地出土戰國簡册［十四種］》	陈　伟
21	《近代中国的知识与制度转型》	桑　兵
22	《中国抗战在世界反法西斯战争中的历史地位》	胡德坤
23	《近代以来日本对华认识及其行动选择研究》	杨栋梁
24	《京津冀都市圈的崛起与中国经济发展》	周立群
25	《金融市场全球化下的中国监管体系研究》	曹凤岐
26	《中国市场经济发展研究》	刘　伟
27	《全球经济调整中的中国经济增长与宏观调控体系研究》	黄　达
28	《中国特大都市圈与世界制造业中心研究》	李廉水

序号	书　名	首席专家
29	《中国产业竞争力研究》	赵彦云
30	《东北老工业基地资源型城市发展可持续产业问题研究》	宋冬林
31	《转型时期消费需求升级与产业发展研究》	臧旭恒
32	《中国金融国际化中的风险防范与金融安全研究》	刘锡良
33	《全球新型金融危机与中国的外汇储备战略》	陈雨露
34	《全球金融危机与新常态下的中国产业发展》	段文斌
35	《中国民营经济制度创新与发展》	李维安
36	《中国现代服务经济理论与发展战略研究》	陈　宪
37	《中国转型期的社会风险及公共危机管理研究》	丁烈云
38	《人文社会科学研究成果评价体系研究》	刘大椿
39	《中国工业化、城镇化进程中的农村土地问题研究》	曲福田
40	《中国农村社区建设研究》	项继权
41	《东北老工业基地改造与振兴研究》	程　伟
42	《全面建设小康社会进程中的我国就业发展战略研究》	曾湘泉
43	《自主创新战略与国际竞争力研究》	吴贵生
44	《转轨经济中的反行政性垄断与促进竞争政策研究》	于良春
45	《面向公共服务的电子政务管理体系研究》	孙宝文
46	《产权理论比较与中国产权制度变革》	黄少安
47	《中国企业集团成长与重组研究》	蓝海林
48	《我国资源、环境、人口与经济承载能力研究》	邱　东
49	《"病有所医"——目标、路径与战略选择》	高建民
50	《税收对国民收入分配调控作用研究》	郭庆旺
51	《多党合作与中国共产党执政能力建设研究》	周淑真
52	《规范收入分配秩序研究》	杨灿明
53	《中国社会转型中的政府治理模式研究》	娄成武
54	《中国加入区域经济一体化研究》	黄卫平
55	《金融体制改革和货币问题研究》	王广谦
56	《人民币均衡汇率问题研究》	姜波克
57	《我国土地制度与社会经济协调发展研究》	黄祖辉
58	《南水北调工程与中部地区经济社会可持续发展研究》	杨云彦
59	《产业集聚与区域经济协调发展研究》	王　珺

序号	书　名	首席专家
60	《我国货币政策体系与传导机制研究》	刘　伟
61	《我国民法典体系问题研究》	王利明
62	《中国司法制度的基础理论问题研究》	陈光中
63	《多元化纠纷解决机制与和谐社会的构建》	范　愉
64	《中国和平发展的重大前沿国际法律问题研究》	曾令良
65	《中国法制现代化的理论与实践》	徐显明
66	《农村土地问题立法研究》	陈小君
67	《知识产权制度变革与发展研究》	吴汉东
68	《中国能源安全若干法律与政策问题研究》	黄　进
69	《城乡统筹视角下我国城乡双向商贸流通体系研究》	任保平
70	《产权强度、土地流转与农民权益保护》	罗必良
71	《我国建设用地总量控制与差别化管理政策研究》	欧名豪
72	《矿产资源有偿使用制度与生态补偿机制》	李国平
73	《巨灾风险管理制度创新研究》	卓　志
74	《国有资产法律保护机制研究》	李曙光
75	《中国与全球油气资源重点区域合作研究》	王　震
76	《可持续发展的中国新型农村社会养老保险制度研究》	邓大松
77	《农民工权益保护理论与实践研究》	刘林平
78	《大学生就业创业教育研究》	杨晓慧
79	《新能源与可再生能源法律与政策研究》	李艳芳
80	《中国海外投资的风险防范与管控体系研究》	陈菲琼
81	《生活质量的指标构建与现状评价》	周长城
82	《中国公民人文素质研究》	石亚军
83	《城市化进程中的重大社会问题及其对策研究》	李　强
84	《中国农村与农民问题前沿研究》	徐　勇
85	《西部开发中的人口流动与族际交往研究》	马　戎
86	《现代农业发展战略研究》	周应恒
87	《综合交通运输体系研究——认知与建构》	荣朝和
88	《中国独生子女问题研究》	风笑天
89	《我国粮食安全保障体系研究》	胡小平
90	《我国食品安全风险防控研究》	王　硕

序号	书　名	首席专家
91	《城市新移民问题及其对策研究》	周大鸣
92	《新农村建设与城镇化推进中农村教育布局调整研究》	史宁中
93	《农村公共产品供给与农村和谐社会建设》	王国华
94	《中国大城市户籍制度改革研究》	彭希哲
95	《国家惠农政策的成效评价与完善研究》	邓大才
96	《以民主促进和谐——和谐社会构建中的基层民主政治建设研究》	徐　勇
97	《城市文化与国家治理——当代中国城市建设理论内涵与发展模式建构》	皇甫晓涛
98	《中国边疆治理研究》	周　平
99	《边疆多民族地区构建社会主义和谐社会研究》	张先亮
100	《新疆民族文化、民族心理与社会长治久安》	高静文
101	《中国大众媒介的传播效果与公信力研究》	喻国明
102	《媒介素养：理念、认知、参与》	陆　晔
103	《创新型国家的知识信息服务体系研究》	胡昌平
104	《数字信息资源规划、管理与利用研究》	马费成
105	《新闻传媒发展与建构和谐社会关系研究》	罗以澄
106	《数字传播技术与媒体产业发展研究》	黄升民
107	《互联网等新媒体对社会舆论影响与利用研究》	谢新洲
108	《网络舆论监测与安全研究》	黄永林
109	《中国文化产业发展战略论》	胡惠林
110	《20 世纪中国古代文化经典在域外的传播与影响研究》	张西平
111	《国际传播的理论、现状和发展趋势研究》	吴　飞
112	《教育投入、资源配置与人力资本收益》	闵维方
113	《创新人才与教育创新研究》	林崇德
114	《中国农村教育发展指标体系研究》	袁桂林
115	《高校思想政治理论课程建设研究》	顾海良
116	《网络思想政治教育研究》	张再兴
117	《高校招生考试制度改革研究》	刘海峰
118	《基础教育改革与中国教育学理论重建研究》	叶　澜
119	《我国研究生教育结构调整问题研究》	袁本涛 王传毅
120	《公共财政框架下公共教育财政制度研究》	王善迈

序号	书　名	首席专家
121	《农民工子女问题研究》	袁振国
122	《当代大学生诚信制度建设及加强大学生思想政治工作研究》	黄蓉生
123	《从失衡走向平衡：素质教育课程评价体系研究》	钟启泉 崔允漷
124	《构建城乡一体化的教育体制机制研究》	李　玲
125	《高校思想政治理论课教育教学质量监测体系研究》	张耀灿
126	《处境不利儿童的心理发展现状与教育对策研究》	申继亮
127	《学习过程与机制研究》	莫　雷
128	《青少年心理健康素质调查研究》	沈德立
129	《灾后中小学生心理疏导研究》	林崇德
130	《民族地区教育优先发展研究》	张诗亚
131	《WTO主要成员贸易政策体系与对策研究》	张汉林
132	《中国和平发展的国际环境分析》	叶自成
133	《冷战时期美国重大外交政策案例研究》	沈志华
134	《新时期中非合作关系研究》	刘鸿武
135	《我国的地缘政治及其战略研究》	倪世雄
136	《中国海洋发展战略研究》	徐祥民
137	《深化医药卫生体制改革研究》	孟庆跃
138	《华侨华人在中国软实力建设中的作用研究》	黄　平
139	《我国地方法制建设理论与实践研究》	葛洪义
140	《城市化理论重构与城市化战略研究》	张鸿雁
141	《境外宗教渗透论》	段德智
142	《中部崛起过程中的新型工业化研究》	陈晓红
143	《农村社会保障制度研究》	赵　曼
144	《中国艺术学学科体系建设研究》	黄会林
145	《人工耳蜗术后儿童康复教育的原理与方法》	黄昭鸣
146	《我国少数民族音乐资源的保护与开发研究》	樊祖荫
147	《中国道德文化的传统理念与现代践行研究》	李建华
148	《低碳经济转型下的中国排放权交易体系》	齐绍洲
149	《中国东北亚战略与政策研究》	刘清才
150	《促进经济发展方式转变的地方财税体制改革研究》	钟晓敏
151	《中国—东盟区域经济一体化》	范祚军

序号	书　名	首席专家
152	《非传统安全合作与中俄关系》	冯绍雷
153	《外资并购与我国产业安全研究》	李善民
154	《近代汉字术语的生成演变与中西日文化互动研究》	冯天瑜
155	《新时期加强社会组织建设研究》	李友梅
156	《民办学校分类管理政策研究》	周海涛
157	《我国城市住房制度改革研究》	高　波
158	《新媒体环境下的危机传播及舆论引导研究》	喻国明
159	《法治国家建设中的司法判例制度研究》	何家弘
160	《中国女性高层次人才发展规律及发展对策研究》	佟　新
161	《国际金融中心法制环境研究》	周仲飞
162	《居民收入占国民收入比重统计指标体系研究》	刘　扬
163	《中国历代边疆治理研究》	程妮娜
164	《性别视角下的中国文学与文化》	乔以钢
165	《我国公共财政风险评估及其防范对策研究》	吴俊培
166	《中国历代民歌史论》	陈书录
167	《大学生村官成长成才机制研究》	马抗美
168	《完善学校突发事件应急管理机制研究》	马怀德
169	《秦简牍整理与研究》	陈　伟
170	《出土简帛与古史再建》	李学勤
171	《民间借贷与非法集资风险防范的法律机制研究》	岳彩申
172	《新时期社会治安防控体系建设研究》	宫志刚
173	《加快发展我国生产服务业研究》	李江帆
174	《基本公共服务均等化研究》	张贤明
175	《职业教育质量评价体系研究》	周志刚
176	《中国大学校长管理专业化研究》	宣　勇
177	《“两型社会”建设标准及指标体系研究》	陈晓红
178	《中国与中亚地区国家关系研究》	潘志平
179	《保障我国海上通道安全研究》	吕　靖
180	《世界主要国家安全体制机制研究》	刘胜湘
181	《中国流动人口的城市逐梦》	杨菊华
182	《建设人口均衡型社会研究》	刘渝琳
183	《农产品流通体系建设的机制创新与政策体系研究》	夏春玉

序号	书　名	首席专家
184	《区域经济一体化中府际合作的法律问题研究》	石佑启
185	《城乡劳动力平等就业研究》	姚先国
186	《20 世纪朱子学研究精华集成——从学术思想史的视角》	乐爱国
187	《拔尖创新人才成长规律与培养模式研究》	林崇德
188	《生态文明制度建设研究》	陈晓红
189	《我国城镇住房保障体系及运行机制研究》	虞晓芬
190	《中国战略性新兴产业国际化战略研究》	汪　涛
191	《证据科学论纲》	张保生
192	《要素成本上升背景下我国外贸中长期发展趋势研究》	黄建忠
193	《中国历代长城研究》	段清波
194	《当代技术哲学的发展趋势研究》	吴国林
195	《20 世纪中国社会思潮研究》	高瑞泉
196	《中国社会保障制度整合与体系完善重大问题研究》	丁建定
197	《民族地区特殊类型贫困与反贫困研究》	李俊杰
198	《扩大消费需求的长效机制研究》	臧旭恒
199	《我国土地出让制度改革及收益共享机制研究》	石晓平
200	《高等学校分类体系及其设置标准研究》	史秋衡
201	《全面加强学校德育体系建设研究》	杜时忠
202	《生态环境公益诉讼机制研究》	颜运秋
203	《科学研究与高等教育深度融合的知识创新体系建设研究》	杜德斌
204	《女性高层次人才成长规律与发展对策研究》	罗瑾琏
205	《岳麓秦简与秦代法律制度研究》	陈松长
206	《民办教育分类管理政策实施跟踪与评估研究》	周海涛
207	《建立城乡统一的建设用地市场研究》	张安录
208	《迈向高质量发展的经济结构转变研究》	郭熙保
209	《中国社会福利理论与制度构建——以适度普惠社会福利制度为例》	彭华民
210	《提高教育系统廉政文化建设实效性和针对性研究》	罗国振
211	《毒品成瘾及其复吸行为——心理学的研究视角》	沈模卫
212	《英语世界的中国文学译介与研究》	曹顺庆
213	《建立公开规范的住房公积金制度研究》	王先柱

序号	书　名	首席专家
214	《现代归纳逻辑理论及其应用研究》	何向东
215	《时代变迁、技术扩散与教育变革：信息化教育的理论与实践探索》	杨　浩
216	《城镇化进程中新生代农民工职业教育与社会融合问题研究》	褚宏启 薛二勇
217	《我国先进制造业发展战略研究》	唐晓华
218	《融合与修正：跨文化交流的逻辑与认知研究》	鞠实儿
219	《中国新生代农民工收入状况与消费行为研究》	金晓彤
220	《高校少数民族应用型人才培养模式综合改革研究》	张学敏
221	《中国的立法体制研究》	陈　俊
222	《教师社会经济地位问题：现实与选择》	劳凯声
223	《中国现代职业教育质量保障体系研究》	赵志群
224	《欧洲农村城镇化进程及其借鉴意义》	刘景华
225	《国际金融危机后全球需求结构变化及其对中国的影响》	陈万灵
226	《创新法治人才培养机制》	杜承铭
227	《法治中国建设背景下警察权研究》	余凌云
228	《高校财务管理创新与财务风险防范机制研究》	徐明稚
229	《义务教育学校布局问题研究》	雷万鹏
230	《高校党员领导干部清正、党政领导班子清廉的长效机制研究》	汪　曣
231	《二十国集团与全球经济治理研究》	黄茂兴
232	《高校内部权力运行制约与监督体系研究》	张德祥
233	《职业教育办学模式改革研究》	石伟平
234	《职业教育现代学徒制理论研究与实践探索》	徐国庆
235	《全球化背景下国际秩序重构与中国国家安全战略研究》	张汉林
236	《进一步扩大服务业开放的模式和路径研究》	申明浩
237	《自然资源管理体制研究》	宋马林
238	《高考改革试点方案跟踪与评估研究》	钟秉林
239	《全面提高党的建设科学化水平》	齐卫平
240	《“绿色化”的重大意义及实现途径研究》	张俊飚
241	《利率市场化背景下的金融风险研究》	田利辉
242	《经济全球化背景下中国反垄断战略研究》	王先林

序号	书　名	首席专家
243	《中华文化的跨文化阐释与对外传播研究》	李庆本
244	《世界一流大学和一流学科评价体系与推进战略》	王战军
245	《新常态下中国经济运行机制的变革与中国宏观调控模式重构研究》	袁晓玲
246	《推进21世纪海上丝绸之路建设研究》	梁　颖
247	《现代大学治理结构中的纪律建设、德治礼序和权力配置协调机制研究》	周作宇
248	《渐进式延迟退休政策的社会经济效应研究》	席　恒
249	《经济发展新常态下我国货币政策体系建设研究》	潘　敏
250	《推动智库建设健康发展研究》	李　刚
251	《农业转移人口市民化转型：理论与中国经验》	潘泽泉
252	《电子商务发展趋势及对国内外贸易发展的影响机制研究》	孙宝文
253	《创新专业学位研究生培养模式研究》	贺克斌
254	《医患信任关系建设的社会心理机制研究》	汪新建
255	《司法管理体制改革基础理论研究》	徐汉明
256	《建构立体形式反腐败体系研究》	徐玉生
257	《重大突发事件社会舆情演化规律及应对策略研究》	傅昌波
258	《中国社会需求变化与学位授予体系发展前瞻研究》	姚　云
259	《非营利性民办学校办学模式创新研究》	周海涛
260	《基于“零废弃”的城市生活垃圾管理政策研究》	褚祝杰
261	《城镇化背景下我国义务教育改革和发展机制研究》	邬志辉
262	《中国满族语言文字保护抢救口述史》	刘厚生
263	《构建公平合理的国际气候治理体系研究》	薄　燕
264	《新时代治国理政方略研究》	刘焕明
265	《新时代高校党的领导体制机制研究》	黄建军
266	《东亚国家语言中汉字词汇使用现状研究》	施建军
267	《中国传统道德文化的现代阐释和实践路径研究》	吴根友
268	《创新社会治理体制与社会和谐稳定长效机制研究》	金太军
269	《文艺评论价值体系的理论建设与实践研究》	刘俐俐
270	《新形势下弘扬爱国主义重大理论和现实问题研究》	王泽应

序号	书　名	首席专家
271	《我国高校“双一流”建设推进机制与成效评估研究》	刘念才
272	《中国特色社会主义监督体系的理论与实践》	过　勇
273	《中国软实力建设与发展战略》	骆郁廷
274	《坚持和加强党的全面领导研究》	张世飞
275	《面向 2035 我国高校哲学社会科学整体发展战略研究》	任少波
276	《中国古代曲乐乐谱今译》	刘崇德
277	《民营企业参与“一带一路”国际产能合作战略研究》	陈衍泰
278	《网络空间全球治理体系的建构》	崔保国
279	《汉语国际教育视野下的中国文化教材与数据库建设研究》	于小植
280	《新型政商关系研究》	陈寿灿
281	《完善社会救助制度研究》	慈勤英
282	《太行山和吕梁山抗战文献整理与研究》	岳谦厚
283	《清代稀见科举文献研究》	陈维昭
284	《协同创新的理论、机制与政策研究》	朱桂龙
285	《数据驱动的公共安全风险治理》	沙勇忠
286	《黔西北濒危彝族钞本文献整理和研究》	张学立
287	《我国高素质幼儿园园长队伍建设研究》	缴润凯
288	《我国债券市场建立市场化法制化风险防范体系研究》	冯　果
289	《流动人口管理和服务对策研究》	关信平
290	《企业环境责任与政府环境责任协同机制研究》	胡宗义
291	《多重外部约束下我国融入国际价值链分工战略研究》	张为付
292	《政府债务预算管理与绩效评价》	金荣学
293	《推进以保障和改善民生为重点的社会体制改革研究》	范明林
294	《中国传统村落价值体系与异地扶贫搬迁中的传统村落保护研究》	郝　平
295	《大病保险创新发展的模式与路径》	田文华
	……	